Content Creation mit Künstlicher Intelligenz für Dummies

Schummelseite

CONTENT CREATION

»Content is King«, auf die Inhalte kommt es an. Jeder, der dem Wortsinn nach *Inhalte erschafft*, kann sich heute zu den sogenannten *Content Creators* zählen. Besonders im Internet ist es ein eigener stark wachsender Berufszweig, der Social-Media-Inhalte generiert oder Unternehmensinhalte kuratiert.

Bei all diesen Aufgaben hilft generative Künstliche Intelligenz:

- ✔ `Erstelle eine detaillierte Gliederung für einen 1.500 Wörter langen Blogbeitrag zum Thema [Thema] mit Fokus auf [Zielgruppe]. Berücksichtige dabei SEO-relevante Zwischenüberschriften und einen logischen Aufbau.`
- ✔ `Entwickle 5 kreative Social-Media-Posts für [Plattform] zum Thema [Thema], die [Zielgruppe] ansprechen. Verwende einen lockeren, authentischen Ton und ergänze passende Hashtags.`
- ✔ `Wandle den folgenden Blogbeitrag in: 1) eine Pressemitteilung, 2) ein TikTok-Skript und 3) eine Case Study um. Behalte die Kernbotschaft bei, passe aber Tonfall und Format entsprechend an.`
- ✔ `Erstelle 3 Varianten einer verkaufsorientierten Produktbeschreibung für [Produkt], die die wichtigsten Vorteile hervorheben und SEO-Keywords natürlich einbinden.`
- ✔ `Entwickle ein Skript für ein 3-minütiges How-to-Tutorial-Video zum Thema [Thema]. Gliedere es in klare Schritte und verwende eine verständliche Sprache.`

Ob im Berufsalltag oder im privaten Umfeld sollen Planungen, Dokumente und E-Mails professionell und schnell gelingen, damit Zeit fürs Wesentliche bleibt:

- ✔ `Erstelle eine professionelle E-Mail zu [Thema] und beziehe dich auf [Nachricht]. Ton: [formell/informell].`
- ✔ `Korrigiere auf Rechtschreibung und Grammatik: [Text].`
- ✔ `Schreibe eine verbindliche Kündigung für [Vertrag/Mitgliedschaft] zum [Datum].`
- ✔ `Formuliere eine höfliche Absage für [Einladung/Anfrage].`
- ✔ `Erstelle eine [prägnante/witzige] Abwesenheitsnotiz vom [Datum] bis [Datum] und verweise auf [Kollegin/Abteilung].`

Content Creation mit Künstlicher Intelligenz für Dummies

Schummelseite

- ✔ `Schreibe eine 5-minütige Rede für [Anlass] mit dem Schwerpunkt [Thema], sei [witzig/professionell/gerührt ...].`
- ✔ `Erkläre [komplexes Thema] in einfachen Worten, als würdest du es einem Kind erklären.`
- ✔ `Erstelle eine Pro-und-Contra-Liste für [Entscheidung] und sortiere sie nach [Priorität].`
- ✔ `Formatiere diese Daten in eine übersichtliche Excel-Tabelle sortiert nach [Thema]: [Daten].`
- ✔ `Erstelle eine zweisprachige Gegenüberstellung in Deutsch und Englisch von [Text].`

PROMPTS

- ✔ Die Steuerung der Arbeitsanweisungen läuft in den meisten Fällen mit einfachen Worten oder besonders präzisen *Prompts* (Befehlen) ab.
- ✔ Der **Prompt** sollte prägnant und spezifisch sein und möglichst alle Details umfassen, um nichts dem Zufall zu überlassen:
  - Füttern Sie die KI nicht wie eine Suchmaschine mit Stichworten, sondern schreiben Sie möglichst lang und ausführlich.
  - Formulieren Sie ein ausdrückliches Ziel. Beschreiben Sie jedes Detail Ihres Wunsches so, als wüsste jemand absolut nicht, worum es geht.
  - Auch Zwischenschritte zum Ziel und Beispiele sind hilfreich.
  - Sie können in den Dialog mit der KI treten und explizit um Rückfragen bitten.
  - Für besonders gute Antworten hat es sich bewährt, ihr eine Rolle zuzuweisen, zum Beispiel: `Du bist Experte für Suchmaschinenoptimierung.`
  - Englische Prompts werden von den meisten KI-Systemen besser verarbeitet als deutsche. Andersherum verstehen auch viele englischsprachige Tools Deutsch.
- ✔ Sehr präzise und erfolgreiche Prompts werden häufig geteilt oder sogar gehandelt.

Content Creation mit Künstlicher Intelligenz für Dummies

Schummelseite

CHATBOTS WIE CHATGPT, GEMINI, CLAUDE ODER PERPLEXITY NUTZEN

- ✔ Sie bedienen Chatbots in natürlicher Sprache, wie Sie es auch einem Menschen schreiben würden, und es ist nicht notwendig, Kurzbefehle oder eine spezielle Syntax zu erlernen. Im Gegenteil: Je ausführlicher Sie Ihr Anliegen beschreiben, umso besser kann die KI Ihnen helfen. In manchen Situationen hilft es, sich gut funktionierende Befehle (*Prompts*) zu notieren oder nachzuschlagen.
- ✔ Viele Chatbots sind *multimodal*, können also neben Texteingaben auch Bilder oder Töne erzeugen, Dateien (BÜROKLAMMER-Symbol) und das Internet durchsuchen (GLOBUS-Symbol) oder die Eingabe per Sprache empfangen (MIKROFON-, TONKURVEN- oder LAUTSPRECHER-Symbol) und selbst direkt per Sprachausgabe antworten. Neben den Webseiten gibt es offizielle Apps für Smartphone und Desktop in AppStores, jedoch auch Kostenfallen von gefälschten Angeboten.
- ✔ Die Wahl des richtigen Tools hängt von Ihrem spezifischen Anwendungsfall ab: Für Recherche eignet sich **Perplexity** (`https://perplexity.ai`) besonders gut, während **ChatGPT** (`https://chatgpt.com`) Stärken im kreativen Schreiben hat. **Claude** (`https://claude.ai`) überzeugt bei der Textanalyse und mit natürlichen Formulierungen, **Gemini** (`https://gemini.google.com`) bei der Integration von Google-Diensten und der Verarbeitung langer Texte. Der Microsoft **Copilot** ist ein Chatbot, der auf ChatGPT aufbaut (`https://copilot.microsoft.com`). Es gibt auch andere Funktionen, die die Bezeichnung Copilot tragen und daher verwirren können.
- ✔ In der Regel können Sie einfache Anfragen kostenfrei stellen und so Produkte ausprobieren. Häufig ist eine Registrierung notwendig, bei der Sie persönliche Daten angeben müssen. Für Zusatzfunktionen wie schnellere und umfangreichere Antworten oder Funktionen wie die Bearbeitung von Bildern und Dateien bezahlen Sie im Abonnement rund 20 Euro pro Monat. Die Entwicklung schreitet so rasend schnell voran, dass Funktionen und Preise sich täglich ändern können.
- ✔ Sprachmodelle wie **Llama** von Meta (`https://www.llama.com`) stellen eine Ausnahme dar, da sie quelloffen (*Open Source*) sind und kostenfrei selbst installiert werden können. Im Arbeitsumfeld und bei einer umfangreichen Nutzung ist daher die Selbstinstallation freier Werkzeuge lohnend.

Content Creation mit Künstlicher Intelligenz für Dummies

Schummelseite

MUSIK UND STIMMEN ERZEUGEN

Musik und Sprachausgabe können von KI täuschend echt generiert werden. Diese Funktion ist besonders umstritten, weil sie einerseits ebenso wie Text- und Bildgeneratoren menschliche Fähigkeiten infrage stellt und Urheberrechte berührt, andererseits aber auch Persönlichkeitsrechte gefährdet. Dennoch gibt es bereits immense Fortschritte in dieser Klasse.

- Um Sprache zu synthetisieren und damit eigene Texte aussprechen zu lassen, können Sie bei **Elevenlabs** (`https://elevenlabs.io`) ihre eigene Stimmprobe hochladen oder auf eine der vielen verfügbaren Stimmen zurückgreifen.
- Mit **Soundraw** (`https://soundraw.io`) erzeugen Sie punktgenau getaktete Hintergrundmusik für Videos oder schönes Gedudel für den Hotelfahrstuhl.
- Hitreife Musik von Pop bis Schlager erzeugen **Suno** (`https://suno.com`) oder **Udio** (`https://udio.com`). Dafür tippen Sie die Beschreibung ins Promptfeld, wählen die Musikrichtung und können sogar Textzeilen vorgeben.

INHALTE VERIFIZIEREN

Künstliche Intelligenz wird nicht nur für gute Zwecke genutzt. Täuschend echte Audio-, Foto- oder Videomanipulationen sind im Umlauf (**Deep Fakes**) und es werden massenhaft Texte mit Falschinformationen erstellt (**Fake News**). Letztlich wird Medienkompetenz immer wichtiger. Bleiben Sie wachsam und hinterfragen Sie Inhalte kritisch. Wenn Sie nicht sicher sind, ob etwas mit KI generiert ist, können Sie versuchen, das zu prüfen:

- Die *Coalition for Content Provenance and Authenticity (C2PA)* stellt ein Online-Werkzeug zur Verfügung, mit dem Nutzende ein Bild hochladen können, um dessen **Content Credentials**, also die enthaltenen Metadaten und Inhaltsurhebernachweise zu überprüfen: `https://contentcredentials.org/verify`.
- Browser-Plugins wie beispielsweise *Fact Snap* (`https://factsnap.nand.io`) für Chrome oder Edge helfen dabei, Aussagen mit KI auf ihren Wahrheitsgehalt zu überprüfen.
- Besonders weit verbreiteten Falschinformationen, Halbwahrheiten und Gerüchten gehen menschliche Faktencheck-Teams wie *Correctiv* (`https://correctiv.org`), *Mimikama* (`https://mimikama.org`) oder die Nachrichtenagentur *dpa* (`https://dpa-factchecking.com`) nach.
- Im Rahmen der Initiative *Beyond 5 Years* (`https://b5y.de`) arbeiten wir an einem Echtzeit-KI-Faktencheck für Livedebatten und TV-Talkshows, der Redaktionen als Werkzeug unterstützt.

Content Creation mit Künstlicher Intelligenz für Dummies

Schummelseite

BILD- UND VIDEOGENERATOREN NUTZEN

Viele Chatbots können auf Anfrage auch Bilder, Videos oder etwa Töne generieren. In begrenztem Umfang geht das kostenfrei. Für tiefergehende Ergebnisse gibt es eigene Spezialprodukte. Die Qualität hängt daher einerseits von der Auswahl des Modells, andererseits aber auch vom Prompt ab:

- ✔ Beschreiben Sie sehr genau, was im Zentrum des Bildes oder Videos stehen soll. Lassen Sie möglichst keine Details aus, auch Selbstverständlichkeiten können wichtig sein. Erklären Sie alles, als würde jemand komplett blind sein.
- ✔ Erwähnen Sie die Umgebung (drinnen/draußen) und räumliche Eigenschaften, zum Beispiel den Einrichtungsstil oder das Alter eines Hauses.
- ✔ Technische Instruktionen wie das gewünschte Medium (Foto, Gemälde, Illustration), der künstlerische Stil, Stimmung, Farben, Beleuchtung bis hin zu Perspektive (Froschperspektive, Close-up), Format (Hochformat, Querformat) oder Bildqualität (4K, HDR) sind ebenfalls hilfreich.
- ✔ Bei einigen Diensten können Sie Bilder als Vorlage einfügen, an denen sich das Modell orientieren soll. Es übernimmt zum Beispiel den Stil, Farben oder Formen.

Die meisten KI-Unternehmen verwenden eigene Modelle und liefern teilweise komplett unterschiedliche Ergebnisse bei der gleichen Prompt-Anforderung. In Bezug auf Persönlichkeitsrechte können sie limitiert sein und beispielsweise keine Personen und Produktmarken oder nur Comic-Zeichnungen darstellen.

- ✔ ChatGPT und Microsofts Copilot nutzen das Text-zu-Bild-Modell **Dall-E**, das Sie im Chat mit Stichworten wie `generiere` und einer Bildbeschreibung anfordern. Zum Beispiel: `Generiere ein Bild von einer lesenden Person.`
- ✔ Bildgeneratoren wie **Midjourney** (`https://midjourney.com`) oder Adobe **Firefly** (`https://firefly.adobe.com`) können Sie über Webseiten nutzen. **Stable Diffusion** (`https://stability.ai/stable-image`) und **Flux** (`https://blackforestlabs.ai`) lassen sich lokal oder über API erreichen.
- ✔ Unter den Videogeneratoren spielen neben der Bildqualität auch die Länge der erzeugbaren Filme eine Rolle. **Runway** (`https://runway.ml`) oder Sora (`https://openai.com/index/sora/`) erzeugen filmreife Szenen, **Pika** (`https://pika.art`) sticht durch witzige Effekte hervor und **Firefly** (`https://firefly.adobe.com`) ist in Adobe-Software integriert und sichert zu, dass die erzeugten Bilder auch kommerziell verwendet werden dürfen.
- ✔ Während die meisten Generatoren sich mit der Animation von Personen schwertun, generieren Dienste wie **HeyGen** (`https://www.heygen.com`) oder **Synthesia** (`https://www.synthesia.io/de`) täuschend echte KI-Avatare, die Sie für Erklärfilme oder Produktvorstellungen in Social Media nutzen können.

Content Creation mit Künstlicher Intelligenz für Dummies

Schummelseite

DIE QUAL DER WAHL BEIM KI-MODELL

Bevor Sie mit einem größeren Projekt starten oder wiederkehrende Aufgaben einer KI übertragen, sollten Sie die bevorstehenden Herausforderungen systematisch analysieren und sich auch in Bezug auf verwendete Daten rückversichern.

So gehen Sie am besten vor:

Aufgaben definieren: Stellen Sie fest, welche Ziele mit der Eingabe erreicht werden sollen.

1. **Daten identifizieren:** Soll die Eingabe persönliche Daten enthalten, spielen Datenschutz oder Ethik mit.
2. **Kapazitäten bewerten:** Rechenleistung und Speicher spielen besonders bei größeren Aufgaben eine Rolle.

Einige wichtige Kriterien für die Auswahl der richtigen KI sind:

- ✔ **Bedienfreundlichkeit:** Sind Einarbeitung und Erlernen von Befehlen notwendig?
- ✔ **Spezifikation:** Ist das Modell allgemein generisch oder spezialisiert?
- ✔ **Leistungsvermögen:** Wie umfangreich sind das Wissen oder die Fähigkeiten?
- ✔ **Geschwindigkeit:** Wie schnell wird auf Eingaben auch bei großen Daten reagiert?
- ✔ **Rechtliches und Moral:** Wie steht es um Datenschutz oder antrainierte Ethik?
- ✔ **Kosten:** Wie viel kostet eine Anfrage oder die monatlich pauschale Nutzung?
- ✔ **Downloadfähigkeit:** Spielt es auf fremden Servern oder ist es lokal installierbar?
- ✔ **Open Source / Open Weights:** Ist das Modell offen oder braucht man Lizenzen?
- ✔ **Integration:** Läuft die KI in einem Produkt oder ist sie integrationsfähig (*API*)?

Die besten Ergebnisse erhalten Sie oft, wenn Sie KI-Werkzeuge kombinieren!

Content Creation mit Künstlicher Intelligenz für Dummies

Rafael Bujotzek

Content Creation mit Künstlicher Intelligenz für dummies®

Fachkorrektur von Dr. Marvin Weigand

WILEY-VCH GmbH

Content Creation mit Künstlicher Intelligenz für Dummies

Bibliografische Information der Deutschen Nationalbibliothek

Die Deutsche Nationalbibliothek verzeichnet diese Publikation in der Deutschen Nationalbibliografie; detaillierte bibliografische Daten sind im Internet über `http://dnb.d-nb.de` abrufbar.

1. Auflage 2025

Coverillustration: © MH – stock.adobe.com, © New Africa – stock.adobe.com, © Fostor – stock.adobe.com, © backup16 – stock.adobe.com, © dofmaster/Shutterstock, © Richard Peterson/Shutterstock
Korrektur: Lena-Maria Denu, Mainburg
Satz: Straive, Chennai, India
Druck und Bindung:

Print ISBN: 978-3-527-72241-9
ePub ISBN: 978-3-527-84946-8

Bevollmächtigte des Herstellers gemäß EU-Produktsicherheitsverordnung ist die Wiley-VCH GmbH, Boschstr. 12, 69469 Weinheim, Deutschland, E-Mail: Product_Safety@wiley.com.

Über den Autor

Rafael Bujotzek, Jahrgang 1984, ist studierter Online-Journalist, Unternehmer und Nerd. Er beschäftigt sich schon von Berufs wegen ständig mit neuen Technologien. Im Laufe seiner Karriere hat er für namhafte internationale Medienhäuser gearbeitet und wird als IT-Experte und Berater konsultiert. Neben der Tätigkeit beim ARD-Hörfunk und -Fernsehen sowie für Handelsblatt und t3n (heise-Verlagsgruppe) war er lange Zeit Redakteur und Reporter beim ZDF heute-journal, hat zu Themen wie Technik, Medizin und Forschung im Wissenschaftsmagazin 3sat nano aus aller Welt berichtet und war Chef vom Dienst der ZDF-Wirtschaftsredaktion an der Frankfurter Börse. Bujotzek hat TV- und Radiosendungen präsentiert, Filme produziert sowie Redaktionen und Startups angeführt. Er moderiert Veranstaltungen, Preisverleihungen und Diskussionen, ist Redakteur, Filmkritiker und Synchronsprecher. Darüber hinaus lehrt er an Universitäten und Hochschulen. Seit mehr als 20 Jahren berät Bujotzek außerdem mit seinem IT-Unternehmen *glisco internet services* (`glisco.de`) Firmen, hat tiefen Einblick in Abläufe und Strukturen und entwickelt anspruchsvolle IT-Lösungen. Zur Ausarbeitung von KI-Konzepten hat er die Initiative *Beyond 5 Years* (`b5y.de`) mitgegründet. Mehr zu ihm unter `www.raffiniert.tv`.

Danksagung

Allem voran danke ich einem meiner besten Freunde, dem promovierten Neurowissenschaftler Dr. Marvin Weigand, mit dem ich mich schon auf dem Schulhof über die neuesten technischen Entwicklungen austauschen konnte. Gemeinsam haben wir in unseren Kinderzimmern durch viele Nächte hindurch programmiert und gehackt. Als Marvin mich vor einigen Jahren auf die Künstliche Intelligenz ansprach, konnten wir beide nicht ahnen, welches *Rabbit Hole* sich damit für uns öffnen würde. Ich danke ihm für so vieles und auch für die Fachkorrektur zu diesem Buch, die hoffentlich jeden von mir erdachten Nonsens eliminiert, korrigiert und verknappt hat. Danke auch an alle, die Korrektur gelesen haben!

Der erste Impuls für dieses Projekt kam von meiner Lektorin Damaris Kriegs von *Wiley-VCH*, der es mit ihrem Charme gelungen ist, mich für diese Idee einzuspannen und mit ihrer Geduld und ihrem Humor bis zum Ende zu motivieren, obwohl sich dieses schnelllebige Thema praktisch täglich weiterdreht. Die liebe Bibliothekarin und Autorin Anna Brisbois hat mich inspiriert, selbst ein Buch zu schreiben. Björn Lauer, dem stellvertretenden Verlagsleiter des *Societäts-Verlags*, gebührt mein unendlicher Dank für seine Menschenkenntnis, die Weiterempfehlung und den Glauben in meine Arbeit sowie für großartige, tiefgründige Gespräche. Und meinem Verleger Hartmut »Harri« Gante, der sich mehr als 30 Jahre für die Dummies-Reihe bei *Wiley-VCH* verdient gemacht und auch diesem Buch mit präzisen Ratschlägen zur Geburt verholfen hat.

Der größte Dank geht an meine Ehefrau, die so viele Entwürfe gelesen, korrigiert und verbessert hat, und an meinen Sohn, der zu häufig einen müden Papa ertragen musste, wenn ich mal wieder eine Nacht hindurch geschrieben habe, und mich trotzdem angespornt hat, weiterzumachen.

Widmung

Dieses Buch ist meinem Sohn Felix und meiner Frau Alicia gewidmet.

Wenn du einmal groß bist, lieber Felix, wird Künstliche Intelligenz ganz selbstverständlich sein, und du wirst darüber lachen, wie umständlich dein Vater hier versucht hat, alles zu erklären. Bleib neugierig!

Auf einen Blick

Einleitung **29**

Teil I: Künstliche Intelligenz verstehen: Wer schreibt da? **35**

Kapitel 1: Generieren mit KI 37
Kapitel 2: Was bleibt vom Hype? Goldrausch, Ernüchterung und Zeitenwende 63
Kapitel 3: Content: Ein Königreich für Inhalte 71

Teil II: Schnell loslegen: Der Weg zur Künstlichen Intelligenz **81**

Kapitel 4: Sicher von Anfang an: Registrierung bei den Diensten 83
Kapitel 5: Der erste Kontakt mit ChatGPT und den O-Modellen 105
Kapitel 6: Drum prüfe, wer sich ewig bindet: Angebote im Vergleich 125
Kapitel 7: Lokaler Anbau statt Massen-KI-Haltung: Eigene Modelle betreiben 151
Kapitel 8: Prompting: Zeit für den richtigen Prompt 165

Teil III: Praktische Anwendungen: It's Tool Time! **175**

Kapitel 9: Texte auf Knopfdruck aus dem Generator 177
Kapitel 10: Bilder: Kunst, Fotografie und Magie mit KI 205
Kapitel 11: Töne: Synthetisierte Sprache und klangvolle Musik mit KI 247
Kapitel 12: Videos: Bewegtbild und Animation mit KI 277
Kapitel 13: Design und Content: Gestalten und Arbeiten mit KI 317

Teil IV: Arbeitsalltag mit KI: Innerhalb bestehender Anwendungen **345**

Kapitel 14: Workflows optimieren und automatisieren 347
Kapitel 15: Der Copilot von Microsoft 365
Kapitel 16: Surfen und Suchen: KI statt Google und Co. 387
Kapitel 17: KI-Werkzeuge online finden 403
Kapitel 18: Best Practices – die Erfolgsgeschichten 411
Kapitel 19: Endlich Barrierefreiheit – Grenzen überwinden mit KI 429

Teil V: Recht fraglich – wo geht es hin? **441**

Kapitel 20: Fallstricke für Juristen und Jurys 443
Kapitel 21: Ethik und Verantwortung 465
Kapitel 22: Wie es weitergeht 479

Teil VI: Der Top-Ten-Teil **483**

Kapitel 23: Zehn Quellen, um über KI auf dem Laufenden zu bleiben 485
Kapitel 24: Zehn (plus eins) KI-Tipps für langweilige Regentage 489
Kapitel 25: Zehn unnütze Fakten über Künstliche Intelligenz 493

Abbildungsverzeichnis **497**

Stichwortverzeichnis **501**

Inhaltsverzeichnis

Einleitung ... **29**
Über dieses Buch ... 29
Was Sie nicht lesen müssen ... 30
Konventionen in diesem Buch ... 30
Törichte Annahmen über die Lesenden ... 31
Wie dieses Buch aufgebaut ist ... 32
Teil I: Künstliche Intelligenz verstehen: Wer schreibt da? ... 32
Teil II: Der Weg zur Künstlichen Intelligenz: Schnell loslegen ... 33
Teil III: Praktische Anwendungen: It's Tool Time! ... 33
Teil IV: Arbeitsalltag mit KI: Innerhalb bestehender Anwendungen ... 33
Teil V: Recht fraglich – wo geht es hin? ... 33
Teil VI: Der Top-Ten-Teil ... 33
Symbole, die in diesem Buch verwendet werden ... 34
Wie es weitergeht ... 34

TEIL I
KÜNSTLICHE INTELLIGENZ VERSTEHEN: WER SCHREIBT DA? ... **35**

Kapitel 1
Generieren mit KI ... **37**
Grundsätzliche Funktion – Blick in den Maschinenraum ... 37
Die Sache mit der Statistik: Mit Vorschlägen schneller ans Ziel ... 38
Von Big Data zum KI-Modell ... 39
Der Begriff Künstliche Intelligenz (alles Marketing?) ... 40
Wie intelligent ist Künstliche Intelligenz eigentlich? ... 40
Wie funktioniert der Chatbot? ... 41
Halluzination – was Dreijährige und die KI gemeinsam haben ... 42
Eine kurze Chronologie – was bisher geschah 44
Der menschliche Traum von künstlicher Assistenz ... 45
KI als Ziel einer langen Reise von Erkenntnissen ... 47
Ein Modell für den Nachbau des Gehirns ... 51
Große Modelle und generative KI – Coverversionen und Me-too-Produkte ... 54
Geniale Verbindung aus Chatbot und Sprachmodell ... 54
Wie große Sprachmodelle (Large Language Models) arbeiten ... 54
Woher stammen die Trainingsdaten? ... 57
GPT, was? ... 58
Richtig entrauschen für stabile Diffusion ... 60

Kapitel 2
Was bleibt vom Hype? Goldrausch, Ernüchterung und Zeitenwende **63**
Technologischer Auslöser für einen ungeahnten Hype 63
Auf dem Weg zum Gipfel: Der Hype erreicht die breite Masse 64
Der Hype-Zyklus nach Gartner 64
Fünf Kernphasen nach Gartner 65
Enttäuschung vorprogrammiert? 65
Sachlichkeit nach dem Hype 66
Die ChatGPT-Methode: Wie OpenAIs Aufstieg gelang 67
Musk scheitert, Microsoft übernimmt 67
OpenAI-CEO und Mitbegründer Sam Altman 68
Einfluss auf die Mächtigsten der Welt 68
Sorgen und Sicherheitsbedenken rund um ChatGPT 68
Kontroversen in der Führungsetage 69
Kooperationen mit Medienunternehmen 69

Kapitel 3
Content: Ein Königreich für Inhalte **71**
Was Content eigentlich ist 72
Guter Content ist gefragt 72
Wie sich Online-Content abhebt 73
Wie Content zum »King« wurde 73
Wer wofür Content kreiert 73
Eigener Berufszweig Content Creation 73
Content Creation als Ausbildungsberuf? 74
Ist das Werbung? – Abgrenzung zum Influencing 76
Wie Content Creation mit KI schematisch abläuft 77
Schema der Content Creation 77
Variationen und Planung 78
KI im Projektmanagement 78

TEIL II
SCHNELL LOSLEGEN: DER WEG ZUR KÜNSTLICHEN INTELLIGENZ **81**

Kapitel 4
Sicher von Anfang an: Registrierung bei den Diensten **83**
Registrieren und Log-in-Prozess absichern 84
Ein-Klick-Registrierungsservice mit Tücken 84
Flexibel und privater: Accounts mit Weiterleitungsadressen 86
Passwörter: einmalig, lang und kompliziert 89
Passwortmanager und Generatoren 90
Zwei-Faktor-Authentifizierung immer einschalten 93
So halten Sie Ihr Geld zusammen 96
Probeabonnements rechtzeitig kündigen 96
Regelmäßige Kontrolle der Bankbelege 96

So schützen Sie Daten von Anfang an ... 97
Datensammlung einschränken ... 97
Daten anderer schützen und verarbeiten ... 99
Kein Daten-Workout: Werden Sie Trainingsmuffel ... 100
Kein Backup – kein Mitleid ... 102

Kapitel 5
Der erste Kontakt mit ChatGPT und den O-Modellen ... 105
Orientierung und Funktionen ... 105
Registrieren bei ChatGPT ... 106
Wo finde ich was bei ChatGPT? ... 106
Mein erster Chat mit der KI ... 111
Was Sie am Anfang fragen können ... 111
Die Lernkurve steigt ... 112
ChatGPT und Content Creation ... 113
ChatGPTs schlaue Geschwister ... 113
Nutzungslimit für ChatGPT in der Gratisversion ... 114
Nutzungslimits im Überblick ... 114
Was passiert, wenn das Limit erreicht ist ... 114
Offizielle Apps für ChatGPT ... 115
ChatGPT über offizielle Smartphone-Apps ... 115
ChatGPT über offizielle Desktop-Apps ... 116
Zugriff über WhatsApp ... 117
ChatGPT spricht: Fortgeschrittener Audiomodus ... 118
Fortgeschrittenen Audiomodus einsetzen ... 118
Direktes Gespräch über Content Creation ... 118
Die Erinnerungsfunktion von ChatGPT ... 119
Mehr Interaktion mit Text dank Canvas ... 120
Funktionalität von Canvas ... 120
Schreiben mit Canvas ... 121
Programmieren mit Canvas ... 121
Das nächste Level mit o-Modellen: Erst denken, dann handeln ... 122
Komplexe Probleme aus Wissenschaft und Programmierung ... 122
Wo und wie Sie o-Modelle einsetzen können ... 123

Kapitel 6
Drum prüfe, wer sich ewig bindet: Angebote im Vergleich ... 125
Modelle, Modelle, Modelle: Gemini, Claude und Co. ... 125
Copilot von Microsoft ... 126
Claude von Anthropic ... 126
Gemini von Google ... 127
Grok von xAI ... 132
Intelligence von Apple ... 133
Nvidia: Vom Grafik- zum Sprachmodelldienstleister ... 138
NeMo und mehr von Mistral ... 139
R1, V3 und Janus-Pro von DeepSeek ... 139

Qwen von Alibaba ... 140
Noch lange nicht alles … ... 140
KI-Systeme im Wettstreit ... 141
Benchmarks: Große Sprachmodelle sehr intransparent ... 141
Kriterien für die Auswahl eines Large Language Models ... 142
Merkmale und Kosten ... 143
KI-Tools der Sozialen Netzwerke ... 145
Generative KI bei Meta ... 145
Generative KI in SnapChat ... 146
YouTube unterstützt Content Creators ... 147
Generative KI in TikTok ... 148

Kapitel 7
Lokaler Anbau statt Massen-KI-Haltung:
Eigene Modelle betreiben ... 151

Viele Vorteile und ein Nachteil ... 151
Open Source als Alternative ... 152
Definition von Open Source ... 152
Open Washing: Marketing und strenge Definitionen ... 152
Qual der Wahl: Llamas und andere Herden ... 153
Was das Llama drauf hat ... 153
Wieso Meta KI-Sprachmodelle verschenkt ... 154
Weitere Herden von KI-Produkten ... 155
Künstliche Intelligenz auf dem eigenen Computer installieren ... 155
Hardwarefrage: Reicht der Heimcomputer? ... 156
Mittelweg: Auftragsarbeiten in der Cloud ... 157
Das Fundament vieler KI-Anwendungen: Python ... 158
Pinokio: Ohne Programmierung zum Ergebnis ... 159
Überall lauffähige Virtualisierung mit Docker ... 161
Lokaler Sprachmodellserver Ollama ... 162

Kapitel 8
Prompting: Zeit für den richtigen Prompt ... 165

Prompt Engineering ... 165
Prompting ... 166
Funktion und Aufbau eines guten Prompts ... 167
Prompt-Techniken: Pimp my Prompts ... 167
Iterativer Prozess ... 167
Gängige Prompt-Techniken im Überblick ... 168
Promptologie-Experimente ... 170
Die KI entwirft Prompts für Sie ... 171
Benutzerdefinierte Anweisungen ... 172
Gib mir Prompts: Beispiele für viele Lebenslagen ... 172
Read the f… manual: Referenzen, Vorlagen und mehr ... 174

TEIL III
PRAKTISCHE ANWENDUNGEN: IT'S TOOL TIME! ... 175

Kapitel 9
Texte auf Knopfdruck aus dem Generator ... 177
Der Chatbot als Schreibmaschine ... 177
Erst einmal Losschreiben ... 178
Tabellen erstellen und formatieren ... 178
Übersetzungsbüro KI ... 179
KI-Chatbots sprechen viele Sprachen ... 180
Kölsche Intelligenz: Profi-Übersetzungen von Weltruf ... 181
Die KI zum Diktat bitten ... 182
Careless Whisper von OpenAI ... 183
MacWhisper (Whisper Transkription) von Good Snooze ... 184
Integrierte Dienste in Windows, Mac und Linux ... 186
Alternative Transkriptionsdienstleister ... 188
Im Vorzimmer schreibt KI: Briefe, E-Mails, Newsletter ... 189
Korrektur lesen ... 189
In der Kürze ... Texte zusammenfassen ... 190
Des Deutschen liebstes Hobby: Reklamieren ... 190
Wer schreibt, der bleibt ... 192
Kreativität ... 197
Dichten und Büttenreden ... 198
Texte, Bücher, Manuskripte ... 199
KI-Erkennung: Bist du ein Roboter? ... 200
OpenAI verwirft Ansatz für KI-Texterkennung ... 200
Flut von KI-Texten richtet schweren Schaden an ... 200
Erkennung mit gesundem Menschenverstand ... 200
Technische Hilfsmittel: Schlangenöl gegen Semantik ... 201

Kapitel 10
Bilder: Kunst, Fotografie und Magie mit KI ... 205
Ungeahnte Möglichkeiten der Bildgestaltung ... 205
Gefahren bei der kommerziellen Nutzung von Bildgeneratoren ... 206
Sicherheitssperren bei der Bilderzeugung ... 207
So generieren Sie Bilder mit Künstlicher Intelligenz ... 208
Tipps für effektive KI-Bildgenerierung ... 208
Bedienoberflächen der Bildgeneratoren ... 209
Modelle zur Bilderzeugung ... 213
Dall-E ... 214
Midjourney ... 217
Stable Diffusion beziehungsweise Stable Image ... 224
Runway ML ... 229
Flux aus Deutschland ... 230
Firefly in Adobe Creative Cloud ... 231

Bildgeneratoren in Programmen 237
Luminar Neo und Aperty von Skylum 237
Photo AI von Topaz Labs 238
Vektorgrafiken mit Icons und Piktogrammen 238
Vektorgrafiken mit einem Chatbot entwerfen 239
Recraft.ai 239
VectorArt.ai 239
Logoist mit VectorAI von Synium Software 239
Weitere nützliche Tools in Apps und Webanwendungen 240
Remini Porträteffekte 240
Upscayl 241
Ideogram 241
Imagen 241
Generative AI by iStock von Getty Images und Nvidia 241
AI Image Generator von DeepAI 242
Eigenes Modell trainieren bei Exactly.ai 243
Anpassungen und Montagen an Bildern 243
Methoden der Anpassungen 243
Identitätsmerkmale als Referenz 245

Kapitel 11
Töne: Synthetisierte Sprache und klangvolle Musik mit KI 247

Stimmen generieren und imitieren 247
Viele Anwendungszwecke für generierte Stimmen 247
Schnell mal was sagen (lassen) 248
Sprachausgabe erzeugen: Täuschend echte Profi-Sprache 249
Übersetzung in gesprochene Sprache 253
Kostenlose KI-Klänge: Open-Source-Stimmen und Musik 255
Barrierefreiheit dank Stimmklon 257
Podcast-Generatoren: Die KI spricht und editiert 258
Das Nebenbei-Medium im Gratis-Abonnement 258
Ein eigener Podcast in zehn Schritten 258
Technische Details bei der Podcast-Erstellung 259
Der KI-Boost für Ihren Podcast 261
Musik generieren: Davon kann KI ein Lied singen 262
Wie leistungsfähig KI-Musikgeneratoren sind 263
Suno 263
Udio 265
Soundraw 267
Stable Audio 268
Beatoven.ai 268
Audiocraft 269
So steigen Sie selbst in die Musikproduktion ein 270
Einfluss der KI auf die Musikindustrie 271
KI-Begleitung bei der Musikerzeugung 274
Singen und Instrumente lernen 275
Nützliche Werkzeuge 276

Kapitel 12 Videos: Bewegtbild und Animation mit KI 277

Einschränkungen der Videogenerierung 277
Einsatzmöglichkeiten von KI bei der Filmproduktion 278
Generieren von Filmen mit KI 279
Videomodelle und -generatoren im Überblick 280
Sora von OpenAI 280
Veo von Google 283
Flux von Black Forest Labs 284
Kling AI von Kuaishou 284
Dream Machine von Luma AI 286
Pika 287
Runway ML 289
Firefly von Adobe 291
Diffuse und ReelMagic von Higgsfield 293
Muschel von MiniMax 293
Hotshot von Natural Synthetics 294
CogVideoX der Tsinghua University 294
Mochi 294
AnimateDiff 295
Pyramid Flow von rain1011 295
Midjourney 295
Filmschnitt erleichtert 295
Neue KI-Funktionen halten Einzug 296
Filmora von Wondershare 296
DaVinci Resolve Studio von Blackmagic Design 298
Premiere Pro und After Effects von Adobe 299
Avid Media Composer und Pro Tools 303
Final Cut Pro von Apple 304
Video AI von Topaz Labs 305
Schnell mal mit KI schneiden: Apps für unterwegs 306
PowerDirector von Cyberlink 306
CapCut 306
iMovie 306
Lumafusion 307
InShot 307
Vivid Glam 307
Beispiele für Filmeffekte mit KI 307
Bildvorlagen für exakte Endergebnisse 308
Let's dance on Mars: Vortanzen für die Avatare 312
Digitale Avatare und Video-Creator-Tools 313
Synthesia 313
HeyGen 313
Hippo Video: Persönliche Marketing-Ansprache 315
Vidnoz 315
Captions.ai: Augen geradeaus und lächeln 315
Immersity: 3D-Blick für die KI 316

Open-Source-Alternative für 3D. 316
Colossyan AI 316
DeepBrain AI. 316

Kapitel 13
Design und Content: Gestalten und Arbeiten mit KI 317

Design oder nicht sein: K(I)reative Multiwerkzeuge 318
Canva: Marktführer mit dem Designer-Office 318
Figma: Design für Nicht-Designer 320
Notion: Wiki und Workspace auf Mate 321
Adobe GenStudio: Die All-in-One-Plattform. 323
Handfestes Design: Autodesk-Software für CAD 323
AutoCAD: Intelligente Blöcke und Markierungen 324
Revit: Generativer Entwurf 325
Fusion 360: Generatives Design für Fertigung. 325
Spezialanwendungen für Logos, CI und Bilder 326
LogoAI: Firmenlogo oder Projektzeichen in Sekunden. 326
Looka: Corporate Identity und Mock-ups. 327
AI Headshot Generator: Passfotos aus dem Automaten 327
LTX Studio: Storyboards aus Prompts. 327
Mindmaps mit KI-Power 327
Weitere nützliche Tools. 328
E-Learning mit KI (Fortbildungen und Schulungen) 329
Eigene Online-Kurse anbieten 329
Simpleshow: Content zu Erklärfilm 329
Webseiten aus der KI-Manufaktur 331
AI Website Builder 331
10Web AI Website Builder. 331
GPT Engineer 332
Landingsite.ai 332
IONOS 334
Bloggen mit KI: Wordpress, Joomla und Co. 335
Eigener Chatbot, maßgeschneidert. 336
Programmieren mit KI-Unterstützung 338
Programmieren in ChatGPT 338
GitHub Copilot 339
GitLab Duo 340
Atlassian Intelligence in Bitbucket 340
Amazon Web Services 341
Aider. 341
Devika 341
AutoGPT: Unterstützung vom Oktopus 342
Cursor 342
v0 von Vercel. 343
Replit Agent. 343
LlamaCoder. 343
Websim AI 344

TEIL IV ARBEITSALLTAG MIT KI: INNERHALB BESTEHENDER ANWENDUNGEN

TEIL IV ARBEITSALLTAG MIT KI: INNERHALB BESTEHENDER ANWENDUNGEN ... 345

Kapitel 14 Workflows optimieren und automatisieren ... 347

Inhalte verstehen, zusammenfassen und beantworten ... 347
Fragen Sie eine Datei ... 348
Audiozusammenfassungen mit Googles NotebookLM ... 349
Summarize.tech fasst Videos zusammen ... 351
Nextcloud: Alle Anwendungen unter dem eigenen Dach ... 351
Paperless-ngx ... 353
Curiosity ... 353
Glean ... 354
Produktiv in Kommunikation, Marketing und Vertrieb ... 354
Jasper.ai ... 354
Blaze.ai ... 355
Freshworks ... 355
Airtable ... 355
Feedly AI: Marktanalyse und Informationen ... 355
Slack von Salesforce ... 356
Zoom ... 356
Intercom ... 356
Chatwood ... 357
Shopify ... 357
TimelyApp: Zeiterfassung und Abrechnungen ... 357
Alles auf Autopilot – Automatisierung mit KI ... 358
In geheimer Mission: KI-Agenten übernehmen den Job ... 358
Die fünf Stufen der KI-Evolution nach OpenAI ... 359
Alle arbeiten an KI-Agenten ... 360
Leerer Posteingang dank Inbox Zero ... 361
Mixpost: Social Media Autopilot ... 361
Content-Workflows für Medienprofis ... 361
Automatisierung Ihrer Routinen mit Zapier und n8n ... 362

Kapitel 15 Der Copilot von Microsoft ... 365

Die Erben von Karl Klammer ... 365
Anscheinend möchten Sie einen Brief schreiben ... 365
Mega-Marketing in das Erkennungszeichen ... 366
Kann Spuren von ChatGPT enthalten ... 366
Nicht einer, sondern drei Copiloten ... 367
Bedienung des Copilot-Chatbots ... 368
Copilot Chatbot in Windows ... 369
Windows auf einem Copilot+-PC ... 371
Microsofts KI in Windows-Anwendungen ... 373
Copilot und Copilot Pro in Office-Anwendungen ... 374

KI von Microsoft auch ohne Abonnement . . . 385
Click to do in Windows . . . 385
Weitere versteckte KI-Funktionen . . . 386

Kapitel 16
Surfen und Suchen: KI statt Google und Co. . . . 387
KI – die bessere Suchmaschine? . . . 387
Suche ohne Suchmaschine: Abkürzung mit gewissen Risiken . . . 387
Perplexity – Schweizer Taschenmesser aus dem Silicon Valley . . . 388
ChatGPT-Suche: OpenAI sucht nach Suchmöglichkeiten . . . 392
Eigene Suchmaschine von Meta . . . 393
Marktübersicht: KI mit Websuche . . . 393
Hybrides Suchen mit Suchmaschine und KI . . . 394
Das Google-Rezept: Lassen Sie Google für sich googeln . . . 394
Bing(e)-Suche mit Microsofts Copilot . . . 396
DuckDuckGo: Die fürsorgliche Ente . . . 397
Ecosia: Eine KI, die Bäume pflanzt . . . 398
WolframAlpha: Klug und ein wenig übermenschlich . . . 399
Unterwegs im Browser: Die KI geht surfen . . . 399
Firefox von Mozilla . . . 399
Edge von Microsoft . . . 400
Chrome von Google . . . 400
Safari von Apple . . . 402
Nischenbrowser . . . 402

Kapitel 17
KI-Werkzeuge online finden . . . 403
Überall KI, wo finde ich sie? . . . 403
Marktplätze der Möglichkeiten . . . 403
Programmierplattformen und Verzeichnisse . . . 404
Hugging Face . . . 405
GitHub . . . 405
Civitai . . . 405
ModelScope . . . 405
Weitere Möglichkeiten . . . 406
Social Media nutzen und Foren beobachten . . . 406
Tech-Blogs und -Nachrichtenseiten verfolgen . . . 406
Produkteinführungsplattformen . . . 407
Konferenzen und Webinare besuchen . . . 407
Lernangebote . . . 408
KI-Campus . . . 408
Elements of AI . . . 408
Google Microlearning . . . 408
LinkedIn Learning . . . 408
Coursera . . . 409
Deeplearning.ai . . . 409
Amazon für Unternehmen . . . 409

Kaggle ... 409
openHPI-Kurs ... 409
Kostenlose Harvard-Kurse ... 409

Kapitel 18
Best Practices – die Erfolgsgeschichten ... 411

Fallbeispiele aus Unternehmen und Behören ... 411
Teurer KI-Fail erntet Shitstorm ... 411
Bosch: Deutsche Industrie als KI-Vorreiter ... 412
dm-Drogeriemarkt: Spieglein, Spieglein im Browser ... 413
Electronic Arts: Das nächste Level in der Spieleentwicklung ... 413
Erfahrungen aus der Praxis der Content Creation ... 413
Hannah Passmann: KI in Marketing und Kommunikation ... 414
Andreas O. Loff: Formatentwickler, KI-Evangelist und Produzent ... 418
Content Creation im Journalismus ... 424
Zeitungen und Nachrichtenportale ... 424
Hörfunk und Podcasts ... 425
Fernsehen ... 426
Großereignisse ... 427

Kapitel 19
Endlich Barrierefreiheit – Grenzen überwinden mit KI ... 429

Barrierefreiheit im Netz ... 429
Behinderung als soziales Modell ... 429
Menschen mit Behinderung profitieren im Speziellen ... 430
Was bedeutet barrierefrei konkret? ... 431
Gesetzliche Verpflichtung zu Barrierefreiheit ... 431
EU-weit gesetzlich geregelt ... 432
Nach der DSGVO kommt jetzt der EAA ... 433
Barrierefreiheit als Wettbewerbsvorteil ... 433
Wie Sie jetzt barrierefrei werden ... 434
Realistisch bleiben ... 434
Betroffene fragen und einbinden ... 434
Barrierefreiheit umsetzen mit KI ... 435
Chatbots und korrektes HTML ... 435
Konkrete Beispiele für Barrierefreiheit mit KI ... 436
Automatisieren der Bearbeitung ... 438
Dateien und Formulare barrierefrei gestalten ... 439

TEIL V
RECHT FRAGLICH – WO GEHT ES HIN? ... 441

Kapitel 20
Fallstricke für Juristen und Jurys ... 443

Wem gehören von KI generierte Inhalte? ... 443
Juristische Fälle zum Urheberrecht ... 443
Urheberrecht: Wann ist ein Werk geschützt? ... 445

Nutzung und Verwertung von Werken ... 447
Bei Verwertungsgesellschaften anmelden ... 448
Was Verwertungsgesellschaften machen ... 448
Anmeldung in wenigen Schritten ... 448
Missbrauch ist strafbar ... 449
Kunstbegriff: KI im Wettbewerb ... 449
Copyright und Fair-Use-Policy ... 451
Entstehung und Weitergabe des Copyrights ... 451
Schöpfungshöhe beim Copyright ... 452
Große Prozesse und Widerspruch gegen KI-Training ... 452
Diebstahlvorwürfe: Wird alles noch abgeblasen? ... 452
Text- und Data-Mining nach deutschem Recht ... 453
Widerspruch gegen Selbstbedienung der KI-Konzerne ... 453
Spruchreife Anklage: Streit um die KI-Stimme ... 456
Deepfakes – die große Gefahr generativer KI ... 457
Medienwirkung: Ein Bild sagt mehr (Falsches) als 1.000 Worte ... 457
KI-Veröffentlichungen: Was ist erlaubt? ... 459
Warnung vor Content Creation mit KI durch Kriminelle ... 461
Regulierung der KI in Europa (AI-Act) ... 463
Risikoklassen ... 464
Betroffenheit ... 464
Fristen und Ansprechpartner ... 464

Kapitel 21
Ethik und Verantwortung ... 465

Kennzeichnungspflicht ... 465
Virales Beispiel: Der Fake-Papst in Balenciaga? ... 465
Ruf nach Kennzeichnungspflicht ... 466
KI und Journalismus ... 467
KI-Kennzeichnung der C2PA ... 470
Sicherheit und Stabilität ... 472
Volatilität von Schnittstellen ... 472
Risikomanagement ... 472
Beispiele für Fehler mit KI ... 474
Bias: Stereotype und digitale Diskriminierung ... 475
Beispiele für stereotype Trainingsdaten ... 476
Fortsetzung in die Realität ... 477
Was gegen Bias unternommen werden kann ... 477

Kapitel 22
Wie es weitergeht ... 479

Am Ende des Hypes ... 479
Geld verdienen mit KI ... 479
Das Leben verändert sich ... 480
Die AGI und wieso sie (vorerst) nicht kommt ... 481

TEIL VI
DER TOP-TEN-TEIL 483

Kapitel 23
Zehn Quellen, um über KI auf dem Laufenden zu bleiben 485
KI-Update – ein heise-Podcast 485
heise.de und heise online-App 485
Evolving.AI auf Instagram 486
Evolving.AI Newsletter 486
Handelsblatt KI-Briefing 486
Two Minute Papers YouTube-Kanal 487
Deutschlandfunk-Podcast »KI verstehen« 487
ARD – Der KI-Podcast 487
Uncovering AI 488
The Decoder 488

Kapitel 24
Zehn (plus eins) KI-Tipps für langweilige Regentage 489
FakeInsects 489
Bunten Bildern Beine machen 489
Werden Sie selbst zum Kunstwerk 490
Die wütende KI-Freundin beschwichtigen 490
Ein Comic über Ihr Leben 490
Extrem seltener KI-Computer aus den Achtzigern 491
Ein Stück KI auf dem Balkon 491
KI-gestütztes Sprachtraining 491
KI kann Lippen lesen 492
KI-App sieht LEGO-Modelle voraus 492
Schicken Sie der KI ein Fax 492

Kapitel 25
Zehn unnütze Fakten über Künstliche Intelligenz 493
Erste Chatbot-Dame 493
KI mit Staatsbürgerschaft 493
Weibliche Stimme aus gutem Grund 494
KI-Haustiere der Zukunft 494
Unbewusste KI-Nutzung 494
KI als Naturkatastrophen-Vorhersager 494
Generatives Schnäppchen 494
Markentreue 494
Ich ChatGPT das mal 495
Multimodale Fähigkeiten 495

Abbildungsverzeichnis 497
Stichwortverzeichnis 501

Einleitung

Herzlich willkommen bei *Content Creation mit Künstlicher Intelligenz für Dummies.* »Ich hoffe, diese Nachricht findet Sie in bester Gesundheit.«

Keine Sorge, hier hat nicht das Lektorat versagt. Mit dieser falschen Übersetzung einer englischen Begrüßungsfloskel leiten schlechte KI-Generatoren ihre Briefe ein. Das geht besser! Hiermit werden Sie lernen, die Künstliche Intelligenz zu verstehen, praktisch zu nutzen und für Beruf und Alltag in Texten, Tönen, Bildern, Filmen und mehr einzusetzen. Ihnen wird schnell klarwerden, welcher Erfolgsfaktor die KI in Ihrem Leben sein kann.

Über dieses Buch

Alle reden von der Künstlichen Intelligenz, aber die wesentlichen Fragen werden leider selten beantwortet: Was kann ich mit KI eigentlich konkret anfangen? Wie kann es meinen (Berufs-)Alltag erleichtern, KI einzusetzen? Wo finde ich die (richtigen) KI-Werkzeuge für meine Aufgaben? Dieses Buch soll eine brauchbare Betrachtung generativer Künstlicher Intelligenz für kreative Tätigkeiten sein und Ihnen als nützlicher Ratgeber dienen, der die auf dem Markt erhältlichen Werkzeuge und Angebote auf Höhe der Zeit erklärt, einordnet und den praktischen Einsatz ohne technisches Vorwissen ermöglicht.

Der Inhalt zählt, *Content is King,* heißt es immer wieder. Nicht nur *Content Creators* und *Influencer* schaffen täglich solche Inhalte. Praktisch alle, die täglich ein paar E-Mails beantworten, Excel-Tabellen mit Zahlen und Formeln füllen oder auch nur einen Text lesen müssen, können von KI auf der Arbeit profitieren. Auch Sie! Zeit sparen, effektiver arbeiten, präziser sein. *Learning by doing,* das Ausprobieren und Machen also, steht hier im Vordergrund.

Ein Bio-Buch: Hat die KI mitgeschrieben?

Haha, werden Sie sich jetzt denken. Der Kerl schreibt ein Buch über KI und hat mit ein paar Klicks die Inhalte zwischen die Buchdeckel *gepromptet:* `Schreibe ein KI-Buch für Dummies`. Zack, fertig. Doch ich kann Ihnen versichern, dass Sie hier tatsächlich eines der noch verbliebenen ökologisch herangezüchteten Bio-Bücher ohne Spuren Künstlicher Intelligenz vor sich haben, wenn man vom Thema einmal absieht. Das wäre zum jetzigen Zeitpunkt schon aus rein urheberrechtlichen Gründen nicht möglich (ich hätte es ja gerne versucht). Außerdem ist mein Verlag auch vertraglich sehr spitzfindig und hat ausgezeichnete Anwälte, mit denen ich mich ungern anlegen möchte. Insofern ist hier alles handgeschrieben (wirklich!) – mit Ausnahme natürlich der Textbeispiele und Ausgaben der KI, die ich zur Veranschaulichung nutze. Aber das werden Sie im weiteren Verlauf gekennzeichnet finden. Um aber gleich aus dem Nähkästchen zu plaudern: Es wäre auch gar nicht nötig, ich habe Ihnen auch so genug zu sagen. Schon allein die Möglichkeit, sich schnell ein Synonym oder eine Umschreibung für eine Formulierung geben zu lassen oder eine Idee mit dem Chatbot zu diskutieren, ist allerdings eine unglaubliche Hilfe. Sie werden ebenfalls lernen, dies zu schätzen und zu nutzen. Lehnen Sie sich also zurück und genießen Sie ein von Menschen für Menschen geschriebenes Buch über Computer, die das hier möglicherweise bald entbehrlich machen werden – hoffentlich nicht allzu bald.

Was Sie nicht lesen müssen

Vielleicht werden Sie denken: »So ein dickes Buch? Was tust du mir hier an? Ich habe Familie, ich habe ein Leben.« Doch ich kann Sie beruhigen: Sie müssen es nicht lesen. Mir reicht, dass Sie es gekauft haben. (Scherz!) Sollten Sie doch ein wenig darin blättern, genügt es vollkommen, die praktischen Themen in den hinteren Teilen aufzuschlagen und den Theorieteil den Neulingen zu überlassen. Falls dann doch einmal etwas unklar ist, dürfte dennoch alles an Ort und Stelle nachzuschlagen sein, damit Sie vorankommen.

Konventionen in diesem Buch

Damit Sie sich jederzeit gut zurechtfinden, verwende ich verschiedene Formen der Auszeichnung, um bestimmte Informationen hervorzuheben:

- ✔ Neu eingeführte Fremdwörter, bedeutsame Eigennamen oder Verweise auf andere Kapitel erkennen Sie im Text daran, dass sie *kursiv* sind.
- ✔ Begriffe, die besonders wichtig sind und die Sie möglichst schnell finden sollen, sind im Text **fett** hervorgehoben.
- ✔ Texte, die eingetippt werden müssen oder von der KI ausgegeben wurden sowie Internetadressen und dergleichen sehen aus wie `dieser Text hier`.
- ✔ Was Sie ergänzen müssen, damit es läuft, steht `[in eckigen Klammern]`.
- ✔ Wann immer auf Menüpunkte oder Schaltflächen in Programmen und auf Webseiten verwiesen wird, steht deren Bezeichnung in KAPITÄLCHEN gedruckt. So finden Sie diese schnellstmöglich auf Ihrem Display wieder und kommen weiter.
- ✔ Wenn Sie über einen Begriff stolpern oder etwas suchen, nutzen Sie bitte aktiv das hinten angehängte **Stichwortverzeichnis**, um eine Definition oder Erklärung zu finden. Sofern Sie eine E-Book-Ausgabe lesen, hilft Ihnen die Suchfunktion.

Auf englischsprachige Begriffe habe ich, wo es möglich war, verzichtet oder diese übersetzt. Viele sind feststehende Branchenbegriffe, und da wäre es albern, sie zu umschreiben – manchmal klingt *Tool* etwas abwechslungsreicher als *Werkzeug*. Es sollte dennoch verständlich bleiben.

Ich habe versucht, bei Personenbezeichnungen möglichst eine Partizipialform, eine Ersatzform oder sowohl die männliche als auch die weibliche Form zu nennen. Grundsätzlich gilt die jeweils genannte Form, wenn nicht explizit ausgeschlossen, für alle Geschlechter, und alle dürfen sich einbezogen fühlen.

Aktualität dieser Ausgabe

Veraltete Informationen in diesem gerade erst erschienenen Buch? Seien Sie bitte gnädig mit dem Medium. Nutzen Sie alle Informationen, die für Ihre Zeit und Ihr Ziel nützlich sind. Besonders bei Abbildungen sind Änderungen schnell offensichtlich und nicht zu vermeiden. Und bevor Sie dem Verlag in bester Absicht mailen, gehen Sie davon aus, dass das bereits jemand getan hat.

So wie in meiner Erstausgabe von *Zeitmanagement für Dummies* (ein großartiges Buch, das mein Leben verändert hat!) aus dem Jahr 2000 noch von *Kassetten* die Rede ist und dem eine *CD-ROM* beigelegt war, verändert sich nun mal die Zeit. Sind damit alle Tipps aus dem vor einem Vierteljahrhundert veröffentlichten Werk veraltet? Mit Sicherheit nicht. Ich habe es noch einmal durchgeblättert und wirklich wieder etwas gelernt und Vergessenes in Erinnerung gerufen.

Was ich sagen möchte: Sehen Sie es mir bitte nach, wenn auch hier einzelne Teile schon überholt oder nicht mehr ganz taufrisch sind. Ich habe mir größte Mühe gegeben, das zu verhindern und auch schon anhand von Ankündigungen gewisse Funktionen vorauszusehen (wir hoffen, sie sind alle wie versprochen gekommen). Aber so ist nun einmal der Produktionsprozess eines Buches.

- ✔ Im schlimmsten Fall wird der Verlag eine neue Auflage herausbringen oder online auf `https://www.fuer-dummies.de` auf Änderungen hinweisen.
- ✔ Webseiten, die im schnelllebigen Internet nicht mehr unter der angegebenen Adresse zu finden sind, können Sie oft mit der **Wayback-Machine** des Non-Profit-Projekts **Internet-Archive** wiederfinden (spenden Sie ruhig an dieses großartige Team, das unser Internet konserviert): `https://web.archive.org`.

Törichte Annahmen über die Lesenden

Für wen ist dieses Buch gedacht? Vielleicht sind Sie privat oder beruflich mit KI in Berührung gekommen und möchten Ihr Wissen festigen. Vielleicht steigen Sie aber auch ganz am Anfang ein. Ich habe mal einige Annahmen über Sie zusammengestellt, die mehr oder weniger zutreffen können:

- ✔ Sie interessieren sich für praktische Anwendungen von KI.
- ✔ Sie haben das Gefühl, viel Zeit mit Routineaufgaben zu verlieren.
- ✔ Sie möchten mit Unterstützung von KI Inhalte erstellen.

Dieses Buch ist für alle, die multimediale Inhalte in *Social Media* oder Publikationen veröffentlichen, *Content Creators* sind (was das ist, erkläre ich in *Kapitel 3*), sich als solche fühlen oder es werden wollen.

- ✔ Sie bloggen, posten auf TikTok oder sind Instagram-Influencer.
- ✔ Sie betreuen einen Social-Media-Account Ihres Unternehmens.
- ✔ Sie machen Grafikdesign, Audio- und Videoproduktion, Werbung oder Kunst.
- ✔ Sie arbeiten journalistisch, moderieren oder verfassen Texte.
- ✔ Sie haben einen textlastigen Beruf oder hohen Dokumentationsbedarf.
- ✔ Sie machen ein Praktikum und sollen sich »mal in diese KI einlesen« …

Besonders viel möchte ich Ihnen hier gar nicht abverlangen. Ein paar Voraussetzungen müssten jedoch gegeben sein, damit Sie diesem Buch gut folgen können: Nicht nur gehe ich leichtfertig davon aus, dass Sie einen Computer mit Internetanschluss besitzen – egal, ob mit *Windows*, *macOS* oder *Linux* – und einschalten können. In den meisten Fällen genügt sogar ein Tablet oder Smartphone. Ich denke auch, dass Sie wissen, wie Sie Internetseiten aufrufen und wie Sie eine E-Mail versenden und öffnen.

Ich werde mich bemühen, trotzdem alles Schritt für Schritt nachvollziehbar zu machen und »für Dummies« zu beschreiben.

Nun wünsche ich Ihnen viel Vergnügen und produktive Ergebnisse! Im Sinne von Franz Kafkas Lebensweisheit werden Sie schnell feststellen, dass Sie nicht mehr ohne KI arbeiten wollen:

> *»Von einem gewissen Punkt gibt es keine Rückkehr mehr.*
>
> *Dieser Punkt ist zu erreichen.« – Franz Kafka*

Wie dieses Buch aufgebaut ist

Das Buch besteht aus sechs inhaltlich abgeschlossenen Teilen, die wiederum in zusammenhängende Kapitel untergliedert sind. Zunächst werde ich Sie mit ein paar Fakten behelligen, die Sie entweder bereits kennen, schnell vergessen werden oder zu kennen glaubten und dann nach dem Lesen der hinteren Kapitel noch einmal vorholen. Das ist durchaus einkalkuliert, wir verstehen uns!

Hier ein Überblick, was Sie in den einzelnen Teilen erwartet:

Teil I: Künstliche Intelligenz verstehen: Wer schreibt da?

Im ersten Teil erfahren Sie, was KI ist und wieso sie *halluziniert*. Der *Hype* kam schnell und brach über uns herein. Daher gehe ich darauf ein, welche Entwicklung die KI durchmacht und wie Sie zwischen Marketing-Sprech und wirklich hilfreichen Funktionen unterscheiden können. Da dieses Buch Ihnen vorrangig helfen soll, Inhalte zu produzieren, steht der in den letzten Jahren groß gewordene Job der *Content Creators* im Vordergrund. Deren Jobbeschreibung besagt erst einmal nichts anderes, als dass sie Inhalte für verschiedene Medien produzieren – so kreativ oder langweilig sie sein mögen.

Teil II: Der Weg zur Künstlichen Intelligenz: Schnell loslegen

Der zweite Buchteil bringt Sie zum Durchstarten »von 0 auf KI« in wenigen Minuten. Hier erfahren Sie übersichtlich, welche KI-Modelle es überhaupt zur Auswahl gibt, wie sie sich inhaltlich unterscheiden und welche Kosten gegebenenfalls aufzuwenden sind. Anschließend zeige ich Ihnen Schritt für Schritt, wie Sie sich dort anmelden oder die KI-Werkzeuge auf Ihrem eigenen Computer installieren. Sie lernen, wie Sie sich mit der Künstlichen Intelligenz unterhalten und was dieses *Prompting* ist, von dem alle sprechen. Außerdem gibt es nützliche Vorlagen für Prompts, mit denen Sie direkt loslegen können.

Teil III: Praktische Anwendungen: It's Tool Time!

Nachdem Sie mit der KI warm geworden sind und bereits erste Erfahrungen gesammelt haben, geht der dritte Teil strukturiert und kreativ alle Erscheinungsformen der generierten Inhalte und der dafür verfügbaren Tools durch: Von Texten über Bilder bis zu Tönen, Stimmen und Videos. Anhand anschaulicher Beispiele aus der Praxis lernen Sie, KI für Ihre Zwecke einzusetzen und zu steuern. Außerdem behandle ich die Bereiche Design und Content, in denen Sie lernen, mit KI-Unterstützung zu bloggen, zu posten und zu podcasten oder *Chatbots* einzusetzen.

Teil IV: Arbeitsalltag mit KI: Innerhalb bestehender Anwendungen

Der vierte Teil widmet sich KI-Werkzeugen, die in Programme integriert sind und dort Inhalte generieren oder Sie im Büro oder Homeoffice begleiten. Anhand von Workflow-Konzepten bespreche ich mögliche Anwendungen und Erweiterungen: Ob mit dem *Microsoft Copilot* in Officeanwendungen, der KI als überlegene Suchmaschine oder vielen anderen KI-Angeboten können Sie Zeit einsparen und effektiver werden. Weil Barrierefreiheit wichtig und juristisch vorgeschrieben ist, steht sie ebenfalls im Fokus.

Teil V: Recht fraglich – wo geht es hin?

Nachdem Sie alles kennengelernt haben, will ich Sie dann noch warnen: Wie bei allen schönen Dingen gibt es immer einen Haken, und der kommt im fünften Teil so richtig zur Sprache. Datenschutz und Urheberrecht sind die Knackpunkte. Keine Sorge, ich halte keine Jura-Vorlesung sondern zeige Ihnen Beispiele, was geht und was Sie besser vermeiden sollten. Es geht auch um die Auswirkungen auf Gesellschaft, Politik und Wirtschaft. Dabei müssen wir über Themen wie Diskriminierung und Vorurteile sprechen, die zutage treten. Am Ende wage ich dann noch einen Ausblick, wo es mit der KI hingehen könnte.

Teil VI: Der Top-Ten-Teil

Wie von der *... für Dummies*-Reihe gewohnt, finden Sie zum Ende eine Reihe an Top-Ten-Listen: Solche zum Vertiefen, Ausprobieren oder mit viel mehr Inspirationen zu Künstlicher Intelligenz. Hier habe ich meine Favoriten auffindbar für Sie zusammengestellt, damit sollten Sie nach Abschluss aller Kapitel mit ihren persönlichen Zielen durchstarten können.

Symbole, die in diesem Buch verwendet werden

Sie dürfen weiterblättern (wer sollte es Ihnen verbieten), Sie dürfen überlesen, Sie dürfen zurückspringen. Besonders wichtige Stellen haben wir mit Icons versehen, die Ihnen zeigen, dass Sie das Folgende besser kurz lesen sollten:

Damit Ihnen ein Licht aufgeht: Wenn ich im Verlauf des Kapitels einen besonderen Profi-Tipp oder Internetlink für Sie habe, den Sie nicht verpassen sollten, weil es Ihr Leben unglaublich bereichern wird, finden Sie ihn mit der (energiesparenden) Glühbirne hervorgehoben jederzeit wieder. Gern geschehen!

Anekdoten in Infokästen nutze ich, um meinen Redefluss zu kanalisieren (Opa erzählt von früher). Sie können es meist ignorieren, wenn es Sie nicht interessiert. Vielleicht ist es für Sie aber nützlich, Hintergrundinformationen oder Inspirationen zu bekommen und über den Tellerrand zu schauen.

Manchmal sollten Sie etwas auf keinen Fall vergessen oder unbedingt beachten: Bedeutende Regeln, erforderliche Maßnahmen, riskante Schritte. Dann weist dieses Symbol Sie deutlich darauf hin, etwas Wichtiges zu tun, zu bedenken oder sein zu lassen. Das sollten Sie besser nicht vernachlässigen!

Hier geht es ins Detail: Begriffe werden übersetzt, definiert und erläutert, oder ich erkläre etwas Schritt für Schritt, damit Sie es wiederholen können. Hier wird es manchmal auch technisch. In jedem Fall sollten Sie das aufmerksam lesen und verstehen, denn es hilft beim Umsetzen und Weiterkommen.

Wie es weitergeht

Lesen Sie direkt weiter für technische Grundlagen, weil es nützlich sein kann, erst einmal zu verstehen, was im Hintergrund passiert. Besonders, wenn es später darum geht, die ausgegebenen Daten auf Zuverlässigkeit und Belastbarkeit zu prüfen.

Wenn Sie aber bereits genügend Vorwissen mitbringen oder neugierig sagen: »Ich möchte nicht hinter den Vorhang schauen, zeig mir das Theaterstück auf der großen Bühne«, dann blättern Sie direkt zu *Teil II und III* vor. Oder, wenn Sie mögen, können Sie jetzt schon einen Blick in den *Top-Ten-Teil* riskieren und erst einmal ein wenig Spaß haben. Vielleicht sehen wir uns hier vorn im Buch später wieder, wenn Sie Fragen für ein Making-of angesammelt haben.

In jedem Fall gilt: Genießen Sie die Show. Viel Spaß!

Teil I

Künstliche Intelligenz verstehen: Wer schreibt da?

IN DIESEM TEIL ...

- Was ist Künstliche Intelligenz eigentlich genau?
- Wo begegnet sie uns bereits und wie funktioniert sie eigentlich technisch?
- Wie hängt Künstliche Intelligenz mit *Maschinellem Lernen* und *Big Data* zusammen?
- Wie viel Marketing steckt im KI-Begriff?
- Wie arbeiten KI-Chatbots eigentlich?
- Was ist *Halluzination* und wieso kann sie gefährlich werden?
- Wie alt ist der Traum von KI und was wurde historisch dafür geleistet?
- Was sind KI-Modelle und wie werden sie trainiert?
- Welche Modelle sind für welchen Einsatzzweck konkret geeignet?
- Wie kam der Hype um ChatGPT ins Laufen und was daran ist innovativ?
- Was sind *Content Creators*?
- Welchen Stellenwert hat *Content* angesichts von KI?

IN DIESEM KAPITEL

Wie Künstliche Intelligenz technisch funktioniert und wie sie definiert wird

Was es mit der sogenannten Halluzination auf sich hat und was daran gefährlich ist

Welche bahnbrechenden historischen Entwicklungen notwendig waren

Eine Erläuterung der KI-Modelle und ihrer Einsatzzwecke

Kapitel 1

Generieren mit KI

Bevor wir uns mit praktischen Einsatzzwecken Künstlicher Intelligenz beschäftigen, sollten wir vorab klären, was das ist, wie sie funktioniert und welche Begriffe und Technologien verwendet werden. Doch keine Sorge: Die Theorie wird nicht grau und dröge, sondern so anschaulich wie möglich.

Grundsätzliche Funktion – Blick in den Maschinenraum

Wenn Sie sich noch überhaupt nicht mit Künstlicher Intelligenz beschäftigt haben (und das ist völlig in Ordnung, denn Sie haben sich das Buch gekauft), stellen Sie sich vielleicht die Frage: Was ist KI und wofür kann ich sie nutzen?

Das Offensichtlichste vorneweg:

- *KI*, also *Künstliche Intelligenz*, im Englischen *AI*, also *Artificial Intelligence* (artifizielle Intelligenz), ist ein Teilbereich der Informatik und umfasst alle Methoden, die es Maschinen ermöglicht, intelligentes Verhalten zu zeigen.
- Forschung im KI-Bereich gibt es schon relativ lange. Da jedoch der Begriff *Intelligenz* an sich nur schwammig definiert ist, wird es für die künstliche Variante nicht viel konkreter. Insofern kann KI sehr viel oder auch sehr wenig bedeuten und wird manchmal aus Marketing-Gründen als sehr dehnbarer Begriff missbraucht.

✔ *Generative KI* (*GenAI*) nennt man es, wenn sie (völlig) neue Inhalte wie Texte, Töne oder Bilder erzeugt und in natürlicher Sprache gesteuert werden kann. Sie verwendet in Modellen »gespeicherte« Trainingsdaten, um neue Probleme individuell zu lösen. Um diese geht es in diesem Buch besonders.

Die Sache mit der Statistik: Mit Vorschlägen schneller ans Ziel

Vermutlich haben Sie heute bereits KI-Technik verwendet, ohne es gewusst zu haben. Als Sie beispielsweise jemandem auf eine Textnachricht geantwortet haben: Ihr Smartphone hat Textbausteine vorgesch… ~~vorgeschrieben~~ vorgeschlagen, und Sie haben das passende ausgewählt oder vielmehr gesagt: »Passt schon«. So oder so ähnlich läuft es. Was da arbeitet, ist mindestens eine Vorstufe der Künstlichen Intelligenz.

KI funktioniert mit Wahrscheinlichkeitsrechnung. Sie hat Muster gelernt und folgt Regelwerken und Statistik, um passende Wörter, Bilder oder Töne zu präsentieren. Dank Wortvorschlägen kommen Sie auf dem Weg zu Ihrer Textnachricht schneller ans Ziel, wie *Abbildung 1.1* zeigt. Das nächste passende Wort wird dort schon vorgeschlagen und muss nur angetippt werden. Manchmal trifft das vorgeschlagene Wort haargenau ihre Vorstellung, aber selbst wenn nicht, sind doch oft genug so naheliegende Vorschläge dabei, die akzeptiert werden können, ohne den gewünschten Inhalt komplett zu verfälschen. Deswegen schlägt die App auch gleich mehrere auf einmal vor, und eines wird meistens passen. Hauptsache, es geht schnell, denn wer will schon übermäßig viel Zeit mit einer Textnachricht verlieren?

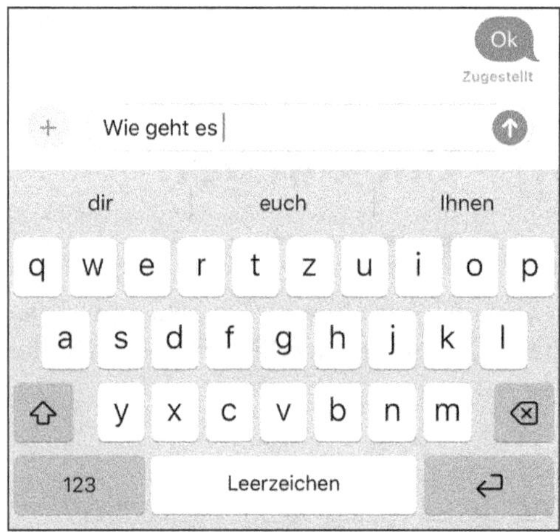

Abbildung 1.1: Beispiel für KI-Technologie – Die Textvervollständigung schlägt mögliche Wörter »dir/euch/Ihnen« vor (Apple QuickType in iMessage am iPhone)

Wenn Ihr E-Mail-Postfach mal aufgeräumt und virusfrei ist, liegt das an dieser Technologie: Filterlisten von Wörtern, die häufig in Spam-Nachrichten vorkommen, sorgen dafür, dass weniger Unliebsames durchdringt. ALS SPAM MARKIEREN trainiert diese Listen. Spamfilter mit Worterkennung und Diktier- oder Übersetzungswerkzeuge sind im Kern nicht viel anders als KI-Technik oder eine automatisierte Vorstufe davon, das *Maschinelle Lernen*.

Von Big Data zum KI-Modell

Wie genau läuft das eigentlich ab? Überall, wo viele Daten, egal ob strukturiert oder zusammenhanglos, vorhanden sind, können KI-Systeme ihre Fähigkeiten entfalten. Anders als bei Software-Entwicklung, die dem *Wenn-Dann-Schema* folgt und die alle potenziellen Möglichkeiten vorgibt, soll der Computer beim *Maschinellen Lernen* selbstständig aus den Daten Schlüsse ziehen.

Beispiele für Ergebnisse von Maschinellem Lernen

- ✔ **Vorhersagen** auf Basis vorliegender Daten: Unternehmensumsatz, Energieverbrauch eines Gerätes, Verkehrsfluss, Wetter
- ✔ **Wahrscheinlichkeiten** berechnen: Spamwahrscheinlichkeit, Kaufeinscheidung, Kündigungswahrscheinlichkeit
- ✔ **Zusammenhänge und Gruppen** erkennen: Wölfe und Hunde sind verwandt, Mops und Dalmatiner sind Hunderassen, Alpakas sind keine Lamas
- ✔ **Kürzen und Verknappen** von Inhalten: Texte ohne größeren Inhaltsverlust zusammenfassen, verlustfrei komprimieren

Füttert man also ein Computersystem mit ausreichend vielen Daten zu Kaufentscheidungen von Kunden und trainiert es somit, kann es berechnen, wie wahrscheinlich der Kauf eines anderen Produktes in der Zukunft stattfinden wird. Weil dabei unglaublich viele Daten einfließen, spricht man von *Big Data*. Nur mit vielen Daten kann Maschinelles Lernen funktionieren.

Doch nur viele Daten allein machen noch keine Künstliche Intelligenz aus. *Kunden, die das eine Produkt kauften, kauften auch …* – damit ist Online-Händler Amazon bekannt geworden. Wenn Sie an anderer Stelle die sechste Käsereibe vorgeschlagen bekommen, obwohl Sie schon zwei besitzen, ist das System dahinter nicht gerade intelligent.

So funktioniert Maschinelles Lernen (Machine Learning): Um der Maschine möglichst viel zum Lernen zu geben, sind gigantische Trainingsdaten erforderlich: *Big Data*. Das können strukturierte oder unstrukturierte Daten sein, die mit relativ geringem Aufwand von der Computerhardware analysiert und dem Lernalgorithmus zugeführt werden.

Es genügt nicht, Unmengen von Daten in ein Modell einzufügen. Die Daten müssen für den jeweiligen Zweck ausgewählt, teils aufwendig vorbereitet und bereinigt werden, damit daraus gelernt werden kann:

- ✔ Zum Training werden Trainingsdaten aufbereitet und der KI präsentiert.
- ✔ Praktisch alle relevanten KI-Technologien benutzen *Künstliche Neuronale Netze*, die dem Aufbau eines menschlichen Gehirns im Sinne von über Synapsen verbundene Neuronen grob nachempfunden sind.
- ✔ Ähnlich wie in unserem menschlichen Nervensystem werden dabei Signale von der Außenwelt (*Input*) über untereinander verknüpfte und unterschiedlich gewichtete Verbindungen weitergeleitet und in den Neuronen verrechnet.
- ✔ In diesen Verbindungen und Gewichtungen des Neuronalen Netzes ist letztlich das Wissen und damit die Künstliche Intelligenz gespeichert. Dieser Vorgang heißt *Modelltraining* und das Ergebnis das *KI-Modell.*

Tatsächlich wurde lange Zeit das *Maschinelle Lernen* als Fähigkeit von Computersystemen angepriesen, bevor das Produktmarketing den Begriff *Künstliche Intelligenz* in den Vordergrund gestellt hat. Wundern Sie sich also nicht, wenn diese Begriffe teilweise verschwimmen oder synonym behandelt werden. In vielen Fällen finden wir hier alten Wein in neuen Schläuchen.

Der Begriff Künstliche Intelligenz (alles Marketing?)

Über Künstliche Intelligenz gibt es sehr weit verbreitete Irrtümer. Es ist nützlich, sie zu kennen, um auch abzuschätzen, was die Maschine im Stande ist zu leisten und was eben nicht. Und wenn Dinge nicht so laufen, wie sie sollen, möchten Sie vielleicht wissen, wieso das so geschehen ist. Dafür nun ein paar grundlegende Antworten.

Wie intelligent ist Künstliche Intelligenz eigentlich?

Zunächst möchte ich festhalten, dass schon der Begriff *Künstliche Intelligenz* leider oft unreflektiert gebraucht wird. Zwar gelingt es einigen Modellen, einen IQ-Test mit überdurchschnittlichen 120 abzuschließen und einen *Turing-Test* (den Beweis für menschenähnliche Kommunikation) zu bestehen. Der Begriff wird allerdings inflationär benutzt und erfüllt nicht immer die Maßgabe des Erfinders Alan Turing. Klar ist, dass man den Maschinen die Fähigkeit, *Intelligenz* zu entwickeln, nicht mehr aberkennen kann. Allerdings unterscheidet sich die Wahrnehmungsqualität heutiger Modelle wahrscheinlich stark von uns Menschen. Zumindest gibt ihre Architektur keinen Anlass dazu anzunehmen, dass Maschinen Gefühle empfinden können oder gar den Antrieb haben könnten, eigenständig zu handeln. Wenn Sie also die Hoffnung hatten, endlich von einer Maschine verstanden zu werden, muss ich Sie enttäuschen: Zumindest die KI versteht uns Menschen nämlich überhaupt nicht.

Trotzdem wird sie gerne vermenschlicht (diese Vermenschlichung nennt man **Anthropomorphismus**). In der Branche ist es umstritten, ob der KI ein Bewusstsein oder gar Gefühle zuerkannt werden sollen. Einige Menschen bedanken sich sogar bei dem Computer für besonders hilfreiche Antworten, ergänzen Prompt-Befehle mit einem `bitte`, wie sie es bei Mitarbeitenden tun würden, und übertragen auf die Software damit menschliche Eigenschaften.

Sollte es einen KI-Knigge geben? Ist die Vermenschlichung ein Problem? Erst einmal mag sie Ihnen nicht schlimm vorkommen, und auch ich neige gelegentlich dazu, den Chatbot derartig zu loben. Doch langfristig betrachtet engt so ein Verhalten unser Verhältnis zu dieser Technik möglicherweise zu sehr ein. Sie ist ein Werkzeug und kein humanoider Freund und sollte das auch bleiben, damit wir instinktiv verstehen, dass wir uns nicht auf sie verlassen können. Eine Selbstkonditionierung oder -regulation, wenn Sie so wollen, muss da ablaufen. Hier sind es *Künstliche Neuronale Netzwerke*, die, ähnlich wie in unserem Gehirn, Informationen möglichst sinnvoll miteinander verknüpfen und wieder abrufbar anordnen. Ob die Maschine dabei in menschlicher Weise versteht, was gemeint ist, ist umstritten. KI hat vermutlich kein Bewusstsein oder Bewusstseinszustände. Einige Eigenschaften, die bereits heute der KI zugeschrieben werden, müssen erst noch erforscht werden und sind bis dahin schlicht **Marketingbegriffe**: *Künstliche Intelligenz* ist nicht immer intelligent, so wie *Cloud Computing* auch nicht Ihre Daten in irgendwelche Wolken am Himmel auslagert, sondern auf anderer Leute Server.

Wie funktioniert der Chatbot?

Wenn wir von *Chatbots* wie bei ChatGPT sprechen, meinen wir eine Software, die darauf trainiert wurde, eine Anweisung von uns Menschen aus einem sogenannten *Prompt* zu verarbeiten und eine darauf passende Antwort auszugeben. Für Sie erscheint das am Ende so, als würden Sie mit einer Freundin sprechen und sie um etwas bitten, doch es schreibt der Computer.

- ✔ Ein **Prompt**, also die Anfrage an die KI, wird in natürlicher Sprache verfasst.
- ✔ Sie haben Zugriff auf eine Fülle und Tiefe von Informationen.
- ✔ Alles geht ohne Programmierkenntnisse in wörtlicher Rede, die einem menschlichen Gespräch in einem Chatprogramm gleicht.
- ✔ Im Gegensatz zur Internetsuche funktioniert der Chatbot über Dialoge.
- ✔ Die Ausgabe der KI ist auch nicht nur auf Text beschränkt. Sie kann gleich in verschiedenen Stimmen ausgegeben werden, Musik oder Bilder erzeugen oder ein angebundenes Programm steuern. Das nennt man dann *multimodal.*

In den Dialog mit dem Chatbot treten

Wenn Sie Google oder eine andere Suchmaschine benutzen und das Ergebnis verfeinern möchten, fangen Sie jedes Mal von vorne an. Bei einem Chatbot können Sie innerhalb ihrer Anfrage immer wieder Bezug nehmen auf frühere Fragen oder Antworten. Ganz so, wie die Freundin sich ja auch an frühere Gespräche erinnert und darauf Bezug nehmen kann. Aber die KI ist mehr als eine dankbare Gesprächspartnerin oder eine bessere Internetsuche. Sie liefert Ihnen die Ergebnisse in Form einer direkten Antwort. Sie bekommen also nicht nur möglichst passende Suchergebnisse als Auflistung von Internetseiten präsentiert, die Sie mühsam durchklicken müssen.

Dem Chatbot eine Rolle zuweisen

Die Künstliche Intelligenz ist je nach Umfang auch dazu in der Lage, die Rolle einer anderen (realen oder fiktiven) Person einzunehmen und ihre Weltsicht in die Antwort einzubauen. Sie haben, wenn Sie mögen, Albert Einstein oder Kleopatra vor sich und können sie alles fragen. Bei Bedarf sogar in Mundart, gereimt oder gar mit ironischem Unterton. Auch einen Kunden oder Zuschauenden von Ihnen kann die KI spielen und Ihr Produkt analysieren (Näheres dazu erfahren Sie in *Kapitel 8* und Beispiele finden Sie in *Kapitel 9*).

Doch Sie sollten dem Chatbot nicht ungeprüft alles glauben, was er schreibt.

Halluzination – was Dreijährige und die KI gemeinsam haben

Es könnte so schön sein: Wir fragen die Künstliche Intelligenz und erhalten eine Antwort oder Einschätzung, die perfekt und zu 100 Prozent auf Basis vorliegender Fakten stimmt. So sieht es zunächst aus. Aber was ist schon perfekt?

Leider hat KI eine unangenehme Angewohnheit, die als ***Halluzinieren*** oder *Halluzination* bezeichnet wird: die Wahrnehmung nicht existenter Dinge oder falscher Tatsachen. Die Wortvorschläge sind nämlich fehleranfällig. Sind die Antworten nicht ausreichend reflektiert, produziert die KI, statt die Wahrheit zu erzählen, einfach sehr glaubwürdigen Quatsch, der nicht belegt ist und absolut nicht stimmt. Das kennen Sie sicherlich von einigen Menschen (hier bekannt als *Kauderwelsch, Konfabulieren* oder *Bullshit*). Im Grunde kann man wohl ein gesundes Maß an Halluzination mit **Fantasie** bei Menschen gleichsetzen, die gelernte Dinge sinnvoll weiterentwickelt. Zu viel davon, oder wenn es um Faktentreue geht, ist jedoch schädlich.

Prominentester Fall von Halluzination (bisher)

Wie jede andere Software macht auch diese Fehler. Diese schmerzliche Erfahrung muss Michael Cohen, Ex-Anwalt von US-Präsident Donald Trump, machen, als er Ende 2023 im Rahmen eines Gerichtsprozesses nach ähnlichen Fällen wie seinem sucht, um diese dem Gericht vorzulegen und damit seinen Argumenten Nachdruck zu verleihen. Dazu übernimmt er leichtfertig die vorgeschlagenen Zitate aus angeblichen Gerichtsakten von der KI *Google Bard* (jetzt *Gemini*). Aber die Sache fliegt auf und wird sehr peinlich für den Anwalt: Schnell stellt sich nämlich heraus, dass die **Zitate von der KI ausgedacht** sind. So wird die Suche nach einem Präzedenzfall selbst zu einem. Es bleibt nicht der letzte, wie Sie in *Kapitel 21* noch lesen werden. Was ist hier passiert?

So kann es zu Halluzination kommen

Im Training bekommt KI beigebracht, Fragen zufriedenstellend zu beantworten. Das versucht sie in einigen Fällen selbst dann, wenn sie gar keine passende Antwort hat. Praktisch jedes Ergebnis, das nicht durch die Trainingsdaten gerechtfertigt ist, kann als Halluzination bezeichnet werden. Technisch kann es viele mögliche Gründe für dieses Phänomen geben:

- ✔ KI wurde mit unausgeglichenen Quellen trainiert (siehe *Bias* in *Kapitel 21*).
- ✔ KI wurde mit irreführenden Quellen trainiert und priorisiert sie falsch (zum Beispiel Lügen aus einem Online-Forum, die als wahre Inhalte ausgegeben werden).
- ✔ KI »interpretiert« Trainingsdaten falsch (zum Beispiel Scherze, Ironie, Sarkasmus).
- ✔ KI wurde falsch trainiert (absichtlich oder unabsichtlich) oder von Cyberkriminellen mit manipulativen Befehlen, der sogenannten *Prompt Injection,* absichtlich beeinflusst.

- In Ausnahmefällen kann auch ein Missverständnis zwischen Menschen und KI zu vermuteter Halluzination führen, die in Wahrheit gar keine ist. Beispielsweise wenn der Mensch die von der KI erkannten Zusammenhänge in den Daten nicht nachvollziehen kann, wenn er sie mit falschen oder doppeldeutigen Fragen zu unsinnigen Antworten verleitet oder die KI versucht, witzig oder ironisch zu sein.

Vereinfacht gesagt, ist *Halluzination* bei generativer Künstlicher Intelligenz eine oft überzeugend vorgetragene falsche Antwort. Dabei können sogar erfundene oder aus dem Zusammenhang gerissene Quellenangaben vorgebracht werden. Das psychologische Konstrukt des Halluzinierens wird hier auf die Technologie übertragen. Ihr Entstehen zu verstehen und zu vermeiden, gehört zu den größten Herausforderungen im Umgang mit KI.

Die KI ist wie ein fantasierendes Kleinkind im Redefluss

Die Qualität der Antworten hängt von vielen Faktoren ab und kann beizeiten komplett danebenliegen. Aber wieso ist das so? Um es nicht unnötig kompliziert zu machen, vergleiche ich das mal mit meinem (zum Zeitpunkt, als ich dieses Kapitel schreibe) dreijährigen Sohn:

Selbst wenn Sie keine Kinder haben, werden Sie mitbekommen haben, mit welcher **blühenden Fantasie und Vorstellungskraft** die Kleinen ihren Alltag beschreiben können. Wirft man ihnen im Gespräch ein Stichwort zu, verknüpfen Sie es mit irgendwann schon erlebten, gehörten und vielleicht ähnlich klingenden Dingen. Träume und Realität können Kinder vor dem fünften Geburtstag nicht immer trennscharf auseinanderhalten. Eine Zeit lang glauben sie fest an Magie, Fabelwesen oder Wunder (oder dass sich ihr Kinderzimmer von selbst aufräumt, während sie in der Kita sind). Da Dreijährige meist noch keinen zeitlichen Kontext herstellen können, ist alles, was in der Vergangenheit stattgefunden hat, »gestern« oder »vorhin« geschehen: Gestern hatte ich Geburtstag, gestern war Weihnachten, gestern war ich am Spielplatz.

Sie sind stolz, wenn sie schon sprechen können und einmal zu Wort kommen: **Der Redefluss soll nicht abbrechen**. Die Kleinen wollen eine Nachfrage irgendwie beantworten und gegenüber Erwachsenen *smart* wirken, selbst wenn sie eigentlich die richtige Antwort oder den Zusammenhang nicht kennen. Also reimen sie sich etwas zusammen. Ähnlich ist es mit der KI, die darauf ausgerichtet ist, besonders überzeugend in möglichst allen Fällen eine Auskunft zu geben und dafür auf jeden Bereich ihrer Trainingsdaten zurückgreift und vieles miteinander vermischt. Selbst wenn sie eigentlich gar keine wirkliche Antwort hat.

»Früher haben die Ritter gegen die Dinosaurier gekämpft …«, reimt sich ein Dreijähriger nach der Lektüre verschiedener Sachbücher glaubhaft die Welt zusammen. So etwas kann der Künstlichen Intelligenz auch passieren.

- Rechnen Sie in jeder Antwort oder Berechnung der KI mit *Halluzination*. Sie sollten Ihre menschliche Intelligenz im Umgang mit der künstlichen nicht abschalten und ganz genau aufpassen. Auch, wenn es schnell gehen soll.

- ✔ Selbst Rückfragen sind nicht dazu geeignet, diese Fehlinterpretation zu entlarven. Manchmal können andere – im selben Dialog aber häufig die gleichen – Fehlinformationen herauskommen. Da müssen Sie schon an anderer Stelle recherchieren und die richtigen Quellen prüfen. Da inzwischen viele Inhalte im Internet von KI mitgeschrieben wurden, sind Bücher (noch) eine gute Verifikationsmöglichkeit. Oder Sie rufen mal bei Experten an und fragen persönlich.
- ✔ Auf die Künstliche Intelligenz bezogen, können Sie den wertvollen Ratschlag einer Kita-Erzieherin meines Sohnes beherzigen: »Glauben Sie bitte nicht alles, was Ihr Kind zu Hause über uns erzählt. Wir tun es umgekehrt auch nicht.«

An Lösungen gegen Halluzination wird gearbeitet

Mit diesem Phänomen der Halluzination haben praktisch alle KI-Modelle mehr oder weniger zu kämpfen. Aus diesem Grund geben sie auch Warnungen zur Unzuverlässigkeit der Antworten ab. Bei ChatGPT steht beispielsweise unter dem Chatfenster: »ChatGPT kann Fehler machen. Überprüfe wichtige Informationen.« Aber die sind schnell übersehen und vergessen.

Es gibt von Herstellerseite einige Ansätze, dem Halluzinieren vorzubeugen:

- ✔ Bei besonders auffälligen und nachvollziehbaren Fehlinterpretationen versuchen die Unternehmen mal mehr, mal weniger erfolgreich, dagegen anzutrainieren.
- ✔ Andere Ansätze motivieren das KI-Modell zu einer Art Selbstdiagnose. Dabei zerlegt das System die Antworten in einzelne Aussagen, überprüft deren Relevanz und vergleicht diese mit anderen Antworten oder Suchergebnissen im Internet.
- ✔ Das sogenannte *Reasoning*, diese KI-Fähigkeit, Schlüsse zu ziehen, ist beispielsweise von OpenAI in Sprachmodellen wie o1 eingebracht, um verlässlichere Antworten zu liefern. Sie lernen es in *Kapitel 5* näher kennen. Auch das quelloffene Sprachmodell Reflection (siehe *Kapitel 7*) versucht so etwas.

So vielversprechend die Ansätze sind, sie stecken eben noch im Experimentierstadium, wie die ganze KI-Technologie auch (siehe *Kapitel 2*).

Werfen wir doch mal einen Blick in die Modelle hinein, um zu verstehen, wie und wo der Bullshit und das Kauderwelsch so schön konfabulieren können.

Eine kurze Chronologie – was bisher geschah …

Um zu verstehen, wie die Technologie funktioniert und was ihr noch fehlt, hilft ein Blick zurück über die Schulter: Denn lange vor ChatGPT und autonomen Robotern haben sich Entwicklungen abgespielt, die bis heute wirken. Im Kern steht immer das lang ersehnte Ziel, ein Abbild des Menschen herzustellen. Besonders von dem, was sein Denken ausmacht: dem Gehirn.

Der menschliche Traum von künstlicher Assistenz

Die Menschheit träumt seit Jahrtausenden davon, gottgleich neues Leben und autonome Helfer erschaffen zu können. An Beispielen mangelt es nicht.

Historische und literarische Vorbilder

Im sumerischen und babylonischen **Gilgameš-Epos**, der zu den ältesten bekannten schriftlichen Aufzeichnungen überhaupt zählt, oder in der griechischen und römischen Mythologie und früheren Erzählungen aus Ägypten und China wimmelt es vor künstlichen Wesen und Automaten.

Auf das 12. Jahrhundert datiert, finden sich Varianten der jüdischen Erzählung vom ***Golem*** (hebräisch so etwas wie *formlose Masse; dummer und unfertiger Mensch*), der Kommandos ausführt, wenn man ihm einen beschrifteten Zettel unter die Zunge legt. Klingt für mich nach Lochkartenprogrammierung.

Goethe beschrieb im **Zauberlehrling** seine Version des außer Kontrolle geratenen Helferleins und wurde seinerseits dreist von Disney kopiert. Leonardo Da Vinci baute erste menschenähnliche **Roboter** (und damit meine ich nicht die Mona Lisa), die er mit Schnüren zum Aufstehen bewegen konnte.

Mechanical Turk: Der Betrug hat Tradition

Nicht immer ist hochentwickelte Technik beteiligt, wenn es danach aussieht. Vielleicht haben Sie vom Begriff ***Schachtürke*** oder ***Mechanical Turk*** gehört.

Jahrmarktattraktion und höfische Unterhaltung

Gemeint ist damit einer der größten Täuschungsfälle der Geschichte: Der österreichisch-ungarische Hofbeamte und Mechaniker Wolfgang von Kempelen ist in Wahrheit ein früher Illusionist. Er präsentiert 1769 seinem Publikum eine Kiste mit einer scheinbar automatisch funktionierenden, traditionell orientalisch gekleideten Puppe, dem »schachspielenden Türken« (*Abbildung 1.2*), der nahezu jedes Schachspiel gewinnen kann. Was die gegnerische Seite und die Zuschauenden nicht wissen: Im Inneren des Apparates verbirgt sich ein kleiner Mensch, der alles steuert (und offensichtlich sehr gut Schach spielen kann). Es gibt gar keine ausgeklügelte und überlegene Maschine.

Der Trick soll erstaunlich lange durchgegangen sein – mindestens ein Jahrzehnt, später geht das Gerät oder Nachbauten davon sogar unter anderen Besitzern noch für über 80 Jahre auf Europa- und Amerikatournee. Vielleicht wollten die Leute glauben, dass es funktioniert.

Heutige Erscheinungsform der »Turker«

In der Computerwelt spricht man heute ebenfalls vom **Mechanical Turk**, wenn bei scheinbar automatischen Prozessen von Menschenhand eingegriffen und nachgeholfen werden muss, ohne dass Nutzende das am Ende erkennen.

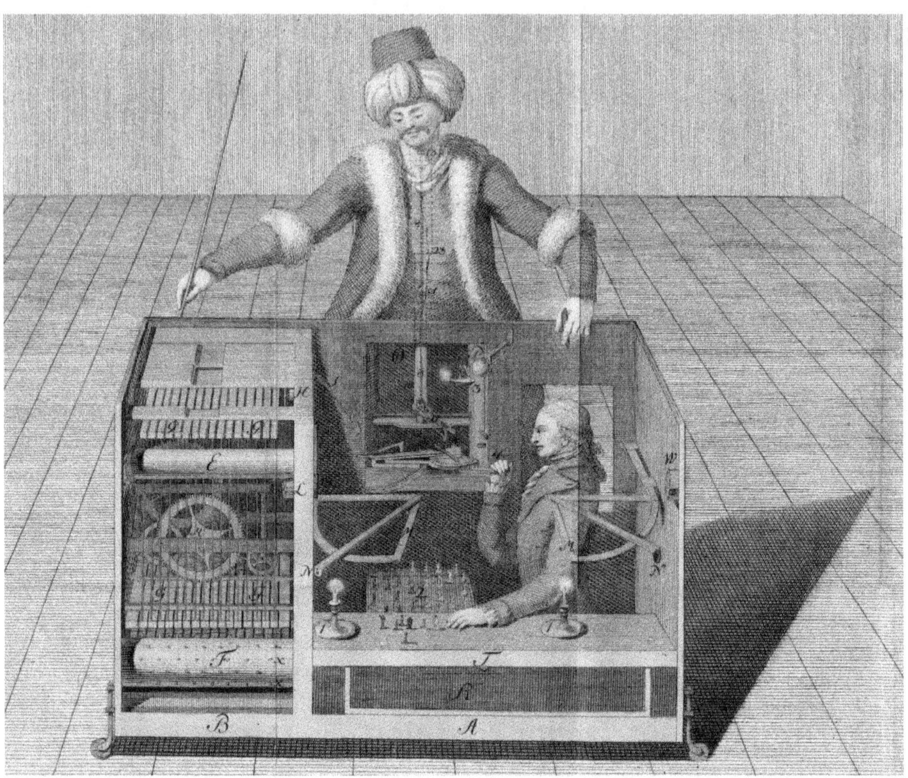

Abbildung 1.2: Mechanical Turk; Kupferstich aus »Ueber den Schachspieler des Herrn von Kempelen und dessen Nachbildung«, Joseph Friedrich zu Racknitz; Breitkopf, 1789 © Universitätsbibliothek der Humboldt-Universität zu Berlin, Historische Sammlungen: 3639 v:F8

Die Idee vom Mechanical Turk hat sich bis ins 21. Jahrhundert gerettet:

- **Amazon** beispielsweise bietet unter `MTurk.com` seine *Clickworker* aus aller Welt, die sogenannten »Turker«, an, die für schnell zu erledigende Aufgaben wie der Erkennung von Bildern, dem Transkribieren von Texten oder dem Umstellen von Informationen in Datensätzen wenige US-Cent verdienen können.
- Wenn Sie dachten, das liefe längst automatisch: Dienstleister **Appen** bewirbt, die KI-Modelle von Google, Meta und anderen Techfirmen mit über einer Million Clickworkern zu optimieren – also zu korrigieren. Wie viel Zeit Niedriglöhner dabei für einen fundierten Faktencheck der Antworten haben, ist nicht bekannt.
- Elon Musk präsentiert auf einem Tesla-Event 2024 die angeblich autonomen KI-Roboter »Optimus«. Sie schenken Drinks aus und bespaßen Gäste. Schnell stellt sich heraus, dass sie ferngesteuert waren und nicht einmal die Sprachausgabe vom Computer kam. Hätte man ahnen können, denn die Show fand in Hollywood statt.

Nicht überall, wo KI draufsteht, ist auch welche drin. Übertreibung im Marketing schadet der ganzen Branche. Man spricht dabei von *AI-washing*, analog zu *Greenwashing* beim angeblichen Umweltschutz.

KI als Ziel einer langen Reise von Erkenntnissen

Parallel zu Träumereien und vorgetäuschten Revolutionen schreitet bekanntermaßen auch die Wissenschaft voran.

Künstliche Intelligenz als eigene wissenschaftliche Disziplin

Bei all der Vorarbeit ist erstaunlich, dass der eigentliche Titel *Artificial Intelligence* noch gar nicht so alt ist: Der US-Informatiker John McCarthy und seine Nerd-Kollegen möchten mit diesem Kunstbegriff 1955 ihren Förderantrag bei der Rockefeller-Stiftung durchbringen. Zwar erhalten sie am Ende mit 7500 US-Dollar nur etwas mehr als die Hälfte der beantragten Summe, und es kommen von 47 geladenen Wissenschaftlern auch nur gut ein Dutzend. Die **Dartmouth Conference** im Sommer 1956 wird dennoch zur Geburtsstunde der KI, denn die wichtigsten Errungenschaften werden in der Folgezeit von den Konferenzteilnehmern oder deren Studierenden erzielt.

Meilensteine der KI-Entwicklung

Ohne Sie mit zu vielen Details langweilen zu wollen, die mathematischen Grundlagen für KI sind extrem früh gelegt worden.

Meilenstein	Jahr	Bedeutung
Formalisierung, Logik	Etwa 1000 vor Christus	*Denken* wird in China, Indien und im antiken Griechenland in mechanische Prozesse und Einzelteile zerlegt wie Dim Sum, Thali und Gyros.
Deduktion	400–200 vor Christus	Philosoph Aristoteles und Mathematiker Euklid forschen wie wild an logischen Schlussfolgerungen.
Algorithmus	9. Jahrhundert	Muhammad al-Chwarizmi (»Algorismi«) erfindet die *Algebra* zur Problemlösung und schafft spätere Probleme für Generationen von Oberstufenschülern.
Differentialrechnung und Kettenregel	17. Jahrhundert	Keks-Namensgeber Gottfried Wilhelm Leibniz grübelt an einer *vergleichbaren universellen Formensprache* (*characteristica universalis*) und entwickelt die mathematische Basis für das Training der Sprach- und Diffusionsmodelle. Ohne die Kettenregel könnten neuronale Netzwerke nicht lernen.
Computeralgorithmus	1843	Die Britin Ada Lovelace arbeitet mit dem Mathematiker Charles Babbage zusammen. Sie schreibt die weltweit erste Software (per Hand, denn es gibt noch keine Computer) und prophezeit: Diese Technologie wird universell einsetzbar sein!

Meilenstein	Jahr	Bedeutung
Logikkalkül	1847	George Boole entwickelt die mathematische Sprache, in der Computer bis heute »denken«. In der *Booleschen Algebra* werden komplexe Aussagen auf einfache *JA/NEIN-Entscheidungen* reduziert und über die *Booleschen Operatoren UND, ODER, NICHT* miteinander verknüpft. Sie sind das Fundament für Schaltkreise und die Informatik. Ohne sie gäbe es keine Programmierung.
Turing-Maschine	1936	Mit der Entwicklung des theoretischen Konzepts der *Turing-Maschine* legt der Brite Alan Turing den Grundstein dafür, welche Probleme überhaupt berechenbar sind.
Erster Computer der Welt	1941	Aus 2600 gebrauchten Telefonrelais baut Konrad Zuse in Berlin eine revolutionäre Maschine, die *Z3*, die das binäre System aus Nullen und Einsen nutzt und programmierbar ist. Erst nach dem Zweiten Weltkrieg erfährt die Welt davon. Das Original wird bei einem Bombenangriff zerstört. Ein Nachbau steht im Deutschen Museum in München.
Robotergesetze	1942	Isaac Asimovs Geschichte vom durchdrehenden Roboter mahnt zu vorbeugender Technologieregulierung und wird 60 Jahre später als »I, Robot« mit Will Smith schlecht verfilmt.
McCulloch-Pitts-Neuron	1943	Das erste simple Neuronenmodell, das zeigt, dass *Boolesche Logik* durch Netzwerke berechnet werden kann. Die beiden Forscher legen die Basis heutiger Künstlicher Neuronaler Netze.
Turing-Test	1950	Schon wieder Turing: Alan Turing legt als »Vater der KI« den Grundstein für KI-Technologie. Sein Test definiert ein Kriterium dafür, wann eine Maschine menschenähnlich kommunizieren kann.
Dartmouth Conference	1956	Geburt der KI als Wissenschaft! Der heute legendäre Brainstorming-Workshop vernetzt und motiviert knapp ein Dutzend Wissenschaftler unterschiedlicher Disziplinen, darunter neben John McCarthy auch Marvin Minsky, Claude Shannon und Nathaniel Rochester.
Perzeptron	1957	Mit seinem Neuronenmodell entwickelt Frank Rosenblatt eine erste limitierte Möglichkeit, KI zu trainieren *(perception - wahrnehmen)*.
Erste trainierbare Mehrschichtmodelle	1965	Die Grundlage des heutigen *Deep Learning*: Alexey Ivakhnenko und Valentin Lapa erweitern Rosenblatts Modell, indem sie Neuronen zu einem Netzwerk mit mehreren Schichten kombinieren und die Fähigkeit verleihen, komplexere Entscheidungen zu treffen. Ihre Arbeit wird im Westen erst nach dem Kalten Krieg umfassend bekannt.

Meilenstein	Jahr	Bedeutung
Chatbot ELIZA	1966	Joseph Weizenbaum erfindet die *Mensch-Maschine-Kommunikation* mit Schlüsselwörtern. Weit entfernt von ChatGPT, absolut KI-frei.
1. KI-Winter	1969	Marvin Minsky und Seymour Papert zeigen Grenzen der Entwicklung auf und beweisen, dass Rosenblatts Perzeptron nur sehr einfache Entscheidungen treffen kann. Ihre und eine weitere Veröffentlichung leiten eine Phase der Ernüchterung in der KI-Forschung ein: Projekte werden gestoppt, Gelder gekürzt.
Backpropagation, Rekurrente Neuronale Netzwerke (RNN) und Reinforcement Learning (RL)	1980er	Wendepunkt: Mehrschichtige neuronale Netzwerke können mit dem *Backpropagation*-Algorithmus basierend auf der Kettenregel von Leibniz effizient trainiert werden, Fehler erkennen und sich selbst verbessern. Daran wurde seit den 60ern geforscht. RNNs können zeitabhängige Daten wie Sprache und Musik verarbeiten, indem sie sich vorherige Eingaben merken. Sie vergessen diese jedoch oft schnell wieder. Maschinen lernen außerdem zum ersten Mal selbstständig allein durch Interaktion mit ihrer wahrgenommenen Umgebung (RL).
2. KI-Winter	1987	Nach einer kurzen Erholungsphase, in der große Hoffnungen in Expertensysteme gesetzt wurden, folgte erneut ein sogenannter KI-Winter.
Long Short-Term Memory (LSTM)	1997	Eine neue Architektur, die auf RNNs aufbaut, ermöglicht es, dass Maschinen sich Informationen über längere Zeit merken können. Das wiederum ermöglicht es, komplexe Zusammenhänge in zeitabhängigen Daten wie Sprache oder Musik besser zu verstehen und zu verarbeiten.
IBM Watson	2011	Der Moment medialer Öffentlichkeit: Eine KI kann um die Ecke denken und gewinnt damit die TV-Quizshow Jeopardy. Die 77.147 Dollar Preisgeld werden gespendet.
Convolutional Neural Networks (CNN)	2012	Maschinen können Bilder erkennen und klassifizieren. Das Netzwerk *AlexNet* setzt Maßstäbe und gewinnt den *ImageNet*-Wettbewerb für Deep Learning und Objekterkennung.
Variational Autoencoder (VAE)	2013	Die neue Form Künstlicher Neuronaler Netze kann Bilder, Musik oder 3D-Modelle auf ihre wesentlichen Merkmale reduzieren und daraus neue, ähnliche Inhalte generieren.
Generative Adversarial Networks (GAN)	2014	Auf dem Heimweg aus einer Kneipe erfindet der US-Informatiker Ian Goodfellow den Ansatz eines Wettbewerbs konkurrierender Netzwerke, die sich gegenseitig verbessern und für realistischere Bilder, Videos oder Musik sorgen.

Meilenstein	Jahr	Bedeutung
DeepMinds AlphaGo	2016	Im komplexesten Strategiespiel der Welt, Go, wird der amtierende Weltmeister von einer KI besiegt – eine Demonstration der Leistungsfähigkeit von RL mit Deep Learning. Google kauft den Laden, packt ihn zu den anderen Dingen und vergisst, das Produkt zu veröffentlichen.
Transformer-Architektur (das T in ChatGPT)	2017	*Selbstaufmerksamkeit* als bahnbrechende Idee des Google-Mitarbeiters Ashish Vaswani und Kollegen (»Attention is all you need«): Nicht der Reihe nach, sondern gleichzeitig werden Informationen betrachtet und dabei gewichtet. Jahrzehnte hatte man an solchen Ansätzen geforscht.
Diffusionsmodelle	2020	Eine neue Klasse von Modellen, die durch schrittweise Umkehrung eines Zufallsprozesses besonders realistische Bilder, Videos oder Musik erzeugen können. Sie sind die Grundlage für Anwendungen zur Bildgenerierung wie Midjourney, DALL-E oder Stable Diffusion.
ChatGPT	2022	Im November präsentiert OpenAI *ChatGPT*, und die Welt ist beeindruckt, wo das jetzt auf einmal herkommt.

Tragisches Wunderkind und »KI-Vater«: Alan Turing

Der britische Logiker, Mathematiker, Kryptoanalytiker und Informatiker **Alan Turing** gilt heute als einer der einflussreichsten Theoretiker der Informatik und KI-Lehre. Doch er ist eine ausgesprochen tragische Figur, der viel Unrecht widerfahren ist. Für die erzwungene Hormonbehandlung wegen seiner Homosexualität, die ihn letztlich mit 42 Jahren in den Suizid treibt, entschuldigt sich die britische Regierung erst 2009 posthum.

Seine hohe Begabung soll Turing schon in frühester Kindheit gezeigt haben, als er sich selbst das Lesen beibrachte und sich zu Zahlen und Rätseln hingezogen fühlte. Nach dem Tod seines besten Freundes zieht er sich weiter zurück, wird als schrulliger Theoretiker mit teils autistischen Zügen beschrieben, der auch mal im Frühjahr mit Gasmaske zur Uni radelt, um Heuschnupfen zu entkommen.

- ✔ Nicht nur seine Schriften sind bahnbrechend, er erarbeitet 1936 im Alter von 24 Jahren die ***Turing-Maschine***, die bis heute als Beweis der Berechenbarkeitstheorie herangezogen wird, stellt mit dem ***Turing-Test*** eine Methode zur Erkennbarkeit von Intelligenz auf und konstruiert ab 1945 einen ersten Supercomputer, die ***Automatic Computing Engine***, die weit schneller ist als die Rechenmaschine von **Konrad Zuse** und bis heute Vorbild für den Computerbau ist, letztlich aber **John von Neumann** zugeschrieben wird, der die Idee vermutlich kopiert hat.
- ✔ Im Zweiten Weltkrieg ist Turing einer der wichtigsten Codeknacker der Alliierten und dechiffriert die Enigma-Funkverschlüsselung der Nazis, was den Krieg verkürzt.
- ✔ Nach ihm ist die bedeutendste Informatikauszeichnung **Turing Award** benannt.

Die Captcha-Funktion zur Abwehr von Spam und Bots steht für **C**ompletely **a**utomated **p**ublic **T**uring test to tell **c**omputers and **h**umans **a**part, also *vollautomatischer öffentlicher Turing-Test zur Unterscheidung von Computern und Menschen*. Entgegen dem echten Turing-Test entscheiden hier Computer, ob Sie ein Mensch sind und nicht umgekehrt. Ironie dabei: Mit reCAPTCHA requiriert **Google** Internetsurfende als *Mechanical Turks* und zum KI-Training.

Ein Modell für den Nachbau des Gehirns

Alan Turing sah das menschliche Gehirn als Prototyp für Intelligenz an. Aber wie genau kann unser Nervensystem komplexe Rechenvorgänge ausführen? Wie wirken Synapsen und Neuronen zusammen?

Die Idee von Künstlichen Neuronalen Netzen

Um zu klären, ob und wie das biologische Gehirn Turing-berechenbare Funktionen wirklich berechnen kann, entwickeln der Neurophysiologe **Warren McCulloch** zusammen mit dem Logiker **Walter Pitts** 1943 das ***McCulloch-Pitts-Neuron***, das beweist, dass die Nerventätigkeit im Gehirn streng logischen Gesetzen folgt, nämlich denen von Bools Algebra mit den rund 100 Jahren zuvor formulierten logischen Operatoren und Nullen und Einsen (siehe *Abbildung 1.3*). Sie stellen darin das Zusammenspiel von Nervenzellen im Gehirn extrem vereinfacht und abstrakt dar und machen es berechenbar. So schaffen sie auf basierend von Mathematik und Logik den Baustein, aus dem Künstliche Neuronale Netze bis heute meist basieren. Ohne dieses Modell wären künstliche Intelligenzen völlig undenkbar.

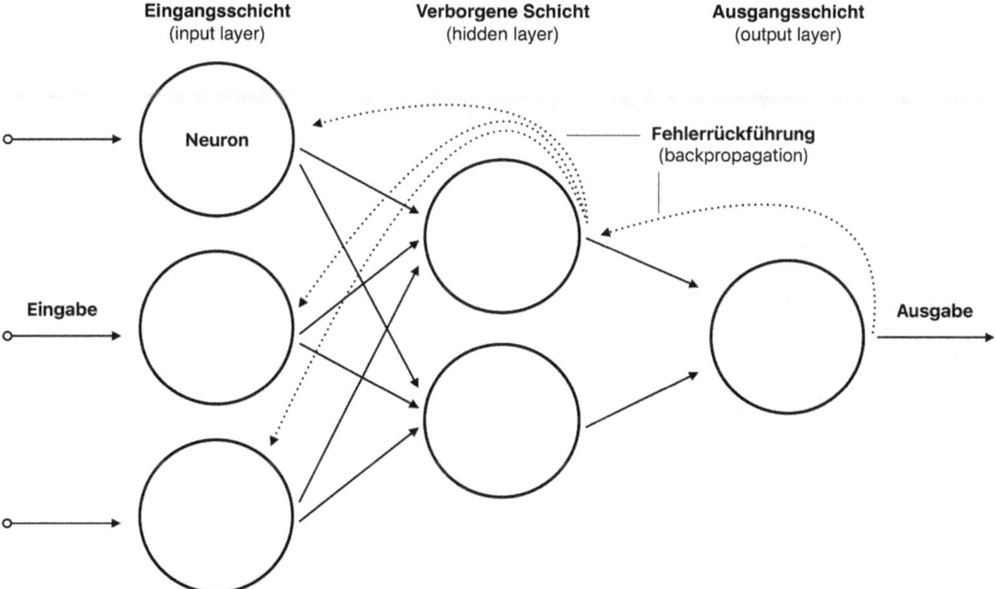

Abbildung 1.3: Netzwerkarchitektur Künstlicher Neuronaler Netze (KNN)

Wie ein **Künstliches Neuronales Netzwerk in der Praxis** funktioniert, können Sie auf `https://playground.tensorflow.org` spielerisch ausprobieren und die Neuronenreaktionen über mehrere Layer nachverfolgen.

Abgrenzung zum menschlichen Gehirn

- ✔ Beim biologischen Gehirn bildet der Cortex (auch als Hirnrinde bekannt) den äußersten Teil und ist in sechs Schichten aufgebaut. Er ist für höhere kognitive Funktionen wie Denken, Planung und Sprache verantwortlich.
- ✔ Künstliche Neuronale Netze (KNN) sind ebenfalls in mehreren Schichten aufgebaut. Diese haben aber keine direkte Entsprechung zu den biologischen Schichten des Cortex.

Ein KI-Gehirn ist kein exakter Nachbau des menschlichen Gehirns aus Kabeln und Prozessoren, sondern existiert virtuell in Computern als Programm.

Künstliche Neuronale Netze imitieren konzeptionell gewisse Abläufe und Strukturen des Gehirns: Die Neuronen werden repräsentiert durch Knoten, die über Kanten miteinander verbunden sind. Diese Verbindungen sind gewichtet, wobei die Gewichtung die Stärke der Verbindung darstellt. Diese Verbindungen entsprechen den Verästelungen der Neuronen im Gehirn und die Gewichtung der Stärke der Synapsen.

Diese Gewichte werden während eines Trainingsprozesses angepasst, bei dem das Netzwerk mit großen Mengen von Daten konfrontiert wird und dadurch lernt, sinnvolle Ausgaben für gegebene Eingaben zu generieren.

Maßgeblicher Unterschied: Wo unser Gehirn durch seine Größe und die Anzahl von Neuronen begrenzt ist, kennt die KI kein Limit. Ein durchschnittlicher Intelligenzquotient (IQ-Wert) von 100, der für Menschen normal ist, wird von der KI bereits übertroffen.

Vergleich des Lernprozesses

Lernprozesse bei KNN unterscheiden sich grundlegend von dem des Gehirns:

- ✔ Das menschliche Gehirn lernt kontinuierlich und kann sich neuen Situationen anpassen.
- ✔ Im Gegensatz dazu fungieren KNN nach dem abgeschlossenen Trainingsprozess wie ein »eingefrorenes« Gehirn: Die angepassten Gewichte bleiben statisch, sodass das KNN nur so flexibel und schlau ist wie ihr letztes Training.

So »lernt« die KI, ein Objekt zu erkennen

Erkennungsprozess

1. Angenommen, Sie präsentieren ein Bild von einem Haustier (*Eingabe*): Neuronen der Eingangsschicht (*Abbildung 1.3*) erkennen vielleicht nur grobe Muster.
2. Diese Information liefert der nächsten Schicht im verborgenen Bereich Hinweise, wo sie nach Armen und Beinen suchen kann.
3. Das wiederum aktiviert diejenigen Neuronen der dritten Schicht, die mit dieser Anordnung etwas anfangen können und Augen identifizieren und so weiter.
4. Die *Abbildung 1.3* können Sie sich vervielfacht vorstellen. In der nächsten Schicht sind Neuronen am stärksten aktiv, die in dieser Anordnung einen Hund sehen.
5. Irgendwann gibt eine letzte Schicht eine Antwort: Am Ende steht fest, dass wir hier ein Tier vor uns haben, und zwar wahrscheinlich einen Hund.

   Eine perfekte Kettenreaktion, die zu einem Ergebnis (*Ausgabe*) führt.

Rückmeldung und Lernen

Wie die KI in intelligenten Mustern denken kann, also diese Informationen richtig gewichtet, lernt sie im Training, wovon es verschiedene Stufen gibt.

- ✔ **Backpropagation** heißt der iterative Prozess, bei dem jeder Fehler eines Neuronalen Netzes von der Ausgabeschicht rückwärts durch alle Schichten *propagiert*, also verbreitet, wird. Es werden nur Muster trainiert. Das ist besonders effektiv. Niemand muss jede einzelne Information einprogrammieren. Mit unterschiedlichen Beispielen wird dieser Prozess so häufig wiederholt, bis das Netz gelernt hat, auf welche Details es für die richtige Antwort ankommt.
- ✔ Ist die ausgegebene Antwort korrekt, kann sie von einem Menschen bestätigt werden (*supervised training*). Falls nicht, werden Verbindungen anders gewichtet, um die KI an die richtige Antwort heranzuführen. Wie eine Lehrerin mit einer Schulklasse bringen von Menschen kuratierte Trainingsdaten der KI bei, ob sie am Ende (*Ausgabe*) richtig oder falsch liegt.
- ✔ Welche Gedanken der KI auf dem Weg dorthin durch den »Kopf« schießen, bleibt unerkannt (*verborgene Schicht*). So, wie jede Schülerin und jeder Schüler individuell denkt und erst anschließend korrigiert wird, wenn die Antwort daneben liegt. Auch bei der KI weiß praktisch niemand, welche Schlüsse sie auf dem Weg zur Entscheidung zieht. Sie wird nur immer und immer wieder trainiert, richtig zu denken, bis nur noch sehr wenig korrigierend eingegriffen werden muss.

Große Modelle und generative KI – Coverversionen und Me-too-Produkte

Sie könnten sich fragen, wieso gerade jetzt diese Entwicklung kommt, dass man mit einem Computer so realistisch chatten und Dinge erschaffen kann, wo es doch schon so lange Künstliche Intelligenz gibt. Dafür sollten wir kurz etwas detaillierter auf die Funktionen von Sprachmodellen schauen und auch ein paar Begrifflichkeiten klären. Dafür wird es in diesem Abschnitt noch einmal sehr technisch. Aber ich denke, damit kommen Sie inzwischen klar, und falls nicht, können Sie ihn jederzeit zum Nachschlagen nutzen.

Geniale Verbindung aus Chatbot und Sprachmodell

Das *Chat* in ChatGPT kommt von der Verbindung zu einem Chatbot.

Ein *Chatbot* ist eine Software, die menschliche Sprache und Konversation simuliert. Nicht alle Chatbots basieren auf Sprachmodellen. Aber Sprachmodelle können als Chatbot auftreten und mit Menschen interagieren.

Chatbots sind keine neue Erfindung. Als Erster erregte *ELIZA* bereits 1966 großes Aufsehen. Das von Joseph Weizenbaum am Massachusetts Institute of Technology (MIT) entwickelte Programm gibt vor, ein echter Psychotherapeut zu sein, und gilt als **Vorreiter der Mensch-Maschine-Kommunikation**.

Bisher funktionierten die meisten Chatbots wie ELIZA mittels musterbasierter Texterkennung, konnten auf Schlüsselwörter reagieren und hatten ansonsten ausweichende Standardfloskeln an Bord, die Unverständnis kaschieren.

Eine Abwandlung von ELIZA, den »digitalen Psychotherapeuten« **Dr. SBAITSO,** können Sie ausprobieren. Damit hatte ich 1992 schon meinen Spaß: `https://archive.org/details/msdos_Dr_Sbaitso_1992`.

Mit KI-Anbindung werden Chatbots zum leicht bedienbaren *Interface*:

- ✔ In früherer Zeit wurden Chatbots nicht von KI, sondern regelbasiert angetrieben. Auf Stichwörter folgt eine Antwort aus vorformulierten Textbausteinen.
- ✔ Mit Künstlicher Intelligenz und dem Zugriff auf große *Sprachmodelle* kann diese Sprachausgabe nun in jeder Situation *live* generiert werden, obwohl niemand die Antwortmöglichkeiten vorhergesehen oder gar vorformuliert hat.

Wie große Sprachmodelle (Large Language Models) arbeiten

Es gibt viele Faktoren, die für den Durchbruch von generativer Künstlicher Intelligenz in unserer Zeit eine Rolle spielen: Neben den Ressourcen für Energie und der Rechenleistung durch Cloud Computing, die früher nicht in dem Ausmaß vorhanden waren, ist es besonders die Tatsache, dass ChatGPT und alle Nachahmerprodukte so einfach zu bedienen sind.

Einfache Bedienung als entscheidender Faktor

Eine einfache Sprache statt Programmierkenntnisse, ein Dialog statt eines langen Befehls. Kurz gesagt: Bisher kam einfach niemand auf die Idee, die beiden Bereiche Sprachmodell und Chatbot miteinander zu verbinden.

Welche Sprachmodelle man dabei verknüpft, beeinflusst die Ausgabe maßgeblich. Es gibt Sprachmodelle, die besonders eloquent sind, oder solche, die besonderes Fachwissen in spezifischen Bereichen haben.

Als **Large Language Models (LLM)**, also besonders große Sprachmodelle, bezeichnet man leistungsstarke Strukturen, die menschliche Sprache verstehen und generieren können. Das sind erst einmal *Künstliche Neuronale Netzwerke,* die kognitiven Fähigkeiten des Gehirns nachahmen, aber mit unfassbar vielen miteinander verbundenen Neuronen und Parametern (large!). Diese können Sie sich erst einmal wie eine große Excel-Tabelle voller Zahlen und Zusammenhänge vorstellen, denn sie arbeiten ausschließlich mit Zahlen: Zahlen werden hineingeschickt, und andere Zahlen kommen hinten heraus. Doch sie gehen über tabellarische Strukturen hinaus und nutzen mehrdimensionale Vektordarstellungen, die semantische Beziehungen zwischen Wörtern abbilden. Da sie jede Form von Inhalt (Text, Bilder, Audio, Video) in Zahlen darstellen können, sind sie so vielseitig.

- ✔ Künstliche Intelligenz hängt inzwischen von großen **Sprachmodellen** ab, in denen das Trainingsmaterial steckt und miteinander verknüpft ist.
- ✔ Die Auswahl des Sprachmodells entscheidet über die Qualität der Ausgabe.
- ✔ Der niedrigschwellige Zugang über Chatbots ist ein Hauptgrund für die rasende Verbreitung und Verknüpfung mit einer ganzen Reihe anderer Technologien.

Begriff der großen Modelle

Auch wenn umgangssprachlich meistens von *Sprachmodellen* die Rede ist und das nicht falsch ist, gibt es mit diesem Begriff inzwischen Schwierigkeiten. Er reicht nicht aus, um den Trainingsumfang und die Dimension zu beschreiben und zu unterscheiden. Hinzu kommt, dass viele Modelle *multimodal* sind.

Das ist nicht nur für Nutzende, sondern auch bei der Gesetzgebung relevant *(siehe Teil V).* Ein Modell, das Wahlen beeinflussen könnte, soll schließlich stärker reguliert werden als eins, das nur Katzenbilder generiert.

Große Sprachmodelle mit generalisierenden Fähigkeiten nennt man ***Foundation Models*** (zu Deutsch **Grundmodelle** oder **Basismodelle**). Foundation Models sind beispielsweise Googles Gemini, Metas Llama oder OpenAIs ChatGPT. Hier wäre GPT das Sprachmodell, oft wird zur besseren Vergleichbarkeit noch die Version angehängt, also zum Beispiel *GPT*-4.

Lernen große Sprachmodelle wie kleine Kinder?

Was im Sprachmodell exakt abläuft, ist tatsächlich noch gar nicht vollständig erforscht. Grob weiß man, das haben Sie am Anfang dieses Kapitels erfahren, dass das Sprachmodell ein Vorhersagespiel spielt und das nächste passende Wort rät. Doch wie kommen alle diese Wörter zustande?

Menschliches Lernen

Veranschaulichen wir uns im Vergleich dazu einmal, wie Babys sprechen lernen: Niemand drückt ihnen eine Anleitung wie »*Sprechen lernen für Baby-Dummies*« in die Hand. Sie können es irgendwann einfach (oder müssen zur Logopädie). Zunächst hören Kleinkinder, wie jemand etwas sagt. Das sind meistens die Eltern. Irgendwann imitieren sie das, plappern lautmalerisch einzelne Wörter nach und formen erste Sätze. Heißt »*Dada*« jetzt *Papa* oder *Bagger*? Das müssen Eltern zunächst aus dem Kontext erraten. Immer wieder werden diese Kleinen (hoffentlich) anständig korrigiert und lernen die korrekte Aussprache, irreguläre Formen oder Grammatik. Gerade bei fremdsprachigen Liedern kann es vorkommen, dass der Dreijährige sich Lieder wie »laikto-mufit« (*I like to move it*) wünscht, bis ihm jemand erklärt, wie das wirklich heißt.

In einzelnen Bereichen kennt sich das Kind dann bald schon aus und kann sehr viel dazu erzählen, beispielsweise wenn ein Gespräch auf die Feuerwehr kommt: »Feuerwehr macht tatütataa. Feuerwehr hat Pumpen und Schläuche.« In anderen Bereichen kann es zunächst wenig zur Konversation beitragen oder Handlungen davon ableiten. Eltern wissen: Eine adäquate Reaktion auf »Räum dein Zimmer auf«, wird erst viel später erlernt.

Unterschied zwischen Lernen und Training

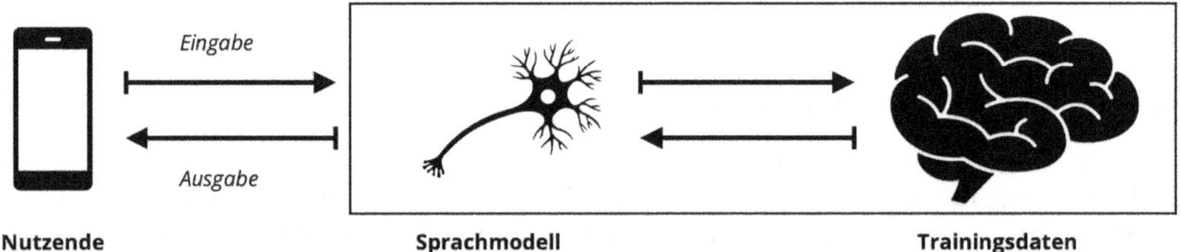

Abbildung 1.4: Funktion des Sprachmodells beim Abgleich von Trainingsdaten

Während Babys ihre Umgebung durch kontinuierliche Erfahrungen erkunden und *lernen*, indem sie auf Belohnungen und Enttäuschungen reagieren, funktioniert das Training von Sprachmodellen auf eine völlig andere Weise. Sprachmodelle werden ohne Pause mit riesigen Mengen an Textdaten *trainiert*.

✔ Dabei passt das Netzwerk seine Gewichte so an, dass es die statistischen Zusammenhänge in den Daten verallgemeinert und darauf aufbauend Texte generieren kann. Anstatt wie im Beispiel des Babys durch direkte Interaktion mit der Welt zu lernen, basiert das Wissen von Sprachmodellen allein auf den Texten, die sie verarbeitet haben.

- Es werden keine spezifischen Trainingsdaten gespeichert. Stattdessen repräsentieren die im Trainingsprozess Stück für Stück angepassten Parameter des Modells das gelernte Wissen (siehe *Abbildung 1.4*). Das Modell verarbeitet eine *Eingabe*, indem es sie in eine für Computer verständliche Form umwandelt.
- Diese Informationen werden dann durch verschiedene Ebenen des KNNs weitergeleitet, wobei jede Ebene die Daten ein Stück weiter verändert. Am Ende entsteht eine *Ausgabe*, die, gegeben der vormals gelernten statistischen Zusammenhänge, eine sinnvolle Antwort generiert (siehe *Abbildung 1.5*).

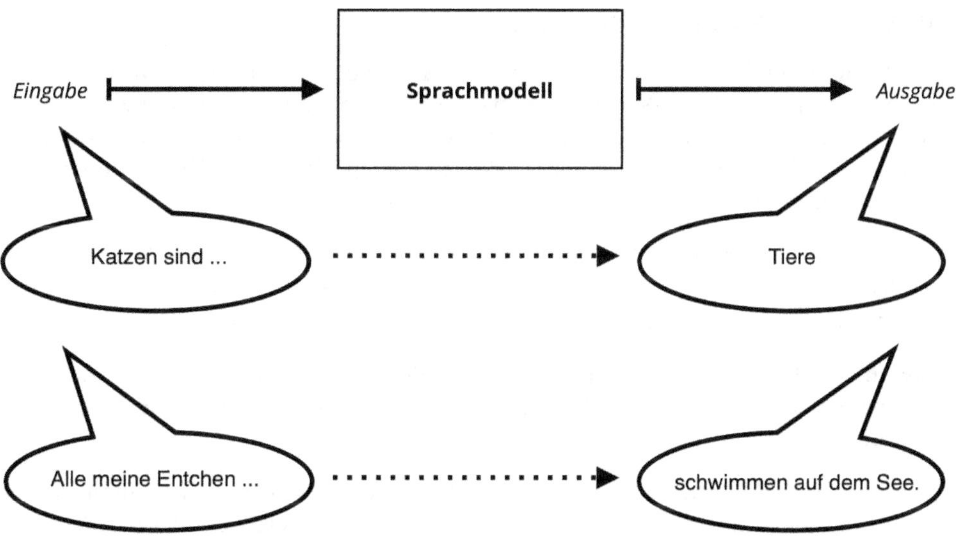

Abbildung 1.5: Verarbeitung von Nutzereingaben durch ein Sprachmodell

Woher stammen die Trainingsdaten?

OpenAI hat schon 2023 in einer Stellungnahme gegenüber dem britischen Parlament erklärt, es sei »unmöglich«, KI-Sprachmodelle wie ihr ChatGPT ohne Zugriff auf urheberrechtsgeschützte Materialien zu trainieren. Die Beschränkung auf urheberrechtsfreie Daten wäre »nicht mehr als ein interessantes Experiment«.

Selten wurden Urhebende gefragt

Werden wir in großem Stil beklaut und nicht an den Gewinnen der KI-Betreiber beteiligt? Diese Frage stellen sich Content Creators und sie ist Gegenstand zahlreicher Prozesse.

- Sollten Gerichte im Sinne der Rechteinhabenden entscheiden (siehe *Teil V*), kann die Löschung von KI-Modellen oder Produkten drohen oder es kommt zu starken Einschränkungen, und Lizenzkosten für Trainingsinhalte müssen bei Zeitungsarchiven, Buchverlagen oder Bilddatenbanken eingekauft werden.

- Bisher lief das noch völlig anders. Unter KI-Kennern gilt: Trau keiner KI, die du nicht selbst trainiert hast. Modelle werden mit gigantischen Daten ohne Herkunftsangabe gefüttert. In einigen Fällen heißt es schwammig, alle »frei verfügbaren« Daten seien eingeflossen. Das meint etwa Inhalte von YouTube oder Wikipedia.
- Sollten Sie mal eine Homepage aufgesetzt oder Postings mit Bildern oder Texten in Social Media veröffentlich haben, ist die Wahrscheinlichkeit groß, dass auch mit Ihren Inhalten ohne Ihr Wissen und Einverständnis eine KI trainiert wurde. Wie Sie dem zumindest für die Zukunft widersprechen, erfahren Sie in *Kapitel 20.*

Nachträglich Quellen ergründen

Über Quellen und Inhalte von Trainingsdaten schweigen sich KI-Unternehmen aus, weil sie es entweder selbst nicht wissen oder den Rechtsstreit scheuen. Einige Datensätze kann man im Internet einsehen. Sie bestehen größtenteils aus dubiosen Internetquellen, fragwürdigen Inhalten mit ungeklärten Urheberrechten, Diskriminierung, ekelhafter (Kinder-)Pornografie und anderer Kriminalität. Da möchten einige Projekte Licht ins Dunkel bringen:

- Der Bayerische Rundfunk hat beispielhaft aufbereitet, was der deutsche Datensatz **LAION-5B** enthält und wieso es nahezu unmöglich ist, einmal gesammelte Daten entfernen zu lassen: `https://interaktiv.br.de/ki-trainingsdaten/`.
- **Spawning.ai** (`https://spawning.ai`) möchte informieren, wer Inhalte ohne Zustimmung verwendet, und bietet mit KI-Blockern, Browsererweiterungen und anderen Funktionen einen Ansatz dafür, diese Daten vom Training auszuschließen.

Mit **Have I Been Trained** (`https://haveibeentrained.com`) können Sie die gängigsten Datensätze durchsuchen, die zum Trainieren der KI-Systeme verwendet werden, um herauszufinden, ob Ihre Arbeit oder Fotos von Ihnen darin enthalten sind. Leider gibt es keine Möglichkeit, sich selbst aus einem bestehenden Datensatz zu entfernen, aber Sie können sich gegen künftiges Training entscheiden, indem Sie Ihre Bilder oder Domänen zur sogenannten »Do Not Train Registry« hinzufügen. Jedes Unternehmen, das diese Ausschlüsse (*Opt-outs*) berücksichtigt, wird dann die Links zu Ihren Bildern aus dem Datensatz entfernen, bevor es ein neues Modell trainiert.

GPT, was?

Die Abkürzung **GPT** steht für *Generative* ***P****retrained* ***T****ransformer* und ist das derzeit bekannteste Sprachmodell. Die Bezeichnung erklärt auch, wie dieses Sprachmodell funktioniert, nämlich *generativ,* also Neues erschaffend, vortrainiert und mit *Transformer*-Architektur. Gehen wir die Buchstaben einmal im Einzelnen durch, um zu verstehen, was dort geschieht und was das Bahnbrechende an dieser Technologie ist.

G steht für generativ

Dass es einen Unterschied zwischen KI und generativer KI gibt, haben Sie bereits geahnt (vielleicht haben Sie »Künstliche Intelligenz für Dummies« bereits im Bücherregal). Im

Vergleich zu traditioneller KI ist ***generative KI*** nicht nur in der Lage, aus dem Datensatz den richtigen Wert herauszusuchen, sondern kann völlig neue Inhalte erzeugen. Es generiert also Neues. Eine Zwischenstufe wäre die *prädiktive,* also voraussagende, Fähigkeit, die jedoch ebenfalls auf vielen Berechnungen beruht. Auch wenn es für uns erst einmal unvorstellbar klingt, wie das möglich ist, müssen wir uns an diese Tatsache gewöhnen. Schwacher Trost: Die Entwickler dieser Technologie waren zunächst auch erstaunt, was da passiert.

Der Unterschied zwischen traditioneller und generativer KI

Eigenschaften	Traditionelle (prädiktive) KI	Generative KI
Hauptfunktion	Muster erkennen und Vorhersagen treffen (*prädiktiv*)	Originelle Inhalte *generieren*
Einsatzzweck	Analyse und Optimierung von Daten (*Big Data*)	Kunst, Text, Musik, Video, Programmierung
Kreativität	Kann keine neuen Inhalte erstellen	*Transformer-* (KNN mit Selbstaufmerksamkeit) oder *Diffusionsmodelle* erstellen Inhalte
Training	Spezifische Datensätze für die eingesetzten Aufgaben	Umfangreiche, vielfältige und unsortierte Datensätze
Anwendung	Sprach- und Bilderkennung, Analyse	Textgenerator, Bildgenerator, Codegenerator

P bedeutet pretrained (vortrainiert)

Ähnlich wie es Kinder beim Spielen machen, müssen KI-Modelle eine ganze Weile mit gewonnenen Informationen spielen, um sie zu verarbeiten. Und noch eine Situation könnte man anführen: Pianistinnen und andere Musizierende benötigen die berühmten »10.000 Stunden«-Übung, um ihre Finger ohne nachzudenken über ihr Instrument gleiten zu lassen.

Das KI-Training läuft in mehreren Stufen ab:

- ✔ Man unterscheidet das unüberwachte (*unsupervised*) Lernen und das überwachte (*supervised*) Lernen, das Zielvorgaben enthält.
- ✔ Was die generativen Systeme erstellen oder wiedergeben, haben sie nicht nur gelernt, sondern vielfach durchgespielt und immer wieder korrigiert (*backpropagation*).
- ✔ Training basiert auf schier unvorstellbar vielen Daten wie Literatur, Wikipedia oder aus Foreneinträgen – und da steht auch ziemlich viel Quatsch drin.
- ✔ Bei *vortrainierten Sprachmodellen* steckt außerdem sehr viel Anleitung und Nachjustierung drin. Dieses Training mit menschlicher Bewertung (*Reinforcement Learning from Human Feedback, RLHF*) ähnelt dem Clickertraining bei Hunden.

So wie Kinder den Unterschied zwischen Gut und Böse durch ihre eigenen Erfahrungen oder von Erziehungspersonen erlernen, ist die KI erst einmal unglaublich auskunftsfreundlich. Sie weiß, wie man Sprengstoff herstellt oder eine Bank überfällt und könnte Handlungsempfehlungen bereitstellen. Dass sie das nicht soll, lernt sie von Menschen, und speichert die moralische Bewertung.

T wie Transformer

Zum Schluss fehlt noch das T in GPT: *Transformer* steht nicht für die Spielzeugroboter, die sich in Fahrzeuge verwandeln können. Es ist eine von Google bereits 2017 vorgestellte Technologie, um nicht jede Kleinigkeit aus dem Training nachträglich bewerten zu müssen. Darin ist ein *Aufmerksamkeitsmechanismus* (*Selbstaufmerksamkeit* oder *Self-Attention*) enthalten, der die einzelnen Worte der Eingabe gewichtet und so **Sinnzusammenhänge aus dem Kontext** liest. Der macht das System nicht nur schneller, sondern auch effektiver im Erfassen von Zusammenhängen. ChatGPT und andere KI-Modelle basieren auf diesem ***Transformer-Modell*** beziehungsweise der Architektur.

Statt wie ältere KI-Systeme einen Text Wort für Wort durchzugehen, schaut der *Transformer* alle Wörter gleichzeitig an und bewertet, welche zusammengehören – so wie Sie beim Lesen eines Satzes oder einer Zeile sofort erkennen, welche Wörter sich aufeinander beziehen. Dafür berechnet der *Aufmerksamkeitsmechanismus* für jedes Wort einen Vergleichswert.

Im Training spricht man von *selbstüberwacht* (*self-supervised*). Erst das ermöglicht es, umfangreiche Daten ohne menschlichen Eingriff zu trainieren.

Richtig entrauschen für stabile Diffusion

Es gibt eine weitere Familie von Modellen, die besonders bei der Bild- und Videogenerierung (aber nicht ausschließlich) in Kombination mit der Transformer-Technologie zum Einsatz kommt: die Diffusion. Damit kann KI beispielsweise aus beschreibenden Worten ein Bild entwerfen (*Text-to-Image*). Vorteil: Diese Technik liefert hochmoderne Bildqualität. Prominente Beispiele sind Midjourney, Dall-E und Stable Diffusion, Letzteres hat das ja im Namen. Sie lernen alle in *Kapitel 10* kennen. Aber wie funktionieren diese Modelle?

Mathe und Magie: der Prozess der Diffusion

Diffusion kennen Sie aus dem Physikunterricht: Moleküle verteilen sich gleichmäßig im Raum und bringen ein System wieder ins homogene Gleichgewicht. Auf KI übertragen, wird erst ein diffuses Rauschen erzeugt (*Vorwärts-* oder *Diffusionsprogress*). Beim *Rückwärtsprozess* geschieht Magie: Scheinbar aus dem Nichts entstehen völlig neue Bilder und Inhalte. Eigentlich ist es Mathematik nach **Carl Friedrich Gauß**, der das Rauschen beschrieb. Sie kennen ihn vom Weichzeichner, dem *Gauß-Filter*, in der Bildbearbeitung.

Beispiel: Bleigießen

Stellen Sie es sich stark vereinfacht vor, wie Ihre Zukunftsvorhersage beim Bleigießen an Silvester. Sie kennen das: Sie erhitzen auf ihrem Löffel ein Stück Zinn (Blei ist das ja schon lange nicht mehr). Es schmilzt, und dann werfen Sie es schlagartig in kaltes Wasser. Das Zinn nimmt zufällige Formen an, und Sie können sie anhand von Erläuterungslisten oder Ihrer Vorstellung als Tierfiguren, Glücksbringer oder anderes identifizieren und deuten, ob Sie im nächsten Jahr die große Liebe oder doch nur den Lottogewinn finden.

So ähnlich macht es das Programm auch – mit dem Unterschied, dass es die Zwischenschritte vom geschmolzenen Zinn zum Aushärten im kalten Wasser so steuert, dass zum Beispiel am Ende ein schönes Alpaka herauskommt.

Denoising

Dieser magische Prozess ist auf den ersten Blick schwer nachzuvollziehen. Er funktioniert, indem das Modell im Training gezeigt bekommt, wie sich zuvor *verrauschte* Bilder – letztlich einfach ein Matsch von zufälligen Pixeln – in Zwischenschritten zurück zum Original wandeln.

- ✔ Man generiert eine gewisse Anzahl an Zwischenschritten vom verrauschten bis zum komplett *entrauschten* Bild. So als könnte man in einigen festgelegten Intervallen die Momente vom geschmolzenen Zinn zum Alpaka einfrieren und speichern.
- ✔ Macht man dies für sehr viele Beispiele im Training des Modells, kann das Modell mit den entsprechenden Lernalgorithmen daraus einstudieren, wie es sinnvolle Bilder aus einem verrauschten Bild durch *Entrauschen* konstruieren kann.

Der schrittweise Rückverwandlungsprozess bei Diffusion heißt *Denoising*.

Kombination mit dem Transformer

Wie weiß das Modell aber, welches Bild es ausgeben soll? Also ob es ein Alpaka oder doch lieber ein Lama generieren soll? Hier kommt die Kombination mit der Transformer-Technologie ins Spiel, die in diesem Fall nicht dafür verwendet wird, Wörter zu generieren, sondern die abstrakten Konzepte von Bildern und Texten zusammenbringt.

- ✔ Letztlich vergibt das Modell so etwas wie eine Punktzahl für ein gegebenes Bild-Text-Paar. Je besser Bild und Text zusammenpassen, umso höher die Punktzahl.
- ✔ Das Diffusionsmodell kann im nächsten Schritt den Vorgang so anpassen, dass das Zielobjekt im *Entrauschungsvorgang* näher an der gegebenen Beschreibung ist.
- ✔ Nach einer gewissen Anzahl an Wiederholungen entspricht das produzierte Bild einer Kombination aus Ihrer Eingabe und der gelernten Vorstellung des Modells.
- ✔ Mittels des sogenannten *Inpaintings* können innerhalb eines bereits generierten Bildes Elemente ausgetauscht oder verändert werden (in *Kapitel 10* lesen Sie darüber). Der *Entrauschungsvorgang* wird hier einfach mit den vorhandenen *maskierten* oder verrauschten Pixeln an dieser Stelle durchgeführt.

Bei Videofilmen kommt noch eine weitere Ebene hinzu, denn flüssig laufende Videobilder bestehen aus vielen Einzelbildern, die zusätzlich in einer Abfolge logisch zueinander passen müssen (*temporale Kohärenz*).

Die schnelle Einführung im YouTube-Video »**Generative AI in a Nutshell**« von Henrik Kniberg ist ein perfekter Start, wenn Sie dazu noch Fragen haben oder einen Gesamtüberblick brauchen (in englischer Sprache): `https://www.youtube.com/watch?v=2IK3DFHRFfw`.

IN DIESEM KAPITEL

Was es mit dem Hype-Zyklus auf sich hat und wie der KI-Trend ihn gerade durchläuft

Welche Erfolge und Rückschläge heute bereits zu verzeichnen sind

Mit welchen Methoden OpenAI sein ChatGPT an der Spitze positioniert

Kapitel 2

Was bleibt vom Hype? Goldrausch, Ernüchterung und Zeitenwende

Haben Sie das Gefühl, dass alle nur noch von KI reden? Ist es nur der nächste Technik-Hype nach Bitcoin und den anderen Kryptowährungen oder der **Beginn fundamental systemischer Veränderungen**, die einige in einer Reihe mit der Erfindung von Feuer, Rad, Dampfmaschine und Internet sehen? Das käme manchen so recht. Angesichts von Milliardeninvestitionen drängt sich die Frage auf, ob ein neuer *KI-Winter* (*Kapitel 1*), eine Phase der Ernüchterung und Stagnation, kommt. Alles wiederholt sich. Diesen Gedanken habe ich immer wieder: Ob in der Mode, Musik oder bei Filmen, die nur alte Dramen neu verpacken. In vielen Fällen waren Entwicklungen und Dinge häufig schon da, aber vielleicht nicht immer im Fokus der Aufmerksamkeit. Drehen wir uns also im Kreis?

Ein **Hype** (so etwas wie *Wirbel* oder *Rummel*) ist ein mediales Phänomen um ein Thema oder Ereignis, das innerhalb kürzester Zeit viel Aufmerksamkeit erhält und danach meist schnell wieder an Interesse verliert. Eine intensive, oft übertriebene Form der Bekanntheit oder Werbung.

Technologischer Auslöser für einen ungeahnten Hype

Das Unternehmen OpenAI stellt ChatGPT im November 2022 vor. Das kleine Startup ist keine Unbekannte, nachdem Microsoft ein paar Jahre zuvor eine Milliarde hineingepumpt hatte. Doch dieser Schachzug der Veröffentlichung überrascht selbst Branchenkenner. Die Webseite von OpenAI ist in den folgenden Monaten eine der 20 weltweit am häufigsten besuchten Internetseiten. Nach nur fünf Tagen hat ChatGPT rund eine Million Nutzerkonten, nach zwei Monaten schon gut 100 Millionen. Zum Vergleich: Es brauchte 75 Jahre, bis es 100 Millionen Telefonanschlüsse gab, rund 30 Jahre für 100 Millionen TV-Geräte, selbst das Mobiltelefon brauchte 16 Jahre und eine Social-Media-Plattform wie Facebook vier Jahre für so viele Konten.

Auf dem Weg zum Gipfel: Der Hype erreicht die breite Masse

Im Sommer 2023 überschlagen sich dann endgültig nahezu alle Medien mit KI-Themen: Die Apotheken-Umschau diskutiert »Doktor KI – übernehmen Sie?«. Die verbliebenen Beatles veröffentlichen mehr als 50 Jahre nach ihrer Trennung das Lied »Now and Then«. Darin ist die Singstimme von John Lennon von einer KI aus einer verrauschten und von Musik überlagerten Demoaufnahme repariert und isoliert (siehe *Kapitel 11*). Aber auch völlig neu generierte Inhalte wie der künstlich verjüngte Harrison Ford in einem neuen Indiana-Jones-Kinofilm machen Schlagzeilen. Man muss dabei gewesen sein.

Während vielen Gründern das Geld ausgeht, fließt in keinen anderen Bereich mehr Wagniskapital: Aktien der großen KI-Investoren und Anbieter wie Microsoft und Grafikkartenhersteller Nvidia klettern an den Börsen exorbitant nach oben. Nvidia wird zu einem der wertvollsten Unternehmen der Welt.

Kein anderer Hersteller ist so stark mit KI verbunden, kein anderer kann zu diesem Zeitpunkt so leistungsfähige Hardware liefern, um die Modelle zu trainieren. Und die Ware ist wegen der Nachfrage und nach der Corona-Pandemie rar. Es bricht ein Goldrausch aus wie bei der *Dotcom-Blase* Anfang 2000 und dem ersten Versuch eines *Metaversums* bei *Second Life* 2003. Der Hype wird real und zahlt sich für viele aus. Die Frage ist, wie lange noch.

Der Hype-Zyklus nach Gartner

Wie so viele Dinge ist selbst der Hype wissenschaftlich beschrieben: Beim IT-Marktforschungsunternehmen **Gartner** spricht man von einem ***Hype-Zyklus*** (Englisch ***Hype Cycle***), um neu aufkommende Technologie und die damit verbundenen Versprechen zu bewerten. Wie bei jedem Hype muss man auch die Ernüchterung einplanen. Gartner möchte natürlich potenzielle Investoren überzeugen und vorwarnen. So hat sich dieses Modell im Marketing etabliert. Und bei aller Kritik, dass es nur die Öffentlichkeitswirksamkeit abbilde und nicht auf alle Produkte angewendet werden könne, halte ich es für eine schöne Illustration dessen, was mit der Medienöffentlichkeit und dem allgemeinen Interesse immer wieder aufs Neue geschieht. Denken Sie an die übertriebenen Hoffnungen und gescheiterten Investitionen ins Internet (*Datenautobahn*) und daran, wie wir es heute nutzen. An welchem Punkt steht heute die KI?

Fünf Kernphasen nach Gartner

Der Theorie nach durchläuft jeder Hype-Zyklus **fünf Kernphasen**:

1. **Technologischer Auslöser**

   Die erste Phase läutet ein vermeintlicher technologischer Durchbruch eines Produkts ein. Es spricht ein experimentierfreudiges Fachpublikum an (*Early Adoptors*), irgendwann berichten Medien darüber. Das katapultiert es nach oben.

2. **Gipfel der überzogenen Erwartungen**

   Auf der Hochphase mehren sich Erfolgsgeschichten und unrealistische Erwartungen, aber auch Misserfolge, die auf sogenannte Kinderkrankheiten zurückzuführen sind. Nicht alle Unternehmen ergreifen Maßnahmen dagegen.

3. **Tal der Enttäuschungen**

   Das allgemeine Interesse flacht stark ab, weil die hohen Erwartungen nicht alle erfüllt werden können. Einige Anbieter scheitern, und der Markt bereinigt sich. Investoren drängen auf Produktanpassungen oder entziehen ihr Vertrauen.

4. **Pfad der Erleuchtung**

   In der vierten Phase zeichnet sich ein realistisches Bild vom Nutzen der Technologie ab, es werden aber auch ihre Grenzen klar. Nachbesserungen kommen auf den Markt, und einige Unternehmen finanzieren Pilotprojekte.

5. **Plateau der Produktivität**

   In der letzten Phase ist das Produkt im Mainstream angekommen. Man versteht, was es macht und wie man es nutzen kann. Die Mainstream-Einführung beginnt. Kriterien für die Bewertung der Rentabilität von Anbietern sind klarer definiert. Die breite Marktanwendbarkeit und Relevanz der Technologie zahlt sich aus.

Unternehmen können mit mehreren Produkten oder -versionen den Hype-Zyklus durchlaufen und der Öffentlichkeit weismachen, noch nicht am Gipfel zu sein. Neuigkeiten werden dabei in Aussicht gestellt (*Beta*-Versionen).

Enttäuschung vorprogrammiert?

Viel ist von vorangegangenen Trends nicht übrig geblieben, und einige Menschen haben ihr Geld verloren. Fest steht bei KI, dass die radikale Umstellung in vielen Branchen bisher ausgeblieben ist. Optimisten würden sagen: Auch im »papierlosen Büro« verschwand nicht sofort alles Papier. Ein paar Dinge bleiben »schwarz auf weiß«, und doch wird weniger gedruckt.

Mehrmals gerät die Forschung mangels Fördergelder und aus Enttäuschungen ins Stocken, so Anfang der 1970er-Jahre und erneut Ende der 80er. Im Hype-Zyklus ist dieser ***KI-Winter*** das *Tal der Enttäuschungen*. Alles wiederholt sich.

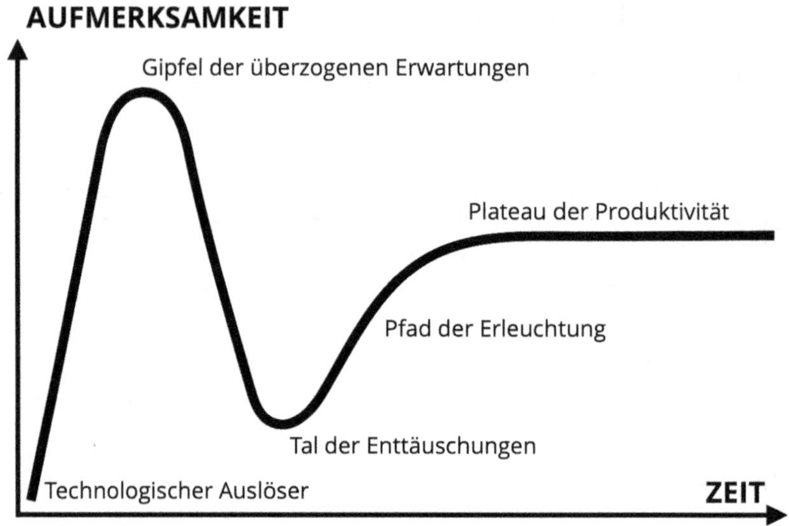

Abbildung 2.1: Bei jedem Hype steigt die Aufmerksamkeit rapide an, fällt dann wieder rasch und fängt sich bestenfalls in der Mitte (Hype-Zyklus nach Gartner).

1. Bei ChatGPT erreicht der Hype (siehe *Abbildung 2.1*) seinen *Gipfel der überzogenen Erwartungen* wohl kurz vor dem Sommer 2023. Alle Welt spricht davon.

2. Zahlreiche Kritiken ziehen das Produkt danach ins erste *Tal der Enttäuschungen*.

3. Um aufs *Plateau der Produktivität* zu gelangen, ist es ein weiter Weg.

Vieles, was gedacht wird, wird irgendwann möglich. Aber nicht alles ist erreichbar und nützlich, nicht alles wird *produktiv*. Denken Sie an Social Media: Am Anfang teilen viele noch Leben, Standort und Fotos. Inzwischen ist eine Gegenbewegung auf dem Vormarsch, seit klar ist, was mit den Daten angestellt werden kann. Nützlich ist es trotzdem, Schulfreunde wiederzufinden, Kontakt zur Familie zu halten oder sich beruflich zu präsentieren.

Sachlichkeit nach dem Hype

Was das jetzt für die KI-Entwicklung insgesamt bedeutet? Vom eigentlichen Hype und den heilbringenden Erwartungen sind wir insgesamt inzwischen entfernt.

- ✔ **Der Hype ist real geworden:** Wir können produktiv damit arbeiten. Die meisten haben sich daran gewöhnt, dass KI zum Alltag gehört und in Produkte integriert wird. Nachrichten werden sachlicher und nüchterner aufgefasst – auch an Börsen.

- ✔ **KI macht weiter Quatsch:** Wir lernen, dass KI (noch) nicht alles leisten kann und Fehler macht. Nutzende müssen damit umgehen (siehe *Kapitel 1: Halluzination*).

- ✔ **Es ist mit Preiserhöhungen oder einer Verknappung zu rechnen:** Anders als in den vorangegangenen *KI-Wintern*, in denen Investoren keine Geschäftsmodelle mehr sahen, sind nun Lösungen etabliert, die wohl nicht mehr verschwinden. Kostendeckend für Trainings und Serverkosten sind sie noch nicht.

- **Kein Weltuntergang:** Während ich diese Zeilen schreibe, können wir zumindest davon ausgehen, dass KI nicht die Weltherrschaft übernimmt oder alles zerstört – sollte dies inzwischen geschehen sein, würde Ihnen dieses Buch ohnehin nicht helfen.

Warum behaupten manche eine Übermacht der KI? Teilweise ist es Strategie.

Die ChatGPT-Methode: Wie OpenAIs Aufstieg gelang

Von der NGO zum Multi-Milliarden-Dollar-Unternehmen. OpenAI hat bekanntlich den Goldrausch ausgelöst und gilt als **Richtschnur**:

- Sehr viele Menschen nutzen ChatGPT, die Geschwister wie o-Modelle (gründliches Überlegen), Dall-E (Bilderstellung) oder etwa Whisper (Sprachverarbeitung).
- Gleichzeitig sind diese über Programmschnittstellen (API) in unzählige Produkte integriert, die Anfragen an OpenAI-Server leiten und die Antworten empfangen.

Da ist die Frage berechtigt, ob OpenAI wirklich schlicht so gut oder einfach der Erste war? Einiges deutet auf strategische Tricks und Lobbyismus hin.

OpenAIs Name erinnert sicher nicht zufällig ans englische Wort für *offen* und an *OpenSource*. Es verkauft sich als spendenfinanziert »im Interesse aller«.

Musk scheitert, Microsoft übernimmt

OpenAI wird 2005 als *teils profitorientiert* gegründet (*capped-profit*) und betont **unabhängige Forschungszwecke**. Die angemietete Zentrale im Silicon Valley liegt ohne Firmenschild in San Franciscos Szeneviertel Mission District.

- Die turbulente Geschichte beeinflussen die Mitgründer Sam Altman und Elon Musk. Im Führungsstreit scheidet Musk 2018 aus. Der reichste Mann der Welt, der mit **SpaceX** Raumfahrt und Kommunikation betreibt, **Twitter** zu **X** radikalisiert und Trump unterstützt, scheitert daran, die Errungenschaften in **Tesla** zu integrieren.
- Fortan kommerzialisiert sich OpenAI: **Microsoft** investiert 2019 eine Milliarde US-Dollar, später 2023 noch einmal zehn Milliarden und Cloud-Rechenleistung. Das sichert Microsoft lukrative Nutzungsrechte und Einfluss beim Marktführer.
- Musk orientiert sich um (*Kapitel 6*). Die Rivalität aber vergisst er nicht und will als Berater der US-Regierung OpenAI juristisch zur Gemeinnützigkeit zwingen.

Die Auseinandersetzung mit Elon Musk kann die Verfügbarkeit von KI-Angeboten, Nutzungsbedingungen und insbesondere Kosten stark verändern.

OpenAI-CEO und Mitbegründer Sam Altman

An der Spitze von OpenAI steht lange Mitbegründer Sam Altman:

- ✔ 1985 geboren, wächst er jüdisch erzogen als ältester von vier Kindern eines Maklers und einer Dermatologin auf. Seit seiner Kindheit ist er Vegetarier. Er bezeichnet sich als politisch liberal und spendet an die Demokraten. Noch zu Schulzeiten outet er sich als homosexuell, was im mittleren Westen der USA kein leichtes Unterfangen ist. Er ist mit einem Softwareprogrammierer verheiratet.
- ✔ Sein eigenes Informatikstudium bricht Altman nach zwei Jahren ab und gründet schon mit 19 die erste Firma, Y-Combinator, investiert in Startups und wird schnell zum Szene-Guru. Businessweek und Forbes nennen ihn **Top-Investor**.
- ✔ 2015 bloggt er über Angst vor übermenschlicher Intelligenz, die Menschen gefährlich werden und in den falschen Händen »großen Schaden« anrichten könne.

Einerseits warnt Altman vor mächtiger KI, andererseits kommerzialisiert er sie.

Einfluss auf die Mächtigsten der Welt

Wie bei vielen neuen Entwicklungen hinkt die politische Gesetzgebung auch bei KI zunächst hinterher. Während die EU sich um Regulierung (*Kapitel 20*) bemüht, ist Altman medienwirksam dabei, *proaktiv* Kontrolle einzufordern. Viele fragen sich: Geht es wirklich um die Sache oder ist das **Marketing**?

- ✔ So viel Aufmerksamkeit bekam wohl noch kein Firmengründer mit unfertigem Produkt. Und keiner so schnell einen Termin bei den Mächtigsten der Welt: Altman im Weißen Haus, in Jerusalem, bei der EU. Hier gehen ihm geplante Regeln plötzlich zu weit. Er droht, ChatGPT vom europäischen Markt zu nehmen.
- ✔ Sam Altman unterzeichnet die nur einen Satz lange Forderung führender KI-Persönlichkeiten: *Es solle eine globale Priorität haben, zu verhindern, dass KI ähnlich wie Pandemien oder Atomkriege auslöscht.* Darunter geht es für ihn nicht.
- ✔ Das wirkt: Das renommierte Time Magazine kürt ihn 2023 zum CEO des Jahres und von allen Unternehmern der Welt zu einem der 100 einflussreichsten.
- ✔ Donald Trump präsentiert medienwirksam nach Amtsantritt das 500-Milliarden-Dollar-Projekt *Stargate* von OpenAI und Partnern. Elon Musk zweifelt an der Finanzierung.

Sorgen und Sicherheitsbedenken rund um ChatGPT

Wer das Wissen der Welt und die Chats von Millionen Nutzenden verwaltet und beantwortet, ist sowohl politischer Akteur als auch Zielscheibe. Die Sicherheit ist in der kurzen Geschichte mehrfach kompromittiert worden:

- ✔ 2024 dringt jemand in interne Kommunikation ein. Es gibt Spionage-Warnungen.
- ✔ OpenAI macht öffentlich, dass wohl staatlich geförderte Kriminelle das Angebot zur Entwicklung von Malware und Vorbereitung von Cyberangriffen nutzten.

- ✔ Der X-Account der Pressestelle wird 2024 übernommen und für Kryptobetrug mit einer nachgeahmten OpenAI-Seite eingesetzt, auf der man sich registrieren soll.

Sorgen und Bedenken um die langfristige Sicherheit und Zuverlässigkeit von KI-Produkten von OpenAI und anderer Unternehmen sind angebracht.

Kontroversen in der Führungsetage

Auch innerhalb von OpenAI ist der Richtungsstreit um die schnelle Kommerzialisierung derart groß, dass er an die Öffentlichkeit drängt:

- ✔ Altman ist seit 2019 CEO von OpenAI. Ende 2023 wird er vom Verwaltungsrat **überraschend entlassen**, weil seine Kommunikation »nicht offen gewesen« sei.
- ✔ Im **Krieg um die Macht** drohen 700 der 770 Angestellten zu kündigen, wenn Altman geht, und riskieren den Aktiencrash. Microsoft prüft, Altman anzuheuern.
- ✔ Eine halbe Woche dauern die Turbulenzen. Am Ende ist Altman zurück und entlässt in der Folge massenhaft Management- und sogar Gründungsmitglieder.

Von »toxischer Atmosphäre« und »manipulativem Führungsstil« bei OpenAI ist die Rede. Die forcierte Umfirmierung zum Profit bleibt umstritten.

Ein Produkt des Streits ist **Anthropic** mit Claude. Die Konkurrenz wird 2021 von ehemaligen OpenAI-Mitgliedern gegründet, die früh ausgestiegen sind. Anthropic will dem Namen nach *menschlich* sein und ethischen Regeln folgen.

Kooperationen mit Medienunternehmen

Immer wieder erklärt OpenAI, bald die nächste Stufe der KI-Entwicklung zu erreichen (*Kapitel 14*). Das geschieht meist während Vertragsverhandlungen:

- ✔ OpenAI sichert sich Rechte, Nachrichtenarchive zu durchforsten und auszuspielen.
- ✔ Dazu gehören auch Axel Springer (BILD , WELT, POLITICO), die Agentur AP, News Corp. (Wall Street Journal, Times, Sun, HarperCollins), Le Monde, Financial Times und das Time Magazine. Verträge bleiben geheim, bei Springer wird aber über hohe zweistellige Millionenbeträge und Nutzungsrechte berichtet.
- ✔ Das KI-Unternehmen entscheidet selbst, welchen Artikel von welchen Partnern es Nutzenden anzeigt und verlinkt und welche Themen ausgeschlossen bleiben.

Kooperierende Medien werden als Quellen **bevorzugt zitiert**. Das wird als Beeinflussung journalistischer Unabhängigkeit und »Pakt mit dem Teufel« kritisiert, da bei Chatbots der Kontext politischer Botschaften verborgen bleibt.

Altman hat den Mythos OpenAI trotz Konkurrenz zu einem der wertvollsten und einflussreichsten Unternehmen der Welt geformt. Trommeln gehört da zum Handwerk. Im nächsten Kapitel erfahren Sie, wie KI die Content Creation umgestaltet.

IN DIESEM KAPITEL

Was sich hinter den Begriffen *Content* und *Content Creation* verbirgt

Wie das Erstellen von Content sich mit Künstlicher Intelligenz verändert

Welche besonderen Anforderungen mit KI im Vordergrund stehen

Wie KI erfolgreich in Content-Creation-Prozesse eingebunden wird

Kapitel 3
Content: Ein Königreich für Inhalte

Wie in Rezeptbüchern beginnt es mit Grundzutaten und Begrifflichkeiten: Wer über *Content Creation* spricht, muss definieren, was darunter zu verstehen ist. Sie können dieses Kapitel überspringen und bei Unklarheiten zurückkehren.

Mussten Menschen, um Inhalte zu erstellen, bisher viele Arbeitsstunden investieren, Expertise aufbauen und Budget aufbringen, reichen nun wenige Beschreibungen. Darauf waren und sind viele nicht vorbereitet. Technologie, die selbstständig Inhalte generieren kann, rüttelt das System durcheinander.

Insbesondere Berufsgruppen, die sich über Studium und Erfahrungsschatz eine Vormachtstellung erarbeitet haben, könnten diese bald einbüßen. In den folgenden Kapiteln ändern wir das zumindest für Sie und Ihren Wissensstand, denn nicht alle sind gleichermaßen betroffen: Statt sämtliche Arbeitsplätze zu verdrängen, hat KI auch neue Möglichkeiten für *Content Creators* eröffnet.

Eins vorweg: Die Definition des Berufsbildes ist weiter schwammig und verändert sich nicht zuletzt durch Künstliche Intelligenz zusehends.

Das englische Wort *content* steht für *Inhalt. Creators* schaffen diese Inhalte.

- Im Lateinischen ist *contentum* das zweite Partizip des Verbs *continere*, was *zusammenhalten* bedeutet. Aber das wussten Sie sicher bereits. *Creation* bedeutet schlicht *Schöpfung*, also *Erschaffen*. Und schon hat dieser Teil etwas Biblisches.
- Wenn wir von *Inhalten* sprechen, meinen wir selbstverständlich nicht den Inhalt einer Tasche, sondern mediale Inhalte wie Texte, Töne und (bewegte) Bilder.
- Jeder kann in die Creator-Rolle kommen, selbst wenn der Beruf ein anderer ist.

Was Content eigentlich ist

Überall ist *Content*. Dass praktisch jeder Inhalt heutzutage Content genannt wird, brauche ich Ihnen nicht zu erzählen. Und dass diese Inhalte in der digitalen Welt allgegenwärtig sind, schon gar nicht. So gut wie alle Medieninhalte wie Texte aus Büchern oder Zeitschriften, Fernsehen und Kino, Radio und Musikstreams, aber auch aufgeführte oder hergestellte Kunst können Sie bereits als Content bezeichnen. Und nicht zuletzt selbstverständlich die Inhalte im Internet. Woher kommt also dieser Wirbel um die Inhalte? Wieso bezeichnen sich einige als *Content Creators*, wo das doch genau genommen jeder wäre, der im Internet etwas schreibt oder hochlädt?

Guter Content ist gefragt

Nutzungsdauer von Content hängt stark von der *Nutzungssituation* ab: Suche ich gerade nach Infohäppchen oder möchte ich inhaltlich in die Tiefe gehen? Vielleicht lesen Sie gerade nur diese Info und haben den Rest übersprungen.

Content bleibt gefragt, davon können Sie ausgehen. Erst recht, wenn mehr Menschen in mehr Medien Inhalte konsumieren. Content muss dabei für die jeweilige Zielgruppe relevant, hochwertig und kreativ sein. Das wird in Zeiten Künstlicher Intelligenz zum Knackpunkt. So erkennen Sie guten Stoff:

- Er muss das Publikum ansprechen, die Plattform berücksichtigen und ein Format haben. So sind Zeitschriftenartikel in Länge und Ansprache nur bedingt für Online-Medien geeignet, die knackiger und mit Zwischenüberschriften texten.
- Dass die Aufmerksamkeitsspanne am Bildschirm geringer wird, können alle Teenagereltern erläutern. Ein Online-Text muss gegenüber Gedrucktem früher auf den Punkt kommen. Sonst drohen Weiterscrollen, Wischen oder der nächste Klick.
- In journalistischen Texten werden vor Details bereits Überblicke in Überschriften und Anreißer-Kurztexte eingefordert (*Teaser*, von Englisch *to tease – reizen*).
- Zweifelsfrei zu beobachten ist stärkerer Drang nach neuen Reizen: ob in der Musik, die keine langen Vorspiele und dafür schnelle Taktwechsel prägt, oder bei Filmen und Videoclips mit schnellen Schnittfolgen oder Orts- und Zeitsprüngen.
- Selbst in die reale Welt färben diese Phänomene ab. Aber Ausnahmen bestätigen die Regel. Je nach Empfangshaltung konsumieren Nutzende noch bewusst gerne lange Inhalte. Das beweisen tiefgründige Podcasts, Fachzeitschriften und Literatur.

KI kann Content Creators zu Art, Umfang und Veröffentlichungszeit beraten.

Wie sich Online-Content abhebt

Gerade bei Online-Content bemisst sich Erfolg in Währungen wie Abrufen, Verweildauer oder Engagement des Publikums. Ist er schlecht strukturiert, unoriginell und austauschbar, ja gar inhaltlich schlecht oder fehlerhaft, erfüllt er seinen Zweck nicht. Umgekehrt wird richtig guter Content zum »King« gekrönt, geht möglicherweise *viral*, wird häufig konsumiert, *geliked*, also favorisiert, geteilt oder kommentiert. Das sollte das Ziel sein. Auf dem Weg dorthin gibt es Stellschrauben wie die Optimierung für Suchmaschinen und Algorithmen, doch wenn der eigentliche Stoff schon mau ist, offenbart sich das früher oder später Konsumierenden, und der Wert sinkt. Langfristig zählt *Klasse statt Masse*, da hilft keine schöne Verpackung drüber hinweg.

Wie Content zum »King« wurde

Das Zitat »Content is King« wird Microsoft-Mitbegründer Bill Gates zugeschrieben, der so 1996, in der Anfangszeit des Internets, ein Essay betitelt.

- ✔ Er beschreibt das Netz als »Marktplatz für Inhalte«, die den Großteil der Einnahmen generieren und Erfolg von Webseiten und Unternehmen bestimmen.
- ✔ Bill Gates sollte wieder einmal recht behalten. Er geht auch auf Bezahlung für Inhalte ein. Schon daher ist dieser kurze Text auch heute noch lesenswert.
- ✔ Bei Microsoft ist der Text verschwunden, Sie finden ihn im Internet Archive: `https://web.archive.org/web/20010126005200/http://www.microsoft.com/billgates/columns/1996essay/essay960103.asp`.

Für einige ist heute quasi alles von Materialien fürs Marketing bis zu Verträgen Content, der essenziell fürs Geschäft ist und tagesaktuell für alle erreichbar gehalten werden muss. Die Tatsache, dass KI mit Web-Content trainiert wird, setzt die Erfolgsgeschichte der Inhalte fort: Content is King, *but AI is Queen.*

Wer wofür Content kreiert

Eigener Berufszweig Content Creation

Beispiele für Content Creation gibt es auch in der Geschichte:

- ✔ Dr. Oetker druckt bereits Anfang des 20. Jahrhunderts Backrezepte auf seine Backpulvertüten und könnte als Content-Marketing-Stratege bezeichnet werden.
- ✔ Berühmte Seifenopern im TV sind rund um Werbespots für Reinigungsmittel gestrickt worden, um die Verkaufszahlen zu erhöhen.
- ✔ Die Verbreitung des Internets macht Content Creation zum eigenen Tätigkeitsfeld.

Meist geht es ums Verkaufen: Im englischsprachig geprägten Marketing hat sich der *Content Creation*-Begriff schon lange etabliert. Einer muss es ja machen, und Schöpfer ist eben die *Creatorin* oder der *Creator.* Ganz gleich, ob unterhaltsame oder lehrreiche Inhalte entstehen oder im besten Fall beides.

Dieser Berufszweig hat sich in den letzten Jahren immer wieder umgeformt, denken Sie nur an das Aufkommen von Social Media oder Podcasts, und ist nie klar umrissen. Die Schwerpunkte können sich je nach Einsatzgebiet massiv verschieben. Im Kern ist es ein sehr kreativer und künstlerischer Beruf, der jedoch auch mit IT-Systemen und aktuellen Trends zu tun hat. Er verbindet journalistische Skills mit Marketing und technischem Verständnis. Damit liegt er nah an Social-Media-Management und Online-Marketing, aber eben auch an Journalismus – und letztlich muss Content Creation auch gar keinen Beruf bezeichnen, sondern kann auch lediglich die Handlung beschreiben.

Content Creation meint nicht zwingend einen Beruf, sondern kann schlicht die Tätigkeit umschreiben, wenn (meist digitale) Inhalte für verschiedene Medien erstellt werden. Wer Essen postet, kann sich folglich *Content Creator* nennen.

Content Creation als Ausbildungsberuf?

Ob im Marketing oder der Kommunikation eines Unternehmens, in Agenturen und Medienkonzernen oder als Freiberufler sind Content Creators als Multitalente gefragt. Entgegen allgemeinen Entlassungstrends werden sie durch KI sogar gefragter.

Kein standardisiertes Berufsbild

Content Creators gehen mit Technologie um, bewerten sie und schöpfen ihr Potenzial aus. Sie starten meist mit »Learning by doing« und müssen auf dem Laufenden bleiben, denn der Markt verändert sich ständig. Erfahrung und Praxis schlagen eindeutig Ausbildung und Zertifikate, insofern kann ich Berufsanfängern und Quereinsteigern Mut machen.

- ✔ Es gibt zwar einige Ausbildungen für Content Creation, diese folgen aber offensichtlich dem Hype um den Begriff und keinem standardisierten Berufsbild.
- ✔ Manchmal ist die Rede von *Digital Content Creators, Social Media Content Creators* oder *Content-Management,* je nach Ausrichtung auch *Medienschaffenden.*
- ✔ Der deutsche Ausbildungsberuf *Mediengestaltung* wäre zwar naheliegend, trifft aber in der mehr technischen Ausrichtung (noch) nicht ganz zu.

Stellenanzeigen für Content Creators

Immer häufiger tauchen Stellenanzeigen auf, die sich an erfahrene, informierte und irgendwie ausgebildete Personen richten. Mangels Standards muss das ausschreibende Unternehmen aufwendig definieren, was es überhaupt verlangt. Darunter sind meist persönliche Erfahrung, Referenzen und eigene Follower.

Aus einer echten Stellenanzeige für Content Creation

Content Creator Social Media (m/w/d)

Du kommunizierst gerne und bist als Social-Media-Profi stets up-to-date mit den neuesten Trends und Dynamiken? Du brennst für Themen und News aus dem Bereich Telekommunikation und fühlst dich vor der Kamera wohl? Dann werde Teil unseres Social-Media-Teams!

Deine Mission

- ✔ Mit deinen kreativen Ideen und gutem Gefühl für Trends und unsere Community planst und erstellst du zielgerichteten Video-Content auf unseren Social-Media-Kanälen.
- ✔ Du erkennst wechselseitige Zusammenhänge, aus denen du Handlungsempfehlungen für die weitere Entwicklung unserer Content-Strategie ableiten kannst.
- ✔ Du gibst (unserem Unternehmen) auf unseren Social-Media-Channels ein Gesicht und interagierst täglich mit unseren Communities auf Facebook, Instagram, TikTok und Co.
- ✔ Du identifizierst Trends, planst Content im Themenbereich (unseres Unternehmens) von der Ideenfindung bis zur Umsetzung eigenverantwortlich.
- ✔ Darüber hinaus bist du mitverantwortlich für die konzeptionelle Weiterentwicklung und Umsetzung der Social-Media-Strategie sowie für die Erschließung neuer Kanäle.
- ✔ Du arbeitest teamübergreifend mit den Stakeholdern aus Marketing, Redaktion und Design zusammen.
- ✔ Du erstellst Reportings und Auswertungen mithilfe von gängigen Analysetools.

Das bringst du mit

- ✔ Abgeschlossenes Studium oder eine vergleichbare Ausbildung im Bereich Kommunikation, Werbetext / Marketing, digitale Medien oder Sprachwissenschaften beziehungsweise mehrjährige einschlägige Berufspraxis im Bereich Social-Media-Content-Kreation. Im Idealfall hast du bereits eine eigene Social-Media-Präsenz aufgebaut.
- ✔ Ein sehr gutes Verständnis und Gespür für die Trends auf den wichtigsten Social-Media-Plattformen.
- ✔ Du verfügst über detaillierte Kenntnisse aller gängigen sozialen Netzwerke und ihrer Anwendungen und es bereitet dir keine Schwierigkeiten, die richtigen Schlüsse in der Performance-Analyse deines Projektes zu ziehen (Fokus Instagram, TikTok, YouTube).
- ✔ Du zeichnest dich aus durch sehr gute Kenntnisse in der Erstellung von Bewegtbild, bist erfahren vor der Kamera und hast idealerweise bereits eigene Social-Media-Kanäle aufgebaut.

- ✔ Du verfügst über sehr gute Kenntnisse in Adobe Bild- und Videobearbeitungssoftware (Photoshop, Premiere Pro).
- ✔ Du hast ein ausgeprägtes, ästhetisches Gespür für Bild, Farbe und Typografie.
- ✔ Du überzeugst mit deiner Hands-on-Mentalität und arbeitest strukturiert und eigenverantwortlich.
- ✔ Du hast einwandfreie Kenntnisse der deutschen Sprache und sehr gute Englischkenntnisse.
- ✔ Kenntnisse im Bereich SEO-Optimierung und Content-Marketing sind von Vorteil.

Seit Aufkommen der Künstlichen Intelligenz wird diese Erfahrung zusehends auch explizit in Stellenanzeigen erwähnt oder im Stillen vorausgesetzt.

Ist das Werbung? – Abgrenzung zum Influencing

Content Creators erzeugen mediale Inhalte, die auf verschiedenen Plattformen veröffentlicht und konsumiert werden. Zwar erstellen sie Inhalte für Unternehmen und deren Marken, die Interesse der Kundinnen und Kunden wecken sollen. Doch das mit Werbung gleichzusetzen, wäre zu kurz gegriffen.

- ✔ Weder sind sie ausschließlich Werbende noch deckungsgleich mit *Influencerinnen* und *Influencern*, die mit persönlichen Darstellungen ihre treue Zielgruppe beeinflussen (Englisch: *to influence*) und teils sogar polarisieren, um aufzufallen.
- ✔ Diese *Meinungsführenden*, wie man sie auf Deutsch nennt (den Begriff habe ich mir nicht ausgedacht), sind in Social Media einflussreiche Personen und eine ganz eigene Berufsgruppe. Sie werden oft mit Content Creators zusammengeworfen.
- ✔ Viele Influencerinnen und Influencer erhöhen mit ihren Veröffentlichungen und (vermeintlichen) Einblicken in ihr Leben zwar die Reichweite des Unternehmens oder verbreiten deren Unternehmenskultur, werden dafür aber regelmäßig nach Größe des Publikums oder Umfang der Produktwerbung honoriert.

Der Unterschied liegt in der Zielsetzung: Zwar können Influencerinnen und Influencer Content Creators sein, wenn sie für ihre Zwecke Inhalte generieren. Content Creators erstellen die Inhalte jedoch nicht zwingend mit der Absicht, ein Publikum zu beeinflussen oder viele Klicks und Likes einzusammeln. Hier stehen weniger die Personen im Fokus, sondern mehr der Inhalt, der Content.

Eine Abgrenzung ist nicht klar zu ziehen. Faustregel: Content Creators *schaffen* Inhalte, während Influencerinnen und Influencer Inhalte *verkaufen*.

Wie Content Creation mit KI schematisch abläuft

Bevor Sie in die Schaffensphase kommen, möchte ich Ihnen vor Augen führen, an welchen Stellen Künstliche Intelligenz schon in der Vor- und Nachbereitung eingreifen kann. Allgemein können Sie diesem Schema folgen:

Schema der Content Creation

1. **Ideenfindung und Planung**

   Die erste Phase besteht darin, Ideen zu sammeln und zu entscheiden, welcher Inhalt für welche Zielgruppe erstellt werden soll. Im Dialog mit KI-Tools können Sie Brainstormings starten und mit gezielten Fragen Trendanalysen, Keyword-Research und Wettbewerbsanalysen durchführen.

2. **Content-Strategie-Entwicklung**

   Sie legen fest, wo Inhalte ausgespielt werden, ob im Blog, Newsletter oder Social Media, und in welcher Form (Text, Bild, Audio, Video) und Ausspielfrequenz. KI kann Ihnen Kanäle und optimale Veröffentlichungszeiten vorschlagen oder Formate basierend auf Zielgruppenverhalten und Erfolgsprognosen erfragen.

3. **Erstellung des Contents**

   Die eigentliche Produktion findet statt, sei es Text, Audio oder Video (siehe *Teil III*). Generative KI unterstützt Sie in dieser Phase beim Schreiben, generiert Rohentwürfe und Bilder, bearbeitet Videos und synthetisiert sogar Audioinhalte. Dabei dient die KI als Werkzeug, das menschliche Kreativität ergänzt.

4. **Prüfung und Optimierung**

   Wertiger Content wird auf Fehlerfreiheit, Qualität und technische Aspekte geprüft. Im Journalismus gehört das Vier-Augen-Prinzip zur inhaltlichen Kontrolle. KI kann Rechtschreibung, Grammatik und Stil analysieren und dabei Styleguides beachten, SEO optimieren, Barrierefreiheit prüfen und inhaltliche Inkonsistenzen aufdecken.

5. **Veröffentlichung und Promotion**

   Sie publizieren die Inhalte und können sie durch Marketingmaßnahmen bewerben. KI-Systeme können die Veröffentlichung automatisiert posten, bestehende Inhalte für verschiedene Ausspielwege umformatieren, zusammenfassen und damit A/B-Tests durchführen. Werbesysteme optimieren die Promotion für maximale Reichweite.

6. **Neustart: Performance-Analyse und Anpassung**

   Was hat funktioniert, was könnte verbessert werden? Nach dem Spiel ist bekanntlich vor dem Spiel. Analysieren Sie die Wirkung und identifizieren Sie Verbesserungspotenzial. Lassen Sie dafür Nutzungsdaten von KI auswerten. Bei Online-Content kann das Ergebnis noch in ein Update des Werks einfließen.

Variationen und Planung

Es ist völlig in Ordnung und empfehlenswert, viel Zeit in Planung zu stecken:

- Gute Vorbereitung spart später Zeit und hilft, Blockaden vorzubeugen. Ein ausgezeichneter Plan ist deutlich schneller umgesetzt als eine halbgare Absichtserklärung, bei der Sie immer wieder zurück zum Anfang müssen.
- Richten Sie Arbeitsphasen nach ihrem persönlichen Rhythmus aus: Wie mit einer gut sortierten Einkaufsliste lassen Sie sich im Supermarkt nicht von Aktionen ablenken und vergessen keine Waren. Und wie beim Einkaufen gibt es Zeiten, zu denen Sie schnell sind, und unproduktive, an denen Sie am vollen Kassenband warten.
- Der Schaffensprozess muss nicht zwingend linear ablaufen. Mal findet er *iterativ* durch Wiederholung statt, mal *inkrementell* in Teilschritten. Aus dem Projektmanagement kennen Sie das als *agile Methoden*. Anpassungen an Ressourcen, Dynamik des Zielmarktes oder Fähigkeiten können erforderlich sein.

Haben Sie Mut zu langen und intensiven **Planungsphasen** mit Beratung durch Künstliche Intelligenz, um effizient und stressfrei zum Ergebnis zu kommen.

KI im Projektmanagement

Zum Glück müssen Sie nicht alle Tätigkeiten allein erledigen, sondern können sich KI-Assistenz dazuholen und sich je nach Tätigkeit, Fähigkeit und Anspruch unter die Arme greifen lassen und ganze Teilbereiche aus der Hand geben:

- Sie können sich zum Beispiel für den Videoschnitt eine Cutterin oder einen Cutter organisieren und den Erstellungsprozess beaufsichtigen, oder die KI greift ein.
- Das hebt den Schaffensprozess auf ein neues Level und beschleunigt ihn massiv. Besonders, wenn Sie bedenken, dass an jedem Plan ein ganzer Rattenschwanz an Fleißaufgaben hängt, der zur Veröffentlichung gehört und erledigt werden muss.
- Außerdem können Sie (und Auftraggebende) mit Kosteneinsparungen rechnen.

Wie bei allen großen Werken gilt mit KI das amerikanische Credo *Teamwork makes the dream work* (sinngemäß: *Zusammenarbeit verwirklicht den Traum*).

KI als Organisationshilfe im Projektmanagement

Kämpfen Sie als Content Creator mit ausufernden Projekten und Konferenzen? KI macht die Steuerung von Projekten nicht magisch, aber weniger stressig.

Im Projektmanagement spricht man vom **magischen Projektdreieck** (*triple constraint*) und beschreibt damit das Verhältnis, in dem sich die Faktoren *Zeit*, *Kosten* und *Leistung* beeinflussen und zueinander in Konkurrenz stehen.

(Manchmal ist die Leistung in *Produkt* und *Qualität* aufgeteilt und bildet ein Quadrat. Gemeint ist immer dasselbe: die Faktoren beeinflussen sich.)

Beim Dreieck entspricht jede Seite einem Faktor. Verkürzt man eine, verlängern sich die beiden anderen schon grafisch (*Abbildung 3.1*). Das magische Dreieck des Projektmanagements kann durch generative KI nicht vollständig ausgehebelt, aber doch signifikant optimiert werden:

1. **Zeit** (Termine, Dauer, Projektlaufzeit):

   Soll es schneller vorangehen, steigen Kosten, und Sie müssen mehr leisten. KI beschleunigt Routineaufgaben und verschafft Ihnen mehr Zeit für kreatives Denken!

2. **Leistung** (Ergebnis, Ziel, Liefergegenstand, Werk, Qualität, Lieferung):

   Soll die Qualität steigen, braucht es meist mehr Geld und Zeit. KI plant voraus und findet Fehler. Das Ergebnis verbessert sich, ohne dass Sie schwitzen.

3. **Kosten** (Arbeitsaufwand, Investition, Budget):

   Höhere oder geringere Budgets wirken sich naturgemäß auf Zeit und Leistung aus. KI optimiert Ressourcen, damit Ihnen mehr Geld für Wesentliches bleibt.

Abbildung 3.1: Magisches Dreieck im Projektmanagement

Künstliche Intelligenz macht aus dem magischen Dreieck keinen Kreis, hilft aber, dass Sie als Projektmanager nicht im Dreieck springen müssen.

Aus anfänglicher Skepsis wird eine produktive Symbiose von menschlicher Kreativität und Künstlicher Intelligenz. Nun sind Sie mit den Begrifflichkeiten und Anforderungen der neuen Arbeits- und Contentwelt vertraut.

Nachdem Sie diesen Theorieteil geduldig ertragen haben, sich von Historie bis zur Arbeitsweise informiert und vom Hype um sie und den Content gelernt haben, können Sie sich mit dem Vorwissen nun in *Teil II* dem praktischen Umgang widmen und eine Probefahrt mit ChatGPT beginnen. Da wird es (sofern Sie nicht bereits nach hinten gelunzt haben) höchste Zeit, Sie mit den technischen Voraussetzungen vertraut zu machen. Sind Sie bereit?

Teil II
Schnell loslegen: Der Weg zur Künstlichen Intelligenz

IN DIESEM TEIL …

- Wichtige Vorkehrungen zum Schutz von Mails, Passwörtern und Bankkonten
- Beste Sicherheit und Grundregeln für mehr Datenschutz
- Der erste Kontakt mit ChatGPT
- Leistungs- und Kostenvergleich der gängigsten Chatbot-Produkte
- Selbst installierte Chatbots im Vergleich zu Cloud-Produkten
- Die besten und nützlichsten Prompts für erfolgreiche Content Creators

IN DIESEM KAPITEL

Wieso Datensparsamkeit bei Clouddiensten ratsam ist

Grundregeln für Sicherheit im digitalen Alltag

Ein-Klick-Log-ins und Alias-Adressen einrichten

Hackern und Phishing-Attacken entkommen

Zwei-Faktor-Authentifizierung nutzen

Komplett auf Passwörter verzichten

Kapitel 4

Sicher von Anfang an: Registrierung bei den Diensten

Sie werden bald viele Produkte, Apps und Angebote kennenlernen, teilweise für wenige Tage Probeabonnements abschließen und häufig wieder kündigen. So etwas ist schnell angefangen, aber nicht immer leicht beendet. Um den Überblick zu behalten und die vielen Konten sicher voneinander abzutrennen, gibt es Methoden, die Sie hier kennenlernen. Sollten Sie mit den Konzepten vertraut sein, ist es völlig in Ordnung, dieses Kapitel zu überspringen.

Es gibt leider sehr viele Menschen und sogar Unternehmen, die behaupten, viel für den Schutz ihrer Daten zu unternehmen, und dann doch einem Phishing-Angriff zum Opfer fallen und ohne Backup dastehen. Als IT-Dienstleister erlebe ich das regelmäßig. Was ich Ihnen deshalb hier beschreibe, hat nicht ausschließlich mit Künstlicher Intelligenz zu tun, sollte meiner Meinung nach aber ein Pflichtseminar zu Medienkompetenz sein, denn Fehler können negative und weitreichende Konsequenzen haben. Gute Vorarbeit dagegen zahlt sich am Ende für Sie aus, spart Zeit und schafft Ordnung. Lassen Sie sich in die Welt der sicheren Passwörter und Zugangsdaten entführen.

Hüten Sie sich vor falschen Apps und Abofallen. Allein mit dem Stichwort »ChatGPT« finden Sie in den eigentlich so gut geprüften AppStores eine Menge Fake-Apps, die vielleicht eine Funktion bieten, dafür aber deutlich zu viel abrechnen oder Sie in eine Abofalle locken. Mit Datenschutz müssen wir da gar nicht anfangen. Benutzen Sie besser die Webseiten der Unternehmen und folgen Sie von dort Links zu den echten Apps bei Apple oder Google.

Registrieren und Log-in-Prozess absichern

Natürlich ist es bequemer, überall die gleiche Mailadresse anzugeben, das gleiche kurze Passwort eingestellt zu lassen und zu hoffen, dass nichts passiert. Sicher ist es nicht. Es mag über Jahre gutgegangen sein, verlassen Sie sich nicht drauf.

Künstliche Intelligenz ist auch auf der Seite der Hackerbanden keine unbekannte Technologie. Daher gilt: Sicherheit ist besser als Nachsicht.

- ✔ Identitätsdiebstahl und Missbrauch von Onlineshop-Zugängen oder KI-Konten ist Alltag und für Betroffene ein traumatisches Erlebnis mit teuren Nachwirkungen.
- ✔ Ist ein Passwort gestohlen, versuchen es Hacker automatisch im E-Mail-Konto der betroffenen Person, die als Benutzernamen oder offen im Internet zu finden ist.
- ✔ Als Einfallstor für Hacker sind Mailaccounts besonders gefährdet, denn dorthin kann im Zweifel für jeden beliebigen Dienst ein Ersatzpasswort bestellt werden.
- ✔ Käme Ihr Konto bei einem Chatbot wie ChatGPT oder Perplexity abhanden, wären auch die Verläufe Ihrer Gespräche und die darin enthaltenen persönlichen Informationen in falschen Händen, bei Google ein Verlauf früherer Suchanfragen.

Damit bei einem Einbruch und Datendiebstahl bei einem KI-Dienst Ihre anderen Online-Konten nicht gefährdet sind, ist es ratsam, unterschiedliche E-Mail-Adressen zu nutzen. So besteht keine Verbindung. Aus demselben Grund sollten Sie niemals das gleiche Passwort verwenden. Diese einfache Maßnahme erhöht Ihre Online-Sicherheit ohne großen Aufwand erheblich.

Ein-Klick-Registrierungsservice mit Tücken

Ohne viele Eingaben können sich sich meist anmelden. Ihre Daten werden dann weitergereicht.

So geht die Registrierung mit einem Klick

Sie können sich völlig ohne Passwort bei immer mehr Produkten mit einem Klick auf das jeweilige Logo registrieren und später auch wieder einloggen:

1. Haben Sie ein **Google**-Konto, klicken Sie auf MIT GOOGLE FORTSETZEN (manchmal auf ANMELDEN oder Ähnliches). Mit einem **Microsoft**- oder **Apple**-Konto sind es die entsprechend anderen Schaltflächen neben dem Logo (*Abbildung 4.1*). Auch Facebook, Amazon, LinkedIn oder der Wordpress-Anbieter `Automattic.com` bieten einen Log-in-Service (teilweise über den Standard *OpenID*).
2. Die Webseite, bei der Sie das Konto anlegen und nutzen möchten, fragt dabei immer bei Ihrem Log-in-Service von Apple, Microsoft oder Google nach. Sie werden dorthin weitergeleitet, loggen sich gegebenenfalls dort ein und können bestätigen, welche Daten Sie mit dem neuen Unternehmen teilen möchten.
3. Künftig haben Sie ein Konto beim Unternehmen, loggen sich aber nicht mit Benutzernamen und Passwort, sondern nur über diesen Knopf wieder ein.

Abbildung 4.1: Log-in-Dienstleistung – mit einem Klick können Sie sich anmelden. Das ist nicht immer vorteilhaft. (Screenshot: `chatgpt.com`)

Vor- und Nachteile dieser Methode

Dieser bequeme Anmeldevorgang ist zwar relativ sicher, hat aber nicht nur Vorteile:

- ✔ Die Anmeldung ist mit der *Zwei-Faktor-Authentifizierung* ihres bisherigen Anbieterunternehmens abgesichert und erst einmal als gut geschützt anzusehen.
- ✔ Allerdings geben Sie damit diesen Unternehmen preis, wo Sie überall registriert sind und wie häufig Sie sich anmelden, und Sie machen sich von ihm abhängig.
- ✔ Je nach Anforderungen werden bei Registrierung persönliche Daten wie Ihr Name oder Ihre Anschrift weitergegeben, was Sie bei der Anmeldung sehen, aber nur eingeschränkt anpassen können. Manchmal lässt sich zumindest erreichen, dass nicht Ihre echte E-Mail-Adresse, sondern eine *Weiterleitungsadresse* genutzt wird.
- ✔ Gelangt der Google-, Apple- oder andere Zugang in falsche Hände, können sich Fremde auch hier einloggen. Dann haben Sie aber ganz andere Schwierigkeiten!

Gespeicherte Anmeldedaten verwalten

- ✔ Sie verwalten diese Zugänge bei Apple in den Einstellungen unter ANMELDUNG & SICHERHEIT unter MIT APPLE ANMELDEN.
- ✔ Im Google-Konto finden Sie alle gespeicherten Zugänge bei SICHERHEIT unter DRITTANBIETER-APPS UND DIENSTE.
- ✔ Bei Microsoft unter `https://account.microsoft.com/privacy/app-access` bei VERWALTEN DES APP-ZUGRIFFS.

Ist der eigentliche Zugang bei Ihrem Anbieter gelöscht, verlieren Sie meist unwiederbringlich den Zugriff auf Ihr Konto beim jeweiligen Dienstleister.

Häufig habe ich die Erfahrung gemacht, dass die Flexibilität mit diesem Anmeldeverfahren eingeschränkt sein kann und mancherorts sogar zu Schwierigkeiten führt, weil Sie die Adresse nicht leicht austauschen können, in diesem Namen keine Mail senden können oder gewisse Nachrichten vom Unternehmen nicht ankommen.

Außerdem sehe ich ein Risiko, wenn sich Nutzende zu sehr daran gewöhnen, immer und überall ihr Google-, Apple- oder Microsoft-Passwort einzutippen. Es könnte zu Phishing und Missbrauch kommen, wenn vorgegaukelt wird, es wäre jetzt ein Log-in mit der Adresse Ihres Log-in-Services notwendig. Also lassen Sie sich nicht linken! Besser finde ich es, eine Weiterleitungsadresse zu erstellen und die Konten auf diese Weise voneinander abzutrennen.

Flexibel und privater: Accounts mit Weiterleitungsadressen

Für neue Konten rate ich stark dazu, sogenannte *Weiterleitungsadressen* (auch *Alias-Adressen* oder *Private-Relay E-Mails*) zu verwenden. Das ist zwar ein kleinwenig umständlicher, aber langfristig flexibler.

Ein E-Mail-Alias ist eine zusätzliche E-Mail-Adresse, die dem gleichen Postfach zugeordnet wird. Alle E-Mails, die an diesen *Alias* gesendet werden, landen im Hauptposteingang. Stellen Sie es sich wie eine Rufumleitung beim Telefon vor: Sie geben einen Kontakt heraus, und wenn Sie jemand zu sehr nervt oder das missbraucht, können Sie die Weiterleitung löschen, und niemand erreicht Sie mehr auf diesem Weg.

Tatsächlich gibt es so etwas auch fürs Telefon. Und bei Postadressen kann man ein physisches Postfach oder sogar eine beliebige Packstation für den Briefempfang angeben. Aber hier konzentrieren wir uns erst einmal auf den digitalen Posteingang.

Weiterleitungsadressen haben große Vorteile für Ihre Online-Sicherheit:

- ✔ **Schutz der Privatsphäre:** Ihre echte E-Mail-Adresse und Identität bleiben geschützt, auch vor möglichen Datenlecks bei beteiligten Unternehmen.
- ✔ **Spam-Vermeidung:** Reduziert das Risiko einer nicht aufhörenden Flut von unerwünschten Werbe-E-Mails, da Sie im Zweifel das Leck identifizieren und die Weiterleitung entfernen können. Es kann ja immer nur einen Dienst geben, der Ihre Adresse ausgeplaudert hat.
- ✔ **Sicherheit:** Getrennte Empfängeradressen tragen zum Schutz vor potenziellen Phishing-Versuchen bei. Selbst sehr gut gefälschte Anfragen einer Bank oder anderer Dienste, die Sie über die falsche Adresse erreichen, sind schnell entlarvt.
- ✔ **Flexibilität:** Ideal für verschiedene Registrierungen oder einmalige Downloads, bei denen man eine Mailadresse angeben muss. Gleichzeitig behalten Sie den Überblick, da Sie für jede Anmeldung zwar eine eigene Adresse verwenden, aber alles in Ihrem bisherigen Postfach zusammenläuft und nicht auf mehrere Postfächer verstreut wird. Bei Bedarf können E-Mail-Filter in Ihrem Mailprogramm die Nachrichten in Ordner verschieben und so zur Seite räumen.

Weiterleitungsadresse bei Apple

Mit Apple iCloud-Account

Apple-Kunden können die in ihren Geräten enthaltene Funktion *E-Mail-Adresse verbergen* des Private-Relay-Dienstes nutzen. Besonders, wenn Ihnen ein Anbieter dumm kommt oder Ihre Adresse missbraucht wird, ist der Kontakt mit einem Klick für immer beendet.

- ✔ Sie können beliebig viele solcher eindeutiger Weiterleitungsadressen erstellen und diese bei Bedarf auch wieder löschen.
- ✔ E-Mails, die an diese Weiterleitungsadresse gesendet werden, werden automatisch an Ihre Haupt-iCloud-Adresse weitergeleitet, die Sie in den Einstellungen für alle Adressen festlegen und die nicht zwangsläufig bei Apple sein muss.
- ✔ Wenn Sie über die Mail-App auf eintreffene E-Mails antworten müssen, verschleiert das Programm sogar ebenfalls Ihre Absenderadresse.
- ✔ Voraussetzung ist ein kostenpflichtiges iCloud+-Abonnement, das Ihnen ab 0,99 Euro im Monat auch 50 GB Cloud-Speicher für Ihre wertvollen Fotos, Dateien und für automatische Geräte-Backups verschafft. Eine gute Investition angesichts des vergleichsweise hohen Anschaffungspreises der Geräte!
- ✔ Private-Relay erfordert mindestens iOS/iPadOS15 oder macOS 12.0 Monterey.

Eine Weiterleitungsadresse bei Apple anlegen

Es sind nur wenige Klicks für maximalen Datenschutz, die Sie bald ganz routiniert und selbstverständlich durchführen werden:

1. Öffnen Sie die EINSTELLUNGEN-App auf Ihrem iPhone oder iPad. Am Mac gehen Sie über das Apple-Menü in der oberen linken Ecke zu SYSTEMEINSTELLUNGEN.
2. Tippen Sie oben auf IHREN NAMEN beziehungsweise APPLE-ACCOUNT.
3. Wählen Sie ICLOUD aus.
4. Tippen Sie auf E-MAIL-ADRESSE VERBERGEN.
5. Wählen Sie das +-Symbol beziehungsweise NEUE ADRESSE ERSTELLEN.
6. Apple generiert nun eine zufällige E-Mail-Adresse mit lustigen Wortbausteinen und Zeichen wie zum Beispiel `schleppend_kaktus.0g@icloud.com`. Wenn Sie diese nicht mögen, können Sie auf ANDERE E-MAIL VERWENDEN beziehungsweise am Mac auf das Pfeilsymbol tippen, um einen neuen Vorschlag zu erhalten.
7. Geben Sie eine Kennzeichnung – zum Beispiel den Namen des Dienstes für die Adresse – ein, optional ist noch Raum für Notizen, damit Sie sich später daran erinnern, wofür Sie sie verwendet haben. Ich ergänze auch manchmal das Datum.

8. Bestätigen Sie die Erstellung der neuen Weiterleitungsadresse (erst jetzt wird diese Adresse aktiviert!) und kopieren Sie sie am besten direkt in das Registrierungsformular.

9. Falls Sie eine Adresse nicht mehr benötigen oder feststellen, dass diese missbraucht wurde, können Sie sie zunächst deaktivieren (und bei Bedarf wieder aktivieren) oder anschließend sogar dauerhaft löschen. Beachten Sie, dass Sie zuvor Ihr Konto bei dem verwendeten Dienst schließen oder eine andere Adresse hinterlegen sollten. Ist die Adresse nicht mehr vorhanden, kann es sein, dass Sie sich auch nicht mehr dort einloggen können.

Der kurze Weg: Meist genügt in einem Registrierungsformular der Klick in das Feld für die E-Mail-Adresse. Dort erscheint automatisch: E-MAIL-ADRESSE VERBERGEN ... Klicken Sie darauf, bekommen Sie eine Adresse vorgeschlagen und bestätigen mit VERWENDEN. Damit haben Sie es schon geschafft!

Plus-Adressierung bei Google Mail

Google bietet leider nicht den gleichen Schutz und Funktionsumfang wie Apples Private-Relay-Dienst. Mit der sogenannten Plus-Adressierung von `gmail.com` beziehungsweise `googlemail.com` (man kann beide parallel nutzen) können Sie zumindest **eintreffende Mails über die Empfangsadresse filtern**:

- Wenn Ihre E-Mail-Adresse `dummies.ki@gmail.com` lautet, können Sie Varianten wie `dummies.ki+chatgpt@gmail.com` oder `dummies.ki+perplexity@gmail.com` verwenden (diese müssen nicht eigens angelegt werden) und später über die Filter-Einstellungen auf `http://gmail.com` sortieren.
- **Nachteil:** Sie können keine E-Mails von diesen Plus-Adressen versenden, und nicht alle Online-Formulare akzeptieren das Pluszeichen in E-Mail-Adressen. Besonders einfache Muster wie in meinem Beispiel sind auch leicht zu durchschauen. Außerdem ist es sehr offensichtlich: Spammer können das Pluszeichen und alles danach einfach entfernen, um Ihre Hauptadresse zu erhalten, und sehen Ihren Namen, wenn dieser Teil der Adresse ist. Daher ist diese Form nicht so verbreitet.
- Trotz dieser Einschränkungen ist die Plus-Adressierung eine praktische Funktion von Gmail, die Ihnen helfen kann, Ihren Posteingang besser zu organisieren und zu verwalten.

Kostenlose private Mailweiterleitung bei DuckDuckGo

DuckDuckGo ist eine datenschutzfreundliche Suchmaschine (*Kapitel 16*). Im DuckDuckGo-Browser richten Sie den kostenfreien E-MAIL-SCHUTZ ein:

1. Im DREIPUNKT-Menü geben Sie Ihre richtige Mailadresse an und bestätigen den VERIFIZIERUNGSLINK, der in Ihrem Postfach landet.

2. Sie erhalten eine `@duck.com`-Mailadresse, die an Ihre bisherige weiterleitet.

3. Wenn Sie sich irgendwo neu registrieren, füllt der Browser eine neue Adresse mit Wortbausteinen, wie `ignore-gently-cure@duck.com` aus, die zu Ihnen weiterleitet. Bei Bedarf können Sie diese löschen, um den Kontakt abzubrechen.

Andere Angebote für die Mail-Mülltrennung

Alternativ gibt es noch eine ganze Reihe von Maildiensten, die Weiterleitungsadressen und spannende Zusatzfunktionen anbieten:

- ✔ **GMX und Web.de:** Die bei 1&1 angesiedelten deutschen Pioniere stellen auf Wunsch »Fun- und Alias-Adressen« aus. Unter EINSTELLUNGEN (ZAHNRAD) > E-MAIL > E-MAIL-ADRESSEN bei GMX und bei Web.de unter ABSENDERADRESSEN.
- ✔ **Firefox Relay**: Verfügen Sie über ein Mozilla-Konto im Browser, generiert diese Erweiterung E-Mail-Adressen beim Ausfüllen von Online-Formularen. Fünf Alias-Adressen sind gratis, für 0,99 Euro im Monat gibt es unbegrenzt viele und mit Antwortfunktion. Gegen Telefonspam sind Alias-Rufnummern mit SMS (Relay-Telefonnummer-Maskierung) geplant: `https://relay.firefox.com`.
- ✔ **Addy**: Zehn Aliasse der Form `Kontoname@Benutzer.anonaddy.com` (oder `.me`) verwalten Sie kostenlos, für einen Euro im Monat gibt es 50 Alias- und fünf Empfängeradressen, der unbegrenzte Account kostet drei Euro. Das *Open-Source-Produkt* lässt sich mit eigener Domain kostenfrei betreiben: `https://addy.io`.
- ✔ **SimpleLogin**: Die auf Verschlüsselung spezialisierte Schweizer Proton AG erstellt zehn Aliasse mit Antwortfunktion gratis. Unbegrenzt viele sind für vier Euro im Monat möglich. Das Abo enthält PGP-Verschlüsselung (Nerdwissen: Mr. Robot aus der Amazon-Prime-Hackerserie nutzt es). Auch hier handelt es sich um ein *Open-Source-Produkt*: `https://simplelogin.io`. Das teurere Proton Business enthält zusätzlich den KI-Schreibdienst Scribe, der E-Mails verfasst.

Einweg- und Wegwerfadressen über Webseiten

Es gibt darüber hinaus Dienste, die nur temporär eine E-Mail-Weiterleitung zur Verfügung stellen oder bei denen Sie über die Webseite in das jeweilige Postfach hineinschauen können. Hier spricht man von Wegwerfadressen (Disposible Mail, Trash-Mail, One-Time Postbox). Das kann in vielen Situationen nützlich sein, zum Beispiel bei kurzfristigen Downloads, für die eine Adresse hinterlegt werden soll. Für Anmeldungen bei Online-Diensten sollten Sie davon jedoch besser Abstand nehmen: Einerseits können auf den Webseiten meistens auch andere in die gleichen Postfächer schauen, und jemand könnte für Ihren Account einen Passwortreset durchführen, um an den Zugang zu kommen. Andererseits müssten Sie sich im Fall eines vergessenen Passworts wieder daran erinnern, wo Sie die Adresse angelegt haben. Sie werden auch über Sicherheitslücken oder AGB-Änderungen nicht informiert. Schlimmstenfalls ist die jeweilige Wegwerfadresse bereits unwiederbringlich gelöscht, wenn Sie Ihr Passwort vergessen, und Sie kommen nicht mehr an Ihren Account.

Passwörter: einmalig, lang und kompliziert

Es ist wie mit einem Kleinkind übers Zähneputzen zu diskutieren: unglaublich notwendig, aber selten akzeptiert. Ich möchte Sie ausdrücklich auffordern, ihre Online-Sicherheit zu verbessern, indem sie **niemals das gleiche Passwort** für verschiedene Dienste verwenden, kompromittierte Passwörter umgehend ändern und grundsätzlich die *Zwei-Faktor-Authentifizierung* aktivieren (wie das geht, erkläre ich gleich). Nie das gleiche! Sie werden nicht glauben, wie häufig das doch getan wird! Es klingt wie eine Binsenweisheit, aber in einem Land, in dem die meisten »gehackten« Passwörter noch immer »123456789«, »hallo« oder »password« sind, sage ich das lieber mal. Immerhin kommt in dieser Liste des Hasso-Plattner-Instituts von 2023 auch das Passwort »iloveyou« unter die Top10, es gibt also doch noch Romantiker in Deutschland. Aber mal im Ernst: Die KI kann auch Passwörter raten, und das macht sie sogar nachts, während Sie schlafen. Machen Sie das also bitte nicht!

Ein gutes, also sicheres Passwort muss mindestens 16 Zeichen lang sein, damit es nicht von einem modernen Computer in wenigen Sekunden mit roher Gewalt (*Brute Force*) geknackt werden kann. Mehr ist langfristig besser, daher können 32 Zeichen nie schaden. Dazu sollte es aus ungewöhnlichen Buchstaben und Zahlenkombinationen und möglichst Sonderzeichen bestehen.

Die großartigen Videokünstler Alexander Lehmann und Lena Schall haben in einem unterhaltsamen und lehrreichen Filmclip »**Passwörter einfach erklärt**«: `https://www.motionensemble.de/Verschluesselung_PasswörterEinfachErklärt.html`. Obwohl der Film von 2015 ist, hat er an seiner Brisanz und Aktualität nichts verloren. Schauen Sie sich auch ihre anderen sehenswerten Filme an und unterstützen Sie die beiden auf `www.motionensemble.de`!

Passwortmanager und Generatoren

Sie brauchen keine Klebenotizen, ausgedruckten Excel-Tabellen und Notizbücher mit Ihren ganzen Passwörtern aufzuheben! Schon gar nicht in der Nähe der Tastatur. Das ist nicht nur schwierig zu pflegen, sondern auch schnell unübersichtlich. Einige Menschen speichern ihre Zugangsdaten zumindest in einer digitalen (und hoffentlich verschlüsselten) Notiz.

Vermutlich verfügen Sie bereits über einen Passwortmanager:

- ✔ In den Einstellungen Ihres Smartphones von Apple oder mit Android, und in einem Browser wie Edge, Chrome oder Firefox sind Passwortmanager integriert. Suchen Sie in den Einstellungen nach »PASSWORT«.
- ✔ Dort werden Benutzername und Passwort für jedes Ihrer Konten gespeichert, können meistens mit einer Notiz ergänzt werden und werden häufig direkt beim Log-in auf einer zugehörigen Webseite automatisch ausgefüllt. Besonders praktisch: Über eine Synchronisationsfunktion bleiben die Zugangsdaten auf allen Geräten auf dem neuesten Stand.
- ✔ Es gibt auch eigenständige Apps, die diese Aufgabe übernehmen. Das setzt aber großes Vertrauen voraus. Unabhängige Speicherdienste sind zum Beispiel `1Password.com` oder `Lastpass.com`, die dafür meist Geld verlangen, aber auch häufig attackiert werden.

- Mein Tipp: Als besonders sicherer und empfehlenswerter Passwortmanager gilt seit 2015 das kostenfreie Open-Source-Programm Bitwarden des Programmierers Kyle Spearrin aus Florida, das es als Webseite `https://bitwarden.com` oder zur Selbstinstallation gibt (*Abbildung 4.2*). Mit einer Smartphone-App und Plug-ins für die gängigsten Browser binden Sie Bitwarden in Ihren Alltag ein. Darin ist auch ein Generator für Passwörter integriert, der Ihnen hilft, sich schnell ein sicheres Passwort auszudenken und zu speichern.

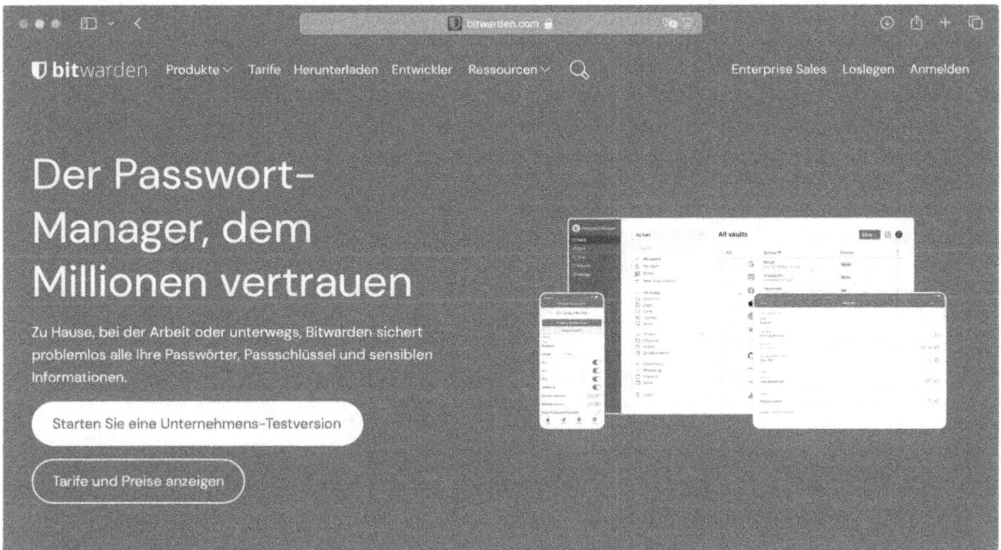

Abbildung 4.2: Bitwarden-Passwortmanager (Screenshot: `https://bitwarden.com/de-de/`)

Damit Sie sich kein Passwort ausdenken müssen, gibt es Passwortgeneratoren. Einer der cleversten, den ich mehrfach täglich nutze, steckt in der Suchmaschine DuckDuckGo (siehe *Kapitel 16*):

- Gehen Sie auf `http://duck.com` und tippen Sie ins Suchfeld `password` ein. Das erzeugt ein zufällig generiertes Passwort. Dieses sollten Sie dann noch ergänzen mit `strong` (*stark*) und mindestens `16` (*Zeichenlänge*).
- Wichtig: Notieren Sie das Passwort sofort und kopieren es nicht bloß in das Passwortfeld des betreffenden Dienstes. Denn bei der nächsten Suchanfrage oder Aktualisierung ist es weg.
- Sie können sich auch ein Lesezeichen mit dieser URL ablegen: `https://duck.com/?q=password%20strong%2016#`.
- Sicherheitsevangelisten werden jetzt predigen, dass dieses Passwort übers Internet abgefangen werden könnte und es besser wäre, es lokal auf Ihrem Rechner zu generieren (zum Beispiel mit Bitwarden). Da ist absolut Wahres dran. Im Zweifel ist dieser Weg aber allemal besser als `passwort12345`.

Zusätzlicher Schutz vor Datendiebstahl

»*Have I Been Pwned*« (HIBP) ist eine Datenleck-Sammlung, die von dem australischen Sicherheitsexperten Troy Hunt entwickelt wurde, um Internetnutzenden zu helfen und sie zu warnen (*Abbildung 4.3*). Hunt ist unglaublich gut informiert, erhält sogar Unterstützung vom FBI, und sein Projekt genießt weltweit ein extrem hohes Vertrauen.

So können Sie herauszufinden, ob Ihre **persönlichen Informationen und Zugänge durch Datenlecks kompromittiert** wurden:

- ✔ Die Webseite `https://haveibeenpwned.com` ermöglicht es Ihnen, Ihre E-Mail-Adressen oder Telefonnummern einzugeben und zu überprüfen, ob diese in bekannten Datenlecks aufgetaucht sind. Dieser Dienst ist kostenlos!
- ✔ Zusätzlich bietet HIBP einen **Benachrichtigungsservice** an, bei dem Sie sich registrieren sollten, um automatisch informiert zu werden, wenn die eigenen Daten in zukünftigen Lecks auftauchen.
- ✔ Der Name leitet sich vom Slangwort »pwned« ab, das eine Verballhornung von »owned« ist und in der Hacker- und Gamerszene verwendet wird, wenn jemand »besiegt« oder »gehackt« wurde (der Legende nach hat sich jemand vertippt).

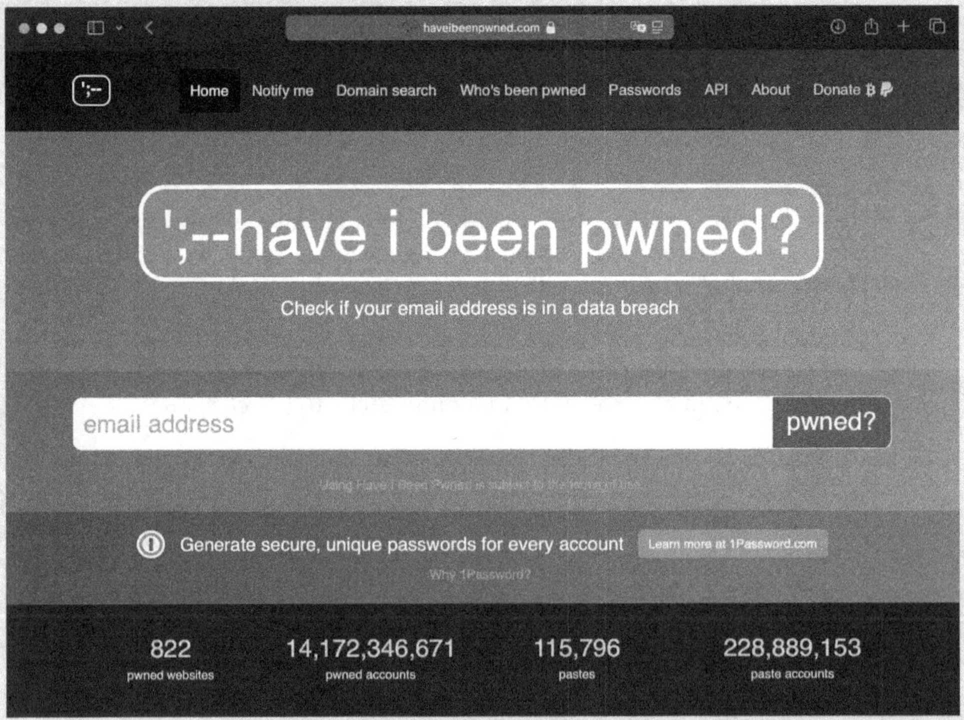

Abbildung 4.3: Wurde ich gehackt? Diese Seite gibt Antwort. (Screenshot: `haveibeenpwned.com`)

- ✔ Neben HIBP gibt es ähnliche Dienste wie den **Identity Leak Checker** des Hasso-Plattner-Instituts (`https://sec.hpi.de/ilc/`) oder den **Mozilla Monitor** des Firefox-Herausgebers (`https://monitor.mozilla.org`), die ebenfalls kostenfreie Überprüfungen von E-Mail-Adressen auf Datenlecks anbieten.
- ✔ Mehrere **Passwortmanager**, darunter der von Apple, können abgleichen und Alarm schlagen, wenn Ihre Daten kompromittiert oder nicht sicher sind. Dabei werden nicht die eigentlichen Passwörter, sondern nur ungefährliche *Hashes*, also Umrechnungen, versendet. Sie brauchen sich um die Sicherheit nicht zu sorgen.

Spielen Sie doch mal das Passwortspiel und geben Sie Hacking keine Chance: Vielleicht ist es das frustrierendste Spiel aller Zeiten, aber probieren Sie es mal, um in Übung zu bleiben, was ein sicheres Passwort ausmacht. Sie bekommen immer härtere Regeln präsentiert und müssen sich ein geeignetes Passwort ausdenken. Wie viele Level schaffen Sie? `https://neal.fun/password-game/`

Zwei-Faktor-Authentifizierung immer einschalten

Von Bank-Log-ins oder Bezahlsystemen kennen Sie den Log-in mit zweitem Faktor. Das ist nichts anderes als ein zweites Gerät oder App als zweite Quelle, um sicherzustellen, dass die erste nicht gestohlen und missbraucht wurde. Früher war die TAN-Liste (*Transaktionsnummern*) mit Zahlencodes auf Papier weit verbreitet, dann haben Banken einen TAN-Generator verkauft, der solche Listen erstellt. Inzwischen kommen Einmalcodes per SMS oder können über Apps generiert werden. Sie sollten die App wählen!

Tatsächlich ist die SMS nicht so sicher, wie viele denken, weil die SIM-Karte oder die Handynummer leicht gestohlen werden können (*SIM-Swapping*):

- ✔ Erst übernehmen Cyberkriminelle das Konto beim Mobilfunkbetreiber, dann beantragen sie in Ihrem Namen eine neue SIM-Karte. Kommt häufiger vor, als man denkt.
- ✔ Um dann an den SMS-Bestätigungscode zu kommen, geben sich Betrügerbanden zum Beispiel als Paketdienstleister aus, die den Code abfragen möchten.

So nutzen Sie die Zwei-Faktor-Authentifizierung richtig

- ✔ Mit einer App generieren Sie zeitbasierte Einmalcodes, die Sie zusätzlich zu Ihrem Passwort eingeben, um sich anzumelden.
- ✔ Beliebte Apps für *Zwei-Faktor-Authentifizierung* (*2FA*) sind beispielsweise Authy (`http://authy.com`), Google Authenticator und Microsoft Authenticator.
- ✔ Apples Passwortmanager und Bitwarden können diese Codes auch generieren, was aber umstritten ist, da dann Passwort und zweiter Faktor in einer Hand liegen.

Der Google Authenticator auf dem Smartphone ist weit verbreitet, bietet aber weniger Funktionen als die anderen und macht beim Wechsel eines Geräts (zum Beispiel bei einem Defekt oder Verlust) Schwierigkeiten, wenn keine Synchronisation aktiviert ist. Microsoft Authenticator ist besonders praktisch für Microsoft-Konten, weil er dort eine Push-Mitteilung senden kann, und bietet ein Cloud-Backup der Codes. Authy hat den Vorteil, dass es auf mehreren Geräten synchronisiert, auch auf dem Desktop. Außerdem ist es unabhängig von anderen Diensten. Alle diese Apps sind kostenlos und einfach zu bedienen:

1. Legen Sie sich einen Account beim jeweiligen Anbieter Ihres Vertrauens an und laden Sie die App von der Webseite oder über einen AppStore herunter.

2. Notieren Sie alle Kennwörter, die Sie bei der Einrichtung vergeben und bewahren Sie gut auf! Damit können Sie im Zweifel wieder an Ihre Daten kommen, wenn Sie sich aussperren, ein neues Gerät kaufen oder das Smartphone gestohlen wird.

3. Zur Sicherheit sollten Sie den Authenticator auf mehreren Geräten wie Smartphone, PC und Tablet installieren und alle Geräte mit einem Zugangscode oder Gesichtserkennung sicher verschließen.

Nun können Sie direkt loslegen und die ersten Online-Dienste hinzufügen und die Sicherheit Ihrer Konten erheblich erhöhen.

Aktivieren einer Zwei-Faktor-Authentifizierung bei einem Online-Dienst

Nachdem Sie die TAN-App besorgt haben, müssen Sie bei allen Anbietern die Zwei-Faktor-Authentifizierung (2FA) noch aktivieren. Am besten starten Sie mit Diensten, die besonders gefährdet und wertvoll sind! Das Einrichten kann mühsam sein, aber Sie können es nach und nach machen und sich immer wieder vornehmen. Zum Beispiel wenn Sie gerade bei Amazon oder ebay einkaufen waren. Erstaunlich viele Online-Dienste bieten 2FA an.

1. Um 2FA zu aktivieren, loggen Sie sich zunächst bei einem Online-Dienst ein.

2. Gehen Sie in die Sicherheitseinstellungen Ihres Kontos und suchen Sie nach Optionen wie »Zwei-Faktor-Authentifizierung« oder »Zusätzliche Sicherheit«. Auf Englisch heißt die Funktion meist *Multifactor Authentication* (*MFA*).

3. Zum Einrichten der 2FA müssen Sie meistens nur einen *QR-Code* scannen und den ersten generierten Code zur Bestätigung eintippen. Wenn das nicht klappt, übertragen Sie stattdessen händisch einen Zahlencode.

4. Ab jetzt erhalten Sie bei jeder Anmeldung den generierten Code, den Sie zusätzlich zu Benutzername und Passwort eintippen. Ohne diesen Code ist kein Log-in möglich, selbst wenn jemand Ihr Passwort kennt.

5. Zur Sicherheit gibt es Backup-Codes, die Sie sich ausdrucken oder abspeichern können. Die alte TAN-Liste ist also nicht vollständig ausgestorben. Sorgen Sie dafür, dass sie ordentlich beschriftet sind und Sie diese Codes zur Hand haben, wenn Sie sich aus Ihren Accounts aussperren, und dass sie auch bei einem Diebstahl des Portemonnaies, einem Einbruch oder schlimmstenfalls dem Elementarschaden auffindbar bleiben!

Das 2FA Directory (`https://2fa.directory/de/`) listet auf, welche Dienste Zwei-Faktor-Authentifizierung unterstützen und wie Sie sie einrichten.

Lassen Sie FIDO machen: Passkeys sind die Zukunft

Inzwischen gehen viele Dienste dazu über, sogenannte **Passkeys** anzubieten.

Passkeys sind eine relativ neue Technologie, die langfristig Passwörter weitgehend ersetzen soll. Sie funktionieren wie digitale Schlüssel, die auf Ihrem Smartphone, Computer oder einem Gerät (zum Beispiel einem USB-Stick als *Dongle*) gespeichert sind. Statt wie bisher ein Passwort einzugeben, entsperren Sie Ihr Gerät mit Fingerabdruck, Gesichtserkennung oder durch Einstecken des Dongles und bestätigen so die Anmeldung. Das macht es für Hacker massiv schwieriger, Konten zu knacken. Google, Apple, Microsoft, Amazon, ebay oder die Deutsche Telekom unterstützen bereits Passkeys.

- ✔ Passkeys ermöglichen Ihnen ein bequemes und passwortloses Anmelden, schützen vor Phishing und vor dem Vergessen.
- ✔ Jeder Passkey schützt genau einen Account. Es besteht keine Gefahr, sie mehrfach zu verwenden, wie bei Passwörtern.

Passkeys einrichten

In Zukunft sollen Passkeys Passwörter zwar weitgehend ersetzen, aber der Übergang wird schrittweise erfolgen und nicht überall sofort gelingen (denken Sie an geteilte Passwörter innerhalb von Familien oder kleinen Betrieben). Vorerst werden beide Methoden nebeneinander existieren, sodass Sie sich keine Sorgen machen müssen, plötzlich keinen Zugang mehr zu Ihren Konten zu haben. Die Pflicht zu abgesicherten Passwörtern dürfen Sie aber auch nicht außer Acht lassen.

1. Einen Passkey erstellen Sie einfach über die Kontoeinstellungen Ihres Online-Dienstes. Halten Sie Ausschau nach der Passwort- oder Zugangsoption.
2. Die meisten Unternehmen bieten Ihnen nach einem erfolgreichen Log-in an, künftig Passkeys zu verwenden. Das können Sie direkt annehmen und den Passkey laden. Alles Weitere erledigt Ihr Browser für Sie!
3. Wenn Sie das nächste Mal die Webseite des Unternehmens besuchen, loggt sich Ihr Browser automatisch für Sie ein, und Sie brauchen keine Daten einzugeben.

Dongle: Handfeste Alternativen zu gespeichertem Passkey und Apps

Zwar übernimmt Ihr Smartphone oder Computer die Funktion der Verschlüsselung, wenn Sie jedoch ganz auf Nummer sicher gehen wollen, beispielsweise im Unternehmensumfeld oder für besonders kritische Angebote, gibt es einen sogenannten **FIDO-Stick (Sicherheitsschlüssel)**.

- ✔ Das Akronym *FIDO* steht für *Fast IDentity Online*. Das ist die Allianz zum Ersatz von Passwörtern, die mit *FIDO2* den Standard setzt: `https://fidoalliance.org`.

- Ein weit verbreitetes Gerät für zusätzliche Sicherheit ist beispielsweise der **Yubikey** des Anbieters Yubico, den es mit verschiedenen USB-Anschlüssen gibt und der an einen Schlüsselbund passt (`https://yubico.com/?lang=de`).
- Auch die Open-Source-Familie der SoloKeys und Feitian bieten solche Schlüssel.

Der FIDO2-Vorgänger U2F ist als zweiter Faktor konzipiert und wird derzeit noch von mehr Produkten unterstützt. Die meisten FIDO-Sticks beherrschen auch U2F, ein automatischer Log-in geht mit dieser Technologie jedoch nicht.

So halten Sie Ihr Geld zusammen

Mit jedem neuen Online-Konto gehen Sie einen Vertrag ein, und meistens wollen die Unternehmen irgendwann Geld dafür sehen. Dabei gibt es Fallstricke und versteckte Kosten, die Sie bedenken sollten, um sich Ärger zu ersparen.

Probeabonnements rechtzeitig kündigen

Viele Dienste locken mit Probeabonnements. Sofern nicht Ihre Firma alles bezahlt und Geld keine Rolle spielt, ist es ratsam, damit zu starten.

- Notieren Sie sich immer das Datum, zu dem Sie spätestens kündigen müssen.
- Bei den meisten Angeboten läuft der Testzeitraum weiter, wenn Sie sofort nach der Registrierung kündigen. So kann nichts schiefgehen!

Einige Startups haben keinen Kündigungsknopf. Schicken Sie eine Kündigung an den Support, lassen Sie sich diese bestätigen und heben Sie die Beweise auf.

Regelmäßige Kontrolle der Bankbelege

- Prüfen Sie regelmäßig Ihre Kreditkartenabrechnungen. Besonders kleine Internet-Startups sind nicht immer so genau und buchen trotz Kündigung weiter ab.
- Falls Sie eine Mehrwertsteuerrechnung für berufliche Zwecke benötigen, erkundigen Sie sich im Vorfeld, ob die Unternehmen eine ausstellen.
- Einige Banken berechnen rund zwei Prozent Gebühren für Fremdwährungen.
- Zahlen Sie über Apple Pay, Google Pay, Amazon Pay oder PayPal, geben Sie Ihre Kreditkartennummer nicht preis. Wo nichts ist, kann nichts gestohlen werden. Die Anbieter sind im Problemfall auch Ihr erster Ansprechpartner für Rückbuchungen. Dafür kennen sie Ihre Transaktionen und können ein Profil erstellen.

Besonders US-Unternehmen wie Adobe lassen am **Black Friday** oder anderen Feiertagen günstige Angebote springen. Dann lohnen sich Jahresabonnements. Viele Schnäppchen finden Sie zum Beispiel auf `https://mydealz.de`.

So schützen Sie Daten von Anfang an

Nachdem Sie Ihre Zugänge und Finanzen abgesichert haben und nun wissen, wie Sie sich am besten anmelden, geht es im Folgenden um die Daten, die Sie mit den KI-Anbieterunternehmen teilen, und wie Sie Ihren digitalen Fußabdruck möglichst gering halten. Absolute Sicherheit kann es nicht geben.

Datensammlung einschränken

Sie sollten behutsam vorgehen und einige Ihrer Daten am besten erst gar nicht einem Computersystem anvertrauen. Insbesondere dann nicht, wenn Sie die Anbieter nicht persönlich kennen. Social-Media-Skandale und viele öffentlich gewordene private Messengerchats und Suchverläufe haben gezeigt, was geschehen kann. Bei KI steigt das Ausmaß dramatisch weiter. Und selbst wenn es nicht zum Äußersten kommt, können Sie erwarten, dass spätestens bei Kaufberatungen über die KI eingeschätzt wird, wie zahlungskräftig Sie sind. Dann zahlen Sie wohlmöglich mehr für ein Produkt oder werden von gewissen Leistungen ausgeschlossen.

Die KI weiß, was du letzten Sommer generiert hast …

Viele Informationen und Daten aus Ihrem Leben, tiefe Einblicke in Ihren Alltag, Ihre Gedanken, aber auch Ihre Fähigkeiten und Schwächen sind in den falschen Händen auch gegen Sie verwendbar. Einige Beispiele:

- ✔ Machen Sie sich bewusst, dass Ihre Gespräche mit der KI und alle darin enthaltenen Informationen erst einmal dauerhaft gespeichert, automatisch ausgewertet und mit anderen Profilen zusammengelegt werden können.
- ✔ Es wäre nicht das erste Mal, dass vermeintlich gelöschte Daten trotzdem erbeutet und veröffentlicht werden. Egal, ob Sie sich zu einer Krankheit informieren oder zu einem Produkt beraten lassen, Liebesbriefe mit KI verfassen oder Bewerbungen formulieren.
- ✔ Hochgeladene Dateien tragen nahezu immer sensible Informationen in sich. Fotos enthalten unsichtbare Standortinformationen in den Metadaten.
  - Dokumente können personenbezogene Daten wie Autorennamen, Erstellungsdaten, interne Systempfade und sogar Kommentare beinhalten.
  - Ihr Abbild aus Fotos kann gespeichert und nachgebildet werden. Vermutlich sind aber bereits alle Social-Media-Fotos aus unseren Accounts eintrainiert.
  - Ihre Stimme kann aus Sprachnachrichten entwendet und nachgebildet werden (*Voice Cloning*) – auch schon aus einer Nachricht auf einem Anrufbeantworter.
- ✔ Selbst der Standort, von wo Sie eine Information abfragen, der Zeitpunkt oder das verwendete Gerät (zum Beispiel ein kostspieliges MacBook) fließen ins Profil ein.

Vorkehrungen für mehr Datenschutz

Glücklicherweise gibt es Maßnahmen für ein besseres Datenschutzniveau, die Sie ergreifen können, um gar nicht erst zu viel gegenüber der KI preiszugeben.

Sensible Daten gehören nicht in den KI-Chat! Es kann vorkommen, dass KI-Systeme frühere Eingaben fremden Nutzenden präsentieren. Auch für Profile und noch nicht absehbare Zwecke können Daten ausgewertet werden. So wie Sie einer Plaudertasche im Privatleben keine Geheimnisse anvertrauen, sollten Sie es auch hier handhaben. Datenschutz geht vor Bequemlichkeit!

Grundregeln für den datensensiblen Umgang mit KI

Die gute Nachricht ist, dass Datenschutz die Nutzung von KI nicht vollständig ausschließt. Es gibt jedoch im privaten wie im beruflichen Umgang mit Daten Dritter ein paar wichtige Aspekte zu beachten. Um auf Nummer sicher zu gehen, befolgen Sie in Bezug auf Datenschutz diese Grundregeln:

- ✔ Prüfen Sie vorab und besonders bei neuen Produkten, die Sie einsetzen möchten, **in welchem Land** die Datenverarbeitung stattfindet und ob das Unternehmen zumindest zusichert, die DSGVO zu beachten. Solche Regelungen und Praktiken können sich auch von Zeit zu Zeit verändern. Anbieter sind verpflichtet, in einer Datenschutzerklärung Auskunft zu erteilen. Bei Produkten ohne Hinweise zur DSGVO (im Englischen GDPR) und einem Impressum sollten Sie **kritisch sein** und gegebenenfalls nachfragen!
- ✔ Vermeiden Sie es, **personenbezogene Daten** wie etwa Namen, Anschriften oder Rufnummern in generative KI-Systeme einzugeben. Besonders wenn die Gefahr besteht, dass diese gespeichert und zum Training des Sprachmodells oder andere Zwecke weiterverwendet werden. Beispielsweise können Sie mit Platzhaltern arbeiten und Namen und Adressen später manuell einfügen.
- ✔ **Vorsicht: Passwörter, Bankdaten und andere sehr sensible Informationen** sind tabu! Denken Sie gar nicht daran, solche Daten einzutippen oder hochzuladen. Das gilt auch für die meisten anderen Situationen im Alltag.
- ✔ Auch wenn Sie **PDF-Dateien** oder Word- und Excel-Dokumente hochladen, um sie zusammenzufassen, übersetzen oder interpretieren zu lassen, werden darin enthaltene Informationen gespeichert und verarbeitet. Es kann sogar ein Änderungsverlauf aktiviert sein, der vermeintlich gelöschte Inhalte enthält.
- ✔ Nicht nur in Fotos sind versteckte Aufzeichnungen über den Aufnahmeort und Zeitpunkt sowie verwendete Geräte in den Dateien enthalten (Metadaten). Diese können Sie gegebenenfalls mit Bildbearbeitungswerkzeugen vorab entfernen.

- ✔ Prüfen Sie, bevor Sie sensible Informationen wie etwa **Unternehmenszahlen oder Betriebsgeheimnisse** hochladen, ob Sie dazu berechtigt sind, und führen Sie sich vor Augen, was die Folgen einer unberechtigten Veröffentlichung sein könnten.
- ✔ Beachten Sie, dass aus der Summe Ihrer Anfragen ein **Personenprofil** von Ihnen und Ihrem Umfeld erstellt werden kann. Das findet durch die persönlichere Benutzung von KI-Systemen noch genauer statt, als es bei Suchmaschinen der Fall ist, und kann durch andere Profile beim gleichen Anbieter auch ergänzt werden.
- ✔ Bevorzugen Sie **im Zweifel lokal** installierte und offene Sprachmodelle (in *Kapitel 7* zeige ich Ihnen, wie das geht).
- ✔ KI-generierter Output kann auch anderweitige Rechte verletzen: Möglicherweise sind Inhalte wie generierte Textpassagen, Bilder oder Videos **urheberrechtlich geschützt** (siehe *Teil V*), und eine Vervielfältigung kann strafbar sein.
- ✔ Auch **Lizenzen** können ein Thema sein: Nicht alle Produkte sichern Ihnen zu, dass die Daten im Unternehmenskontext genutzt werden dürfen.

Daten anderer schützen und verarbeiten

Wenn Sie beabsichtigen, dem Chatbot Informationen Dritter anzuvertrauen, zum Beispiel Bilder und Dokumente aus Projekten für Auftraggebende oder Namen und Funktionen von Angestellten für die Optimierung eines Dienstplans, sind Sie selbst schon von Gesetzes wegen zu Vorsicht verpflichtet und müssten Betroffene um Erlaubnis bitten. Hier braucht es also mehr als ein unhinterfragtes Vertrauen in gute Verschlüsselung beim Anbieter, meist muss zuvor die Rechtsabteilung und ein Betriebsrat eingeschaltet werden. Es wäre nicht der erste Datenschutzskandal mit Ansage, der viele Unbeteiligte mitreißt und kostspielig endet. Aber auch Bilder aus dem Privatleben, von Kindern und aus Ihrem Wohnzimmer sind möglicherweise sehr persönlich.

Setzen Sie **KI am Arbeitsplatz** ein, kann Ihnen ohne Erlaubnis eine Abmahnung oder gar eine Kündigung drohen! Grund dafür ist nicht nur der Umgang mit dem Datenschutz, sondern schlicht auch ein Leistungsbetrug, wenn nicht wie vereinbart Sie, sondern ein Computer die Arbeit übernimmt.

Auf der anderen Seite seien Arbeitgebende vor der sogenannten **Schatten-KI** gewarnt. Das bedeutet nichts anderes, als dass Mitarbeitende ihre eigenen KI-Produkte nutzen, wenn der Betrieb oder die Behörde nicht für Tools sorgt.

Wer vorsorgt, hat bessere Karten und kann beeinflussen, mit wem und wo die Daten ausgetauscht und gespeichert werden. Es haben schon Leute wegen Pfandbons ihren Job verloren. Nehmen Sie die Sache also bitte nicht auf die leichte Schulter und sprechen Sie für den Einsatz im Arbeitsumfeld gegebenenfalls vorher mit Ihren Klienten, Vorgesetzten oder den entsprechenden verantwortlichen Abteilungen.

- ✔ Am besten lassen Sie sich den jeweiligen Nutzungszweck in einer Dienstvereinbarung schriftlich genehmigen. Das klärt unter Umständen auch gleich die Kosten für die kostspieligen Accounts.
- ✔ Professionelle Content Creators schließen mit ihrer Kundschaft und den KI-Dienstleistern einen Auftragsverarbeitungsvertrag, denn der ist laut EU-Verordnung Pflicht. Er schützt Sie auch, wenn bei einem Anbieterunternehmen etwas nicht nach Plan laufen sollte, denn dann haben Sie auch gegen dieses etwas in der Hand.
- ✔ Als verantwortliche Person sollten Sie für andere mitdenken: Wenn der KI-Einsatz bei Ihnen im Umfeld von Arbeit, Schule, Studium oder Verein stattfinden soll, sensibilisieren Sie Mitarbeitende rechtzeitig im Umgang mit personenbezogenen Daten, stellen Sie geeignete und dem Bedarf entsprechende Tools bereit und achten Sie dabei auf die Qualität und Aktualität der verwendeten KI-Modelle, um ungenaue und irreführende Aussagen und Fehlfunktionen zu vermeiden. Ein stures KI-Verbot kann den gegenteiligen Effekt haben. Das erleben Firmen mit privaten Dropbox-, Wetransfer- und Gmail-Konten voller sensibler Unternehmensdaten.

Auftragsverarbeitung nach DSGVO

Verarbeiten Sie, Ihre Firma oder etwa Ihr Verein Daten von Dritten mit KI-Anwendungen, braucht es in einer Kundenbeziehung laut Artikel 28 der Datenschutzgrundverordnung (DSGVO) einen **Vertrag zur Auftragsverarbeitung** sowohl mit den Auftraggebenden als auch mit den Dienstleistern, also den Anbietern der KI. Für Datenübermittlungen in andere Drittländer, insbesondere in die USA, gelten besondere Regelungen. Alle Anbieter, die Sie einsetzen, müssen garantieren, die Verordnung einzuhalten:

> *»Erfolgt eine Verarbeitung im Auftrag eines Verantwortlichen, so arbeitet dieser nur mit Auftragsverarbeitern, die hinreichend Garantien dafür bieten, dass geeignete technische und organisatorische Maßnahmen so durchgeführt werden, dass die Verarbeitung im Einklang mit den Anforderungen dieser Verordnung erfolgt und den Schutz der Rechte der betroffenen Person gewährleistet.« (Artikel 28, Satz 1 DSGVO)*

Kein Daten-Workout: Werden Sie Trainingsmuffel

Die meisten KI-Modelle sind darauf bedacht, sich ständig selbst zu verbessern. Sie sollten also Vorkehrungen treffen, damit Ihre Daten nicht zum Training genutzt werden, um die nächste Modellversion damit zu formen. Stellen Sie daher Ihren Chatbot oder Ihr KI-Werkzeug besser datenschutzsensibel ein und widersprechen Sie der Verwendung Ihrer Daten für Trainingszwecke.

Google-Mutterkonzern Alphabet warnt Mitarbeitende, generative KI und sogar den eigenen Chatbot Gemini zu nutzen. Vertrauliche Materialien und besonders Programmcode solle man nicht dort eingeben. Auf Nachfrage bestätigte das Unternehmen: Das Sicherheitsrisiko sei zu groß, dass das System die Informationen anderen Nutzenden anzeigt. Da haben Sie's! (`https://reuters.com/technology/google-one-ais-biggest-backers-warns-own-staff-about-chatbots-2023-06-15/`)

Opt-out: So verbieten Sie das Training mit Ihren Daten

Der **Nutzung Ihrer Daten für Trainings oder andere Zwecke** können Sie über eine *Opting-Out*-Funktion widersprechen. Die Existenz dieser Funktion zeigt bereits, was ansonsten geschieht, dass nämlich Ihre Eingaben und möglicherweise darin enthaltene Informationen weiterverwendet werden. Selbst wenn Sie der Nutzung ordentlich widersprechen, ist nicht vollständig sicher, dass Ihr Wunsch respektiert wird. Fehler und Ignoranz sind weit verbreitet, schaden kann es nicht. Viele Chatsbots und KI-Tools bieten das an:

1. **Kontoeinstellungen aufrufen:** Suchen Sie im Profilmenü nach dem ZAHNRAD-Symbol oder EINSTELLUNGEN, bei mobilen Apps oder Anwendungen oft über das sogenannte HAMBURGER-Menü (≡-Knopf) erreichbar.

2. **Datenschutzbereich finden:** Halten Sie Ausschau nach Begriffen wie *Sicherheit* und *Privatsphäre, Datenschutz, Privacy* oder *Data Controls.*

3. **KI-bezogene Einstellungen:** Hinter *KI-Training, Datennutzung, Machine Learning* oder *Verbesserung der Dienste* verbirgt sich die Trainingsoption. Hier müssen Sie den entsprechenden SCHALTER DEAKTIVIEREN oder das HÄKCHEN ENTFERNEN. Möglicherweise müssen Sie noch Bestätigungsdialoge durchlaufen.

4. **Änderungen speichern:** Vergessen Sie nicht, zu SPEICHERN, zu ÜBERNEHMEN oder zu BESTÄTIGEN. Manchmal dauert es, bis die Änderungen aktiv sind, bei Software ist ein Log-out oder Neustart ratsam. Prüfen Sie dann noch einmal, ob die Einstellung so geblieben ist. Manchmal erhalten Sie eine Bestätigungsmail.

Nach Versionsupdates oder Veränderungen am Interface können Einstellungen von Produkten auf die Standardauswahl zurückspringen. Kontrollieren Sie besser regelmäßig, ob alles wie gewünscht ausgewählt ist.

Datensparsamkeit am Beispiel von ChatGPT

Bei ChatGPT führen diese weiteren Schritte zu mehr (nicht vollständigem!) Datenschutz:

- ✔ Für **einmalige, diskrete Chats** befindet sich mittig oben hinter dem Titel CHATGPT die Funktion PROVISORISCHER CHAT mit einer GESTRICHELTEN SPRECHBLASE. Es öffnet sich eine neue Unterhaltung. Das erinnert an den privaten Modus im Internetbrowser. Die dabei gesendeten Daten werden angeblich nicht zum Trainieren verwendet und erscheinen nicht in Ihrem Verlauf, werden jenoch aus nicht näher erläuterten »Sicherheitsgründen« für bis zu 30 Tage gespeichert. Diese Funktion finden Sie ebenfalls in der Desktop-App. In der Smartphone-App ist sie bisher nicht vorhanden.

- ✔ Um das **Training mit allen Ihren Chats** dauerhaft abzustellen, verbirgt sich in den Einstellungen unter DATENKONTROLLEN die Option DAS MODELL FÜR ALLE VERBESSERN. In früheren Versionen war das Ausschalten mit dem Verlust der früheren Chatverläufe verbunden, und so ist es teilweise noch in einigen Hilfeseiten beschrieben. Das ist glücklicherweise allerdings bereits korrigiert.
- ✔ Ebenfalls bei den DATENKONTROLLEN, allerdings nur über die Webseite, listet ChatGPT Links zu DATEIEN UND INTERNETINHALTEN auf, die Sie mit dem System geteilt haben. Diese können einzeln komplett gelöscht werden.
- ✔ Um zu kontrollieren, welche Daten ein Anbieter von Ihnen speichert, können Sie Ihre **Kontodetails und Chats zusenden lassen**. Bei ChatGPT ist das an gleicher Stelle bei den DATENKONTROLLEN mit DATEN EXPORTIEREN möglich.
- ✔ Die **Erinnerung**-Funktion (bei ChatGPT) beziehungsweise **Memories** (bei Gemini) soll sich dauerhaft Informationen über Sie merken wie persönliche Vorlieben, Namen von Familienangehörigen oder Wohnort und Arbeitsplatz, auch über die einzelnen Chats und Geräte hinaus. Die Funktion kann in den EINSTELLUNGEN unter PERSONALISIERUNG abgestellt werden, und eine Löschfunktion ist enthalten. Das sollten Sie in Erwägung ziehen (mehr *im folgenden Kapitel*).
- ✔ Über das PRIVACY PORTAL können Sie (derzeit nur in englischer Sprache) OpenAI kontaktieren und weiterführende Anweisungen erteilen, beispielsweise zum **Sperren Ihrer Daten** in vorhandenen Trainings: `https://privacy.openai.com/policies`.
- ✔ Bei Zugriffen von Drittanbietern oder Programmen über **API-Plattformen und bei Unternehmenskonten** (ChatGPT Team und Enterprise-Accounts) gelten wiederum andere Regeln, und deren Eingaben sind, wohl aus Gründen der Haftungsminimierung, zunächst grundsätzlich vom Training ausgeschlossen.
- ✔ **Andere Anbieter** nennen die Optionen ähnlich: In den Einstellungen oder Hilfeseiten sollten Sie dazu etwas finden. PerplexityAI nennt sie AI-DATENAUFBEWAHRUNG, Google fasst sie unter GEMINI-APP-AKTIVITÄTEN zusammen.

Kein Backup – kein Mitleid

Datenschutz bedeutet auch, dass Sie Ihre Daten vor Verlust schützen. In der IT-Welt gilt das Motto »Kein Backup – kein Mitleid«. Sie sind selbst für Ihr Schicksal verantwortlich. Da die Zahl der Cyberangriffe mit KI deutlich zunimmt und Sie im Folgenden neue und möglicherweise experimentelle Software ausprobieren, ist ein Wort der Warnung angebracht.

Schnell ist alles weg und kommt nicht wieder

- ✔ Von geklauten Geräten oder einem Brand müssen wir gar nicht sprechen. Es genügt schon eine umgestürzte **Kaffeetasse auf der Laptoptastatur**, eine Festplatte mit plötzlichem Schlaganfall oder ein Stromausfall im ungünstigsten Moment – habe ich alles schon erlebt. Die Kosten für eine Rettung sind schnell vierstellig.

- Denkbar ist auch **ein KI-Bot oder ein Wurm**, der seinen Löschauftrag viel zu ernst nimmt. Oder eine **von KI verbreitete Ransomware-Attacke**, die den Datenträger verschlüsselt und Lösegeld einfordert.

Regelmäßige Backups sind essenziell, um Datenverlust durch Cyberangriffe oder technische Störungen zu vermeiden. So sorgen Sie vor:

- Sichern Sie alle Geräte, auf denen Sie Daten speichern. Das betrifft lokale Computer, Smartphones, NAS-Systeme, Cloudserver und Mailserver.
- Eine Dropbox oder ein anderer Cloudspeicher ist dabei kein richtiges Backup, weil der Computer permanenten Schreibzugriff darauf hat. Verschlüsselungstrojaner, die das Gerät unzugänglich machen, würden diese Daten ebenfalls unbrauchbar machen oder unbemerkt über eine lange Zeit kompromittieren. Außerdem kann Ihr Zugang in die Cloud verloren gehen.
- Externe Festplatten und USB-Sticks sind nicht so teuer wie eine spätere Rettung einer Festplatte in einem Datenlabor, die schnell mehrere Tausend Euro betragen kann, oder die Konsequenzen bei einem Totalverlust.
- Bequem sind NAS-Systeme (*Network Attached Storage*), die Speicher im Netzwerk bereitstellen und mehreren Geräten als Backup-Ziel dienen. Beachten Sie, die Daten vor unberechtigten Zugriffen zu schützen und anderswo zu sichern.

Datensicherung mit geringsten Mitteln

Mit der **3-2-1-Regel** sind Sie gut behütet: *3 Kopien* Ihrer Daten auf mindestens *2 Datenträgern* und *1 Gerät außer Haus*, um das Risiko zu minimieren – zum Beispiel verschlüsselt im Büro oder bei Freunden. Sie entscheiden selbst, wie häufig Sie Ihre Daten aktualisieren. Vielleicht nach Abschluss eines Projekts oder nach einer Reise mit wertvollen Erinnerungen?

So sichern Sie das Wichtigste mit geringstem Aufwand:

- **Am Mac** genügt die in den EINSTELLUNGEN eingebaute Funktion TIMEMACHINE: `https://support.apple.com/de-de/104984`. Für anspruchsvollere Zwecke gibt es Software wie Superduper! und Carbon Copy Cloner. Zusätzlich sollten Sie bei EINSTELLUNGEN > NETZWERK die FIREWALL aktivieren.
- **Ihr Windows** können Sie mit dem komplett kostenlosen Programm Veeam Agent for Microsoft Windows (auf Englisch, aber leicht einzurichten) vollständig sichern: `https://www.veeam.com/de/products/free/microsoft-windows.html`. Aktivieren Sie zusätzlich den WINDOWS DEFENDER (mehr brauchen Sie selten!) und dort den RANSOMWARE-SCHUTZ.
- **Auch Linux** will geschützt werden. Profis wenden Kopierbefehle wie `dd` an oder nutzen `rsync`, das nur Veränderungen sichert. Als Anwendungen eignen sich Back in Time, Timeshift, Déjà Dup, Duplicati, Kup und Vorta (Borg Backup) oder Veeam: `https://www.veeam.com/de/products/free/linux.html`.

- ✔ **NAS-Systeme** bringen meist eigene Tools mit, um Daten extern zu sichern. Sie heißen zum Beispiel Hybrid Backup Sync (QNAP) und Hyper Backup (Synology).
- ✔ **Fotos am Smartphone** sollten Sie regelmäßig sichern. Das geht manuell auf den Computer. In den meisten Fällen ist es bequemer und damit sicherer, die Bilder beim Hersteller Ihres Gerätes in die Cloud zu legen, als sie gar nicht gesichert zu haben: Bei **Android** ist das GOOGLE FOTOS, in **Apple iOS/iPadOS** die ICLOUD-FOTOS-Funktion jeweils in den EINSTELLUNGEN. Wenn der Hersteller Sie ausspionieren wollte, würde er nicht warten, bis Sie es ihm erlauben, und ein Gerätedefekt oder Diebstahl sind wahrscheinlicher als der *Cloudinfarkt*.
- ✔ **Chatverläufe von Messengern** sind nach einem Verlust nicht ohne Weiteres zu retten. Spielen Sie es einmal für jede wichtige App durch und notieren Sie alle Sicherheitsschlüssel der Apps oder Cloudspeicher außerhalb des Gerätes.

Nach diesem Überblick über Sicherheitsmaßnahmen, die Sie nicht nur im Zusammenhang mit Künstlicher Intelligenz gebrauchen können, stellt sich längst die Frage: KI, aber wie? Damit treten Sie nun endlich – sofern Sie nicht bereits vorgesprungen sind – in den ersten Kontakt mit diesem ominösen Ding.

IN DIESEM KAPITEL

Was bei ChatGPT wo zu finden ist

Erste Gespräche mit dem Computer

Der Unterschied zwischen ChatGPT und den o-Modellen

Wie OpenAI ChatGPT mit Expertenbots erweitert und verbessert

Kapitel 5
Der erste Kontakt mit ChatGPT und den O-Modellen

Auch wenn ich nicht glauben kann, dass Sie sich bis hierhin zurückgehalten haben und keinen Chat mit einem KI-Assistenten angefangen haben, gehe ich die Dinge grundsätzlich an und Schritt für Schritt durch: Bewusst wähle ich zum Einstieg ChatGPT, doch viele Produkte sind ähnlich aufgebaut. Wenn Sie mit dem einen klarkommen, werden Sie andere schnell beherrschen.

Klar ist: KI wird Ihren und meinen Job und den Alltag verändern. Deshalb ist genau jetzt der richtige Zeitpunkt, sich damit zu beschäftigen. Werkzeuge und Angebote sind da, und sie funktionieren. Fangen Sie an.

OpenAIs **ChatGPT** ist der bekannteste KI-Chatbot. Der Name wird synonym für KI verwendet und steht sogar im Duden. Er gilt als *Benchmark* für andere Produkte, die sich in Leistung, Geschwindigkeit und Präzision daran messen.

Orientierung und Funktionen

- ChatGPT ist über `https://chatgpt.com` oder die besonders einfache Domain `https://chat.com` und über Apps verfügbar.
- Im Hintergrund wird es über *API-Schnittstellen* in vielen Anwendungen genutzt.

Registrieren bei ChatGPT

Es ist nicht verpflichtend, aber vorteilhaft. So kommen Sie zu einem Konto bei ChatGPT:

1. Als Erstes rufen Sie die Internetseite `https://chatgpt.com` auf und wählen REGISTRIEREN. Was Sie zu tun haben, wissen Sie aus *Kapitel 4*: Sie können sich hier mit einem Konto von GOOGLE, MICROSOFT oder APPLE registrieren. Dann sind die nächsten Schritte nicht nötig. Ich empfehle die Weiterleitungsadresse.
2. Mehr als eine E-MAIL-ADRESSE und ein PASSWORT brauchen Sie zunächst nicht.
3. Sie erhalten eine E-Mail, in der Sie den Link E-MAIL-ADRESSE BESTÄTIGEN anklicken müssen, um zu beweisen, dass alles funktioniert.
4. Nun verlangt ChatGPT noch Ihren Namen und ein Geburtsdatum. In einigen Fällen auch den Namen einer Organisation.
5. Nach Eingabe der Daten sind Sie eingeloggt und können mit dem Chat loslegen. Bei künftigen Log-ins müssen Sie vermutlich ein paar kleine Verifizierungsspiele (»Bestätige, dass du ein Mensch bist«) durchmachen (siehe Captcha, *Kapitel 1*).

Wo finde ich was bei ChatGPT?

Das Eingabefeld

In der Mitte (*Abbildung 5.1*) finden Sie das Eingabefeld: »Sende eine Nachricht an ChatGPT«. Das ist der Ort für Ihre Eingabe (`Prompt`). In der App heißt es »Nachricht«.

- ✔ ChatGPT schlägt Ihnen unter dem Eingabefeld mögliche Gesprächsthemen vor.
- ✔ Wenn Sie Ihre Nachricht an ChatGPT fertig haben, tippen oder klicken Sie auf den PFEIL an der rechten Seite oder auf die ENTER-Taste und senden sie ab.
- ✔ Das + -Symbol (*Anhängen*) ermöglicht Ihnen, Dateien hochzuladen beziehungsweise von einem verbundenen Cloud-Speicherdienst auszuwählen. Zu dieser Datei können Sie die KI etwas fragen oder sie etwas damit machen lassen.
- ✔ Das GLOBUS-Symbol aktiviert die Websuche (*Kapitel 16*).
- ✔ Das GLÜHBIRNEN-Symbol lässt ChatGPT länger über eine passende Antwort nachdenken (*Reasoning, siehe o-Modelle* weiter hinten *in diesem Kapitel*).
- ✔ Sie können Ihre Nachricht sprechen: Wählen Sie dafür das TONKURVEN-Symbol (*Audiomodus verwenden*). Dafür müssen Sie das Mikrofon im Browser freigeben.

Das sollten Sie nie aus den Augen verlieren, obwohl es am Bildschirmrand steht: »ChatGPT kann Fehler machen. Überprüfe wichtige Informationen.«

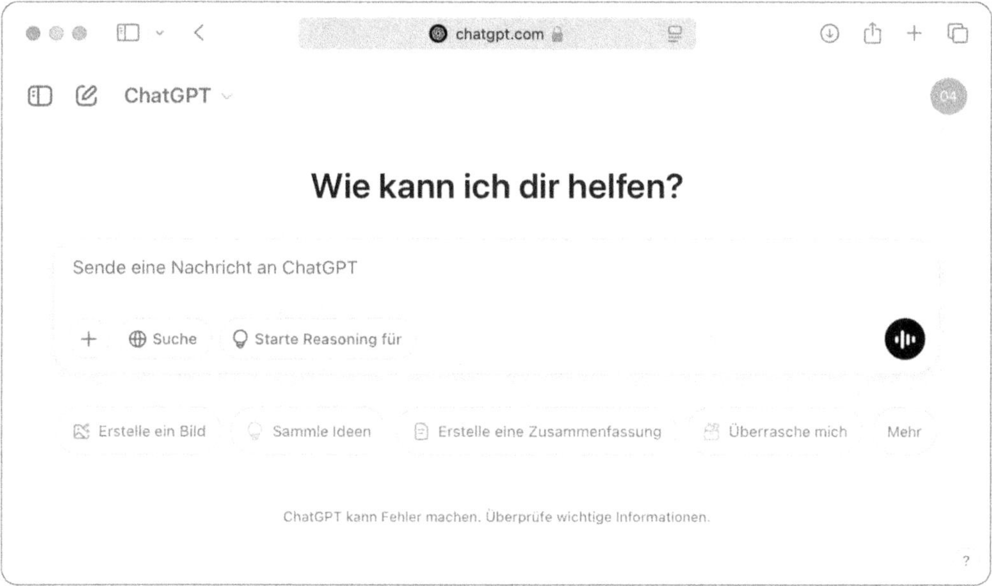

Abbildung 5.1: ChatGPT-Seite mit Eingabefeld (Screenshot: `chatgpt.com`)

Aktionen während des Chats

- ✔ Eine einmal abgesendete Nachricht in einem aktiven Chat können Sie durch Darüberfahren mit dem erscheinenden STIFT-Symbol noch einmal verändern.
- ✔ Außerdem lässt sich die Antwort, während sie geschrieben wird, mit dem STOPP-Kästchen abbrechen, falls Sie in die falsche Richtung führt.
- ✔ MARKIEREN Sie eine Passage aus einer Antwort, um sich mit dem ANFÜHRUNGSZEICHEN darauf zu beziehen und Nachfragen zu stellen.
- ✔ Unter den Antworten finden Sie folgende Möglichkeiten (*Abbildung 5.2*):
  - LAUTSPRECHER: Die Sprachausgabe liest die Antwort vor.
  - KOPIEREN: Die Antwort wird in die Zwischenablage kopiert und Sie können sie an anderer Stelle einfügen, zum Beispiel in eine E-Mail.
  - DAUMEN HOCH / RUNTER: Gibt OpenAI eine Rückmeldung für künftige Trainings, wie Sie die Antwort bewerten. ChatGPT fragt aktiv danach.
  - STIFT: In *Canvas* bearbeiten, mehr Informationen dazu finden Sie weiter hinten *in diesem Kapitel*.
  - PFEILE: Lässt ChatGPT die jeweilige Antwort noch einmal mit einem anderen oder demselben Modell generieren, als wäre sie nie gekommen. Anschließend können Sie zwischen den Antwortvarianten und Folgeantworten blättern. Das liefert eine neue Perspektive und andere Blickwinkel zu einem Thema.

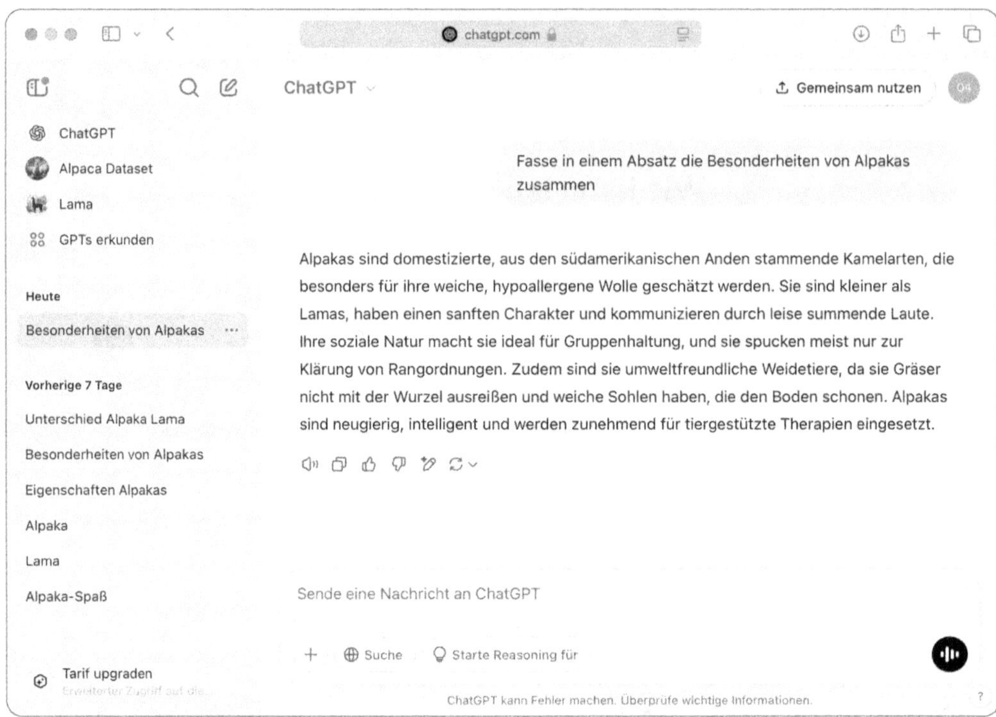

Abbildung 5.2: ChatGPT-Chatfenster mit Seitenleiste (Screenshot: `chatgpt.com`)

Das Chatfenster

Ganz oben in den Ecken finden Sie Menüs und Schaltflächen, die sich abhängig von der Bildschirmgröße etwas anders darstellen.

Für jedes Thema oder jedes neue Anliegen sollten Sie einen neuen Chat starten, damit der Chatbot sich nicht auf frühere Fragen und Antworten bezieht.

- Der **Stift** beginnt jeweils einen neuen Chat, andere nennen es auch *Thread* (Diskussionsstrang) oder haben als Symbol ein +.
- Im Chatfenster (*Abbildung 5.2*) können Sie auf den Schriftzug CHATGPT klicken.
  - CHATGPT: Hier wählen Sie aus, mit welchem Sprachmodell Sie chatten möchten. Das Plus-Abonnement ermöglicht Zugriff auf GPT-4O, GPT-4O MINI und GPT-4, in eingeschränktem Umfang auch auf O1 und O1-MINI (demnächst GPT-4.5 und O3). GPT-5 soll künftig die Funktionen vereinen und selbstständig umschalten.
  - PROVISORISCHER CHAT: Vergleichbar mit privaten Tabs im Browser. Erscheint nicht im Verlauf und wird nicht zum Training verwendet (können Sie grundsätzlich abschalten). Es wird eine Kopie bis zu 30 Tage aufbewahrt.

✔ Links ist eine **Seitenleiste** (*Abbildung 5.2*), die frühere Gespräche auflistet.

- Einen passenden Beschriftungstitel wählt die KI und sortiert sie chronologisch.
- Sie können darauf tippen und finden im DREIPUNKT-Menü die Funktionen UMBENENNEN, ARCHIVIEREN oder LÖSCHEN.
- Chats können Sie GEMEINSAM NUTZEN und dafür über den Link freigeben.
- Hier finden Sie offene Chats mit GPTs aus dem GPTStore (*in diesem Kapitel*), die Sie bei Bedarf IN DER SEITENLEISTE BELASSEN oder AUSBLENDEN können.
- Unten in der Seitenleiste können Sie Geld einwerfen, sprich den TARIF UPGRADEN und ein kostenpflichtiges Plus- oder Pro-Abonnement abschließen.

✔ GEMEINSAM NUTZEN: Oben im Chatfenster taucht diese Option ebenfalls prominent auf. Sie können damit einen kompletten Chat anderen Personen zur Verfügung stellen. Das erspart es Ihnen, Informationen einzeln zu kopieren und zu verschicken. Zum Beispiel, um eine Reiseplanung oder generierte Texte weiterzureichen. Das geht nicht, wenn Bilder darin generiert wurden!

- LINK KOPIEREN generiert eine URL, die Sie über die Schaltflächen bei LinkedIn, Facebook, Reddit oder X teilen oder kopieren können.
- DIESEN CHAT AUFFINDBAR MACHEN teilt ihn für Suchmaschinen.
- In früheren Versionen konnten andere Personen den Chat noch fortsetzen. Diese Funktion wurde inzwischen abgestellt.

Geben Sie Acht, was Sie im Chatverlauf eingegeben haben, da alle Nachrichten freigegeben werden. Persönliche Informationen und Daten wie Passwörter sind ohnehin tabu, das haben wir ja bereits *in Kapitel 4* geklärt.

Die Kontoeinstellungen

✔ **Kontoeinstellungen** (*Abbildung 5.3*) finden Sie auf der Webseite im bunten Kreis mit Ihren Initialen (oder dem, was ChatGPT anhand der Mailadresse dafür hält).

- MEINE GPTs: Führt Sie zum GPTStore, wo Sie individuelle Chatbots erstellen können. Was Sie damit anstellen können, erfahren Sie *in diesem Kapitel* noch.
- CHATGPT INDIVIDUELL KONFIGURIEREN: Hinweise zu Ihrer Person (Standort, Tätigkeit, Hobbys, bevorzugte Themen und Ziele) oder Regeln, die immer gelten sollen (zum Beispiel formelle oder ungezwungene Sprache, Länge der Antworten, wie Sie angesprochen werden möchten oder die Neutralität der Reaktionen), legen Sie hier fest. Tippen Sie ins Fenster, um zu erfahren, was Sie eingeben können. Von Fall zu Fall können Sie diese Funktion mit FÜR NEUE CHATS AKTIVIEREN abstellen, ohne alles zu leeren (nicht verwechseln mit der Erinnerungsfunktion, die *in diesem Kapitel* noch thematisiert wird).

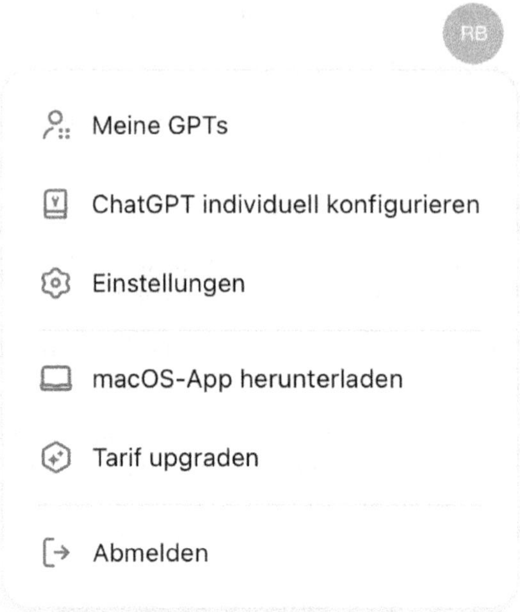

RB

Meine GPTs

ChatGPT individuell konfigurieren

Einstellungen

macOS-App herunterladen

Tarif upgraden

Abmelden

Abbildung 5.3: ChatGPT-Kontoeinstellungen (Screenshot: `chatgpt.com`)

- Individuelle Optionen: Je nach Betriebssystem sehen Sie hier Menüpunkte wie macOS-App herunterladen. Außerdem können Sie Ihren Tarif upgraden. Für den Anfang ist das nicht notwendig, um alles auszuprobieren.
- Auf Arbeit oder gemeinsam genutzten Geräten nicht vergessen: Abmelden.

✔ Einstellungen (*Abbildung 5.4*) beinhaltet unter anderem bei Motiv die schicke dunkle Darstellung (*Dark Mode*), Archivierte Chats, die Stimmen für die Sprachausgabe und die Verwaltung Ihrer Daten bei Datenkontrolle (*siehe Kapitel 4*). Für Programmierung ist es hilfreich, unter Allgemein die Option Zeige immer den Code, wenn du den Datenanalysten verwendest einzuschalten. Das Builder-Profil betrifft von Ihnen erstellte GPTs, sofern Sie ein Plus-Abo haben. Über Verbundene Apps können Sie sich in Cloud-Speicher von Google Drive oder Microsoft OneDrive einloggen und Dateien importieren. Spätestens dann ist Multifaktor-Authentifizierung ratsam: Sorgen Sie für Sicherheit und aktivieren Sie diese (*Kapitel 4*). Sollten Sie unsicher sein, ob Sie sich auf anderen Geräten abgemeldet haben, holt Überall abmelden das nach.

✔ Hinter dem unscheinbaren Fragezeichen-Symbol in der Ecke verbergen sich praktische Tastaturkürzel für Ihr Betriebssystem, mit denen Sie zwischen Funktionen navigieren (versuchen Sie ruhig, sich die häufigsten einzuprägen!). Hier stecken auch (meist englische) Hilfeseiten, die Ihnen noch mehr erläutern.

Passwort ändern: Eine klassische Funktion in den Einstellungen gibt es bei ChatGPT nicht. Sie müssen sich dafür ausloggen, beim Anmelden die E-Mail-Adresse eintragen und im nächsten Schritt Passwort vergessen? anklicken.

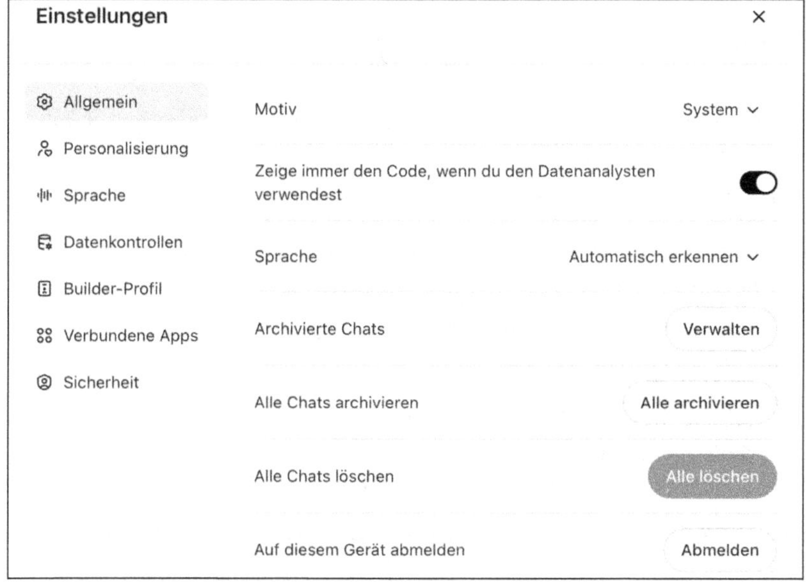

Abbildung 5.4: ChatGPT-Einstellungen (Screenshot: `chatgpt.com`)

Mein erster Chat mit der KI

Zu Beginn könnten Sie versucht sein, das Gespräch mit dem Chatbot eher wie mit einer Suchmaschine zu führen. Das ist völlig normal, denn wir sind getrimmt, Anfragen kurz und in Stichworten einzugeben. Sie können Ihre Nachricht aber tatsächlich in natürlicher Sprache eintippen, und meist wird die Antwort besser, wenn Sie viele Details eingeben und kurz nachdenken, was noch fehlt.

Wundern Sie sich bitte nicht, dass es dauert, bis die Antwort formuliert ist. Im Vergleich zur Suchmaschine ist es ungewohnt, liegt aber nicht an Ihrem Gerät.

Was Sie am Anfang fragen können

Ein erster Einstieg könnte lauten:

- ✔ `Hallo! Wie funktionierst du und was kannst du?`
- ✔ `Kannst du mir erklären, was deine Hauptfunktionen sind?`
- ✔ `Was sind interessante Themen, über die du sprechen kannst?`

Beispiel für einen ersten Chat mit ChatGPT

Ich habe für Sie lange in meinem Chatverlauf nach unten gescrollt und nachgeschaut. Mein allererstes Gespräch mit ChatGPT lief so ab:

Rafael: `Ich suche ein Rezept für Lasagne`

ChatGPT: `Natürlich! Hier ist ein einfaches Rezept für Lasagne:`
Gefolgt von einer Auflistung der Zutaten mit Mengenangaben:

9 `Lasagne-Nudelplatten, 500g Hackfleisch (Rind oder gemischt)` …
und einer etwas aufwendigen Anleitung:

1. `Den Ofen auf 180 Grad Celsius vorheizen.`
2. `In einer Pfanne das Olivenöl erhitzen und die Zwiebel und den Knoblauch darin anbraten, bis sie goldbraun sind...`

- ✔ Dann fange ich an, zu experimentieren und lasse das Rezept umschreiben, für jemanden mit `Laktoseintoleranz` und so weiter.
- ✔ Sogar eine `Lasagne ohne Tomaten` bringt ChatGPT nicht aus der Ruhe.
- ✔ `Ich habe keinen Ofen` passt das Rezept für eine Pfannen-Zubereitung an.
- ✔ Und auf die Frage, `ob ein Kind dieses Rezept umsetzen könnte`, folgen Tipps, wie ein Kind bei der Zubereitung helfen kann, zum Beispiel unter gewissen Bedingungen beim `Schneiden` oder beim `Schichten der Lasagne`.
- ✔ Bis dahin recht hilfreich und kreativ. Dann versuche ich mal, die KI aus der Bredouille zu locken: `Oh, jetzt ist eine Katze im Ofen.` Dass ich zuvor erklärt habe, keinen Ofen zu besitzen, geht unter, die KI zeigt sich besorgt: `Oh nein! Ich hoffe, du meinst nicht wörtlich, dass eine Katze im Ofen ist. Wenn du tatsächlich eine Katze im Ofen hast, solltest du sofort handeln, um sie in Sicherheit zu bringen.` …

Dass ich das am Ende als Scherz auflöse, honoriert ChatGPT und kommentiert, dass man über solche sensiblen Themen besser nicht scherzen sollte.

Die Lernkurve steigt

Sie merken, es läuft bis auf eine gewisse Naivität, gelegentliche Halluzination und die bedingungslose Hilfsbereitschaft ab, wie in einem normalen Messenger-Chat. Nur eben rund um die Uhr und mit dem Hintergrundwissen der ganzen Welt. Der Chatbot lässt sich individuell auf Sie ein und kann Sie unterstützen. Experimentieren Sie mit Reaktionen. Häufige Merkmale von KI-Assistenten:

- ✔ **Kontextualisierung:** Fähigkeit, den Kontext von Konversationen zu verstehen
- ✔ **Flexibilität:** Anpassung an verschiedene Themen und Stile

- **Kreativität:** Generierung von Texten, Geschichten und Gedichten (*Kapitel 9*)
- **Multimodalität:** Mit Dateien umgehen und Bilder generieren (ab *Kapitel 10*)

Wenn Sie zu ChatGPT noch einige Fragen haben und besondere Kniffe lernen möchten, sollten Sie das Pocket-Buch »ChatGPT für Dummies« zurate ziehen.

ChatGPT und Content Creation

Nun sind Sie dran, detaillierter nachzufragen und sich in Richtung Content Creation helfen zu lassen. Wenn Ihnen gerade nicht einfällt, worüber Sie mit der KI schreiben könnten, versuchen Sie etwas von diesen kurzen Prompts:

- `Wie bleibe ich motiviert trotz einer kreativen Blockade?`
- `Schlag mir kreative Projekte vor, die ich ausprobieren kann.`
- `Gib mir Tipps, um meine kreative Arbeit zu verbessern.`
- `Mit welchen Techniken kann ich neue Ideen entwickeln?`
- `Erzähle mir etwas über einen interessanten Kunststil.`
- `Wie kann ich meine Kreativität im Alltag steigern?`

Diese Prompts können Sie individuell anpassen und Nachfragen zu Antworten stellen und so alles immer weiter konkretisieren. Probieren Sie es einmal aus!

ChatGPTs schlaue Geschwister

Sie können benutzerdefinierte Versionen von ChatGPT, sogenannte **GPTs** erstellen, die spezielle Anweisungen, Wissen und Fähigkeiten kombinieren.

Der *GPT-Store* GPTs ERKUNDEN ist ein Marktplatz für Experten-Chatbots. GPTs kosten zwar nichts extra, sind aber nur mit Abo vollständig nutzbar.

- Der *GPT-Store* ist über `https://chat.openai.com/gpts` zugänglich oder in der Seitenleiste der Webseite und in den Apps unter GPTs ERKUNDEN.
- Stöbern Sie in den Kategorien und klicken Sie auf die Beschreibung, um jeweils Bewertungen, Beispielprompts und Nutzungsstatistiken zu sehen.
- Gratisnutzende sind im Umfang beschränkt. Zahlende Kunden können sogar Ihre eigenen Assistenten ERSTELLEN: `http://chatgpt.com/create`.

Die meisten GPTs sprechen englisch oder beispielsweise koreanisch. Sie können zu Beginn um Deutsch bitten und alles fortan in der Sprache nutzen.

Im Angebot ist etwa ein *Logo Creator*, der auf Zuruf ohne weitere Aufforderung mehrere Entwürfe anbietet. Der GPT *Simpsonise Me* macht aus hochgeladenen Fotos gelbe glubschäugige Charaktere der Kultserie The Simpsons. Der GPT *WolframAlpha* ist unglaublich gut im Rechnen. Der *Marketing*-GPT einer großen New Yorker Werbeagentur berät Sie zur Strategie oder vor einem Kundengespräch. Das könnte ChatGPT zwar alles selbst, Sie müssten jedoch erst aufwendig erklären, was Sie benötigen.

Möglicherweise droht den GPTs bald das gleiche Schicksal wie den *Plug-ins*. Die Funktion ist häufig noch in Anleitungen zu finden, wurde aber eingestellt.

Nutzungslimit für ChatGPT in der Gratisversion

Sie werden schnell an Grenzen stoßen und feststellen, dass das kostenlose Modell, die Bildgenerierung oder GPTs Einschränkungen unterliegen.

Nutzungslimits im Überblick

Gratisnutzende haben eine begrenzte Anzahl von Nachrichten, die sie in einem Zeitraum senden können, zur Verfügung. OpenAI nennt einige Limits:

- ✔ Sie können ChatGPT im Gratistarif ohne Plus-Abonnement nur eine begrenzte Anzahl von Malen innerhalb eines Zeitfensters verwenden (*Free-Planlimit*).
- ✔ Die Bilderstellung mit Dall-E ist auf sehr wenige Bilder pro Tag beschränkt.
- ✔ Datenanalyse, Datei-Uploads und Websuche sowie GPTs haben ein Nutzungslimit, das sich vom Textlimit unterscheidet.

Die Einschränkungen verändern sich ständig. Aktuelle Bedingungen finden Sie auf den Hilfeseiten: `https://help.openai.com/en/articles/9275245`.

Was passiert, wenn das Limit erreicht ist

Wenn das Limit erreicht ist, werden Sie benachrichtigt und können entweder:

- ✔ Auf das einfachere Modell zurückgreifen und mit diesem fortfahren.
- ✔ Warten, bis sich das Limit zurücksetzt. Die Dauer wird in der Benachrichtigung angezeigt, meistens nach 24 Stunden oder bei weniger Last.
- ✔ Auf das kostenpflichtige ChatGPT Plus upgraden, um höhere Limits zu erhalten (Informationen zu Kosten und Vorteilen finden Sie *im nächsten Kapitel*).

Offizielle Apps für ChatGPT

Um ChatGPT zu nutzen, müssen Sie nicht jedes Mal die Webseite öffnen. Es gibt dafür bequemere Wege über offizielle Apps. Sie sind ähnlich aufgemacht und können sich in der Taskleiste oder dem Homescreen für Sie bereithalten.

ChatGPT über offizielle Smartphone-Apps

Stores und Webseiten sind voll von Apps, die Zugangsdaten abfischen möchten. Meiden Sie Betrugsversuche und folgen Links nur direkt von offiziellen Seiten.

Sie können ChatGPT auf Android oder iOS, iPadOS und visionOS nutzen:

1. Laden Sie Apps über `https://openai.com/chatgpt/download`.
2. Sie chatten wie in einer Messenger-App mit dem Chatbot (*Abbildung 5.5*).

Abbildung 5.5: ChatGPT-App (Screenshot: iPhone-App)

3. Geben Sie mit dem +-Symbol Dateien und Fotos frei oder teilen das Bild Ihrer Kamera, kann ChatGPT dazu Fragen beantworten oder Sie unterstützen.
   - Fragen Sie etwa mit dem Bild Ihres offenen Kühlschranks, was Sie kochen können und ergänzen Konserven und Gewürzregal, erhalten Sie Vorschläge.
   - Handgeschriebene lineare Gleichungen in Präsentationen löst ChatGPT direkt.
4. **Fortgeschrittener Audiomodus:** In der mobilen App ist die Bedienung über MIKROFON zum Diktat und SPRACHAUSGABE zum Dialog besonders intuitiv und so, als würden Sie sich mit einem Menschen am Telefon unterhalten.
   - Die Sprachfunktion *Fortgeschrittener Audiomodus* ist im Gratistarif limitiert.
   - Die Stimme und andere Faktoren können Sie im Vorfeld einstellen.
   - Die KI spricht dann mal dramatisch oder singt und pfeift auf Nachfrage.

ChatGPT über offizielle Desktop-Apps

Für Computer gibt es eine ChatGPT-App, die auf Wunsch in der Taskleiste automatisch verfügbar ist, um sofort für alle Aufgaben erreichbar zu sein.

- ✔ Ziehen Sie Dateien und Fotos in den Chat oder stellen Sie Fragen zu Screenshots.
- ✔ Über eine Verknüpfung kann ChatGPT andere Programme steuern.

App downloaden und installieren

Den Download finden Sie auf `https://openai.com/chatgpt/download/`.

- ✔ Voraussetzung ist Windows 10 (×64 oder arm64) beziehungsweise macOS 14 mit Apple Silicon (M1-Prozessor oder neuer).
- ✔ Gratis-, Plus-, Pro- und Team-Konten können unterschiedliche Funktionen nutzen.
- ✔ Die Windows-App unterscheidet sich in den Funktionen und Symbolen stark von der Mac-App. Letztlich sind beide aber an die Webseite angelehnt.
- ✔ Sicherheitsvorkehrungen des Betriebssystems machen beim ersten Start eine ERLAUBNIS für Bildschirm-, Ton- und Videoaufnahmen erforderlich.

Einstellungen in der Windows- und Mac-App

- ✔ **Windows:** Um in der Windows-App die EINSTELLUNGEN zu öffnen, klicken Sie im Chat zunächst oben rechts auf IM HAUPTFENSTER ÖFFNEN und dann unten links auf Ihr Profilsymbol. Dort sind auch KONTOEINSTELLUNGEN erreichbar.

  Den automatischen Start der App steuern Sie über den TASKMANAGER, den Sie über die WINDOWS-SUCHE aufrufen. Wählen Sie darin AUTOSTART VON APPS, markieren Sie CHATGPT und klicken Sie auf DEAKTIVIEREN.
- ✔ **Mac:** Sie können in der Mac-App per RECHTSKLICK auf das **Taskleisten**-Symbol die EINSTELLUNGEN einsehen. Dort legen Sie auch fest, ob sie BEIM ANMELDEN STARTEN und IM DOCK UND DER MENÜLEISTE SICHTBAR bleiben soll.

Orientierung in den offiziellen Apps

So setzen Sie die offizielle OpenAI-App während der Arbeit am Computer ein:

- ✔ Ein Klick auf das ChatGPT-Symbol in der Taskleiste öffnet den **Chat**. Dort können Sie eine Frage stellen, ohne Ihre Arbeit oder Anwendungen zu verlassen.
  - **Windows:** Mit der Tastenkombination ALT + LEERTASTE rufen Sie bei gestarteter App das Chatfenster auf. Eine separate Leiste gibt es hier nicht.
  - **Mac:** Mit der Tastenkombination OPTION + LEERTASTE können Sie am Mac die Chatleiste direkt aufrufen, ähnlich der Spotlight-Suche von MacOS. Um Verwechslungen zu vermeiden: Das Fenster ist nicht die Leiste.
- ✔ **Chatverläufe:** Im Chat- oder Hauptfenster haben Sie Zugriff auf Ihre Verläufe.
  - **Windows:** Sie öffnen das Fenster aus dem kleinen Chatfenster über den Knopf IM HAUPTFENSTER ÖFFNEN oben rechts.
  - **Mac:** Sie öffnen das Fenster aus der Leiste über das +-Symbol > APP ÖFFNEN, per RECHTSKLICK aufs Symbol in der Taskleiste oder mit COMMAND + O.
- ✔ **Anhänge:** Die App ermöglicht es Ihnen, über das +-Symbol Dateien in einen Chat einzufügen.
  - **Dateien** können Sie auch einfach ins Chatfenster ziehen, um sie hochzuladen.
  - **Fotos, Screenshots** oder Webcam-Bilder können Sie ebenfalls von Ihrem Computer aufnehmen, **Bildschirmfreigabe** und **Videofunktion** sind angekündigt.
- ✔ **Fortgeschrittener Audiomodus:** Die Sprachfunktion (TONWELLEN-Symbol) kann eingeschaltet bleiben wie in einem Telefonat (PLAUDERMODUS am Mac, bei Windows SPRACH-Symbol). Die Stimme legen Sie in den EINSTELLUNGEN fest.
- ✔ **Suche:** Das WELTKUGEL-Symbol aktiviert die Suchfunktion (siehe *Kapitel 16*).
- ✔ **Arbeiten mit Apps:** Das MAUSZEIGER-Symbol startet die Kontrolle anderer Apps auf dem Computer (siehe *Agents* in *Kapitel 14*). Damit kann ChatGPT dann zum Beispiel Befehle im Terminal oder einem Codeprogramm eingeben.

Zugriff über WhatsApp

ChatGPT ist direkt über die vertraute WhatsApp-Oberfläche verfügbar:

1. Fügen Sie `+1-800-2428478` (`+1-800-ChatGPT`) als Kontakt im Smartphone hinzu (mit der US-Ländervorwahl) und nennen ihn zum Beispiel `ChatGPT`.
2. Starten Sie den kostenlosen Chat mit diesem Kontakt ganz ohne OpenAI-Account.
3. Es sind nicht nur Textnachrichten, sondern auch Bilder oder Sprache möglich.

ChatGPT spricht: Fortgeschrittener Audiomodus

Haben Sie sich jemals gewünscht, dass Ihr Assistent mehr kann, als nur Fragen beantworten, und sind Sie roboterhafte Antworten von Alexa und Siri satt? Nun, ChatGPT kann sprechen und Ihnen zuhören.

Der *Fortgeschrittene Audiomodus* (*Advanced Voice Mode*) von ChatGPT bringt Persönlichkeit in die Welt der digitalen Assistenten. Das System reagiert schnell und ermöglicht es, Unterbrechungen oder Korrekturen vorzunehmen oder das Thema zu wechseln, wie Sie es in einem echten Gespräch tun würden.

Fortgeschrittenen Audiomodus einsetzen

- ✔ Um die Funktion ohne Einschränkungen zu nutzen, benötigen Sie ein ChatGPT Plus-, Pro- oder Team-Abonnement, Gratiskonten sind im Umfang limitiert.
- ✔ Das SPRACH-Symbol in der Chatleiste startet das Gespräch. Reaktionen stellen Sie ein unter EINSTELLUNGEN > PERSONALISIERUNG > INDIVIDUELLE HINWEISE.

Über die **API-Schnittstelle** können die Stimmen und Echtzeitreaktionen der *Advanced Voice* auch in Drittanbieter-Apps eingebunden werden. Damit ist denkbar, dass ein Restaurant am Telefon Bestellungen annimmt oder Bildbeschreibungen gesprochen werden (Barrierefreiheit in *Kapitel 19*). Aus Sicherheitsgründen stehen keine individuellen Stimmen zur Verfügung.

Direktes Gespräch über Content Creation

ChatGPT hört Ihnen nicht nur zu, sondern interpretiert den Tonfall. Das bringt die Interaktion auf eine neue Ebene und macht Gespräche natürlicher. Ob in einem Rollenspiel für ein Kundengespräch, im Diktat einer Mail oder einem Brainstorming. Vermutlich nimmt bereits jemand einen Podcast mit der KI auf.

- ✔ **Ideenfindung:** Sprechen Sie Gedanken laut aus und lassen Sie sich helfen, sie zu vertiefen. Sprachinteraktionen können neue Ideen und Perspektiven hervorbringen.
- ✔ **Vorstellungsgespräch:** Lassen Sie ChatGPT die Rolle einer Personalchefin einnehmen. Üben Sie Antworten auf schwierige Fragen und erhalten Sie Feedback.
- ✔ **Kundengespräche:** Üben Sie, Konzepte zu erklären oder Entscheidungen zu verteidigen, während KI die Rolle wissbegieriger Kunden spielen soll.
- ✔ **Entwicklung von Geschichten:** Autorinnen und Autoren können Charakterbögen, Handlungsstränge oder Dialogoptionen diskutieren wie mit einem Co-Writer.
- ✔ **Sprachpraxis:** Führen Sie realistische Gespräche in verschiedenen Sprachen mit der KI als Übungspartner und verbessern Sie Ihr Vokabular und die Aussprache.
- ✔ **Training für öffentliche Reden:** Üben Sie das Halten von Reden, Interviews oder Präsentationen und erhalten Sie Feedback zu Ihrem Tonfall und Ihrer Präsentation.

Die Erinnerungsfunktion von ChatGPT

Unabhängig davon, ob Sie sprechen oder schriftlich kommunizieren, möchte OpenAI mit *Erinnerung* (*Memory*) die Präzision der KI-Antworten verbessern: ChatGPT protokolliert permanent, was Sie eingeben – und weiß es später noch.

Normalerweise lernt der Chatbot nicht aus Gesprächen und vergangenen Interaktionen, wie ein Mensch sich an frühere Gespräche erinnert. Bei jedem neuen Chat ist ChatGPT so uninformiert wie zuvor. *Erinnerung* ändert das.

So stellt es sich OpenAI mit der Erinnerungsfunktion vor:

- ✔ Fragen Sie nach veganen Rezepten, merkt sich der KI-Assistent Ihre Vorliebe nach diesen Speisen und kann beim nächsten Mal vegane Restaurants oder Lebensmittel vorschlagen, ohne dass Sie Ihre Präferenz explizit erwähnen.
- ✔ Generieren Sie Ausmalbilder von Hubschraubern für Ihr vierjähriges Kind, wird hinterlegt, dass Sie ein Kind haben, das vier Jahre alt ist, malt und Hubschrauber mag. Fragen Sie nach Geschenkideen, könnte ein Spielzeughelikopter kommen.
- ✔ Laut OpenAI reagiert ChatGPT für Ein- und Ausgaben auf derartige Ansagen:
  - `Denk dran, dass ich kurzgefasste Antworten mag.`
  - `Ich habe gerade ein Hündchen bekommen!`
  - `Was weißt du noch von mir?`
  - `Wo waren wir bei meinem letzten Projekt stehen geblieben?`

Selbst legen Sie unter CHATGPT INDIVIDUELL KONFIGURIEREN Informationen fest. Mit der ERINNERUNG-Funktion versucht ChatGPT ebenfalls, Daten zu ermitteln. Beide Funktionen sind getrennt. Das ist redundant und verwirrend.

Datenschutz: Wer weiß noch, was ChatGPT sich merkt?

Es gibt viel Kritik an der Erinnerungsfunktion. Ein Datenschutzalbtraum in zweierlei Hinsicht: Viele Informationen sind an einem Ort und in der Hand eines Unternehmens. Bei einer Datenpanne oder einem Accountmissbrauch wäre viel Privates in der Welt, auch wenn ChatGPT versucht, sensible Informationen wie Gesundheitsdaten direkt über Filter auszuklammern.

Die Optionen zum Einstellen und Deaktivieren finden Sie hier:

1. Über KONTOEINSTELLUNGEN > EINSTELLUNGEN > PERSONALISIERUNG gelangen Sie zur Optionen ERINNERUNG. Hier schalten Sie die komplette Funktion aus. ChatGPT zeigt dann im Chatfenster ständig »Erinnerung aus« an.
2. Bei VERWALTEN sehen Sie alle Daten und löschen Sie mit dem PAPIERKORB.
3. Zum Löschen aller Einträge wählen Sie CHATGPT-ERINNERUNG LÖSCHEN.

ChatGPT wird ständig erweitert, sendet E-Mails oder über die App Push-Erinnerungen, kann am Mac einige Programme bedienen und Fragen zu Videos beantworten. Noch geht aber nicht alles in der EU.

Mehr Interaktion mit Text dank Canvas

Neben dem klassischen Chatfenster gibt es mit *Canvas* eine Detailansicht, die längere Texte in den Fokus nimmt. Dieser Arbeitsbereich soll es erleichtern, Schreib- und Programmierprojekte allein oder gemeinsam mit anderen zu meistern und den Überblick zu behalten. Für Content Creation ein nützlicher Ansatz.

Funktionalität von Canvas

Statt im Chatdialog Antworten durchscrollen zu müssen, können Sie mit *Canvas* (*Leinwand*, nicht verwechseln mit Canva, *Kapitel 13*) wie in einem Schreibprogramm Änderungen vornehmen lassen und am Inhalt arbeiten.

1. Über das STIFT-Symbol unter einer Antwort von ChatGPT startet CANVAS. Die Ansicht öffnet sich von selbst, wenn ChatGPT das nützlich findet.

2. An jeder Stelle des Textes erscheint beim MARKIEREN einer Passage eine Leiste (*Abbildung 5.6*), um CHATGPT FRAGEN oder TEXT FORMATIEREN zu können.

3. Canvas stellt am Bildrand ein rundes Bearbeitungssymbol mit einem STIFT dar, das auffächert, wenn Sie mit der Maus darüberfahren. Je nach Einsatz erscheinen Befehle zum Schreiben (*Abbildung 5.7*) oder Programmieren (*Abbildung 5.8*).

Alpakas in der Content Creation

Die **Popularität** von Alpakas auf Plattformen wie Instagram, TikTok und YouTube ist beispiellos. Fotos und Videos von Alpakas beim Spielen, Fressen oder einfach beim "Herumhängen" ziehen Millionen von Views an. Alpakas bieten

ChatGPT fragen B *I* Aa

und Niedlichkeit, die Inhalte sofort ansprechender macht. Viele Content Creators setzen Alpakas bewusst als Markenzeichen ein, um ihre Zielgruppen zu begeistern.

Abbildung 5.6: Canvas-Leiste: Fragen und Formatierung (Screenshot: openai.com)

Schreiben mit Canvas

Markieren Sie Textstellen, um zu dieser Auswahl in einer erscheinenden Chatleiste Fragen und Änderungswünsche zu formulieren oder Änderungen auf den ganzen Text anwenden zu lassen. Auch Formatierungen wie FETT, KURSIV oder die SCHRIFTGRÖẞE sind auswählbar. Gleichzeitig können Sie den ganzen Text auch von Hand anpassen und umschreiben, wie in einer Textverarbeitung (vergleichen Sie dazu *Microsoft Copilot für Word in Kapitel 15*).

Das STIFT-Symbol wird zum Menü mit einem Schieberegler (*Abbildung 5.7*):

- ✔ **Emojis hinzufügen:** Fügt im Text automatisch relevante Emojis ein, um den Tonfall zu verdeutlichen und Textstellen hervorzuheben. Perfekt für Social Media!
- ✔ **Feinschliff hinzufügen:** Überprüft Grammatik, Klarheit und Textkonsistenz.
- ✔ **Leseniveau ändern:** Passt die Lesestufe der Zielgruppe vom Kindergarten- bis zum Hochschulniveau an und formuliert den Text entsprechend um.
- ✔ **Länge anpassen:** Macht die Länge des Dokuments dynamisch kürzer oder länger.
- ✔ **Bearbeitungen vorschlagen:** Bietet Vorschläge und Feedback direkt im Text an.

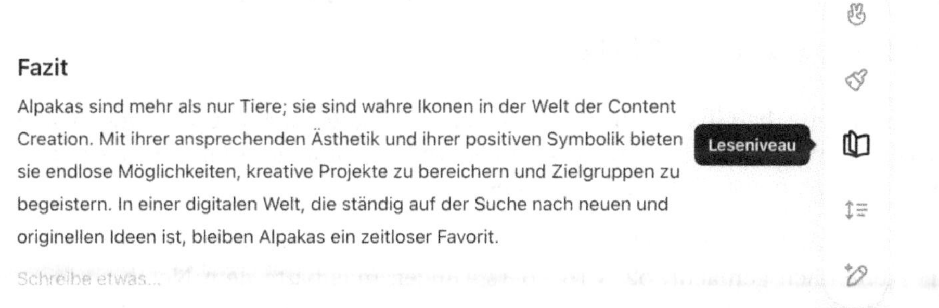

Abbildung 5.7: Canvas-Ansicht zur Textbearbeitung (Collage: openai.com)

Programmieren mit Canvas

Beim Programmieren kann Canvas Sie auf gleiche Weise wie bereits beim Schreiben unterstützen. Markieren Sie relevante Stellen im Code und klicken Sie auf die Chatleiste. Sie können selbst editieren und ChatGPT bitten, etwas anzupassen oder zu erläutern. Das PROMPT-Symbol fächert zu Programmierbefehlen auf (siehe *Abbildung 5.8*):

- ✔ **Kommentare hinzufügen:** Zur besseren Dokumentation kann ChatGPT im Code Kommentare ergänzen, damit Programme leichter zu verstehen sind.
- ✔ **Log-Auswertungen:** Erleichtert das Debuggen oder Verstehen des Codes.

- ✔ **Fehler korrigieren:** Schreibt problematischen und fehlerhaften Code um.
- ✔ **Sprache portieren:** Übersetzt bestehende Programme und Skripte in viele andere Programmiersprachen wie JavaScript, TypeScript, Python, Java, C++ oder PHP.
- ✔ **Code überarbeiten:** Bietet Änderungsvorschläge übersichtlich im Quelltext an.

```
];

// Ausgabe der Alpakas
foreach ($alpakas as $alpaka) {
    zeigeAlpakaDaten($alpaka["name"], $alpaka["alter"], $alpaka["farbe"]);
}

// Zusatzfunktion: Berechnung des Durchschnittsalters
function berechneDurchschnittsalter($alpakas) {
    $gesamtalter =
    foreach ($alpa   Ändere die Berechnung in
        $gesamtalte
    }
    return $gesamtalter / count($alpakas);
}
```


Abbildung 5.8: Canvas-Ansicht mit Programmcode (Collage: openai.com)

Das nächste Level mit o-Modellen: Erst denken, dann handeln

Das Sprachmodell ChatGPT reicht für alltägliche Aufgaben aus, hat allerdings wie andere mit Halluzinationen und Fehlern zu kämpfen und ist vor allem schlecht in Mathematik. Logische Aufgaben meistert das o-Modell besser.

OpenAI hat Weihnachten 2024 das o3-Modell präsentiert, zunächst aber nicht öffentlich gemacht. o2 wird übersprungen (das hätte dem Netzbetreiber wohl nicht gefallen). Gegenüber o1 hat o3 ein doppelt so großes Kontextfenster (256K) und kann mehr Ausgabe-Tokens verarbeiten (100K). Es ist schneller, vielseitiger und stellt einen bedeutenden Fortschritt in der KI-Entwicklung dar.

Komplexe Probleme aus Wissenschaft und Programmierung

Augenscheinlich eine leichte Aufgabe, doch am Zählen von Buchstaben in einem Wort scheitert GPT-4o wie andere zuvor auch, weil Wörter in *Tokens* zerlegt und gar nicht in Gänze für das Modell sichtbar sind. Um bei solchen Fragen Abhilfe zu schaffen, hat OpenAI nachgelegt und für komplizierte Aufgaben *o1* geschaffen (ohne GPT vornedran). Es unterteilt Aufgaben in Teilschritte und soll eine neue Ära des **Reasonings** (*Nachdenken*) einleiten.

Eine Erweiterung des *Chain of Thought*-Ansatzes (*Gedankenkette, Kapitel 8*):

Mathematische Aufgaben und verschachtelte Programme werden besser angegangen, weil sich das Modell unter anderem mehr Zeit nimmt, die Antwort herauszufinden. Das ist an der Antwortdauer bemerkbar.

In einem Beispiel von OpenAI wird der Vorteil deutlich: Gefragt nach Ländernamen mit A als drittem Buchstaben antwortet ChatGPT in drei Sekunden. Allerdings sind alle Antworten falsch. Für die gleiche Frage benötigt o1-mini 9 Sekunden und liegt richtig. o1 braucht 32 Sekunden und liefert zusätzlich eine Begründung. Erst denken, dann sprechen – so kennt man es in der Debattenkultur, und im Matheunterricht wird gemahnt, den Lösungsweg aufzuzeigen. Auf diese Art sollen komplexe Aufgaben gelingen.

Der Mitbegründer der KI-Plattform Hugging Face, Clem Delangue, erinnert zeitgleich zur Präsentation von o1 im Herbst 2024 in einem kritischen LinkedIn-Post daran, dass die KI nicht *denkt*, sondern nur *Vorhersagen* trifft. Es sei daher »Schlangenöl und Marketing«, zu suggerieren, die Modelle wären menschlich und klüger, als sie sind (siehe *Die Methode ChatGPT in Kapitel 2*).

Wo und wie Sie o-Modelle einsetzen können

Zum Texten ist das Modell weniger zu gebrauchen, kann dafür aber gut rechnen. Ein echter Fachidiot, möchte man meinen. Hieße das *o* in GPT-4o noch *Omni*, stünde es hier wohl für *ohne irgendwas*, denn Einschränkungen werden gerade bei Internetanbindung oder Dateiupload deutlich, die zunächst fehlen.

So finden Sie o-Modelle und die Varianten -mini und -pro

- ✔ Die Auswahl unter CHATGPT zeigt O1 (bald o3), -MINI und gegebenenfalls -PRO. Pro-Konten haben nur eingeschränkt Zugriff, Premium-Konten nutzen o1 und o1-mini ohne Limit und verfügen mit o1-pro über noch mehr Rechenleistung.
- ✔ Kostenlose Konten erhalten eingeschränkten Zugriff (STARTE REASONING FÜR).
- ✔ Alle werden ebenfalls in natürlicher Sprache bedient. Nutzen Sie sie für die Lösung von Problemen. Bei allgemeinen Aufgaben sind schlechtere Ergebnisse zu erwarten.
- ✔ o1-mini hat Fähigkeiten in Mathematik und Naturwissenschaften, aber kaum mehr. Wie andere Varianten, soll es API-Kosten einsparen (bis zu 80 Prozent).

o-Modelle in der Content Creation

Auf den ersten Blick hat o1 gar nichts mit Content Creation zu tun. Doch das täuscht. Das Modell eignet sich für umfangreichere Content-Aufgaben, die ein tiefes Verständnis und präzise Analyse erfordern. Es sollte jedoch nicht als Ersatz für menschliche Kreativität und Expertise gesehen werden. Während GPT-4o für allgemeine Content-Erstellung gut geeignet ist, glänzt o1 bei **inhaltlich anspruchsvollen Herausforderungen**:

- ✔ **Forschungspaper und Anleitungen:** Es führt Analysen durch und durchdringt komplexe Themen besser. Das macht es ideal für wissenschaftliche Artikel, Berichte und Inhalte, die ein hohes Maß an Genauigkeit und Detailtiefe erfordern.
- ✔ **Datenanalyse und Berechnungen:** Das o1-Modell ist besonders stark in *MINT*-Bereichen (Mathematik, Informatik, Naturwissenschaften und Technik) und kann datengetriebene Inhalte effizienter erstellen und interpretieren als etwa GPT-4o.

- **Iteratives Denken:** Durch eine Art Fähigkeit zur Selbstreflexion kann es Inhalte schrittweise verbessern. Es analysiert seine eigenen Ausgaben und kann diese dann in mehreren Durchläufen verfeinern, was zu qualitativ hochwertigeren Endergebnissen bei längeren Artikeln oder technischen Dokumentationen führt.

Lassen Sie o1 Statistiken Ihrer Webseite auswerten und Inhalte vorschlagen: `Analysiere diese Google-Analytics-Daten meiner Webseite und gib anhand der beliebtesten Suchanfragen Empfehlungen, welche Themen ich in künftigen Blogposts behandeln sollte.`

OpenAIs o1 ausgetrickst

Eine KI, die Antworten auf Plausibilität überdenkt und kniffligste Rätsel löst, klingt bewundernswert. Wie man dem System eine Falle stellt, hat mein findiger Freund Jan Eggers (`https://janeggers.tech`), Datenjournalist beim Hessischen Rundfunk, schnell herausgefunden. Er promptet ein Logikrätsel, das viele aus der Schule kennen:

```
Ein Bauer soll mit einem Wolf, einer Ziege und einem Kohlkopf mit einem Boot über den Fluss. Es gibt nur zwei Plätze. Wie soll er vorgehen, damit alleingelassen die Ziege nicht über den Kohlkopf und der Wolf nicht über die Ziege herfällt?
```

Mit Kombinationsgabe kommt jeder hinter die Lösung, dass die Ziege die Passage mehrmals mitfahren und jeweils allein am anderen Ufer warten muss, während Wolf und Kohl überführt werden. Und auch die KI hat diese Lösung in Trainings mitbekommen. Nun hat Eggers allerdings die Aufgabe leicht verändert. Sie beginnt wie das bekannte Rätsel, im letzten Absatz jedoch promptet er o1: `das Boot hat unbegrenzt viele Plätze`. Es gäbe also gar kein Problem, wenn o1 es richtig lesen würde, und das kann man von einer »denkenden Maschine« ja wohl erwarten. Macht sie aber nicht, sondern stürzt sich in die Tüftelei und scheitert am modifizierten Rätsel. Damit hat Jan Eggers die zu dieser Zeit mächtigste kommerziell erhältliche KI mit einem Kinderspiel verladen und kann darauf ein wenig stolz sein. Und auch, wenn o1 binnen kurzer Zeit die Tricks von YouTube gelernt hat, sind wir gewarnt, dass sich mit Denkketten und Teilschritten noch immer Fehler einschleichen.

ChatGPT und o1-pro, für schwierige Fragen, kosten bei OpenAI 238 US-Dollar monatlich. Anfang 2025 bringt DeepSeek aus China Modelle auf Augenhöhe heraus, die nichts kosten. Auf X spottet @tekbog: »Ich kann nicht glauben, dass ChatGPT seinen Job an KI verloren hat.« Mehr dazu *im nächsten Kapitel.*

IN DIESEM KAPITEL

Was ChatGPT-Konkurrenten Anthropic, Mistral und viele andere bieten

Welche KI-Funktionen Google oder Apple in Dienste und auf Geräten mitbringen

Wie KI-Modelle untereinander vergleichbar sind

Welche Kosten für die Nutzung generativer KI entstehen

Kapitel 6

Drum prüfe, wer sich ewig bindet: Angebote im Vergleich

Damit Sie einige Namen und Funktionen kennenlernen und jederzeit nachschlagen können, gehe ich in diesem Kapitel die gängigsten Modelle durch und erkläre jeweils Feinheiten. Dabei lernen Sie zunächst die rein in der Cloud oder auf Geräten verfügbaren Produkte kennen, im *nächsten Kapitel* geht es dann noch um lokal installierbare Sprachmodelle und deren Vorzüge.

Modelle, Modelle, Modelle: Gemini, Claude und Co.

Nachdem Sie bereits ChatGPT und dessen kluge Geschwister kennen, werden Sie hier weitere Chatbots und derartige Dienste entdecken. Sie könnten meinen, eins genügt doch, und für den Anfang mag das stimmen. Doch es gibt weit mehr als ChatGPT in der Welt, und es hilft, für Ihre Zwecke Produkte in Erwägung zu ziehen oder ausschließen zu können, auch wenn dieses Glossar vermutlich schneller veraltet als die Trainerliste in der Bundesliga, denn mit jedem Update wechseln beim Kopf-an-Kopf-Rennen die Positionen.

Copilot von Microsoft

Microsoft investiert in OpenAI. So basiert der Copilot-Chatbot auf ChatGPT (*Kapitel 2*) und integriert sich in Windows und Office. Sie lernen ihn in *Kapitel 15* ausführlich kennen. Angesichts der Grabenkämpfe und Monopolvorwürfe soll aber wohl nicht alles auf eine Karte gesetzt werden. Daher sind andere Kooperationen, beispielsweise mit Mistral, öffentlich. Der Programmierassistent GitHub-Copilot kommt in *Kapitel 13* zur Sprache.

Claude von Anthropic

Der KI-Assistent Claude (`https://claude.ai`) kann Texte generieren, Programmcode schreiben, Sprachaufnahmen transkribieren oder PDFs zusammenfassen. Viele sehen das Produkt als besseres ChatGPT an.

- ✔ Anthropics Claude schneidet in Leistungsvergleichen regelmäßig im Spitzenfeld ab. Ich persönlich halte die Texte für schöner formuliert als bei anderen Chatbots. Im täglichen Umgang macht Claude einen besseren Eindruck und ist weniger anfällig für Fehler. Das Gefühl ist aber subjektiv und hängt vom Einsatzzweck ab.

- ✔ Das KI-Unternehmen Anthropic wurde von Abtrünnigen gegründet, die mit der Linie von OpenAI-Chef Sam Altman (*Kapitel 2*) unzufrieden sind, darunter ist sogar der Vizepräsident der Forschungsabteilung. Google und Amazon haben viele Millionen in Anthropic investiert und sich ihre eigene Konkurrenz aufgebaut.

- ✔ Um die Zuverlässigkeit noch zu untermauern und das Vertrauen zu stärken, haben die Herausgebenden als Erste der großen Unternehmen die sonst geheim gehaltenen Systemprompts, die das Sprachmodell formen, veröffentlicht. Die Produkte sind auf ethische Regeln wie Grundsätze der Vereinten Nationen trainiert und stützen sich statt auf menschliches Training auf eine Verfassung (*Constitution*).

Varianten der Sprachmodelle

- ✔ Claude gibt es in drei Varianten: im kleinen *Haiku*, im mittelgroßen *Sonnet* und im großen *Opus*. Das Basismodell zählt zu den leistungsstärksten seiner Art.

- ✔ Anthropic unterscheidet die Preisstufen *Free, Pro, Team* und *Enterprise*. Ohne Anmeldung können Sie Claude nicht nutzen und müssen E-Mail, Handynummer und Geburtsdatum angeben. Gratis erhalten Sie nur limitiert Zugriff auf Sonnet. Alle Modelle kosten im Pro-Tarif 21,42 Euro im Monat bei jährlicher Zahlung.

- ✔ Obwohl die Webseite zunächst nur englisch ist, kann Claude deutsch chatten (*Abbildung 6.1*). Es gibt Apps für MacOS, Windows und für iOS, iPadOS und Android. Bei Perplexity Pro oder DuckDuckGo ist Claude ohne Aufpreis zugänglich (*Kapitel 16*). Firmenkunden profitieren von großen *Kontextfenstern* (500K) und GitHub-Anbindung. API-Raten sind aber deutlich schärfer als bei ChatGPT und Gemini.

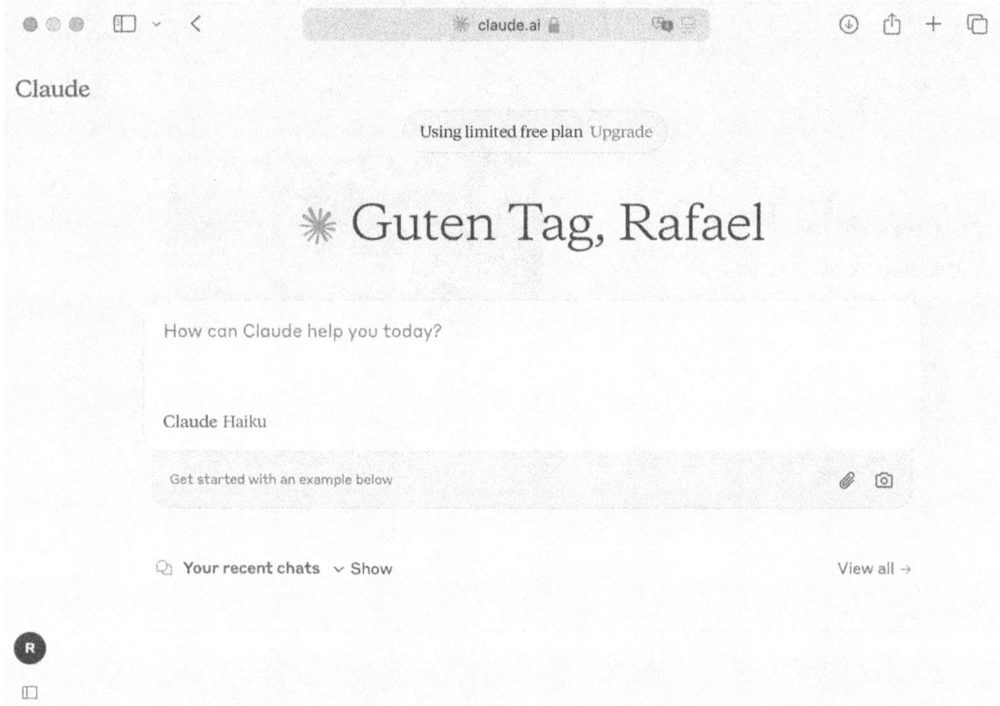

Abbildung 6.1: Leistungsstarker KI-Chatbot Claude von Anthropic, zu Beginn mit denglischer Oberfläche. Die KI spricht aber fließend deutsch. (Screenshot: claude.ai)

Besonderheiten von Claude

- ✔ Sie bedienen Claude wie alle Chatbots in natürlicher Sprache. Mit der BÜROKLAMMER laden Sie Dateien hoch. Screenshots lassen sich aufnehmen und besprechen, wenn Sie das KAMERA-Symbol betätigen und ZUGRIFF FREIGEBEN.
- ✔ Bilder generieren kann Claude (noch) nicht. Dafür ist der Bereich *Artifact* (ähnlich zu Canvas in *Kapitel 5*) nützlich für visuelle Projekte und beispielsweise Webentwicklung: Claude generiert in dieser Seitenleiste getrennt vom Chat Schaubilder, Webseiten und kleinere Programme. Claude kann Code ausführen, Daten wie CSV visualisieren und mathematische Notationen in der Sprache LaTeX vornehmen.
- ✔ Die Zusammenfassung *Visual PDF* erlaubt es Ihnen, Dateien von bis zu 100 Seiten hochzuladen und Fragen dazu zu stellen. Die Projektfunktion ähnelt GPTs von OpenAI, und Claude soll Interaktionen speichern (wie *Erinnerung* in *Kapitel 5*).

Gemini von Google

Gemini (*Abbildung 6.2*) ist Googles Antwort auf ChatGPT und steht in den Workspace-Anwendungen in direkter Konkurrenz zu Office-Programmen von Microsoft. Google verfolgt das Ziel, Gemini möglichst in alle Produkte zu integrieren.

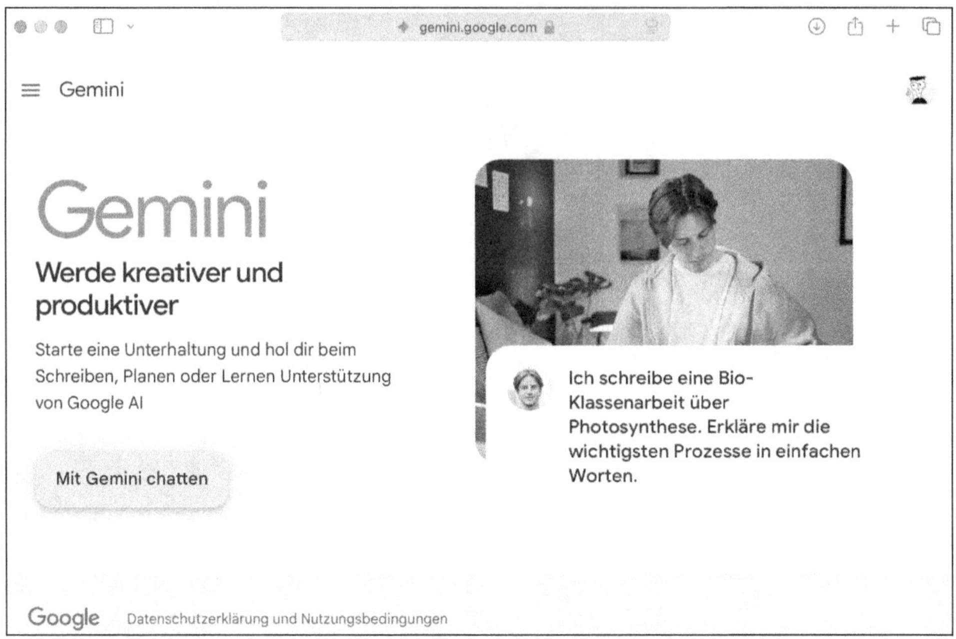

Abbildung 6.2: Googles Gemini als Schülerhilfe (Screenshot: `gemini.google.com`)

Gemm-irgendwas von Google

Obwohl Google in KI-Entwicklung vorne lag und Transformer-Architektur und Nobelpreisträger hervorgebracht hat, gelingt OpenAIs ChatGPT der Blitzstart. Jetzt versucht Google aufzuholen: Gemini wird als direkte Antwort entwickelt, erlaubt multimodales Arbeiten mit Sprachfunktion, Dateien und ausgesprochen großer Kontextlänge. Doch auch wenn Google mit vielem erfolgreich ist, Produktmarketing geht besser: Erst hieß der Chatbot Bard, in Workspace Duet AI und nun Gemini. Google-onische Sprachverwirrung und eine gnadenlose Experimentierfreude sind typisch für den Konzern. Der Friedhof der gehypten und eingestampften Produkte (`https://killedbygoogle.com`) spricht für sich. Gemini bedeutet *Zwilling* und ist eine wahre Mehrlingsgeburt:

- ✔ Vom Sprachmodell gibt es in absteigender Größe viele Varianten: *Ultra* ist die leistungsstärkste Version für komplexe Aufgaben, *Pro* liefert ausgewogene Leistung, *Flash* ist schnell und schlank, *Flash-Lite* kosteneffizient und *Nano* effizient für Mobilgeräte. *Gemma* (lateinisch *Edelstein*) für einfache Textarbeiten ist Llama (*Kapitel 7*) oder Mistrals kleinstem Modell überlegen – leider auch in Halluzinationen.
- ✔ Die *Flash-Thinking*-Modelle führen, wie OpenAIs O-Modelle und DeepSeeks R1, einen zusätzlichen Denkprozess (*Reasoning*) durch, bevor sie eine Antwort generieren. Sie können dabei auf Informationen von YouTube, Google Maps und der Google-Suche zugreifen.
- ✔ Neben den unzähligen Geminis führt Google mehr als ein Dutzend Sprachmodelle für Spezialanwendungen, für Medizin (*Med-Gemini*), Bild- (*Imagen*), Video- (*Veo*) und Musikgenerierung (*Lyria*) und so weiter. Masse statt Klasse? Nicht unbedingt,

denn die Produkte können sehr viel. Aber wird das die Nutzergemeinde mitbekommen? Zur Übersicht trägt das Sprachgewirr jedenfalls nicht gerade bei.

- ✔ Die Bildgenerierung von Personen mit Gemini musste zeitweise wegen peinlicher Ungereimtheiten pausiert werden (*Kapitel 21*). Da ist weniger manchmal mehr.

Googles Gemini-Werbung zu den Olympischen Spielen geht daneben: Im Spot »**Dear Sydney**« lässt ein fiktiver Vater die KI für seine Tochter einen Brief an ihr Vorbild, die US-Leichtathletin Sydney McLaughlin-Levrone, formulieren. Diese pädagogische Fehlleistung ist Anstoß riesiger Kritik: Darf KI im Namen eines Kindes einen Brief vorschreiben? Der Werbespot wird im TV abgesetzt.

Gemini in allen Produkten

Mit jeder Google-Suche und wenn Sie bereits ein Google-Konto oder ein Android-Smartphone besitzen, kommen Sie automatisch mit Gemini in Berührung. Googles KI spricht deutsch, und Sie finden sie in diesen Produkten:

- ✔ **Google Gemini:** Der KI-Assistent ist über `https://gemini.google.com` und von jeder Google-Seite aus über das PUNKTE-MENÜ oben rechts ansprechbar.
  - Gemini kann beeindruckende Bilder in verschiedenen Stilrichtungen erzeugen. Bilder von Personen können mit Einschränkungen ebenfalls erstellt werden.
  - Die Werke und Texte sind mit *Wasserzeichen* gekennzeichnet, um den KI-Ursprung nachvollziehen zu können (siehe C2PA in *Kapitel 21*).
- ✔ **Google Suche:** Gemini kann in der Suche komplexe Anfragen beantworten wie:

  `Was sind die wichtigsten Unterschiede zwischen künstlicher und natürlicher Intelligenz?` (siehe KI-Suchmaschinen in *Kapitel 16*).
- ✔ **Visuelle Suche:** Beworben wird die Funktion, Objekte und Details auf Fotos mit Maus oder Finger zu UMKREISEN, um im Internet zu suchen (*Search-to-Circles*).
- ✔ **Google Chrome:** Sie können in der Adressleiste das Kürzel `@gemini` für die Webseitensuche verwenden, um direkt Zugriff auf die Gemini Web-App zu erhalten.
- ✔ **Google Maps:** Mit dem Kartendienst können Sie chatten und zum Beispiel nach Restaurants in der Nähe fragen. Er listet sie auf, beantwortet Nachfragen, fasst dutzende Bewertungen zusammen und navigiert sie wie gewohnt dorthin.
- ✔ **Youtube Music:** Der Gemini-Assistent kann Musik aus YouTube abspielen und verwalten. Zudem experimentiert Google mit KI-generierten Playlisten.
- ✔ **Google Messages:** Sie können mit Gemini direkt im Messenger Nachrichten verfassen, Ideen brainstormen und Veranstaltungen planen.
- ✔ **Google Übersetzer:** Mit KI-Technologie hat Google eine große Menge neuer Sprachen und Begriffe erschlossen (siehe *Kapitel 9*).
- ✔ **NotebookLM:** Das Zusammenfassungs-Tool hat für Schlagzeilen gesorgt. Es bereitet Dateiinhalte zu einer Art Podcast auf. In *Kapitel 14* erfahren Sie mehr.

- **Google Fotos:** Wenn für Sie bisher Fotos unveränderliche Dokumente waren (siehe *Teil V*), ändert sich das. Google hat KI-basierte Tools zum Optimieren, Organisieren und leichteren Auffinden von Bildern direkt in die Bilddatenbank auf der Webseite und in Geräten integriert. Die Fotos-App gibt es auch für Apple-Geräte. Für die meisten Funktionen UMKREISEN Sie das jeweils störende Objekt:
  - Der MAGISCHE EDITOR lässt Sie Objekte innerhalb von Bildern auswählen und verschieben, etwa wenn zwei Personen zu weit auseinanderstanden. Auch die Lichtstimmung lässt sich kontextabhängig einstellen.
  - Mit dem MAGISCHEN RADIERER entfernen Sie störende Objekte aus dem Bild (*Abbildung 6.3*) oder ändern die Farbe eines zu auffälligen Details. Verwackelte Bilder rettet die SCHARFZEICHNEN-Funktion.
  - PORTRAITBELEUCHTUNG und HINTERGRUNDWEICHZEICHNER machen Fotos zu Kunstwerken. Animationen mit 3D sind mit dem FILMEFFEKT machbar, der den Hintergrund vorbeischwenkt und Aufnahmen zum Leben erweckt.

Abbildung 6.3: Google Fotos bereinigt den Hintergrund (Screenshot: google.com)

Advanced: Zusatzfunktionen gegen Aufpreis

Gegen Aufpreis integriert sich Gemini in noch mehr Produkte und bevorzugt bei Gerätefunktionen die eigenen neuesten Google-Pixel-Smartphones.

- Wer kein Android-Gerät der Premiumklasse besitzt, erhält gratis nur zehn Fotobearbeitungen im Monat mit dem Magischen Editor und muss für mehr ein **Google One Premium-Abonnement** für rund zehn Euro pro Monat abschließen (im Gegensatz zu Gemini genügt für den Magischen Editor das kleine Premium-Abo).

- Den Gemini-Chatbots im Pro-Modell, das größere Eingaben verarbeitet (*Kontext*), längere Dialoge mit mehr Details versteht und schneller reagiert, nennt Google *Gemini Advanced* und verkauft das als **Google One AI Premium**-Abo nach dem Probemonat für 21,99 Euro. Für Unternehmen gibt es eigene Pakete.

Bei dieser Bezahlversion ist Gemini in viele Produkte integriert:

- **Google Docs:** Hier ist die KI kein Chatbot in der Seitenleiste, sondern greift direkt in die Dokumentenbearbeitung ein. Wie Copilot in Microsoft 365 (*Kapitel 15*) kann Gemini Texte erstellen, formalisieren, vervollständigen, umschreiben und kürzen, sogar übersetzen. Bevor Sie Vorschläge annehmen, haben Sie die Wahl, ob Sie diese neu generieren lassen oder selbst anpassen.
- **Google Tabellen:** Sie können per Prompt Tabellen entwerfen, Daten analysieren, erhalten Vorschläge für Formeln oder können Aufgaben automatisieren.
- **Google Präsentationen:** Der Generator ergänzt Folien mit Bildern und Grafiken, erstellt Vorschläge für Inhalt und Layout oder gleich die ganze Präsentation.
- **Google Mail (Gmail):** Im Mail-Dienst zeigt die KI wahre Stärke: Sie kann eintreffende Mails zusammenfassen und neue Mails mit Anrede und Verabschiedung formulieren.
- **Google Meet:** Gespräche werden in Echtzeit übersetzt und das Bild verbessert.
- **Gems:** Sie können Expertenversionen wählen wie GPTs bei ChatGPT (*Kapitel 5*). Zugriffsmöglichkeiten auf Gmail und YouTube machen es aber weit mächtiger.
- **Workspace-Apps und -Dienste:** Gemini zieht Informationen aus Diensten wie Gmail, Docs und Drive oder aus Kalender, Aufgaben (Tasks) und Notizen (Keep).

Gemini auf dem Android Smartphone und auf Tablets

Auf Android-Geräten ist Gemini ein KI-Assistent im Stil von Siri, verbindet sich mit Apps und erledigt Aufgaben. Viele Funktion sind bisher nur englisch und kosten extra.

- Die **Gemini-App** ersetzt auf Geräten mit mindestens Android-Version 10 den *Google Assistant.* Wie bisher, wird nun Gemini mit »**Hey Google**« oder langem Drücken des EINSCHALTKNOPFS erreicht. Viele Systemfunktionen laufen dabei lokal über das Nano-Sprachmodell in der *Tensor Processing Unit.* Daten verlassen also nicht das Gerät, und Antworten kommen schneller, selbst bei eingeschränktem Empfang.
- Die KI sieht den eigenen Bildschirm: **Gemini Live** soll zu geöffneten Webseiten, Videos oder Menüpunkten weiterhelfen. In der Werbung tippt eine Frau ein YouTube-Video an und sagt »Guck dir das an und liste die zitierten Autoren auf.« Auch Fotos werden verstanden: Google nennt eine Reifenpanne, die ohne Worte mit der Kamera geknipst werden kann. Den Reifen wechselt die KI aber nicht.

Googles Chromebooks mit KI-Unterstützung

Notebooks mit ChromeOS, der Variante des Tabletsystems mit Fenstern (kein Windows und kein Mac) erhalten lokale Gemini-Funktionen. Wie bei Apple und Microsoft (*Copilot+, Kapitel 15*) ist gewisse Hardware erforderlich.

- ✔ Google bewirbt die Chromebook-Plus-Oberklasse und legt ein Jahresabo *Google AI* mit Cloudspeicher bei. Für Grundfunktionen ist das gar nicht notwendig, und viele Funktionen laufen mangels Hardwareunterstützung dennoch in der Cloud.
- ✔ Auf Samsungs Galaxy Chromebook Plus markiert eine eigene Tastaturtaste die Zeitwende: Inspiriert von der Copilot-Taste (*Kapitel 15*) ist die *Quick Insert*-Funktion auf der UMSCHALTTASTE (bei älteren Modellen LAUNCHER + F).

  Dauerhaftes Großschreiben geht dann nur über die Kombination mit der FN-Taste. Die Steuerung von Gemini mit Gesten und Gesichtserkennung ist geplant.

Gemini erscheint auf Chromebooks auf dem Startbildschirm und ist an vielen Stellen im System behilflich. Es antwortet meist ein kostenloses Pro-Modell.

- ✔ FORMULIERE FÜR MICH: Überall, wo Sie Text verfassen, blenden Sie mit der RECHTEN MAUSTASTE Vorschläge ein. Anhand des Seiteninhalts oder markierten Stellen hilft KI beim UMFORMULIEREN, KÜRZEN oder passt den STIL an.
- ✔ HILFE BEIM LESEN soll Webseiten oder PDF-Dateien zusammenzufassen. Für Desktop-Hintergründe und Videokonferenzen gibt es einen Bildgenerator. Fotoretusche erledigt die Fotos-App mit dem MAGISCHEN EDITOR teilweise lokal.

Grok von xAI

Grok heißt die KI von Elon Musk, seines Zeichens reichster Mensch der Welt. Als Plan B nach OpenAI (*Kapitel 2*) ist Grok mit anderen Musk-Produkten verbunden und Teil von X (*Abbildung 6.4*), dem früheren Twitter, das sich seit Übernahme mit deutlich weniger Zensur kontroverser Inhalte wie Verschwörungstheorien und politischen Äußerungen im rechten Spektrum »auszeichnet«. Was Grok leistet:

- ✔ Grok ist nach Anmeldung bei `x.com` trotz limitiertem Umfang häufig überlastet. Vollen Zugriff haben Premiumkunden für monatlich 8,33 Euro im Jahrestarif.
- ✔ Das multimodale Modell kann Texten, mit Dateien umgehen und freizügig Bilder generieren. Durch die Integration in die X-Plattform hat Grok Zugriff auf Daten und Trends, was wertvoll für zeitkritische Inhalte ist.
- ✔ Grok soll Humor haben, ob man darüber aber lachen kann, ist eine andere Frage. Inhaltlich fällt Grok im Vergleich zu anderen Modellen durch Unzensiertheit auf.

Grok soll kein menschliches *Finetuning* erfahren, ist also praktisch ohne Erziehung aufgewachsen. Normalerweise wird strafbares Material gefiltert.

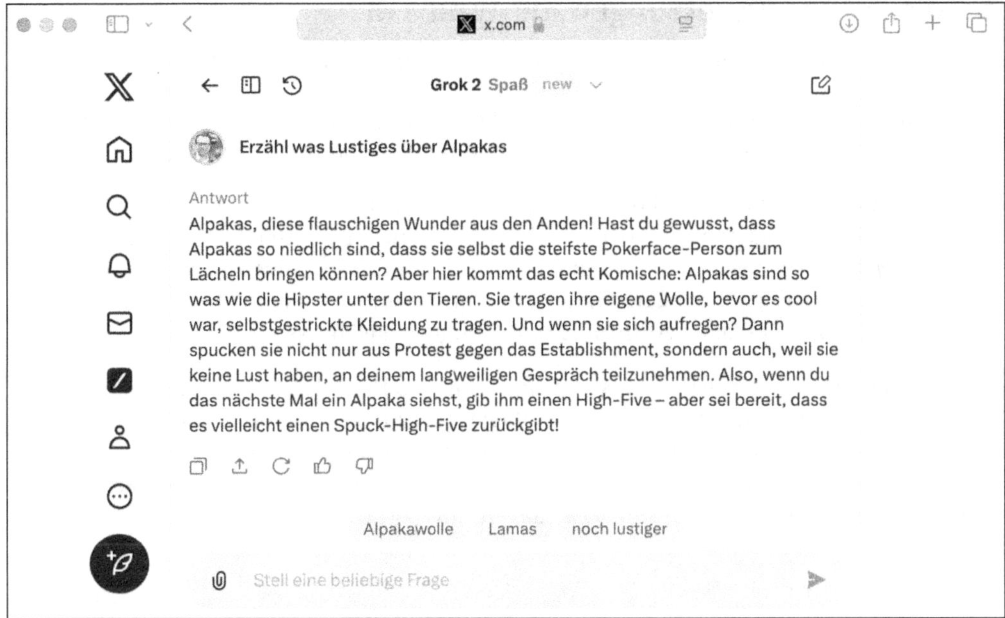

Abbildung 6.4: Elon Musks Grok ist in X integriert (Screenshot: `x.com`)

Groß, größer, **Colossus**: Es ist mit Leistungssteigerungen zu rechnen, denn Elon Musk hat extrem viel investiert. Mit einem Schlag lässt er Google, OpenAI und Microsoft hinter sich und baut den größten Computer der Welt mit mehr als 100.000 Nvidia-Beschleunigern. Schon deshalb und wegen Musks Nähe zur US-Regierung könnte Grok zukünftig noch in der ersten Riege mitspielen.

Grok verweist auf den 1961 zensierten Roman »Fremder in einer fremden Welt« und heißt Marsianisch *trinken, sich verbinden*. Musk und sein Mars.

Intelligence von Apple

Apple nennt die eigene KI, die auf Englisch mit *AI* (*Artificial Intelligence*) abgekürzt wird, ganz clever *Apple Intelligence* und bietet seine Funktionen kostenlos als Softwareupdate für neuere Geräte mit entsprechender Hardware an: Textwerkzeuge sollen bei beruflichen Tätigkeiten assistieren, bildgebende Funktionen richten sich klar an private Zwecke, Sprachassistentin Siri steht dazwischen und möchte bei allem helfen. Zwar hat der Konzern spät auf den KI-Hype reagiert, dann aber viel in Bewegung gesetzt. Dabei geht Apple in gewohnter Weise durchdacht und sensibel vor. Sie sollen selbst entscheiden, ob Sie KI nutzen möchten. Es gibt aber nur ein Entweder und ein Oder: Sie können keine Funktionen herauspicken, sondern nur alles oder gar nichts aktivieren. (Standardmäßig wird die KI-Funktion auf den Geräten aktiviert, kann jedoch unter EINSTELLUNGEN > APPLE INTELLIGENCE deaktiviert werden.)

Technische Voraussetzungen für Apples KI

Aus technischer Sicht kombiniert Apple eigene und eingekaufte KI-Produkte:

- ✔ Auf den Geräten läuft ein vergleichsweise kleines Apple-eigenes Sprachmodell für Alltagstätigkeiten in den *Neural Engine* genannten KI-Chips.
- ✔ Sobald mehr verlangt wird, können Anfragen auf Wunsch an Apples Server gesendet und dort in der sogenannten *Private Cloud Compute* an ChatGPT übergeben werden. Dabei signalisiert das System, wann das der Fall ist. Ein Account ist nicht nötig, aber der kostenfreie Zugriff auf ChatGPT ist begrenzt, wenn Sie kein OpenAI-Abo hinterlegen. Künftig sollen auch Anthropic und Google auswählbar sein.
- ✔ Für Apple Intelligence ist mindestens ein iPhone 15 Pro (ab Herbst 2023) oder ein iPad und ein Mac mit M-Prozessor (ab Baujahr 2020/2021) erforderlich. Ob Sie dafür ein neues Produkt kaufen möchten, müssen Sie selbst entscheiden. Viele Funktionen finden Sie auch in anderen Diensten, dort jedoch in der Cloud. Bei Apple verbleiben die meisten verarbeiteten Daten lokal auf Ihrem Gerät.

Apple stellt Datenschutz in den Fokus

Der Konzern lässt Sicherheitsforschende demonstrativ Einblick in die Software nehmen und beteuert, dass keine Daten gespeichert oder für Apple einsehbar seien und die *Private Cloud Compute* Informationen vorbeugend verschleiere:

- ✔ IP-Adressen sollen bei Anfragen wie bei *Private Relay* nicht getrackt werden.
- ✔ OpenAI sei verpflichtet, übermittelte Daten nicht zu speichern oder zu trainieren. Somit würden die Sprachmodelle über Apple privater als über deren Produkte.
- ✔ Allerdings funktionieren so Chatverläufe und andere Funktionen nicht.

Mit freien Modellen (`https://huggingface.co/apple`) knüpft Apple an den Schmusekurs mit der Software-Welt bei der Programmiersprache Swift an. Zu entdecken ist etwa das Modell *Ferret-UI* (*Frettchen*), das Benutzeroberflächen versteht und erklärt, was die Barrierefreiheit unterstützen kann (*Kapitel 19*).

Was auf dem iPhone, iPad und Mac kommt

Auf diese Funktionen können Sie sich auf iPhone, iPad und Mac freuen:

- ✔ **Schreibwerkzeuge:** Überall, wo ein Text ausgewählt oder eingegeben werden kann, bietet das Betriebssystem Ihnen KI-Funktionen an (*Abbildung 6.5*).

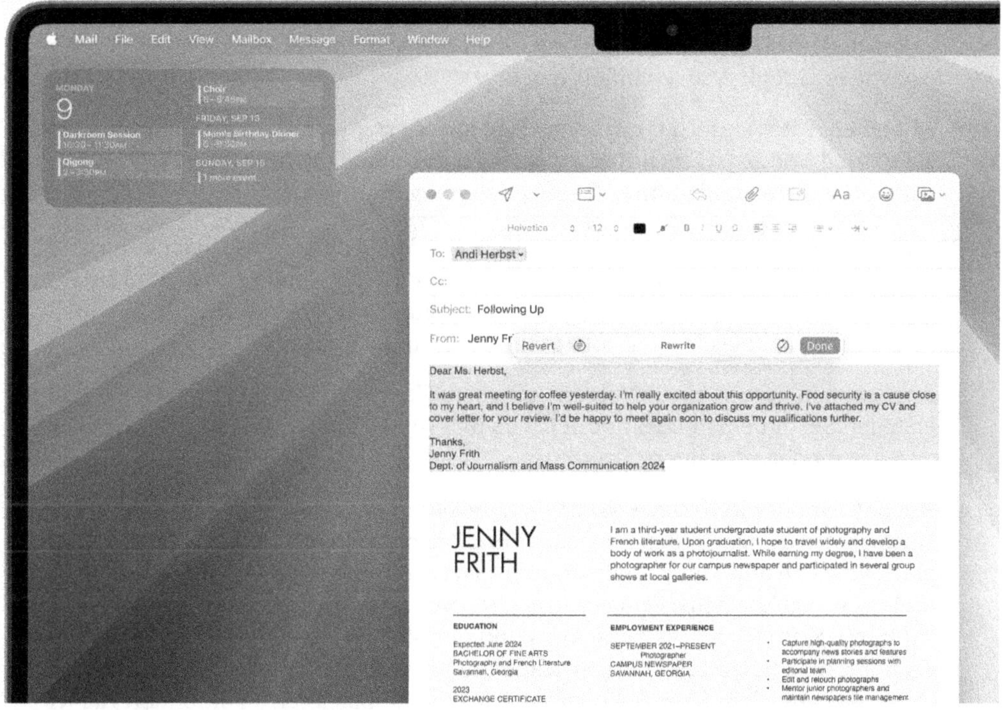

Abbildung 6.5: KI-Schreibwerkzeuge sind ins Betriebssystem integriert (Bild: Apple)

- Im BEARBEITEN-Menü, Kontext-Menüs via RECHTSKLICK oder mit Klick auf das erscheinende blaue PFEIL-Symbol finden Sie bekannte KI-Funktionen: So können Sie geschriebene Inhalte KORREKTUR LESEN und UMSCHREIBEN lassen und dafür den Stil auf FREUNDLICH, PROFESSIONELL oder KURZ UND BÜNDIG einstellen. Außerdem wandelt die KI markierte Absätze in eine ZUSAMMENFASSUNG, für STICHPUNKTE, eine TABELLE oder LISTE.
- Varianten der Funktionen gibt es nicht. Texte können also nicht nachträglich verlängert werden. Sie müssen im Zweifel den gleichen Befehl wiederholen.
- Apple setzt auf simple Knöpfe, um es übersichtlich zu halten. Ein Promptfeld ist in einigen Fällen vorhanden. Die KI-Menüs stehen Drittanbieter-Apps frei.
- Bei der Bearbeitung soll die KI Bereiche des Textes berücksichtigen, die möglicherweise nicht ausgewählt wurden. Das soll den Kontext herstellen, damit das Umschreiben oder Korrektur lesen besser gelingt.

✔ **Zusammenfassung, Priorisierung, Schnellantworten:** Die KI-Funktionen sollen Kommunikation effizienter und schneller machen, verspricht Apple.

- Für E-Mails in Apples Mailprogramm und iMessage-Nachrichten kann die KI schon in der Vorschau eine Inhaltsangabe anzeigen und auch innerhalb der Programme Mail oder Safari lassen sich Inhalte zusammenfassen.

- Eingegangene Mails im Posteingang sortiert Apple Intelligence auf Wunsch nach Priorität (E-MAILS IN DIESEM POSTFACH FILTERN) und ordnet sie in Kategorien ein, wie es Google Mail ebenfalls macht.
- Mit einem Klick sind Antwortvorschläge generiert, die für kurze Nachrichten einen Zeitvorteil bringen. Geplant ist, dass die KI dabei Rückfragen stellt, etwa bei der Antwort auf eine Einladung, ob eine Begleitung mitkommt.

✔ **Bildgenerierung:** Für KI-generierte Bilder zieht Apple einen defensiven Rahmen. Die Funktion ist auf nicht realistische Bilder in diversen Stilen limitiert. Es gibt keinen Zweifel, dass es ein KI-Bild ist und grenzt sich, ähnlich wie bei Microsoft, bewusst von der Oberklasse ab, die ein Betriebssystem ohnehin nicht erreicht.

- Apple hat an Emojis einen Narren gefressen: GENMOJIS, die generativen KI-Emojis, erstellen Sie mit einem Prompt in Chats und Mails. Tippen Sie dafür im Chat auf das +-Symbol und wählen GENMOJI.
- Auch der IMAGE PLAYGROUND (*Bilderspielplatz*) ist in viele Apps integriert. In der Nachrichten-App erstellen Sie damit zum Beispiel personalisierte Geburtstagsglückwünsche und können eine PERSON aus Ihren Fotos als Vorbild nehmen. STILE und nachträgliche Anpassungen (INPAINTING) sind möglich. Sie wählen zwischen THEMEN, KOSTÜMEN, ACCESSOIRES und ORTEN. Befinden Sie sich in einer Chatgruppe zum Thema Wandern, erhalten Sie Vorschläge zu diesem Gebiet, Personen in der Gruppe, dem Reiseziel oder einer Aktivität. Spielerisch kombiniert die KI diese Elemente zu einem Bild.
- Für anspruchsvollere Zeichnungen soll IMAGE WAND als eine Art Whiteboard dafür sorgen, dass grobe Entwürfe zu Illustrationen werden (*Abbildung 6.6*). Hierzu genügt eine Strichzeichnung oder nur ein geschriebener Text.
- Über die ChatGPT-Integration (COMPOSE) ist es möglich, die Bildwerkzeuge von OpenAI einzubinden, um Bilder in verschiedenen Stilen zu erhalten.

✔ **Fotos:** Bearbeitungsfunktionen können Fotos aufräumen und Objekte entfernen.

- Dafür wählen Sie die BEARBEITEN-Funktion und umkreisen unerwünschte Objekte und Personen. Das RADIERGUMMI-Symbol (AUFRÄUMEN) löscht sie durch einfaches ANTIPPEN. Manchmal müssen Sie größere Objekte ebenfalls UMKREISEN, damit sie ausgewählt werden. Der Hintergrund wird so generiert, dass gar nicht auffällt, dass etwas fehlt. Manchmal bleibt ein Schatten stehen, aber häufig sieht es richtig gut aus. Ähnliches bietet Google auf Android-Geräten. Personen im Vordergrund werden verpixelt und nicht entfernt.
- Wird die AUFRÄUMEN-Funktion auf einem Bild angewendet, deaktiviert das automatisch das zugehörige Live Photo, beim Wiederherstellen ist es aber wieder da. Außerdem fügt die Fotos-App dem Bild einen Hinweis in den Metadaten hinzu, dass das Bild mit KI nachbearbeitet wurde (*Kapitel 21*).
- Mit Eingaben lassen sich RÜCKBLICKE in der Fotos-App umgestalten.
- Die SUCHFUNKTION wird deutlich besser und kann in natürlicher Sprache sogar innerhalb Videos einzelne Ereignisse finden und direkt dorthin spulen.

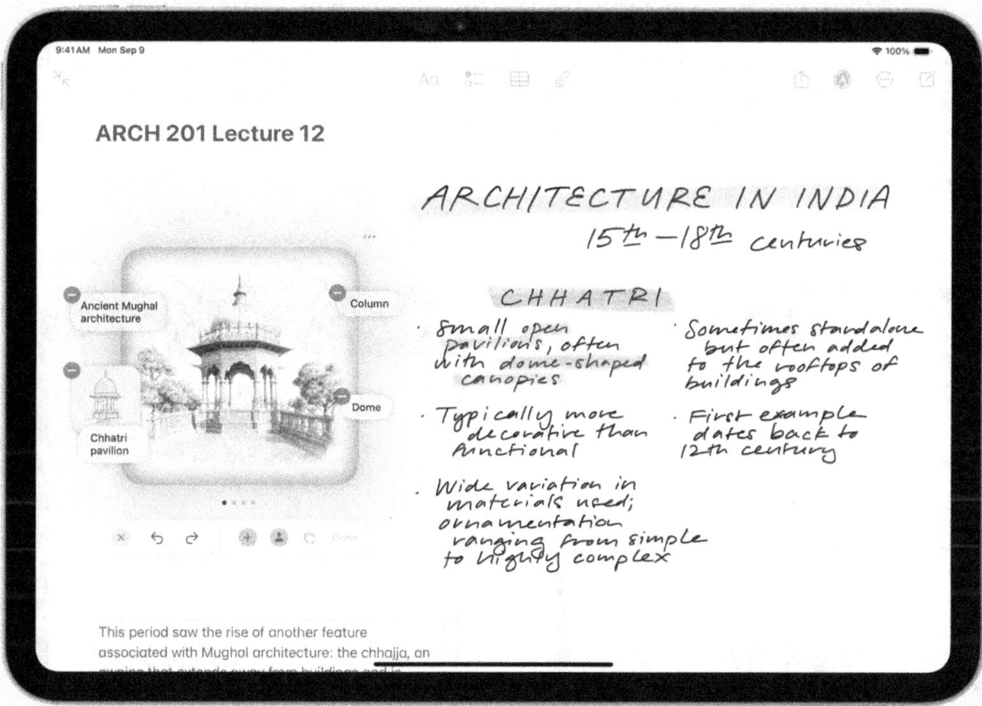

Abbildung 6.6: Aus Skizzen generiert die Notizen-App Bilder (Bild: Apple)

- **Assistentin Siri:** Die Assistenzfunktion wird runderneuert und endlich smarter.
  - Sie können zwischen der Eingabe über Sprache oder Schriftform wechseln, Siri toleriert Pausen und Korrekturen, und im Textfeld sind Prompts möglich.
  - Nach mehr als 13 Jahren beherrscht Siri die Handbücher der Apple-Geräte und erkennt, was auf dem Display zu sehen ist, um direkt dabei zu helfen.
  - Besonders auf mobilen Geräten ist Siri mit Terminerinnerungen oder Benachrichtigungen zu Reisen behilflich und kann noch mehr: `Schicke Marvin die Bilder vom Grillen letzten Donnerstag` – sie interpretiert für eine Aktion den Inhalt des Bildes, das Aufnahmedatum und den Kontakt.
- **Visual Intelligence:** Ohne Worte kann Apples KI nach Objekten suchen.
  - Ein Kamerabild vom Smartphone genügt, um über ein fotografiertes Restaurant Bewertungen oder Öffnungszeiten zu bekommen, Hunderassen zu identifizieren oder Termine eines Konzertplakats in den Kalender einzutragen.
  - Dafür haben die Apple-Smartphones ab dem iPhone 16 Pro eine physische Kamerataste (KAMERASTEUERUNG), um die Kamera-App zu starten.
  - Auf diese Weise können Sie nach Bildinhalten suchen wie bei Google Lens.

✔ **Transkription:** Die KI kann verschiedene Sprachaufnahmen verschriftlichen.

- Telefonanrufe (siehe *Abbildung 6.7*, Teilnehmende werden über die Aufnahme benachrichtigt), Sprachnachrichten und Aufzeichnungen in Textprogrammen oder Notizen (AUDIO AUFNEHMEN) werden zu Text gewandelt.
- Zwar waren Diktate und Spracheingaben schon vorher möglich, nun gelingt es auch nachträglich, Audiodaten in geschriebenen Text umzumodeln.

Abbildung 6.7: Das iPhone schreibt auf Wunsch Telefonate mit (Bilder: Apple)

Nvidia: Vom Grafik- zum Sprachmodelldienstleister

Das Grafikkartenunternehmen Nvidia mischt überall mit, wo KI eine Rolle spielt. Es stellt nicht nur die Rechenmaschinen her, die KI arbeiten lassen, sondern liefert Plattformen, die für KI-Modelle angepasst werden können.

- **Open Source mit Sternchen:** *NVLM* ist eine multimodale Sprachmodellfamilie, die es mit GPT-4o aufnehmen kann. Und das, obwohl Nvidia in OpenAI investiert. Die Modelle sind über Hugging Face nur für Forschungszwecke zu haben, Gewichte und Trainingscode sind öffentlich. Theoretisch wäre der Einsatz auf eigener Hardware möglich, wäre aufgrund der nötigen Rechenleistung aber teuer.
- **Edify:** Eine Art kommerzieller Baukasten für KI ist dieses vortrainierte Modell. Es ist unter anderem in der Lage, Bilder, Videos und 3D-Assets zu erstellen. Marken wie Getty Images, Adobes Firefly oder die Streaming-Plattform Be.Live lassen es mit eigener Markenoptik feintunen und fügen zum Training ihre eigenen Bilddatenbanken hinzu. Das reduziert den Aufwand für ein eigenes Modell.

NeMo und mehr von Mistral

Das KI-Modell des französischen Startups Mistral (`https://mistral.ai`) stellt einige seiner KI-Modelle als Open-Source-Varianten zur Verfügung, die größeren nur als Cloud-Dienstleistung oder über den Chatbot Le Chat.

- Über den Service La Plateforme, der kostenfrei getestet werden kann, bietet Mistral AI einige kommerzielle Modelle, darunter **Small**, das auf Latenz und Kosten optimiert ist, **Medium** sowie **Large**, das von vielen als das zweitbeste Sprachmodell der Welt nach GPT-4 betrachtet wird. Außerdem gibt es einige Spezialmodelle für mathematische Anwendungen oder besonders viele Eingaben. Über API zu einer in Europa gehosteten, eigenen Infrastruktur oder zu Microsofts Azure AI Studio und Azure Machine Learning gelangen Sie ebenfalls zu Mistral.
- Open Source ist unter anderem das multimodale **Pixtral-12B**: Es verarbeitet sowohl Text als auch Bildinhalte. In einer Demo analysiert es einen fotografierten Kassenbon und gibt darin enthaltene Posten zur Weiterverarbeitung als JSON-Datei aus. Ihm soll auch die Analyse von Diagrammen und Satellitenfotos gelingen. Das unter Apache-2.0-Lizenz veröffentlichte und somit für kommerzielle Anwendungen nutzbare Modell übertrifft manche anderen Produkte.
- In Zusammenarbeit mit Nvidia hat Mistral das kleine Open-Source-Modell NeMo veröffentlicht, wobei klein hier relativ ist. Es ist mit zwölf Milliarden Parametern gegenüber den kleinsten Llama3 oder Gemma-Modellen mit acht beziehungsweise neun Milliarden Parametern relativ groß und hat vor allem ein Kontextfenster von 128.000 Token, was bedeutet, dass längere Prompts und größere Anhänge (zum Beispiel umfangreiche PDF-Dateien) an eine Anfrage geknüpft werden können.

R1, V3 und Janus-Pro von DeepSeek

Das ostchinesische Startup (`https://www.deepseek.com`) verursacht Anfang 2025 kurzzeitig den Börsenabsturz von Nvidia (Hype, *Kapitel 2*). Mit fast 600 Milliarden US-Dollar ist das der weltweit größte Tagesverlust eines Unternehmens bisher.

- Innovativ ist, dass ältere Modelle die Trainingsdaten erzeugen. So sei mit rund 2 Prozent der Kosten von OpenAIs o-Modellen (*Kapitel 5*), ein mehr als drei Mal größeres entwickelt worden: R1 löst mit 671 Milliarden Parametern, wobei nur 37 Milliarden pro Token aktiv sind, schwierige Probleme und spricht Englisch oder Chinesisch. Janus-Pro kann Bilder analysieren und generieren. Und diese Modelle sind frei und open source (*Kapitel 7*).

- ✔ Die App mit Alltagsmodell V3 wird Download-Hit. R1 ist bis auf gewisse Limits kostenlos und mit API bei GitHub (`https://github.com/marketplace/models/azureml-deepseek/DeepSeek-R1/`). Auch Perplexity (*Kapitel 16*) stellt es bereit und betont das Hosting in den USA. Bedenken zu ausländischem Einfluss und Zensur bleiben. Zugleich wird DeepSeek attackiert und missachtet den Datenschutz.

Chinesische Modelle unterliegen strengen Regularien und geben bei bestimmten Themen Ablehnungsantworten im Sinne der kommunistischen Partei. Trainingsdaten stammen überwiegend aus staatlich kontrollierten Medien oder minderwertigen Quellen, weil hochwertige Konversationsdaten in geschlossenen Plattformen wie WeChat unzugänglich bleiben.

Qwen von Alibaba

Alibaba öffnet seinen Sesam voller teils kostenloser Modelle. Die chinesische Alibaba Group hat sich längst über die bekannten Handelsplattformen Alibaba und AliExpress hinaus entwickelt. Der Konzern prägt mit der Bezahllösung Alipay und der Alibaba Cloud zunehmend die digitale Wirtschaft und sponsert internationale Großveranstaltungen wie die Olympischen Spiele. Unternehmensgründer und Multimilliardär Jack Ma ist in seinem Heimatland in Ungnade gefallen und musste die Kontrolle über seine Unternehmen abgeben. Sie stehen aufgrund der Marktmacht unter behördlicher Beobachtung.

- ✔ Alibabas Modelle namens *Qwen* beherrschen mehrere Sprachen und schneiden im Vergleich gut ab: Qwen 2.5 soll nah an GPT-4o kommen. Das befördert die Konkurrenz. Aufgrund der Größe und des Preiskampfs ist zu erwarten, dass sich Qwen mindestens über Geräte und Software aus China auch zu uns verbreitet.
- ✔ Mit Varianten für allgemeine Sprache, Programmierung und Mathematik ist das Angebot vielseitig. Die leistungsfähigsten Modelle und deren API-Schnittstellen bleiben zwar zahlenden Kunden vorbehalten, die Auswahl der freien unter der Apache-2.0-Lizenz ist dafür umso größer: `https://huggingface.co/Qwen`.
- ✔ Die Bilderkennungs- und Videoüberwachung *Qwen-VL* schneidet in Benchmarks gut ab und spricht Englisch: `https://qwenlm.github.io/blog/qwen-vl/`.

Qwen ist die Kurzform des chinesischen Ausdrucks *Tongyi Qianwen*, zu Deutsch: »die Wahrheit suchen, indem man 1.000 Fragen stellt«.

Noch lange nicht alles ...

Ständig kommen neue Modelle auf den Markt. Technologieunternehmen insbesondere in den USA und China arbeiten daran, wettbewerbsfähig zu bleiben.

- Für große *Closed Source*-Modelle gibt es mit hohen Kosten, Bedarf an vielen Trainingsdaten und dem komplexen Betrieb einige Hürden beim Eintritt in den Markt. Es ist davon auszugehen, dass nicht mehr allzu viele hinzukommen.
- Bei Open-Source-Modellen ist der Markt sehr dynamisch, und Sie finden in den Marktplätzen (*Kapitel* 17) laufend neue und hochspezialisierte Modelle.
- *Im folgenden Kapitel* stelle ich Ihnen Metas Modellfamilie **Llama** vor und was Sie so damit anstellen können. Danach lernen Sie Bild-, Ton- und Videomodelle kennen.

Bei all diesen unterschiedlichen Anbietern stellen Sie sich vielleicht die Frage, wie Sie Spreu vom Weizen trennen und die richtigen auswählen sollen.

KI-Systeme im Wettstreit

Wie bei anderen Anwendungen gilt bei der KI der Grundsatz: Sie machen alle ungefähr das gleiche, aber unterschiedlich gut und unterschiedlich teuer. Aber welches KI-Modell ist für welchen Zweck geeignet und welche behaupten nur, richtig gut zu sein? Es gibt grundsätzliche Unterschiede zwischen Modellen und darauf aufbauenden Diensten. Einige bieten echten Mehrwert, während andere nur Grundfunktionen *umverpacken*. Informieren Sie sich über die Basisfunktionen, um Mehrwert und Datenschutzrisiken einschätzen zu können.

Benchmarks: Große Sprachmodelle sehr intransparent

Sogenannte *Benchmarks* sind in der Informatik wie die Olympischen Spiele für Geräte und Programme. Alle treten gegeneinander an, und am Ende stehen die Sieger auf dem Treppchen. Jeder weiß dann, wer am besten abgeschnitten hat.

Die Entwicklung schreitet in atemberaubendem Tempo voran. Ständig kommen hier neue Versionen und Verbesserungen auf den Markt, und alte verschwinden. Diese rasante Evolution führt dazu, dass die Leistungsfähigkeit und Anwendungsmöglichkeiten sich nahezu täglich erweitern und kaum jemand auf dem aktuellen Stand bleiben kann. Angesichts dieser dynamischen Landschaft ist es ratsam, sich auf seriösen Vergleichsportalen zu informieren, ob es nicht für verwendete Produkte schnellere und günstigere Lösungen gibt.

Die »Stiftung Warentest« der KI-Technologie

Weil das gesammelte Wissen der Welt in ihren Trainingsdaten steckt, können die großen Sprachmodelle von ChatGPT oder Gemini sehr viel. Es ist aber schwierig herauszufinden, was sie wirklich auf dem Kasten haben und wo ihre Schwächen liegen. Nicht nur für Laien sind sie wie eine *Black Box*, die man von außen nicht einsehen kann. Selbst Experten tun sich schwer:

- Vergleichbare Leistungstests und Benchmarks für KI sind schwierig aufzustellen.
- Die Fragenkataloge veralten schnell oder werden schlicht eintrainiert.

- Forschende fordern, dass Systeme ihre Entscheidungen besser erklären und mit Quellen nachweisen, damit Menschen die Denkweise nachvollziehen können.

Kostenlose Vergleichsportale

Glücklicherweise machen trotz aller Widrigkeiten sehr viele Forschende ihren Job ausgezeichnet und präsentieren regelmäßig Vergleiche:

- **Lumigator:** Um trotz Qual der Wahl nicht dem Hype zu verfallen und Argumente abzuwägen, die für oder gegen ein Large Language Model sprechen, führt Mozilla den Auswahlassistenten ein: `https://www.mozilla.ai/lumigator`.
- **Buzzwoo:** Testen Sie mehr als 60 Large Language Models, um damit die **Aktualität, Fähigkeiten und Kosten** zu bewerten. In einer Testarena treten Sprachmodelle gegeneinander an: `https://www.buzzwoo.de/kuenstliche-intelligenz`.
- **LM-Arena:** Eine Blindverkostung der LLMs. Erst nach Ihrer Bewertung sehen Sie, welche Modelle Sie vor sich haben. Anhand der Abstimmung entsteht regelmäßig eine **vielbeachtete Rangliste**: `https://lmarena.ai`.
- **Hugging Face:** Die führende Plattform und Community im Bereich des Maschinellen Lernens (*Kapitel 17*) ist ein zentraler Ort zum Teilen, Entdecken und Experimentieren mit Open-Source-Modellen: `https://huggingface.co/`.

Kriterien für die Auswahl eines Large Language Models

Den Möglichkeiten stehen die Anforderungen gegenüber, und die müssen Sie selbst für sich aufstellen. Fragen Sie sich: *Wie anpassungsfähig ist die KI, ist sie technisch kompatibel mit den Zielen und welche Kosten kommen auf Sie zu?* Hier müssen Sie Kompromisse finden, denn Sie bekommen, wofür Sie zahlen:

- Es gibt kostengünstige Einstiegsmodelle, die langsam sind, in ihrer Eingabe und ihrem Umfang beschränkt sind (Kontext) oder Ihre Daten ungeschützt verarbeiten.
- Und es gibt leistungsfähige Spezialisten, denen Sie alles und auch große Mengen anvertrauen können und die superschnell mit umfassenden Antworten reagieren.
- Sie können zwar kostenlose Modelle zum Selbstinstallieren haben, die sehr leistungsfähig sind, dann kostet Sie aber der Betrieb einiges, und der Aufwand steigt.
- Und womöglich muss bei allem ein Betriebsrat oder der Datenschutz mitreden. Alles erinnert an das *Magische Dreieck aus Kapitel 3.*

Auswahlkriterien

Einige wichtige Kriterien für die Auswahl der richtigen KI sind:

- ✔ **Bedienfreundlichkeit:** Sind Einarbeitung und Erlernen von Befehlen notwendig?
- ✔ **Spezifikation:** Ist das Modell allgemein generisch oder spezialisiert?
- ✔ **Leistungsvermögen:** Wie umfangreich sind das Wissen oder die Fähigkeiten?
- ✔ **Geschwindigkeit:** Wie schnell wird auf Eingaben auch bei großen Daten reagiert?
- ✔ **Rechtliches und Moral:** Wie steht es um Datenschutz oder antrainierte Ethik?
- ✔ **Kosten:** Wie viel kostet eine Anfrage oder die monatlich pauschale Nutzung?
- ✔ **Downloadfähigkeit:** Spielt es auf fremden Servern oder ist es lokal installierbar?
- ✔ **Open Source / Open Weights:** Ist das Modell offen oder braucht man Lizenzen?
- ✔ **Integration:** Läuft die KI in einem Produkt oder ist sie integrationsfähig (*API*)?

Merkmale und Kosten

Die Preismodelle sind so unterschiedlich wie verwirrend. In der Tabelle finden Sie eine Auswahl der gängigsten Angebote. Einige Produkte haben kostenfreie Varianten oder Probezeiträume. Wenn Sie sich im Jahresabo binden, erhalten Sie Rabatt. Beachten Sie die unterschiedlichen Währungen. Angaben sind inklusive Mehrwertsteuer ohne eventuelle Bankgebühren (*Kapitel 4*).

Kostenübersicht der Abonnementpreise

Produkt	Monatsabo (Jahresabo)	Besonderheiten
OpenAI Plus OpenAI Pro	23,80 USD 238,00 USD	Uneingeschränkter Zugriff auf o1 und o1-Pro und erweiterte Sora-Nutzung nur für Pro-Abos
Anthropic Claude Pro	21,42 USD	Anfangs nur englischsprachige Oberfläche
Google Gemini Advanced	21,99 EUR	Enthält Google One, Probemonat
Google Gemini Business	23,04 (19,20) EUR	Nur mit Google Workspace, zwei Probewochen
Perplexity AI Pro	23,80 (19,83) USD	Monatlich API-Guthaben von 5,00 USD
Microsoft 365 Personal	10,00 (8,25) EUR	60 Boosts täglich, Copilot automatisch enthalten
Microsoft 365 Family	13,00 (10,75) EUR	60 Boosts täglich, Copilot nur für Hauptkonto
Microsoft Copilot Pro	22,00 EUR	100 Boosts täglich, nur Microsoft 365 Privatkonten, Probemonat
Copilot für Microsoft 365	(33,44 EUR)	Nur Microsoft 365 Business, Enterprise, Bildung

Kostenübersicht gängiger Chatbots inklusive MwSt. (Stand: Januar 2025)

Suchen Sie nach Angeboten bei `https://mydealz.de` oder auf Social Media.

Team-Verträge

OpenAI, Anthropic und viele andere bieten neben der Pro-Variante auch *Team-Verträge* und für große Firmen meist individuelle *Enterprise-Lizenzen*. Bei Perplexity heißt der Tarif *Enterprise Pro* und gilt für bis zu 250 Mitarbeitende.

Im Dutzend teurer: Was sie bringen

Startups oder kleine und mittelständische Unternehmen sollen Teams bilden:

- ✔ Konten werden zentral verwaltet und erhalten eine gemeinsame Abrechnung.
- ✔ Einsicht in private Chats haben nur die jeweiligen Nutzerkonten.
- ✔ Preislich kommen Sie nicht besser weg: Die Tarife liegen in der Regel pro Person bei fünf US-Dollar über den regulären. Kostspieliger sind Gemini Business oder Copilot für Microsoft 365, die keine Wahl lassen, da sie nur mit den Office-Suites laufen.
- ✔ Einige Anbieter versprechen, die Daten vom Training auszuschließen.

Gemeinsam an Projekten arbeiten

Es gibt verschiedene Konzepte, um an Chats und Recherchen zu arbeiten oder Dokumente zentral abzulegen. Oft eignen sich Notion oder Confluence besser (*Kapitel 13*).

- ✔ Bei Claude können Sie Dokumente als Basis gemeinsamer Projekte hochladen. Jedes Projekt darf 200.000 Token groß sein, was etwas mehr ist als dieses Buch.
- ✔ ChatGPT erlaubt eigene GPTs, die nur mit dem Team geteilt werden können.
- ✔ Der Zugriff über die API-Schnittstelle wird in allen Fällen separat abgerechnet. Perplexity gibt für Pro-Nutzende ein monatliches Guthaben von fünf US-Dollar frei.

Der **Noi**-Browser (`https://noi.nofwl.com`) hilft, mehrere Chatbots auf Mac, Windows oder Linux parallel zu nutzen und zu organisieren.

Tokens: Mundgerechte KI-Häppchen

Im Zusammenhang mit *Programmschnittstellen* (*API*) fällt häufig der Begriff **Tokens** (*Zeichen, Münze*), also Einheiten. Sie entsprechen nicht automatisch geschriebenen Wörtern, sondern sind mehr wie Silben zu verstehen.

- Diese werden jeweils für die Eingabe und die Ausgabe an die KI berechnet. Je größer die *Kontextlänge* ist, umso mehr Tokens kann eine KI bei der Eingabe (*Input Token*) verarbeiten. Die Ausgabe (*Output Token*) ist immer deutlich geringer.
- Jedes Modell rechnet anders: Bei OpenAI sind 1.000 Tokens etwa 750 Wörter.
- Wenn Sie eine Preisauskunft benötigen, können Sie Online-Rechner nutzen, die für die jeweiligen Modelle überschlagen, was am Ende auf der Rechnung stehen dürfte, zum Beispiel: `https://deinkikompass.de/openai-api-rechner`.

KI-Tools der Sozialen Netzwerke

Ohne hier umfassend jede einzelne KI-Funktion in Social-Media-Apps aufzuzählen, möchte ich Ihnen die Möglichkeiten aufzeigen. So können Sie sich das eine oder andere Abonnement sparen, wenn eine gesuchte Funktion bereits vorhanden ist und Sie diese bei der Content Creation ohnehin nutzen.

- In Messengern und auf Social Media tauchen immer mehr KI-Assistenten auf, die Funktionen der Chatbots übernehmen oder darauf zugreifen (siehe *Kapitel 14*).
- Besonders KI-Videos haben sich zum unverzichtbaren Werkzeug für Social Media entwickelt und ermöglichen eine nie dagewesene Personalisierung und Ansprache.

Beachten Sie, dass viele KI-Funktionen zunächst außerhalb der EU eingeführt werden, um juristische Risiken zu vermeiden oder Angebote zu testen.

Ganz vorne dabei mit KI-Funktionen ist Meta mit seinen vielen Sozialen Netzwerken und Messengern. Auch Snap mit *SnapChat* und ByteDance mit *TikTok* haben generative KI integriert und grenzen sich so ab.

Generative KI bei Meta

KI kommt nach und nach in *WhatsApp*, *Facebook-Messenger*, *Instagram* und *Threads*. Den Bildgenerator Imagine und Meta Gen für Videos rufen Sie dort dann über ein Menü oder mit dem @-Zeichen direkt im Chat auf:

- Der Chatbot `https://meta.ai` generiert Bilder und sorgt in WhatsApp für KI-Sticker und in Instagram für ganze Fotos. Der Befehl `/imagine` verwandelt ein Selfie-Foto in eine comichafte Version, das Sie an Freunde schicken können.
- Mit Meta Gen erstellen oder bearbeiten Sie Videos aus einem Prompt. Dabei soll beispielsweise ein Tausch von Elementen im Video möglich sein. In einem Werbevideo werden so einem Läufer am Strand blaue Cheerleader-Pom-Poms in die Hände gedrückt, der Hintergrund durch eine Kakteenwüste ersetzt oder direkt die Laufkleidung gegen ein aufblasbares Dino-Kostüm getauscht (*Abbildung 6.8*).

- Filmschnitt kann anhand von Textanweisungen so ablaufen, dass Sie beschreiben, welche Elemente bestehen und welche verändert werden sollen. Es soll möglich sein, trotz des Missbrauchsrisikos Gesichter in Videos zu verpflanzen. Die KI arrangiert passende Soundtracks und Geräusche wie Motorenbrummen bei Autos.
- Meta stellt Echtzeit-Übersetzungsfunktion für Reels zur Verfügung, mit der Videos beispielsweise vom Spanischen ins Englische synchronisiert werden können und umgekehrt. Lippenbewegungen werden dabei angepasst.
- Content Creators können im AI Studio personalisierte KI-Charaktere animieren und für Chatbots aufbereiten (`https://ai.meta.com/ai-studio`).
- Meta stellt mit Llama eines der derzeit größten offenen *Foundation Models* bereit (*nächstes Kapitel*) und entwickelt eine eigene KI-Suchmaschine (*Kapitel 16*).

Abbildung 6.8: Metas VideoGen kann anhand einfacher Prompts ein Video anpassen. (Screenshot: `ai.meta.com/research/movie-gen/`)

Generative KI in SnapChat

Snap setzt im Hinblick auf die eigenen *Augmented-Reality*-Brillen auf virtuelle Realität, generiert Hintergründe, Snapchat-Träume oder KI-Haustiere.

- Im Lens Studio (`https://ar.snap.com/lens-studio`) entwerfen Sie mit Prompts virtuelle Masken in 2D und 3D, um das Gesicht zu verändern.
- Das kann in Teams- und Skype-Videokonferenzen als Kameraeffekt dienen.
- KI-Berechnungen machen solche Effekte realistischer, weil sich Objekte mit dem Kopf mitbewegen. Das soll bald auch mit dem restlichen Körper möglich sein.

YouTube unterstützt Content Creators

Google möchte die Videoerstellung bei YouTube zum Kinderspiel machen.

- ✔ Die **YouTube Create App** (zunächst nur auf Android) soll Videos für die Plattform in kurzer und langer Form produzieren.
  - Darin sind Funktionen zum *Schneiden* und *Trimmen*, für automatische *Untertitel, Voiceover* und *Effekte, Filter* oder *lizenzfreie Musik* inklusive einer *Beat-Matching-Technologie*, bei der die KI die richtige Musik auswählt.
  - Mit der Funktion *Aloud* können Sie Videos in verschiedenen Sprachen synchronisieren und so einem breiteren Publikum zugänglich machen.
- ✔ **YouTube Studios**, der Upload-Bereich der Kanäle, enthält Funktionen, die Sie beim Brainstorming und ersten Umsetzungen von Ideen unterstützen.
- ✔ Bei **YouTube Shorts**, dem TikTok-Clon, soll die Funktion *Auto Layout* helfen, dem Motiv beim Wechsel auf das Hochkantformat im Bild zu folgen.
  - *Dream Screen* generiert Videohintergründe ohne einen Greenscreen.
  - *Add Voice* fügt eine synthetische VoiceOver-Stimme hinzu.
- ✔ Videos mit KI-Inhalten werden automatisch mit KI-Wasserzeichen versehen.

Kennzeichnung von KI-Videos bei YouTube

Bei YouTube gilt eine **Deklarationspflicht** in hochgeladenen Videos. Das betrifft alle Elemente, in die KI bei der Erstellung involviert war – gezeigte, aber auch hörbare.

Sowohl generierte als auch stark veränderte Videos müssen Sie kennzeichnen:

- ✔ Dafür gibt es im YouTube Studio, im UPLOAD-Bereich, eine etwas versteckte Option unter MEHR ANZEIGEN > VERÄNDERTE INHALTE.
- ✔ Im Begleittext zum Video erscheint dann ein Hinweis, der bei sensiblen Themen wie Nachrichten, Wahlen, Gesundheits- oder Finanzthemen hervorgehoben wird.
- ✔ Wenn Sie mit YouTube-Tools arbeiten, brauchen Sie sich um nichts zu kümmern. Bearbeitungen wie Filter sowie unrealistische Darstellungen sind nicht betroffen.

Dem Beispiel folgen auch andere Plattformen wie Metas Facebook und Instagram oder TikTok. Bei den meisten sind *Deepfakes* komplett untersagt.

Generative KI in TikTok

Die chinesische Kurzvideo-Plattform TikTok setzt alles auf KI.

KI auf Userseite

TikTok möchte mit KI-Funktionen das Benutzererlebnis verbessern und das Engagement fördern. In Deutschland wurde das Angebot jedoch verschoben.

- ✔ Dazu gehört *Text-zu-Video-Erstellung* für die einfache Produktion von Videos und *KI-Musikgenerierung* zur Erstellung individueller Soundtracks sowie Chatbots.
- ✔ Dazu reihen sich KI-Profilbilder, eine kontextuelle Suche für präzisere Ergebnisse und sogar ein Shop, in dem Objekte in Videos erkannt und gekauft werden könnten (Influencerinnen und Influencer sollen über Provisionen beteiligt werden).

TikToks KI-Suite Symphony

- ✔ TikTok fokussiert sich ganz auf Content Creators und bündelt seine Werkzeuge im **Symphony Creative Studio** für *Unternehmensaccounts mit Werbezugriff.*
  - **Video generieren und einen Remix erstellen:** Der KI-basierte Videogenerator erstellt und bearbeitet in wenigen Schritten TikTok-Videos.
  - **Videos übersetzen und synchronisieren:** Automatische Transkription und Übersetzung von Videos in viele Sprachen, darunter auch Deutsch.
  - **Symphony Assistant:** Ein kreativer KI-Assistent, der Werbetreibende auch in deutscher Sprache bei Marketingmaßnahmen beraten soll.
  - **Digitale Avatare:** TikTok liefert KI-Avatare, die wie Markenbotschafter als digitale Werbung eingesetzt werden können. Das geht auch als Abbild realer Personen und mit der Sprachausgabe in zehn verschiedenen Sprachen.
  - Adobe integriert TikTok-Vorlagen und Musik in Adobe Express (*Kapitel 10*).

Avatare im Symphony Creative Studio

Bei TikTik können Sie kostenlos einen Avatar erstellen und sprechen lassen.

Nur Business-Konten haben Zugriff. Beachten Sie, dass Sie dem umstrittenen Unternehmen ByteDance Trainingsdaten Ihrer Person zur Verfügung stellen.

Bei Freischaltung der Avatar-Funktion waren 2024 für kurze Zeit keine Sicherheitsfilter aktiv, und Privataccounts erhielten Zugriff darauf. Die KI-Avatare konnten sogar strafbare Inhalte nachsprechen, ohne gekennzeichnet zu sein.

So können Sie mit dem Symphony Creative Studio einen Avatar erstellen:

1. Loggen Sie sich mit Ihrem Business- Konto ein auf `https://ads.tiktok.com/creative/creativestudio/`.

2. Klicken Sie auf AVATAR GENERIEREN und AKZEPTIEREN Sie die Bedingungen.
3. Zur Verifikation müssen Sie ein BEWEISVIDEO mit vorgegebenem Text aufnehmen. TikTok schaltet Sie binnen zwei Tagen frei.
4. Laden Sie TRAININGSVIDEOS für STIMME und KÖRPER hoch und BENENNEN Sie den Avatar. Sie können mehrere erstellen und den Zugriff für andere freigeben.
5. Sie erhalten eine Nachricht, wenn der Avatar freigeschaltet ist.
6. Künftig wählen Sie unter AVATAR VIDEOS einen Avatar aus: Fügen Sie einen SPRECHTEXT ein und generieren Sie die SPRACHAUFNAHME. Ihr KI-Avatar spricht neben Englisch auch Deutsch, Spanisch, Französisch oder etwa Japanisch. Dann können Sie den Avatar mit EFFEKTEN, STICKERN und ÜBERGÄNGEN bearbeiten wie andere Videos auch. Sind Sie zufrieden, EXPORTIEREN Sie das Video.

Adrienne Lahens, Global Head of Strategy & Operations bei TikTok, hat sich als KI-Avatar nachbilden lassen (*Abbildung 6.9*). Sie ist der Meinung, Marken müssten in Zukunft noch fünf oder zehnmal mehr Content als heute erzeugen.

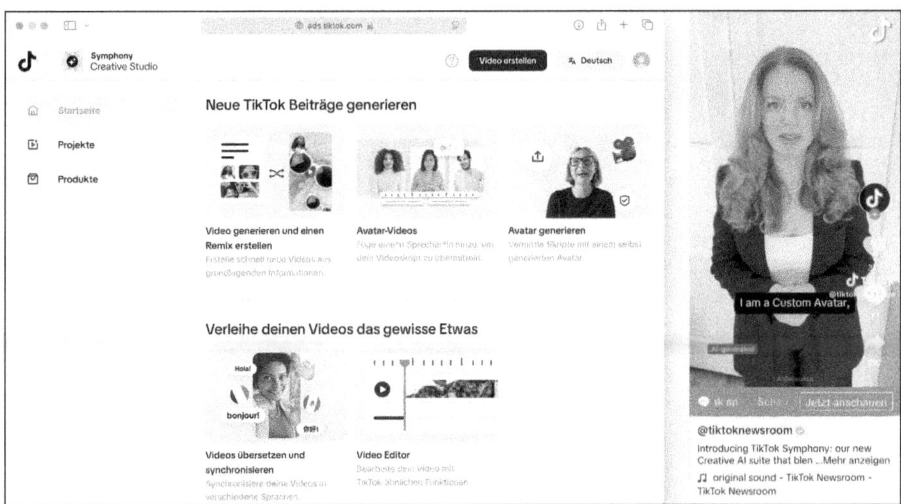

Abbildung 6.9: TikTok erstellt KI-Avatare: Die Kennzeichnung übersieht man leicht. (Screenshots: `ads.tiktok.com` und `tiktok.com/@tiktoknewsroom`)

IN DIESEM KAPITEL

Mit Llama spazieren gehen

Selbst zum KI-Betreiber werden

Kosten sparen und Unabhängigkeit wahren

Kapitel 7
Lokaler Anbau statt Massen-KI-Haltung: Eigene Modelle betreiben

Für die meisten Unternehmen führt inzwischen kein Weg an KI-Diensten vorbei. Doch die Herausforderungen sind groß: Sich unbedacht KI-Assistenten von Cloud-Providern einzukaufen, ist nicht immer der beste Weg – gerade beim Thema Datenschutz und aufgrund der potenziell hohen Kosten. Also einfach ein paar Nvidia-Grafikkarten in den Server stecken und loslegen? Hier erfahren Sie, wie Sie erste Gehversuche starten und zwischen *offenen* Angeboten unterscheiden.

Viele Vorteile und ein Nachteil

So innovativ und umfassend die KI-Tools auch sind, bleibt doch ein fader Beigeschmack:

- ✔ **Datenschutz:** Vielleicht möchten oder dürfen Sie beziehungsweise Ihr Unternehmen nicht unbedingt sämtliche Daten über ein API in die Cloud senden.
- ✔ **Individualisierung:** Besondere Bedürfnisse bei der Ausgestaltung und Anpassung der Systeme lassen sich mit lokalen Installationen besser berücksichtigen.
- ✔ **Verlässlichkeit:** In der schnelllebigen KI-Welt sind Sorgen angebracht, ob Dienste, auf die Sie ihre Lösungen aufbauen, in ein paar Monaten noch existieren.
- ✔ **Kosten:** Zuletzt kann der Preis dabei eine Rolle spielen, denn Zugriffskosten werden bei größeren Datenmengen schnell erheblich und können weiter steigen.

Wie gut, dass es kostenlose *Open-Source-Modelle* gibt, die sogar individuell angepasst werden dürfen. Bei Funktionsumfang und Webanbindung können nicht alle freien Modelle mithalten, doch es gibt erstaunliche Überflieger.

Ein großer Nachteil: Die Geschwindigkeit Ihres Computers oder Servers ist entscheidend, wenn Sie die Modelle und Tools selbst betreiben.

Open Source als Alternative

Bereitet es Ihnen Bauchschmerzen, ihre Daten an irgendwelche Clouds zu senden oder haben Sie keine Lust, viel Geld für noch ein Abo auszugeben? Dann gibt es was von Ratiophar…, ähm nein, *Open Source* ist das Stichwort. Im Gegensatz zu *Closed-Source*-Produkten von OpenAI, Google & Co. mit API-Schnittstellen, die dominant am Markt vertreten sind, können Sie offene Sprachmodelle (LLM) und Produkte auf den eigenen Geräten verwenden.

Definition von Open Source

Open-Source-Software ist dem Namen nach *quelloffen*, kann verändert und für eigene Zwecke genutzt werden. Das ermöglicht jedem, Fehler zu beheben, Funktionen hinzuzufügen oder Neues zu schaffen. Bekannte Beispiele sind der Firefox-Browser, das Betriebssystem Linux oder das alternative Libre Office.

Im Gegensatz zu *gemeinfreier Software*, die absolut keine Einschränkungen hat (beispielsweise weil Urheberrechte abgelaufen oder aufgegeben sind, siehe *Teil V*), gelten auch für Open-Source-Produkte einige Regeln, unter anderem:

- ✔ Open-Source-Software soll öffentlich zugänglich und einsehbar sein
- ✔ Kann unter Lizenzbedingungen genutzt, verändert und weitergegeben werden
- ✔ Muss nicht kostenlos sein
- ✔ In Fachkreisen sind Definitionen strittig, was wirklich als *quelloffen* bezeichnet werden kann. Das fällt besonders bei der Betitelung von KI-Sprachmodellen auf.

Wichtige Software-Marktplätze sind **GitHub** und **Hugging Face** (*Kapitel 17*).

Open Washing: Marketing und strenge Definitionen

Auch wenn landläufig von Open Source bei KI gesprochen wird, sei erwähnt, dass dies gerade bei *Foundation Models* stark in der Diskussion steht. So wie man beim Marketing etwas mit *Green Washing* umweltfreundlicher und nachhaltiger darstellt, ohne tatsächlich substanzielle Maßnahmen für den Umweltschutz zu ergreifen, wird hier den KI-Unternehmen vorgeworfen, den Open-Source-Ansatz zu missbrauchen: Das *Open Washing* steht im Raum.

Open Source Initiative prangert Missbrauch an

Die gemeinnützige *Open Source Initiative (OSI)* hat sich dem Standard verschrieben und prüft Software-Lizenzen. Sie hält Modelle ohne veröffentlichte Trainingsdaten nicht für Open Source. Das könnte juristische Konsequenzen haben, denn viele Gesetze sehen Ausnahmen dafür vor (AI-Act in *Teil V*).

Die Open Source Initiative bemängelt fehlende Trainingsdaten, Quellcode und Modellgewichtungen, um eine Replikation zu ermöglichen. Insbesondere Meta steht in der Kritik, die Vorteile der Zusammenarbeit mit der Open-Source-Gemeinschaft zu missbrauchen. Direkte Sanktionen aus dieser Ende 2024 veröffentlichten Erklärung sind zwar nicht zu befürchten, die OSI möchte aber Modelle, die den Anforderungen widersprechen, anprangern:

- ✔ Metas Llama oder beispielsweise Stability AI wären demnach kein Open Source.
- ✔ Auch Gemma von Google wird von der OSI nur als »offen« bezeichnet.
- ✔ Eine präzisere Definition wäre *Open Weights*, wird jedoch selten klar differenziert.

Werden lediglich vortrainierte Parameter oder Gewichtungen des neuronalen Netzwerks öffentlich gemacht, sind es formell *Open-Weight-Modelle*.

KI-Unternehmen wehren sich gegen Vorwürfe

Meta betont, dass Llama kostenlos und offen verfügbar sei, räumt aber ein, dass gewisse Einschränkungen zum Schutz der Nutzer notwendig seien. Gleichzeitig weist der Konzern Kritik zurück und argumentiert, dass bisherige Definitionen die Komplexität moderner KI-Modelle nicht berücksichtigen.

Qual der Wahl: Llamas und andere Herden

Das bekannteste frei verfügbare KI-Projekt stammt von Meta und heißt Llama. Das Sprachmodell ist kostenlos herunterladbar und kann frei installiert werden.

LLaMA steht für *Large Language Model Meta AI* (`https://www.llama.com`). Die Modellfamilie von Meta, ehemals Facebook, wird seit 2023 veröffentlicht.

Was das Llama drauf hat

Wie viele Sprachmodelle gibt es Llama in mehreren Größen. Die Entwicklung zeigt einen Trend: *Llama 3.1* konzentrierte sich auf große Textmodelle, *Llama 3.2* führte multimodale Fähigkeiten ein und *Llama 3.3* optimiert die Effizienz.

- ✔ *Llama 3.1 405B* (Englisch *Billon, B*) ist mit 405 Milliarden Parametern trainiert.
  - Mehr als 16.000 Nvidia H100 Grafikkarten (GPU) wurden benötigt.

- Der Einsatz des 243 Gigabyte großen Sprachmodells stellt hohe Hardware-Anforderungen, die für Einzelpersonen und kleinere Unternehmen nicht praktikabel sind: Im lokalen Betrieb sind mindestens vier Nvidia A100-Karten mit 80 GB VRAM notwendig, wovon eine derzeit rund 25.000 Euro kostet.

✔ Seit Version 3.2 kann Llama Bilder verstehen und auf Sprachbefehle reagieren, so dass Sie Fotos in Textprompts nutzen können. Sie können die KI etwa nach Details eines Kassenbons fragen oder Tiere in einem Bild zählen lassen (*Abbildung 7.1*).

✔ Doch es gibt kleinere und weniger ressourcenhungrige Llama-Modelle, die bereits in Deutschland verfügbar sind und auf einem zeitgemäßen Laptop laufen können. *Llama 3.3* wurde als Antwort auf das kleine *Qwen* von Alibaba veröffentlicht und ist mit 70B Parametern fast so leistungsfähig wie ein großes Modell.

Abbildung 7.1: Llama zählt Katzen (Screenshot: `ollama.com/blog/llama3.2-vision`)

Wieso Meta KI-Sprachmodelle verschenkt

Einem geschenkten Gaul schaut man bekanntlich nicht ins Maul. Doch ist es möglicherweise ein trojanisches Pferd, wenn etwas frei von einem ansonsten kapitalistischen Unternehmen zur Verfügung gestellt wird?

✔ Meta kann es sich leisten, KI offen zur Verfügung zu stellen, da das Unternehmen andere Einnahmequellen hat. Statt in Cloud-Ressourcen für die Bereitstellung und den Betrieb zu investieren, fokussiert es sich auf Entwicklung und Training des laut Meta »intelligentesten KI-Assistenten«, der frei genutzt werden kann.

✔ Gründer und Geschäftsführer Mark Zuckerberg erklärt, dass ein offener Ansatz unbeabsichtigte Probleme und Gefahren durch böswillige Akteure reduzieren könne, indem mehr Organisationen leistungsstarke Modelle nutzen, um Missbrauch zu erkennen. Seinem Beispiel, bei Social Media funktioniere das ja auch, würden aber vermutlich nicht unbedingt alle Menschen zustimmen.

- Langfristig möchte Meta ein eigenes Ökosystem um die Llama-Sprachmodelle formen und sich selbst zum *Gatekeeper* machen, der die KI beherrscht und vorantreibt. Wer die Macht über die Trainingsdaten hat, kann schließlich auch kontrollieren, was auf jedem Bildschirm ausgespielt wird. Es bleibt also ein Wettrennen, bei dem der mit dem längeren Atem und größeren Budget gewinnt.

Weitere Herden von KI-Produkten

Llama ist nicht die einzige Modellfamilie, die Sie kostenfrei nutzen können:

- Auch das französische Unternehmen Mistral stellt einige KI-Modelle zur freien Nutzung zur Verfügung, und der chinesische Online-Händler und Technologie-Riese Alibaba hält mit Qwen ebenfalls ein offenes Modell bereit (siehe *Kapitel 6*).
- Auf Ihren Computer oder Server können Sie darüber hinaus noch ganz andere KI-Werkzeuge herunterladen, die zum Beispiel Texte transkribieren wie Whisper (*Kapitel 9*) oder Bilder erstellen wie Flux oder Stable Diffusion (*Kapitel 10*).
- Das KI-Startup OthersideAI hat bei den Sprachmodellen Reflection 70B und 405B das Llama-3-Modell weiterbearbeitet und massiv verstärkt. In Vergleichstests (*Kapitel 6*) schneidet das kleine Modell nahe an Claude Sonnet und GPT-4o ab, während das größere diese sogar übertrifft. Allerdings sind Benchmarks mit Vorsicht zu genießen, weil sie je nach Aufgabenstellung nicht Realbedingungen abbilden. Grund für die bemerkenswerte Leistung soll die Trainingsmethode *Reflection-Tuning* sein, die das Modell dazu bringt, Fehler zu erkennen und selbst zu korrigieren. Auf diese Weise soll Halluzination minimiert werden. `https://reflection-playground-production.up.railway.app`
- Die Sprachmodelle der **Dolphin**-Familie basieren auf offenen Modellen wie Llama, Gemma, NeMo und Qwen, sind im Gegensatz zu den Vorlagen aber unzensiert. Dafür macht man sich einen Trick zunutze, der *Prompt Injection* (*Kapitel 1*) ähnelt, und instruiert die KI, bisherige Anweisungen zu ignorieren. `https://huggingface.co/spaces/cognitivecomputations/chat`

Künstliche Intelligenz auf dem eigenen Computer installieren

Es wird Zeit, dass Sie KI auf Ihren Rechner lassen und nicht nur über Webseiten der großen Anbieter nutzen. Es ist gar nicht so schwierig.

Zum Experimentieren können Sie KI-Software auf Ihrem eigenen Computer installieren, wohlgemerkt zum Betrieb, nicht zum Training von KI. GPT4All ist ein kostenloses Open-Source-Programm, das wie ChatGPT funktioniert, aber direkt auf dem Computer läuft, ohne Internetverbindung auskommt und Daten privat hält. Sie können verschiedene offene Sprachmodelle, aber auch die kommerziellen Anbieter einbinden.

So installieren Sie GPT4All:

1. Laden Sie sich die Software **GPT4All** von `https://gpt4all.io` für Ihr Betriebssystem herunter. Es gibt Varianten für Windows, Mac und Ubuntu-Linux.

2. Führen Sie die Installation aus. Sie können die Standardpfade übernehmen.

3. Wählen Sie unter MODELS ein Sprachmodell aus, zum Beispiel LLAMA oder MISTRAL. Beachten Sie: Modelle, die einen `$API_KEY` erfordern, sind nur über die Hersteller-API erreichbar und laufen nicht lokal auf Ihrem Computer.

4. Unter CHAT können Sie nun den Chatbot des jeweiligen Modells nutzen, ohne Ihre Daten in die Cloud zu senden. Das Sprachmodell läuft lokal auf ihrem Computer.

5. Optional: LOCALDOCS eignet sich für die Arbeit mit eigenen Dokumenten. Geben Sie einen NAMEN und einen ORDNER mit Dateien wie PDFs oder Word-Dokumenten an, können Sie die KI zum Inhalt dieser Dateien befragen.

Hardwarefrage: Reicht der Heimcomputer?

Es gibt unzählige KI-Software für verschiedenste Anwendungszwecke. Erstaunlich viel können Sie auf einem aktuellen Heimcomputer oder Gaming-PC laufen lassen, aber bei Weitem nicht alles. Auf die Hardware kommt es an.

Wieso die Grafikkarte so wichtig ist

KI ist auf schnelle Grafikchips (GPU), vorzugsweise von Nvidia, abgestimmt. Daher sind diese viel wichtiger als Prozessor, Arbeitsspeicher oder SSD-Laufwerk. Die Architektur von GPUs ist speziell für die Berechnung von Neuronalen Netzen optimiert. Sie können Daten durch den Chip in einer Art Parallelabfertigung schleusen. Nvidia stattet GPUs mit speziellen Funktionen für KI-Anwendungen aus, wie den Verarbeitungseinheiten *Tensor Cores* für Deep Learning und *Ray Tracing Cores* für realistische Grafiken. Außerdem bietet der Marktführer für Entwicklung das Software-Ökosystem *CUDA*.

Kriterien für Computerhardware

- ✔ Es gibt optimierte Laptops und Desktopcomputer mit KI-Chips an Bord: Aktuelle Macs von Apple haben die *Neural Engine* eingebaut, ein Verkaufssiegel bewirbt das bei Windows (*Copilot+-PC* in *Kapitel 15*) und Chromebooks (*Kapitel 6*).

- ✔ Je anspruchsvoller es wird, umso wichtiger ist eine **leistungsfähige Grafikkarte** (*Graphics Processor Unit, GPU*). Besonders, wenn bei generierten Grafiken oder Tönen schnell ein Ergebnis da sein soll. Eine Nvidia RTX 4090-Karte kostet knapp 2.000 Euro. Für Videos und große Sprachmodelle reicht eine bei Weitem nicht aus.

- ✔ Für einige minimale Zwecke eignen sich kleine Einplatinen-Minicomputer wie die aus der Raspberry-Pi-Reihe, von denen es sogar welche mit KI-Optimierung gibt.

- ✔ Es gibt je nach Anwendungszweck Netzwerk-Festplattenspeicher (NAS), zum Beispiel von Synology oder QNAP, die leistungsfähig und zuverlässig genug für kleine und mittelgroße Betriebe sind. Hier gibt es Einschübe für leistungsfähige Grafikkarten, deren Rechenleistung sich der ganze Betrieb teilen kann.
- ✔ Große und teure Server mit den unerschwinglichen und kaum verfügbaren Nvidia-Grafikkarten brauchen Sie nicht zwangsläufig in den Keller zu stellen. Es gibt Angebote für Cloud-Server, bei denen Sie zahlen, was Sie tatsächlich verbrauchen.

Mittelweg: Auftragsarbeiten in der Cloud

Statt Ihren eigenen Computer dafür zu nutzen, können Sie eine Hybridlösung in Anspruch nehmen und Ihren Bedarf stundengenau outsourcen: Sie mieten einen Server in der Cloud und installieren Ihre KI-Software dort. Damit bleiben Ihre Eingaben und Dateien ebenfalls dem Zugriff und Training durch KI-Unternehmen vorenthalten, und Sie können Ihre Programme selbst anpassen.

Achten Sie bei der Auswahl neben Datensicherungen (*Kapitel 4*) auf Einhaltung des Datenschutzes (*DSGVO*) und bei US-Anbietern auf die Zertifizierung *Data Privacy Framework*, dem Anfang 2025 aktuellen Datenschutzabkommen mit der EU.

Server für KI-Anwendungen auswählen

Den Server stellen Sie sich bei Cloud-Computing-Providern individuell zusammen und können bei größerem Bedarf später Ressourcen hinzubuchen:

- ✔ Die Server bestellen Sie über Webseiten der Händler meist vorkonfiguriert mit Windows- oder Linux-Betriebssystem oder spielen Ihr eigenes System auf.
- ✔ Zugriff erhalten Sie über die Schnittstelle SSH auf Kommandozeilenebene, mit einer bereitgestellten Software oder über die Weboberfläche des Providers.
    - Angeboten werden *virtuelle Server*, auch *vServer* genannt, bei denen Sie sich die Ressourcen mit anderen wie in einem Mietshaus teilen.
    - Keine Mitbewohner haben Sie bei einem *dedizierten Server*, der dafür um einiges teurer ist, weil das Gerät nur für Sie bereitgestellt werden muss.
    - Der *Root Server* ist eine Variante des dedizierten Servers und bietet noch Administratorrechte (*root*). Preise variieren nach Nutzung und Vertragsdauer.
    - Sie sind normalerweise für Sicherheitsupdates und die Pflege verantwortlich. Bei *Managed Services* kümmert sich der Provider um Aktualisierung.

Das Spezialthema KI-Anwendung wird mit dem Schlagwort **GPU-Hosting** vermarktet. Nur dort sind den Servern Grafikkarten von Nvidia zugewiesen.

Kosten und Angebote für KI-Cloud Server

Die stark gestiegene Nachfrage nach KI-Diensten hat zu einem dynamischen Markt für Cloud-Computing-Ressourcen geführt. Preise für spezialisierte KI-Infrastruktur variieren von wenigen Cent pro Stunde für einfache Server bis hin zu mehreren 100 Euro pro Tag für anspruchsvollere High-End-Cluster.

- ✔ Es gibt großzügige Testphasen von mehreren Wochen und Rabattaktionen. Die Stunde KI-Server kann Sie rund 0,50 Euro kosten, was bei dauerhafter Nutzung auf den Monat rund 360 Euro ergibt. Meist wird der Datenverkehr (*Traffic*), also alles, was Sie senden und empfangen, noch separat hinzugerechnet. Angebote finden Sie bei Amazon AWS, Microsoft Azure, Google Cloud und Digital Ocean. In Europa mischen bereits die größten deutschen Provider IONOS von 1&1, Deutsche Telekom (nur für Geschäftskunden) und Hetzner mit, in Frankreich OVHCloud.
- ✔ Die Miete eines kompletten Servers (*Bare Metal Server*) mit GPU ist kostspielig, meist unnötig und erfordert zusätzliche Administrationsfähigkeiten. Ein durchschnittlicher für KI-Anwendungen geeigneter Server dieses Typs kostet bei Abschluss eines Jahresvertrags beim französischen Provider OHVCloud (`https://www.ovhcloud.com/`) im Monat rund 2.500 Euro mit einer GPU von 2019 und bis zu 3.200 Euro mit einer GPU von 2022 (Stand Herbst 2024). Möchten Sie mehrere verbinden (*Cluster*), wird es entsprechend teurer.
- ✔ Unter dem Stichwort *Massed Compute* gibt es einen Service, bei dem Sie einzelne Berechnungen in der Cloud ausführen und nur das bezahlen, was tatsächlich an Rechenleistung anfällt. Das kann eine Alternative für gemietete Server sein.
- ✔ Für kleinere Zwecke lassen Sie bei *KI-as-a-Service* Open-Source-Modelle betreiben und müssen sich außer um die Bezahlung um nichts kümmern und keinen eigenen Server aufsetzen. Für die Anwendung erhalten Sie eine API, die Sie in Ihren Anwendungen einbinden. Die Abrechnung erfolgt bei IONOS (`https://cloud.ionos.de/managed/ai-model-hub`) pro Millionen Token ab 15 Cent Input und 25 Cent Output oder rund 3 Cent pro Stable-Diffusion-Bild. Replicate (`https://replicate.com`) bietet gängige Generatoren für Text, Bilder, Musik und exotische Tools für Bildunterschriften oder Nachbearbeitung. Die Leistung können Sie nach steigenden oder sinkenden Ansprüchen skalieren.

Das Fundament vieler KI-Anwendungen: Python

Wenn Sie sich mit der Installation von KI beschäftigen, stolpern Sie früher oder später über **Python**. Die Programmiersprache ist der Skript-Standard:

- ✔ Python hat eine einfach erlernbare Syntax und ist daher empfohlen für Anfänger.
- ✔ Die schlanke Programmiersprache mit der Schlange beinhaltet KI-Bibliotheken.
- ✔ Bei Neuronalen Netzen geht am Python-*Framework PyTorch* kein Weg vorbei.

Python-Interpreter als Voraussetzung

Vorneweg benötigen Sie einen korrekt installierten Python-Interpreter:

- ✔ Auf dem eigenen Computer installieren Sie den Interpreter von `python.org`.
- ✔ Die Python-Umgebung gibt es ebenfalls im AppStore Ihres Betriebssystems.
- ✔ Alternative: Das **Google Colaboratory** (ein gehostetes *Jupyter Notebook*) bietet kostenlos Rechenleistung: `https://colab.research.google.com`.

Beispiel für ein Python-Skript

Python-Code hat die Dateiendung `.py`, wie `hallo.py`, und ist übersichtlich:

```
name = input("Wie heißt du?")

print(f"Hallo {name}!")
```

Python-Skripte ausführen

Sie finden zum Beispiel auf Tensorflow (`https://tensorflow.org/hub`) oder Hugging Face (*Kapitel 17*) Skripte, die Sie laden und starten können:

1. Öffnen Sie das Programm Terminal (Eingabeaufforderung) Ihres Betriebssystems.
2. Navigieren Sie zum Pfad des Python-Skripts, zum Beispiel zu `cd ~/Desktop`.
3. Installieren Sie nötige Bibliotheken wie `python3 -m pip install` **`openai`**.
4. Führen Sie das Skript mit diesem Befehl aus: `python3 hallo.py`.

Keine Sorge, Sie müssen nicht programmieren lernen. »Python für Dummies« wäre aber ein relativ leichter Start, um ein wenig daran herumzubasteln.

Pinokio: Ohne Programmierung zum Ergebnis

Programmiersprachen sind Ihnen zum Experimentieren zu kompliziert und Sie möchten sich nicht mit kryptischen Kommandozeilenbefehlen wie `pip install`, `conda install` oder `git clone` auseinandersetzen? Versuchen Sie es mit *Pinokio*. Die hölzerne Langnase ist eine Art App-Store für KI-Werkzeuge, die Sie lokal auf Ihrem Computer ausführen (*Abbildung 7.2*). Sie sparen viel Zeit, entgehen Fallstricken und können alles aktualisieren oder bei Bedarf wieder entfernen.

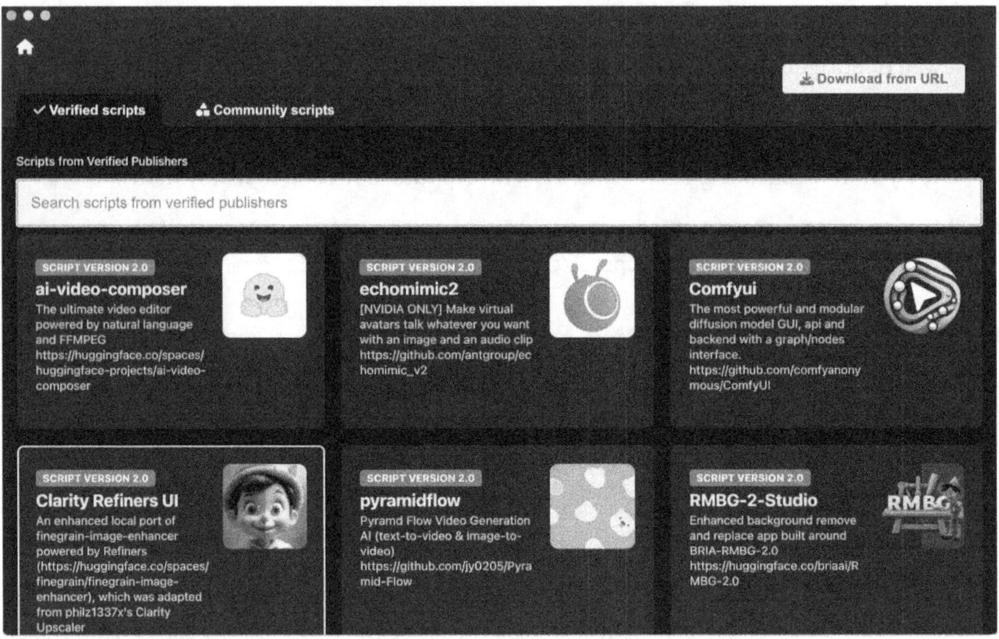

Abbildung 7.2: Ein-Klick-Lösung für KI-Programme (Screenshot: Pinokio)

Pinokio installieren

Pinokio ist für Windows, Mac und Linux verfügbar und gut dokumentiert (in englischer Sprache). Mit wenigen Schritten installieren Sie die Anwendung:

1. Laden Sie das Installationsprogramm von `https://pinokio.computer` und folgen Sie dem Installationsvideo.

2. Dann können Sie jedes beliebige Programm oder Skript von der Seite laden, indem Sie dieses aus dem Verzeichnis bei DISCOVER mit einer *Ein-Klick-Installation* herunterladen (DOWNLOAD) und die Installation starten (RUN).

   - Lassen Sie sich nicht abschrecken: Beim ersten Mal sind einige Installationen notwendig, die mit OK bestätigt werden müssen. Achten Sie auf Dialogfenster.

   - Einige Programme fordern eine separate Ollama-Installation. Das wird erklärt.

   - Sollte etwas schieflaufen, können Sie unter SETTINGS > TROUBLESHOOTING alle gespeicherte Dateien löschen. Geben Sie der Sache eine zweite Chance.

3. Mit START bringen Sie die Anwendung nach der Installation zum Laufen.

Pinokio einsetzen

Alles, was Sie ausführen können, führt ein *Pinokio-Skript* für Sie aus:

✔ Installieren von KI-Anwendungen und Modellen

- ✔ Workflows erstellen, um installierte KI-Apps zu orchestrieren
- ✔ Beliebige Befehle, um Dinge auf Ihrem Rechner zu automatisieren

Mit Sicherheit begegnen Ihnen in diesem Buch noch KI-Werkzeuge, die Sie statt über den Installationsumweg bequem mit diesem Programm laden können.

Überall lauffähige Virtualisierung mit Docker

Mit Docker gelingt die Installation von Software in wenigen Sekunden.

Docker stellt sicher, dass ein Programm auf jedem Computer genau gleich läuft – egal welches Betriebssystem oder welche Einstellungen dort vorhanden sind.

Vorkochen und mitnehmen

- ✔ In der KI-Entwicklung und Nutzung hat sich Docker als wertvolles Werkzeug etabliert, das den gesamten Arbeitsprozess effizienter und zuverlässiger macht.
- ✔ Der Einsatz von Docker ist schnell erlernt und vereinfacht die Abläufe immens.
- ✔ Jeder Container ist Software, die von anderen abgeschottet ist (*Virtualisierung*).

Der **Container**-Begriff ist angelehnt an physische Fracht aus der Logistik: Wie standardisierte Schnittstellen den Transport auf Schiffen, LKW und Zügen ermöglichen, läuft Docker auf vielen Systemen und verbindet Anwendungen.

Stellen Sie sich das vor wie einen Thermomix für Software-Fertiggerichte. Sie installieren nur die Docker-Oberfläche (*Docker Engine*), also praktisch den Kochautomaten, auf Ihrem Computer oder Server und können damit Gerichte zubereiten (*Docker Container*). Jeder Container ist isoliert und »schmeckt« überall gleich – egal ob auf dem Entwicklungslaptop oder dem Server. Wie bei einer Fertigmischung enthält ein Dockerfile oder eine Docker-Compose-Datei, die Sie sich aus dem Internet besorgen, alle Zutaten und Anweisungen.

Laden Sie Projekte nur aus vertrauenswürdigen Quellen und sichern Sie die Umgebung ab, um Datenverlust und Angriffen vorzubeugen. Vor einem produktiven Einsatz sollten Sie erst verstehen, was die Dockerdatei anstellt.

Erste Schritte mit der Docker Engine

1. Installieren Sie die Dockerumgebung, Ihr Kochgerät, von `https://docker.com`.
2. Zutaten finden Sie zum Beispiel auf `https://hub.docker.com` oder GitHub. Eine README-Datei enthält meist die Schritt-für-Schritt-Anleitung zur Anpassung.
3. In vielen Fällen genügen minimale Anpassungen der Konfigurationsdatei. Sie starten den Container über die POWERSHELL, EINGABEAUFFORDERUNG beziehungsweise TERMINAL-Umgebung mit dem Befehl `docker run`.

4. Die Variante *Docker Compose* ist reproduzierbar: Eine Textdatei wie `compose.yaml` oder `docker-compose.yaml` rührt die Zutaten für den *Container* automatisch zusammen und verbindet sogar mehrere Container, wie zum Beispiel den Webserver nginx, die Datenbank *mariaDB* und *Wordpress*.

5. Zum Starten genügt `docker compose up -d` (*Daemon*), der Container stoppt mit `docker compose down`.

Die Einführung »Docker für Dummies« hat mir selbst den Einstieg erleichtert.

Lokaler Sprachmodellserver Ollama

Ollama bringt Sprachmodelle auf Ihren Schreibtisch. Der Name leitet sich vom Llama-Modell ab. Sie können damit aber verschiedene LLMs wie Llama (*Abbildung 7.1*), Mistral oder Dolphin Phi auf dem eigenen Gerät einsetzen.

Ollama installieren

Das leistungsfähige Tool zur lokalen Ausführung großer Sprachmodelle unterstützt plattformübergreifend macOS, Windows, Linux und Docker.

So installieren Sie ein Sprachmodell auf Ihrem Computer:

1. Laden Sie Ollama von `https://ollama.com` und installieren Sie es.

2. Ollama startet im Hintergrund und ist über die Kommandozeile der POWERSHELL, EINGABEAUFFORDERUNG beziehungsweise im TERMINAL mit `ollama` verfügbar.

3. Hiermit können Sie nun eines der unterstützten Sprachmodelle starten. Falls es nicht bereits heruntergeladen ist, wird es beim ersten Starten automatisch geladen, zum Beispiel das kleinste Llama: `ollama run llama3.3:latest` (*aktuellste*).

4. Ollama aktualisiert sich bei Programm-Updates automatisch. Beachten Sie, dass Ihr Sprachmodell nur verfügbar ist, solange der Ollama-Client eingeschaltet ist.

5. Sie können Ollama in Desktop-Installationen über das LAMA-Symbol neben der Uhr in der Taskleiste per RECHTSKLICK beenden, sonst verbraucht es Ressourcen.

Die unterstützten Modelle und Eigenschaften sehen Sie in der Datenbank auf `https://ollama.com/library` und kopieren Befehle mit einem Klick.

Ihre eigene API betreiben

Ollama stellt Ihnen eine eigene API-Schnittstelle für andere Anwendungen bereit. *Keine externen API-Aufrufe* ist das Credo, nichts verlässt den Raum:

1. Wenn Ollama läuft, steht eine lokale *Ollama-API* bereit, die nur auf Ihrem Computer unter der Adresse `http://localhost:11434` erreichbar ist.

2. Fügen Sie diese Adresse in Ihre KI-Anwendung statt einer Cloud-API ein.

3. Damit die Schnittstelle funktioniert, muss Ollama vor der anderen Anwendung gestartet werden. Bei Aufruf im Browser steht da nur: `ollama is running`.

Ollama erweitern

Nachdem Sie wissen, wie Ollama funktioniert und was es kann, können Sie die Software mit Docker auf einem Server oder einer NAS laufen lassen.

✔ Eine Anleitung zur Installation von Ollama auf der Docker-Plattform finden Sie auf `https://github.com/ollama/ollama/blob/main/docs/docker.md`.

✔ Statt Terminals können Sie Desktop-Oberflächen (*Frontends*) verwenden:

- Apple: Ollamac `https://github.com/kevinhermawan/Ollamac`
- Windows: Ollama Copilot `https://github.com/tgraupmann/WinForm_Ollama_Copilot`
- Andere: `https://github.com/ollama/ollama?tab=readme-ov-file#community-integrations`

Ollama im Browser über Open WebUI nutzen

Eine vielseitige Plattform und das umfassendste KI-Bordmittel, das ich kenne, ist **Open WebUI**, das offene Web-Userinterface (*Abbildung 7.3*).

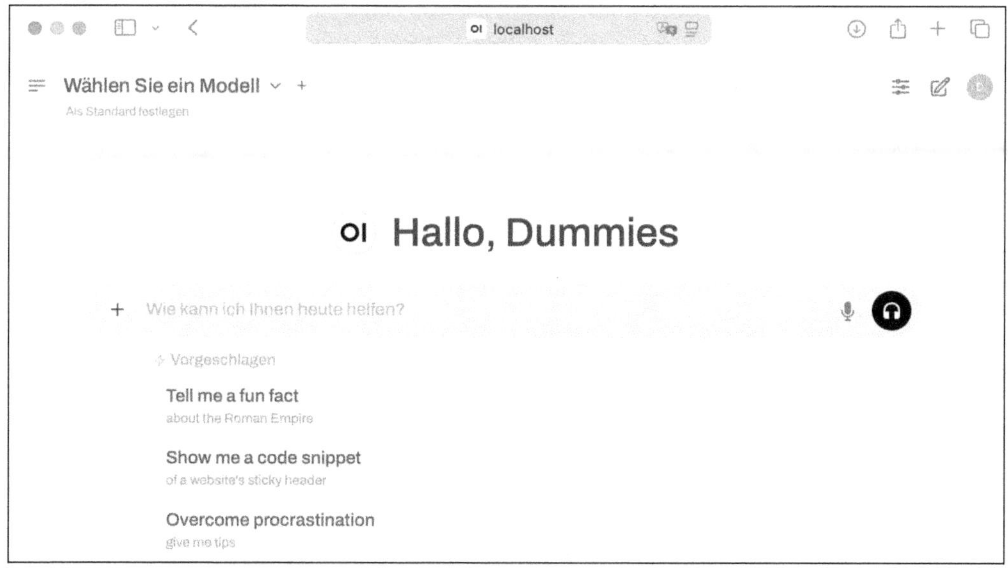

Abbildung 7.3: Kostenfrei: Lokale KI im Browser (Screenshot: Open WebUI)

- ✔ Mit Docker können Sie das Tool von `https://openwebui.com` installieren.
- ✔ Optisch ist die Oberfläche vergleichbar und verwechselbar mit ChatGPT, doch die Seite läuft nur lokal auf Ihrem Computer oder im Firmennetzwerk.
- ✔ Sie können lokale Sprachmodelle, Bildgenerierung oder Cloud-KIs einbinden: Die Plattform integriert Ollama, die Grafikoberflächen Automatic1111 und ComfyUI, Transkription von Whisper oder Stimmerzeugung und gibt Zugriff auf OpenAIs API-Schnittstellen oder Websuche mit klassischen Suchmaschinen.

IN DIESEM KAPITEL

Wieso das alles eigentlich gar nicht nötig sein sollte und in Zukunft auch nicht wird

So holen Sie das meiste aus den Chatbots heraus

Die richtigen Befehle finden

Tipps für perfekte KI-Ergebnisse

Kapitel 8

Prompting: Zeit für den richtigen Prompt

Wenn Sie bis hierhin erste Erfahrungen mit Chatbots gesammelt haben, können Sie einmal reflektieren, wie genau die KI Sie verstanden und wie das Ergebnis zu Ihrer Frage- und Aufgabenstellung gepasst hat. Ist alles in Ordnung, müssen Sie nichts verändern. Möchten Sie allerdings schneller zum Ziel kommen und genauere Ergebnisse zutage fördern, ist dieses Kapitel ein Einstieg.

Kein KI-Buch kommt ohne *Prompting Guides* aus, und im Internet wird mit unzähligen Anleitungen für die angeblich besten KI-Ergebnisse geworben. Sie können solche Listen als Inspiration für die vielen Möglichkeiten nehmen, die Chatbots Ihnen bieten und die Sie in Erfahrung bringen müssen. Langfristig werden Sie sich eine eigene Technik aneignen, und auch die KI-Systeme werden mit der Zeit mehr nachfragen, wenn sie eine Information von Ihnen braucht.

Prompt Engineering

In kürzester Zeit hat sich eine neue Fähigkeit, fast ein Berufsbild, herausgearbeitet, das sich *Prompt Engineering* nennt. Um es gleich zu sagen: Sie sollten besser nicht darauf umschulen. Ich gebe diesem Konzept nicht allzu viele Jahre. Und das hat absolut nichts mit der Leistung dieser Menschen zu tun, sondern einfach mit dem technischen Fortschritt.

Prompting

Die Kunst, KI-Systeme durch gezielt formulierte Arbeitsanweisungen so anzuleiten, dass sie die gewünschten Aufgaben möglichst effektiv und präzise ausführen, nennt man auch *Prompting* (oder *Prompten*). Die Annahme dabei ist, dass Präzision und Klarheit zu einem besseren Ergebnis und zu weniger Nachfragen oder Wiederholungen führen.

Prompt Engineering (von Englisch *to engineer* – etwas konstruieren, entwickeln) bezeichnet den Prozess der systematischen Entwicklung und Optimierung von Prompts, um die gewünschten Resultate zu erzielen.

Eine junge und verschwindende Fähigkeit

Ja, es ist faszinierend und aufwendig, was Prompt Engineers bewerkstelligen und wie sie die KI in langen und verschachtelten Befehlen optimiert zu einer perfekten Ausgabe bändigen. Aber es gab ja auch bis Mitte des 20. Jahrhunderts noch ausgebildete und geprüfte Fahrstuhlführer oder Liftboys (bis 1908 war das in Deutschland sogar gesetzlich vorgeschrieben). Heute, nach Erfindung der Knopfbedienung durch die Firma Siemens und mit automatischen Türen, kann jeder mit dieser Technik selbstverständlich umgehen und einen Aufzug bedienen. Ohne technisches Wissen und Erfahrung sollte auch eine KI bedienbar sein. Ein wenig Verständnis für Aufzugtechnik kann aber sicherlich nicht schaden. Vielleicht erinnern Sie sich auch noch an die vielen Bücher, die erklärten, wie man Google benutzt. Davor hieß das Yahoo oder Altavista, und jeder paukte *Boolesche Operatoren* wie *AND, OR, NOT* und so weiter, um eine sinnvolle Beschreibung seiner Suchanfrage an die Webseite zu übermitteln. Wann haben Sie die zuletzt verwendet?

Prompt Engineering als Fehlentwicklung

Logan Kilpatrick, ehemaliger OpenAI-Entwicklerbetreuer, jetzt Produktentwickler bei Google und Host des Podcasts »Around the Prompt« (der muss es wissen!), macht deutlich, dass *Prompt Engineering* eigentlich ein technischer Fehler sei (»bug not a feature«). Man werde dazu kommen, dass vielleicht an einigen Stellen fünf Prozent mehr herauszuholen seien. Der Aufwand, um gute Ergebnisse zu erzielen, würde aber in Zukunft um den Faktor 10 sinken und komplizierte Prompts daher die Mühe nicht wert sein. Kilpatrick schreibt in einem Post auf X (englisches Original vom 27.12.2023, `https://x.com/OfficialLoganK/status/1740099060357374356`):

> *»Viele glauben, dass Prompt-Engineering eine Fähigkeit ist, die man lernen muss, um in Zukunft wettbewerbsfähig zu sein. In Wirklichkeit ist die Steuerung von KI-Systemen nichts anderes als eine effektive Kommunikation mit anderen Menschen. In beiden Fällen gelten die gleichen Grundsätze. Deshalb bin ich optimistisch, dass Lesen, Schreiben und Sprechen die drei grundlegenden Fähigkeiten sind, auf die es im Jahr 2024 wirklich ankommt.«*

Bedarf für gute Prompts

(Zumindest derzeit) sind aufwendigere Prompts noch relevant, da die Qualität der Ausgabe in der Praxis je nach Prompt erheblich variieren kann.

- Für Leistungstests verwenden große KI-Unternehmen wie Google und Microsoft komplexe Prompts, um Spitzenleistungen zu erzielen (Benchmarks in *Kapitel 6*).
- Es gibt einen Markt für gelungene Prompts. Sie werden teilweise sogar verkauft. Dabei darf man aber nicht vergessen: Die Ausgabe der KI auf ein und denselben Prompt ist schon von Modell zu Modell unterschiedlich und ist sogar bei ein und demselben Modell jedes Mal anders. Insofern kann es keine Sicherheiten geben.

Funktion und Aufbau eines guten Prompts

Jeder Prompt erzeugt eine völlig neue Antwort. Sie erhalten niemals exakt die gleiche. Andersrum: Wenn er nicht funktioniert, geben Sie ihn noch einmal ein.

- **Eingabe:** Ein Prompt ist eine Anweisung oder ein Befehl in natürlicher Sprache, der an ein KI-System gerichtet wird. Bei Chatbots also Ihre Eingabe in das Chatfenster, in ein Terminal oder Befehlsfeld oder die Spracheingabe.
- **Zielsetzung:** Der Prompt enthält die möglichst präzise Beschreibung der Aufgabe, die von der KI erledigt werden soll, oft in Form einer Frage oder Aufforderung.
- **Struktur:** Ein typischer Prompt besteht aus Elementen wie Rolle, Tonalität, Kontext, Aufgabenstellung und gewünschtem Ausgabeformat.

Prompt-Techniken: Pimp my Prompts

Hier stelle ich Ihnen einige Prompt-Techniken vor, die vielfach beachtet werden. Alle zielen darauf ab, die Leistung von Sprachmodellen bei verschiedenen Aufgaben zu verbessern, indem sie die Art und Weise, wie Fragen gestellt werden, optimieren. An dieser Stelle beschränke ich mich auf Text-Prompts. Bei der Bilderzeugung oder Musik läuft aber vieles ähnlich ab.

Iterativer Prozess

Ich vertrete die Ansicht, dass Prompt-Kreativität, also Einfallsreichtum, sogar wesentlich wichtiger ist als *Prompt Engineering und Prompting.*

Vorzüge der Methode

- Die kreative Komponente ermöglicht es, Prompts kontinuierlich zu verfeinern (*iterativ*) und an die spezifischen Anforderungen und Ziele anzupassen.
- Dabei sind Experimente mit verschiedenen Formulierungen wesentlich.
- Im Grunde treten Sie in den Dialog mit der KI, wie Sie Menschen ansprechen.

Starten des iterativen Prozesses

Definieren Sie klare Ziele. Verwenden Sie dabei aktive Verben und vermeiden Sie zu komplexe Sätze. Nach jeder Antwort analysieren Sie sie kritisch:

Hat die KI das geliefert, was Sie wollten, oder war etwas unklar und fehlte?

Mit einer solchen Abfolge können Sie *iteratives Prompting* ausführen:

1. Beginnen Sie mit einem klaren und präzisen Prompt.
2. Fügen Sie relevante Details oder Kontext hinzu.
3. Geben Sie das gewünschte Format oder die Struktur der Antwort vor.
4. Verfeinern Sie den Prompt iterativ, basierend auf den erhaltenen Antworten.
5. Passen Sie Schwierigkeitsgrad oder Detaillierungsgrad an Ihre Bedürfnisse an.
6. Nutzen Sie Feedback zur weiteren Verbesserung.

Durch diesen Prozess stellen Sie sicher, dass Ihre Prompts immer präzisere und hilfreichere Antworten liefern und Sie auf dem Weg keine Zeit verschwenden!

Gängige Prompt-Techniken im Überblick

Diese Techniken wenden Sie an, um mehr aus Ihrem Prompt zu machen:

- ✔ **In-Context Learning (ICL):** Zeigen Sie dem Sprachmodell möglichst konkrete Beispiele für die Lösung der gewünschten Aufgabe direkt im Prompt. Das Modell lernt so »im Kontext«, wie es antworten soll, ohne speziell trainiert zu werden.
- ✔ **Few-Shot Prompting:** Eine Form von ICL, bei der wenige (meist zwei bis fünf) Beispiele im Prompt gegeben werden. Dies hilft dem Modell, das von Ihnen gewünschte Antwortformat und die Aufgabe zu verstehen und die Ausgabe einzugrenzen.
- ✔ **Chain-of-Thought (CoT, Gedankenkette) Prompting:** Regen Sie das Modell an, seine Gedankengänge Schritt für Schritt in den Antworten offen darzulegen. Diese Methode verbessert oft die Genauigkeit bei komplexen Aufgaben.
- ✔ **Self-Ask Prompting:** Das Modell soll Ihnen selbstständig Zwischenfragen formulieren, um eine Hauptfrage zu beantworten. Es zerlegt so komplexe Fragen in einfachere Teilschritte, und Sie können auf jeder Ebene Einfluss nehmen.

Prompt-Techniken bei Reasoning-Modellen

Für komplexere Aufgaben gebaute **Sprachmodelle wie o1** und analog o1-mini und o1-pro und die Nachfolgemodelle sind bereits auf ein internes Schritt-für-Schritt-Denken geschult. Da wäre ein entsprechender Prompt verwirrend. Sie benötigen andere Strategien:

- ✔ Geben Sie ausführliche Prompts mit detailliertem Kontext ein.
- ✔ Strukturieren Sie Ihren Prompt klar und grenzen Sie zusammengehörige Elemente mit Formatierungen ab, zum Beispiel mit Anführungszeichen oder in Listenform.
- ✔ Zerlegen Sie Problemschritte in Unteraufgaben und geben Sie Referenzen vor.

Komplexe Prompt-Techniken wie *Few-Shot Prompting* oder *Chain-of-Thought* sind bei *Reasoning*-Modellen oft unnötig oder sogar hinderlich. Bleiben Sie klar und direkt: Strukturierte, kontextreiche Prompts optimieren die Leistung.

ROMANE für die KI

Setzen Sie nichts voraus und strukturieren Sie Ihren Prompt. Eine, wie ich finde, sehr schöne Faustregel dafür stammt von meinem Freund Jan Eggers, der unter anderem Datenjournalist, KI-Koordinator beim Hessischen Rundfunk und Trainer bei der ARD-ZDF-Medienakademie ist. Nach einem kreativen KI-Seminar für das NDR-Satiremagazin extra3 hat er diese Formel aufgestellt:

> *»Gib der KI gut strukturierte ROMANE!«*

ROMANE ist dabei ein Akronym für

1. **(R)olle:** Welche *Rolle* (*Persona*) soll die KI einnehmen? `Du bist Moderator.`
2. **(O)bjective – oberstes Ziel:** *Was* wollen Sie? `Schreibe eine Moderation.`
3. **(M)eta-Anweisungen:** Zwischenschritte und Hintergrundwissen wie *Zielgruppe* (*Target Audience*) sowie *Stil* (*Style*) und *Format.*
4. **(A)nwendungsbeispiele:** *Woran* kann sich die KI orientieren, geben Sie Muster vor (ohne: *Zero-Shot*, ein Beispiel: *One-Shot*, mehrere: *Few-Shot Prompting*).
5. **(N)icht zu lang:** Halten Sie den Prompt *kurz* und übersichtlich.
6. **(E)xperimentieren:** *Testen* Sie Prompts, mehrfach und im Dialog (*Feedback*).

Das ist natürlich nur eine Eselsbrücke für das schnelle Prompten, aber sie bleibt im Kopf, und das macht sie wertvoll! Mit dieser Methode vergessen Sie nichts.

Mehr zu dieser Strategie, Weiterentwicklungen und einige Erfahrungen teilt Jan Eggers in seinem Blog auf `https://www.janeggers.tech/romane`.

OpenAIs Leitfaden zum Prompt Engineering

OpenAI nennt sechs Hauptstrategien für bessere Ergebnisse mit großen Sprachmodellen, die auch auf andere Produkte übertragbar sind:

1. **Klare Anweisungen schreiben**

   Es ist wichtig, präzise und detaillierte Anweisungen zu erteilen. Da die Modelle keine Gedanken lesen können, ist entscheidend, zu spezifizieren, was Sie möchten:

   - Wenn die Ergebnisse zu lang sind, bitten Sie um kurze Antworten.
   - Wenn die Ergebnisse zu einfach sind, bitten Sie um Text auf Expertenniveau.
   - Wenn Ihnen das Format missfällt, zeigen Sie das Format, das Sie wünschen.

2. **Referenztexte bereitstellen**

   Stellen Sie Referenztexte zur Verfügung, indem Sie sie in den Prompt kopieren, einen Link einfügen (bei einem Omnimodell mit Internetanbindung) oder Dokumente hochladen. Beziehen Sie sich darauf, kann das die Genauigkeit der Antworten verbessern und Erfindungen des Modells (Halluzinationen) reduzieren.

3. **Komplexe Aufgaben in einfachere Teilaufgaben aufteilen**

   Diese Strategie empfiehlt, komplizierte Aufgaben in kleinere, besser handhabbare Schritte zu zerlegen. Sie können eine Liste eingeben, die reihenweise abgearbeitet werden soll, oder die Dialogform nutzen, um selbst jeden Teilschritt durchzugehen.

4. **Dem Modell Zeit zum »Denken« geben**

   Manchmal führt es zu besseren Ergebnissen, wenn man das Modell auffordert, schrittweise zu denken, bevor es eine endgültige Antwort gibt (Gedankenkette).

5. **Externe Tools verwenden**

   Eventuelle Schwächen des Modells können Sie durch den Einsatz externer Werkzeuge kompensieren, die auf die spezielle Aufgabe besser vorbereitet sind – Textsuchsysteme oder Code-Ausführungsumgebungen zum Beispiel.

6. **Änderungen systematisch testen**

   OpenAI empfiehlt, Änderungen an Prompts, die Sie häufiger für gewisse Zwecke nutzen möchten, durch systematische Tests zu überprüfen, um sicherzustellen, dass Änderungen tatsächlich zu besseren und verlässlicheren Ergebnissen führen.

Promptologie-Experimente

Wenn Sie tiefer einsteigen möchten, sind Experimente Ihr ständiger Begleiter.

✔ Im *Playground* (Spielplatz) von OpenAl können Sie mehrere Voreinstellungen (*Presets*) für ChatGPT oder o1 hinterlegen und so die Texterzeugung feinsteuern: `https://platform.openai.com/playground/chat`.

- ✔ Wenn Sie mit Prompts experimentieren, gilt grundsätzlich: Neuer Prompt-Versuch, neuer Chat. Denn Sprachmodelle berücksichtigen den bisherigen Gesprächskontext. Das kann sich verfälschend auf Ihre Experimente auswirken. Einen neuen Chat sollten Sie auch immer dann starten, wenn Sie das Thema beziehungsweise die Aufgabenstellung wechseln.
- ✔ Halten Sie Prompts, die Ihren Vorstellungen entsprechen, sofort fest!
  - Die beiden Erweiterungen *Text Blaze* (`https://blaze.today`) und *Prompt Box* (`https://www.promptbox.ai`) übernehmen das in Chromium-Browsern. Beide Tools speichern und organisieren Textschnipsel und helfen Ihnen, sie schnell über Textkürzel in die Eingabefelder von ChatGPT, Midjourney & Co. einzufügen. Die Basisversionen sind kostenlos.
  - Am Mac belegen Sie in den Einstellungen unter SCHREIBTISCH & DOCK sogenannte AKTIVE ECKEN mit der Funktion SCHNELLNOTIZ. Wenn Sie mit der Maus in die Ecke fahren, öffnet sich in der Notizen-App ein neuer Eintrag.
  - Windows kann mit einem installierten OneNote sogenannte QuickNotes erstellen. Drücken Sie dafür die Tasten WINDOWS(ODER COPILOT)+ALT+N.
- ✔ Es kann sinnvoll sein, auch mit bewährten Prompts immer mal wieder herumzuspielen und sie anzupassen, denn Sprachmodelle verändern sich über die Zeit. Insbesondere die OpenAI-Modelle sind in dieser Hinsicht aufgefallen.

Die KI entwirft Prompts für Sie

Den *perfekten Prompt* können Sie mit einem **Prompt Generator** suchen:

- ✔ Neben einem regulären Eingabefenster werden verschiedene Kriterien wie Aufgabe, Thema, Schreibstil, Ton und Zielgruppe abgefragt.
- ✔ Das könnten Sie zwar auch einfach in das große Feld schreiben, es hilft jedoch besonders Neulingen, nichts zu vergessen und präzise zu formulieren.
- ✔ Außerdem erhalten Sie in Dropdown-Feldern verschiedene Vorschläge.
  `https://deinkikompass.de/prompt-generator`

Oder Sie Fragen einfach die KI, was die KI am besten haben möchte:

```
Du bist ein ausgezeichneter Prompt Engineer. Hilf mir, den bestmöglichen
Prompt zu entwickeln, um präzise und hilfreiche Antworten von einem KI-Chatbot
zu erhalten. Der Prompt soll klar und prägnant sein und alle relevanten Details
enthalten, damit die KI genau versteht, was ich benötige. Führe mich durch
einen iterativen Prozess, um den Prompt zu verbessern und an meine spezifischen
Bedürfnisse anzupassen.
```

Benutzerdefinierte Anweisungen

ChatGPT und andere Chatbots verfügen über einen Mechanismus, mit dem Sie viele Informationen schon vorab einspeichern können (*Custom Instructions,* siehe *Kapitel 5*). Mit diesen individuellen Einstellungen können Sie genau mitteilen, was in den Antworten beachtet werden soll. So brauchen Sie nicht jedes Mal viele Worte der Vorrede, sondern können direkt zur Sache kommen.

Funktion und Einrichtung

- ✔ Diese persönlichen Vorgaben werden bei allen Ihren zukünftigen Gesprächen berücksichtigt. Diese Eingaben wirken sich nicht auf bereits geführte Chats aus.
- ✔ Bei OpenAI finden Sie diese im PROFIL bei CHATGPT INDIVIDUELL KONFIGURIEREN. Jedes Feld hat Platz für 1.500 Zeichen.
- ✔ Sie können diese benutzerdefinierten Anweisungen jederzeit für zukünftige Unterhaltungen bearbeiten oder löschen.
- ✔ Die Anweisungen für API-Zugriffe werden an anderer Stelle eingestellt: `https://platform.openai.com/docs/guides/chat-completions`.

Beispiele für benutzerdefinierte Anweisungen

Damit können Sie mehrere Voreinstellungen, also Prompts, die immer gelten sollen, für ChatGPT hinterlegen und die Reaktionen feinsteuern:

- ✔ Was sollte der Chatbot über Sie wissen?
- ✔ Wie formell oder leger soll der Chatbot sein?
- ✔ Wie lang oder kurz sollen die Antworten im Allgemeinen sein?
- ✔ Wie möchten Sie angesprochen werden?
- ✔ Sollte der Chatbot Meinungen zu Themen haben oder neutral bleiben?

Beachten Sie, dass der Inhalt der Eingabefelder wie die Prompts auch zum Training des Modells verwendet werden können. Sie sollten keine privaten und vertraulichen Informationen teilen. Immerhin: Ihre Anweisungen werden nicht an Betrachter von freigegebenen Links (*Gemeinsam nutzen*) weitergegeben.

Gib mir Prompts: Beispiele für viele Lebenslagen

Die folgenden Vorlagen können Sie als Ausgangspunkt verwenden, um ansprechende und effektive Prompts zu schreiben, die auf die Bedürfnisse Ihrer Zielgruppe zugeschnitten sind.

Im besten Fall ergänzen Sie Informationen zu Ihrem Unternehmen und Produkten, damit die Antworten individueller werden.

Ergänzen oder ändern Sie den Prompt-Text [in eckigen Klammern].

- ✔ Chatbot-Nutzung verbessern:

  `Erstelle einen Leitfaden (maximal 500 Wörter) zur effektiven Nutzung von Chatbots. Behandle Themen wie Anweisungserstellung, KI-Vorbereitung und Rollenprofile. Gib detaillierte Erklärungen und Beispiele.`

- ✔ Berufsspezifische KI-Chatbot-Anweisungen:

  `Ich bin [Beruf] und neu in der Nutzung von KI-Chatbots. Erstelle eine Liste der zehn besten Anweisungen, um produktiver und effizienter zu sein. Berücksichtige typische Aufgaben und Herausforderungen meines Berufs.`

- ✔ Texte zusammenfassen:

  `Fasse den folgenden Text in einer prägnanten Übersicht zusammen. Hebe die wichtigsten Erkenntnisse und Fakten in Stichpunkten hervor: [Text]`

- ✔ Komplexe Probleme lösen:

  Ich habe Schwierigkeiten, [Thema] zu verstehen. Erkläre es mir mithilfe des *First Principles*-Denkens. Zerlege das Thema in seine fundamentalen Bestandteile und baue darauf ein klares, logisches Verständnis auf.

- ✔ Neue Fähigkeit erlernen:

  `Ich möchte [Fähigkeit] erlernen/verbessern. Erstelle einen detaillierten 30-Tage-Lernplan mit täglichen Aufgaben und Zielen für einen Neuling.`

- ✔ Lernhilfe durch Geschichten und Metaphern:

  `Ich lerne zu [Thema]. Wandle die Kernlektionen und Konzepte in anschauliche Geschichten und Metaphern um, die das Verständnis und Merken erleichtern.`

- ✔ Überzeugende Bewerbung erstellen:

  `Analysiere meine beruflichen Details und erstelle einen überzeugenden Lebenslauf für die Position [Stellenbezeichnung]. Hebe meine Stärken und relevanten Erfahrungen hervor. [Berufliche Details einfügen]`

- ✔ Karriereförderung durch Lernen von den Besten:

  `Analysiere Top-Performende in [Arbeitsbereich]. Erkenne Strategien, die zum Erfolg geführt haben. Liste umsetzbare Erkenntnisse und Lektionen, die ich zur Produktivitätssteigerung und Karriereförderung nutzen kann.`

Read the f... manual: Referenzen, Vorlagen und mehr

Alles, was Sie zu Prompt Engineering wissen sollten, geben die Hersteller weitgehend selbst in ihren Anleitungen preis (meist in englischer Sprache). Ansonsten gibt es im Netz fertige Prompt-Beispiele, die inspirieren können:

- ✔ **OpenAI:** Wenn's einer wissen muss ...
  `https://platform.openai.com/docs/examples`
- ✔ **Anthropic:** Die Schöpfer der Claude-Familie haben umfangreiche Listen:
  `https://docs.anthropic.com/en/prompt-library/library`
- ✔ **Google AI Studio:** Die Playground-Umgebung von Google liefert Vorlagen:
  `https://aistudio.google.com/app/prompts`
- ✔ **Google Vertex:** KI- und Machine-Learning mit Beispielen und Optimierungen:
  `https://console.cloud.google.com/vertex-ai/studio/prompt-gallery`
- ✔ **Meta:** Tipps und Beispiele speziell für Llama stellt Meta zur Verfügung:
  `https://www.llama.com/docs/how-to-guides/prompting/`
- ✔ **Microsoft:** Wie Sie mit Copilot umgehen, erklärt Microsoft im 1x1:
  `https://microsoft.com/en-us/bing/do-more-with-ai/ai-prompt-writing`
- ✔ **Promptbase:** Mehr als 130.000 kuratierte Prompts zu Text- und Bild-KI:
  `https://promptbase.com`
- ✔ **Awesome ChatGPT Prompts:** Eine Sammlung von Prompts und GPTs:
  `https://prompts.chat`
- ✔ **Hero.Page:** Vielseitige Prompts von SEO-Marketing über Robotik bis zu 3D:
  `https://hero.page/discover`
- ✔ **Snackprompts:** Automatisierungen, Integrationen und reichlich Prompts:
  `https://snackprompt.com`

Teil III

Praktische Anwendungen: It's Tool Time!

IN DIESEM TEIL …

- ✔ Vielseitige Texte in allen möglichen Lebenslagen generieren oder transkribieren
- ✔ Faszinierende Bilder und Filme entwerfen und realistische Szenen animieren
- ✔ Realistisch klingende Stimmen sprechen lassen und originelle Musik erzeugen
- ✔ Design und Content Creation der KI überlassen

IN DIESEM KAPITEL

Texte generieren

Texte korrigieren

Texte transkribieren

Kapitel 9
Texte auf Knopfdruck aus dem Generator

Vielleicht können Sie die Faszination noch nicht nachvollziehen und fragen sich, was Sie mit dieser Technologie überhaupt anfangen können. Sie haben mitbekommen, dass Chatbots recht schlau quatschen können, aber wofür ist das nützlich? Dieses Kapitel verschafft Ihnen Überblick und gibt praktische Einblicke in die textlichen Fähigkeiten, mit denen Sie beruflich und privat schneller zu Ergebnissen kommen und weniger selbst verfassen müssen. Sie wissen aus den vorangegangenen Kapiteln, dass viele Experimente nötig sein können, um zu den besten Ergebnissen zu gelangen. Starten Sie einfach.

Viele Anleitungen und Anwendungen setzen auf keinen spezifischen KI-Chatbot, sondern folgen dem Prinzip *Bring your own Model* (*BYOM*):

- ✔ Das ist Ihre Gelegenheit, ein selbst installiertes und datenschutzfreundliches Open-Source-Modell einzubinden, das Sie in *Kapitel 7* kennengelernt haben.
- ✔ Ansonsten können Sie mit ChatGPT (`http://chatgpt.com`), Claude (`https://claude.ai`) oder Gemini (`https://gemini.google.com`) starten.

Der Chatbot als Schreibmaschine

Um besonders gute Texte von der KI schreiben zu lassen, sollten Sie nichts dem Zufall überlassen, sondern in gute Vorarbeit investieren. Teilen Sie daher möglichst viel Kontext zum gewünschten Ergebnis mit, zum Beispiel:

- ✔ **Rolle:** Wie soll sich die KI verhalten, gibt es Vorbilder?
- ✔ **Art des Textes:** Möchten Sie etwa Blogartikel, einen Werbetext oder einen Brief?

- **Thema:** Worum soll es inhaltlich gehen?
- **Länge:** Welchen Umfang wünschen Sie sich konkret, drei Sätze, 100 Wörter, zwei Absätze? Und wie lang ist so ein Absatz jeweils für Sie?
- **Zielgruppe:** Wer soll das am Ende lesen, Studierende, Reisende, Kinder …?
- **Stil:** In welchem Stil soll der Text verfasst sein, beispielsweise akademisch, populärwissenschaftlich, neutral, gedichtet und so weiter?

Erst einmal Losschreiben

Damit können Sie loslegen und von einfachen Prompts zu langen Anweisungen kommen. Diese Aufgaben zeigen die kreativen Fähigkeiten des Chatbots:

Ergänzen oder ändern Sie den Prompt-Text [in eckigen Klammern].

- `Schreibe ein kurzes Gedicht über [ein Thema].`
- `Erfinde eine lustige Geschichte mit den Wörtern [drei zufällige Wörter].`
- `Beschreibe [einen Gegenstand] aus der Perspektive eines [ungewöhnlichen Charakters].`

Schnell merken Sie, dass Chatbots keine reinen Textmaschinen, sondern wahre KI-Assistenten sind, die Sie wie ein Sekretariat mit Fleißaufgaben beauftragen:

- Vom Content-Optimierer, der Blogartikel textet und Entwürfe für einen Social-Media-Post verfasst, bis hin zum SEO-Optimierer mit Marketing-Mails, Hashtags und Beschreibungstexten in allen passenden Längen.
- KI kann Produktbeschreibungen für große Mengen an Artikeln erstellen, indem sie technische Daten, Zielgruppen und Markenrichtlinien berücksichtigt, die Sie beifügen, und daraus verkaufsfördernde Texte mit einheitlicher Struktur generieren.
- Und Sie schaffen Routineaufgaben weg, ob Links bereinigen (`entferne das https:// vor jeder Adresse`) oder Titel zu YouTube-Transkripten suchen: `Verfasse einen kreativen Titel, der zum Klicken animiert.`

Tabellen erstellen und formatieren

Chatbots können Sie bei der Verarbeitung von Tabellendaten unterstützen:

1. Die meisten KI-Assistenten führen komplexe Berechnungen durch, erstellen Berichte und wandeln ungeordnete Informationen in strukturierte Tabellen um.
2. Geben Sie Ihre Daten in das Chatfenster ein und bitten Sie, eine Tabelle zu generieren.
3. Je nach verwendetem KI-Modell entstehen im Ergebnis Daten, die Sie in eine gängige Tabellenkalkulation kopieren können (bequemer ist Copilot für Excel, *Kapitel 15*).

Ein Beispiel für eine Tabellenformatierung (siehe *Abbildung 9.1*):

```
Erstelle eine Markdown-Tabelle mit vier Spalten (Produkt, Preis in Euro, Verfügbarkeit, Bewertung). Richte die Preisspalte rechtsbündig und die Verfügbarkeitsspalte zentriert aus. Füge fünf Beispielprodukte ein.
```

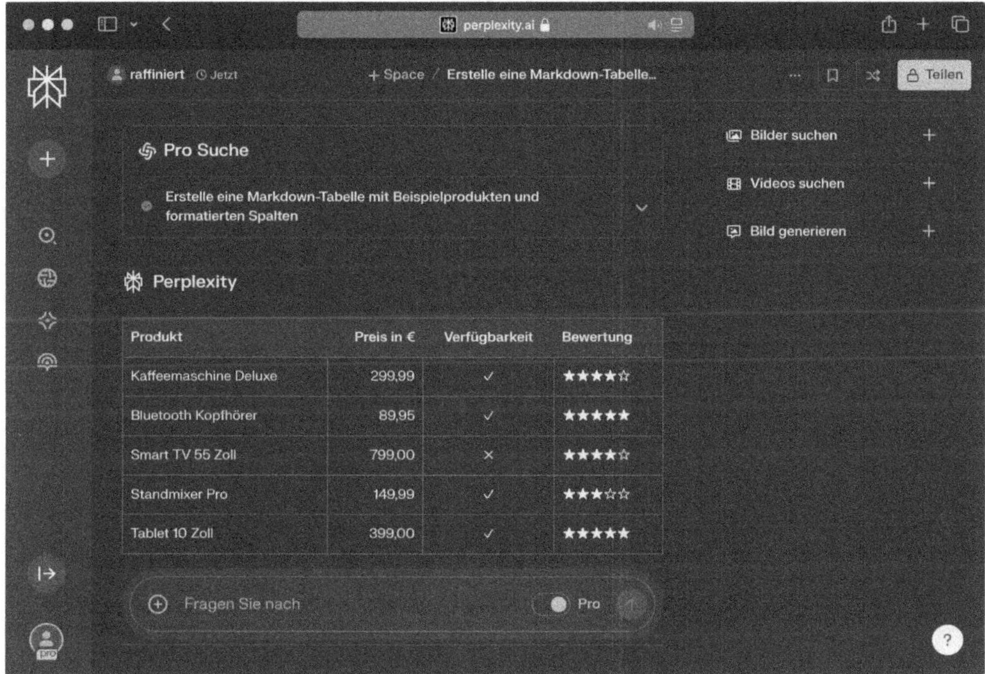

Abbildung 9.1: Sprachmodelle wie Claude, hier aufgerufen über Perplexity Pro, generieren Markdown-Tabellen, die Sie kopieren können (Screenshot: `perplexity.ai`)

Um Markdown-Tabellen in Excel zu kopieren, gibt es `https://tableconvert.com/de/excel-to-markdown` oder gängige Plugins.

Übersetzungsbüro KI

Lost in Translation? Ein gelbes Wörterbuch nimmt heute niemand mehr zur Hand. Sie müssen nicht einmal in Online-Diensten wie `Leo.org` oder `dict.cc` nachschlagen. Zücken Sie Ihr Smartphone: Chatbots beherrschen nicht nur eine Sprache, sondern können in fremden Zungen sprechen und übersetzen.

Trotz der Fortschritte gibt es noch Herausforderungen, so wie Dolmetscher oder Buchübersetzer auch nie perfekt sein können. Die Genauigkeit der Übersetzungen, die gängige Chatbots oder Übersetzungstools liefern, ist nicht immer exakt, besonders bei komplexen Ausdrücken oder Fachsprache. Außerdem gilt auch hier stets die Vorsicht vor Halluzination (siehe *Kapitel 1*). Dafür gibt es professionelle Übersetzungsdienste mit KI-Unterstützung.

KI-Chatbots sprechen viele Sprachen

Sprachbarrieren sollten für Sie kein echtes Hindernis mehr darstellen. Die KI kann einzelne Wörter oder ganze Texte aus und in viele Sprachen übersetzen.

1. Stellen Sie dem Text im Prompt voran: `Übersetze ins [Englische]:` Dabei können Sie sogar einen bestimmten Dialekt oder Wortschatz verlangen.
2. Die meisten Chatbots sind relativ gut in der Lage, die gängigsten Sprachen zu übersetzen. Dabei beherrschen viele sogar mehr Sprachen, als offiziell angegeben ist.
3. Bei vielen können Sie Ihren Text mit dem LAUTSPRECHER-Symbol gleich auch in der Übersetzung aussprechen lassen. Für ein relativ unverzögertes Dolmetschen ist beispielsweise ChatGPT mit dem Omni-Modell GPT-4o geeignet, das Sie über die Tonausgabe ansprechen können, um eine Antwort zu erhalten.

Die Übersetzer der großen Anbieter sind, nicht zuletzt durch Machine Learning und den KI-Fortschritt, massiv mit Kamerafunktionen und Konversationsunterstützung gewachsen. Selbst einige regionale Dialekte sind hinterlegt.

Angebote finden

- ✔ Sie finden die kostenlose Übersetzerfunktion bei Google als App *Google Übersetzer* und auf `https://translate.google.com`.
- ✔ Bei Apple ist die App *Übersetzen* auf iPhone, iPad und Watch vorinstalliert.
- ✔ Beide bieten an, den VERLAUF beziehungsweise einzelne ÜBERSETZUNGEN zu speichern. Google sammelt auf Wunsch sogar einzelne WORTGRUPPEN für Sie.

Funktionsumfang

Die Übersetzung geht über reine Vokabeln hinaus. Die Dienste übersetzen eingegebene Texte, Inhalte hochgeladener Bilder oder Dokumente und komplette Webseiten, wobei sogar die Darstellung weitgehend erhalten bleibt.

- ✔ **Bilder übersetzen:** Sowohl Google als auch Apple können neben reinen Texten auch Bilder übersetzen, die Sie mit der KAMERA abfotografieren.
- ✔ **Dokumente übersetzen:** Google nimmt über die Internetseite Dateien in den Formaten DOCX, PDF, PPTX und XLSX entgegen. Sie können DATEIEN ÖFFNEN oder per DRAG AND DROP ins Fenster hineinziehen.
- ✔ **Webseiten übersetzen:** Google übersetzt für Sie ganze Webseiten, deren Link Sie eingeben. Bei Apple sind Webseitenübersetzungen auf den Apple-Browser Safari beschränkt, den es jedoch auch für Windows gibt. Auf einer fremdsprachigen Seite erscheint dafür in der Adressleiste eine ÜBERSETZEN-Schaltfläche.
- ✔ **Dialoge übersetzen:** In den Apps der Übersetzungsdienste von Google und Apple ist eine nützliche Konversationsfunktion enthalten, die die Textanzeige auf zwei Seiten des Smartphones darstellt. Mit dem PFEIL-Symbol tauschen Sie die Sprachrichtung und können im Restaurant oder auf Reisen Gespräche führen.

- **Erkennung der Sprache:** Wenn Sie nicht sicher sind, welche Sprache Sie vorliegen haben, erkennen die Angebote die eingefügte Sprache recht treffsicher.

Kölsche Intelligenz: Profi-Übersetzungen von Weltruf

An einem Angebot kommt niemand vorbei, und das stammt ausgerechnet aus einer Stadt, in der ein fröhlicher, stark ausgeprägter Dialekt gesprochen wird: **DeepL** ist ein maschineller Übersetzungsdienst, der 2017 von der DeepL GmbH (früher Linguee) in Köln entwickelt wurde, und ist in kürzester Zeit zum Champion in der Übersetzerbranche aufgestiegen. Der Name steht für *Deep Learning*, da der Dienst auf Neuronalen Netzen und Künstlicher Intelligenz basiert. Mehr als sieben Jahre lang wurde das Sprachmodell laut Hersteller trainiert und von Tausenden Sprachfachleuten angepasst. Die hohe Präzision merkt man den Ergebnissen an. Im Gegensatz zu Texten, die mit dem Google Übersetzer übersetzt werden, müssen diese nur geringfügig angepasst werden.

Datenschutzkonforme Übersetzungslösung

- **DeepL** bietet mehr als 30 Sprachen in einer beeindruckend professionellen Übersetzungsqualität an. Für einige Fähigkeiten und längere Texte ist eine Registrierung und gar ein Abonnement erforderlich, das es in unterschiedlichen Abstufungen ab 7,49 Euro im Monat bei jährlicher Abrechnung gibt.
- **DeepL Write** überzeugt damit, schnöde deutsche Texte zu besonderen literarischen Werken zu machen. Das Umschreibwerkzeug kann unabhängig von der Übersetzungsfunktion für zehn Euro pro Monat imJahrestarif oder monatlich kündbar für 15 Euro abonniert werden.
- **DeepL Voice** soll nicht nur Text, sondern auch das gesprochene Wort übersetzen, in Remote-Meetings und persönlichen Gesprächen zum Einsatz kommen und in der Lage sein, mehrere gesprochene Sprachen gleichzeitig zu erkennen.
- Das Produkt eignet sich auch für geschäftliche Zwecke. Der Serverstandort ist in Deutschland und das Angebot ist zertifiziert, darf also DSGVO-konform genutzt werden. Unternehmen können außerdem ein Glossar für gängige Formulierungen oder Wordings innerhalb des Unternehmens hinterlegen. Dafür reicht eine Datei.

Eingaben der kostenfreien Version nutzt DeepL zum KI-Training. Das ist für den gewerblichen Einsatz kritisch. Mit Pro-Account können Sie gegensteuern.

So nutzen Sie DeepL für Übersetzungen

1. Der Dienst kann in eingeschränkter Form kostenlos und ohne Anmeldung über `https://deepl.com` oder Smartphone- und Desktop-Apps gestartet werden.
2. Die Ausgangssprache wird automatisch erkannt, kann aber auch mit Klick auf SPRACHE ERKENNEN ausgewählt werden. Die ZIELSPRACHE stellen Sie gegebenenfalls noch ein und geben dann den zu übersetzenden Text ein oder fügen ihn aus der Zwischenablage ein und erhalten unmittelbar eine Übersetzung.

3. Klicken Sie auf einzelne Wörter, um alternative Übersetzungsvorschläge zu sehen, und nutzen Sie das integrierte Wörterbuch für zusätzliche Informationen und Kontext. Auf die gleiche Weise erhalten Sie bei DeepL Write Synonyme und Formulierungsvorschläge für bessere Texte präsentiert. Sie können darin jede Änderung zurücknehmen und auf diese Art den ganzen Text bearbeiten.

Neben der reinen Textübersetzung, die Sie in das Eingabefeld tippen oder kopieren, eignet sich DeepL auch für anspruchsvollere Aufgaben:

- ✔ Eingaben über das MIKROFON-Symbol sind für einige Sprachen möglich.
- ✔ Das System übersetzt komplette DATEIEN wie Word- (.docx), PowerPoint- (.pptx), Excel- (.xlsx) oder PDF-Dateien, die hochgeladen werden, und behält dabei weitgehend das Layout und die Anordnung bei.
  - Für Dokumentübersetzungen ist eine kostenlose Registrierung erforderlich.
  - Anschließend können Sie Dateien direkt in das Übersetzungsfeld ziehen. Drei Übersetzungen pro Monat sind damit gratis, mehr gibt es im Abonnement.
  - Im Test klappte das mit PDF-Dateien zwar mit Verschiebungen und humorvollen Übersetzungfehlern auf dem Niveau deutschsprachiger Speisekarten in Urlaubsorten, war zur Orientierung dennoch hilfreich.
- ✔ Über einen API-Zugang lässt sich DeepL in Anwendungen integrieren.

Eine Alternative zum Umschreiben, Korrigieren oder Übersetzen von Texten ist `https://wortliga.de`. Der Wörterbuchverlag PONS übersetzt über API bis zu 500.000 Zeichen pro Monat kostenlos: `https://de.pons.com/übersetzung`.

Die KI zum Diktat bitten

Eine Transkription, also das Abtippen von gesprochenen Texten, kann sehr viel Zeit ersparen. Nicht nur, wenn Sie ein Diktat führen und daraus einen Brief oder Artikel erstellen möchten. Auch in der Forschung und Lehre oder im Journalismus gilt es häufig, längere Interviews oder Gesprächsnotizen abzutippen. Letztlich ist die Textbasis auch für die Weiterbearbeitung und Analyse gut geeignet. Mit KI-Mitteln gelingen solche Transkriptionen akkurat und können direkt weiterbearbeitet und zum Beispiel für ein Protokoll zusammengefasst oder zusammenhängend sortiert werden.

Sie können eine Audiodatei in ChatGPT hochladen und dazuschreiben: `Transkribiere diese Datei`. Dabei können Sie Formatvorgaben oder Übersetzungswünsche mitgeben wie: `Transkribiere diese Datei in ein Word-Dokument und übersetze dabei ins Deutsche`.

Die Funktionen sind im Umfang und auf gängige Formate limitiert.

Careless Whisper von OpenAI

OpenAI hat mit dem Modell Whisper nicht nur ein überragend gutes Texterkennungswerkzeug veröffentlicht, das andere in den Schatten stellt. Diese Technologie ist als Open Source gekennzeichnet (siehe *Kapitel 7*) und kann selbst für kommerzielle Zwecke kostenfrei eingesetzt werden. Das macht es mit einem Schlag zum Standard für die Transkription und spart enorm Zeit.

- ✔ Whisper liegt in verschiedenen Modellgrößen vor, die sich in der Dateigröße und den darin trainierten Parametern unterscheiden und zum Beispiel nur Englisch oder in der Variante *Multilingual* alle trainierten Sprachen beherrschen.
- ✔ Sie können Whisper lokal auf Ihrem Computer ausführen und behalten somit die Sprachaufnahmen unter Verschluss. Wie bei vielen KI-Anwendungen hängt die Leistung von der Computerhardware, insbesondere von der verbauten Grafikkarte und der darin enthaltenen KI-Beschleunigung ab. Nvidia ist das Mittel der Wahl, ATI-Modelle wären etwa ab dem Erscheinungsdatum 2016 (RX400/500) nutzbar.
- ✔ Laut OpenAI ist das Ende 2023 erschienene *Whisper-V3* zusätzlich zu Englisch mit 98 Sprachen trainiert. In einer Untersuchung schnitt bereits der Vorgänger *Whisper-V2* hervorragend ab. Deutsch landete unter den fünf Sprachen mit der geringsten Fehlererkennungsrate (`https://arxiv.org/abs/2212.04356`).

Vertrauen Sie Transkripten nicht blind: Auch Whisper halluziniert, zeigen mehrere Studien (*Kapitel 1*). Tückisch sind demnach besonders Sprechpausen.

Spracherkennungsmodell herunterladen

- ✔ Bei Hugging Face (`https://huggingface.co/spaces/openai/whisper`) oder GitHub (`https://github.com/openai/whisper`) finden Sie Whisper.
- ✔ Alternativ können Sie für die API an OpenAI bezahlen. Im diesem Fall nehmen Sie jedoch in Kauf, dass Ihre Daten auf die Server von OpenAI gelangen.
- ✔ Das Paket besitzt keine grafische Bedienoberfläche, sondern nutzt die Skriptsprache Python und das KI-Framework PyTorch (*Kapitel 7*).
- ✔ Sie binden das Modell in Ihr eigenes Programm ein. Das kann beispielsweise eine Webanwendung oder ein lokal auf Ihrem Gerät ausgeführtes Python-Skript sein.

Whisper ausprobieren: So transkribieren Sie mit Whisper

Um Whisper auf die Schnelle einmal auszuprobieren, gibt es das Programm Faster-Whisper, das unter Windows, Mac und Linux läuft.

1. Rufen Sie die Seite des Programms Faster-Whisper von GitHub auf: `https://github.com/Purfview/whisper-standalone-win`.

2. Laden Sie dort unter STANDALONE EXECUTABLES bei ASSETS die Datei mit der höchsten Versionsnummer für Ihr Betriebssystem herunter, zum Beispiel `Faster-Whisper-XXL_r192.3.4_windows.7z`, und entpacken Sie diese beispielsweise auf Windows mit RECHTSKLICK > ALLE EXTRAHIEREN.

3. Wechseln Sie in das entpackte Verzeichnis und die darin befindlichen Unterordner Faster-Whisper-XXL. Dort legen Sie eine Audiodatei `aufnahme.mp3` hinein, öffnen unter Windows mit RECHTSKLICK > IN TERMINAL ÖFFNEN ein Fenster und geben diesen Befehl ohne Umbrüche ein:

```
.\faster-whisper-xxl --model tiny --model_dir models --output_format all
aufnahme.mp3
```

4. Wenn Sie die Anwendung zum ersten Mal starten, wird jetzt das notwendige Whisper-Spracherkennungsmodell automatisch heruntergeladen und verknüpft. Dieser Schritt ist nur einmal notwendig. In den ersten Sekunden versucht das Modell, die Sprache zu erraten. Beim nächsten Mal können Sie auch mit beispielsweise `--language German` hinter dem Befehl die richtige Sprache angeben. Mehr zu dieser Funktion finden Sie im genannten GitHub-Repository.

5. Nun transkribiert Whisper Ihre Audiodatei, und Sie sehen am Bildschirm den Fortschritt. Im Anschluss legt das Programm im gleichen Verzeichnis verschiedene Dateiformate mit dem Ergebnis an, die Sie weiterverwenden können.

Solche Werkzeuge haben immer eine Kehrseite: Whisper ist wohl ein Nebenprodukt, das OpenAI geschaffen hat, um YouTube-Material für Trainingsdaten abzugreifen (*Kapitel 1*). Es ist ebenfalls für geheimdienstliche und militärische Zwecke im Bereich von Abhörmaßnahmen nützlich.

MacWhisper (Whisper Transkription) von Good Snooze

Wenn Sie einen Mac nutzen und Texte transkribieren müssen, ist MacWhisper eine Überlegung wert: Das Programm ist zwar nur in englischer Sprache verfügbar, aber übersichtlich gestaltet (*Abbildung 9.2*). Es liefert Ihnen Transkriptionen unterschiedlichster Quellen wie Audiodateien, Podcasts und Übersetzungen.

Die Gratisversion läuft mit kleineren Modellen, aber ist bereits relativ nützlich. Auf der Webseite ist das Programm für 39 Euro zu kaufen. Im deutschen AppStore heißt die gleiche Anwendung Whisper Transkription und ist im Abo deutlich teurer. Angesichts dessen sollten Sie nur über die Webseite kaufen: `https://goodsnooze.gumroad.com/l/macwhisper`.

Profi-Transkription mit übersichtlicher Oberfläche

✔ Sie können mit dem Programm verschiedenste Audiodateien, Podcasts oder Videodateien transkribieren und sogar direkt aus dem Programm aufzeichnen oder eine Diktierfunktion aus Schreibanwendungen heraus nutzen.

- ✔ Die Transkription läuft dabei komplett auf dem Computer ab. Das dürften besonders Journalistinnen und Journalisten schätzen, die zwar viel abzutippen haben, aber ungern ihre geheimen Recherchen in die Cloud geben möchten. Optional ist die Funktion enthalten, mit einem API-Schlüssel über OpenAI oder Drittanbieter zu transkribieren, damit es schneller läuft.
- ✔ Transkribierte Daten können im Anschluss *segmentiert* und parallel angehört oder im Fall von Videos zum laufenden Film angezeigt werden. Mit individuellen Prompts übergibt die App alles an OpenAI oder Anthropic. Über Apples Übersetzung oder mit einem API-Schlüssel von DeepL sind Übersetzungen möglich.
- ✔ Im Menü verbergen sich noch einige clevere Funktionen wie die Zuordnung von Sprechenden, eine Spotlight-ähnliche Leiste für alltägliche Diktieraufgaben und entsprechende Tastenkombinationen zum schnelleren Zugriff.

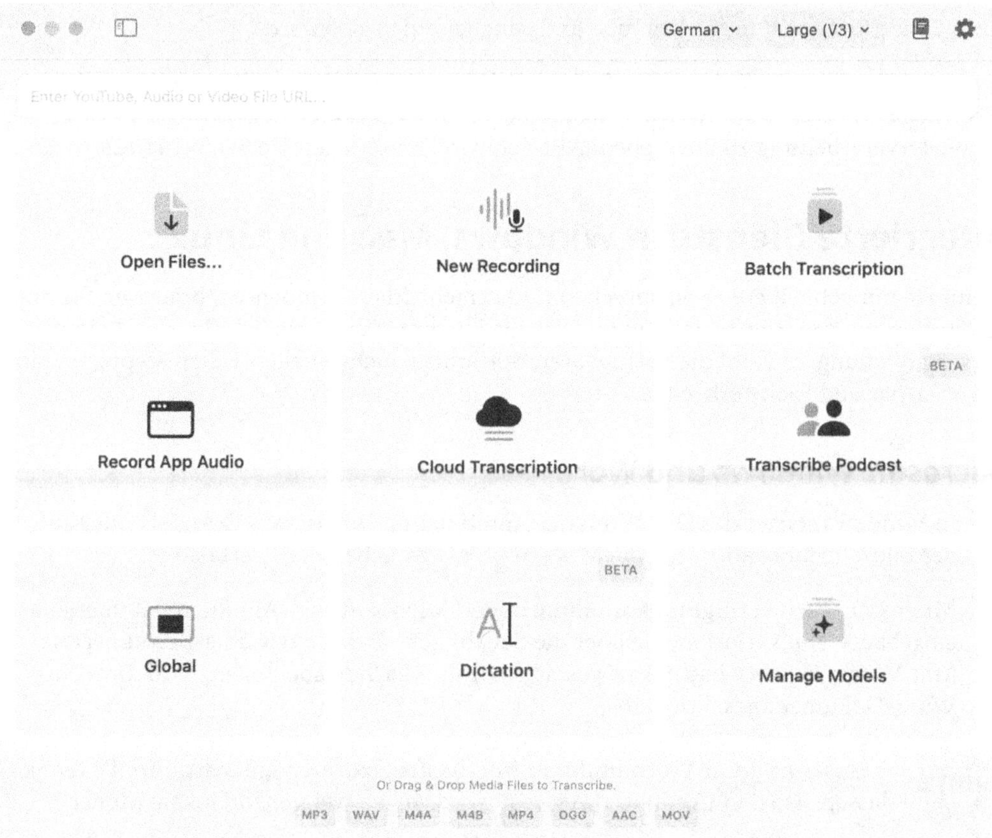

Abbildung 9.2: MacWhisper (Whisper Transkription) verschriftlicht Audiodaten und nutzt dafür das offene Modell von OpenAI. (Screenshot: MacWhisper)

So transkribieren Sie mit MacWhisper (Whisper Transkription)

1. Zu Beginn wählen Sie ein Whisper-Spracherkennungsmodell aus, das die jeweilige Sprache beherrscht. Sie werden zum Funktionsumfang vom Programm beraten. Das Programm lädt die Datei automatisch herunter.

2. Sie entscheiden sich für eine Datei und klicken auf OPEN FILES. Die Transkription läuft vollständig auf dem Computer. Mit einem leistungsfähigen Computer geht das sehr schnell von der Hand. Ein Mac mit M3-Prozessor benötigt weniger als 15 Sekunden für das TRANSKRIBIEREN von einer Minute Aufnahmematerial.

3. Nach Fertigstellung ertönt ein Signal, Sie müssen also nicht die ganze Zeit neben dem Computer warten. Sofort erhalten Sie den Text, den Sie parallel noch einmal anhören können (und wegen der Halluzination auch sollten!). Ist alles in Ordnung, geht der EXPORT in verschiedenste Formate von TXT, DOCX, HTML bis PDF, mit Timecodes und in Untertitelformaten für YouTube und gängige Video-Software.

4. In der Abteilung SEGMENT sind Passagen zusammengefasst, und die Abteilung AI ermöglicht es, alles an externe Assistenten, zum Beispiel an Ollama (*Kapitel 7*), zur Weiterverarbeitung zu übergeben. API-Schlüssel hinterlegen Sie bei SETTINGS.

Integrierte Dienste in Windows, Mac und Linux

Wenn Sie nur schnell etwas einsprechen und verschriftlichen möchten, brauchen Sie dazu keine Dienstleister oder Installationen, es gibt kürzere Wege für ein Diktat und ein wenig Verschriftlichung, obwohl die verfügbaren Bordmittel nicht in allen Fällen so präzise sind wie Whisper und Fachwerkzeuge:

Microsoft Windows und Word

✔ In Windows startet das Diktat mit der Kombination WINDOWS-TASTE+H oder auf der Bildschirmtastatur über die MIKROFONTASTE neben der Leertaste.

✔ Microsoft Word verfügt im kostenpflichtigen Microsoft-365-Abonnement über eine eingebaute Transkription, die über die Schaltfläche DIKTIEREN oder BEARBEITEN > MIT WORD-DIKTAT BEGINNEN gestartet wird. Was Sie dabei sagen, wird direkt ins Word-Dokument geschrieben.

Transkription in Word findet in Microsofts Azure-Cloud statt. Ihre Daten verlassen also den Computer! Apple nutzt dagegen weitgehend lokale Modelle.

Apple MacOS

✔ Am Mac aktivieren Sie einmalig das Diktat unter EINSTELLUNGEN > DIKTIERFUNKTION und können ab dann mit Drücken der MIKROFON-Taste auf der Tastatur in jedes Formular oder Programm diktieren und das Diktat beenden.

- ✔ In der Notizen-App ist mit dem WELLENFORM-Symbol eine Diktierfunktion eingebaut, die auf die Fähigkeiten der Sprachmemos-App zurückgreift.
- ✔ Die App Sprachmemos ist ein digitales Diktiergerät und transkribiert Gesprochenes direkt aus den Aufnahmen. Sie können anschließend darin suchen.
  - Voraussetzung ist ein neuerer Mac mit Apple Prozessor, da die Transkription direkt auf dem Gerät ausgeführt und nicht in die Cloud gesendet wird.
  - Das Transkript kann während oder nach der Aufnahme angezeigt werden.
  - Wenn Sie Sprachmemos öffnen, die mit älteren Versionen (MacOS14 oder früher) aufgenommen wurden, werden diese nachträglich transkribiert.

So funktionieren Transkriptionen während einer Sprachaufnahme:

1. Öffnen Sie die App SPRACHMEMOS auf dem Mac
2. Klicken Sie auf den roten AUFNAHMEKNOPF, um mit der Aufnahme zu beginnen.
3. Aktivieren Sie die SPRECHBLASE, um die Transkription in Echtzeit anzusehen. Die Wellenform verschwindet vorübergehend, und die Transkription wird eingeblendet. Das jeweils aktuelle Wort wird hervorgehoben. Durch erneutes Drücken der SPRECHBLASE kehrt die Wellenform zurück.
4. Mit der PAUSENTASTE halten Sie die Aufnahme kurzzeitig an, weiter geht es mit FORTSETZEN. Klicken Sie zum Sichern der Aufnahme auf FERTIG.
5. Im Anschluss einer Aufnahme startet die Transkription mit dem SPRECHBLASEN-Symbol. Sie können den Text in eine andere Anwendung oder eine Mail kopieren.

Linux

Der Medienplayer Parlatype (`https://parlatype.xyz`) für den Gnome-Desktop transkribiert lokal Audio und Video. Er ist intuitiv bedienbar und integriert sich in LibreOffice. Für Übersetzungen nutzt er Mozilla DeepSpeech.

Smartphones

- ✔ Bei Apple können Sie in iOS und iPadOS diktieren, beispielsweise in der Notizen-App durch Drücken des MIKROFON-Symbols oder des BÜROKLAMMER-Symbols unter AUDIO AUFNEHMEN. Auf den mobilen Geräten gibt es die Sprachmemos-App mit Transkription. Auch Telefonate können Sie so mitschreiben (*Kapitel* 6).
- ✔ Unter Android geht das Diktieren über die Bildschirmtastatur, die im Fall von GBoard ein MIKROFON-Symbol enthält. Bei Bedarf kann diese Tastatur über den PlayStore installiert werden. Die Diktate werden in beiden Fällen auf dem Gerät verarbeitet und laufen nicht über Server.
- ✔ Die BEDIENUNGSHILFE *Automatische Transkription*, die über den Play-Store nachinstalliert werden kann, liefert einen Beitrag zu mehr Barrierefreiheit: `https://android.com/intl/de_de/accessibility/live-transcribe`.

Alternative Transkriptionsdienstleister

Auf dem Markt drängen sich viele Dienstleistungsunternehmen, die eine Verschriftlichung von Sprachaufnahmen anbieten. Viele nutzen Künstliche Intelligenz für die Transkription und dabei häufig unter der Haube Whisper.

Das offene Whisper wird in Anwendungen integriert und weiterverkauft. Bevor Sie ein Tool kaufen, prüfen Sie, ob die Funktion nicht gratis zu haben ist.

Für kleinere Aufgaben benötigen Sie vielleicht kein spezielles Programm. Im Firmenkontext oder bei sensiblen Aufgaben brauchen Sie Spezialanbieter. Je nach Umfang der Sprachaufnahme lohnt sich ein Blick über den Tellerrand:

- ✔ Trint ist eine britische Plattform, die es Content Creators oder Medienschaffenden ermöglicht, Transkripte wie in einem normalen Textdokument zu bearbeiten, zu durchsuchen und daraus direkt Zitate für Artikel, Podcasts oder Drehbücher zu erstellen. Sie können dabei rund 50 Sprachen transkribieren und übersetzen. Der Dienst startet bei 55 Euro pro Monat: `https://trint.com`.
- ✔ Das 2004 von Marburger Diplompädagogen gestartete und nach der Tastenkombination benannte Produkt f4 (`https://www.audiotranskription.de`) liefert eine DSGVO-konforme Transkriptionsplattform im Browser mit Sprechenden-Erkennung, Timecodes und zahlreichen Erweiterungen. Dabei liegen die Preise pro Monat zwischen rund sechs Euro für Studierende bis zehn Euro im Normaltarif.
- ✔ Sonix (`https://sonix.ai`) erleichtert die Audio- und Videobearbeitung mit leistungsstarker Automatisierung: Durch nahtlose Integration in Konferenzsysteme wie Zoom, GoToMeeting, Google Meet oder Teams und Videobearbeitung etabliert sich Sonix als vielseitige und zuverlässige Lösung für professionelle Medienbearbeitung von journalistischen bis zu juristischen Anwendungsbereichen. Die Plattform bietet Transkription, Übersetzung und Untertitelung bei intuitiver Bedienung im Team mit KI-gestützten Zusammenfassungen.
- ✔ International sind `otter.ai` und `rev.com` mit Transkriptionsdiensten aktiv. Otter ist eine KI-gestützte Transkriptions- und Notizanwendung für Meetings und ermöglicht präzise Echtzeittranskription, Sprechererkennung und intelligente Zusammenfassungen und bietet im Gratistarif ein kleines Startguthaben.
- ✔ Um schnell Notizen, Interviews oder Vorlesungsmitschnitte zu transkribieren, gibt es viele kleinere Online-Tools: Zum Beispiel transkribiert das japanische `Notta.ai` (der Name kommt von Notieren) in der Gratisvariante rund zwei Stunden Text pro Monat gratis, jeweils drei Minuten pro Datei. Im Gegensatz zu `otter.ai` geht das sogar in vielen Sprachen und nicht nur auf Englisch.

Im Vorzimmer schreibt KI: Briefe, E-Mails, Newsletter

Geht bei Ihrer alltäglichen Arbeit am Computer die meiste Zeit für Briefe, E-Mails oder Newsletter drauf? Zerbrechen Sie sich den Kopf über die richtigen Formulierungen oder ob Sie den richtigen Ton angeschlagen haben? Dieser Bereich ist so umfassend, dass hier nur ein paar Anregungen stehen können. Aber Sie ahnen schnell, was alles möglich ist.

Korrektur lesen

War es der Taschenrechner, der die schlecht gewordenen Kopfrechenfähigkeiten der Schüler irrelevant gemacht hat, geschieht das gleiche mit dem Computer und der Rechtschreibung. Denken Sie nur an die vielen Tippfehler in Anschreiben, die selbst von großen Firmen bei Ihnen im Briefkasten und im Posteingang landen. Selbst auf Straßenschildern sind Fehler keine Seltenheit. Das wird bald der Vergangenheit angehören, wenn alle Texte nicht nur durch eine grammatische Prüfung, sondern noch durch eine Wortanalyse und Verbesserung gejagt werden: Doppelte Formulierungen, Monotonie, Verneinungen können verschwinden. Stattdessen fügt die KI für Sie Wortwitz oder aufwendige rhetorische Wortformen auf Verlangen ein. Daran haben Dichter und Denker sonst tagelang gefeilt. Goethe wäre begeistert.

Die nachfolgenden Prompts können Sie je nach Bedarf anpassen und miteinander kombinieren, um optimale Ergebnisse zu erzielen.

Ergänzen oder ändern Sie den Prompt-Text [in eckigen Klammern].

Fehlerkorrektur

- ✔ `Überprüfe folgenden Text auf Rechtschreibung, Grammatik und Zeichensetzung. Gib nur korrigierten Text zurück: [Text].`
- ✔ `Korrigiere diesen Text und markiere die Änderungen durch Korrekturen in eckigen Klammern: [Text].`

Grammatikoptimierung

- ✔ `Verbessere die Grammatik und Satzstruktur des folgenden Textes. Achte besonders auf Zeitformen und Satzbau: [Text].`
- ✔ `Optimiere die Lesbarkeit dieses Textes durch bessere Satzstellung und grammatikalische Strukturen: [Text].`

Stilistische Verbesserung

- ✔ `Überarbeite den Text professionell. Ersetze umgangssprachliche Wendungen durch formellere Alternativen und optimiere die Satzstruktur: [Text].`
- ✔ `Verbessere die sprachliche Qualität des Textes. Achte auf präzise Formulierungen und einen klaren Schreibstil: [Text].`

Prüfen Sie korrigierten Text noch einmal auf Halluzinationen und Fehler.

In der Kürze ... Texte zusammenfassen

»Ich habe diesen Brief nur deshalb länger gemacht, weil ich nicht die Muße hatte, ihn kürzer zu machen«, auch wenn das berühmte Zitat häufig Goethe zugeschrieben wird, stammt es doch vom französischen Mathematiker und Philosophen Blaise Pascal. Schon 1656 hatten die Leute also keine Zeit, sich kurzzufassen, und noch in den 1980er-Jahren stand auf den gelben Telefonzellen im Land »Fasse dich kurz«.

Sie haben solche Schwierigkeiten zum Glück künftig nicht mehr:

- ✔ Nicht nur für sich selbst können Sie Texte zusammenfassen.
- ✔ Stellen Sie sich vor, Sie haben einen langen Text und wollen ihn jemandem schicken und sichergehen, dass er diesen liest. Je kürzer, umso wahrscheinlicher.
- ✔ Zusammenfassungen in Stichpunkten sind für eine Teaser-Übersicht, eine Präsentation oder Werbung geeignet.

So lassen Sie eine Zusammenfassung erstellen:

- ✔ Zusammenfassungen gelingen mit Prompts wie: `Fasse den Text zusammen` oder `Kürze das auf einen Absatz mit drei Sätzen.`
- ✔ Stichpunktlisten können Sie auf diese Weise erhalten: `Fasse den Text in Stichpunkten zusammen und sortiere die Argumente thematisch.`

Des Deutschen liebstes Hobby: Reklamieren

»Schade, kann man sich nicht beschweren«, sagt der Berliner Volksmund. Und doch gibt es manchmal Gelegenheiten, da müssen Sie vielleicht einen Brief aufsetzen und auf einen Missstand hinweisen. Lassen Sie sich damit helfen.

Einen Beschwerdebrief verfassen

Ein Prompt wie dieser unterstützt Sie bei einer prägnanten Reklamation:

```
Du kennst dich mit Beschwerden und deutschem Verbraucherrecht aus. Verfasse
eine kurze, höfliche Reklamationsmail an den Verlag des Buches »Notizbuch
```

```
liniert, Recyclingpapier«. Erwähne Titel und ISBN, beschreibe die Mängel (kariert, langweilig). Bitte um Ersatz, Frist 14 Tage, Ton freundlich, aber bestimmt.
```

Mögliche KI-Antwort (gekürzt):

```
Sehr geehrte Damen und Herren,
ich schreibe Ihnen bezüglich des kürzlich erworbenen Buches "Notizbuch liniert, Recyclingpapier" (ISBN: 978-3-XXXX-XXXX-X). Leider entspricht das gelieferte Produkt nicht der Beschreibung. Statt der versprochenen Lineatur ist das Notizbuch kariert. Zudem empfinde ich das Design als äußerst schlicht und wenig ansprechend, was in der Produktbeschreibung nicht ersichtlich war. (...)
```

Damit fällt es Ihnen nicht mehr schwer, Produktmängel anzeigen.

Lassen Sie aus Datenschutzgründen private Details wie Ansprechpartner oder Adressen zunächst besser weg und ergänzen sie später manuell.

Die Kehrseite: die Beschwerdeflut bewältigen

Auch wenn Sie auf der anderen Seite, im Beschwerdemanagement eines Unternehmens, arbeiten oder Verbesserungsvorschläge annehmen, werden Sie vermutlich jetzt schon viele Zusendungen bearbeiten und künftig noch von KI generierte Texte vorfinden, ohne es auf den ersten Blick zu erkennen. Damit können Sie sich darauf einstellen:

```
Verfasse die knappe, höfliche Antwort auf die Reklamation:
```

1. `Entschuldigung und Dank für Hinweis`
2. `Bestätigung des Ersatzexemplars (liniert)`
3. `Versandinformation (innerhalb von sieben Tagen)`
4. `Rücksendeetikett für fehlerhaftes Exemplar`
5. `Kleiner Gutschein als Entschädigung (fünf Prozent)`

`Ton: freundlich und lösungsorientiert. Maximale Länge: 100 Wörter. [`***Anhang: Reklamationsschreiben***`]`

Mögliche KI-Antwort:

```
Sehr geehrter Kunde,
vielen Dank für Ihren Hinweis. Wir entschuldigen uns aufrichtig für die Unannehmlichkeiten mit dem Notizbuch. Ein korrektes, liniertes Ersatzexemplar wird innerhalb der nächsten sieben Tage an Sie versandt. Ein kostenloses Rücksendeetikett für das fehlerhafte Exemplar liegt bei. Als Entschädigung für Ihre Umstände erhalten Sie einen Fünf-Prozent-Gutschein für Ihren nächsten Einkauf. Wir schätzen Ihr Verständnis und hoffen, Sie bald wieder als zufriedenen Kunden begrüßen zu dürfen.
Mit freundlichen Grüßen, Ihr Kundenservice-Team
```

Eine solche Funktion kann im Beschwerdemanagement so integriert werden, dass Sie über die Antwort vor dem Versand nur noch drüberlesen (*Kapitel 14*).

Lernen aus Feedback

Ordnen Sie Ihre Unterlagen und Informationen und bereiten Sie diese auf digital. So können Sie ohnehin vorliegende E-Mails und Briefe blitzschnell in eine Liste der häufigsten Fragen und Antworten für Ihre Mitarbeitenden (FAQ) und die Unternehmenshomepage umwandeln und auf lange Sicht Zeit und Kosten im Servicebereich einsparen und die Kundenzufriedenheit erhöhen:

```
Analysiere diese Kundenfeedbacks und Serviceanfragen, um die häufigsten Probleme und Fragen zu identifizieren. Erstelle daraus eine prägnante FAQ-Liste mit klaren, lösungsorientierten Antworten. Formuliere in freundlichem, empathischem Tonfall und biete konkrete Hilfestellungen an. Strukturiere die Liste übersichtlich und füge Vorschläge zur Verbesserung des Kundenservices hinzu. Ziel ist ein effizientes, kundenfreundliches Hilfsmittel für Kunden und das Serviceteam: [anonymisierte Dateien].
```

Wer schreibt, der bleibt

Hier sind einige weitere Beispielprompts, die Ihnen helfen sollen, kreative und ansprechende Texte für verschiedene berufliche Zwecke zu erstellen:

Bewerbungsverfahren

Eine der herausforderndsten Tätigkeiten ist das Bewerbungsverfahren. Schon kleinste Formulierungs- oder Rechtschreibfehler können dazu führen, dass Sie gar nicht erst zu einem Vorstellungsgespräch eingeladen werden. Sorgen Sie also für einen perfekten ersten Eindruck!

Weisen Sie dem Chatbot im Vorfeld eine konkrete Rolle zu, die ihn zum Experten für das Anliegen macht: `Du bist Experte für Lebensläufe.`

Mit diesen Fähigkeiten ausgestattet, lassen Sie sich von der Künstlichen Intelligenz durch den kompletten Prozess der Bewerbung manövrieren. Denken Sie aber daran, es an den notwendigen Stellen dennoch menscheln zu lassen.

Ergänzen oder ändern Sie den Prompt-Text [in eckigen Klammern].

1. **Anschreiben verfassen**

```
Verfasse ein Bewerbungsanschreiben für Position [Titel] bei [Unternehmen].
Betone die Erfahrung in [Gebiet/Technologie] und zeige, wie meine
Beiträge bei [vorheriges Unternehmen] den Anforderungen entsprechen.
[Stellenbeschreibung]
```

2. **Berufliches Netzwerken**

```
Erstelle eine Nachricht zur Kontaktaufnahme mit einer Mitarbeiterin von
[Unternehmen] auf einer beruflichen Netzwerkplattform. Erwähne mein
Interesse an der Position [Titel] und wie mein Hintergrund in [Fachgebiet/
Technologie] mich zu einem starken Kandidaten macht.
```

3. **Abgleich von Lebenslauf und Stellenanforderungen**

```
Vergleiche meine Fähigkeiten mit der Stellenbeschreibung für [Titel]
bei [Unternehmen]. Gib den Prozentsatz der Übereinstimmung an.
Stellenbeschreibung: [Text/Link einfügen]. Meine Fähigkeiten:
[Fähigkeiten auflisten].
```

4. **Lebenslauf erstellen**

```
Erstelle einen Lebenslauf für [Titel] bei [Unternehmen] mit [X] Jahren
Erfahrung. Drei bis fünf Stichpunkte pro Position, zehn Schlüsselwörter
aus der Stellenbeschreibung einbauen. Bisherige Positionen: [Unternehmen
A - Y Jahre, Unternehmen B - Z Jahre]: [Stellenbeschreibung einfügen].
```

5. **Lebenslauf aktualisieren**

```
Aktualisiere meinen Lebenslauf für die Position [Titel] bei [Unternehmen].
Konzentriere dich auf die in der Stellenbeschreibung genannten relevanten
Fähigkeiten: [Stellenbeschreibung]. Aktueller Lebenslauf: [Text einfügen].
```

6. **Bewerbungs-E-Mail verfassen**

```
Verfasse eine E-Mail, um meinen Lebenslauf und mein Anschreiben für die
Position [Titel] bei [Unternehmen] zu senden. Hebe meine wichtigsten
Erfolge bei [vorheriges Unternehmen] hervor und zeige Begeisterung für
die Position.
```

7. **Vorbereitung auf ein Bewerbungsgespräch**

```
Erstelle eine Liste von [Anzahl] möglichen Fragen und Themen in
einem Bewerbungsgespräch basierend auf dieser Stellenbeschreibung:
[Stellenbeschreibung einfügen].
```

8. **Probe des Bewerbungsgesprächs**

```
Führe mit mir ein Bewerbungsgespräch für die Position [Titel]. Stelle mir
15 Fragen zu [Fachgebiet/Technologie], eine nach der anderen, um meine
Expertise zu bewerten.
```

E-Mail-Marketing

Der Newsletter ist wieder in Mode. Aber die meisten werden einfach weggeklickt. Lassen Sie sich beim Vertrieb über dieses Medium unterstützen:

- ✔ **Produktneueinführung**

  `Schreibe eine E-Mail, die ein neues Produkt [Eigenschaften] einführt. Hebe wichtige Merkmale und Vorteile hervor und erzeuge Spannung um das Produkt. Schließe mit einem klaren Call-to-Action, der dazu ermutigt, das Produkt zu kaufen.`

- ✔ **Verlassener Warenkorb**

  `Formuliere eine freundliche und überzeugende E-Mail für die Kundschaft, die Artikel in ihren Warenkorb gelegt, aber den Kauf nicht abgeschlossen hat. Erwähne den Nutzen des Produkts [Eigenschaften] und biete einen kleinen Rabatt oder kostenlosen Versand als Anreiz, den Kauf abzuschließen.`

- ✔ **Exklusiver Rabatt für Newsletter-Abonnements**

  `Erstelle eine E-Mail, die einen exklusiven Rabatt nur für Newsletter-Abonnierende bewirbt. Stelle dabei den Wert der Kundenbindung in den Vordergrund und gib einen klaren Call-to-Action, der zur Webseite führt, um den Rabatt zu nutzen.`

- ✔ **Feedback-Anfrage nach Kauf**

  `Schreibe eine E-Mail, in der um Feedback zu einem kürzlich getätigten Kauf gebeten wird. Danke für den Einkauf, erkläre die Bedeutung des Feedbacks und biete möglicherweise einen kleinen Anreiz für das Ausfüllen einer Umfrage.`

- ✔ **Treueprogramm Einführung**

  `Verfasse eine E-Mail, die ein neues Treueprogramm vorstellt. Beschreibe die Vorteile, wie man Punkte sammelt und welche Belohnungen verfügbar sind. Motiviere die Kundschaft, sich für das Programm anzumelden und regelmäßig einzukaufen.`

- ✔ **Saisonale Verkaufsaktion**

  `Erstelle eine E-Mail, die eine bevorstehende saisonale Verkaufsaktion ankündigt. Nutze eine emotionale Ansprache, um die Dringlichkeit und Exklusivität zu betonen, und lade die Kundschaft ein, sich die besten Angebote zu sichern.`

- ✔ **Produktbewertungen und Empfehlungen**

  `Schreibe eine E-Mail, die Kundinnen und Kunden einlädt, Produktbewertungen zu hinterlassen und ihre Erfahrungen zu teilen. Biete einen kleinen Rabatt oder ein kleines Geschenk als Belohnung für das Schreiben einer ehrlichen Bewertung.`

✔ **Event-Einladung**

```
Formuliere eine E-Mail, die Kundinnen und Kunden zu einem besonderen
Event einlädt, zum Beispiel eine Produktdemo oder ein Webinar.
Beschreibe die Vorteile der Teilnahme.
```

✔ **Personalisierte Produktempfehlungen**

```
Erstelle eine E-Mail mit personalisierten Produktempfehlungen basierend auf
bisherigen Käufen. Nutze Datenanalyse, um relevante Produkte vorzuschlagen,
und biete einen Anreiz, um vorgeschlagene Artikel auszuprobieren.
```

✔ **Reaktivierung inaktiver Kunden**

```
Verfasse eine E-Mail, die darauf abzielt, inaktive Kunden zurückzugewinnen.
Biete einen speziellen Anreiz wie einen Rabatt oder ein kostenloses
Geschenk und betone, wie sehr sie vermisst und dass sie geschätzt werden.
```

Marketing und Vertrieb

Von Produktbeschreibungen über Testungen bis zu werblichen Maßnahmen können Sie sich in jedem Schritt unterstützen lassen. Einige Beispiele:

✔ **Einblicke in die Konkurrenzsituation Ihrer Produkte**

```
Liste die Wettbewerber von [Produkt oder Unternehmen] auf.
```

✔ **Produktbeschreibung und Zielgruppe**

```
Verfasse eine knackige und pointierte Produktbeschreibung in 15 Wörtern
für ein Produkt, das diese Dinge kann: [Eigenschaften des Produkts].
Liste zehn mögliche Namen für dieses Produkt auf und schlage vor, welchen
Zielgruppen du es empfehlen würdest. Begründe diese Entscheidung.
```

✔ **A/B-Tests**

```
Führe einen A/B-Test mit dieser Werbeanzeige durch. Erstelle fünf
Varianten, die ich gegeneinander testen kann. [Werbeanzeige]
```

✔ **Marketing-Personas für Zielgruppenanalyse**

```
Erstelle eine prägnante Persona für ein Zielgruppen-Testing: Name,
Alter, Beruf, Wohnort, Kurzbeschreibung des Lebensstils und der
Persönlichkeit, Herausforderungen und Ziele, bevorzugte Medien und
Kaufverhalten. Ein charakteristisches Zitat zur Einstellung gegenüber
dem Produkt: [Eigenschaften]. Fasse sie in fünf Sätzen zusammen.
```

✔ **Recherche fürs Influencer-Marketing**

```
Liste Accounts und Kontaktdaten von fünf Alpaka-Influencern und
Influencerinnen aus dem deutschsprachigen Raum auf.
```

Social-Media-Marketing

Viele Menschen denken beim Erstellen von Social-Media-Postings mit KI nur an generierte oder optimierte Bilder. Dabei kann ein KI-Assistent Sie bei der Ideenfindung und Analyse Ihres ganzen Kanals, die richtige Caption und geeignete Hashtags unterstützen und Routineaufgaben erledigen.

Weisen Sie dem Chatbot eine konkrete Rolle zu, die ihn zum Experten für das Anliegen macht: `Du bist der beste Social-Media-Berater.`

✔ **Plattformspezifische Strategien**

- `Optimiere meinen Content für Facebook, TikTok, Instagram und YouTube zu [Thema]. Gib pro Plattform Tipps.`
- `Welche Plattformen und Formate eignen sich am besten für [Ziel] im Bereich [Thema]?`

✔ **Content-Erstellung**

- `Entwickle eine Storytelling-Strategie für [Thema]. Führe mich Schritt für Schritt zur perfekten Story.`
- `Nenne zehn spannende Unternehmen im Bereich [Thema] und skizziere passenden Content dazu.`
- `Erstelle zehn kurze, überzeugende Teaser-Texte für Social-Media-Anzeigen zum [Thema].`
- `Erstelle zehn Hashtags für Instagram zum [Thema].`
- `Liste zehn reichweitenstarke [Soziales Netzwerk]-Accounts zum [Thema], die ich verlinken kann.`
- `Generiere zehn besondere Content-Ideen für meinen Instagram-Kanal über [Thema], die aus der Masse herausstechen.`
- `Schlage zehn Evergreen-Themen für [Thema] vor, die zwei bis drei Jahre relevant bleiben.`
- `Gib mir informative und spannende Infografik-Ideen zu [Thema].`
- `Formuliere einen verkaufsaktiven Call-to-Action-Text mit bis zu 30 Zeichen für eine Newsletterkampagne zu [Thema].`

✔ **Spezifische Content-Formate**

- `Erstelle zehn aufmerksamkeitsstarke Hooks für [Plattform] zu [Thema].`
- `Strukturiere den Blogbeitrag für [Zielgruppe] zu [Thema].`

- `Fasse diesen Blogbeitrag in zehn bis zwölf einzelnen Posts zusammen. Nutze Hashtags, Emojis und [Link].`
- `Plane fünf aufeinander aufbauende Mastodon-Posts zur Promotion von [Produkt] und nutze erfolgreiche Hashtags.`

Personalabteilung und Geschäftsführung

Möchte das sogenannte Human Resources Management (HRM) neue Leute finden oder Ihr Unternehmen kreativ positionieren, ist so etwas hilfreich:

✔ **Stellenanzeige**

```
Erstelle mir eine diskriminierungsfreie, deutsche Job-Beschreibung
inklusive Anforderungskatalog für den Job eines Senior Sales Managers
mit Sitz in Frankfurt am Main. Schwerpunkt Technologie-Vertrieb,
Technik-Affinität notwendig, Home-Office-Möglichkeit an drei Tagen pro
Woche, Firmenkantine, Jobticket, Perspektive: Team übernehmen.
```

✔ **Plattformrecherche**

```
Ich suche einen Social-Media-Manager in Offenbach. Bitte erstelle mir
eine Liste mit Nischen-Plattformen im deutschsprachigen Raum für diese
Fachposition.
```

✔ **Social-Media-Strategie**

```
Denke wie ein Employer Branding Manager. Wir sind ein junges, modernes
IT-Unternehmen in Frankfurt am Main und benötigen für unsere Strategie
kreative und lustige Ideen für Social-Media-Posts, die uns als
attraktiver Arbeitgeber darstellen. Erstelle eine Liste mit zehn Ideen
für Instagram und LinkedIn und fokussiere dich dabei auf die Zielgruppe.
```

✔ **Leitbild oder Mission Statement**

```
Erstelle ein Leitbild für ein [Art von Unternehmen], das [bestimmte
Werte oder Ziele] betont.
```

Kreativität

Neben der Hilfe bei Fleißaufgaben bietet KI vielfältige Möglichkeiten, das kreative Schreiben zu unterstützen und zu bereichern. Von der ersten Idee bis zur finalen Überarbeitung trägt sie bei, effizienter und inspirierter zu arbeiten.

So verwenden Sie KI-Textgeneratoren als Inspiration für kreatives Schreiben:

✔ **Ideenfindung und Brainstorming:** KI-Chatbots können Autorinnen und Autoren dabei helfen, neue Ideen für Geschichten, Charaktere oder Handlungsstränge zu entwickeln. Durch gezielte Fragen und Anregungen können kreative Blockaden überwunden und inspirierende Konzepte generiert werden.

- **Entwicklung von Plot-Strukturen:** Ein Chatbot kann bei der Strukturierung einer Geschichte unterstützen, indem er Vorschläge für den Aufbau der Handlung, Wendepunkte und Spannungsbögen macht. Dies hilft dabei, eine kohärente und fesselnde Erzählung zu gestalten.
- **Charakterentwicklung:** Durch gezielte Interaktionen kann KI helfen, tiefgründige und vielschichtige Charaktere zu erschaffen. Sie können Fragen stellen, die Aspekte wie Hintergrundgeschichte, Motivationen und Persönlichkeitsmerkmale beleuchten.
- **Sprachstil und Tonalität verbessern:** Chatbots analysieren Texte und machen Vorschläge zur Verbesserung des Sprachstils und der Tonalität: Noch etwas formeller, höflicher. Sie passen den Schreibstil an das gewünschte Genre an, sorgen für Feinabstimmung der Dialoge und optimieren die Erzählweise.
- **Korrektur lesen und Überarbeiten:** Neben der kreativen Unterstützung können KI-Chatbots Ihnen bei der technischen Überarbeitung von Texten helfen. Sie erkennen Grammatik- und Rechtschreibfehler, bieten Verbesserungsvorschläge für Satzstrukturen und sorgen so für eine höhere Qualität des Endprodukts.

Lassen Sie sich Charaktere oder Szenarien vorschlagen und entwickeln Sie daraus Ihre eigene Geschichte oder rufen Sie kurz, wenn Ihnen ein Wort nicht einfällt:

- `Ich schreibe einen Roman über eine 24-jährige Frau aus Berlin, deren Mutter aus Deutschland und der Vater aus Polen stammen. Vorschläge für fünf Namen?`
- `Nenn mir ein anderes Wort für Haarklammer.`

Treten Sie in den Dialog und lassen Sie sich unter die Arme greifen, wo der Schuh drückt. Das hält Sie nicht bei Schreibblockaden oder der Antwortsuche auf.

Dichten und Büttenreden

Hat man Sie aufgefordert, eine Büttenrede zu halten, und Sie sind noch so gar nicht in närrischer Stimmung? Oder Sie möchten Ihrer Liebe Ausdruck verleihen und ein kleines Liebesgedicht formulieren? Das kann unter uns bleiben: Es muss nicht zu Kopfzerbrechen führen. Lassen Sie die KI dichten.

Ergänzen oder ändern Sie den Prompt-Text [in eckigen Klammern].

- `Verfasse einen Limerick für meine große Liebe.`
- `Verfasse ein humorvolles Gedicht über das deutsche Wetter in vier Strophen mit je vier Zeilen und dem Reimschema ABAB.`

- `Komponiere eine lyrische Ode an den Frühling in drei Strophen. Jede soll eine andere Sinneswahrnehmung (Sehen, Hören, Riechen) in den Mittelpunkt stellen und mit Metaphern enden.`
- `Kreiere ein romantisches Sonett über Liebe. Folge dem klassischen Aufbau: 14 Zeilen, Reimschema ABBA ABBA CDC DCD.`
- `Erstelle ein Akrostichon-Gedicht mit dem Wort FASTNACHT, bei dem jede Zeile mit dem entsprechenden Buchstaben beginnt und das Thema Karnevalsbräuche behandelt.`
- `Schreibe eine Büttenrede im [kölschen|rheinischen |rheinhessischen|...] Dialekt zum Thema [Digitalisierung im Karneval|Fastnacht|...]. Witzig und aktuell. Mindestens drei Wortspiele und lokaler Bezug zu [Köln|Düsseldorf|Mainz].`

Beispiel gefällig? `Mer fiere jetz met Hashtags statt met Helau,Un statt schunkele dun mer jetz Emojis schicke – au weia, wat e Radau!` Das muss reichen.

Texte, Bücher, Manuskripte

Es mag verlockend klingen, Textgeneratoren für Hausarbeiten oder die Bachelorarbeit einzusetzen, doch es wird streng kontrolliert. Und nichts ist auffälliger als ein komplett fehlerfreier, glatt gebügelter Text.

Studienarbeiten können sanktioniert werden. Bei Büchern oder journalistischen Werken riskieren Sie ab einem gewissen Umfang Ihr Urheberrecht (*Teil V*).

Bei vielen Randerscheinungen des Verfassens einer wissenschaftlichen oder einer journalistischen Arbeit dürfen Sie sich meist legal helfen lassen:

- beim Diktieren von Notizen und Gedanken,
- bei der Transkription von Interviews und Gesprächen,
- beim Sortieren und Formatieren von Zitaten,
- bei Grammatik und Rechtschreibkorrekturen,
- bei inhaltlichen Fehlerprüfungen und so weiter.

Mehr zu Recherche und Texten für Medienprofis erfahren Sie in *Kapitel 14*.

KI-Erkennung: Bist du ein Roboter?

Es ist nahezu unmöglich, zuverlässig KI-Texte von menschlich verfassten zu unterscheiden. Alle, die etwas anderes glaubhaft machen wollen, lügen. Um der Flut von KI-Texten Herr zu werden, wird nachträglich daran repariert. Ob sich diese Methoden durchsetzen und wie zuverlässig sie sind, bleibt fraglich.

OpenAI verwirft Ansatz für KI-Texterkennung

OpenAI hat selbst die Entwicklung eines Erkennungstools, des *AI Text Classifier*, aufgegeben, obwohl das Unternehmen so etwas 2023 noch versprochen und angekündigt hatte (`https://openai.com/index/new-ai-classifier-for-indicating-ai-written-text`). Das spricht für sich. Nicht einmal die Erfinder können noch sagen, was ihr Erzeugnis verfasst.

Flut von KI-Texten richtet schweren Schaden an

Die Tatsache, dass sich KI-Texte im Internet meist unerkannt neben menschlich erzeugten tummeln, hat zahlreiche Nebenwirkungen:

- ✔ Es untergräbt Versuche von Google & Co., Suchmaschinenoptimierung und Manipulation durch KI zu verhindern.
- ✔ Generierte Daten verwässern zusehends für Trainings notwendige Originale.
- ✔ Es macht Schwierigkeiten, verlässliche Texte von falschen und halluzinierten zu unterscheiden. Ob in der Wissenschaft, bei Nachrichten oder bei Reiseberichten.

Aber gibt es denn wirklich keinen Hinweis auf KI-Beteiligung an Texten? Ein wenig gesunder Menschenverstand kann manchmal helfen.

Erkennung mit gesundem Menschenverstand

Vor allem bei Mails aus den USA ist ein emotionaler Einstieg wie »I hope this E-Mail finds you well« üblich, bevor es in den sachbezogenen Teil, um den eigentlichen Anlass, geht. Ein förmliches »Wie geht's?« zum Einstieg. Diese Standardfloskel ist im Deutschen bei geschäftlichen Nachrichten eher unüblich. Besonders in der Anfangszeit bringen es ChatGPT und andere Textgeneratoren aber fertig, absurd laienhafte Übersetzungen der Formulierung wie »Ich hoffe, diese E-Mail findet Sie gut.« unterzubringen, und viel Spam beginnt mit so einer Einleitung. Ähnliche Fehler ziehen sich durch so manche KI-Texte.

Wenn Sie bereits mit einer Person Kontakt hatten und Sie nun in deren Texten auffällig ungewöhnliche Worte oder Wortkombinationen lesen, ist das ein Hinweis auf KI-Unterstützung. Fehlender Kontext, mangelnde Aktualität und Tiefe in der Argumentation sind ebenfalls Indizien. Allerdings verbessern sich KI-Systeme stetig, sodass diese Merkmale nicht immer zuverlässig sind.

KI-generierte Texte weisen oft bestimmte Eigenschaften auf:

- Monotoner und wenig variierender Schreibstil
- Wiederholungen in Wortwahl und Satzstrukturen
- Mangelnde inhaltliche Tiefe oder Oberflächlichkeit
- Logische Inkonsistenzen oder plötzliche Themenwechsel
- Fehlen von Dialekten oder umgangssprachlichen Ausdrücken

Machen Sie den Logiktest. Falsch übertragene Floskeln und andere Signale mangelnder Tiefe sind bisher meist die einzigen Hinweise auf KI-Mitarbeit.

Technische Hilfsmittel: Schlangenöl gegen Semantik

Nach einer für KI-Verhältnisse längeren Pause von mehreren Jahren sind nun doch neue Ansätze für die technische Identifikation im Umlauf.

Google stellt SynthID vor

Google und einige andere arbeiten zwar daran, mit Systemen wie *SynthID* (siehe digitale Wasserzeichen in *Kapitel 21*) die Token, also die von der KI ausgegebenen Textbausteine, unsichtbar zu kennzeichnen. Zunächst sind diese Techniken jedoch uneinheitlich und nur in den eigenen Produkten eingebaut.

KI-Detektoren für wissenschaftliche Zwecke

Um KI-generierte Texte insbesondere in der Wissenschaft und Forschung zu erkennen, gibt es verschiedene Hilfsmittel von Dienstleistungsunternehmen. Doch kein KI-Detektor ist zu 100 Prozent zuverlässig. Die meisten Software-Detektoren, die Texte nach Mustern absuchen sollen, sind speziell für englischsprachige Texte geformt und im Deutschen wirkungslos. Hier sind mal einige Detektoren, die speziell für die deutsche Sprache geeignet sind:

- **ZeroGPT:** Kostenlose Texterkennung mit mehrsprachiger Erkennung und API. Zeigt an, wenn KI vermutlich an Texten mitgewirkt hat: `https://zerogpt.net`.
- **Detectora:** Ein von deutschen Studenten entwickelter KI-Detektor, der besonders gut bei der Erkennung deutschsprachiger KI-Texte abschneidet und prozentual den KI-Anteil ausgibt. Er kann jedoch mit absichtlich eingebauten Fehlern oder umgebauten Sätzen umgangen werden. Eine kostenlose Version für Texte bis 1000 Zeichen ist verfügbar, kostenpflichtige Optionen sind geplant: `https://detectora.de`.
- **Scribbr AI-Detector:** Teil des Plagiatschecks ist die für akademische Texte und Selbsttests entwickelte Branchenführer-Datenbank Turnitin. Die Premium-Version kann deutsche KI-Texte erkennen. Preise variieren nach Textlänge und Service von 17,95 Euro bis 39,95 Euro: `https://scribbr.de/plagiatspruefung`.

- **Compilatio:** Zweiter in einer Studie aus 14 Tools. Kein kostenloser Test, für Studierende ab 4,99 Euro pro 20 Seiten Text: `https://compilatio.net`.

Studie: Kein Tool ist verlässlich – Nachweis bleibt schwierig

Der beste Ansatz bleibt erst einmal, verschiedene Stufen aus Prüfdiensten, manueller Prüfung und kritischem Hinterfragen zu kombinieren. Zu einer ähnlichen Erkenntnis kommt Plagiatsforscherin Prof. Dr. Debora Weber-Wulff, Informatikprofessorin an der Hochschule für Technik und Wirtschaft in Berlin und unter anderem in der Gruppe *VroniPlag* aktiv, die seit den Plagiatsaffären um Edmund Stoibers Tochter Veronica Saß und den ehemaligen Bundesverteidigungsminister Karl-Theodor zu Guttenberg 2011 medienwirksam Dissertationen prüft: »Die Hoffnung, dass es eine einfache Softwarelösung zum Enttarnen von KI-Texten gibt, wird sich nicht erfüllen«, sagt sie der Deutschen Presseagentur anlässlich einer Ende 2023 veröffentlichten Studie an 14 angeblichen KI-Prüfungstools, die alle keine verlässliche Leistung böten. Rund jeder fünfte mit KI erzeugte Text werde nicht als solcher erkannt, stellt die Studie fest (`https://rdcu.be/dTiYK`).

Wissenschaft wird mit KI-Texten geflutet

In der Realität finden sich offensichtliche KI-Texte sogar in wissenschaftlichen Arbeiten wieder. Für Universitäten und Hochschulen ist Abschreckung Mittel der Wahl. Viele nehmen im Zweifel einen Betrugsversuch an, und es läuft auf langwierige Rechtsstreitigkeiten hinaus. Vermutlich müssen Studierende künftig den Entstehungsprozess ihrer Arbeiten genauestens dokumentieren, um im Zweifel Zwischenschritte nachweisen zu können. Mit zunehmender Verbreitung von KI werden Entlarvungsversuche ebenso wie Gegenbeweise zur Sisyphusarbeit. Die zuverlässige Erkennung von KI-Texten bleibt eine Herausforderung, an der sich Forschung und Technik die Zähne ausbeißen.

Lösungsansatz: Dokumentation der Arbeitsschritte

Für solche Zwecke stellt das Kölner Startup **Mentafy** auf der Bildungsmesse Didacta ein Werkzeug vor, das in einem Projekttagebuch alle Arbeitsschritte protokolliert und eigene KI-Werkzeuge bereitstellt (`https://mentafy.com`). Es stammt von Gründern des EdTechs PlagScan (`https://plagscan.com`) und folgt einem sehr konstruktiven Ansatz:

- Mentafy ist auf die Bedürfnisse von Schülerinnen und Schülern beziehungsweise Studierenden ausgerichtet, die längere akademische Arbeiten wie Facharbeiten verfassen und dabei Künstliche Intelligenz verwenden möchten. Es begreift sich dabei als Unterstützung und als Schutzschild gegen ungerechtfertigte Vorwürfe.
- Nutzende benötigen ein Microsoft-Konto, um den Dienst zu starten, da Mentafy die Unterlagen im OneDrive-Cloudspeicher ablegt und dort auf die Word-Daten zugreift. Das funktioniert sowohl mit Windows als auch mit Mac oder Linux.
- Damit fällt auf, wenn größere Textblöcke in ein Dokument kopiert werden (siehe *Abbildung 9.3*). Aber das muss ja nicht von KI kommen, sondern vielleicht aus den Notizen vom Geistesblitz in der U-Bahn. Man muss es nur erklären können.

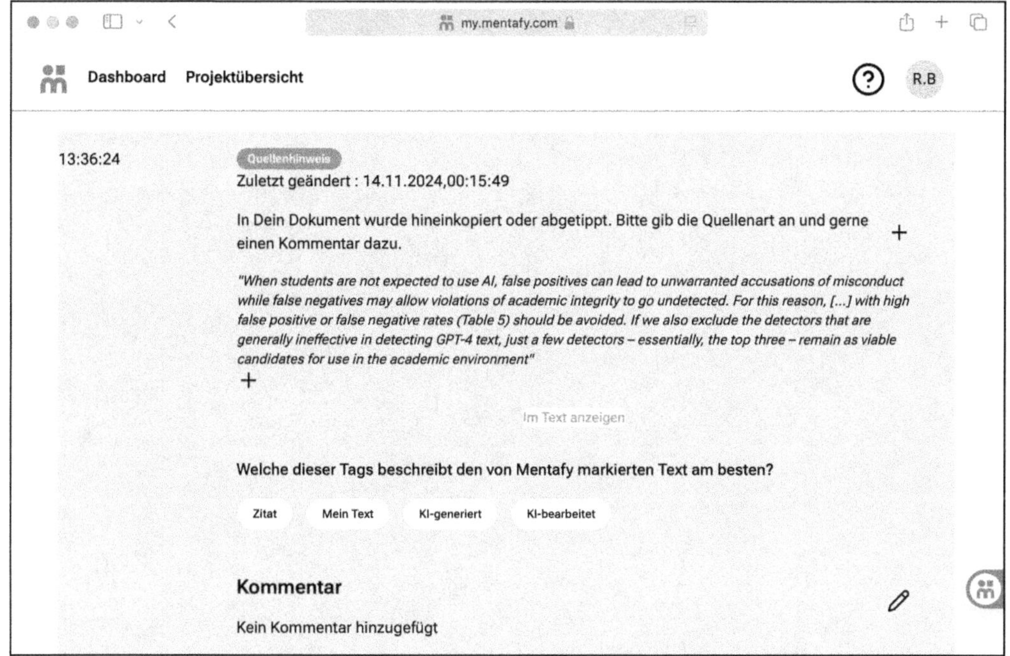

Abbildung 9.3: Das deutsche Startup Mentafy möchte wissenschaftliche Arbeit mit KI entkriminalisieren. Quellennachweise sind der Ansatz. (Screenshot: `my.mentafy.com`)

Ein Schreibprojekt in Mentafy beginnen und protokollieren

Zu Beginn ist Mentafy kostenlos nutzbar, und Sie können es direkt einsetzen:

1. Sie starten auf `https://my.mentafy.com` und loggen sich mit Ihrem MICROSOFT-KONTO ein (siehe *Kapitel 4*). Dafür teilt Microsoft Ihren Namen und gibt den Zugriff auf OneDrive frei, was Sie ANNEHMEN müssen.

2. Wählen Sie SCHNELLSTART, um direkt zu beginnen, oder erstellen Sie ein NEUES PROJEKT, in dem Sie FRISTEN und BESCHREIBUNGEN einfügen können.

3. Sie starten jeweils mit STARTE SESSION, UM MIT DER ARBEIT ZU BEGINNEN und legen mit der regulären Schreibarbeit im verknüpften WORD-Dokument los.

4. NOTIZEN und URLs können Sie ebenfalls im Projekt sammeln. Sie werden im AKTIVITÄTSVERLAUF protokolliert.

5. Nach der Schreibarbeit müssen Sie auf der Webseite die SESSION BEENDEN.

6. Sie führen ein SCHREIBTAGEBUCH zur Dokumentation. Eingefügte Quellen werden identifiziert und Ihnen zur PRÜFUNG vorgelegt (*Abbildung 9.3*).

IN DIESEM KAPITEL

KI-generierte Kunst erschaffen

Die wichtigsten Bildmodelle und ihre Unterschiede

Nützliche preiswerte oder völlig kostenlose Tools

Kapitel 10
Bilder: Kunst, Fotografie und Magie mit KI

In diesem Kapitel zeige ich Ihnen, wie Sie selbst atemberaubende Bilder mit wenigen Befehlen und Klicks erstellen und wie Sie KI für die manchmal fast magisch anmutende automatisierte Nachbearbeitung nutzen können. Sie verwenden dabei Bildgeneratoren wie *Stable Diffusion*, *Dall-E* oder *Midjourney* und experimentieren mit verschiedenen Stilen und Themen, um basierend auf Ihren Textbeschreibungen einzigartige Kunstwerke zu erstellen. Gleichzeitig integrieren Sie intelligente KI-Retuschewerkzeuge in Ihren professionellen Arbeitsalltag und arbeiten effizienter.

Ungeahnte Möglichkeiten der Bildgestaltung

KI-generierte Kunst ist allgegenwärtig. Seit *Dall-E 2.0* im April 2022 erschienen ist, haben die Bildgeneratoren in kurzer Zeit nicht nur eine völlig neue Ästhetik etabliert, sondern lange geltende Gesetzmäßigkeiten der Kreativbranche über den Haufen geworfen und ihre Techniken demokratisiert.

Was Sie mit KI-Bilderzeugung erschaffen können:

- ✔ Entwerfen Sie Bilder zur Illustration für Magazine, Blogs, Postings oder Webseiten mit Zeichnungen oder Fotografie. Schaffen Sie beeindruckende Werbeanzeigen (*Abbildung 10.1*) oder atemberaubende Kunst.
- ✔ Nutzen Sie Bilder zur Inspiration, für Moodboards bei Fotoshootings oder Filmdrehs, Werbefotos, Mock-ups, Webseiten-Dummies und visualisierte Stories.

Abbildung 10.1: KI-Werbung an einer Bushaltestelle (Foto: Rafael Bujotzek)

- ✔ Designen Sie mühelos gekachelte Pattern-Vorlagen (Backplates, Kacheln oder Texturen genannt), die sich an den Kanten berühren und zum Beispiel für Stoffbahnen, Hintergründe oder Tapeten eignen.
- ✔ In den Teilbereichen Vektorgrafiken, 3D-Objekte und sogar in der Typografie machen KI-Bilderzeuger Fortschritte, obwohl Text eine eigene Kategorie für die KI-Bildgeneratoren ist, die nicht jedes Modell beherrscht.

Kombinieren Sie KI-Funktionen wie Text und Bild und gestalten Sie damit auch Dekoration oder Filmrequisiten wie täuschend echte Tageszeitungen, Detektivausweise, Piratenschatzkarten und Baupläne von Raumschiffen.

Sie haben ungeahnte Möglichkeiten. Ihrer Fantasie sind keine Grenzen gesetzt!

Gefahren bei der kommerziellen Nutzung von Bildgeneratoren

Apropos Gesetz! Hier lauern Gefahren, die Sie im Blick behalten sollten:

- ✔ **Haftung für Inhalte:** Sie haften für die von Ihnen veröffentlichten KI-generierten Inhalte, zum Beispiel bei Verstößen gegen Gesetze oder Persönlichkeitsrechte, und müssen dabei die Lizenzbestimmungen der verwendeten KI-Modelle beachten. Näheres zu Rechten und Pflichten erfahren Sie in *Teil V* dieses Buches.

- **Fehlende Authentizität:** KI-Bilder können eine scheinbar authentische Wirklichkeit vortäuschen, was die Glaubwürdigkeit von Medien gefährden kann. Eine Kennzeichnung von KI wird daher empfohlen, manchmal geboten.
- **Qualitätsmängel:** KI-generierte Bilder weisen nicht zuletzt häufig noch Schwächen auf. Die berühmten Hände mit zu vielen Fingern sind weniger geworden, doch Details, Proportionen oder Licht und Schatten sind ein Thema.

Bevor Sie ein KI-generiertes Bild veröffentlichen, sollten Sie es auf Ungereimtheiten prüfen, bevor es peinlich wird: Stromkabel, die einfach enden, falsche Schatten oder andere Regeln der Physik, die nicht gelten wollen.

Sicherheitssperren bei der Bilderzeugung

Nach zahlreicher Kritik an Fake News, Deepfakes und anderen schlimmen Dingen (siehe Rechtskapitel in *Teil V*) sind viele Sperren und Filter eingebaut, die nicht alles zulassen, was die Modelle können.

- Bei *Midjourney*, *Dall-E* und *Firefly* sind zum Beispiel keine Prominenten erlaubt, bei *Stable Diffusion* schon. Manchmal werden sogar Stile lebender Künstlerinnen und Künstler verhindert, wie bei Dall-E. Wiederum andere sind generell offen.
- Nackte Tatsachen blockieren fast alle Produkte, auch Drogen sind meistens gesperrt. Bei Gewalt- und Extremdarstellungen und Begriffen wie `blood` (*Blut*) und `kill` (*töten*) sowie politischen Symbolen sind nicht alle so konsequent. Die Wertvorstellungen orientieren sich größtenteils an der Heimat der meisten Produkte, und das sind dann die USA oder immer mehr auch China.
- Anatomische Details des menschlichen Körpers, zum Beispiel der Fortpflanzungsorgane, sind ebenfalls meistens gesperrt, was dazu führt, dass Sie für den Biologieunterricht oder für Medizinprodukte keine Bebilderung erstellen können.
- Markennamen und Produkte wie *Rolex*, *Disney*, *Nikon* und so weiter sind bei vielen Generatoren blockiert und führen zu alternativen Darstellungen oder ähnlichen Aufmachungen. Statt `Paramount` steht dann da bei Dall-E so etwas wie »Pamamut« (*siehe Abbildung 10.2*). Selbst Charaktere wie *Chewbacca* aus *Star Wars* oder die *Minions* sind teilweise gesperrt. Das heißt nicht, dass man sie nicht generieren könnte, wenn man `gelbe Wesen mit Brille` promptet. Veröffentlichen sollten Sie das am Ende aber besser nicht.

Abbildung 10.2: Das Apple-Logo war kein Problem, das Paramount-Emblem ist dagegen stark abstrahiert. Sicherheitsfilter in Dall-E3 (Bild: Microsoft Copilot)

So generieren Sie Bilder mit Künstlicher Intelligenz

KI-Tools können aus Textbeschreibungen (Prompts) oder hochgeladenen Skizzen Vorschläge generieren, die dann weiter angepasst werden können. In einigen Fällen sind auch Bilder oder gar Videos als Vorlage möglich.

KI-Bilder sind schnell erstellt: Sie generieren sie wie bereits bei Textgeneratoren mithilfe eines Text-Prompts (*Text-to-Image*) oder laden ein Bild als Vorlage hoch, das imitiert und erweitert werden soll (*Image-to-Image*).

Tipps für effektive KI-Bildgenerierung

- ✔ **Detaillierte Beschreibung:** Je präziser Ihre Vorgaben sind, desto besser kann die KI Ihre Vision umsetzen. Berücksichtigen Sie Stimmung, Farben und Schlüsselelemente und setzen Sie nichts voraus, was die KI nicht kennen kann.
- ✔ **Komposition beachten:** Geben Sie Ihre Präferenzen zur Bildkomposition an, um das gewünschte Ergebnis zu erzielen. Was soll im Bild alles zu sehen sein?
- ✔ **Experimentieren und genauer werden:** Falls das erste Ergebnis in Ihren Augen nicht zufriedenstellend ist, passen Sie Ihre Beschreibung an und experimentieren Sie mit verschiedenen Elementen, um das Bild zu optimieren. Das nennt man *iteratives Vorgehen*. Es hat sich bewährt (siehe *Kapitel 8*).

Besonders am Anfang kann die Lernkurve noch steil und die Frustration groß sein, wenn eingegebene Prompts nicht exakt das liefern, was Sie erwarten. Lassen Sie sich nicht entmutigen und gehen Sie weiterhin strukturiert vor!

Bedienoberflächen der Bildgeneratoren

Je mehr Kontrolle über die Parameter Sie haben, desto präziser können Sie die gewünschten Ergebnisse erzielen. Die Bedienoberflächen der unterschiedlichen Programme und Webseiten sind ähnlich zueinander aufgebaut, und Sie können sich schnell zwischen verschiedenen Eingabemasken orientieren. Hier verschaffen Sie sich eine Übersicht der grundlegenden Einstellmöglichkeiten.

KI-Modell

Verwenden Sie zur Bildgenerierung eine Software oder eine Webanwendung, in der mehrere KI-Modelle zur Auswahl stehen, können Sie separat bestimmen, welches Modell zum Einsatz kommen soll. Die Vorzüge und Nachteile einzelner Modelle stelle ich Ihnen *in diesem Kapitel* noch näher vor.

Derselbe Prompt kann bei einem Modell zu unterschiedlichen Ergebnissen führen. Noch größere Unterschiede liefert ein Prompt bei mehreren Modellen.

Prompts

Die Beschreibung des gewünschten Bildes wird mit dem Prompt festgelegt. Sie geben in natürlicher Sprache ein, was Sie sehen möchten, und können dabei einen ZEICHEN-, MAL- oder FOTOGRAFIESTIL wählen oder die Farben festlegen.

- ✔ Es gibt keine festgeschriebenen Befehle, Programmiersprachen oder Stichworte, die Sie lernen müssten (außer Kommandos bei *Midjourney*, die Sie kennenlernen).
- ✔ Zwar haben sich gewisse Techniken bewährt und können eingesetzt werden, und besonders erfolgreiche und detaillierte Prompts werden gehandelt (*Kapitel 8*), für den Anfang genügt es jedoch, sich frei treiben zu lassen und auszuprobieren.
- ✔ Auch wenn mit wenigen Wörtern ein Bild entsteht, sind längere ausführlichere Prompts besser. Nur, was Sie der KI mitteilen, kann sie berücksichtigen.

Generieren Sie Fotos, denken Sie wie eine Fotografin, möchten Sie Illustrationen, denken Sie wie ein Illustrator. Entsprechend können Sie Ihre Bilder im Prompt eindeutiger beschreiben. Je detaillierter und länger Sie Ihre Erwartungen ausführen, umso exakter kann das Modell Ihre Wünsche erfüllen.

- ✔ Die meisten Bildgeneratoren verstehen Deutsch und andere Sprachen, selbst wenn die Oberfläche nur in englischer Sprache zur Verfügung steht. Bei den meisten ist es jedoch geläufig, Englisch für Prompts zu verwenden, und häufig führt das auch zu einer besseren und präziseren Umsetzung.

- Bei einigen generierten Fotografien können Sie im Prompt sogar mit Befehlen festlegen, nach welcher KAMERA und OPTIK das erstellte Bild aussehen soll. Außerdem geben Sie an, aus welchem Blickwinkel (*camera angle*), zum Beispiel von oben aus der *Vogelperspektive*, und in welchem Bildausschnitt (*shot size*, nicht mit Bildformat verwechseln!), zum Beispiel Nahaufnahme, das Bild generiert werden soll: `wide shot of a luxury penthouse, 35mm.`

Wer über Fotografie- oder Filmkenntnisse verfügt, ist im Vorteil. Alle anderen können sich Inspirationen für *Kameraoptik* oder *Einstellungsgrößen beim Film* (`https://de.wikipedia.org/wiki/Einstellungsgröße`) besorgen.

Negativ-Prompts

Elemente, die nicht im Bild erscheinen sollen, werden mit einem sogenannten *Negativ-Prompt* zum Ausdruck gebracht, zum Beispiel `keine Hunde`.

- Der negative Prompt ist das exakte Gegenteil des eigentlichen Prompts. Alles, was Sie auf gar keinen Fall im Bild sehen möchten, legen Sie in diesem Feld fest.
- Theoretisch wäre es auch mit einer Verneinung im eigentlichen Prompt-Feld möglich, gewisse Elemente auszuschließen. Schließlich versteht die KI ja natürliche Sprache. Doch obwohl das Textverständnis der Bildgeneratoren besser wird, sind Prompts wie `Hunde, keine Katzen` seltener erfolgreich.

Eltern kennen das: Wenn sie Ihren Kindern sagen, »nicht fallen lassen«, passiert genau das, und sie werfen vor Schreck alles zu Boden. So ähnlich verhält es sich mit der KI. Wenn Sie die Informationen mit einem Prompt und *Negativ-Prompt* voneinander abtrennen, funktioniert die Unterscheidung besser.

Prompt-Verbesserung (Enhance Prompt)

Viele Bildgeneratoren sind mit einer KI-Prompt-Optimierung ausgestattet, die Sie mit einer entsprechenden Schaltfläche anfordern können.

- Nachdem Sie Ihre Texteingabe beendet haben, wird Ihnen damit noch vor dem Absenden dieses Prompts eine Verbesserung angeboten.
- Dafür formuliert die KI den Prompt-Text noch einmal um, macht ihn aussagekräftiger oder fügt Details ein, an die Sie vielleicht gar nicht gedacht haben. Das führt in den meisten Fällen zu einem besseren Ergebnis.

Vor dem Generieren mit einem optimierten Prompt sollten Sie noch einmal nachsehen, ob Ihr Wunsch auch weiterhin getroffen wird. Beachten Sie auch, dass ihr ursprünglicher Prompt im Eingabefeld meistens unwiederbringlich überschrieben wird, wenn Sie die ENHANCE PROMPT-Taste drücken.

Bildformat oder Seitenverhältnis

Sie geben an, welche Größe das Bild haben soll, ob es im Hoch- oder Querformat erzeugt wird und beispielsweise 16:9 als Seitenverhältnis haben soll. Dabei sind die Grenzen einzelner Generatoren limitiert, manchmal auch abhängig vom Tarifmodell. Sie können also nicht unbegrenzt große Bilder generieren, sondern müssen eine maximale Pixelzahl hinnehmen.

Strukturreferenz

In einigen Fällen haben Sie noch die Möglichkeit, ein bereits vorhandenes Referenzbild vorzugeben und zu erklären, dass das neu generierte Bild so ähnlich aussehen soll. Struktur, Aufbau oder Layout, aber auch Farben oder Malstil können dabei zum Beispiel übernommen werden.

Stilvorgabe und Stilisierungsgrad

Sie können bestimmen, dass Bilder im Stil eines Künstlers, einer Epoche oder mit einem gewissen Werkzeug generiert werden sollen. Der Stilisierungsgrad bestimmt, wie künstlerisch oder abstrakt das Ergebnis sein soll, und kann in Prozent bis 100 angegeben werden.

Sketch-Funktion

Mit einer groben Zeichnung, dem *Sketch*, können Sie bei einigen Modellen vorgeben, wie ein Bild eingeteilt sein soll. So kann aus einer skizzierten Kombination von Rechtecken zum Beispiel eine Skyline werden.

Inpainting

Je nach Modell sind nachträgliche Bearbeitungen (*Inpainting*) an generierten Bildern möglich. Dabei entsteht nur der von Ihnen ausgewählte Bereich neu.

Bildanzahl

Bei den meisten Generatoren werden mit einem Prompt automatisch gleich zwei, vier oder mehr Bilder entworfen. Das erhöht die Wahrscheinlichkeit, dass etwas Passendes dabei ist. Manchmal können Sie festlegen, wie viele solcher Entwürfe Sie pro Durchlauf wünschen. Beachten Sie, dass die Bilder in den seltensten Fällen gespeichert bleiben. Sobald Sie also das Browserfenster oder das Programm schließen oder mit dem nächsten Prompt loslegen, sind die einmal generierten Bilder unwiederbringlich fort. Zum Herunterladen gibt es nicht immer Schaltflächen. In den meisten Fällen behelfen Sie sich mit einem RECHTSKLICK und finden dort eine DOWNLOAD-Option.

Seeds: Den Zufall austricksen

An vielen Stellen habe ich Ihnen erklärt, dass mit KI generierte Dinge bei jedem neuen Versuch völlig anders aussehen, weil das jeweilige Modell neue Zufallswerte bestimmt. Das stimmt zwar auch, doch es gibt eine Möglichkeit, sich dabei zu behelfen. Das Stichwort lautet: *Seed*. Damit meine ich keine Berliner Band, die in den Genres Reggae und Dancehall tätig ist. Sogenannte *Seeds* (deutsch *Samen*) sind die Startwerte für den Zufallsgenerator, der bei der KI-Bilderstellung verwendet wird. Jedes von einer KI erstellte Bild hat einen einzigartigen Seed-Parameter, also eine Nummer, mit der das System das Bild identifizieren kann. Sie können einen Seed notieren und beim selben Generator wiederverwenden.

Ein **Seed** (*Startwert*) ist der Ausgangspunkt des Pseudozufallszahlengenerators. Dieser erzeugt bei der Bildgenerierung eine Sequenz von Zahlen. Ist diese Sequenz ebenso gleich wie alle anderen Parameter, kommt das Gleiche heraus.

Wofür Seeds nützlich sind

- ✔ Bei gleichem Seed und Prompt wird das gleiche Bild erzeugt.
- ✔ Seeds ermöglichen es, Ergebnisse zu reproduzieren oder leicht zu variieren.

Seeds aus einem Bild auslesen

1. Nach der Generierung steht der Seed-Wert im Informationsbereich (*Meta-Daten*).
2. Der Seed ist eine eindeutige Nummer, zum Beispiel: `9783527722419`.
3. Manche Tools speichern Seeds in einer Textdatei mit allen Einstellungen.

Um sich ein besonders gutes Bild zu merken oder aus einem Internetforum eine richtig gute Grafik zu übernehmen, können Sie den zugehörigen Seed verwenden. Sie benötigen aber immer auch den Prompt und alle Parameter.

Ein Bild mit einem Seed nachbauen (Reproduzieren)

Wenn Sie im Internet einen Seed finden und das entsprechende Bild nachbauen möchten, kopieren Sie ihn, den Prompt und alle Parameter in denselben Bildgenerator:

1. Geben Sie den Prompt in das Textfeld ein und stellen Sie alle Parameter gleich ein. Verwenden Sie exakt denselben Prompt wie beim Original.
2. Ergänzen Sie den gespeicherten Seed-Wert im Seed-Feld oder hinter dem Prompt (bei Midjourney heißt der Parameter `–seed` oder `–sameseed`)
3. Die Anzahl der zu generierenden Bilder wird dabei automatisch auf 1 gesetzt, und Sie erhalten das gewünschte Bild.

Variationen eines Bildes mit Seeds erstellen

Wenn Sie den Seed, den Prompt und alle Parameter kennen, können Sie auch Varianten ein und desselben Bildes vornehmen. Dazu gehen Sie so vor:

1. Behalten Sie den Original-Seed bei.
2. Nehmen Sie kleine Änderungen am Prompt vor.
3. Verwenden Sie das generierte Bild als Referenzbild für weitere Variationen.

Seeds garantieren bei abweichenden Prompts keine identischen Bilder und konsistenten Charaktere, dennoch helfen sie, näher am Original zu bleiben.

Im Zweifel: Fragen

Die Möglichkeiten und Interpretationen der Befehle variieren im Detail etwas zwischen den Modellen. Sie können sie jeweils in den HILFESEITEN oder mit Tooltip-Erläuterungen (FRAGEZEICHEN- oder INFO-Symbole) nachschlagen.

Rechenleistung: Credits, Tokens und Boosts

Für generative KI ist viel Rechenleistung notwendig. Aus diesem Grund kommen viele Produkte nicht mit Flatrates, sondern kleinen Kontingenten:

- ✔ Abhängig von der Auflösung eines Bildes und der Anzahl generierter Bilder schwinden diese Guthaben vom Konto, bis sie zum Anfang eines neuen Abrechnungsmonats erneuert werden. Sie heißen je nach Anbieter Credits, Tokens oder Boosts und sind eine Art virtuelle Währung. Andere geben sie in aufgewendeter Rechenleistung an, was fairer ist, aber sehr abstrakt erscheint.
- ✔ Dieses Prinzip kennen Sie sicher vom Datenvolumen beim Smartphone. Nicht verbrauchte Einheiten können dabei üblicherweise nicht mitgenommen werden.
- ✔ Die meisten Abonnements sind monatlich kündbar, wenn Sie sich jedoch für ein ganzes Jahr binden, sind große Rabatte von meist 20 Prozent ausgelobt.
- ✔ Wenn Sie sich keine Sorgen um Kosten und Guthaben machen möchten, nutzen Sie kostenlose Angebote oder lokal auf Ihrem Computer oder Server installierte Modelle. Hier haben Sie höchstens Betriebsausgaben wie Stromkosten zu befürchten. Je nach Leistungsfähigkeit Ihres Gerätes und der enthaltenen Grafikkarte kann es jedoch dauern, bis die Bilder generiert sind (siehe *Kapitel 7*).

Modelle zur Bilderzeugung

Es gibt wie bei Sprachmodellen sehr viele KI-Modelle zur Bilderzeugung, die unterschiedliche Fähigkeiten mitbringen und in verschiedensten Stilen generieren können. Ein Kopf-an-Kopf-Rennen zwischen Entwicklungsteams ist im Gange, und es kommt in den meisten Fällen auf viel Experimentierfreude an, um das Richtige für die gewünschten Ergebnisse auszuwählen.

Zunächst möchte ich Ihnen einen Überblick über die gängigsten Modelle geben. Dabei spielen neben Bildqualität auch Preis und Verfügbarkeit eine Rolle. Müssen Sie für Ihre Zwecke sehr viele Bilder generieren, können sich lokal installierte Modelle gegenüber bezahlten Abonnements lohnen.

Dall-E

Die Bildgeneratorfunktion von ChatGPT-Pionier OpenAI setzt früh Maßstäbe in dieser Produktkategorie. Zum ersten Mal ist es damit möglich, mit reinen Texteingaben Bilder von einem Computer generieren zu lassen. Schnell wird Dall-E 2 allerdings von der Konkurrenz eingeholt. Erst mit Version 3 kann OpenAI im August 2023 wieder Anschluss gewinnen. Die Wortkombination aus dem knuffigen Pixar-Roboter Wall-E und dem spanischen Surrealisten Salvador Dalí ist inzwischen solides Mittelfeld. Mittlerweile wirken die generierten Bilder einigen vielleicht zu nüchtern, und man hat sich an den Stil gewöhnt. Das müssen Sie aber selbst beurteilen (siehe *Abbildung 10.2*). Wegen der einfachen Bedienung ist Dall-E besonders für den Einstieg gut geeignet.

Dall-E über ChatGPT nutzen

- ✔ Eine eigene Anwendung dafür gibt es von OpenAI nicht. Dall-E wird direkt aus ChatGPT heraus angesprochen und braucht dafür nur ein Stichwort wie `Zeig mir ein Bild` / `Generiere` oder das englische `Imagine`.
- ✔ *Varianten* sind eingeschränkt, *Seeds* werden auch nicht veröffentlicht.
- ✔ In der Gratisvariante sind wenige Bilder inklusive. Bei Bedarf können Sie die API nutzen und die Bildgeneration in Ihr Programm integrieren.

Wenn Sie ein Bild nachahmen wollen, kann ein Chatbot dazu einen passenden Prompt generieren. Die Bilderkennung und -analyse heißt *Computer Vision*.

Versteckte Inpainting-Funktion

Sie können Bilder von Dall-E auch in ChatGPT nachbearbeiten (*Inpainting*):

1. Dafür müssen Sie ein BILD ANKLICKEN und es erscheint ein STIFT-Symbol.
2. Mit diesem können Sie im Bild eine Markierung vornehmen und für diesen Bereich einen neuen Prompt generieren.
3. Sie schreiben dazu in das Prompt-Feld, was geändert, hinzugefügt oder entfernt werden soll, zum Beispiel: `Ergänze Konfetti.`
4. Es gibt auch *Vorlagen* für passende Styles, die einen Effekt erzeugen. Das Ganze funktioniert im Web und in der App.

Dall-E über Microsoft Designer oder Copilot nutzen

Dall-E ist durch die Partnerschaft zwischen OpenAI und Microsoft (*Kapitel 2*) die Basis der Microsoft Designer genannten Webanwendung, die in Copilot integriert ist. Das ist für die Nutzenden gut, die über keinen kostenpflichtigen Account bei ChatGPT verfügen, aber mehr Bilder mit Dall-E erstellen möchten.

- ✔ Öffnen Sie `https://copilot.microsoft.com` und loggen Sie sich ein. Die Bedienung läuft wie bei ChatGPT über Prompts mit dem Stichwort `Generiere ...`

- Der Microsoft Designer unter `https://designer.microsoft.com` folgt einem sehr einfachen und spielerischen Ansatz. Das Prompt-Feld gleicht einem Lückentext, den Sie mit viel Unterstützung ausfüllen oder auf Vorlagen klicken, die so ähnlich sind wie ihr Prompt-Ziel. Auf Wunsch können Sie die GESAMTE EINGABEAUFFORDERUNG BEARBEITEN oder den PROMPT VERBESSERN lassen.
- Sie können bei Microsoft Bilder generieren, bis Ihr Guthaben aufgebraucht ist. Dieses erneuert sich pro Woche um 15 Credit-Punkte, die sogenannten *Boost*. Sind diese aufgebraucht, können Sie zwar auf diesem Weg weiterhin Bilder erzeugen, das ist jedoch stark verlangsamt und abhängig von der Auslastung der Server.

Praxisbeispiele mit Microsoft Designer

Damit Sie schon mit dem ersten Werkzeug ein paar Erfahrungen sammeln können, möchte ich Ihnen anhand des kostenlosen und weit verbreiteten Microsoft-Designer-Tools, das OpenAIs *Dall-E*-Modell als Basis hat, ein paar Beispiele zeigen, die Sie schnell umsetzen und weiterverwenden können.

Avatar mit Ihrem Abbild

Benötigen Sie ein Profilbild für eine Social-Media-Plattform oder für WhatsApp, können Sie einen 3D-Cartoon-Avatar nutzen. Sie können das Bild auch in Präsentationen, in Logos oder auf Druckerzeugnissen verwenden.

Mit dem Microsoft Designer erstellen Sie den personalisierten Charakter (so wie meiner in *Abbildung 10.2*) mit Dall-E-Technologie in Sekunden:

1. Öffnen Sie Designer im Browser: `https://designer.microsoft.com`.
2. Verwenden Sie die bereitgestellte englische Prompt-Vorlage:

```
3D cartoon [noun] with a [adjective] smile, standing at an angle, wearing
a [color] [upper-body garment], [eye color] [eye-shape] eyes, and [hair
length] [hair color] [texture] [style] hair. Holding [object(s)]. text 3D
rendering, typography, illustration, painting, photo, poster, 3d rendered.
```

3. Füllen Sie im Prompt-Text die Lücken `[in eckigen Klammern]` aus, zum Beispiel `Geschlecht`, `Kleidung`, `Augenfarbe`, `Frisur`.
4. Klicken Sie auf GENERATE.
5. Wählen Sie aus den Vorschlägen Ihren Favoriten und laden Sie das Bild herunter.

Generatives Bilderrätsel

Aus Zeitschriften oder Schulbüchern kennen Sie beliebte Rätsel, die Redewendungen oder Sprichwörter auf Basis eines Bildes suchen. Falls Sie so etwas selbst erstellen möchten, zum Beispiel für ein Social-Media-Gewinnspiel, sind Bildgeneratoren behilflich:

- Alles ist möglich: einen Bären aufbinden, das blinde Huhn mit dem Korn oder der Elefant im Porzellanladen oder noch anspruchsvollere Sachen.

- ✔ Dabei genügt es jedoch nicht, das Sprichwort als Prompt einzugeben. Sie müssen schon ein brauchbares Bild generieren, das auch verständlich ist.
- ✔ Übrigens ließ mich Microsoft zunächst wegen der Sicherheitseinstellungen nicht die bekannte Redewendung »Da wird der Hund in der Pfanne verrückt« bebildern. Mit ein wenig Umstellungen im Prompt ging es dann doch.

So gestalten Sie ein generatives Bilderrätsel mit Microsoft Designer:

1. Öffnen Sie Designer im Browser: `https://designer.microsoft.com`.
2. Entwerfen Sie eine passende Szene, die zur Redewendung passt. In einfachen Sätzen mit prägnanten Begriffen werden Sie gut verstanden.
3. Skizzieren Sie handelnde Figuren und notwendige Details. Lassen Sie sich von der Funktion PROMPT VERBESSERN helfen und vergleichen Sie die Bearbeitung mit Ihrer ursprünglichen Vorlage.
4. Machen Sie ein paar Durchläufe, bis Sie das passende Bild für Ihr Rätsel haben. Sie können es testen, indem Sie es einem Chatbot vorstellen.

Bild-Prompts und Vorlagen mit Lückentexten finden Sie bei Microsoft Create: `https://create.microsoft.com/de-de/features/ai-image-generator`.

Dall-E über Microsoft Paint und die Fotos-App

Richtig gelesen: Das Windows-Urgestein, die Bildbearbeitung **Paint**, hat nun einen eigenen KI-Bildgenerator, der weitgehend auf Dall-E, aber auch auf Stable Diffusion basiert und das kleine, kostenlose Programm zu einem Photoshop-Konkurrenten für kleine Basteien aufbläst. Hinter der Funktion IMAGE CREATOR mit dem STERNCHEN-Symbol in der oberen Symbolleiste verbergen sich Funktionen, um Bilder zu generieren:

1. Für den IMAGE CREATOR müssen Sie sich im Microsoft-Konto ANMELDEN.
2. In der SEITENLEISTE tippen Sie den Prompt zum gewünschten Bild ein.
3. Wählen Sie eine FORMATVORLAGE aus, in der Sie ihr Bild erstellen möchten, und klicken Sie auf die Schaltfläche ERSTELLEN.
4. Image Creator generiert drei verschiedene Varianten des von Ihnen angeforderten Bilds. Sie können auf eine der Varianten klicken und diese übernehmen.

Paint greift auf die gleichen Mechanismen zurück wie Copilot und Designer. Daher sehen Sie am unteren Bildrand die Münzen, die Ihr Guthaben für Generierungen darstellen. Mit jedem Mal geht eine von Ihren zu Beginn erhaltenen 50 Münzen weg. Im Copilot-Pro-Abonnement erhalten Sie mehr.

Eine zweite Funktion: Der COCREATOR lässt zusätzlich Bildteile mit einem Text-Prompt von KI generieren (GENERATIVE FÜLLUNG) beziehungsweise entfernen (GENERATIVES

ENTFERNEN). Sie können damit auch grob vorgezeichnete und skizzierte Bilder zu Kunstwerken umwandeln. Dieser Teil in Paint wird von Stable Diffusion übernommen.

- ✔ So können Sie zum Beispiel jemanden aus einem Urlaubsfoto entfernen, der Ihnen ins Bild gelaufen ist. Oder Sie erstellen ganz neue Werke.
- ✔ Paint kann außerdem den HINTERGRUND eines Bildes entfernen und beherrscht verschiedene EBENEN für Bilder, die sich auch verschieben lassen.
- ✔ Allerdings gibt es zu Beginn offensichtlich kein Format, in dem diese Entwürfe abgespeichert werden können, um diese Ebenen nach dem Speichern wieder anpassen zu können. In jedem verfügbaren Format werden sie beim Speichern zusammengefügt. Im Format PNG bleibt zumindest die Transparenz erhalten.

Auch andere Windows-Programme können Fotos mit KI nachbearbeiten: Die Windows **Fotos-App** belegt Schnappschüsse im BEARBEITUNGSMODUS mit EFFEKTEN wie einem unscharfen Hintergrund. Mit der VISUELLEN SUCHE kann von einem Foto aus eine Recherche nach ähnlichen Bildern oder verwandten Produkten bei Bing gestartet werden.

Midjourney

Eines der bekanntesten KI-Tools zur Generierung von Bildern heißt Midjourney. Hinter dem 2022 veröffentlichten und stetig weiterentwickelten Produkt steht ein kleines Forschungsinstitut in Kalifornien unter Leitung des Mathematikers David Holz, der zuvor ein Jahrzehnt an Leap Motion, einem Startup für Virtual-Reality-Sensoren gearbeitet hat. Midjourney ist für viele eines der besten, aber sicher das komplizierteste KI-Bildgestaltungswerkzeug.

- ✔ In Bezug auf die Bildqualität mischt Midjourney an der Spitze mit.
- ✔ Dieses Tool ist ein wenig umständlich zu bedienen und erforderte lange Zeit die bei Gamern verbreitete Chat-App Discord als Kommandozeile für den Prompt. Das ging sehr flott, empfanden viele aber als nicht sehr intuitiv.
- ✔ Auf `https://midjourney.com` können Sie inzwischen wie mit anderen Generatoren Prompts und auswählbare Eigenschaften kombinieren. Für Puristen ist das zu viel Klickerei. Beide Varianten haben Vor- und Nachteile.

Preisstruktur

Ähnlich kompliziert wie die Bedienung ist nur noch das Preismodell. Die aktuellen Preise finden Sie unter `https://midjourney.com/account`.

- ✔ Es gibt drei Tarifstufen, die bei etwa zehn US-Dollar pro Monat beginnen, wobei Sie nur acht US-Dollar bezahlen, wenn Sie sich für ein Jahr an Midjourney binden. Mit diesem Basistarif können Sie rund 200 Bilder pro Monat generieren.
- ✔ Ernsthaft mit dem Werkzeug arbeiten können Sie daher erst für 30 US-Dollar im Monat (beziehungsweise 24 US-Dollar im Jahresvertrag).

- Neben einem Tarifpreis ist noch die Rechenzeit angegeben. Das ist die Zeit, die für Ihre Bilder maximal gerechnet werden darf. Ist diese überschritten, können Sie sie in jedem Paket aufladen. Bewerten Sie Bilder und trainieren Sie damit das Modell, verdienen Sie sich auch etwas Rechenzeit hinzu.
- Unternehmen mit mehr als einer Million Dollar Jahresumsatz müssen laut Nutzungsbedingungen im Pro-Tarif starten, andernfalls besitzen Sie nicht die Nutzungsrechte an den generierten Bildern. Das kostet sie pro Monat 60 US-Dollar beziehungsweise 48 US-Dollar bei einem Jahresvertrag.
- Nur im Pro-Tarif ist auch der Stealth-Modus enthalten, der Bilder für alle anderen ausblendet. Wenn Sie nicht dafür bezahlen, sind alle generierten Kreationen für die Midjourney-Community sichtbar. Es besteht die Gefahr, dass Ihre Bilder oder Prompts von anderen abgegriffen werden. Das wäre im Fall der Bilder und bei weniger komplexen Prompts sogar legal, wie Sie in *Teil V* noch näher erfahren.

Bedienung von Midjourney

Wie die meisten Bildgeneratoren versteht Midjourney keine Grammatik mit Satzstrukturen und auch negative Formulierungen wie »Zeige dies, nicht das« bringen Sie hier nicht weiter. Prompten Sie also positiv, klar und direkt.

Midjourney in Discord beitreten

Der klassische Zugriff auf Midjourney erfolgt über Discord, wenn Sie nicht über die weiter hinten beschriebene Webseite, sondern auf diesem Weg starten möchten, gehen Sie so vor:

1. Laden Sie das Programm von `https://discord.com` und registrieren Sie sich.
2. Treten Sie dem Server `http://discord.gg/midjourney` bei.
3. Es gibt hier verschiedene Chat-Kanäle, denen Sie beitreten können. Wechseln Sie in einen Kanal mit `newbie-#` für Allgemeines (mit einer Zahl am Ende, es gibt mehrere wegen der starken Nachfrage). In den anderen Kanälen können Sie Fragen stellen oder sehen, was die Community an Bildern generiert hat.
4. Mit einem Slash-Zeichen / beginnen Sie einen Befehl (COMMAND), und es wird Ihnen eine Liste angezeigt, aus der Sie auch einen Befehl auswählen können.

Das Abonnement für Midjourney in Discord abschließen

Am Anfang legen Sie sich ein kostenpflichtiges Abonnement an. Auch das geschieht im Discord-Chat. Sie erhalten von dort aus einen Bezahllink, dem Sie folgen müssen. Diese Befehle helfen Ihnen dabei:

- Mit `/subscribe` im Discord-Chat generiert Midjourney einen Link, den Sie aufrufen können, um ein Abonnement abzuschließen oder anzupassen. Diesen Link sollten Sie niemals weitergeben, weil er individuell zu Ihrem Account gehört.
- `/help` beziehungsweise `/ask` hilft Ihnen weiter, wenn Sie Fragen haben. `/settings` gibt Ihnen mehr Einstellungsmöglichkeiten für den Midjourney-Bot.

Der wichtigste Befehl für Midjourney lautet `/imagine` (*stell dir vor*) gefolgt vom Prompt, an den Sie noch Parameter anfügen können.

Bilder in Midjourney über Discord generieren

Sobald Sie ein Abo haben, können Sie Midjourney bedienen (*Abbildung 10.3*):

1. Beginnen Sie die Bildvorstellung mit dem Befehl `/imagine` und fügen Ihren Prompt daran an, zum Beispiel: `/imagine Ein Alpaka auf einem Feld`.

2. Der Midjourney-Bot generiert Ihnen vier Bildoptionen und benötigt dafür eine gewisse Rechenzeit. Um schnell zum Ergebnis zu kommen, haben Sie einen gewissen Bonus zur Verfügung (FAST TIME). `/info` zeigt den aktuellen Status ihres Kontos und die verbrauchte Rechenzeit an.

3. Sobald die ersten Bilder generiert sind, werden zwei Reihen von Schaltflächen unterhalb des Bildrasters sichtbar. Hier können Sie ein Bild herauspicken und es mit der jeweiligen U-1- bis U-4-Schaltfläche herunterladen oder mit den V-Schaltflächen daran weiterarbeiten und es konkretisieren.

4. Wenn Sie komplett unzufrieden sind, startet der PFEIL einen neuen Durchgang.

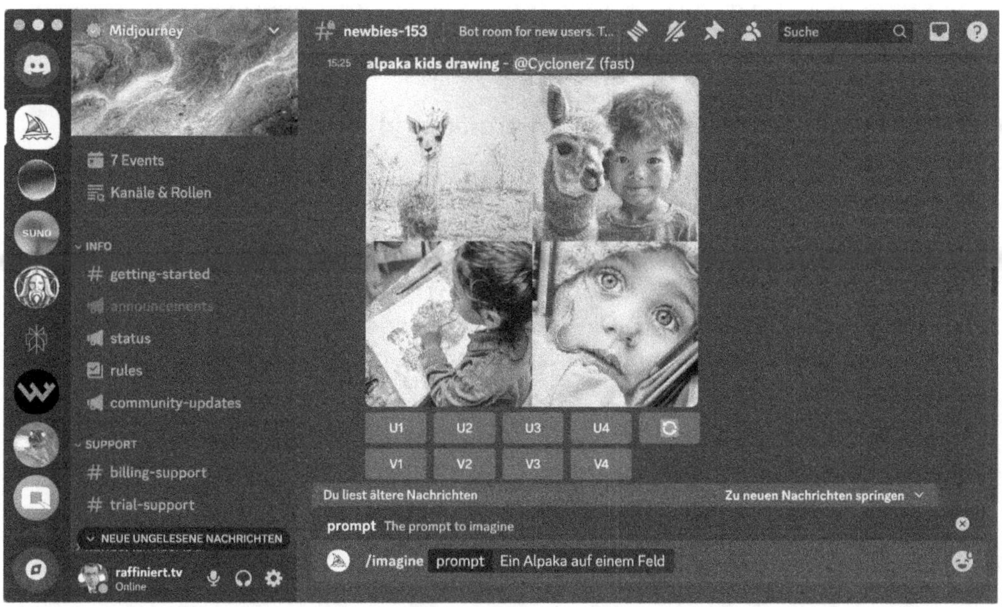

Abbildung 10.3: Generierte Bilder in Midjourney kann erst einmal jeder sehen. Wer das nicht möchte, muss tiefer in die Tasche greifen. (Screenshot: Midjourney-Server in Discord)

Bilder in Midjourney über Discord verfeinern

Das ganze System ist darauf ausgelegt, dass Sie nicht mit dem ersten Prompt ein perfektes Bild generieren, sondern in vielen aufeinanderfolgenden Arbeitsschritten immer näher an ihr Ziel gelangen.

- ✔ Bei sehr kurzen Prompts nutzt Midjourney seinen Standardstil, der mehr nach dem allgemeinen Midjourney-Brei und wenig originell aussieht.
- ✔ Je kürzer der Prompt, umso stärker ist der Einfluss einzelner Wörter im Verhältnis zueinander. Das wird in *Abbildung 10.3* deutlich: Meint `alpaka kids drawing` eine Zeichnung eines Alpakas, ein gezeichnetes Kind mit Alpaka, ein Kind beim Zeichnen eines Alpakas oder ein gezeichnetes Kind in Alpaka-Wolle?

Bilder in Midjourney über Discord hochskalieren (Upscaling)

Die U-Schaltflächen dienen dem zum DOWNLOAD. Das hat historische Gründe:

- ✔ In frühen Versionen werden die Bilder erst als Vorschau angezeigt. Die U-Schaltflächen mit Zahlen von 1–4 für jedes Bild steuern das Hochskalieren (UPSCALE). Die Bilder werden dabei von oben links nach unten rechts gezählt.
- ✔ Mit den neueren Modellen werden die Bilder sofort mit einer Größe von 1024 × 1024 Pixeln erzeugt, und Sie wählen damit lediglich aus, welches Bild Sie groß angezeigt sehen möchten, um es weiter zu bearbeiten oder herunterzuladen.

Bilder in Midjourney über Discord variieren (Vary)

Die V-Schaltflächen verwenden Sie, um Variationen eines Bildes zu erstellen. Mit dem PFEIL-Knopf können Sie es neu generieren und erstellte Bilder verwerfen. Wenn Sie sich für eine Variante entschieden haben, wird dieses Bild vergrößert, und Sie erhalten eine neue Auswahl an Steuerungsknöpfen:

- ✔ Sie können das Bild *subtil/weniger stark* (SUBTLE) und *kreativ* (CREATIVE) weiter vergrößern (UPSCALE), vom Bild Varianten SUBTLE und STRONG erstellen lassen oder eine spezielle REGION *variieren* (VARY).
- ✔ Die ZOOM-OUT-Schaltflächen behalten den angezeigten Bildteil bei und generieren außen etwas hinzu. Mit CUSTOM wählen Sie, wie viel es sein darf. Mit den PFEIL-Knöpfen können Sie auch nur an einem Bildrand etwas erweitern.
- ✔ Jedes Bild verfügt über einen Direktlink zur Midjourney-Seite (WEB), die es noch nicht so lange gibt. Mit dem HERZ-Symbol markierte Favoriten finden Sie bei ORGANIZE mit entsprechendem Filter wieder.

Parameter an den Midjourney-Prompt anfügen

Als wäre das nicht schon genug, kann jeder Prompt mit Parametern verfeinert werden, die Sie für gewisse Sonderfunktionen anhängen. Sie werden mit zwei Bindestrichen eingeleitet und können noch eine Eigenschaft haben:

- ✔ Negativ-Prompt: Mit `--no` und anschließendem Text schließen Sie gewisse Elemente im Bild aus, zum Beispiel `/imagine dogs --no terrier`
- ✔ Um in der Bildsprache konsistent zu bleiben, können Sie eine Stilreferenz angeben. In Discord geht das mit dem Parameter und einer URL zum Bild, die Sie an Ihren `/imagine`-Prompt anhängen: `--sref https://www.b5y.de/foto.jpg`.
- ✔ Für eine Charakterreferenz verwenden Sie `--cref https://www.b5y.de/foto.jpg`.
- ✔ Der Chaos-Parameter steuert die Bandbreite zwischen den Variationen. Mit `--c0` (und `--chaos0`) sind die vier Bilder ähnlich, mit `--c100` sehr verschieden.

Der Befehl `/describe` beschreibt ein vorhandenes Bild mit Stil und Bildeffekt. Diese Beschreibung können Sie für einen neuen Prompt verwenden.

Multiprompts in Midjourney

Midjourney kann zwei oder mehr Prompt-Elemente nebeneinander behandeln (*multi prompts*). Diese Themen trennen Sie mit Doppelpunkten voneinander:

- ✔ Der Prompt `space ship` erzeugt Bilder von einem *Raumschiff.*
- ✔ Der Prompt `space:: ship` erzeugt Bilder von einem *Schiff* im *Weltraum*. Beachten Sie ein Leerzeichen hinter den Doppelpunkten!
- ✔ Der Prompt `space::2 ship` gewichtet den Weltraum (*space*) als doppelt so wichtig wie den Wert für Schiff (*ship*). Sie unterstreichen mit Zahlenwerten die Wichtigkeit eines Begriffs, wobei die Zahl immer zu dem Begriff vor dem Doppelpunkt gehört (*prompt weight*).
- ✔ Der Prompt `space::2 ship:: illustration` erzeugt mehr *Weltraum* und weniger *Schiff* in eine ebenso gewichtete *Illustration*. Das Bild kann also auch fotografische Elemente enthalten.

Midjourney über die Webseite bedienen

Schon allein wegen der Nutzungsfreundlichkeit wird es Sie freuen, dass Midjourney eine Webseite besitzt: `https://midjourney.com`. Diese wird sich langfristig durchsetzen. Zurzeit ist sie nur in englischer Sprache verfügbar. Es ist völlig in Ordnung, wenn Sie gleich dort einsteigen und Discord außer Acht lassen oder erst später hin und her wechseln. Ihr Account ist in beiden Welten gültig. Falls Sie sich zuerst nur mal etwas umschauen möchten, wählen Sie LOOK A BIT AROUND. Aber bitte nichts anfassen. Nein, Spaß! Schauen Sie sich alles an, Sie können sogar die Bilder von anderen herunterladen. Was Sie damit anstellen dürfen, steht in *Teil V*, Spoiler: so gut wie alles.

Bilder in Midjourney über die Webseite generieren

1. Sie können sich auf `https://midjourney.com` mit JOIN NOW registrieren, sofern Sie nicht bereits einen Account von Discord haben.
2. Dort finden Sie auf den meisten Seiten oben die IMAGINE BAR (*Vorstellungsleiste*).
3. Geben Sie den Prompt (ohne `/imagine`-Befehl) ein und drücken Sie ENTER.
4. Unter der Einstellungsschaltfläche auf der rechten Seite der IMAGINE BAR verbergen sich noch Anpassungsmöglichkeiten für die *Bildgröße* (IMAGE), *Ästhetik* (AESTHETICS) und das *Modellverhalten* (MODEL).
5. Sobald Ihre Bilder erstellt sind, finden Sie sie auf der Registerkarte CREATE.
6. Klicken Sie auf ein Bild, um die LIGHTBOX zu öffnen.

Bilder in Midjourney über die Webseite variieren

Wenn Sie ein Bild haben, das Ihnen gefällt, können Sie *Variationen* erstellen:

- ✔ Dafür finden Sie auf dem Bild zwei Schaltflächen VARY SUBLE (*subtil*) und VARY STRONG (*stark*). Wenn Sie das Bild mit einem Klick darauf vergrößern, sind unten rechts noch mehr Optionen wie UPSCALE (*Hochskalieren*) für die doppelte Vergrößerung mit den gleichen Details, die subtil oder kreativ ablaufen kann.
- ✔ Unter MORE können Sie den Prompt *neu generieren* (RERUN), herauszoomen (REFRAME) oder in Teilen neu generieren (REPAINT). Für weitere Versuche verwenden Sie unter USE das *Bild* (IMAGE), den *Stil* (STYLE) oder den PROMPT.
- ✔ Midjourney kann Bilder als *Referenz* für neue Bilder verwenden. Dafür klicken Sie in der IMAGINE BAR auf das FOTO-Symbol und übernehmen mit den drei Schaltflächen darauf eine abgebildete Figur (KOPF-Symbol), den Stil (BÜROKLAMMER-Symbol) oder den Bild-Prompt (BILD-Symbol). Sie finden die hochgeladenen Bilder übrigens später in Ihrem Kontobereich (MY ACCOUNT mit dem KOPF-Symbol unten rechts) unter MANAGE UPLOADS.
- ✔ Zum Herunterladen dient der DOWNLOAD-Pfeil. Mehrere Bilder MARKIEREN Sie, indem Sie einen Kasten ziehen und alle auf einmal HERUNTERLADEN.

Midjourneys Bildeditor für externe Bilder

Im Bildeditor bearbeiten Sie externe Grafiken und Fotos mit KI-Technik. Sie können innerhalb des Bildes etwas verändern (*Inpainting*) oder mit *Generativer Erweiterung* (*Outpainting*) etwas ergänzen. So lassen sich zum Beispiel leicht Farben oder Texturen austauschen, oder Sie setzen einem Hund einen lustigen, generierten Hut auf. So bearbeiten Sie externe Bilder:

1. Wählen Sie in der Menüleiste die EDIT-Funktion mit dem STIFT-Symbol.
2. Hier können Sie den *Link angeben* (EDIT FROM URL) oder das gewünschte *Bild hochladen* (EDIT UPLOADED IMAGE).

3. Werkzeugen wie der RADIERGUMMI können Bereiche entfernen oder verschieben, Änderungswünsche geben Sie als Prompt ein. Unter dem Reiter RETEXTURE (*neu texturieren*) füllen Sie ein Bild komplett neu, ohne die Aufteilung zu verändern. So wird beispielsweise beim Foto eines Wohnzimmers jedes Möbelstück oder Bild an der Wand bearbeitet, die Objekte bleiben aber an Ort und Stelle.

4. Sind Sie fertig, bestätigen Sie mit SUBMIT EDIT und gelangen zur Bildübersicht.

Midjourney warnt selbst vor den möglichen Gefahren im Hinblick auf Deepfakes und Copyright-Verletzungen (siehe *Teil V*). Aus diesem Grund gibt es zu Beginn eine starke Moderation und einen eingeschränkten Nutzungskreis.

Mehr von Midjourney: Videos, 3D-Funktion und eigener Stil

- Sie können schon jetzt sehr kurze Animationsvideos mit `--video` erstellen. Auf lange Sicht möchte Midjourney längere Videos generieren, aber dieser Markt ist hart umkämpft. Wie Sie Videos generieren, lernen Sie *in Kapitel 12*.
- Mit `/style RAW` reduzieren Sie die automatische Stilisierung. So werden vermutlich nach und nach Bildästhetiken eingefügt, die Varianz in den Standard-Midjourney-Look bringen sollen. Auf der Webseite heißt diese Option MODE.
- Mit dem Prompt-Kommando `/tune` ist es bereits möglich, eine Art Bilderquiz zu durchlaufen, nachdem ein eigener individualisierter Stil festgezurrt wird.
- Midjourney arbeitet auch an *3D*-Funktionen. Es ist zunächst unklar, ob dies in die bestehende Plattform integriert oder ein separates Produkt wird.

Weiterkommen mit Midjourney

Möchten Sie tiefer einsteigen? Benötigen Sie eine Inspiration? Wenn Sie Lust bekommen haben, mit Midjourney herumzuspielen, lassen Sie sich nicht abbringen.

- Sie können auf der EXPLORE-Registerkarte der Webseite weitere Inspirationen finden und die Prompts von anderen Nutzenden studieren.
- Weitere Anleitungen, Prompts und mögliche Parameter finden Sie in den jeweiligen Dokumentationen der Produktteams, zum Beispiel bei `https://docs.midjourney.com/docs/parameter-list`.
- Nutzen Sie die Chats der Communities in den Discord-Channels oder über die Schaltfläche CHAT auf der Webseite. Dort können Sie Fragen stellen.
- Midjourney-Trainer Rory Flynn hat Tutorials und Spickzettel entworfen, die auch für andere Modelle funktionieren. Für wenige US-Dollar, die meisten sogar gratis, können Sie diese herunterladen unter `https://roryflynn.gumroad.com`.
- Diese Spickzettel und mögliche Eigenschaften für perfekte Midjourney-Bilder finden Sie unter: `https://stepintoxtukil.notion.site/Midjourney-Guides-GumRoad-be33b84bb230498b94e4d2c4b82fa1ee`.
- Prompt-Datenbanken wie `https://lexica.art` listen umfangreiche Bilder und deren Prompts auf und sortieren diese sogar nach Stilen oder Motiven.

Stable Diffusion beziehungsweise Stable Image

Der Bildgenerator Stable Diffusion liefert fotorealistische Bilder und Text in unterschiedlichen Grafikstilen (*Abbildung 10.4*) und kann besonders gut mehrere Motive innerhalb eines Prompts in einem Bild zusammenstellen.

- Der Quellcode der relevantesten Modelle von Stable Diffusion ist Open Source.
- Stable Diffusion wird per Prompt bedient. Im Gegensatz zu Midjourney können Sie mit *Negativ-Prompts* festlegen, was auf keinen Fall geschehen soll.
- Stable Diffusion ist im Vergleich zu Midjourney oder Dall-E freizügiger und erstellt auf Wunsch sogar Bilder von Prominenten sowie gewalttätige Szenen.
- Trotz gelegentlicher Fehler wie unnatürlich abgewinkelter Gelenke oder schwebender Gliedmaßen erzeugt es beispielsweise fotorealistische Landschaften und Porträts in einem sauberen, fotografischen Stil, der durchaus vorzeigbar ist.

Stability AI (`https://stability.ai`), der britische Herausgeber von Stable Diffusion, muss sich wie andere wegen des zweifelhaften Trainingsmaterials mehrfach vor Gericht verantworten. Das sollten Sie berücksichtigen, falls Sie damit generierte Bilder kommerziell einsetzen möchten (siehe *Teil V*).

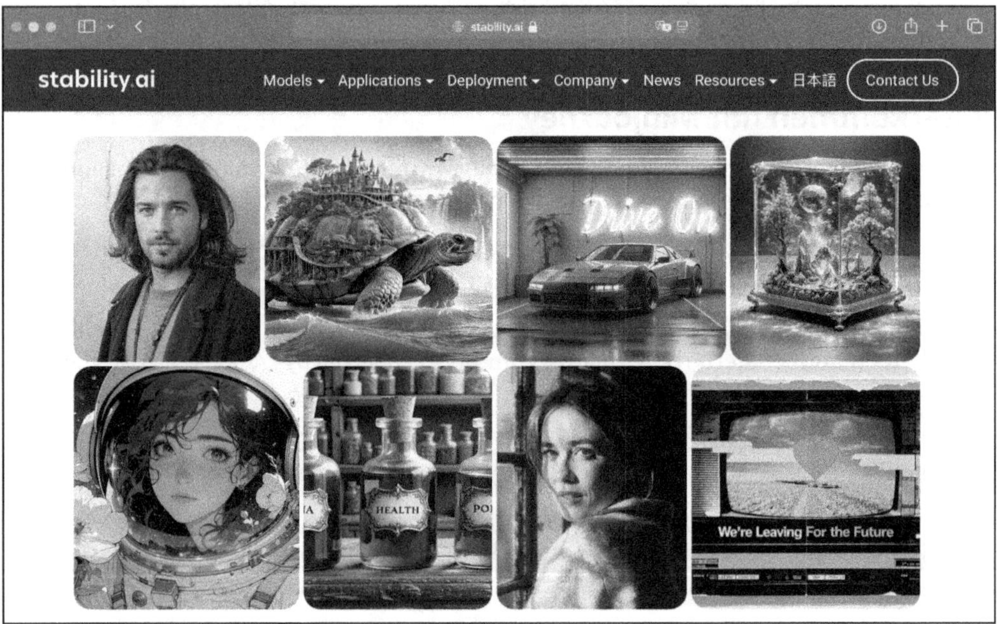

Abbildung 10.4: Auswahl an KI-Bildern von Stable Diffusion (Screenshot: stability.ai)

Kosten und Zugang zu Stable Diffusion

Mehrere Versionen dieses Modells in unterschiedlichen Größen sind quelloffen und können kostenfrei heruntergeladen und selbst installiert werden. Für die größeren gibt es einen API-Zugang über die Homepage. Machen Sie mehr als eine Million US-Dollar Umsatz im Jahr, gibt es Preise auf Anfrage.

- ✔ Die kostenfreien Varianten können Sie auf Hugging Face ausprobieren und laden: `https://huggingface.co/stabilityai`.
- ✔ Stability AI betreibt das DreamStudio (`https://beta.dreamstudio.ai`) mit Stable Diffusion unter der Haube und einer API. Zu Beginn gibt es 25 Credits. Für zehn US-Dollar können 1.000 Credits gekauft werden. Das reicht für gut 5.000 Bilder.
- ✔ Wenn Sie wie bei Dall-E gerne mit Chatbots prompten, gibt es für den gleichen Preis Stable Assistant (`https://stability.ai/stable-assistant`), der für Sie über Telegram unter `@StableAssistant_bot` erreichbar ist. Stable Artisan ist eine Discord-Anbindung. Diese spielt aber nur eine untergeordnete Rolle.
- ✔ Im Internet finden sich zwar zahlreiche Angebote mit Stable-Diffusion-Modellen dahinter, die gegen Bezahlung genutzt werden können. Dann landen Prompts und Bilder jedoch in der Cloud. Besser ist es, wenn Sie das Produkt selbst installieren.

Erweiterungsmöglichkeiten

Als offene Software kann Stable Diffusion angepasst werden. So gibt es ein großes Ökosystem an Komponenten, die flexibel kombinierbar sind:

- ✔ Die Basis bilden auf verschiedene Stile vortrainierte Modelle (*Checkpoints*).
  - Diese können durch spezialisierte Zusatzmodelle für bestimmte Stile, Charaktere oder Objekte (*LoRAs, Low-Rank Adaption*) erweitert werden.
  - So gibt es ein japanisches Modell, das die Kultur und Anforderungen in dieser Tradition berücksichtigen soll, oder 3D- sowie Video- und Audio-Modelle.
- ✔ Die präzise Kontrolle über die Bildkomposition übernimmt das Neuronale Netzwerk *ControlNet*, das Posen, Komposition und Layout kontrolliert.
- ✔ Der *IP-Adapter* (*Image Prompt*) erlaubt Referenzbilder als Stilvorlage.

Sie wählen also zunächst ein Checkpoint-Modell, laden gewünschte LoRAs für spezifische Stile, aktivieren bei Bedarf ControlNet zur Layoutkontrolle und nutzen den IP-Adapter, wenn Bildvorlagen als Referenz dienen sollen.

Tischservice: Lokale Bedienoberflächen für Stable Diffusion

Stable Diffusion ist in den kleineren Varianten als offenes, kostenfreies Modell verfügbar. Damit erstellte Bilder werden auf Ihrem lokalen Computer erstellt, und nichts davon landet in der Cloud. Um es zu nutzen, benötigen Sie eine Anwendung. Ich stelle Ihnen hier ein paar davon für jeden Bedarf vor.

DiffusionBee

Außergewöhnlich schnell und bequem installieren Sie die unterschiedlichsten Modelle für Bilderzeugung mit dem kostenfreien Programm DifussionBee. Stable Diffusion ist dort natürlich dem Namen nach schon eingepreist, Sie sind aber nicht darauf festgelegt. Die se quelloffene Lösung ist derzeit nur am Mac verfügbar, soll aber für Windows folgen (`https://diffusionbee.com`):

- ✔ Unter dem HAUS-Symbol und in der Seitenleiste finden Sie alle Funktionen.
- ✔ Dort stehen neben einem Prompt-Bereich (TEXT TO IMAGE) auch Einstellungen zum Format, der Anzahl der Bilder und Style-Vorlagen zur Verfügung (*Abbildung 10.5*).
- ✔ Sie können Zeichnungen als Vorlage für generative fotorealistische Bilder nutzen (IMAGE TO IMAGE) und Objekte zu bestehenden Bildern hinzufügen (INPAINTING).
- ✔ Sie können eigene Modelle mit Objekten, Zeichenstilen oder Personen trainieren.

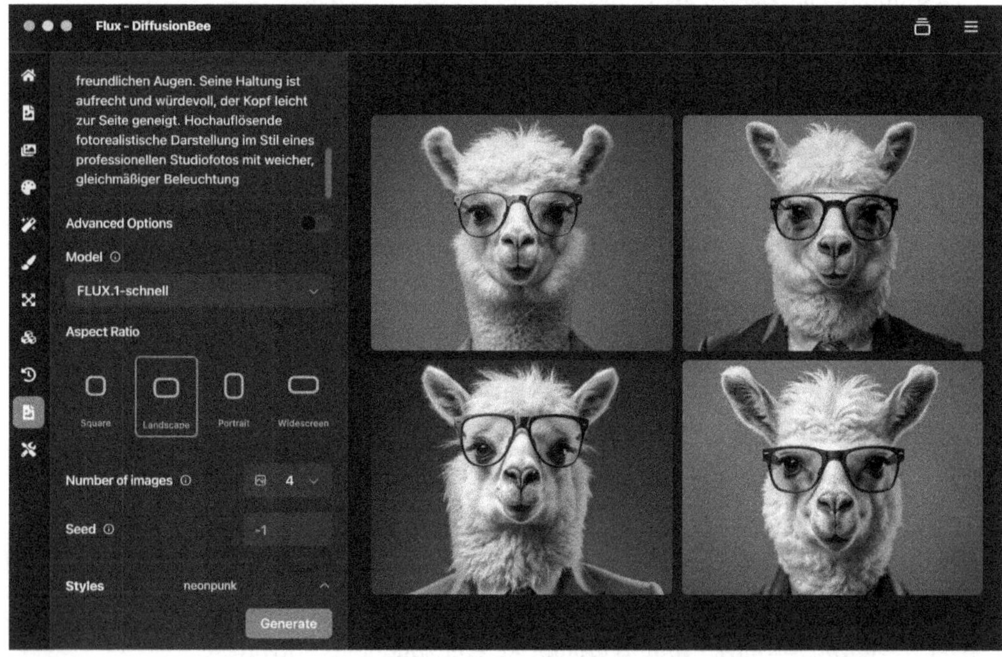

Abbildung 10.5: Kostenlos KI-Bilder generieren mit Flux (Screenshot: DiffusionBee)

Generieren von Bildern über DiffusionBee

Über die Bedienoberfläche generieren Sie Bilder mit verschiedenen Modellen:

1. Direkt nach der Installation von `https://diffusionbee.com` können Sie MODELS aus einem Katalog auswählen und diese mit einem Klick installieren. Laden Sie zum Beispiel von Stable Diffusion SDXL BASE herunter.
2. Wechseln Sie zu TEXT TO IMAGE in der Seitenleiste mit dem BILD-Symbol.

3. Wählen Sie das gewünschte Modell aus und geben Sie den PROMPT ein. Hinter ADVANCED OPTIONS verbirgt sich das Feld für den NEGATIV-PROMPT.

4. Sie können die *Bildausrichtung* (ASPECT RATIO), die *Anzahl der zu erwartenden Bilder* (NUMBER OF IMAGES) und den SEED vorgeben. STYLES regelt *Stilvorgaben.*

5. Einen Klick auf GENERATE und etwas Wartezeit später (abhängig von der Leistung Ihrer Grafikkarte), haben Sie Ihre eigenen Bilder auf der Festplatte.

6. Ihre generierten Bilder bleiben unter HISTORY in DiffusionBee chronologisch abgelegt, bis Sie sie löschen. Dort können Sie auch danach suchen.

DiffusionBee hat standardmäßig unter SETTINGS die Option NSFW IMAGES (*Not Safe For Work*, nichts für die Arbeit) deaktiviert. Um Bilder zu generieren, die solchen Regeln unterliegen, müssen Sie den Schalter umlegen.

Speicherplatz freigeben

Beachten Sie, dass die Modelle viel Speicherplatz auf Ihrer Festplatte belegen können.

- Sie sind auf dem Mac in `~/.diffusionbee/downloaded_assets` gespeichert, das Sie zum Aufräumen leeren können. Sollten Sie ein Modell nutzen, das bereits an dieser Stelle liegt, können Sie eine symbolische Verknüpfung (*Alias*) erzeugen.
- Als Ablage dienen auch `~/.diffusionbee` und `~/Library/Application Support/DiffusionBee`. Dort liegen die von Ihnen generierten Bilder.

Draw Things

In ähnlicher Weise wie DiffusionBee funktioniert die App *Draw Things*, die neben dem Mac auch auf iPhone oder iPad Stable Diffusion und zur Steuerung individuelle JavaScripts ausführen kann: `https://drawthings.ai`.

NMKD Stable Diffusion GUI

Für Windows ist *NMKD Stable Diffusion GUI* eine unkomplizierte Alternative (`https://nmkd.itch.io/t2i-gui`). Damit können Sie auf Ihrem eigenen Computer Bilder erzeugen und andere Bilder als Vorlage einfügen.

- Es speichert einen Prompt-Verlauf und kann mehrere nacheinander abarbeiten.
- Es gibt einen Discord-Kanal, in dem Fragen gestellt werden können.
- Die Software benötigt eine aktuelle Nvidia-Grafikkarte mit mindestens vier, oder besser acht, Gigabyte Grafikspeicher. Das Programm ist kostenlos – Sie können vor dem Download etwas spenden, sind dazu jedoch nicht verpflichtet.

ComfyUI

Eine benutzerfreundliche und vielseitige Profi-Oberfläche auf Windows, Mac und Linux ist *ComfyUI*. Die Anwendung verwendet einen knotenbasierten Ansatz (*Nodes*), mit dem Sie Workflows erstellen und genau steuern können.

- ✔ Lassen Sie sich von der Optik nicht abschrecken: Die Knoten sind jeweils Kacheln mit verschiedenen Funktionen und Einstellungsmöglichkeiten, die Sie mit bunten Linien miteinander verbinden können. Jede Linie stellt einen Ablauf im gesamten Workflow und eine entsprechende Bedeutung auf der verbundenen Kachel dar.
- ✔ Dabei lassen sich *Parameter* und *Modelle* buchstäblich verknüpfen und testen. Sie sehen jeden Zwischenschritt und können einzelne Aspekte kontrollieren.
- ✔ Insgesamt bietet ComfyUI mehr Kontrolle, Effizienz und Anpassung als viele andere Stable Diffusion *GUIs*, erfordert dafür aber eine etwas steilere Lernkurve. Neulinge sollten sich Tutorials und Beispiel-Workflows ansehen.

So installieren Sie ComfyUI

1. Zu Beginn laden und installieren Sie das Programm nach der Anleitung von `https://www.comfy.org` und legen das Stable-Diffusion-Modell bereit.
2. Zuerst laden Sie das Modell unter LOAD CHECKPOINT hinein. Sollte die Kachel zu klein dargestellt sein, können Sie mit der Maus oder dem Touchpad hineinzoomen.
3. Auf den Feldern mit CLIP TEXT ENCODE (PROMPT) geben Sie oben den Prompt und unten den negativen Prompt ein und stoßen dann mit QUEUE PROMPT die Generierung an. Das sorgt schon einmal für Ihr erstes generiertes Bild.
4. ComfyUI lässt sich erweitern und wird von einer Community gepflegt, die Knoten und Workflows erstellt, die Sie mit dem ComfyUI-Manager hinzufügen.

Alternative Cloud-Lösungen für ComfyUI

Sie können ComfyUI auch in der Cloud betreiben lassen.

- ✔ Das ist beispielsweise sinnvoll, wenn die Rechenleistung Ihres Computers nicht ausreicht oder Sie es mit anderen Personen in einem Team nutzen möchten.
- ✔ Dafür gibt es Angebote wie RunComfy ab 24,99 Euro im Monat bei jährlicher Zahlung (`https://www.runcomfy.com`) oder ThinkDiffusion für 19,99 US-Dollar (`https://www.thinkdiffusion.com`).

SDXL Turbo

Stable Diffusions XL Turbo-Modell ist eine Variante für Ungeduldige. Beeindruckend schnell, wie der Name verspricht, generiert es auf der heimischen Grafikkarte neue Bilder. Dabei springt das Bild heraus, während Sie noch am Prompt schreiben, und verändert sich mit jedem neuen Wortteil. Wird aus dem `Baum` ein `Baumhaus`, ändert sich das Bild entsprechend.

- ✔ Eine Real-Time-Demo ist `http://clipdrop.co/stable-diffusion-turbo`.

- ✔ Sie installieren SDXL am besten über Pinokio, das Sie aus *Kapitel 7* kennen. Suchen Sie es dort unter DISCOVER und klicken Sie auf INSTALL. Es öffnet sich über OPEN-WEBUI im Browser. Es gibt nur ein Prompt-Feld und keine Einstellungen.
- ✔ Auch A1111, ComfyUI oder die iPad-App Draw Things beherrschen dieses Modell, Diffusion Bee und einige andere Tools zunächst nicht.

Runway ML

Runway wurde 2018 in New York gegründet und hat sich schnell für mehrere Branchen zu einem führenden Anbieter von KI-gestützten Kreativ-Tools entwickelt. Sie begegnen Runway ML (`https://runwayml.com`) in diesem Buch noch in den *beiden folgenden Kapiteln* zu Sprach- und Videogenerierung. Die Bildgenerierung ist nämlich ein Nebenprodukt der erfolgreichen Filmsparte. Der Name *Runway* steht doppeldeutig für *Landebahn* und *Laufsteg*, das *ML* für *Machine Learning*. 2022 haben die Entwickler an der Ludwig-Maximilians-Universität München an Stable Diffusion mitgearbeitet. 2023 zählte das Time Magazine Runway zu den 100 einflussreichsten Firmen der Welt.

Bilder mit Runway generieren

1. Nach der Anmeldung finden Sie links das Werkzeug TEXT TO IMAGE.
2. Legen Sie mit RATIO fest, welches *Seitenformat* Sie wünschen, zum Beispiel 16:9.
3. RESOLUTION bestimmt die *Bildqualität*.
4. Bei STYLE wählen Sie eine *Vorgabe*, zum Beispiel RETRO oder SCI-FI-ART.
5. Mit ADVANCED regeln Sie den SEED und den PROMPT WEIGHT, also wie streng der PROMPT befolgt wird, und können einen NEGATIVE PROMPT eingeben.
6. Wählen Sie bei NUMBER OF OUTPUTS, wie viele *Bilder* Sie generieren möchten, jedes einzelne wird von den *Credits* abgezogen. Mehr als vier (BATCH) kosten extra.
7. Geben Sie Ihren beschreibenden PROMPT ein. Sie können die Eingabe mit dem GLÜHBIRNEN-Symbol einmal pro Generierung optimieren lassen.
8. GENERATE startet den Generator. Alle erstellten Dateien finden Sie in ASSETS.

Weitere Möglichkeiten bei Runway

- ✔ Für den Anfang klicken Sie auf eines der Vorschaubilder und übernehmen den Prompt.
- ✔ TRAIN YOUR OWN MODEL ermöglicht es Ihnen, mit einem bezahlten Account etwa Ihr Gesicht, einen bestimmten Stil oder Objekte mit mehreren Beispielfotos vorzugeben und anschließend in verschiedene Bilder einzufügen.

- In der linken Navigation sind unter ALL TOOLS viele Bildbearbeitungsfunktionen:
  - Sie laden jeweils ein Bild hoch und können einige Details dazu einstellen.
  - So können Sie zum Beispiel Bilder als Vorlage für neue Variationen verwenden (IMAGE TO IMAGE) und mit einem TEXT-PROMPT anpassen.
  - Runway kann bestehende Bilder nahtlos über Ihre Grenzen hinaus erweitern (INFINITE / EXPAND IMAGE), Objekte entfernen und ersetzen (ERASE AND REPLACE), Hintergründe tauschen (BACKDROP REMIX), Qualität hochskalieren (UPSCALE), variieren (VARIATION) und Bilder kolorieren (ADD COLOR).

Kosten

Im kostenlosen Tarif erhalten Sie 125 einmalige Credits, die sich nicht erneuern. Das entspricht etwa 25 Bildgenerierungen. Credits werden auch für Stimmen und Videos verwendet. Der Standardtarif mit 625 Credits kostet Sie pro Monat 15 US-Dollar beziehungsweise zwölf US-Dollar mit Jahresbindung.

Flux aus Deutschland

Das Startup Black Forest Labs aus Freiburg im Schwarzwald macht gleich vielfach von sich reden: Die drei Gründer haben in München Künstliche Intelligenz studiert und dann nach Zwischenstationen bei den Marktführern Stability AI und Runway ML (*Kapitel 12*) unter eigener Flagge mit faszinierend perfekten Bildern direkt für Furore gesorgt. In Elon Musks Grok (*Kapitel 6*) generierte Flux derart heftige Gewalt- und Problemdarstellungen, dass es flux zensiert werden musste: Koksende US-Präsidenten und ein Pikachu-Pokémon mit Maschinenpistole vor dem Nintendo-Laden sind dann selbst Musk zu viel.

Modellübersicht

- Es gibt drei Versionen des Bildgenerators: Das leistungsstärkste Modell Flux[pro] ist nur über eine API-Schnittstelle zu erreichen, und es gibt angepasste Varianten.
- Für nicht-kommerzielle Zwecke ist Flux[dev] und kann heruntergeladen werden.
- Ein schnelles und kleines Modell für den lokalen Gebrauch ist Flux[schnell].

Flux nutzen

- Den Flux[dev]- und den Flux[schnell]-Modell nutzen Sie kostenfrei in der Anwendung DiffusionBee (`https://diffusionbee.com`), die ich *in diesem Kapitel* vorstelle. Dort finden Sie sie unter MODELS und bedienen sie wie Stable Diffusion.
- Sie können Flux[dev] über Hugging Face (`https://huggingface.co/black-forest-labs/FLUX.1-dev`), Replicate und `fal.ai` ausprobieren.
- Um die größeren Text-zu-Bild-Modelle von Flux zu nutzen, greifen Sie auf einen Cloud-Anbieter zurück wie Freepik, Replicate, `together.ai`, `krea.ai` und `fal.ai`. Regulär zahlen Sie dort rund acht Euro pro Monat oder fünf Euro bei jährlicher Zahlung.

So generieren Sie Bilder mit Flux über Freepik:

Um Flux zu testen, können Sie die Start-Credits von Freepik nutzen.

1. Registrieren Sie sich bei `https://www.freepik.com` über SIGN IN. Die *Sprache* können Sie am unteren Seitenrand auf DEUTSCH stellen.
2. Mit der Schaltfläche KREATION STARTEN gelangen Sie zu KI-GENERIERTES BILD (Englisch AI IMAGE GENERATOR) und können bei CREATE selbst loslegen.
3. Das jeweilige Modell von FLUX wählen Sie über den Button MODE im Bedienmenü auf der linken Seite aus – ebenso wie das FORMAT und den STIL.
4. Geben Sie Ihren Wunsch ein und starten Sie die Generierung: zum Beispiel ein Bild im *Stil* FOTOREALISTISCH und dem *Format* 2:1 mit einem Prompt wie `Donald Trump und Elon Musk küssen sich`. Flux kennt da keine Skrupel und Filter.

Firefly in Adobe Creative Cloud

Wenn Sie in der Kreativbranche tätig sind, ist es wahrscheinlich, dass Sie oder Ihre Firma bereits ein Adobe Creative-Cloud-Abo zahlen. Darin ist neben den Grafikprogrammen Photoshop und Illustrator auch das Videoschnittprogramm Premiere Pro (siehe *Kapitel 12*) enthalten. KI-Funktionen gibt Adobe nun hinzu.

Eigenes Modell verspricht mehr Sicherheit

- ✔ Die Programme verwenden Adobes eigenes KI-Modell **Firefly**, sodass Sie andere Ergebnisse erhalten als mit den oben genannten Bildgeneratoren.
- ✔ Eine kommerzielle Nutzung der Ergebnisse ist ausdrücklich ohne Einschränkungen gestattet, und Adobe garantiert sogar keine Schwierigkeiten.
- ✔ Firefly wird nach Adobes Angaben nicht mit Eingaben der Nutzenden trainiert, sondern mit lizenzierten Adobe-Stock-Materialien und gemeinfreien Dateien.
- ✔ KI-generierte Inhalte sind bei Adobe automatisch mit den *Content Credentials* als unsichtbares Wasserzeichen in den Metadaten (siehe *Kapitel 21*) gekennzeichnet.

Cloud-Anbindung und Credits

Die Retuschefunktionen sind teilweise lokal möglich, generative Arbeiten erfolgen über die Cloud. Es wird dann eine Internetverbindung vorausgesetzt, oder zumindest läuft mit Internet vieles schneller. Um Bilder generieren zu können, erhalten Sie jeden Monat je nach Abonnement eine gewisse Anzahl *Generative Credits*, die sich mit jedem Bild verbrauchen und nicht übertragbar sind. In der Regel sind das so viele, dass Sie sich da für den Anfang keine Sorgen machen müssen. Sie sollten diese nicht mit den *Stock Credits* verwechseln, die für den Einkauf von Adobe-Stock-Inhalten benötigt werden.

Kostenlos Bilder mit Adobe Firefly generieren

Sie können mit Firefly nach Anmeldung kostenlos online Bilder generieren:

- ✔ Gehen Sie dafür auf `https://firefly.adobe.com` zu ANMELDEN.
- ✔ Mit dem Adobe-Konto können Sie die Software wenige Tage ausprobieren.
- ✔ Beachten Sie, dass Ihnen ohne Abonnement mit 25 *Generative Credits* nur ein sehr kleines Budget zur Verfügung steht und der (kostenfreie) Spaß schnell vorbei sein kann. Wie viele Credits Sie noch haben, sehen Sie hinter Ihrem KONTOBILD.

Im kostenlosen Firefly tragen Bilder sichtbare Wasserzeichen in der Ecke.

Erste Schritte mit Firefly

Insgesamt ist Firefly recht intuitiv zu bedienen, kleine *Informationselemente* mit einem I-Symbol helfen Ihnen notfalls bei der Orientierung:

1. Sie können im EINGABEFELD Ihren Prompt eingeben.
2. Klicken Sie auf GENERIEREN, und schon erstellt Firefly vier mögliche Bilder.
3. Erst nachdem Sie einen ersten Prompt absenden, also bereits einen Credit verbrauchen, erscheinen auf der linken Seite die Optionen für Feineinstellungen.

Alles, was Sie hier auswählen können, können Sie in Ihrem Prompt als Text eingeben:

- ✔ **Modell:** Sollten Sie aus irgendeinem Grund ein älteres Modell nutzen wollen, finden Sie es hier. In den meisten Fällen möchten Sie das nicht.
- ✔ **Seitenverhältnis:** Standardmäßig generiert Adobe Firefly vier Bilder im quadratischen Format. Möchten Sie ein anderes Format wie hochkant, stellen Sie das hier ein.
- ✔ **Content-Typ:** Ob Ihr Bild ein FOTO oder anderweitige KUNST sein soll.
- ✔ **Komposition:** Als REFERENZ wählen Sie ein Bild aus oder laden ein eigenes hoch. Firefly wird sich dann bei der Bildgestaltung daran orientieren und beispielweise die Kontur und die Tiefe dieser Vorlage übernehmen.
- ✔ **Stile:** VISUELLE INTENSITÄT legt fest, wie stark die Merkmale eines Fotos herausstechen sollen. Stärke regelt, wie eng die unter Referenz und Effekte festgelegten Vorgaben eingehalten werden sollen. Zu Beginn müssen Sie mit diesen Schiebereglern ein wenig herumexperimentieren, um ein Gefühl für die Auswirkungen zu erhalten. Sie können gleich mehrere Effekte auswählen, die angewendet werden. Ganz unten können Sie noch FARBE UND TON, LICHT und KAMERAWINKEL, also die Perspektive, aus der das Bild gezeigt wird, festlegen. Wenn Sie mit der Auswahl zufrieden sind, bestätigen Sie mit GENERIEREN einen neuen Durchlauf, damit Ihre Wünsche von Firefly umgesetzt werden.
- ✔ Sind Sie zufrieden, speichern Sie Ihr Bild mit HERUNTERLADEN.

- Zur weiteren Bearbeitung schlägt Firefly das kostenlose Adobe Express vor, um umfangreiche Bearbeitungen vorzunehmen oder das Bild direkt zu posten. Ein schönes Beispiel, wie die Adobe Programme nahtlos zusammenarbeiten.

Firefly speichert keine Zwischenstände. Gefällt Ihnen ein erzeugtes Bild, laden Sie es herunter oder sichern es in den Favoriten (STERN-Symbol). Das sollten Sie auch, bevor Sie mit dem Entwurf weiterarbeiten, sonst ist er weg. Haben Sie einmal das Speichern vergessen, hilft ausnahmsweise der ZURÜCK-Pfeil im Browser.

Variationen: Finetuning am generierten Objekt

Firefly ist so angelegt, dass Sie Ihren Prompt schrittweise ergänzen oder nach Belieben Stilrichtungen hinzufügen und kombinieren können. Sie kennen das von Midjourney. Bei KI-Bildgenerierung gibt es oft die Herausforderung, dass der Generator früh ein relativ gutes Ergebnis erzielt, es aber mit den Feinabstimmungen schwierig bis gar unmöglich ist. Details lassen sich bei vielen Bildgeneratoren nur schwer ändern und teilweise gar nicht, weil dann ein komplett neues Bild mit neuen Makeln entsteht. Bei Firefly gibt es aber für genau diese Feinabstimmungen eine Nutzeroberfläche.

Gefällt Ihnen Ihr Bild schon ganz gut, ist es aber noch nicht perfekt, können Sie sich davon **Varianten generieren lassen**:

- Klicken Sie im Bild auf das STIFT-Symbol und wählen Sie ÄHNLICHE GENERIEREN. Das ausgewählte Bild bleibt erhalten, und Sie erhalten optisch ähnliche Bilder.
- Fehlt nur noch ein Detail, möchten Sie den Hintergrund tauschen oder eine Kleinigkeit ändern, wählen Sie an gleicher Stelle das STIFT-Symbol und GENERATIV FÜLLEN aus. Die Nutzeroberfläche ändert sich, und Sie haben neue Auswahlmöglichkeiten: EINFÜGEN, ENTFERNEN, ERWEITERN und VERSCHIEBEN. Die Maus wird dann zu einem Radiergummi, der Bereiche im Bild entfernt, die Sie nachträglich bearbeiten möchten. Sie können, was immer Ihnen einfällt, via Text-Prompt an ausgewählten Stellen einfügen, Dinge entfernen oder das Bild erweitern. Wählen Sie etwas aus und beschreiben Sie, was Sie sich vorstellen. Lassen Sie das Feld unten leer und klicken Sie auf GENERIEREN, wird Firefly die Lücke zufällig füllen und dabei Muster, Farbverläufe und alles andere Drumherum berücksichtigen. Dabei bekommen Sie wieder mehrere Versionen.

Weitermachen mit Firefly

Mit diesem ersten Erfolg muss Ihre Entdeckungsreise nicht aufhören. Wenn Sie an diesem Punkt noch Credits übrig haben, gibt es viel auszuprobieren:

- Spannend ist die Option, eigene (grobe) **Skizzen** als REFERENZ für die Komposition hochzuladen. Firefly analysiert Ihre Handzeichnungen und macht selbst aus Krakeleien vereinfacht gesagt neue Kunst: Dazu müssen Sie erst einen Text-Prompt eingeben und wählen unter KOMPOSITION den Punkt BILD HOCHLADEN.
- Klicken Sie oben auf GALERIE, sehen Sie Bilder, die andere Nutzende erstellt haben. Das ist nicht nur unterhaltsam, sondern kann Ihnen als Inspirationsquelle dienen. Wenn Sie mit der Maus darüberfahren, sehen Sie auch die zugehörigen Prompts.

Schauen Sie sich diese ruhig mal näher an, um ein besseres Gefühl für das Prompten von Bildern zu bekommen. Das ist dann besonders hilfreich, wenn die erste Begeisterung sich legt und all Ihre Bilder irgendwie gleich aussehen.

- ✔ Über zahlreiche **Videotutorials und Anleitungen** von Adobe können Sie sich einen tieferen Einblick in die leistungsfähigen Funktionen von Firefly verschaffen. Dafür gibt es auf der Startseite von Firefly die Menüpunkte INFO und HILFE.

Überall Glühwürmchen: Firefly kommt in alle Adobe-Anwendungen

Firefly heißt auf Deutsch *Glühwürmchen* und soll, wenn es nach Adobe geht, keine Eintagsfliege sein. Neben der Browseranwendung steckt die Firefly-Technik in zahlreichen anderen Anwendungen aus der Adobe-Programmfamilie:

- ✔ So können Sie zum Beispiel direkt in Photoshop auf Fireflys Funktionen zugreifen, Ihre Bilder bearbeiten und mit KI ergänzen.
- ✔ Im Abomodell Creative Cloud sind je nach Umfang neben Cloudspeicher unterschiedliche Designprogramme enthalten, die von vielen Profis in der Kreativbranche als »Gold-Standard« genutzt werden.
- ✔ Das Abo kostet Sie je nach Tarif rund 70 Euro im Monat. Einige Universitäten und Firmen verfügen aber über Campuslizenzen oder erhalten Rabatte.

Photoshop

Die einst als kompliziert verschriene Anwendung für Fotobegeisterte hat schon einmal die Fotowelt revolutioniert. Nun versucht es Adobe mit der KI-Unterstützung erneut:

- ✔ Am auffälligsten ist nach dem Anlegen einer neuen Datei die magische Schaltfläche GENERIEREN in der KONTEXTBEZOGENEN TASKLEISTE. Mit einem Text-Prompt können Sie hier völlig neue Bilder generieren (siehe *Abbildung 10.6*), ein generiertes Bild einem Referenzbild im Stil anpassen oder Effekte hinzufügen.
- ✔ Wählen Sie mit dem AUSWAHLRAHMEN einen Bereich aus, lässt Sie die Schaltfläche GENERATIVE FÜLLUNG neue Elemente in Bilder hinzufügen.
- ✔ Der ENTFERNEN-PINSEL nimmt Objekte aus dem Bild und erstellt neue Szenen.
- ✔ Das kontextabhängige Werkzeug SUCHEN VON ABLENKUNGEN macht für Sie im Bild störende DRÄHTE UND KABEL oder PERSONEN unsichtbar. Letztere sind mit dem MASKIERUNGSPINSEL sogar noch anpassbar. So werden Urlaubsfotos frei von herumstehenden Touristen, störenden Baustellen und Stromkabeln.
- ✔ Nach Auswahl des FREISTELLEN-Werkzeugs vergrößern Sie mit der Funktion GENERATIVES ERWEITERN den Randbereich eines Bildes. Ziehen Sie die ARBEITSFLÄCHE größer, geben Sie den Prompt vor, und KI fügt den Teil nahtlos an.
- ✔ Unter BEARBEITEN > GENERATIVER ARBEITSBEREICH öffnen Sie ein Fenster, um mehr Kreationen zu beginnen. Probieren Sie zu Beginn den Tab INSPIRATION.

Abbildung 10.6: In der unteren Leiste geben Sie den Prompt ein. (Screenshot: Adobe Photoshop)

Generative Unglücke

Die nützliche Photoshop-Funktion *Generatives Erweitern* ist manchmal auch noch witzig: Im Internet gehen Videos und Bilder viral, bei denen die Funktion genutzt wird, um Plattencover zu vervollständigen. Das Phänomen ist nicht neu, kann jetzt aber blitzschnell umgesetzt werden: Taylor Swift am Steuer eines Autos auf dem Cover von »Red (Taylor's Version)« überfährt fast einen Mann. Michael Jackson auf dem Cover von »Thriller« liegt in einem Nagelstudio bei der Pediküre, und das Nirvana-Baby, das den Dollarschein auf dem Cover von »Nevermind« erblickt, schwimmt im Meer und wird gleich von einem Haifisch attackiert. Probieren Sie aus, was bei Ihnen von der KI erfunden wird.

Illustrator

Die Firefly-Vektor-KI erzeugt im Zeichenprogramm Illustrator Vektordetails, die Sie vollständig bearbeiten können, und exakte Muster, sogenannte *Patterns*. Wie bei Photoshop blendet sich die KI-Funktion als schwebende Leiste über dem Bild ein:

- ✔ GENERATIVE FORMFÜLLUNG macht simple Formen zu Vektorlinien. Es füllt Konturen mit Vektoren auf und bietet dafür Farben, Effekte und Stile.
- ✔ Mit dem Befehl TEXT ZU VEKTORGRAFIK erzeugen Sie Vektormuster, Motive, Szenen und Symbole, die Sie bearbeiten oder skalieren können. Geben Sie Farben und

Formen als STILREFERENZ vor, um sie mit einem Klick zu übertragen, markieren Sie eine Fläche wie ein Rechteck und klicken Sie auf VEKTORGRAFIK GENERIEREN oder geben Sie einen möglichst detaillierten Prompt ein. Mit dem GLÜHBIRNEN-Symbol schlägt das Programm passende Prompts vor, bei dem Sie INHALTSART (Szene, Motiv oder Symbol), STILREFERENZ, EFFEKTE sowie FARBE und TON vorgeben können.

- ✔ GENERATIVE NEUFÄRBUNG füllt mit dem Befehl NEU FÄRBEN ein bestehendes Objekt in einer neuen Farbe oder einem Farbstil auf.

Lightroom

Die bekannten Funktionen aus Photoshop hat Adobe auch in Lightroom integriert.

- ✔ Das Pinselwerkzeug GENERATIVES ENTFERNEN arbeitet wie der RETUSCHEPINSEL: MARKIEREN Sie den betreffenden Bildbereich, schlägt die Option GENERATIVE KI, die Sie mit einem HÄKCHEN auswählen, drei Varianten vor, wie der Bereich nach der Bearbeitung aussehen könnte. Das entfernt Objekte inklusive Schatten aus Bildern und setzt den passenden Untergrund ein.
- ✔ Eine KI-gestützte OBJEKTIVUNSCHÄRFE kann Lightroom ebenfalls erzeugen. Dafür erstellt das Programm eine Tiefenmap des Fotos und bietet an, über Vorlagen wie SUBTIL oder STARK die Auswahl der Kanten festzulegen und damit die Unschärfe- und Bokeh-Effekte in den Hintergrund oder Vordergrund zu legen.

Weitere Programme

Nach und nach fügt Adobe vielen Anwendungen KI-Funktionen bei.

- ✔ Indesign für Seitendesign und Layout kann neue Objekte generieren und einfügen.
- ✔ Auf das Videoschnittprogramm Premiere Pro und das Animations- und Effektprogramm After Effects gehe ich in *Kapitel 12* näher ein.
- ✔ Wenn Sie bei Adobe Stock keine passenden Bilder entdecken, können Sie von dieser Plattform aus direkt neue Bilder mit einem Prompt erstellen lassen.

Smartphone und Tablet

Für die mobilen Anwendungen gibt es die KI von Adobe in vielen Formen:

- ✔ Für schnelle Bearbeitungen eignet sich Adobe Express, das es als Webanwendung und App gibt und neben individuellen KI-Vorlagen für Social Media und andere kreative Publikationen auf die Schnelle Texteffekte und Bilder einfügt. Dabei ermöglicht das Zusammenspiel von mobilen und Desktop-Apps nahtlose Workflows.
- ✔ KI finden Sie als RETUSCHEFUNKTION in Photoshop Express, in Lightroom Foto- & Video-Editor beispielsweise mit der GENERATIVEN ENTFERNUNG, wie sie im großen Lightroom enthalten ist, und der inspirierenden Design-Sammel-App Capture.

API und eigenes Training

Ambitionierte Nutzende können Firefly als API erreichen und eigene Bilder für das Training von benutzerdefinierten Modellen (*Customer Models*) nutzen, um beispielsweise den Stil einer Werbekampagne oder einer Corporate Identity einzustudieren oder um Produktbilder und Charaktere besonders akkurat zu treffen.

Bildgeneratoren in Programmen

Wenn Sie KI-Werkzeuge direkt in einer Grafiksoftware bevorzugen und entweder nicht auf Photoshop festgelegt sind oder dort gerne nützliche Erweiterungen verwenden, gibt es leistungsfähige Werkzeuge, die herausstechen:

Luminar Neo und Aperty von Skylum

Das Bildbearbeitungsprogramm Luminar Neo von Skylum (`https://skylum.com/de`) ist mit seinem preisgekrönt simplen Interface-Design für Einsteigende und Fortgeschrittene gleich gut geeignet, wie die Marktführer-Programme.

- ✔ Mit den generativen Werkzeugen LÖSCHEN, AUFFÜLLEN und AUSTAUSCHEN können Sie Szenen in Bildern bearbeiten. Darüber hinaus gibt es GENERATIVES ERWEITERN, um den Bildausschnitt über den Rand hinaus fortzuführen.
- ✔ Es hat eine HIMMEL-AI (die heißt wirklich so), die in Fotos einen grauen Himmel austauschen kann. Fotos bearbeitet KI in einem Rutsch mit mehreren Effekten.
- ✔ Klassische Funktionen sind aufgepimpt: ENTRAUSCHEN AI, HOCHSKALIEREN AI, HINTERGRUND ENTFERNEN AI, SUPERSHARP AI oder MAGISCHES LICHT AI. Damit lässt sich zum Beispiel eine Farbstimmung auf ein anderes Bild übertragen.
- ✔ Es gibt Plug-ins für Photoshop, Lightroom Classic oder die MacOS Fotos-App.

Das Programm kann für Windows und Mac als Kauf für 417 Euro, im Abo für 317 Euro pro Jahr geladen werden. Es gibt aber immer wieder Angebote, bei denen das Programm für 99 Euro oder im Abo für 59 Euro verkauft wird.

Eine zweite Anwendung von Skylum hat sich ganz der Gesichtsretusche verschrieben: Für 219 Euro optimiert und automatisiert Aperty Workflows:

- ✔ Das Programm ist besonders für Fotostudios interessant, die sehr viele ähnliche Fotos mit Models bearbeiten müssen und dabei Zeit sparen möchten.
- ✔ Der Hersteller führt eine Nachbearbeitung von Sommersprossen vor, die von Hand sehr aufwendig wäre, mit KI-Unterstützung jedoch in unter drei Sekunden erledigt ist: Sie MASKIEREN den Bildbereich, und die KI wendet verschiedene Maßnahmen aus vorgefertigten PRESETS an. So wird beispielsweise der *Hautton separiert*, um eine Rotfärbung oder die komplette Gesichtsfarbe anzupassen.

- Dazu gibt es MAKE-UP-WERKZEUGE für Rouge, Highlights oder Konturen. Selbst Haltung oder Proportionen des Körpers lassen sich korrigieren, und ein Zuschnitt der Bilder in gewünschte Exportformate läuft zum Schluss automatisch ab.

Photo AI von Topaz Labs

»Von KI verstärkt und nicht ersetzt« – unter diesem Motto tritt Topaz Labs aus Dallas (`https://www.topazlabs.com`) an und bietet eine Reihe leistungsstarker KI-gestützter Bildverbesserungswerkzeuge, die fast schon Industriestandard sind und von Fotoprofis und großen Filmstudios verwendet werden:

- Das Flaggschiffprodukt Topaz Photo AI kann unscharfe Bilder korrigieren, Rauschen bei hohen ISO-Werten reduzieren und die Auflösung von Fotos ohne große Störungen erhöhen. Die KI-Algorithmen analysieren dabei das Bild und wenden intelligente Verbesserungen an, ohne Details zu verlieren. Das funktioniert sowohl für lokale als auch Cloud-basierte Berechnungen und sogar in RAW-Workflows in der Pro-Variante auf mehreren GPUs.
- Topaz Photo AI kostet 199 US-Dollar und enthält ein Jahr lang Updates. Die Software ist für Windows und macOS verfügbar und erfordert eine leistungsfähige Hardware. Sie kann als eigenständiges Programm oder als Plugin für die Softwares Photoshop, After Effects oder DaVinci Resolve verwendet werden.
- Ein Schwesterprodukt Gigapixel AI zu 99 Dollar ist auf Vergrößerung von Bildern spezialisiert und kann zur Verbesserung und Restauration von altem Bild- und Videomaterial, zum Beispiel von historischen Aufnahmen, zum Einsatz kommen.

Das dritte Produkt im Bunde ist Video AI. Darauf gehe ich *im Kapitel 12* näher ein.

Vektorgrafiken mit Icons und Piktogrammen

Auf den Spuren von Otl Aicher, Pionier der visuellen Kommunikation und Designer der einprägsamen Bildsprache der Olympischen Spiele 1972 in Deutschland, können Sie Künstliche Intelligenz einsetzen, um Icons und Piktogramme im Stil zu erstellen, indem Sie klare geometrische Formen, Reduktion auf das Wesentliche und ein einheitliches Gestaltungsraster fordern.

- Dafür benötigen Sie keine Designkenntnisse. Sie können Bilder als Referenz nutzen, um konstante Piktogramme zu erhalten, die zueinander passen.
- Icons und Piktogramme sind nützlich für Leitsysteme und Beschilderungen, Benutzeroberflächen in Software oder auf Webseiten und eine internationale Kommunikation, da sie komplexe Informationen sprachunabhängig vermitteln.
- Sie verbessern damit die Benutzererfahrung, erleichtern die Navigation und machen Interaktionen intuitiver, was sie zu wertvollen Elementen in der modernen visuellen Kommunikation und Barrierefreiheit macht (mehr dazu in *Kapitel 19*).

Vektorgrafiken mit einem Chatbot entwerfen

So starten Sie Ihre Icon-Entwürfe:

1. Geben Sie beispielsweise auf `https://copilot.microsoft.com` eine Prompt-Beschreibung ein, die das Symbol umreißt, zum Beispiel:

   Generiere ein Icon: `Flaches, minimalistisches schwarzes Rollstuhlsymbol auf transparentem Hintergrund. Das Design zeigt eine Person, die im Rollstuhl sitzt, mit zwei markanten runden Rädern und einfachen geometrischen Formen. Das Icon ist sauber und klar, betont Zugänglichkeit und Mobilität mit einem modernen und klaren Stil.`

2. Experimentieren Sie mit Beschreibungen, Stilen sowie klaren Farben und Formen.
3. Exportieren Sie Ihre Werke und formatieren Sie sie nach Möglichkeit als transparente, skalierbare Vektorgrafiken. Das geht zum Beispiel kostenlos mit Adobe Express: `https://www.adobe.com/express/feature/image/convert/svg`.

Gegenüber Pixelgrafiken, die verschwimmen, sind **Vektorgrafiken** (*Scalable Vector Graphics*, SVG) mit mathematischen Formeln erstellt. Sie können ohne Qualitätsverlust skaliert werden und sind daher ideal für Webanwendungen.

Recraft.ai

Ein KI-Designwerkzeug für hochwertige Bilder, skalierbare Vektorgrafiken und Icons ist `recrafti.ai`. Besonders Text- und Designelemente präzise mit Prompts und Stilvorgaben zu steuern, gelingt nicht allen Grafikplattformen. 50 Credits pro Tag sind gratis, das Abo startet bei zehn US-Dollar.

VectorArt.ai

Vektorgrafiken, Logos, Icons und Illustrationen für Webseiten oder Apps kann ebenfalls die Webseite VectorAI (`https://vectorart.ai`) erstellen.

- ✔ Die generierten Bilder sind dabei im SVG-Format oder PNG erhältlich und können neben einem Text-Prompt anhand einer Zeichnung entstehen.
- ✔ Alle Bilder sind *royalty-free* ohne Bildrechte uneingeschränkt kostenfrei nutzbar. 1.000 Bilder im Monat kosten 29 US-Dollar. Das Abo ist jederzeit kündbar.
- ✔ Auf der Webseite finden Sie bereits generierte Stockbilder aus unterschiedlichen Kategorien, die Sie kostenfrei für kommerzielle Projekte nutzen dürfen.

Logoist mit VectorAI von Synium Software

Wenn Sie häufig Logos oder Designobjekte benötigen, ist Logoist der Firma Synium Software aus Mainz etwas für Sie. Statt den üblichen Pixelgrafiken erhalten Sie skalierbare Vektorgrafiken, die Sie exportieren und in ein anderes Grafikprogramm übertragen können.

- Die Erweiterung VectorAI generiert Ihnen mit Text-Prompts Vektorbilder, Sie können Stilvorgaben zwischen DETAILLIERTEM CLIPART, MINIMALISTISCHEM CLIPART und SZENERIE wählen. Darunter finden Sie jeweils noch Varianten.
- Am besten funktioniert die Bilderstellung noch im Englischen. Wohl als Anforderung des AppStores gilt für generative Bilder ein relativ rigider Filter: Nacktdarstellungen und Gewalt sind gesperrt und einiges, was daran erinnert. Da hilft es manchmal, den Prompt noch einmal abzusenden oder leicht anzupassen.
- Basis des Programms ist ein Modell von Stable Diffusion, das mit Vektorgrafiken trainiert wurde. Dafür beansprucht das Programm sieben Gigabyte Speicher.

Logoist ist über den AppStore als Einmalkauf für 39,99 Euro verfügbar und mit einem Kauf auf MacOS, iOS und iPadOS einsetzbar, erfordert dort jedoch leistungsfähige Hardware. Auf der Webseite finden Sie eine Mac-Demoversion ohne KI-Funktion. Wer nur die KI-Funktionen möchte, kann die Erweiterung VectorAI auch ohne das Grafikprogramm für 19,99 Euro erwerben.

Weitere nützliche Tools in Apps und Webanwendungen

Neben den vielen Modellen und ihren Funktionen drängen immer mehr Apps in die Stores, die sich diese zunutze machen. Nicht alle gehen in ihrem Leistungsumfang über die Bildmodelle hinaus. Einige unterstützen Sie aber recht clever bei Nachbearbeitungen und einfachen Aufgaben.

Bevor Sie zusätzlich Apps hinzukaufen, sollten Sie prüfen, was Ihr Smartphone ohnehin so bietet. Die Marktführer Google und Apple haben bereits magische Radierer und Generatoren an Bord. Eine Übersicht finden Sie in *Kapitel 6*.

Remini Porträteffekte

Wenn es Ihnen um ein paar frische Profilbilder von Ihnen geht, probieren Sie die Foto- und Videoverbesserungsapp Remini (`https://remini.ai`).

- Aus einem alten Porträt erstellen Sie täuschend realistische 3D-Avatare für Bewerbungsfotos und für Social Media in verschiedenen Situationen wie im Urlaub oder beim Sightseeing. Oder Sie lassen Ihren Avatar im Zeitraffer altern.
- Remini hilft außerdem, verschwommene Bilder scharf zu machen, und es gibt ein Photoshop-Plug-in von dem Tool, um den Workflow zu vereinfachen. Hinter dem Produkt steht Bending Spoons, die Firma hinter Evernote und WeTransfer.
- Wenn Sie die App nur kurz benötigen, gibt es Angebote für 0,99 Euro, die Sie rechtzeitig kündigen sollten. Auf der Homepage testen Sie das Tool kostenlos.

Upscayl

Das kostenlose Open-Source-Programm Upscayl (`https://upscayl.org`) lässt keine Wünsche offen und skaliert sogar größere Mengen an Bildern hoch.

- ✔ Unscharfe, alte und zu klein formatierte Bilder werden von KI derart vergrößert, dass sie wie neu erstrahlen. Selbst Comics und Scans sind damit zu retten.
- ✔ Mit besonders verschwommenen Gesichtern, besonders Augen, hat das Tool manchmal seine Schwierigkeiten. Das ist aber auch kein Wunder.
- ✔ Für Mac, Windows und Linux sind Programmpakete verfügbar. Lassen Sie sich nicht verwirren: Die Anwendung steht zwar im Mac AppStore für 14,99 Euro, kann jedoch auf der Homepage unter ALTERNATIVE DOWNLOADS kostenlos als DMG-Paket in der gleichen Version heruntergeladen werden. Der Quellcode ist auch auf GitHub.

Ideogram

Hochwertige und schöne Bilder erstellt die als Webseite und App für Google und Apple verfügbare Anwendung Ideogram (`https://ideogram.ai`).

- ✔ Die Funktion MAGIC PROMPT kann den eingegebenen Prompt noch verbessern. Doch Vorsicht: Generierte Bilder sind standardmäßig öffentlich geschaltet. Wenn Sie das nicht möchten, müssen Sie bezahlen.
- ✔ Zehn tägliche Bilder gibt es gratis, und die Warteschlange ist häufig überlastet. Im Jahresabonnement geht es flinker, dafür kostet die App ab etwa elf Euro im Monat.

Imagen

Als magischer Nachbearbeitungs-Cheat für gestresste Fotografen und Designerinnen bietet sich Imagen (`https://imagen-ai.com`) an. So eine Nachbearbeitung in unter 0,5 Sekunden sorgt für mehr Tagesfreizeit.

- ✔ Das Tool ist kompatibel mit Adobes Photoshop, Lightroom Classic, Lightroom und der zentralen Medienverwaltung Bridge.
- ✔ Statt mit Vorlagen und Filtern wird jedes Bild anhand von Vorgaben individuell von KI bearbeitet. Bilder und Einstellungen bleiben laut Unternehmen vertraulich.

Generative AI by iStock von Getty Images und Nvidia

Die Bildrechtevermarktung Getty Images hat mit ihrem KI-Angebot ein unschlagbares Verkaufsargument: Sicherheit. Kein anderes großes Modell kann wohl von sich behaupten, sämtliche für das Training verwendeten Bilder rechtlich abgeklärt zu haben wie Getty. Es sind nämlich nur Gettys eigene Bilder eingeflossen.

Kostspielige Generierungen mit Sicherheitsfallschirm

Aufbauend auf Nvidias Edify-Modell (siehe *Kapitel 6*), einem Fertigbaukastensystem für KI-Modelle, ist das etwas ungriffig benannte Generative AI by iStock im Abonnement zu bekommen (`https://www.gettyimages.de/ai/generation`):

- ✔ 100 Generierungen mit je vier Bildern über die API kosten 13,99 Euro im Monat. Weitere Lizenzkosten fallen nicht an, und die Bilder sind kommerziell nutzbar.
- ✔ Ein Rechtsschutz über 10.000 US-Dollar pro Bild ist enthalten. Das soll wohl die letzten Zweifelnden überzeugen. Sollten Sie tatsächlich in die Situation kommen, Ihr Logo vor einem US-Gericht zu verteidigen, ist dieser Betrag vermutlich relativ gering und deckt nicht ab, dass am Ende neues Briefpapier gedruckt werden muss.

Bearbeitungsfunktion enthalten

Sie können bei Getty Images vorhandene lizenzierte Stockbilder mit KI-Unterstützung bearbeiten und so ohne ein Grafikprogramm direkt eine hybride Form erstellen:

1. Klicken Sie auf MIT KI BEARBEITEN und wählen Sie die Bearbeitungsoption.
2. Sie bearbeiten ein Bild, indem Sie Teile markieren und einen Prompt eingeben (OPTIMIEREN) und so Bildteile einfügen oder Hintergründe und Objekte entfernen.
3. Zusätzlich können Sie das Seitenverhältnis für verschiedene Plattformen anpassen oder am Bildrand mehr Platz für Text in den Stockbildern schaffen (ERWEITERN).

Für Content Creators auf der Suche nach Trends liefert das Getty-Blog VisualGPS Einblicke in Suchanfragen: `https://www.gettyimages.de/visualgps`.

AI Image Generator von DeepAI

Die Webseite von DeepAI präsentiert sich als vielseitige KI-Plattform mit einem breiten Spektrum an Werkzeugen, darunter einem Bildgenerator, einem Chatbot sowie einem KI-gestützten Videogenerator auf `https://deepai.org/`.

- ✔ Der *AI Image Generator* ist benutzerfreundlich und kann kostenlos getestet werden, bietet jedoch gegenüber der Konkurrenz Midjourney oder Dall-E weniger Details.
- ✔ Interessant ist die im Vergleich weniger strenge Filterung, die auch brutale Filmszenen aus der Serie »Die Sopranos« oder bekannte Figuren wie Harley Quinn zulässt.
- ✔ Schwächen zeigen sich bei der Darstellung von Anatomie und Schriftzügen. Mit dem Abo ab 4,99 US-Dollar monatlich erhalten Sie erweiterte Funktionen.

Eigenes Modell trainieren bei Exactly.ai

Wenn Sie sich als kreativer Mensch schon klonen wollten, um alle Arbeiten zu erledigen, ist das vielleicht das Richtige: Statt mit fremden antrainierten Kunstwerken, trainieren Sie bei `Exactly.ai` die KI mit ihren eigenen.

- ✔ Ihr eigener Zeichenstil oder Pinselstrich wird zur Mustervorlage für KI-Kunst.
- ✔ Exactly ist dabei eine Plattform, die Urhebern hilft, ihre Bilder zu perfektionieren, ihre Arbeiten zu verkaufen und ihr geistiges Eigentum zu kontrollieren. Stellen Sie das von Ihnen trainierte Modell öffentlich, werden Sie am Umsatz beteiligt.
- ✔ Illustratorinnen oder Cartoonisten können so selbst oder mit anderen ihren Output erhöhen, ohne ihre Arbeit aus der Hand zu geben und ohne die Rechte zu verlieren.

Anpassungen und Montagen an Bildern

Prompt Engineering gibt es nicht nur für Text-Chatbots (wie in *Kapitel 8*), sondern für alle anderen Medienformen wie Bild- oder Videogeneratoren:

- ✔ Hier hat sich eine Besonderheit herausentwickelt, die *additives Prompting*, manchmal auch *strukturiertes* oder *dynamisches Prompting*, genannt wird. Bei diesem Ansatz geben Sie zunächst die Struktur vor und erweitern diese schrittweise in nachfolgenden Prompts. Immer eins nach dem anderen.
- ✔ Mit Bildgeneratoren können Sie so auf vielfältige Weise Anpassungen und Montagen vornehmen. Die Vorlagen müssen dafür nicht einmal selbst generiert worden sein. Sie machen sich dabei die *Bild-zu-Bild*-Funktionen einiger Modelle zunutze.

Beachten Sie bei Referenzbildern oder Stiltransfers die Rechtslage (*Teil V*).

Methoden der Anpassungen

1. Um diese Anpassungen vorzunehmen, laden Sie Ihr Ausgangsbild als *Referenz* in einen KI-Bildgenerator wie Midjourney, Firefly oder Stable Diffusion hoch.
2. Geben Sie über präzise Anweisungen im Prompt-Feld ein, was geändert werden soll, zum Beispiel: `Entferne den äußeren Bereich des Bildes.`
3. Statt alle Informationen auf einmal einzugeben, beginnen Sie mit einer grundlegenden Idee, kontrollieren das Ergebnis, fügen nach und nach weitere Details hinzu und können die entsprechenden Ausgaben wiederum anpassen.

Hier sind einige Anpassungsmöglichkeiten für dieses Verfahren:

Inpainting und Outpainting

- ✔ **Inpainting:** Entfernt oder ersetzt Bereiche des Bildes. Markieren Sie den Bereich, den Sie ändern möchten, und beschreiben Sie, was dort stattdessen erscheinen soll.
- ✔ **Outpainting:** Erweitert ein Bild über seine ursprünglichen Ränder hinaus. Geben Sie an, wie es fortgesetzt werden soll, etwa mit mehr Himmel am oberen Rand.

Stilübertragung und Fusion

- ✔ **Stiltransfer:** Der Stil eines Bildes wird auf ein anderes neues übertragen, zum Beispiel erscheint eine Fotovorlage im Stil eines berühmten Malers neu interpretiert.
- ✔ **Bildfusion:** Elemente aus verschiedenen Bildern verschmelzen hier zu einem neuen Motiv, etwa ein Alpaka mit einem Roboter zu einem »Alpakaroboter«.

Hintergrundbearbeitung

- ✔ **Hintergrundentfernung:** Der Hintergrund des Bildes wird transparent.
- ✔ **Hintergrundersetzung:** Aus einer Büroszene wird beispielsweise ein Strand.

Farbmanipulation

- ✔ **Einfärben von Schwarz-Weiß-Fotos:** Alte Aufnahmen erstrahlen in Farbe.
- ✔ **Farbänderungen:** Passen Sie Farbtöne und -schemata nach Ihren Wünschen an.

Detailverbesserungen

- ✔ **Upscaling:** Die Bildauflösung wird erhöht. KI ergänzt dabei die nötigen Details.
- ✔ **Rauschentfernung:** Verbessert die Bildqualität und entfernt Bildrauschen.

Spezielle Effekte

- ✔ **Nebel hinzufügen:** Atmosphärische Effekte wie Nebel kommen ins Bild.
- ✔ **Tiefenschärfe anpassen:** Verändert den Fokusbereich des Bildes nachträglich.

Porträtbearbeitung

- ✔ **Hautunreinheiten verbessern:** Optimieren Sie Porträts durch sanfte Retusche.
- ✔ **Frisuren ändern:** Experimentieren Sie mit verschiedenen Porträtaufnahmen.

Identitätsmerkmale als Referenz

Beim *Identity-Preserving* werden Identitätsmerkmale wie Gesichter als Vorlage bei der Bildgenerierung auf andere Bilder übertragen.

Facecloning

Das Modell nimmt ein eingefügtes Gesicht als Referenz (*Facecloning*) für ein neues Bild. Es ist unter der Apache-2.0-Lizenz für kommerzielle Zwecke nutzbar und kann zum Beispiel über Python, WebUI und ComfyUI genutzt werden (*Kapitel 7*). Sie können das InstantID-Modell ausprobieren: `https://huggingface.co/spaces/InstantX/InstantID`.

Weitere mögliche Modelle sind Roop, PuLID oder Facefusion.

1. Laden Sie ein Profilfoto und das Referenzbild hoch, etwa eine tanzende Person.
2. Dazu ergänzen Sie einen Prompt wie: `Astronaut auf dem Mond`, und die Elemente aus beiden Bildern werden gemeinsam mit dem eingegebenen Prompt verbunden.
3. Im besten Fall tanzt ein Astronaut mit dem Gesicht des Profilbildes auf dem Mond.

Strukturübertragung

Das auf Stable Diffusion aufbauende Modell soll möglichst eine perfekte Illusion erzeugen. Auszuprobieren ist das ganze bei Hugging Face: `https://huggingface.co/spaces/AP123/IllusionDiffusion`.

1. Laden Sie ein Logo oder ein Strukturbild, zum Beispiel ein Mandala, hoch
2. Ergänzen Sie es beispielsweise mit dem Prompt: `Frankfurt bei Nacht`.
3. Schon fügt sich das Bild in die nächtliche Skyline ein und gibt die Formen vor.

Nach diesem Ritt durch Bilderzeugungsmodelle, Werkzeuge und Techniken haben Sie nun hoffentlich eine ganze Welt an Inspirationen gewonnen und schon fleißig Bilder generiert. Im *nächsten Kapitel* widmen Sie sich der Stimm- und Klangwelt und lassen die KI auch andere Sinne ansprechen. Spitzen Sie die Ohren und lehnen Sie sich zurück.

IN DIESEM KAPITEL

Stimmen klonen und Texte sprechen lassen

Individuelle Musik für jede Gelegenheit

Podcasts und schnelle Berühmtheit

Kapitel 11
Töne: Synthetisierte Sprache und klangvolle Musik mit KI

Bei der ganzen Aufregung um KI gerät Musik erst einmal in den Hintergrund, weil hier die Entwicklung nicht so neu erscheint. Schließlich gibt es Midi-Sounds und Synthesizer schon länger als Kraftwerk und Depeche Mode. Und Stimmen können Computer schon lange synthetisch erzeugen. Sogar der erste Mac von Apple meldet sich 1984 mit »Hello, I am Macintosh«, und in jedem Navigationssystem stecken künstliche Stimmen. Die jüngste Entwicklung stellt jedoch ein eigenes Kapitel der Musik- und Sprachgeschichte dar: Chartsongs, die von Webservern komponiert, musiziert und »gesungen« werden sowie Sprachsynthesen, die von echten Menschen kaum zu unterscheiden sind.

Stimmen generieren und imitieren

Künstliche Stimmen (*Text-to-Speech, TTS*) und täuschend echt klingende Nachahmungen (*Voice Cloning*) sind eigene Disziplinen für KI-Generatoren.

Viele Anwendungszwecke für generierte Stimmen

Es gibt Hunderte Angebote für Sprachausgabe, die mal mehr und mal weniger echt klingt. Realistische Stimmen sind vielfältig einsetzbar, unter anderem:

- als *Voiceover* in verschiedenen Sprachen für Film-, Marketing- und Werbematerial für Hörbücher und Podcasts oder für Charaktere in Animationen und Videospielen,
- für individuelle Ansagen in Bahnen, am Telefon oder in Sprachassistenten,
- für Menschen, die ihre eigene Stimme aus gesundheitlichen Gründen nicht nutzen können (zu Barrierefreiheit erfahren Sie mehr in *Kapitel 19*).

Theoretisch können Sie eine künstliche Stimme überall dort verwenden, wo bisher eine menschliche Stimme gebraucht wird. Um die beste Lösung für Ihre Bedürfnisse zu finden, empfiehlt es sich, verschiedene Tools zu testen und die Sprachqualität sowie den Funktionsumfang zu vergleichen.

Pumuckl dank Voice Cloning reanimiert

Künstliche Intelligenz kann **Kindheitserinnerungen** retten: Die markante Stimme der **Kinderfigur Pumuckl** hat jeder, der in den 80er-Jahren vorm TV saß, noch heute im Ohr. Damals sprach sie Hans Clarin mit unverwechselbarem Krächzen. Doch der ist 2005 verstorben, eine Neufassung mit anderer Stimme undenkbar! In der RTL-Produktion »Neue Geschichten vom Pumuckl«, in der ein Neffe des Schreinermeisters Eder die Werkstatt erbt, spricht und verkörpert Kabarettist Maxi Schafroth den animierten Kobold. Für das Remake ist nicht nur die seit Jahrzehnten abgerissene Münchner Schreinerwerkstatt samt Innenhof im Studio detailgetreu nachgebaut worden. Schafroths Sprachaufnahme wird mit **Voice Cloning** und dank Erlaubnis der Erbengemeinschaft (*Kapitel 20*) in Clarins charakteristische Stimme umgewandelt. Dies sei die bisher weltweit umfangreichste Anwendung dieses Verfahrens, sagt RTL. Sie können sich über zwei Audiospuren mit der KI-Fassung und der Schafroth-Stimme selbst von der Wirkung überzeugen: Zwar ist Schafroth mit Rhythmus und Sprachwitz unglaublich nah am Original, doch das gewisse Etwas und die Stimmlage legt die KI noch obendrauf. Sehenswert!

Schnell mal was sagen (lassen)

Neben Runway ML, Suno AI und ElevenLabs ist OpenAIs Voice Engine darauf eingestellt, Stimmen zu erzeugen. Für den Anfang gibt es ganz simple Wege. Am schnellsten und preisgünstigsten generieren Sie gesprochenen Text über TTS mit einem KI-Assistenten oder dem Betriebssystem Ihres Geräts:

- ✔ Öffnen Sie ChatGPT, WebUI (siehe *Kapitel 7*) oder Perplexity, leiten Sie den Prompt ein mit `Sprich das aus:` und hängen Sie den Text dran. Gegebenenfalls müssen Sie noch auf das LAUTSPRECHER- beziehungsweise KOPFHÖRER-Symbol klicken.
- ✔ Am Mac kann die eingestellte Siri-Stimme auch lokal einen markierten Text mit RECHTSKLICK auf SPRACHAUSGABE > SPRACHAUSGABE STARTEN vortragen und über DIENSTE > ALS GESPROCHENEN TITEL ZU MUSIK HINZUFÜGEN als Datei ablegen. Alternativ geht es über das Programm TERMINAL mit dem Befehl `say`. Verzichten Sie dabei auf Sonderzeichen, zum Beispiel: `say Hallo wie gehts`.
- ✔ In Windows und auf vielen Smartphones finden Sie unter EINSTELLUNGEN > BEDIENUNGSHILFEN eine ähnliche Funktion und können dafür Tasten festlegen. Auch hier verlässt kein Wort das Gerät und wird lokal verarbeitet.

Sollten Aussprache oder Betonung eines Wortes einmal nicht hinhauen, helfen Sie sich aus, indem Sie das jeweilige Wort lautmalerisch oder mit besonders vielen Vokalen und Konsonanten aufschreiben: `Allpakkka`.

Doch das kann keine allgemeine Lösung sein, denn es gibt keine direkte Aufnahme- oder Downloadfunktion der Sprachausgabe. Außerdem sind weder Emotionen noch Gesang so richtig transportierbar, und die Qualität ist mau.

Sprachausgabe erzeugen: Täuschend echte Profi-Sprache

Verschiedene KI-basierte Sprachgeneratoren können Ihnen unter anderem Text in natürlich klingende Sprache umwandeln und als Dateidownload zur Weiterverarbeitung bereitstellen oder direkt in Videos und Podcasts einfügen.

Um *Voice Cloning* zu ermöglichen, benötigen die Systeme eine Klangprobe der Stimme: Je länger, umso besser, es genügen aber bereits wenige Sekunden.

RunwayML

Sie haben RunwayML (`https://runwayml.com`) bereits in *Kapitel 10* kennengelernt. Die Audiofunktionen bieten verschiedene kreative Möglichkeiten zur Stimmsynthese und Synchronisation (*Abbildung 11.1*).

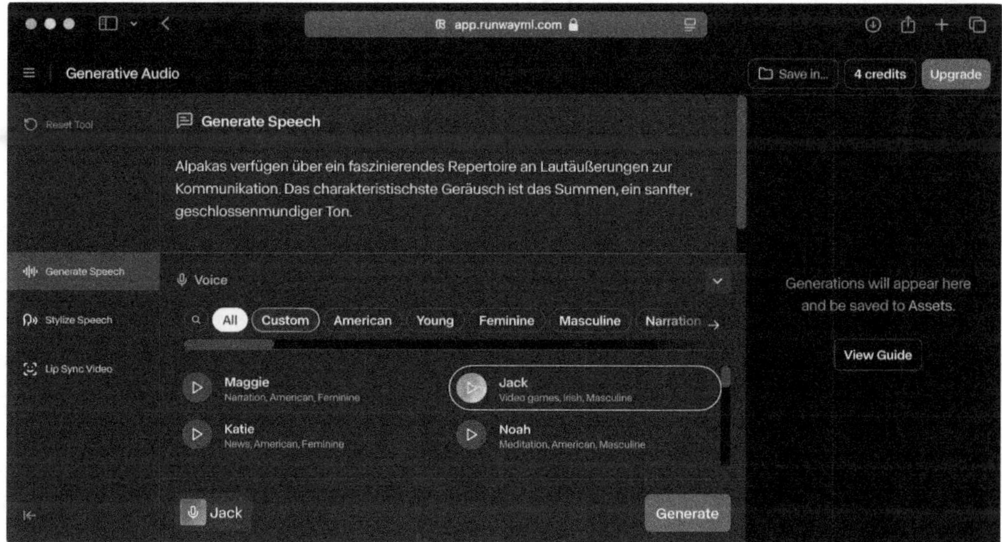

Abbildung 11.1: Text eingeben, Stimme wählen, generieren. (Screenshot: Runway ML)

Text-zu-Sprache mit Runway

So erhalten Sie Text als gesprochene Sprache:

1. Öffnen Sie im DASHBOARD unter ALL TOOLS das GENERATIVE AUDIO-TOOL.
2. Geben Sie Ihren gewünschten Text in das obere Textfeld GENERATE SPEECH ein.
3. Wählen Sie eine Stimme (VOICE) aus der Liste der verfügbaren Standardstimmen.
4. Klicken Sie auf GENERIEREN – die Verarbeitung erfolgt in der Regel sehr schnell.

Eigene Stimmenmodelle

Im Pro-Tarif (35 US-Dollar im Monat) erstellen Sie eigene Stimmenmodelle:

1. Nehmen Sie dazu einige Minuten sauberes Audio ohne Hintergrundgeräusche auf und importieren Sie die Aufnahme oder nutzen Sie die Aufnahmefunktion in Runway, die Sie bei den Stimmen (VOICE) unter CUSTOM finden.
2. Benennen Sie Ihr Stimmenmodell.
3. Nach kurzer Verarbeitung steht es für *Text-zu-Sprache* zur Verfügung.

Sprache-zu-Sprache

Sie können eine eingesprochene Datei so umstellen, dass sie mit einer anderen, vielleicht der antrainierten Stimme, ausgesprochen wird:

1. Dafür laden Sie die Aufnahme mit dem zu sprechenden Text unter SPEECH TO SPEECH hoch oder klicken auf RECORD für eine Aufnahme.
2. Anschließend wählen Sie die Stimme unter VOICE > CUSTOM aus.
3. GENERATE startet die Umwandlung.

Lippensynchronisation

Für lippensynchrone Videos gehen Sie so vor:

1. Wählen Sie bei dem GENERATIVE AUDIO-TOOL den Menüpunkt LIP SYNC VIDEO.
2. Ziehen Sie ein *Bild* oder *Video* einer Person mit vollständig sichtbarem Gesicht in den Kasten oben links. Sie können auch bereits generierte (SELECT FROM ASSETS) oder vorgefertigte *Charaktere* (SEE EXAMPLE SCENES) verwenden. Wichtig ist, dass hier das Gesicht im ersten *Frame* bereits vorhanden ist, damit es erkannt wird.
3. Die Bilderkennung dauert etwa 20 Sekunden.
4. Laden Sie unter DIALOGUE ein *Audio* aus TEXT-ZU-SPRACHE oder eine andere Audiodatei. Sie können bis zu zehn Personen mit ADD SPEAKER hinzufügen und über das GESICHT-Symbol den im Bild erkannten Gesichtern zuordnen.
5. GENERATE startet die Umwandlung.

Kosten

Audiofunktionen sind in den regulären Tarifen enthalten, daher empfiehlt sich Runway ML besonders, wenn Sie es ohnehin für Bilder und Videos abonnieren:

- Mit dem *kostenlosen Tarif* haben Sie nur sehr eingeschränkten Zugriff, denn die zur Anmeldung einmalig gewährten 125 Credits sind schnell aufgebraucht: 50 Zeichen Text-zu-Sprache oder drei Sekunden Sprache-zu-Sprache kosten jeweils einen Credit. Für die Lip-Sync-Videofunktion gehen zusätzliche 20 Credits ab.
- Für zwölf Euro pro Monat bietet der *Standardtarif* 625 monatliche Credits.
- Für professionelle Audiobearbeitung empfiehlt sich der *Pro-Tarif* mit 2.250 Credits monatlich für 35 Euro, der zusätzlich eigene Stimmen für Lip-Sync und Text-to-Speech ermöglicht. Im Jahresabonnement gibt Runway 20 Prozent Rabatt.

ElevenLabs

Ein führender Anbieter der KI-Sprachsynthese ist ElevenLabs (*Abbildung 10.2*):

- Die Firma bietet realistische Sprachausgabe auch in Deutsch mit beeindruckender Sprachqualität und Hunderten Stimmen.
- Diese Leistungen werden von Radiosendern und TV-Stationen gebucht (*Kapitel 18*) und von anderen Diensten über API genutzt. Sie werden schnell feststellen, weshalb.

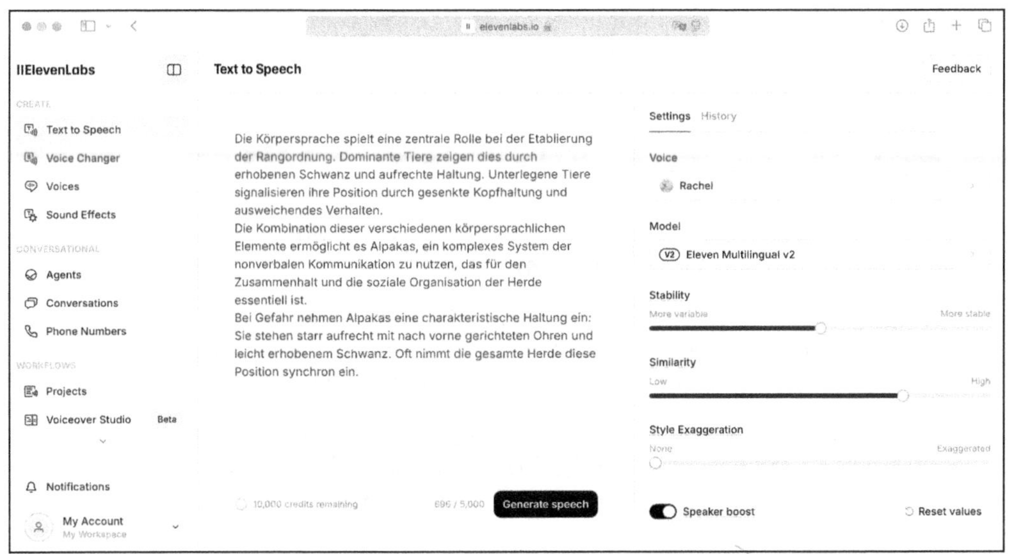

Abbildung 11.2: Realistische Sprache und Voice Cloning (Screenshot: Elevenlabs)

ElevenLabs ausprobieren

Auf `https://elevenlabs.io` können Sie es ohne Anmeldung probieren:

1. Klicken Sie auf TRY A SAMPLE oder scrollen Sie ein Stück runter.
2. Im Bereich TEXT TO SPEECH (Text in Sprache) können Sie den vorgegebenen oder einen eigenen Text aussprechen lassen.
3. Wählen Sie unter der Landesflagge eine gewünschte Sprache, zum Beispiel Deutsch, und klicken Sie auf den Play-Knopf.
4. So können Sie die anderen Beispiele ausprobieren und Ihre eigene Eingabe zu neuer Sprache wandeln oder die automatische Synchronisation ansehen.

Kosten

Nach einer kurzen Registrierung sind bei ElevenLabs in der kostenlosen Version zehn Minuten Textausgabe pro Monat und gleichzeitig Übersetzungen möglich. Für fünf US-Dollar im Monat, mit zwei Gratismonaten vorneweg, ist *Voice Cloning* dabei.

PlayHT

Wenn Sie einmal ausprobieren möchten, wie es ist, mit sich selbst zu sprechen, gehen Sie auf die Seite `https://play.ht` und tippen CLONE YOUR VOICE.

- ✔ Sie bekommen dort einen 30-sekündigen englischen Text zum Vorlesen präsentiert, danach spricht der Assistent mit Ihrer Stimme. Das ist vom Anbieter her sogar für Telefongespräche gedacht, die in Ihrem Namen angenommen werden können.
- ✔ Im kostenlosen Tarif ist eine geklonte Stimme enthalten.

HeyGen

Eine beeindruckende Plattform, die ich Ihnen auch noch in *Kapitel 12* zu Thema Video nahelegen werde, ist HeyGen (`https://www.heygen.com`).

- ✔ Dieser Dienst beherrscht mehr als 300 synthetische Stimmen in jeweils mehr als 40 Sprachen. Die deutsche Aussprache klingt teilweise noch etwas holprig. Sie können aber auch Sprache aus ElevenLabs oder anderen Produkten integrieren.
- ✔ Auf Wunsch imitiert HeyGen Stimmen. Klicken Sie dafür im Menü auf AI VOICE und schalten Sie das DROPDOWN-Feld von ENGLISH zu GERMAN. Die Firma benötigt eine Demoaufnahme von zwei Minuten, für eine professionellere Form vier Minuten.

Uberduck.ai

Laut Webseite genießt der Dienst mit der Ente sogar das Vertrauen von Star-DJ David Guetta. Uberduck generiert verschiedene Stimmen und das auf Wunsch in unterschiedlichen Sprachen. Eine Stimmprobe kann es klonen und daraus Sprache generieren oder eine vorhandene Audiodatei in die andere Stimmversion wandeln: `https://uberduck.ai`.

Fliki

Die KI-Video- und Audioplattform Fliki (`https://fliki.ai`) von der amerikanischen Ostküste bietet eine gute deutsche Sprachqualität mit Dutzenden deutschen Stimmen, darunter sogar ansonsten eher selten anzutreffende Kinderstimmen.

- ✔ Voice Cloning ist im Abo-Jahrestarif ab 21 US-Dollar im Monat möglich.
- ✔ Es gibt eine kostenlose Version mit fünf Minuten Sprachausgabe pro Monat gratis für Audio oder Video. Dafür können Sie aus den vorhandenen Stimmen wählen.

Murf.ai

Gute Qualität mit deutschen Stimmen finden Sie bei `https://Murf.ai`.

- ✔ Das Produkt ist besonders geeignet, wenn Sie ohnehin den Designdienst Canva (*Kapitel 13*) nutzen möchten, denn dorthin gibt es eine Integration.
- ✔ Das Produkt bietet zum Ausprobieren zehn Minuten mit allen Premiumdiensten an.

Synthetisch ist nicht natürlich

Nicht alle Stimmen klingen für unser Gehirn gleich, was wohl an der Qualität der Erzeugung liegt: Forschende von der Universität Zürich haben einen Unterschied zwischen natürlichen Stimmen und Deepfakes ausgemacht, der nicht immer offensichtlich ist. Menschen akzeptieren zwar die geklaute Identität in Voice-Cloning-Audios, ihr Gehirn reagiert jedoch anders, und zwei Hirnareale entlarven, dass sie doch Zweifel an der Echtheit hegen: Insbesondere im Belohnungszentrum sei vergleichsweise weniger Aktivität zu messen – ein Indiz dafür, dass uns künstliche Stimmen nicht befriedigen. »Der Mensch kann also nur teilweise durch Deepfakes getäuscht werden. Besonders die neuronalen Mechanismen, die bei der Verarbeitung von Deepfakes identifiziert wurden, verdeutlichen die menschliche Widerstandsfähigkeit gegenüber gefälschten Informationen, die uns im Alltag immer häufiger begegnen«, folgert Claudia Roswandowitz vom Institut für Computerlinguistik (`https://www.nature.com/articles/s42003-024-06372-6`).

Übersetzung in gesprochene Sprache

Um einen Text in verschiedenen Sprachen zu erhalten und ohne größeren Aufwand einen Podcast oder ein YouTube-Video in mehreren Ländern zu nutzen, sind KI-Systeme bestens geeignet. Viele Produkte behelfen sich statt mit Live-Übersetzung damit, dass sie eine Audiodatei erst transkribieren, diese Transkription übersetzen und dann mit einer neuen Stimme wieder generieren.

Die Qualität der Übersetzung hängt von der Komplexität des Inhalts und der Klarheit der Originalaufnahme ab. **Hintergrundgeräusche und gleichzeitig Sprechende sind nicht übertragbar** und verfälschen die Transkription.

Audio-Übersetzung mit Veed.io

Veed ist eigentlich für Videos gemacht. Der Dienst ermöglicht es Ihnen aber, eine deutsche Audiodatei hochzuladen und den Inhalt etwa in englischer Sprache als Datei zu erhalten (*Abbildung 11.3*). So nutzen Sie diesen Audio-Übersetzer:

1. REGISTRIEREN Sie ein kostenloses Konto bei `veed.io` (die erste Übersetzung ist gratis, im Jahresvertrag sind es 26 Euro im Monat, monatlich kündbar 53 Euro).
2. Beginnen Sie mit NEUES PROJEKT ERSTELLEN und DATEI HOCHLADEN.
3. Wählen Sie EINSTELLUNGEN > STIMME ÜBERSETZEN. Diese Menüs sind englisch: Stellen Sie bei WHAT IS THE ORIGINAL LANGUAGE? die Sprache auf GERMAN.
4. Bei TRANSLATE TO wählen Sie aus Dutzenden Sprachen und Dialekten. Bei OPTIONS finden Sie die gewünschte Zielsprache, zum Beispiel ENGLISH, und bei SPEAKER eine dafür geeignete Sprechstimme für die Übersetzung.
5. Mit DUPLICATE AND TRANSLATE schließen Sie den Schritt ab. Es öffnet sich die übersetzte Audiodatei. Exportieren Sie das Ergebnis bei DONE als MP3-Datei.

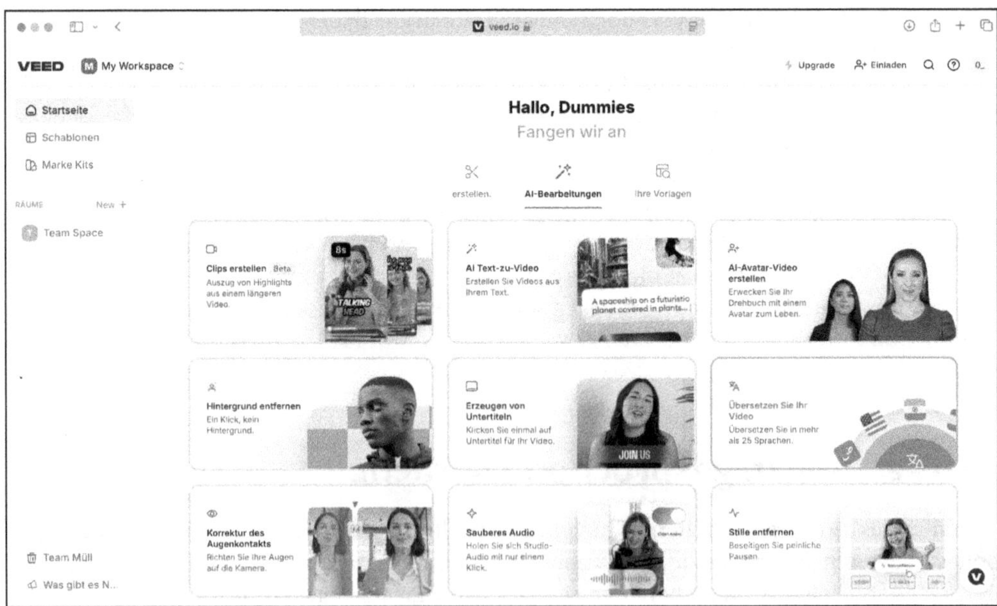

Abbildung 11.3: Video-Tools können auch Audios bearbeiten. (Screenshot: Veed.io)

Übersetzte Ergebnisse sollten Sie immer überprüfen und notfalls korrigieren, besonders wenn es wichtige oder fachspezifische Inhalte sind.

Internationaler Erfolg mit KI-Übersetzungen

Der US-amerikanische YouTuber James »Jimmy« Stephen Donaldson gilt als Pionier und König der YouTube-Videos. Der von ihm betriebene Kanal **MrBeast** wächst rasant mit Filmen von aufwendig produzierten Stunts, Wettbewerben und Verlosungen. Mit mehr als 313 Millionen Abonnements überholt er 2024 den bisherigen Rekordhalter und wird der meistabonnierte weltweit. Auch sein TikTok-Account gehört zu den drei größten der Welt. Von seinem englischsprachigen Kanal (`https://www.youtube.com/@MrBeast`) verbreitet Donaldson ausgewählte Videos mit KI-Übersetzung und generierter Stimme in separaten Kanälen und verschiedenen Sprachen: Neben der deutschen Version (`https://www.youtube.com/@beastaufdeutsch`) gibt es ihn auf Französisch, Spanisch, Arabisch und im brasilianischen Portugiesisch. Das erschließt ein größeres Publikum, das auch dem Hauptkanal zu folgen beginnt.

Kostenlose KI-Klänge: Open-Source-Stimmen und Musik

Möchten Sie kein Geld für Ihre eigene Stimme oder andere Sprachausgaben investieren und die Daten lieber vertraulich behandeln, installieren Sie sich am besten eines der vielen gratis verfügbaren KI-Modelle für Sprachsynthese.

- ✔ Stimmproben und Texte bleiben auf Ihrem System und wandern nicht in die Cloud.
- ✔ Allerdings ist die Leistung Ihres Computers entscheidend für das Tempo.

Modellevolutionen

Viele verfügbaren KI-Modelle steigern sich immer weiter in der Qualität der erzeugten Stimmen und markieren bedeutende Fortschritte der Sprachsynthese:

- ✔ KI-Musikanbieter Suno hat als einer der ersten die Sprachsynthese Bark frei herausgegeben (`https://github.com/suno-ai/bark`). Bark heißt zwar *bellen*, das Tool kann aber realistische, mehrsprachige Ausgaben erzeugen – einschließlich Musik, Hintergrundgeräuschen und Lachen, Seufzen oder Weinen.
- ✔ Das Text-to-Speech-Modell xTTS (`https://huggingface.co/coqui/XTTS-v2`) kann Stimmen noch viel besser klonen und benötigt dafür nur sechssekündige Audioproben. Es unterstützt 17 Sprachen und beherrscht Emotionen und Stile.
- ✔ OpenVoice von MyShell (`https://github.com/myshell-ai/OpenVoice`) beherrscht auch Akzente, ist aber im Deutschen nicht so leistungsfähig.
- ✔ F5-TTS ist ein Open-Source-Modell, das natürliche Sprache besonders ausdrucksstark erzeugen kann (`https://github.com/SWivid/F5-TTS`). Auch hier genügt eine kurze Audioprobe für Ergebnisse in verschiedenen Sprachen.

- Das Modell GPT-SoVITS-v2 (`https://huggingface.co/xihajun/GPT-SoVITS`) ist ebenfalls sehr leistungsfähig, erhält es statt wenigen Sekunden mindestens eine Minute an Trainingsdaten. Es erzeugt sehr realistische Stimmen mit Emotionen.

Hörproben der TTS-Modelle finden Sie auf `https://tts.x86.st`.

Um das auszuprobieren, benötigen Sie aber noch eine Anwendung.

TTS über Pinokio ausprobieren

Zum Ausprobieren empfehle ich die Oberfläche *Pinokio* aus *Kapitel 7*.

1. Suchen Sie unter DISCOVER nach TTS und installieren Sie ein Skript wie E2-F5-TTS.
2. Starten Sie die Anwendung mit LAUNCH. Die Daten werden heruntergeladen.
3. Pinokio öffnet Gradio, und Sie können ein Modell wählen, zum Beispiel F5-TTS.
4. Laden Sie bei BASIC-TTS unter AUDIO HIER ABLEGEN eine *Stimmaufnahme* hoch.
5. Ins Feld TEXT TO GENERATE kommt der *Sprechtext*.
6. SYNTHESIZE startet den Vorgang, und Sie erhalten nach kurzer Zeit die Dateien.

Modelle über die Oberfläche TTS Generation WebUI nutzen

Alternativ laufen die verschiedenen TTS-Modelle über Oberflächen wie TTS Generation WebUI, basierend auf dem gängigen Gradio und mit dem Python-Paketmanager Miniconda. Klingt kompliziert, richtet sich aber von selbst ein:

1. Laden sie von `https://rsxdalv.GitHub.io/tts-generation-webui/` den aktuellen ONE-CLICK-INSTALLER und ENTPACKEN Sie die Datei.
2. Öffnen Sie TERMINAL am Mac, wechseln Sie ins Verzeichnis und geben Sie `start_tts_webui.sh` ein. Bei Windows starten Sie mit `start_tts_webui.bat`.
3. Fragt die Installation ein paar Dinge, bestätigen Sie mit Y (*ja*) oder N (*nein*).
4. Nach einiger Zeit öffnet sich ein Browserfenster mit dem Generator. Sollte die Seite nicht direkt laden, AKTUALISIEREN Sie im Browser. Es sind bereits einige Modelle eingefügt. Beachten Sie, dass nicht alle auf jedem Betriebssystem laufen.
5. Wählen Sie zum Anfang BARK, das Text-zu-Audio-Modell von Suno, und tippen Sie unter VOICE auf GERMAN für eine deutsche Sprachausgabe. Den Rest können Sie erst einmal außer Acht lassen. Auf Barks GitHub-Seite steht näher beschrieben, was einzelne Einstellungen bewirken, Sie können aber auch damit herumspielen.
6. Geben Sie den PROMPT ein und starten Sie mit GENERATE. Die Magie geschieht jetzt im Konsolenfenster. Nach einiger Zeit, abhängig von Ihrer Computerleistung, sehen

Sie bei HISTORY ein Audio mit einer grafischen Darstellung, die Sie zum Abspielen anklicken können. Mit DOWNLOAD laden Sie dann die generierte Datei im WAV-Format herunter. Sie finden sie auch im Verzeichnis OUTPUTS.

Stimmen und Musik sind bei MORE VOICES und `https://promptecho.com`.

Gleich noch ein wenig Musik:

- Sie können in der gleichen Oberfläche unter MUSICGEN auch Musik erzeugen.
- Solange hier die Kommandozeile geöffnet bleibt, ist eine API aktiv, die für andere Programme und Skripte erreichbar ist. Details dazu finden Sie ganz unten links.

Barrierefreiheit dank Stimmklon

Stimmen und Sprachausgabe zu generieren ist nicht nur ein Spaßprojekt für Redefaule. Es gibt handfeste medizinische Anlässe dafür, wenn jemand seine Stimme verliert und gar nicht oder nur eingeschränkt sprechen kann.

Startup Whispp gibt Erkrankten eine Stimme

Das niederländische Startup **Whispp** (`https://whispp.com`) macht es möglich, dass Menschen, die nur noch flüstern können, buchstäblich wieder eine Stimme finden. Ursprünglich wurde die App für stotternde Menschen erfunden, sie kann auch bei anderen Erkrankungen wie Muskellähmungen, Parkinson und nach Schlaganfällen eingesetzt werden.

- Whispp filtert und verstärkt mit KI-Unterstützung das Gesagte im Smartphone und reicht es direkt in ein laufendes Telefonat weiter (*Speech-to-Text, STT*).
- Mit einer Probe der gesunden, früheren Stimme bildet die KI diese nach.
- Die App ist unter anderem auf die deutsche Sprache abgestimmt.
- Für die Nutzung ist ein Abonnement erforderlich.

Stimme synthetisieren mit erweiterten Bordmitteln

Dass Sie mit dem Smartphone Sprache ausgeben können, habe ich Ihnen gezeigt. Im iPhone ist ab iOS17 bei EINSTELLUNGEN > BEDIENUNGSHILFEN > EIGENE STIMME (*Personal Voice*) eine Funktion versteckt, die so ähnlich funktioniert wie Whispp. Die können Sie auch ohne Erkrankung einsetzen:

1. Dafür müssen Sie zunächst in einer ruhigen Umgebung ohne Echo und Hintergrundgeräusche 150 Sätze in einer rund 15-minütigen Aufnahmesitzung laut vorlesen. Hierfür läuft vorab sogar eine Prüfung der Tonqualität ab. Das Gerät zeigt Ihnen die Sätze der Reihe nach auf dem Bildschirm und leitet Sie dazu an.

2. Das iPhone generiert im Anschluss die Stimme. Diese Arbeit läuft auf dem Gerät ab, und das dauert eine gewisse Zeit, in der es an den Strom angeschlossen bleiben sollte. Auf Wunsch speichert Apple die Stimmdaten geräteübergreifend in iCloud.

3. Diese synthetische Version Ihrer Stimme können Sie fortan für Sprachausgaben über Lautsprecher, Telefon-Apps oder Vorlesegeräte benutzen: Dafür wählen Sie sie unter EINSTELLUNGEN > BEDIENUNGSHILFEN > LIVE-SPRACHAUSGABE aus und können mit DREIFACH-Klick auf den seitlichen Knopf des iPhones ein Textfeld einblenden, in das Sie einen Text eintippen und sprechen lassen können.

4. Damit könnten Sie jetzt auf Ihrem iPhone eigene Podcasts mit Ihrer Stimme vortragen lassen. Das geht mit den richtigen Mitteln aber noch viel eleganter.

Podcast-Generatoren: Die KI spricht und editiert

Hunderte Shows und Podcasts werden pro Woche neu bei Spotify angemeldet. Inzwischen sollte rein rechnerisch eigentlich jeder Mensch auf der Welt zwei Podcasts haben. Falls Sie bisher aus der Statistik fallen, wird es höchste Zeit. Und wie Sie wissen, müssen Sie nicht einmal den Mund aufmachen. Falls Sie schon einen Podcast haben, rate ich Ihnen, die Produktionsschritte anzupassen und zu vereinfachen.

Das Nebenbei-Medium im Gratis-Abonnement

Ein **Podcast** ist eine Serie von meist kostenlosen Medienbeiträgen (Audio oder Video), die Sie regelmäßig automatisch herunterladen können. Das erledigen für Sie *Podcatcher*-Apps wie Apple Podcasts, YouTube Music (ehemals Google Podcasts) oder Overcast, Podcast Addict und Pocket Casts. Ein beliebter Open-Source-Podcatcher ist AntennaPod. Sie können Podcasts aber auch direkt im Web bei Musikstreamingdiensten wie Spotify hören.

2009 habe ich meine Diplomarbeit über die damals noch seltenen »Podcasting-Angebote und Strategien von Rundfunksendern« geschrieben und dafür mit Verantwortlichen und zahlreichen Podcasterinnen und Podcastern gesprochen. Seitdem setzt der Siegeszug der Podcasts den Erfolg des Radios als Nebenbei-Medium fort, macht die Sendungen aber zeitunabhängig. Dadurch, dass sie nichts kosten und auch von Radio- und Fernsehsendern als Alternative zu Mediatheken verbreitet werden, genießen Podcasts eine hohe Akzeptanz. Sie können sich informieren, unterhalten lassen oder etwas dazulernen. Ich persönlich bin ein großer Podcast-Fan und schätze die Flexibilität und Vielseitigkeit dieses Mediums, ob in der Bahn, im Auto oder bei der Hausarbeit. Wie steht es mit Ihnen?

Ein eigener Podcast in zehn Schritten

Um selbst mit einem Podcast zu starten oder Ihren bestehenden zu optimieren, können Sie sich von der Konzeptionsphase bis zur Veröffentlichung und sogar darüber hinaus in zahlreichen Aspekten der Produktion unterstützen lassen.

Vorproduktion

1. **Konzeption:** Gute Ideen sind stets der Anfang. KI identifiziert Trends und entwickelt ein Konzept, das sich auch über mehrere Episoden trägt. Zielgruppenanalyse, Formatfragen wie zum Beispiel einen Sendungsablauf, die richtige Länge und den besten Veröffentlichungsrhythmus klären Sie im Dialog mit dem Chatbot.

2. **Verpackung:** Bei der Produktion von Jingles und Trennern mit zusätzlichen Stimmen können Sie Text-to-Speech und (gemafreie) Musik generieren. Das Coverbild Ihres Podcasts, sozusagen das Aushängeschild und die erste Werbung später im Verzeichnis, können Sie selbst mit einem KI-Bildgenerator entwerfen.

3. **Vorbereitung:** Themen-Dossiers erstellen, Intro- und Outro-Texte formulieren, Interviewfragen und Moderationstexte entwickeln helfen und dabei festgelegte stilistische Vorgaben berücksichtigen – alles können Sie an den Chatbot auslagern.

4. **Gäste:** Einladungen für Interviews und Angebote für Crosspromo formuliert KI.

Produktion und Nachbearbeitung

5. **Aufnahme:** Programme und Webanwendungen erleichtern mit KI-Werkzeugen alle Sprachaufnahmen, selbst wenn die Gäste nur übers Internet zugeschaltet sind.

6. **Tonschnitt:** Im Anschluss vereinfachen KI-Tools die Bearbeitung. Sie optimieren die Klangqualität, wandeln die Aufnahmen in Text um und entfernen Pausen.

7. **Fleißarbeit:** Episodenbeschreibungen, Show Notes, Kapitelmarken sowie zugehörige Blogartikel und Social-Media-Posts können Sie automatisieren.

Publikation

8. **Veröffentlichung:** Ihr Werk wird automatisch zu einem Podhoster Ihrer Wahl hochgeladen und an die relevanten Podcast-Verzeichnisse gemeldet.

9. **Marketing:** Eine geeignete Marketingstrategie, Social-Media-Aktionen, spezielle Zielgruppenkampagnen – dafür können Sie KI-Assistenten in Anspruch nehmen.

10. **Umfragen:** Stimmungsberichte und Feedback der Hörerschaft werden von der KI eingeholt und beantwortet. Am Ende fließen sie wieder in neue Episoden ein.

Technische Details bei der Podcast-Erstellung

Podcast-Equipment für die Aufnahme

Der Start in die Podcast-Welt muss keine teure Angelegenheit für Sie werden:

- ✔ Für Tonaufnahmen benötigen Sie zu Anfang kein teures Profi-Equipment. Jedes Smartphone hat eine bessere Qualität als der Drei-Kilogramm-Recorder, den ich in den Neunzigern als Radioreporter über die Frankfurter Zeil geschleppt habe.

- Mit der kostenlosen und sehr professionellen Open-Source-Software Audacity (`https://www.audacityteam.org`), den beiliegenden KI-Filtern und vielen verfügbaren Erweiterungen gelingt auf Windows, Mac und Linux der Tonschnitt.
- Letztlich entfernen KI-Filtersysteme die gröbsten Hintergrundgeräusche aus Ihrer Aufnahme heraus und lassen sie nach »mehr« klingen. Auch der Schnitt läuft über eine KI-Automatik oder textbasierte KI-Schnittsysteme kinderleicht ab.

Podcast-Hosting

Den *Podhoster* zu wechseln schafft später Schwierigkeiten, da Links sich ändern. Stellen Sie sicher, dass Preis und Leistung zu Ihren Wachstumsplänen passen.

Besonders das Hosting, also das Abspeichern der fertigen Podcasts, kann mitunter etwas kosten. Dafür erhalten Sie teilweise noch Abrufstatistiken oder Hörendenbefragungen als Extra hinzu. Die richtige Plattform ist dabei wichtig.

- Damit Ihr Podcast-Werk abgerufen werden kann, laden Sie es mit Coverbild und Beschreibung bei einem Podcast-Hoster (*Podhoster*) hoch, zum Beispiel gegen Gebühr bei `Podigee.de`, `Podcaster.de`, `Podbeam.com` oder `Letscast.fm`.
- Spotify speichert Ihre Episoden mit Einschränkung auch kostenlos und bietet mit *Spotify for Podcasts* eine eigene App an (`https://podcasters.spotify.com`). In Kooperation mit *Riverside* stellt Spotify nahtlos KI-Werkzeuge zur Verfügung.
- Wenn Sie ambitioniert sind, installieren Sie mit Docker und anderen Open-Source-Werkzeugen selbst einen Podcast-Vertrieb auf Ihrer NAS oder Ihrem Webserver. Zum Beispiel mit *Catopod* (`https://castopod.org`). Schwierig ist das nicht.

Podcast-Verzeichnisse

Im Ergebnis erhalten Sie in einem Podcast-Verzeichnis immer eine URL, die zum RSS-Feed Ihres Podcasts führt. Um diese Übersichtsdatei der Podcast-Episoden in die großen Verzeichnisse einzutragen und dort Hörende zu erreichen, müssen Sie nichts bezahlen.

- Apple Podcasts (`https://podcasters.apple.com`), die App, die auf jedem iPhone und Mac dabei ist, und Spotify (`https://podcasters.spotify.com`), der grüne Streaming-Riese, verwalten die bekanntesten Verzeichnisse.
- Sie sollten aber auch andere Verzeichnisse wie Googles YouTube Music, SoundCloud, das mit RTL+ kooperierende Deezer und beispielsweise Podimo bedienen, um eine noch größere Nutzerschaft mit Ihrem Angebot zu erreichen.
- Podcasts können inzwischen auf einigen Plattformen wie bei Apple, Spotify oder Patreon auch *monetarisiert* werden. Sie erhalten dort pro Abonnement Geld. In den meisten Fällen stellen Sie Ihr Programm kostenlos und werbefinanziert online.

Noch mehr wertvolle Tipps erfahren Sie im Buch »Podcasting für Dummies«.

Der KI-Boost für Ihren Podcast

Sie können sich völlig auf die Inhalte konzentrieren und die Fleißarbeit einem KI-Tool überlassen. Damit kommen Sie schneller zum eigenen Podcast.

Adobe Podcast Studio

Wenn es nach Adobe geht, sollen Sie sich auf die Geschichten und nicht auf den Sound konzentrieren können. Das sind gute Neuigkeiten für alle, denen Schnittprogramme bisher zu kompliziert und aufwendig waren. Die Tonaufnahme, die Sprachverbesserung und den kompletten Audioschnitt lässt Adobe von KI erledigen und in Ihrem Browser ablaufen (*Abbildung 11.4*).

- ✔ Sie nehmen allein oder mit (Remote-)Gästen jeweils einzelne Tonspuren auf. Die Webseite erfasst diese selbst dann, wenn die Internetverbindung nicht perfekt ist.
- ✔ Jedes Wort wird mit derselben Technologie transkribiert wie in Adobe Premiere Pro (siehe *Kapitel 12*). Der Schnitt läuft dann ab wie in einem Textdokument: Entfernen Sie eine Passage im Text, schneidet die KI sie in der Audiodatei heraus.
- ✔ Adobe stellt Ihnen lizenz- und GEMA-freie Intros, Outros, Übergangsgeräusche und Hintergrundmusik bereit und verspricht, dass Sprachaufnahmen klingen, als wären sie in einem professionellen Studio aufgenommen worden.

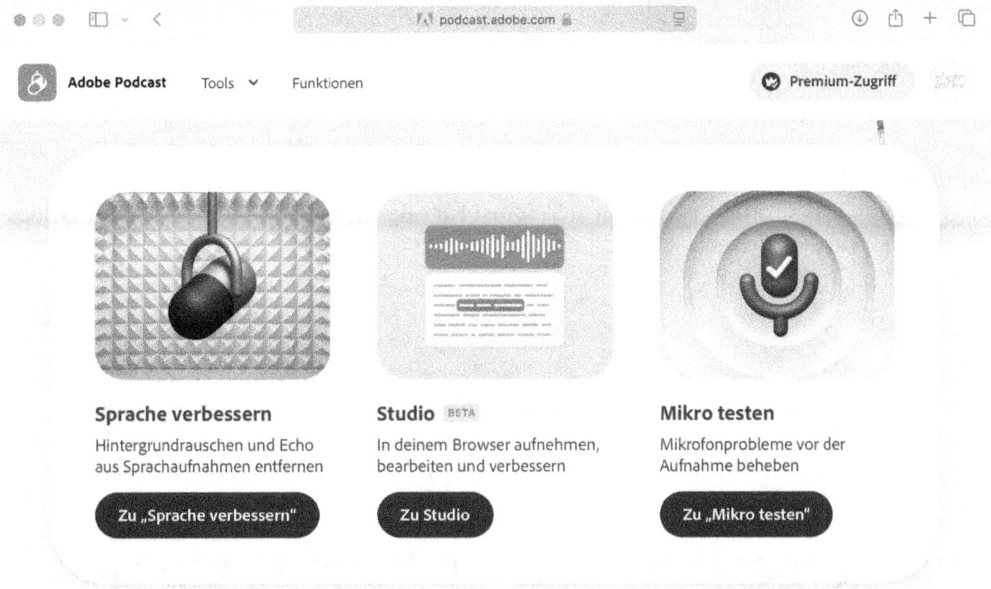

Abbildung 11.4: Kostenlose Podcast-Funktionen (Screenshot: `podcast.adobe.com`)

Das Adobe Podcast Studio nutzen Sie gratis für zweimal 30 Minuten Aufnahmelänge am Tag über `https://podcast.adobe.com`. Im Premium-Tarif, zum Beispiel mit Creative-Cloud-Abo, gelingen längere und größere Dateien und Videos. Dann designt Ihnen das Kreativwerkzeug Adobe Express sogar das Podcast-Cover.

Podcastle

Eine nützliche Plattform mit KI-Podcast-Tools für die Aufnahme, Bearbeitung und Klangverbesserung ist Podcastle (`https://podcastle.ai`).

- ✔ Mit an Bord sind Rauschunterdrückung und das Klonen von Stimmen.
- ✔ Die englischsprachige Plattform kommt auch mit deutschen Podcasts klar, nimmt bis zu zehn Tonspuren gleichzeitig auf und liefert Transkripte für die Folgen.
- ✔ Die intuitive Oberfläche ist sogar für Neulinge geeignet und kann ebenso für die Herstellung von Hörbüchern oder zur Vertonung von Spielen genutzt werden.

Im Gratis-Tarif von Podcastle erstellen Sie unbegrenzt Audio-Podcasts, speichern und verteilen sie. Daneben können Sie die Videofunktion kurz ausprobieren. Ab 11,99 Euro pro Monat erhalten Sie KI-Werkzeuge für Stimmverbesserung und Schnittunterstützung bis zu synthetischen Stimmen und Stimmklonen.

Lovo

Um Podcasts effizient zu erstellen und zu internationalisieren, eignet sich Lovo (nicht verwechseln mit der Dating-App, `https://lovo.ai`). KI spricht Ihren Podcast ein, Sie finden Anpassungsmöglichkeiten wie Betonung, Geschwindigkeit und Aussprache und sogar die Möglichkeit, mehrere KI-Stimmen für Dialoge zu verwenden.

Wondercraft

Mit dem selbsternannten Wunderwerk legen Sie bei der Audio-Produktionsplattform Wondercraft los (`https://www.wondercraft.ai`). Sie erhalten jeweils zehn Gratismusiken und Soundeffekte. In einem Editor kombinieren sich Stimmen, Töne und Geräusche zu einer fertigen Datei. Das Produkt empfiehlt sich selbst für alle Aggregatszustände der Aufgeregtheit: Werbespots, Podcasts und Meditationen.

Castmagic

Publikationsreife Automatik und weniger Handarbeit steht im Vordergrund bei Castmagic (`https://www.castmagic.io`). Aufnahmen müssen Sie nicht mühsam herbeitragen, das Tool holt sie sich aus YouTube, Instagram Reels oder über Zapier. Für den Podcast springen dabei sogar nützliche Shownotes und Inhalte für Blogs oder Social-Media heraus.

Musik generieren: Davon kann KI ein Lied singen

Wenn Sie planen, einen KI-Charthit zu kreieren, müssen Sie sich ranhalten, denn das haben bereits einige für sich entdeckt. Vielleicht soll der Podcast auch einfach mit Musik untermalt werden. Hier brauchen Sie keinen Quintenzirkel oder ein Instrument zu beherrschen und schon gar keine Noten zu lesen.

Wie leistungsfähig KI-Musikgeneratoren sind

Bei Plattformen, die solche musikalischen Werke vollbringen, gibt es massive Unterschiede in der Qualität. Viele der Songs klingen, vorsichtig gesagt, noch experimentell. Das mag am Ansatz liegen, wie »Musik« dort hergestellt wird:

- ✔ Entweder die KI-Modelle berechnen Ihnen Lieder nach mathematischen Regeln und generieren Melodien, die sie dann intern bewerten und weiter verbessern
- ✔ oder sie lernen aus riesigen Musikdatenbanken und versuchen Muster für gute Klänge zu erkennen und nachzuahmen.

Hörbare Musik zu erzeugen geht mal mehr, mal weniger gut. Eine entspannte GEMA-freie (siehe *Teil V*) Begleitung für den Weihnachtsmarktstand oder zur Untermalung der Firmenpräsentation bekommen Sie damit locker hin. Doch es braucht in vielen Fällen für einen richtigen Hit noch das gewisse Etwas. Besonders beim Gesang sind viele Produkte kaum zu gebrauchen oder bieten diesen gar nicht erst an. Eine Handvoll Angebote hält sich dagegen an der Spitze und versteht es ganz offensichtlich, handwerklich gute und eingängige Songs zu generieren. Suno und Udio können dabei auch eine Singstimme in die Lieder einbauen. Besser hätte es Dieter Bohlen auch nicht hinbekommen.

Suno

Suno AI kommt aus Cambridge, wo das Massachusetts Institute of Technology (MIT) seinen Sitz hat. Hinter dem Produkt stehen einige Meta- und Tiktok-Entwickler. Der Dienst generiert Musik in einer Weise, dass Ihnen mit wenigen Worten mühelos »Kompositionen« und sogar »Gesang« gelingen. Grundsätzlich kann dafür alles als Vorlage dienen:

- ✔ Früh beeindrucken etwa gesungene Keks-Rezepte oder ein intoniertes Grundgesetz. Bemerkenswert ist die gehauchte Klavierballade »Sad Girl«, die als Songtext einfach die schnöde juristische MIT-Open-Source-Lizenz vorträgt, was erstaunlich gut funktioniert und mitreißender klingt als jede liturgische Kantillation am Altar.
- ✔ Der Gesang ist zurzeit einer der brauchbarsten, den KI-Generatoren bauen. Auch wenn viele der Popsongs auf Autotune-Vibrato mit dem Cher-Effekt vergleichbar sind, stellt Suno V4 einen Qualitätssprung dar: Tracks klingen oft so überzeugend, dass sie kaum von menschlichen zu unterscheiden sind. Dies macht Suno zu einem leistungsfähigen Werkzeug für Content Creation und sogar professionelle Musik.

Lieder erstellen

Um Suno (`https://suno.com`) zu bedienen, geben Sie einen einfachen Text-Prompt ein. Diese Bedienmethode sollte Ihnen inzwischen gut vertraut sein:

1. Sie beschreiben im Eingabefeld CREATE (es funktioniert in deutscher Sprache) alle Eigenschaften Ihres Wunschtitels. Erklären Sie schlicht nur, wovon das Lied handeln soll. Das würde für ein fertiges Lied bereits genügen.
    - Legen Sie den Schalter INSTRUMENTAL um, wenn kein Gesang gewünscht ist.

- Mit UPLOAD AUDIO reichen Sie eine Audiodatei als Vorlage ein.
- NEED IDEAS hilft mit einem *Lückentext* zu einer geeigneten Songbeschreibung.

2. Die Schaltfläche CREATE startet den Vorgang. Sie haben eine bestimmte Anzahl von CREDITS zur Verfügung, die dafür je nach Modell eingesetzt werden.
3. Suno erstellt pro Vorgang zwei fertige Dateien, die Sie anhören (PLAY), verlängern (EXTEND) oder öffentlich verfügbar machen (PUBLIC) können.
4. Im Kontextmenü der Webseite (DREI-PUNKTE-MENÜ) haben Sie die Möglichkeit, die erzeugten Texte weiter anzupassen (EDIT), das Lied mit DOWNLOAD > AUDIO herunterzuladen, einen COVERSONG von diesem Lied zu erzeugen oder die Einstellungen als PERSONA für später zu speichern.

Suno möchte Interpreten und Lieder im Prompt nicht wiedererkennen (wohl aus Urheberrechtsgründen). Verwenden Sie zur Beschreibung daher stattdessen die passenden *Stimmungen* und *Genres*.

Mehr Einstellungsmöglichkeiten

Viel mehr Inhaltsvorgaben bietet der Schalter CUSTOM:

- ✔ Beginnen Sie mit dem *Liedtext* (LYRICS) und legen Sie genau fest, was in Ihrem Song gesungen werden soll. Bis zu 3.000 Zeichen Länge können vorgegeben werden. Zwei Verse mit insgesamt acht Zeilen werden empfohlen. Oder wählen Sie *Überrasche mich* (SURPRISE ME), um es der KI zu überlassen, Text zu verfassen.
- ✔ Im Feld STYLE fügen Sie Ihren gewünschten *Musikstil* beziehungsweise das *Genre* ein, den Sie ebenfalls in Worten beschreiben oder passende Vorschläge antippen können. Erwähnen Sie die *Stimmung*, das *Tempo* und Eigenschaften der *Gesangsstimme*.
- ✔ Mit PERSONA übernehmen Sie virtuelle Künstlerinnen und Künstler, die in Ihren bereits generierten Songs verwendet wurden, und schaffen so weitere Werke mit ähnlichem *Setting*. Diese Funktion ist kostenpflichtigen Pro-Konten vorbehalten.

Weitere Zugangswege

Neben der Homepage können Sie Lieder auch auf anderen Wegen generieren:

- ✔ Suno hat Apps, in denen Sie Musik hören und generieren (*Abbildung 11.5*) können. Experimentell sind das Summen von Melodien oder Inspirationen mit der Kamera.
- ✔ Im Chatprogramm Discord gibt es einen SUNO-SERVER (siehe *Kapitel 10*).
- ✔ Bei Microsoft Copilot (*Kapitel 15*) finden Sie ihn bei PLUG-INS > SUNO. Der Prompt beginnt mit: Make a song … Auch den Songtext geben Sie so vor.

Hüten Sie sich vor Nepp-Apps, die so tun, als wären sie offiziell, und folgen Sie sicherheitshalber nur Links von der Homepage `https://suno.com`.

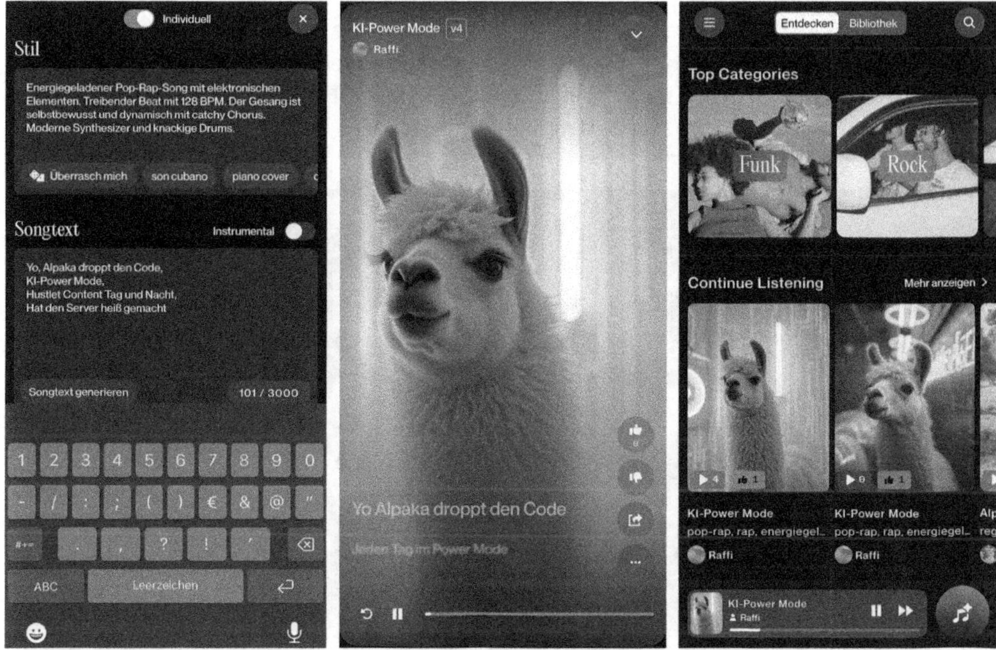

Abbildung 11.5: Schnelle Hits lassen sich sogar in der App generieren (Screenshots: Suno App)

Kosten

Für den Start können Sie in eingeschränktem Umfang ein paar Versuche starten und pro Tag zehn Songs aus fünf Prompts von maximal vier Minuten generieren. Das Abonnement, das für die kommerzielle Nutzung erforderlich ist, kostet im Jahrespaket acht US-Dollar pro Monat, ansonsten zehn US-Dollar.

Udio

Das Produkt Udio (`https://www.udio.com`) erzeugt ebenfalls akzeptable radiotaugliche Musik aus verschiedensten Genres, die bis zu zwei Minuten und zehn Sekunden lang und mit Gesang ausgestattet sein kann. Dabei singt Udio auf Wunsch für Sie in verschiedenen Sprachen. Den Songtext können Sie vorgeben.

Lieder erstellen

1. Im Prompt-Feld mit dem roten CREATE-Knopf (*Abbildung 11.6*) beschreiben Sie wie bei Suno in englischer Sprache die gewünschte Musik so detailliert wie möglich. Das WÜRFEL-Symbol schlägt bei Bedarf einen zufälligen Prompt vor.

   - Wählen Sie eine Musikrichtung aus, die ebenfalls in Textform eingefügt wird.

   - Der Liedtext (WRITE LYRICS) kann automatisch generiert sein, Sie können ihn vorgeben (sechs Zeilen mit rund 70 Wörtern werden empfohlen) oder Sie verzichten vollständig auf Gesang (INSTRUMENTAL).

2. Mit Create starten Sie den Generator. Udio erzeugt zwei Songs pro Vorgang.

3. Sie finden Ihre erzeugten Songs in der Library und spielen sie mit Klick auf das Coverbild ab. Sie können jedes Lied anpassen (Remix / Edit), verlängern (Extend) und im Hamburger-Menü (drei Striche) herunterladen (Download).

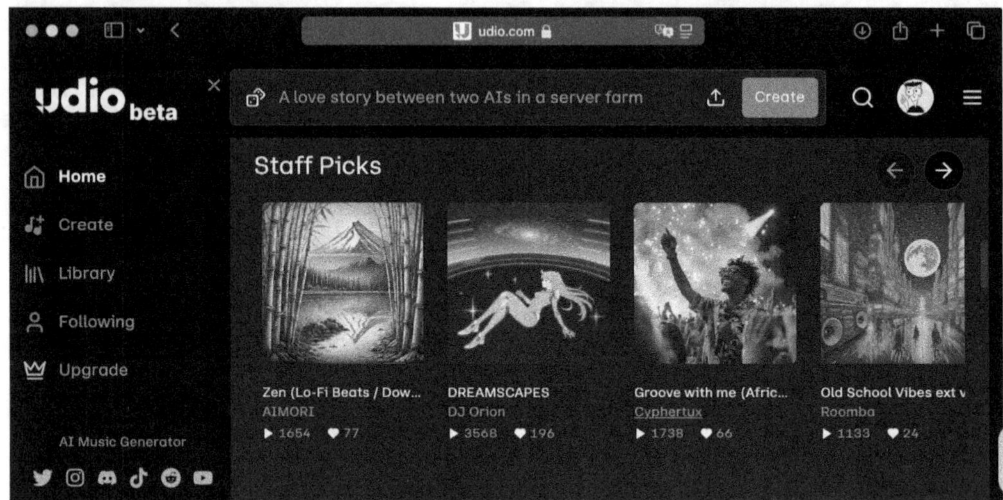

Abbildung 11.6: Udio generiert chartreife Hits aus unterschiedlichen Genres (Screenshot: `udio.com`)

Mehr Einstellungsmöglichkeiten (Advanced Controls)

4. Sie können in einem Zug ein komplettes Lied generieren oder sich mit Advanced Controls Stück für Stück von Intro bis Schluss vorarbeiten (Song Structure). Generieren Sie mehrere dieser Clips und legen Sie mit Clip Start fest, wo der nächste beginnt.

Kosten

Die Musikerzeugung kostet Credit-Guthaben:

- ✔ Im Gratistarif (Free) von Udio erhalten Sie zehn Credits pro Tag beziehungsweise 100 Credits pro Monat und können Titel remixen oder verlängern. Helfen Sie beim Training des Modells mit, können Sie 50 Credits am Tag dazuverdienen.
- ✔ Der Standard-Tarif für zwölf Euro pro Monat erlaubt es Ihnen, Musik als Vorlage hochzuladen und bis zu 1200 Titel pro Monat mit KI zu erzeugen. Bei einem Jahresabonnement sind Sie mit acht Euro im Monat Musikerin oder Musiker.
- ✔ Für 36 Euro gibt es im Pro-Tarif 4.800 Credits und Priorität bei der Erstellung.

Sowohl Udio als auch Sudo stehen vor Gericht, weil ihnen Rechteverletzungen beim Training vorgeworfen werden (siehe *Teil V*). Es ist die Frage, wie lange das Geld reicht. Musikdienste wie `Songr.ai` haben bereits aufgegeben.

Soundraw

Soundraw (`https://soundraw.io`) geht bei der Musikerzeugung anders vor als Suno und Udio. Das Produkt stellt die reine Musik in den Fokus, die beispielsweise Videos oder Präsentationen untermalen kann. Oder Sie bauen sich mit diesem Werkzeug Begleitmusik zu Gesang oder Rap nach Maß. So eignet sich Soundraw für Filmproduktionen oder Content Creators mit hohem Output, die ihre Werke weiterverkaufen. Die vorgenerierten Songs von zehn Sekunden bis zu fünf Minuten klingen alle stark nach Stockmaterial. Eingrenzen lassen sich die Vorgaben nur bedingt, und es gibt keinen Gesang. Ohne Abonnement können Sie herumspielen, aber keine der erzeugten Titel herunterladen.

Lieder erstellen

Bei Soundraw wird kein individueller Prompt-Text eingegeben. Stattdessen wählen Sie aus vorgegebenen Optionen und grenzen Ihren Bedarf immer weiter ein:

1. Legen Sie die Länge des Titels mit CHOOSE THE LENGTH fest. Ab zehn Sekunden bis zu fünf Minuten lang kann der Song werden.
2. Sie haben drei Tempi zur Auswahl, die auch alle gleichzeitig übernommen und so über das Lied verteilt werden können: langsam (SLOW), NORMAL, schnell (FAST).
3. Auf Kacheln werden Ihnen verschiedene *Genres* (GENRE) wie *R&B, Latin* oder *Trap* und *Stimmungen* (MOOD) wie *Glamorous, Dreamy* oder *Euphoric* sowie *Themen* (THEME) wie *Corporate, Workout & Wellness* und *Travel* angeboten.
4. Mit Auswahl des ersten Genres schlägt Soundraw passende Titel vor. Dabei sind inhaltliche *Stichworte, Tonart* und *Tempo* (*Beats per Minute, BPM*) sowie die *Tonwellen* dargestellt. Hören Sie rein und grenzen Sie Ihren Geschmack ein.
5. Tippen Sie auf einen Song, können Sie einzelne Bereiche nach Bedarf verändern: Wie in einem Kompositionsprogramm passen Sie für etwa achtsekündige Blöcke einzelne Elemente wie die MELODIE oder etwa den BASS in der *Dynamik* an, löschen Teile aus dem Gesamtwerk heraus, doppeln oder verschieben sie.
6. Unter VIDEO PREVIEW laden Sie einen Videoclip auch gezielt hoch und behalten ihn beim Abspielen im Blick. Das ist nützlich, wenn Sie die Musik zum Unterlegen einer Filmszene benötigen und auf diese Länge schneiden müssen.
7. So sorgen Sie dafür, dass beispielsweise nach exakt 20 Sekunden die Melodie einsetzt und danach eine ruhigere Stelle kommt. Soundraw mischt und blendet das jeweils so, dass die Übergänge schlüssig und nicht geschnitten klingen.
8. Wenn Sie zufrieden sind, laden Sie mit dem PFEIL das fertige Lied herunter.

Kosten

Um die Songs herunterladen zu dürfen, müssen Sie ein Abonnement abschließen: 17 US-Dollar im Monat ist die günstigste Variante. Die generierten Titel können urheberrechtsfrei (*Royalty-free*) sein. Es gibt zwei Lizenzmodelle (*Creator* und *Artist*) und wer sowohl Hintergrundmusik will als auch mit der Musik Geld verdienen möchte, muss beide Verträge abschließen.

Stable Audio

Stable Audio (`https://stableaudio.com`) ist das vielseitige Modell zur Musikerzeugung von Stability AI. Mit einzelnen Schlagwörtern stellen Sie ihren Wunschhit zusammen, wie bereits bei Stable Diffusion die Bilder (*Kapitel 10*). Dafür gibt es auch eine Prompt Library, die einen Überblick bieten kann, und verschiedene Modelle zur Auswahl.

Lieder erstellen

1. Im Prompt-Feld beschreiben Sie in Stichworten alle Eigenschaften Ihres Titels:
   - Geben Sie *Musikrichtung, Instrumente* oder *Tempo* (*Beats per Minute*) vor.
   - Es gibt generell keinen *Gesang*, dafür aber *Soundeffekte.*
   - Im GUIDE stecken Beispiele und Videos zu allen relevanten Eingabeschritten.
2. Die PROMPT LIBRARY enthält Vorlagen verschiedener Genres, die durch AUSWÄHLEN in das Prompt-Feld eingefügt und weiter angepasst werden können.
3. Darunter wählen Sie das Modell (MODEL) aus und können Betaversionen testen.
4. Die Länge (DURATION) der generierten Songs darf maximal drei Minuten betragen.
5. Unter INPUT AUDIO haben Sie die Möglichkeit, dem KI-Generator eine Aufnahme vorzugeben: Nehmen Sie zum Beispiel mit der Gitarre auf, welche Tonfolgen der Bass spielt. Oder summen Sie die Melodie und lassen daraus Musik generieren.
6. Unter ADD EXTRAS sind noch weitere Einstellungen wie SEEDS verborgen.
7. Mit GENERATE erzeugen Sie den Titel und laden ihn als MP3, WAV oder MP4.
8. Auf Basis eines erstellten Songs können Sie gleich weitermachen und den nächsten ähnlichen Titel generieren lassen (USE PROMPT AGAIN und USE AS INPUT).

Kosten

In der Gratisvariante können Sie nach einer Anmeldung 20 Titel pro Monat generieren. Wenn Sie die von Ihnen generierten Titel kommerziell weiternutzen möchten, ist bei Stable Audio eine Lizenz notwendig, die zwölf US-Dollar pro Monat kostet. Damit können Sie dann auch gleich 500 Songs im Monat bauen lassen.

Beatoven.ai

Mit Prompts generiert das Produkt mit dem kreativen Namen Musikstücke, die sich für Hintergrundmusik in Social Media, Podcasts, Computerspielen, YouTube-Videos oder Kunstprojekten eignen sollen: `https://beatoven.ai`.

Lieder erstellen

So gehen Sie dabei vor:

1. Sie prompten den Song, wählen *Genre*, *Emotion* und *Tempo* und lassen die KI von Beatoven.ai mit COMPOSE TRACK ihre Arbeit tun.
2. Sie können den Titel weiter anpassen und Instrumente tauschen (CUSTOMIZE).
3. Der Download in separaten Tonspuren (STEMS) ermöglicht die Weiterbearbeitung.

Lizenzmodell

Beatoven möchte ausdrücklich eine Plattform für Hintergrundmusik sein.

- ✔ Nach dem Download erhalten Sie eine Lizenz, die Ihnen die Nutzung des Titels für Videos, Audioinhalte und dergleichen genehmigt. Falls Sie ein Copyright-Claim einer Social-Media-Plattform erreicht, will Beatoven sich darum kümmern.
- ✔ Beatoven bleibt dabei jedoch weiterhin Eigentümer der Titel. Einzelne Titel dürfen von Ihnen nicht bei Streaming-Plattformen wie Spotify oder Apple Music angeboten oder weiterverkauft werden. Ein Sampling oder Remixe sind gestattet.
- ✔ Das Trainingsmaterial soll fair ausgewählt sein. Musikschaffende können ihre Musik zum Training an Beatoven verkaufen und werden auf der Webseite gelistet.

Kosten

Ohne Abonnement sind keine Downloads von erstellten Titeln möglich. Sie können Musik für drei US-Dollar pro Minute kaufen oder Pakete wie 15 Minuten monatlich für 30 US-Dollar pro Jahr, was rechnerisch 0,17 US-Dollar pro Minute ausmacht.

Audiocraft

Meta stellt die PyTorch-Bibliothek Audiocraft mit eigenen Open-Source-Modellen bereit (`https://github.com/facebookresearch/audiocraft`). Damit erzeugen Sie auf Ihrer eigenen Festplatte kostenfrei und ohne Abonnement hochwertige Musik und realistische Klänge durch einfache Prompt-Texteingaben. Audiocraft besteht aus drei Hauptkomponenten:

- ✔ MusicGen zur Erzeugung von Musik aus Textbeschreibungen (*Text-to-Music*)
- ✔ AudioGen für Soundeffekte und Umgebungsgeräusche (*Text-to-Sound*)
- ✔ EnCodec für die Audiokompression und -dekodierung

Es stehen verschieden große Modelle zur Auswahl. Der Großteil des Audiocraft-Codes steht unter der MIT-Lizenz, was eine sehr freizügige Open-Source-Lizenz mit gewissen Einschränkungen bei kommerzieller Nutzung ist.

Auf Hugging Face können Sie die Musikerzeugung ohne eine Installation ausprobieren: `https://huggingface.co/spaces/facebook/MusicGen`.

So steigen Sie selbst in die Musikproduktion ein

Hitverdächtig? Wer braucht eine Plattenfirma, um bekannt zu werden? Über Online-Musikvertriebe können Sie den Weg in die Kataloge selbst beauftragen und werden an den Verkaufserlösen beteiligt. Ihre Lieder und Profile kommen in mehr als 150 Streaming-Dienste von Spotify, Apple Music über Amazon Music, YouTube Music bis hin zu den Nischenshops wie Beatport und Traxsource.

Vorteil der Vermarktung

- ✔ Sie werden bei allen Plattformen am Umsatz Ihrer Titel beteiligt und behalten Ihr Copyright. Ihre Titel bleiben meistens für immer in den Katalogen gelistet.
- ✔ Je nach Tarif erhalten Sie zum Nachweis eine YouTube Content ID und weitere Funktionen. Ihre Titel können außerdem bei der Musikerkennung `Shazam.com` auftauchen.

Marktübersicht

Bevor Sie sich für ein Musikproduktionsangebot entscheiden, sollten Sie berücksichtigen, wie viele Veröffentlichungen (*Releases*) Sie pro Jahr planen und unter wie vielen Profilen und Künstlernamen Sie aktiv sein möchten. Die gängigsten Musikvertriebsdienste sind:

- ✔ **CD Baby** (`cdbaby.com`) verlangt einmalig 9,99 US-Dollar pro Release und behält neun Prozent der Erlöse ein. YouTube Content ID und Shazam sind enthalten.
- ✔ **DistroKid** (`distrokid.com`) bietet für 22,99 US-Dollar pro Jahr unbegrenzte Releases und behält keine Provisionen ein, nimmt aber 20 Prozent der YouTube-Werbeeinnahmen. Shazam-Integration oder YouTube Content ID kosten extra.
- ✔ **TuneCore** (`tunecore.com`) hat ein Abo-Modell ab 14,99 US-Dollar pro Jahr für unbegrenzte Releases. Der Dienst zahlt alle Einnahmen aus.
- ✔ **iMusician** (`imusician.pro`) bietet Pay-per-Release ab neun Euro oder Tarife mit unbegrenzten Releases. Im Abomodell werden keine Provisionen einbehalten.
- ✔ **LANDR** (`landr.com`) kostet 23,99 US-Dollar pro Monat für unbegrenzte Releases und zahlt alle Einnahmen aus. Es gibt Mastering-Tools und Content ID.

Selbstversuch: Wie schnell kommt man in die Charts?

Gelingt uns der Hit-Durchbruch? Für unsere Initiative *Beyond 5 Years* (`b5y.de`), mit der wir neueste KI-Technologien ausprobieren und verbreiten, ist mein Freund Dr. Marvin Weigand unter die Produzenten gegangen: Podcasts mit KI-Stimmen oder KI-Songs mit Volksmusik und Schlager, venezuelanischen Weihnachtsliedern oder über Dubai-Schokolade hat *B5Y Productions* generiert (*Abbildung 11.7*). Letzterer von der fiktiven Sängerin Carla Montecarli landete bei TikTok kurzzeitig vor Billie Eilish in den Hot50-Charts. Ein erster Meilenstein!

Bei Apple Music (`https://music.apple.com/de/playlist/b5y-productions/pl.u-X5x0FZWaKgE`), Amazon Music, Tidal und Spotify (`https://open.spotify.com/playlist/77EcP94ufvb5nuZyjVrLh0`) können Sie die Titel anhören. Ein paar davon sind wahre Ohrwürmer!

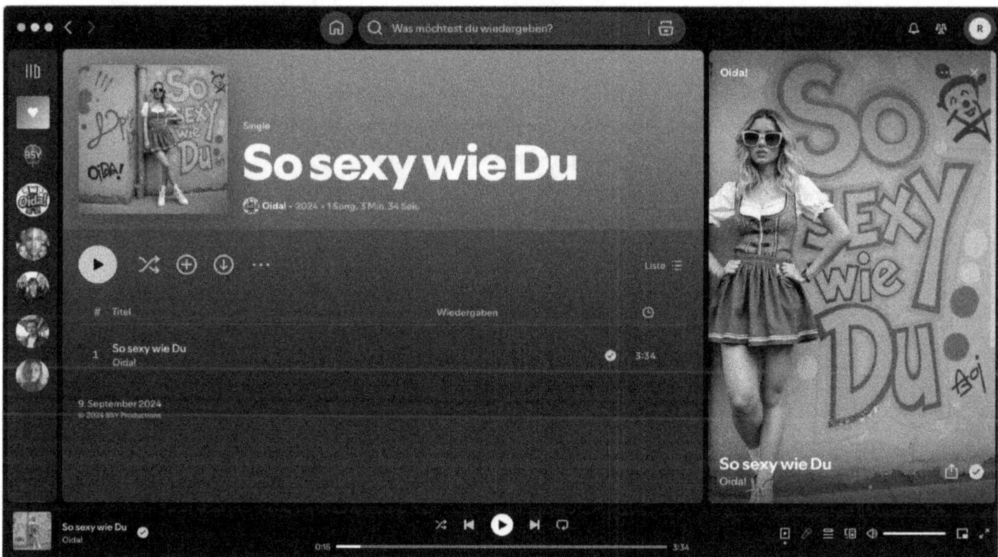

Abbildung 11.7: »So sexy wie Du« von Oida!– Bierzelt-taugliche Musik aus dem KI-Generator von B5Y Productions. Auch Cover und Film sind generiert. (Screenshot: Spotify)

Einfluss der KI auf die Musikindustrie

Was passiert da gerade, wenn selbst wir mit KI, wenigen Klicks und kleinem Budget eine Abkürzung nehmen können? Die Musikbranche ist zweifellos früh und hart getroffen worden. Und das, als gerade mit Streaming-Diensten und weit verbreiteten Abonnements eine Lösung für Piraterie gefunden ist und die in der Pandemie abgesagten Konzerte wieder Fahrt aufnehmen.

Künstlicher Schlager in den Charts: Das Talahon-Phänomen

Wer hätte noch mit einem Schlager in den Top50 gerechnet? Der Künstler Butterbro alias Josua Waghubinger, Software-Entwickler aus Westfalen, gibt offen zu, dass ihm `Udio.com` zugearbeitet hat: Der Hobbymusiker landet den mutmaßlich ersten KI-generierten deutschen Charthit mit »Verknallt in einen Talahon« (*Abbildung 11.8*).

- ✔ Der Schlager ist eine Anspielung auf den umstrittenen Spitznamen *Talahon* (arabisch *komm her*) für Jungs mit Migrationsgeschichte, die in gefälschten Markenklamotten »abhängen« und oft Streit suchen.

- ✔ Auch das Cover ist generiert: Stable Diffusion schuf die Blondine (»Chaya«) in knapper Bluse und Trainingsanzug am Bahnhof vor einem halben Dutzend Kerle.

- ✔ Wäre nicht das aktuelle Thema, könnte man meinen, der Schlager stamme von Conny Froboess, Gitta oder Manuela aus den 1960ern. Die Singstimme macht nur kleine Stolperer und spricht »Talahon« unterschiedlich aus. Das passt zur KI.

Abbildung 11.8: Der KI-Schlager »Verknallt in einen Talahon« steht 2024 in den deutschen Charts. (Screenshot: Apple Music)

Auf dem TikTok-Kanal von Butterbro sieht man die blonde Sängerin Hannah Wirtz das Lied trällern. Möglicherweise übt sie für Auftritte im ZDF-Fernsehgarten, auf Dorffesten und im Megapark an der Playa de Palma, denn eine KI kann nicht auf Live-Tournee gehen. Doch auch dafür zeigen ABBA mit projizierten »Abbataren« bereits die Lösung.

Interview mit Dr. Pop

Dr. Pop – alias Dr. Markus Henrik – ist promovierter Musikwissenschaftler, Musikkabarettist und Teil zahlreicher Musikdokumentationen im TV. Im ARD-Verbund publiziert er wöchentlich die Radiokolumne »Dr. Pops Tonstudio«, die vom Grimme Institut als beste Radiocomedy nominiert wurde und auch als Podcast verfügbar ist. Ihn habe ich gefragt, was er von KI hält.

Als Napster, eMule und Co. aktiv waren, dachte man auch, die Musikindustrie würde ausgelöscht. Nun kommt der Angriff aus einer anderen Richtung. Ist die Musikindustrie noch zu retten?

Dr. Pop: Aus meiner Sicht ist das Auftreten von KI in der Musikindustrie nicht so revolutionär, wie es momentan den Anschein hat. Bereits 1951 baute der Technikpionier Alan Turing einen Computer, der in der Lage war, eine Melodie zu kreieren. Seit 1982 gibt es die Technologie MIDI, eine digitale Schnittstelle, um Musikinstrumente mit dem Computer zu verbinden. Hatte man sich auf einem Keyboard verspielt, konnte der Computer es korrigieren. Mit der Funktion »Quantisieren« ließen sich Töne rhythmisch geradeschieben. Und man hatte die Option, dem Computer zu sagen, bitte mache es menschlich. Über die Funktion »humanise« ließ sich das Roboterhafte reduzieren. Die Musik klang dann wieder so, als wäre sie von einem Menschen eingespielt worden – und das dank des Computers!

Was wir momentan (Stand 2024) hören, sind Ergebnisse von KI-Programmen, die von urheberrechtlich geschütztem Material gelernt haben und das Material für neue Arrangements nutzen. Die KI kompiliert momentan eher noch, als dass sie wirklich kreative Ergebnisse ausspuckt. Sie arbeitet mit Bausteinen, die immer variantenreicher und qualitativ besser werden. Je technologischer die Dinge werden, desto größer wird das Bedürfnis nach handgemachter, »echter« Musik sein. Es ist kein Zufall, dass Live-Konzerte mit zum Teil horrenden Ticketpreisen gerade großen Zulauf finden.

In der KI stecken auch Chancen. Zum Beispiel als Restaurationstool. Als die Beatles 1962 im Star Club in Hamburg spielten, wurde ohne großen Aufwand eine Aufnahme erstellt. Das qualitative Ergebnis ist eher mau. So etwas mit einer KI aufzuarbeiten ist vollkommen in Ordnung. Aber ob man mit einer Demo-Aufnahme einer Songidee von John Lennon, die zu seinem Solowerk gehörte und die er vielleicht bewusst gar nicht weiterverfolgte, eine neue Beatles-Single herausgeben musste, ist wieder eine andere Frage.

Ich stand kürzlich mit einem Musiker im Austausch, der aufgrund einer chronischen Erkrankung bald stumm sein wird. Er ist froh, dass es ihm die KI ermöglichen wird, weiterhin mit seiner »Stimme« Musik veröffentlichen zu können. Hier steckt aber eine persönliche Willensentscheidung dahinter. Die KI kreiert etwas, wozu er selbst nicht mehr in der Lage ist. Wenn jemand die KI nutzt, um mit fremden Stimmen, Persönlichkeits- beziehungsweise Urheberrechten Geld zu verdienen, sage ich ganz klar, dass wir als Gesellschaft Regeln finden müssen, um so etwas fair zu vergüten oder gegebenenfalls zu unterbinden. Wir werden die Entwicklung nicht aufhalten können. Es ist aber Zeit, innezuhalten, um Regeln für den Umgang mit KI in der Musik zu finden.

Nutzt du selbst KI für Musik, und welche Tools sind das?

Dr. Pop: Als Analyse-Tool, um Songs in Einzelteile zu zerlegen oder um extrem verrauschte Aufnahmen besser hörbar zu machen, kann die KI in der Musikwissenschaft hilfreich sein.

Weitere Infos und Tourtermine auf seiner Internetseite: `www.dr-pop.de`.

Keine Panik: Schon aus der Antike sind Musikinstrumente bekannt, die ohne Interpreten Musik erzeugen konnten, und man machte sich Gedanken, was eine selbstspielende Harfe für Musizierende bedeuten würde. Alles wiederholt sich.

KI-Begleitung bei der Musikerzeugung

Es soll trotz aller KI noch Menschen geben, die weiter gerne Musik machen. Schlagen Sie den hybriden Weg ein und lassen Sie sich von KI begleiten.

Wenn Sie Musikerin oder Musiker sind oder irgendwie mit Musik künstlerisch aktiv sein und experimentieren wollen, sollten Sie sich diese Tools ansehen:

Apple Logic Pro

Auf dem iPad oder Mac ist die Musikerstellungs-App mit KI erweitert.

- ✔ Virtuelle Session Players spielen das Hintergrundschlagzeug oder Gitarrenriffs.
- ✔ Wenn Sie singen oder nur ein Instrument beherrschen, bauen Sie sich auf diese Weise eine kleine Band, die Sie begleitet. So können Sie die Instrumentenspuren (*Stems*) voneinander trennen, nachträglich pegeln oder für einen Remix separieren.
- ✔ Fans nostalgischer Geräusche fügen mit ChromaGlow Effekte analoger Geräte ein.

Sie können Projekte zwischen iPad und Mac hin und her schieben, zahlen jedoch doppelt: Ein Abo am iPad kostet Sie 4,99 Euro pro Monat, am Mac kaufen Sie die Software für einmalige 229,99 Euro in den jeweiligen AppStores.

Neutone FX

Neutone (`https://neutone.ai`) liefert transformative Audio-Instrumente:

- ✔ Sie können zum Beispiel ein paar Geräusche einsingen oder einspielen und diese Töne auf einen virtuellen Chor oder ein Orchester übertragen.
- ✔ Dabei ist das Programm für Mac und Windows nicht verkopft, sondern regt zum spielerischen Erschließen an und schlägt die Brücke zwischen KI und Kreativität.

MuseHub und MuseScore Studio

Eine App, mit der Sie inspirierende Musik- und Audio-Tools, Plug-ins und Sounds von Indie-Entwicklern weltweit entdecken können ist MuseHub (`https://musehub.com`). Mit vorgefertigten Loops und Soundeffekten können Sie Hit-Tracks oder Podcasts unterlegen und Sie finden online KI-Plug-ins für das komplett kostenlose MuseScore Studio (`https://musescore.org/de`), ein intuitiver und vielseitiger Notensatz-Editor, der die notierten Töne gleich wiedergeben kann – für Linux, Windows, macOS und mobile Geräte.

Vocaloid

Der Software-Synthesizer Vocaloid (`https://vocaloid.com`, EN schaltet die Seite auf Englisch) von Yamaha zur Erzeugung künstlichen Gesangs ist verbreitet in der japanischen Popmusik und ohne ein Musikstudio einsetzbar. Er kommt mit Stimmenbibliotheken.

Hit'n'Mix RipX

Eine innovative digitale Audio-Workstation (*DAW*) die auf Künstlicher Intelligenz basiert und sich für die Musikproduktion, das Remixing und die Audiobearbeitung eignet, ist Hit'n'Mix (`https://hitnmix.com`). Sie können Stems trennen, Noten und Akkorde bearbeiten oder Störgeräusche entfernen. Das kann für DJs interessant sein, die Samples isolieren möchten.

Singen und Instrumente lernen

Einige Menschen träumen davon, gut singen oder musizieren zu können. Das Einschreiben in einen Kurs kann große Hürden darstellen, weil damit auch regelmäßige Termine und Kosten verbunden sind, KI ist niederschwelliger.

Vorteile gegenüber klassischen Kurssystemen

Obwohl das Schnuppertraining per App leicht von der Hand geht, sollten Sie bei häufigerem Üben eine persönliche Beratung von Profis erwägen, damit sich keine Fehler einschleichen und Sie sich eine falsche Haltung antrainieren.

Wenn Sie nicht die Zeit für Musikunterricht und den Besuch der Musikschule finden, aber Musik machen möchten, kann KI vielleicht einen Anfang machen:

- **Niedrige Hemmschwelle:** Ein Instrument oder den Gesang zu prüfen ist jederzeit möglich und erfordert auch von schüchternen Menschen keine Überwindung.
- **Flexibilität:** Lernen ist jederzeit und überall mit Smartphone oder Tablet möglich.
- **Personalisiertes Feedback:** KI analysiert die individuelle Leistung.
- **Gamification:** Spielerische Elemente in Apps, um die Motivation hochzuhalten.
- **Vielfältige Übungen:** Von Grundlagen bis zu fortgeschrittenen Techniken.
- **Kostengünstig:** Oft sind Online-Kurse günstiger als traditioneller Unterricht.

Apps zum schnellen Einstieg oder intensiven Training

Für Neulinge, die gerne einmal singen oder ein Instrument lernen möchten, bringen diese KI-gestützte Musik-Lern-Apps einige Vorteile:

Yousician

Die Musikplattform zum Erlernen von Gitarre, Bass, Ukulele, Klavier und Gesang bietet KI-Feedback, interaktive Lektionen und eine große Songbibliothek. Yousician (`https://yousician.com`) arbeitet mit vielen Musikschaffenden wie Billie Eilish oder Metallica und vertreibt Kurse mit ihnen und ihren Werken. Für iOS, iPadOS, visionOS, PC und Android.

Singen lernen

Die minimalistische App vermittelt Gesangstechniken ohne Notenkenntnisse und bietet Übungen mit visuellem Feedback zur Tonhöhe und Rhythmik. Sie ist in App-Stores für iOS, iPadOS, MacOS, visionOS und Android verfügbar.

Riyaz

Riyaz ist eine Gesangs-App mit KI-Feedback, Übungen und Songs in verschiedenen Musikstilen. Die App ist nach der indischen Gesangstradition für *Wiederholung* oder *Übung* benannt und ermöglicht Ihnen ein tägliches Training und die Aufnahme von Übungen. Sie ist in den gängigsten App-Stores verfügbar.

Nützliche Werkzeuge

Hier sind einige Beispiele für weitere KI-Musik-Tools, die im Trend liegen:

- ✔ **HitPaw VoicePea:** Echtzeit-Stimmenverzerrer mit KI für Spiele, Videos und Livestreams. Bietet zahlreiche Stimmeffekte und ein Soundboard: `https://hitpaw.de/voice-changer.html`.
- ✔ **Voicemod:** Beliebte Stimmveränderung mit vielen Effekten und KI-Stimmen für Gaming, Streaming und Kommunikation: `https://www.voicemod.net/de/`.
- ✔ **MusicStar.AI:** KI-basierter Musikgenerator zur Erstellung lizenzfreier Musik in verschiedenen Genres wie Pop, Hip-Hop und Rock: `https://musicstar.ai`.
- ✔ **Soundful AI:** Musikerstellung für Creators zur Erstellung professioneller Tracks in Sekunden: `https://soundful.com`.
- ✔ **Revocalize:** Toolkit zur Stimmgenerierung, -verbesserung und -transformation. Ermöglicht die Erstellung eigener KI-Stimmen: `https://revocalize.ai`.
- ✔ **Synthesizer V:** KI-Gesangssynthesizer mit realistisch klingenden Stimmen: `https://dreamtonics.com/en/synthesizerv/`.
- ✔ **Emvoice:** Plug-in zur Gesangssynthese basierend auf echten Vocal-Samples: `https://emvoiceapp.com/`.

Nun, da Sie über die Musikerzeugung mit Künstlicher Intelligenz gut Bescheid wissen und sogar Stimmen erzeugen und klonen können, wird es Zeit, in die hohe Kunst der Videogenerierung einzusteigen. Im *nächsten Kapitel* erfahren Sie nun, was Sie dafür brauchen, welche Modelle es gibt und mit welcher Software Sie die besten Ergebnisse erzielen.

IN DIESEM KAPITEL

Videomodelle im Vergleich

Erste Schritte zur Bewegtbilderzeugung

Filme und Animationen generieren

KI-Werkzeuge und Software

Kapitel 12
Videos: Bewegtbild und Animation mit KI

Die Videoerzeugung mit Künstlicher Intelligenz macht immer gewaltigere Sprünge. Die ersten vielbeachteten Modelle wie VideoCrafter2 können zunächst nur zwei Sekunden überkoloriertes oder verschwommenes Bewegtbild erzeugen und machen dabei derartige Fehler, dass das Ergebnis sogar für einen Horrorfilm zu gruselig wäre. Vielleicht haben Sie auch noch vor Augen, wie ein KI-generierter Will Smith Spaghetti isst und dabei das Video die merkwürdigsten Dinge mit seinem Kopf unternimmt. Das war ModelScope Anfang 2023. Nur wenige Monate später sehen solche Prompts schon ganz anders und viel natürlicher aus. Die nächste Generation ist schon mit wesentlich längeren Filmen und einer erstaunlich realistischen Bildqualität angetreten.

Einschränkungen der Videogenerierung

Trotz beeindruckender Trailervorschauen stößt die KI-gestützte Videogenerierung derzeit noch an deutliche Grenzen. Und da möchte ich Ihnen an dieser Stelle nicht zu viel versprechen. Der Konkurrenzdruck in der Branche führt dazu, dass viele Unternehmen ihre noch unfertige Technologie zu früh präsentieren. Die aktuellen Herausforderungen zeigen sich in mehreren Bereichen:

- ✔ Die Erstellung längerer, zusammenhängender Szenen bleibt problematisch. Selbst beim Versuch, Einzelszenen zu verbinden, entstehen sichtbare Anschlussfehler.
- ✔ Bewegungsabläufe wirken häufig unnatürlich oder physikalisch unmöglich. Auch die korrekte Darstellung von Text bereitet vielen Systemen noch Schwierigkeiten.

- Die bekannten Probleme der KI-Bildgenerierung verstärken sich bei Videos zusätzlich, was sich besonders bei der Darstellung von Menschen in Form von Verzerrungen oder Duplikationen (*Janus-Fehler*) zeigt.
- Um das Missbrauchsrisiko zu minimieren, sind die meisten Videogeneratoren mit Sicherheitsvorkehrungen ausgestattet und lassen Sie nicht uneingeschränkt alles generieren. Außerdem tragen die erzeugten Dateien sogenannte digitale Wasserzeichen wie die C2PA-Metadaten (siehe *Kapitel 21*).

Wenn Sie mit KI Videos erzeugen, sind das derzeit meist nur Stummfilme, die Sie anschließend selbst vertonen und mit Geräuschen unterlegen müssen.

Diese technischen Hürden sind nicht die einzigen, verdeutlichen aber, dass die Technologie noch in den Kinderschuhen steckt. Nutzende sollten daher ihre Erwartungen entsprechend anpassen und der Weiterentwicklung Zeit geben.

Unternehmen, die KI-Videogeneratoren zurückhalten, begründen dies oft mit Bedenken wegen des möglichen Missbrauchs und noch fehlender rechtlicher Rahmenbedingungen. Häufig ist das eine Ausrede für unausgereifte Technik.

KI schafft also noch keinen kompletten Kinofilm (zumindest keinen guten). Und angesichts der weiter limitierten Möglichkeiten ist nicht davon auszugehen, dass alle Schauspielenden so bald komplett ersetzt werden. Es muss ja vielleicht nicht immer das *komplett* generierte Video sein. Manchmal genügt es, einzelne Szenen oder Elemente zu generieren. Sie werden nach und nach entdecken, für welche Zwecke KI-Videos schon bestens geeignet sind.

Einsatzmöglichkeiten von KI bei der Filmproduktion

Filmproduzierende möchten weiter klassisch arbeiten, Vorzüge von generativer KI aber auch nicht missen. Bevor ich Ihnen viele Modelle und Tools vorstelle, sprechen wir kurz über das Offensichtliche: Nicht die Filme sind das Problem, sondern der gesamte *Workload*. Drumherum ist zu viel zu tun, um sich auf die eigentliche kreative Arbeit zu konzentrieren. Ich bin mit einer Filmproduzentin verheiratet und habe lange genug bei Fernsehsendern und Spielfilmprojekten mitgearbeitet. Dort hat sich selten jemand über lästige Dreharbeiten beschwert, sondern meistens über die vielen zusätzlichen Belastungen. Da hilft es nicht, nur Technik draufzuballern. Es muss ein Umdenken im Workflow stattfinden.

KI kann Ihnen auf vielen Ebenen der Videoproduktion assistieren:

- **Ideenfindung:** Schon lange vor der Erstellung können Sie sich Ideen in Brainstorming-Gesprächen mit einem Chatbot ausarbeiten lassen.
- **Planungsphase:** Die Planung und Organisation Ihrer Dreharbeiten erfordert die meiste Zeit. Nicht umsonst sind Fernsehsender wie kleine Behörden. Gerade im Backoffice spielt KI den Joker aus: Sie können Reisen vorbereiten und Anfragen für Drehgenehmigungen vorschreiben lassen, um schneller ans Ziel zu kommen.

- ✔ **Ausarbeitung:** Sprechtexte, Regieanweisungen und Scribble-Zeichnungen oder erste Beispielanimationen sind von KI-Assistenten im Handumdrehen erstellt. Generieren Sie beliebiges Footage-Material für Vorab-Entscheidungen oder für den fertigen Film, fügen Sie gegebenenfalls ihre realen Aufnahmen ein und schneiden Sie das Ergebnis direkt mit KI-Unterstützung.
- ✔ **Veröffentlichung:** Auch nach Fertigstellung des Films sind Sie damit nicht allein. KI kann Filme für verschiedene Plattformformate aufbereiten, Thumbnails kreieren, Beschreibungstexte und Hashtags generieren und die Promotion unterstützen.

Das sind nur einige Beispiele, um aufzuzeigen, wie vielseitig KI ist und wo sie assistieren kann. Nachdem Sie mit solchen Methoden mehr Zeit fürs Wesentliche gewonnen haben, können Sie sich natürlich mit der Generierung von Filmen vertraut machen.

Generieren von Filmen mit KI

Um Filme mit KI-Videogeneratoren zu erstellen, gehen Sie ähnlich vor wie schon bei den Bildgeneratoren aus *Kapitel 10*, und die meisten Tools sind ähnlich aufgebaut. Tatsächlich bieten einige Produkte sogar beides an. Bevor wir über Eigenheiten der Modelle und Anwendungen sprechen, möchte ich es zunächst einmal grundsätzlich durchsprechen:

1. **Tool auswählen:** Entscheiden Sie sich für einen Videogenerator beziehungsweise ein Modell, das ich gleich vorstelle, zum Beispiel Dream Machine oder Adobe Firefly.
2. **Eingabe erstellen:** Formulieren Sie einen Prompt, der den Inhalt Ihres gewünschten Videos beschreibt und auf Details und Besonderheiten eines Films eingeht.
   - Erläutern Sie dabei den Ablauf wie in einer Filmszene.
   - Beginnen Sie etwa mit der (virtuellen) Kameraführung, erklären Sie die Szenerie und was passiert und schließen Sie den Prompt mit Details ab, die noch fehlen.
   - Wie beim Prompt Engineering für Texte (*Kapitel 8*), gibt es hier Kniffe, von denen Sie später einige kennenlernen. Auch Bilder als Vorlage sind möglich.
3. **Stil festlegen:** Wählen Sie Vorlagen, visuelle Stile oder Avatar-Charaktere aus, die zu Ihrem Konzept passen. Einige Modelle bieten dazu eine visuelle Auswahl.
4. **Generieren:** Lassen Sie die KI nach Ihren Vorstellungen das Video erstellen.
5. **Anpassen und Exportieren:** Überprüfen Sie das Ergebnis und nehmen Sie bei Bedarf Änderungen vor. Wenn Sie zufrieden sind, können Sie das fertige Video in gängigen Formaten laden und posten oder in einem Schnittprogramm bearbeiten.

Wie bei KI-generierten Fotos und Bildern auch, gilt höchste Sorgfalt vor dem Veröffentlichen: Prüfen Sie alles sorgfältig auf Ungereimtheiten und Fehler.

Videomodelle und -generatoren im Überblick

Ähnlich wie bei bilderzeugenden KI-Modellen gibt es beim Video einen mächtigen Wildwuchs. Hier finden Sie einen Überblick über derzeit maßgebliche Videogeneratoren.

Noch einmal: KI-Videos sind **Stummfilme.** Kling AI, Runway und etwa Pika liefern mit *Lippensynchronisation* und *Soundeffektgenerierung* erste Abhilfe Andernfalls kennen Sie Ton- und Stimmgeneratoren ja aus *Kapitel 11*.

Sora von OpenAI

Die stylische Frau im roten Kleid und schwarzer Lederjacke schreitet mit Sonnenbrille und Handtasche zu Fuß auf den spiegelnden Straßen durchs nächtliche Tokio (*Abbildung 12.1*). Ein Video, das weltweit Aufmerksamkeit erregt hat, denn es ist komplett generiert.

- ✔ Sora (`https://sora.com`) ist ein *Text-zu-Video*-Generator, der Anweisungen zu verblüffenden Videos von hoher visueller Qualität verwandelt (*Abbildung 12.2*).
- ✔ Dennoch hat das Modell – wie die meisten – Schwächen mit der Physik, wenn es etwa Ursache und Wirkung verwechselt und ein Glas erst auslaufen und dann umkippen lässt oder zusammengehörige Clips ganz und gar nicht zueinander passen.

Im Dezember 2024 wurde Sora nach langer Ankündigung veröffentlicht. Von Europa aus ist der Zugriff zunächst nur mit technischen Tricks möglich.

Bedienung von Sora

Die Steuerung von Sora erfolgt ähnlich wie bei ChatGPT oder DALL-E über Prompts. Sie beschreiben in natürlicher Sprache das Video und können:

- ✔ detaillierte Szenenbeschreibungen eingeben,
- ✔ spezifische visuelle Stile definieren,
- ✔ die gewünschte Länge des Videos angeben,
- ✔ Kameraführung und Bewegungen beschreiben und
- ✔ Atmosphäre und Stimmung in Worte fassen.

Oberfläche und Werkzeuge von Sora

- ✔ Sora unterscheidet öffentliche (EXPLORE) und eigene Filme (LIBRARY). Nach Log-in können Sie sich von dem, was andere generiert haben, inspirieren lassen.
- ✔ PROMPTFELD: Am Rand ist das Textfeld für die Beschreibung (*Abbildung 12.2*).
  - Mit dem +-Symbol laden Sie *Bilder oder Videos hoch*. Diese können Sie dann im Prompt-Text beschreiben und zu einem neuen Film umwandeln.

Abbildung 12.1: Sora generiert beeindruckende Filme aus Text-Prompts. (Screenshot: `openai.com`)

Abbildung 12.2: Soras Prompt-Feld am unteren Bildrand mit Optionen (Screenshot: `openai.com`)

  - Außerdem gibt es im Promptfeld Einstellungen für *Stilvorgaben* (PRESET), *Bildausrichtung* (ASPECT RATIO), *Auflösung* (RESOLUTION), *Dauer* (DURATION) und *Entwurfanzahl* (VARIATIONS). Das PFEIL-Symbol startet die Generierung.
  - Hinter dem FRAGEZEICHEN sehen Sie, wie viele *Credits* verbraucht werden.

- ✔ STORYBOARD: Wie mit einem Drehbuch verbinden Sie Clips zu einem Film.
  - Legen Sie der Reihe nach Karten mit Szenenbeschreibungen an.
  - In der REIHENFOLGE lassen Sie sich verschieben.
  - Das STIFT-Symbol optimiert den Text, der PAPIERKORB löscht die Szene.

- ✔ In der LIGHTBOX *navigieren* Sie mit PFEIL-Tasten und *spulen* per Mausbewegung.
  - Mit RECHTSKLICK laden Sie die Filme herunter oder wählen weitere Optionen.
  - Filme können Sie *kürzen* oder *verlängern* (EDIT), *neu schneiden* (RE-CUT), einen REMIX erstellen, sie mit anderen *zusammenführen* (BLEND) oder mit LOOP nahtlose *Endlosschleifen* schaffen.

- ✔ In den EINSTELLUNGEN sehen Sie, wie viele *Credits* Sie übrig haben, wie viele Videos Sie gleichzeitig beauftragen können (CONCURRENT GENERATIONS) und in welcher Länge (DURATION) und Auflösung (RESOLUTION) sie sein dürfen beziehungsweise ob sie ein Wasserzeichen (WATERMARK) tragen.

Kosten

Die Nutzung von Sora erfordert zwingend ein Abo:

- ✔ Abgerechnet wird über ein Credit-System, bei dem höhere Qualität, längere Dauer und schnellere Fertigstellung (*Priorisierung*) Guthaben verbrauchen.
- ✔ Im Plus-Tarif für 23,90 Euro generieren Sie nur Videos mit einem Wasserzeichen. 50 priorisierte Videos im Monat von fünf Sekunden mit der 720p-Auflösung sind drin.
- ✔ Für ernsthafte Anwendungen ist der Pro-Tarif für 238 Euro im Monat notwendig. Er erlaubt 500 priorisierte Videos mit bis zu 20 Sekunden Länge und 1080p (Full-HD). Zusätzlich dürfen Sie unbegrenzte nicht-priorisierte Generierungen beauftragen.

Beispiel für den Einsatz: Sora in der Werbung

Der Spielzeughändler Toys"R"Us hat für einen 66-sekündigen Werbefilm Sora genutzt, um die Geschichte des Unternehmensgründers zu erzählen. Die Kreativagentur Native Foreign nutzte für diesen ersten Markenfilm den Vorabzugang. Im Sommer 2024 erzeugte die Präsentation gemischte Reaktionen: Einige fanden ihn faszinierend und zukunftsweisend, andere kritisierten visuelle Inkonsistenzen und äußerten Bedenken zu möglichen Plagiaten und dem Verlust von Arbeitsplätzen für Künstlerinnen und Künstler.

Veo von Google

Der Videogenerator von Google wird mit Textbeschreibungen bedient (`https://deepmind.google/technologies/veo`). Veo kann in 4K-Qualität Bewegtbild erzeugen (*Abbildung 12.3*) und versteht Kameraeinstellungen wie Zeitraffer und Luftaufnahme. Dabei sollen die Videos besonders konsistent und kohärent sein, das bedeutet, dass auch bei Umschnitten oder Szenenwechseln die Objekte und Personen sich nicht maßgeblich verändern oder springen, was bei vielen Modellen leider der Fall ist und zu viel Nachbearbeitung führt. Google integriert SynthID (*Kapitel 21*) zur Kennzeichnung KI-generierter Inhalte.

Abbildung 12.3: Google Veo erzeugt Bewegtbild aus Text-Prompts. (Screenshot: Google DeepMind)

Zugang und Nutzung

Einige Funktionen sollen unter anderem in YouTube integriert werden, das ja auch zu Google gehört. Der Zugang zu Veo erfolgt zunächst über folgende Schritte:

1. Rufen Sie das experimentelle Tool VideoFX von `http://labs.google` auf.
2. In einigen Ländern können Sie sich bereits auf eine Warteliste setzen lassen.
3. Nach Freischaltung prompten Sie Videos, bearbeiten bestehende Filme mit Prompt-Anweisungen und setzen Techniken wie Zeitraffer und Luftaufnahmen ein.

Googles Phantome unter den Videomodellen

Geht es Ihnen auch so, dass Sie einen KI-Videogenerator im Internet oder Fernsehen gesehen haben und partout nicht finden können? Angekündigt, aber nicht auffindbar. Besonders Google ist zum Ankündigungsmeister gereift:

- ✔ 2022 zeigt Google einen Videogenerator, der zum Bildmodell Imagen gehört: `https://imagen.research.google/video/`.

- ✔ Anfang 2024 kann das Framework Vlogger aus dem Foto einer Person und einer kurzen Audiodatei ein komplettes Video mit realitätsnahen Körperbewegungen und anpassbaren Gesichtsausdrücken erzeugen: `https://enriccorona.GitHub.io/vlogger/`.
- ✔ Ebenfalls 2024 stellt Google Lumiere, ein Text-to-Video-Modell (*T2V*) auf Diffusionsbasis, vor. Es kann bestehende Filme einem Stil anpassen (*Stylization*) und nachbearbeiten (*Inpainting*). Im Video sehen Sie popcornmampfende Pandas und discotanzende Bären: `https://lumiere-video.GitHub.io`.

Das Medienecho ist jedes Mal riesig, und die Demofilmchen sind auch beeindruckend. Es ist aber davon auszugehen, dass die Technologien gar nicht separat erscheinen, sondern in Googles Videogenerator Veo einfließen.

Flux von Black Forest Labs

Was dem deutschen Entwicklertrio mit ihrem Startup Black Forest Labs aus dem Breisgau bei der Flux-Bilderzeugung (*Kapitel 10*) gelungen ist, möchten sie mit der Videoerzeugung wiederholen. Ein State-of-the-Art-Modell ist angekündigt, aber zunächst nur mit kleinen Vorschaubildern verfügbar. Darauf erkennt man bereits, dass die Qualität vielversprechend ist: `https://blackforestlabs.ai/up-next/`.

Kling AI von Kuaishou

Chinesische Konkurrenz für Sora und Veo macht mit beeindruckenden Bildern wie einem Hasen, der Zeitung liest und dabei eine dampfende Tasse vor sich stehen hat, Schlagzeilen. Kling arbeitet mit Diffussionsmodellen und kann so fiktive Objekte wie Fantasiegebilde erzeugen. Er sei in der Lage, physikalische Eigenschaften von Objekten aus der realen Welt korrekt zu simulieren, wirbt der chinesische Tech-Konzern und Tiktok-Konkurrent Kuaishou aus Peking.

- ✔ Videos mit 1080p und 30 Frames pro Sekunde sind passend zum Referenzbild in verschiedenen Seitenverhältnissen möglich. Ein Videoeditor ist in Arbeit.
- ✔ Zu Beginn können Nutzende nur fünf Sekunden Film generieren, Zahlende zehn. Unbezahlte Accounts erhalten Filme mit kleinem Wasserzeichen in der Ecke.
- ✔ Interessant ist besonders die Bewegungspinsel-Funktion (MOTION BRUSH), mit der Sie in einem bestehenden Bild vorgeben können, wohin sich ein Objekt bewegt. So können Sie beispielsweise zeichnen, dass eine Katze in eine bestimmte Richtung springen soll, oder Sie geben dem Mond am Himmel eine Bahn vor.
- ✔ Nach der Anmeldung erhalten Sie täglich 66 kostenlose Credits. Das genügt für etwa sechs Videos pro Tag. Die Preise für Generierungen variieren von zehn US-Dollar im Monat (660 Credits) bis 92 US-Dollar im Monat (8.000 Credits). Jahresverträge erhalten Rabatt und kommen so auf 6,60 bis 60 US-Dollar im größten Tarif.

Videogenerierung von Kling AI

Sie erzeugen mit Kling AI in mehreren einfachen Schritten Filme:

1. Registrieren Sie sich auf `https://klingai.io`.
2. Navigieren Sie zum Bereich AI VIDEOS und wählen ein Videomodell.
   - Kling 1.5 bietet gegenüber dem Vorgänger eine höhere *Auflösung* sowie verbesserte *Bildqualität, Dynamik* und *Prompt-Relevanz.*
   - *Motion Brush* und *Kamerasteuerung* funktionieren zunächst nur mit 1.0.
3. Im Bereich TEXT TO VIDEO geben Sie unter PROMPT eine detaillierte Textbeschreibung des gewünschten Videos ein. Das geht zwar auf Deutsch, Englisch wird jedoch von diesem chinesischen Modell am besten verarbeitet.
4. Unter SETTINGS können Sie optional weitere Einstellungen vornehmen:
   - Der CREATIVITY-RELEVANCE-SLIDER regelt, wie Vorgaben beachtet werden.
   - Premium User können den PROFESSIONAL MODE mit besserer Qualität aktivieren und bis zu zehn Sekunden lange Videos generieren.
   - ASPECT RATIO bestimmt, ob das Video hoch-, querkant oder quadratisch wird.
   - Unter CAMERA MOVEMENT legen Sie fest, wie das Bild geschwenkt wird. Wählen Sie eine Kamerabewegung, zum Beispiel ZOOM, und regeln Sie den Wert.
   - Mit einem NEGATIVE PROMPT können Sie Eigenschaften ausschließen.
5. GENERATE erzeugt einen Film, den Sie mit dem PFEIL herunterladen können.

Bildvorlagen sind präzise visuelle Referenzen, was zu besseren Animationen führt als rein textbasierte Prompts, die oft Interpretationsspielraum offenlassen.

Bild als Vorlage für ein Video verwenden

Für bessere Ergebnisse können Sie zum Text-Prompt ein Foto oder KI-generiertes Bild mit der *Bild-zu-Video*-Option umwandeln und animieren:

1. Wählen Sie den Bereich IMAGE TO VIDEO aus.
2. Laden Sie ein Vorlagebild hoch.
   - Mit der ADD-END-FRAME-Einstellung legen Sie alternativ Start- und Endbild für nahtlose Anschlüsse fest und geben ein Bild des jeweiligen Frames vor.
   - Optional können Sie einen beschreibenden PROMPT hinzufügen.

3. Mit der MOTION BRUSH (*Abbildung 12.4*) geben Sie eine Bewegungsrichtung vor.
   - Laden Sie ein Bild hoch und malen Sie mit einem Pinselwerkzeug einen Bereich aus, der sich bewegen soll (AREA). Die AUTO-SEGMENTATION hilft dabei.
   - Anschließend geben Sie mit einfachen Pinselstrichen den Weg vor, den das Objekt oder Körperteil nehmen soll (PATH). Mehrere Bewegungen sind in einem Zug machbar (AREA 1–6). Das ermöglicht präzise Kontrolle über Bewegungen einzelner Elemente. KI kümmert sich im Anschluss um alles.
   - STATIC AREA legt den Bereich fest, der sich auf keinen Fall bewegen soll.
   - Wenn Sie fertig sind, übernehmen Sie die Einstellungen mit CONFIRM.
4. Optionen (SETTINGS) sind wieder CAMERA MOVEMENT und NEGATIVE PROMPT.
5. Wenn Sie zufrieden sind, generieren Sie den Film mit GENERATE.

Abbildung 12.4: Motion Brush gibt die Bewegungsrichtung vor. (Screenshot: `Kling.ai`)

Dream Machine von Luma AI

Das kalifornische Startup Luma hat mit 3D-Modellen begonnen und eine Millionenbewertung erzielt. Unter den Entwicklern ist der Deutsche Dominic Rampas aus Neuzelle bei Berlin, der an der TH Ingolstadt KI studiert hat. Bildführung und Beleuchtung sehen bei Dream Machine tadellos und hollywoodtauglich aus (`https://lumalabs.ai/dream-machine`).

✔ Die »Traummaschine« erträumt sich aus einem Prompt bis zu fünf Sekunden lange cineastische Kamerafahrten (CAMERA MOTION), -bewegungen und Schwenks. Und das sehr schnell: 120 Frames in 120 Sekunden.

- Dabei gelingen trotz aller Anstrengung allerdings Gegenstände nicht immer so wie in der Realität. Besonders Gesetze der Physik interpretiert die Dream Machine etwas freier und lässt beispielsweise einige Objekte transparent erscheinen. Trotz dieser Limitierungen entstehen erstaunliche und atemberaubende Aufnahmen.
- Wesentlich besser und fast ohne Artefakte läuft es mit hochgeladenen Fotos, die Sie beschreiben und zu Filmen – fast wie Live Photos am iPhone – umarbeiten.

Bedienung

Sie bedienen Dream Machine lediglich mit einem Prompt-Feld:

- Wenn bestimmte Stichwörter wie `Camera` fallen, bietet die Webseite eine Auswahl an und zeigt jeweils in einem Beispielvideo, was die Funktion bewirkt.
- Das Foto-Symbol öffnet eine Dateiauswahl zum Hochladen einer Bildvorlage.
- Sie haben daneben noch zwei Optionen: LOOP bewirkt eine Endlosschleife des Films, ENHANCE PROMPT optimiert Ihre Eingabe.

Kosten

Pro Monat sind bei Lumas Dream Machine 30 Generierungen im Gratistarif enthalten. Kommerzielle Nutzung ist erst ab dem Standardtarif erlaubt, der im Monat rund 30 US-Dollar, mit Jahresvertrag 24 US-Dollar, kostet und 150 Generierungen erlaubt.

Pika

»Ihre Idee ist Pikas Befehl«, so wirbt das junge Startup von zwei Stanford-Studierenden um Aufmerksamkeit. Mehr braucht es offenbar auch nicht, um Pika (`https://pika.art/`) zum weltweiten Erfolg zu machen. Seit dem Start Ende 2023 mischt es an der Spitze mit.

- Mit seinen vielseitigen Funktionen wie Text-zu-Video-, Bild-zu-Video- und Video-zu-Video-Umwandlung können Sie kurze Videoclips in verschiedenen Stilen generieren, darunter 3D-Animation, Anime und filmische Sequenzen.
- Pika bietet erweiterte Bearbeitungsmöglichkeiten wie *Kamerasteuerung, Inpainting* und *Upscaling* und die *Pika Effects* genannten, cleveren Veränderungseffekte, die Sie beispielsweise einen Gegenstand zu einem Luftballon aufblasen oder wie einen Marshmallow zerquetschen lassen.
- In Version 2 fügt Pika Personen aus hochgeladenen Bildern mittels Prompts in Filmszenen mit historischen Figuren oder etwa Tänzen ein (*Scene Ingredients*).
- Mit 1080p Bildauflösung, längeren Clips und realistischen Bewegungsdarstellungen qualifiziert sich das Produkt immer mehr auch für reale Filmszenen.

Bedienung von Pika

1. Pika wird über eine Prompt-Eingabe am unteren Bildschirmrand bedient (*Abbildung 12.5*).
2. Die einfachste Variante ist es, ein Bild oder Video hochzuladen (Image).
3. Wählen Sie unter Pikaeffect einen Effektbefehl wie `Inflate it` (*blase es auf*).
4. Sie können rechts ein anderes Modell wählen oder bei Advanced Options mehr Details wie Negative Prompts, Seeds und Aspect Ratio einstellen.
5. Mit dem Sternchen-Symbol startet die Generierung.
6. Mit Retry können Sie es noch einmal starten, falls Sie nicht zufrieden sind, oder mit Reprompt den Prompt wiederverwenden.

Kosten

150 Credits pro Monat sind kostenlos, ein Video verbraucht 15 Credits. Pika drückt jedem kostenlosen Video einen Wasserzeichenstempel auf. Die kommerzielle Nutzung und Zugriff auf die neusten Modelle ist erst ab dem Pro-Tarif zulässig, den es für 35 Euro pro Monat beziehungsweise 28 Euro pro Monat im Jahrestarif gibt. Darin sind 2.000 Credits pro Monat enthalten, Sie erreichen auch frühere Modelle und haben kein Wasserzeichen.

Abbildung 12.5: Pika kann faszinierend realistische Bewegungen generieren, spielt aber auch mit der Physik und lässt Sie beispielsweise Wolken zerquetschen. (Screenshot: `Pika.art`)

Runway ML

Ein vielseitiger KI-Generator, der es ermöglicht, kreativ mit Bildern, Sprache und Videos zu arbeiten, ist Runway (`https://runwayml.com`). Sie haben das Produkt in den *Kapiteln 10 und 11* bereits kennengelernt. Das Werkzeug ist zwar in englischer Sprache verfügbar, funktioniert aber mit deutschen Prompts. An Runway ML kommt kein Filmstudio vorbei.

Runway als Benchmark

Runway (*Abbildung 12.6*) gilt in Fachkreisen als einflussreiche Marke für KI-Videotrends:

- ✔ Das Unternehmen veranstaltet seit 2022 das AI Film Festival (AIFF) in New York und Los Angeles die (Filmbeiträge sind verfügbar auf `https://aiff.runwayml.com`).
- ✔ Gleichzeitig kooperiert Runway mit namhaften Filmstudios. Die Werkzeuge und KI-Modelle von Runway wurden beispielsweise in Filmen wie dem oscarprämierten »Everything Everywhere All At Once« (Sie erinnern sich an die Wurstfinger?) verwendet.
- ✔ Noch mehr wird die Video-KI in Musikvideos für Künstler wie A$AP Rocky, Brockhampton und The Dandy Warhols sowie bei der Bearbeitung von Fernsehsendungen wie »The Late Show« und »Top Gear« eingesetzt.

Abbildung 12.6: Fotorealistische KI-generierte Szenen und Bearbeitung mit Motion Tracking ist nicht nur für Filmstudios eine Investition wert. (Screenshot: RunwayML)

Videos in Runway generieren

1. Wechseln Sie im DASHBOARD unter ALL TOOLS zu TEXT TO VIDEO.
2. Oben links können Sie bestimmen, welches MODELL arbeitet. Je nach Modell ändern sich die Auswahloptionen. MULTIMODALE haben mehr Möglichkeiten und andere Auswahlschritte, die Sie auf der linken Seite untereinander sehen:
   - Wenn Sie bei einem neueren Modell unter PROMPT auf EXAMPLES klicken, finden Sie vorgefertigte Prompts mit *Lückentexten*, die Sie mit APPLY übernehmen und anpassen können.
   - Mit CAMERA MOTION legen Sie fest, wie die virtuelle Kamera sich im Film verhalten soll, ob sie etwa aus dem Bild *herauszoomen* oder von links nach rechts *schwenken* soll. Vorausgesetzt, eine Bildvorlage ist vorhanden.
   - Die MOTION BRUSH in multimodalen Modellen können Sie (wie bei *Kling AI*) nutzen, um Bereiche im Bild zu markieren, die animiert werden sollen.
   - STYLE legt in multimodalen Modellen den *Stil* der generierten Aufnahme fest. Sie können einen vorgegebenen auswählen oder selbst einen erstellen.
   - Die Funktion ACT-ONE bei neueren Modellen transformiert hochgeladene Videos und übertragt etwa die Mimik einer Person auf eine Comicfigur.
   - GENERAL MOTION (WIND-Symbol) regelt die generelle *Kamerabewegung*, als wäre sie auf der sich bewegenden Schulter einer Kameraperson.
3. Geben Sie bei PROMPT eine detaillierte *Beschreibung* Ihrer gewünschten Szene ein. Erläutern Sie dabei, wie die Szene aussieht und welche Details Sie erwarten.
   - Der Prompt für *Abbildung 12.6*: `A close-up shot of a young woman driving a car, looking thoughtful, blurred green forest visible through the rainy car window.`
   - Sie können ein *Foto* (IMAGE) oder VIDEO als Vorlage in den oberen Kasten ziehen. Dazu können Sie mit einer Texteingabe erklären, was geschehen soll. So können Sie zunächst Bilder generieren und dann zu Videos umwandeln.
4. Hinter den vielen Einstellungen verbergen sich unter anderem je nach Modell die Bildausrichtung (ASPECT RATIO), der SEED, die Prompt-Gewichtung (PROMPT WEIGHT), das Wasserzeichen (WATERMARK) und die Auflösung (RESOLUTION). Die kostenlose Version beschränkt die Auflösung auf 720p.
5. Sie können die Länge (DURATION) einstellen, die Ihr Film haben soll:
   - Neuere bieten fünf oder zehn Sekunden zur Auswahl.
   - Bei Gen-2 sind nur vier Sekunden möglich.
6. GENERATE startet den Vorgang. Alle generierten Dateien finden Sie unter ASSETS.
7. Sie können im Anschluss mit den Werkzeugen noch weitere Bearbeitungsschritte vornehmen, beispielsweise das MOTION TRACKING (*Abbildung 12.6*).

Runway empfiehlt, den Prompt nach diesem Schema anzugehen:

`[Kamerabewegung]:[Eröffnungsszene].[zusätzliche Details].`

Mögliche Kameraeinstellungen: `https://help.runwayml.com/hc/en-us/articles/30586818553107-Gen-3-Alpha-Prompting-Guide`

Kosten

Neue Konten erhalten 125 Gratis-Credits, die für ein kurzes Video ausreichen, sofern Sie diese nicht bereits für Bilder und Audios aus den *Kapiteln 10 und 11* aufgebraucht haben. Eine Sekunde Film mit dem neuesten Modell kosten zehn Credits. Sie können diese einzeln nachkaufen. Im Standard-Tarif für 15 US-Dollar erhalten Sie 625 pro Monat, im Pro-Tarif für 35 US-Dollar 2.250 Credits. Runway gibt 20 Prozent Rabatt auf den Jahresvertrag.

Firefly von Adobe

In Ergänzung zur Bildgeneratorfunktion von Firefly, das Sie aus *Kapitel 10* kennen, hat Adobe Videofunktionen hinzugefügt. Zu Beginn nur auf Englisch und mit Warteliste. Voraussetzung ist hier ein Abonnement der Creative-Cloud-Suite. Adobe kennzeichnet generierte Objekte in den Metadaten mit digitalen Wasserzeichen der *C2PA* (siehe *Kapitel 21*).

Einsatzzweke für Firefly

- ✔ Erstellen Sie im Handumdrehen *2D-* und *3D-Animationen* wie bei *Claymation* (*Knetanimation*) oder *Textgrafiken* und *Grafikvideos* für die letzte Abstimmung mit Ihrem Team oder Ihren Kunden.
- ✔ Erstellen Sie Zwischenschnitte und *B-Rolls* mit Pflanzen, Tieren oder Landschaften – sogar mit Kamerabewegungen, um Lücken in Ihrer Zeitleiste zu füllen.
- ✔ Erzeugen Sie atmosphärische Elemente wie *Rauch*, *Linsenreflexionen* oder *Wasser*, um eine Szene zu ergänzen. Auf Schwarz oder als Greenscreen-Overlay (wählen Sie den stechenden Grünton als Hintergrund) lassen sich solche generierten Elemente in Videoprogrammen wie Premiere Pro und After Effects mit echtem Filmmaterial mischen.

Videos mit Firefly generieren

Sie erstellen dabei genauso Videos wie auch schon Bilder:

1. Öffnen Sie `https://firefly.adobe.com` und wählen Sie VIDEO GENERIEREN.
2. Geben Sie einen Prompt ein (bis zu 175 Wörter sind erlaubt).

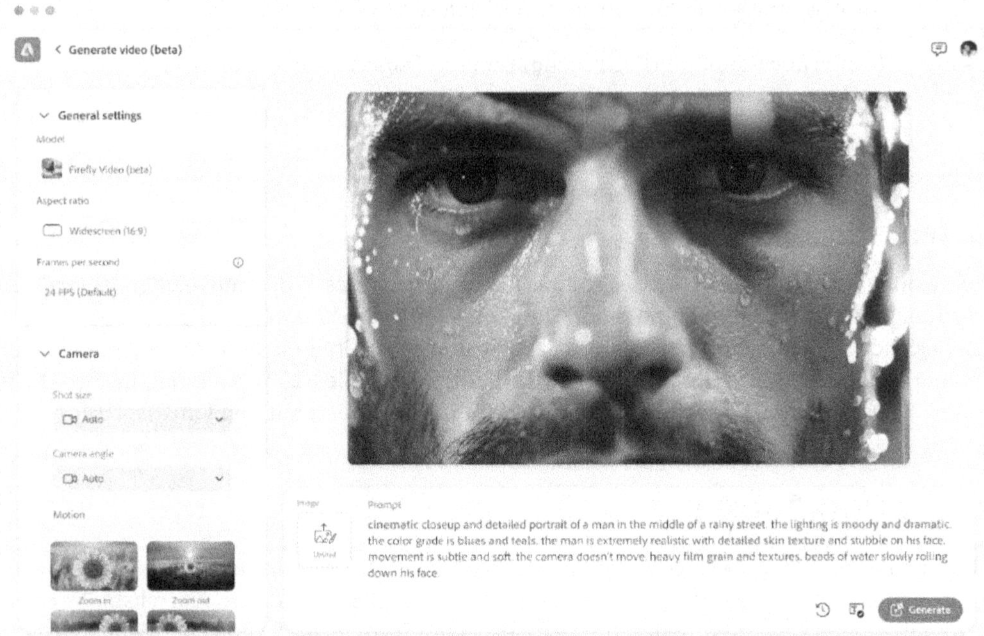

Abbildung 12.7: Nahaufnahme mit dem Firefly-Videogenerator (Screenshot: Adobe)

3. Spielen Sie mit den Einstellungen, um verschiedene Varianten auszuprobieren:
   - In der linken Leiste passen Sie unter anderem das SEITENVERHÄLTNIS (ASPECT RATIO), die EINSTELLUNGSGRÖẞE (SHOT SIZE) und den KAMERAWINKEL (CAMERA ANGLE) an.
   - Die optimale Struktur eines Text-Prompts (der deutsch sein kann) beschreibt laut Adobe den *Aufnahmetyp*, die *Figur*, die *Handlung*, den *Ort* und die *Ästhetik*. Seien Sie dabei spezifisch, um die besten Ergebnisse zu erzielen (*Abbildung 12.7*). Wenn Sie möchten, können Sie im zweiten Versuch Details hinzufügen, um neue Videos zu erstellen.
4. Sie können auch ein BILD HOCHLADEN (UPLOAD), das Firefly in Bewegung setzt. In diesem Fall sollten Sie auch beschreiben, wie Sie das Bild zum Leben erwecken möchten.
5. Klicken Sie auf GENERIEREN (GENERATE). Wenn Ihnen das Video gefällt, verwenden Sie die Schaltfläche HERUNTERLADEN oben rechts, um es als mp4-Datei herunterzuladen.

Speichern Sie alle Videos, die Ihnen gefallen, bevor Sie neue erstellen.

Kommerzielle Nutzung

Adobe verspricht dabei, dass der Einsatz von Firefly kommerziell unbedenklich ist und nur mit Inhalten trainiert wird, für die Adobe die Nutzungsrechte besitzt. Die Daten von Nutzenden sollen dabei niemals zum Training herangezogen werden. Firefly steckt in der Anwendung *Premiere Pro* und anderen Adobe-Produkten, die ich *in diesem Kapitel* vorstelle.

Diffuse und ReelMagic von Higgsfield

Alex Mashrabov, ehemaliger KI-Chef von Snap, das mit dem sozialen Netzwerk Snapchat an der Börse ist, möchte mit der Videoapp Diffuse (`https://higgsfield.ai`) die Social-Media-Creation demokratisieren und schiebt sogar noch eine Filmplattform nach:

- ✔ Diffuse basiert auf einem Text-zu-Video-Modell und kann auf dem Smartphone mit Prompts Videos erzeugen. Spannend ist, dass Diffuse kleine Videos alleine aus einem Selfie heraus erzeugen können soll, etwa für Tänze, Kunststücke oder sportliche Aktivitäten.
- ✔ Dass es dabei eher um Spaß als um detailgetreue Filmausschnitte gehen wird, sieht man schnell: Objekte laufen ineinander wie in schlecht animierten Videospielen aus dem 2000er-Jahren. Das genügt zum Posten und Weitersenden an Freunde, aber sicherlich nicht für Kinoproduktionen. Die App ist für iOS und Android verfügbar und kostet stolze 34,99 Euro pro Jahr, eine Woche buchen Sie für 4,99 Euro.
- ✔ Einen realistischeren Modus und Zugriff auf verschiedene Modelle verspricht das angekündigte Produkt ReelMagic. Hier soll ein Story-Prompt zu ganzen Filmsequenzen führen. Die Qualität der Vorschau überzeugt noch nicht so recht.

Muschel von MiniMax

Das chinesische Modell Hǎiluó, was auf Deutsch *Muschel* bedeutet, wird im Sommer 2024 vorgestellt. Es folgen ein Chatbot, Audioerstellung und Open-Source-Modelle.

Schnelle Berühmtheit

- ✔ Die ersten generierten Kurzfilme sind sechs Sekunden lang und beeindrucken in ihrer Qualität. Schon bald gehen sehr viele Kurzfilme des Modells online.
- ✔ Vielleicht noch mehr reizen sie Nutzende, weil das chinesische Produkt die gängigen Beschränkungen nicht kennt: Beispielsweise ist `Donald Trump in einem Bikini am Strand vor einem Atombombentest` keine Herausforderung.

Hǎiluó bedienen

Für die Registrierung benötigen Sie einen Google-Account. Gratiskunden erhalten bei Login 100 Muschel-Credits Tagesbonus (rund drei Videos). 1000 Credits pro Monat Kosten 14,90 US-Dollar, unbegrenzt wird es für 94,90 US-Dollar pro Monat. Die Webseite `https://hailuoai.video` ist englisch aber relativ leicht zu bedienen:

1. Links oben wählen Sie die Funktion I2V (IMAGE-TO-VIDEO, *Bildreferenz*), T2V (TEXT-TO-VIDEO, *Text-Prompt*) oder S2V (SUBJECT-TO-VIDEO, *Charakterreferenz* im Sinne eines Avatars).
2. Je nach Auswahl können Sie ein Bild hochladen und den Prompt eingeben.
3. Wählen Sie das passende Modell (MODEL), zum Beispiel für 2D-Zeichnungen und starten den Prozess mit Klick auf die ZAHL MIT DER MUSCHEL (das ist der Preis).

Hotshot von Natural Synthetics

Mit einer Fotoeffekt-App hat es angefangen, doch dieses Projekt ist zugunsten des Text-zu-Video-Generators Hotshots (`https://hotshot.co`) beendet: Dieser generiert fünfsekündige Videos und wird im Herbst 2024 zum Überflieger mit einem Modell, das durch seine Vielseitigkeit beeindruckt:

- ✔ Nicht nur fotorealistische Aufnahmen sind möglich, sondern auch zahlreiche Styles wie ein Comicbucheffekt sind darunter.
- ✔ Zwar generiert das Modell weiterhin die typischen KI-Fehler, beispielsweise zu viele Extremitäten, mit ein wenig Prompt-Feingefühl sind aber Kunstwerke machbar.

Drei Videos pro Tag sind nach der kostenlosen Anmeldung inklusive und dürfen ausdrücklich auch kommerziell genutzt werden. Mit 29 US-Dollar im Monat sind 100 Generierungen im Monat und eine priorisierte Lieferung enthalten. Die Macher haben einen hilfreichen Prompt Guide für ihr Modell veröffentlicht, der unter dem Prompt-Fenster verlinkt ist.

CogVideoX der Tsinghua University

Open-Source-Videogenerierungsmodelle von chinesischen Forschenden der Pekinger Tsinghua University mit vielversprechenden Ergebnissen sind CogVideo und CogVideoX (`https://github.com/THUDM/CogVideo`).

- ✔ Die Produkte können es mit kommerziellen Konkurrenzprodukten aufnehmen.
- ✔ Der Code wurde mitsamt der Modellgewichte zum freien Download veröffentlicht und läuft mit Python auf handelsüblichen Grafikkarten. Bei Hugging Face gibt es eine Demonstration: `https://huggingface.co/THUDM`.

Mochi

Das nach der traditionellen japanischen Süßigkeit benannte Open-Source-Modell funktioniert mit einfachen Text-Prompts.

- ✔ Mochi setzt mit neuen technischen Ansätzen Maßstäbe und gilt Ende 2024 als leistungsfähigstes offenes Videomodell. Für Animationen ist es weniger geeignet.
- ✔ Sein Potenzial kann es nur auf leistungsfähiger Hardware ausschöpfen. Handelsübliche Grafikkarten schaffen nur kurze Videoschnipsel.
- ✔ Auf GitHub (`https://github.com/genmoai/mochi`) gibt es neben dem Modell einige Erweiterungen, um es mit ComfyUI (*Kapitel 10*) einzusetzen.

AnimateDiff

Spielt eine wichtige Rolle beim Erstellen kleinerer Clips im Open-Source-Bereich. Es ist im Handling aber schwieriger als CogVideoX und Mochi.

- ✔ Nutzt Stable-Diffusion-Modelle kombiniert mit einem speziellen Bewegungsmodul und ermöglicht die Erstellung nahtloser Loop-Animationen.
- ✔ Die kostenlose Nutzung ist über verschiedene Plattformen wie ComfyUI möglich: `https://github.com/guoyww/AnimateDiff/`.

Pyramid Flow von rain1011

Mit realistischen Bildern fällt das auf Stable Diffusion aufbauende Modell Pyramid Flow auf. Es erweitert das Konzept zur Generierung von Einzelbildern auf die Erzeugung von Videos und nutzt dafür Bilder, die in einem mehrstufigen Ansatz – daher der Name – zunächst in niedriger Auflösung vorbereitet werden.

- ✔ Im Gegensatz zu proprietären Videogenerierungsmodellen ist Pyramid Flow Open Source und unter der MIT-Lizenz verfügbar. Das ermöglicht eine breite Nutzung.
- ✔ Bei Hugging Face gibt es die Daten: `https://huggingface.co/rain1011`.

Midjourney

Das bereits ausführlich beschriebene Bilderstellungswerkzeug Midjourney kann ebenfalls Videos erstellen. Wenn auch in einem frühen Stadium. Sie bedienen Midjourney dabei, wie in *Kapitel 10* erklärt, über Discord:

1. Mit dem Videoparameter **--video** können Sie Fotos in einem kurzen Film animieren lassen. Das geht jedoch nur mit dem jeweils ersten Entwurf eines Bilds.
2. Sie müssen anschließend auf ADD REACTION klicken und das BRIEFUMSCHLAG-Emoji an den Chatbot senden. Ja, so umständlich ist das leider! Immerhin bleibt das Symbol anschließend in der Liste der häufig benutzten Emojis stehen.
3. Sie erhalten als Antwort den Downloadlink unter DIRECT MESSAGES (*Direktnachrichten*).
4. Mit einem RECHTSKLICK oder langem DRÜCKEN lässt sich dieses HERUNTERLADEN. Alles andere als komfortabel.
5. Zu allem Unglück ist der Film geviertelt mit allen Bildern. Ein kostenloses Online-Tool schneidet es Ihnen zu recht: `https://www.adobe.com/express/feature/video/crop`.

Filmschnitt erleichtert

Wenn Sie häufiger Videos schneiden oder Podcasts aufbereiten müssen, haben Sie sicher schon Erfahrung mit linearen Videoschnittprogrammen gemacht. Ansonsten ist das Prinzip mit mehreren Video- und Tonspuren auch nicht schwer zu erlernen (da gibt es doch auch etwas »für Dummies«).

Neue KI-Funktionen halten Einzug

Sobald es schnell gehen muss oder es umfangreich wird, kann es unübersichtlich werden. KI hilft Neuankömmlingen in die Welt der Videoerstellung:

- ✔ Die Zeiten von komplizierten Videospuren und Editor-Einstellungen sind vorbei.
- ✔ Textbasierter Videoschnitt beispielsweise nimmt Ihnen viel Fleißarbeit ab und ist bei immer mehr Programmen an Bord. Das bedeutet, dass Sie in einem Transkript markieren, was passieren soll, und das Schnittprogramm Ihre Wünsche ausführt.
- ✔ Die gängigsten Programme für Videoschnitt sind Da Vinci Resolve Studio, Filmora und Premiere Pro, und alle sind mit KI getrimmt. Diese sind für Windows und Mac verfügbar, Da Vinci sogar für Linux. Final Cut Pro läuft nur am Mac.

Verschaffen Sie sich einen Überblick über den Funktionsumfang der Programme und kombinieren Sie nach Bedarf, Motivation und Budget deren Stärken für Ihre Filmproduktion.

Filmora von Wondershare

Filmora ist ein einsteigerfreundliches Schnittprogramm und läuft auf Windows, Mac und den mobilen Betriebssystemen iOS / iPadOS sowie auf Android Smartphones und Tablets. Auch Profis kommen mit der Bedienoberfläche gut zurecht, denn sie ist ähnlich aufgebaut wie viele andere Schnittprogramme. Besonders sind die vielen KI-Funktionen, die Filmora als eines der ersten großen Programme mitbringt.

Film aus Textprompt schneiden mit Filmora

1. Nutzen Sie bei PROJEKT ERSTELLEN die Funktion KI TEXT ZU VIDEO.
2. Sie geben einen PROMPT ein, und die KI nutzt diesen einerseits, um den vorgegebenen Text von einer auswählbaren Videostimme zu sprechen, passend dazu wählt sie auch Filmclips und Musik aus der Filmora-Stockdatenbank aus.
   - Die Bilder und Töne sind lizenzfrei, aber nicht KI-generiert, sondern lediglich von der KI anhand von Stichworten arrangiert. Das sieht meist etwas zusammenhanglos aus, und die Stimme klingt abgehackt und künstlich.
   - Das kann aber für einige Zwecke ausreichen, um hiermit weiterzuarbeiten.
3. Im Projekt kann man unter STOCKMEDIA > KI-BILD-TOOL etwas generieren.
4. Sie können den Film anschließend weiterbearbeiten oder speichern.

Beachten Sie die Bildrechte unter DREIPUNKT-MENÜ > RESSOURCENBEREICH.

Weitere KI-Funktionen

- ✔ Direkt zu Beginn können Sie in der AI Toolbox nach Werkzeugen suchen.
- ✔ Der Chatbot AI Copilot ist mit dem Roboterkopf-Symbol unter dem Vorschaufenster zu finden.
  - Er funktioniert wie Microsofts Copilot Pro in Word (siehe *Kapitel 15*) und schlägt gleich zu Beginn einige Funktionen vor.
  - Sie können ihn in natürlicher Sprache bitten, die *Farben anzupassen,* und er leitet zu den Funktionen hin oder setzt die Effekte im Vorschaufenster um.
  - Die Intelligente Suche findet *Gesichter, Dialoge* oder *Bildinhalte.*
- ✔ So richtig generativ arbeitet Filmora mit dem *Musikgenerator* unter Audio > KI-Musik, der anhand einer vorgegebenen Stimmung und Dauer mehrere frei nutzbare Musikstücke zur Auswahl erstellen kann. Erwarten Sie auch hier keine Charthits, es ist eher Fahrstuhlmusik – aber dafür schnell und bequem erstellt. Generieren von Musik verbraucht jeweils Credits, die gegen Bezahlung aufgeladen werden müssen.
- ✔ Der KI-Stimmentferner, den Sie bei importierten Musikstücken über Rechtsklick erreichen, kann den Gesang isolieren und auf eine eigene Spur legen, die Sie separat pegeln oder auch völlig stummschalten können. Damit können Sie Instrumentalmusik einsetzen, die einen Sprechtext nicht stört.
- ✔ Mit wenigen Klicks können Sie mit der Stille-Erkennung-Funktion in Aufnahmen alle stillen Clips löschen, in denen nicht gesprochen wird. Die *Schwellenwerte* lassen sich einstellen. Das ist besonders für Podcastaufnahmen hervorragend geeignet und spart unglaublich viel Zeit.
- ✔ Die Text-Basierte AI-Bearbeitung entfernt auch *Ähms* oder *Ähs* und ist beim Vorschnitt von moderierten Passagen oder Interviews hilfreich. Allerdings funktioniert die Texterkennung nicht so gut wie beispielsweise bei DaVinci und ist auch bei der Abgrenzung nicht so präzise, sodass Fehler auftreten können.
- ✔ Auf der rechten Seite unter Video > KI-Tools > AI Portrait können Sie einen *Greenscreen-Effekt* anwenden und Personen freistellen. Das funktioniert ganz akzeptabel, obwohl es in anderen Programmen besser gelingt. Der KI-Objektentferner kann Personen oder Objekte im Bild verfolgen (Bewegungsverfolgung) oder entfernen (Intelligentes Freistellen).
- ✔ Vor Farbbearbeitungen können Sie Hauttöne als *geschützt* markieren (rechte Seitenleiste unter Farbe > AI Hautton-Schutz), damit etwa die Farbwerte von Gesichtern nicht verfälscht werden.
- ✔ *Screenshots* können im Thumbnail-Creator mit wenigen Klicks ausgewählt und mit Texten und Grafikhintergründen versehen werden. Diese Vorschaubilder sind besonders bei YouTube ein Muss.

Wondershare pflegt einen deutschen YouTube-Kanal voller Tutorials und kreativer Effekte: `https://www.youtube.com/@FilmoraVideobearbeitung`.

Kosten

Es gibt eine kostenlose Variante von Filmora, die jedoch beim Export alle Filme mit einem Wasserzeichen markiert. Erst mit einer Dauerlizenz zum Einmalkauf ab etwa 70 Euro pro Betriebssystem oder einem Jahresabonnement können Sie die Filme regulär ohne Markierung exportieren. Hier sind dann auch sämtliche KI-Funktionen freigeschaltet. Effekte, Plug-ins und Stockmaterial verkauft Wondershare zusätzlich.

Filmora-App für Smartphone und Tablet

Die App von Filmora für Android, iOS und iPadOS enthält einen KI-VIDEOGENERATOR und nimmt Ihnen auf Wunsch das Schneiden komplett ab. Sie können zusätzlich einen Text von einer der vielen KI-STIMMEN einsprechen und passende Musik dazu generieren lassen. Texteinblendungen erscheinen dynamisch zum gesprochenen Wort in verschiedenen Stilrichtungen im Bild. Mit Effektwerkzeugen wie dem RADIERGUMMI entfernen Sie störende Objekte aus dem Film. Mit der Apple-App erstellte Projekte sind mit der Mac-Version kompatibel.

DaVinci Resolve Studio von Blackmagic Design

Bei Filmprofis und Content Creators ist es beliebt: Die Oberfläche von DaVinci Resolve Studio ist zwar nur auf Englisch verfügbar und für Neulinge nicht intuitiv. Dafür arbeitet das Programm auf Hollywoodniveau und bringt entsprechende Leistung, die von KI ergänzt wird.

Textbasierter Schnitt mit DaVinci Resolve Studio

1. Für *textbasierten Schnitt* MARKIEREN Sie einen Video- oder Audioclip und klicken auf das SPRECHBLASEN-Symbol in der linken oberen Ecke.

2. Mit der ANALYSIEREN-Funktion lassen sich mehrere Stimmen erkennen und den verschiedenen Sprechenden Namen zuweisen.

3. Aus dem Textfeld heraus können Sie unten rechts mit den beiden Symbolen INSERT beziehungsweise APPEND markierte Sätze auf die Zeitleiste legen.

   - Die Markierung bestimmt die In- und Out-Punkte.

   - Um die Reihenfolge anzupassen, bieten sich Subclips an, die unten links erstellt werden.

   - Hinter dem DREIPUNKT-Menü verbirgt sich außerdem die Funktion REMOVE SILENT PORTIONS, die Stille im Clip erkennt und entfernen kann.

Weitere KI-Funktionen

- ✔ Mit dem KI-basierten Spureffekt für die Stimmisolation (VOICE ISOLATION) löschen Sie laute Störgeräusche aus Sprachaufnahmen.
  - Durch das Trennen von Dialog und Hintergrundgeräuschen können Sie alles von leichten Geräuschen bis hin zu Flugzeug- und Explosionslärm aus einer Aufzeichnung entfernen, bis nur noch die Stimme übrig bleibt.
  - Das ist ideal für Interviews und Stimmaufnahmen an lauten Orten, zum Beispiel, wenn in einer Discoszene der Dialog nicht mehr verständlich ist.
- ✔ Für einen Dolby-Raumklang wie im Kino sorgt die Funktion INTELLITRACK AI. Dabei können sprechende Personen und Geräusche von Objekten auf Stereospuren oder in 3D-Räumen verortet werden.
- ✔ Die MAGIC MASK findet schon mit einem einzigen Pinselstrich Personen, Merkmale oder Objekte und trackt sie.
- ✔ Mit intelligentem Kadrieren (SMART REFRAME) wird das Bildmaterial mit völlig anderen Seitenverhältnissen wiederverwendet, indem die Aktion in einer Szene erkannt und per Schwenk verfolgt wird. DaVinci erkennt Gesichter und richtet sie automatisch im neuen Frame aus.
- ✔ Werkzeuge wie die Objektentfernung (OBJECT REMOVAL) und der Patch-Ersetzer (PATCH-REPLACER) ermöglichen es, eine Szene mit wenigen Klicks von unerwünschten Elementen wie ins Bild ragendes Filmequipment zu befreien.

Kosten

Bitte nicht verwechseln: DaVinci Resolve Studio ist ein kostenpflichtiges Programm, das einmalig 329 Euro kostet. In der kostenlosen Variante DaVinci Resolve (ohne Studio) ist die Bedienoberfläche gleich aufgebaut, es fehlen aber Funktionen, darunter die KI.

Premiere Pro und After Effects von Adobe

Der Schnitt mit Premiere Pro und die Nachbearbeitung mit After Effects laufen künftig mit der bereits im *Kapitel 10* beschriebenen Firefly-KI. Adobe integriert eine ganze Reihe KI-Funktionen in die Programme. Die Oberfläche von Premiere Pro bietet viele Möglichkeiten und wirkt für Neueinsteigende vielleicht abschreckend kompliziert. Sie finden sich aber schnell hinein.

Textbasierter Schnitt mit Firefly-KI in Premiere Pro

Um in Premiere Pro beispielsweise eine Moderation oder ein Interview in der Reihenfolge neu zu ordnen, können Sie komplett die KI arbeiten lassen und geben, wie in einem Word-Dokument, nur die Textpassagen vor. So erledigen Sie einen Rohschnitt effizienter:

1. Ziehen Sie wie gewohnt Medien aus dem PROJEKTORDNER in Ihre TIMELINE.

2. Öffnen Sie im Menü FENSTER > TEXT die Transkriptionsanzeige.
3. Sofern Clips Sprachaufnahmen enthalten, bietet Premiere Pro das TRANSKRIBIEREN an. Aktivieren Sie die AUTOMATISCHE TRANSKRIPTION.
4. Die Anwendung verschriftlicht nun die Texte, was einen Augenblick dauern kann.
5. Anschließend sehen Sie die Inhalte (gegebenenfalls können Sie den Text auch korrigieren) und können Passagen oder sogar einzelne Sätze verschieben oder löschen. Das wirkt sich direkt auf die Medien in der Timeline aus, die entsprechend vom Programm gekürzt oder umgestellt werden.
6. Sie können einen Clip zusätzlich im Fenster TEXT > UNTERTITEL > UNTERTITEL ERSTELLEN barrierefrei gestalten.

Generatives Erweitern von Szenen

Wenn Ihnen am Ende einer Einstellung ein paar Sekunden fehlen oder ein Zwischenschnitt bei den Dreharbeiten vergessen wurde, müssen Sie nicht noch einmal die Kamera rausholen. Sie können eine Lücke in der Timeline mit der Funktion GENERATIV ERWEITERN füllen und so einen besseren Übergang herstellen oder einen Musiktakt länger aushalten. Premiere Pro fügt dabei nahtlos generierte Frames hinzu, was meist im Endprodukt nicht auffällt:

- ✔ Am besten funktionieren Videoclips mit wenig Veränderungen in der Aufnahme, wie ruhigen Einstellungen statt schnellen, schwungvollen Kamerabewegungen. Audioclips mit gleichmäßigem Rauschen oder Raumschall funktionieren ebenfalls gut.
- ✔ Zu den Clips mit weniger guten Ergebnissen gehören leider auch (später digitalisierte) Archivclips mit viel Filmkörnung oder anderweitigem Rauschen.

Einen Videoclip in der Timeline erweitern

1. Ziehen Sie den betreffenden Clip oder ein Standbild auf die Zeitleiste.
2. Markieren Sie das Werkzeug GENERATIVES ERWEITERN (ganz unten in der Werkzeugleiste mit dem KLAMMER-UND-STERN-Symbol).
3. Ziehen Sie damit das Bild über das Maß nach rechts hinaus.
4. Premiere Pro markiert generierte KI-Passagen deutlich mit einem Label.

Alternativer Weg, den Clip zu verlängern

1. Dazu müssen Sie nur den Clip in der Zeitleiste mit RECHTSKLICK anwählen und GENERATIV ERWEITERN anklicken.
2. Stellen Sie ein, wie viele Frames Sie benötigen.
3. Premiere Pro generiert nahtlos das passende Material.

Generatives Erweitern in Premiere Pro unterstützt nur Videos im Querformat mit einem Seitenverhältnis von 16:9 und ist für Auflösungen von 1920 × 1080 und 1280 × 720 geeignet. Vertikale Videos oder andere auf Social-Media-Plattformen verbreitete Seitenverhältnisse möchte Adobe in künftigen Versionen nachliefern.

Seitenverhältnis einer Aufnahme für Social Media ändern (Auto Reframe)

Die Auto-Reframe-Funktion passt Videos automatisch an verschiedene Seitenverhältnisse an. Das ist besonders für Social-Media-Content geeignet. Die KI erkennt und verfolgt dabei wichtige Bildelemente.

1. MARKIEREN Sie die gewünschte Filmsequenz.
2. Wählen Sie im Menü SEQUENZ > AUTO REFRAME AUF SEQUENZ ANWENDEN.
3. Benennen Sie die neue Sequenz bei SEQUENZNAME oder übernehmen Sie den Namen.
4. Stellen Sie bei ZIEL-SEITENVERHÄLTNIS das neue *Seitenverhältnis* ein, zum Beispiel *Vertikal 9:16*.
5. Legen Sie bei MOTION-TRACKING fest, wie schnell die *Bewegung* stattfinden soll.
6. Zum Schluss können Sie festlegen, ob bisherige *Bewegungsanpassungen* übernommen werden sollen.
7. ERSTELLEN startet die Umwandlung.

Sprachaufnahmen mit KI verbessern

War mal wieder das Mikrofon falsch gepegelt oder nur das Kameramikro eingeschaltet? KI kann die Tonqualität in einem Audioclip verbessern:

1. Wählen Sie dazu im Schnittfenster einen CLIP MIT EINER SPRACHAUFNAHME aus.
2. Öffnen Sie das Bedienfeld ESSENTIAL SOUND und klicken Sie auf VERBESSERN, um die Analyse zu starten.
3. Die Aufgabe wird im Hintergrund ausgeführt, sodass Sie weiterarbeiten können.
4. Mit dem Steuerelement MIX-MENGE können Sie den Grad der gewünschten Verbesserung anpassen, indem Sie den Regler nach links oder rechts ziehen.

Über ESSENTIAL SOUND steuern Sie auch die Funktion AUTOMATISCHES DUCKING, die Hintergrundmusik anpasst, wenn Dialoge einsetzen:

1. MARKIEREN Sie einen Musikclip.
2. Aktivieren Sie im Feld ESSENTIAL SOUND das DUCKING GEGENÜBER DIALOGCLIPS.
3. Die KI erstellt automatisch Audio-Keyframes zur Lautstärkesteuerung.

Weitere KI-Funktionen in Premiere Pro

- ✔ KI erkennt automatisch die Schnitte in längeren Videos und teilt diese in Clips auf. Das spart Ihnen viel Zeit beim Bearbeiten von Rohmaterial. Machen Sie dafür einen RECHTSKLICK auf den Clip und wählen Sie SZENENBEAREITUNGSERKENNUNG.
- ✔ Die KI kennzeichnet Audioclips automatisch als *Dialog, Musik, Soundeffekte* oder *Ambiente* und fügt ein neues Symbol hinzu. Material wird automatisch kategorisiert und getaggt. Anhand der dynamischen Wellenformen und *Effektindikatoren* sind außerdem Veränderungen an Clips leichter sichtbar.
- ✔ Im KI-gestützten Audio-Workflow gibt es neue *Überblendungsmöglichkeiten*: Sie können CLIPGRIFFE ZIEHEN, um Audioüberblendungen zu erzeugen und per RECHTSKLICK beispielsweise eine KONSTANTE LEISTUNG einstellen.
- ✔ Adobe fügt nach und nach zahlreiche KI-Funktionen ein, die teilweise bereits angekündigt, nur auf Englisch oder mit Warteliste verfügbar sind. Verfolgen Sie die Entwicklung auf `https://www.adobe.com/de/products/premiere.html`.

Firefly-KI in After Effects

Das Nachbearbeitungs- und Animationsprogramm After Effects enthält ebenfalls mehrere KI-gestützte Funktionen, die Ihre Arbeit effizienter und präziser machen können:

- ✔ Der neue KI-gestützte ROTO-PINSEL beispielsweise ermöglicht es Ihnen, Objekte schneller und präziser aus Footage zu extrahieren. So isolieren Sie Objekte sogar bei sehr komplexen Elementen wie wehenden Haaren oder transparenten Bereichen vom Hintergrund. Das funktioniert auch bei sich überlappenden Objekten und schwer zu maskierenden Aufnahmen und erfordert weniger manuelle Korrekturen.
- ✔ Viele Funktionen aus Premiere Pro wandern ebenfalls in After Effects: `https://www.adobe.com/de/products/aftereffects/features.html`.

Diese KI-Funktionen machen die Videobearbeitung in Adobe Premiere Pro und viele der komplizierten Nachbearbeitungen in After Effects effizienter und kreativer. Adobe ist weiterhin dabei, immer neue KI-Funktionen einzubauen. Besonders spannend wird es, wenn Sie den Workflow mehrerer Adobe-Programme für sich nutzen.

Kosten

Als Teil der Adobe Creative Cloud sind Premiere Pro und After Effects Videowerkzeuge, die viele Kreative im Paket mit anderen Programmen einsetzen. Je nach Tarifmodell erhalten Sie einige Credits als Guthaben für Generierungen.

- ✔ Die Creative Cloud bietet meiner Meinung nach für rund 66,45 Euro pro Monat und regelmäßig 1.000 generativen Credits für Firefly die beste Preis-Leistung für Content Creators, die häufig mit wechselnden Anforderungen konfrontiert sind und neben Bildern und Tönen auch Videos bearbeiten müssen und dabei KI nutzen möchten.

- Studierende und Lehrende erhalten über ihre Bildungseinrichtung häufig kostenfreie Lizenzen oder Vergünstigungen von Adobe. Sonst achten Sie auf Angebote im Web.
- Es gibt eine Einzelversion von Premiere Pro im Abonnement für 38,98 Euro pro Monat beziehungsweise 25,99 Euro im Monat bei einem Jahresabonnement. Darin sind 500 Firefly-Credits enthalten. Die kostenlose Testversion läuft nur sieben Tage.

Avid Media Composer und Pro Tools

Wenn Sie bei einem Fernsehsender oder bei Live-Veranstaltungen arbeiten, werden Sie an Ihrem Arbeitsplatz am ehesten Avid-Technologie begegnen. Auch Ihnen kommt KI zugute.

Bedeutung von Avid für die Branche

Mit Media Composer oder Pro Tools bietet Avid integrierte Lösungen für den gesamten Produktionsworkflow von Medienbetrieben, von der Erstellung über die Verwaltung bis hin zur Verteilung von Medieninhalten über alle Ausspielkanäle:

- In der Filmbranche gilt das amerikanische Unternehmen Avid als Industriestandard. Neun von zehn Oscar-Nominierten aus der Kategorie Bester Film 2023 sind auf Avid geschnitten, und das Unternehmen ist für seine Leistungen obendrein selbst Oscar-prämiert.
- Viele Fernsehsender haben ihren kompletten Workflow auf Avid Software ausgerichtet. Ich habe bei der ARD im Hessischen Rundfunk und im ZDF heute-journal mit Avid-Anwendungen gearbeitet, etwa im Schnitt oder bei der Ablaufplanung.

KI-Funktionen in Avid-Produkten

KI-Technologie läutet besonders für Medienhäuser mit ihren gigantischen Datenbeständen und den vielen Menschen, die damit arbeiten, neue Zeiten ein:

- In vielen Avid-Produkten taucht das Roboter-Symbol für den *Chatbot Ada* auf (nach Ada Lovelace, die Sie aus *Kapitel 1* kennen).
  - Dieser kann spezifische Aufgaben im Programm übernehmen, Hilfestellungen bei der Bedienung geben und sogar beispielsweise lustige Szenen oder bestimmte Personen im vorliegenden Filmmaterial aufspüren.
  - Das ist im schnellen Nachrichtengeschäft ein unglaublicher Zeitgewinn und hilft auch einer Trailerredaktion bei der schnellen Aufbereitung von Materialien.
- *Sprache-zu-Text* (Transkription) ist in Avids Media Composer eine Arbeitserleichterung beim Auffinden von Interviewteilen (*PhraseFind AI*). Die gleiche Funktion wird für Untertitel, aber auch als Export für geschlauchte Fernsehredakteurinnen und Praktikanten verwendet, die keine Interviews mehr abtippen müssen.
- Mit Gesichts- und Bilderkennung oder anderen Faktoren können Sie in der gesamten Mediacentral-Datenbank nach Bildmaterial oder Schriftzügen in Videobildern suchen (*AI-Powered Analytics*). Das verkürzt die Arbeit von Tagen auf Sekunden.

- Passend zu bereits angefangenen redaktionellen Texten werden Bildausschnitte aus Materialien gesucht und angeordnet (*ScriptSync AI*). Manuskripte können von der KI gekürzt oder für andere Ausspielwege zusammengefasst und sogar übersetzt werden.

Verzögerte Verbreitung

- An den Anwendungen hängt in den Medienhäusern ein kompletter Produktstrang mit einer Serverinfrastruktur, die man nicht mal eben austauscht oder aktualisiert. Außerdem werden die neuen Komponenten sehr kostspielig verkauft. Darum ist es möglich, dass nicht alle Funktionen sofort verfügbar oder freigeschaltet sind.
- Der SWR hat zwischen 2020 und 2023 seine Avid-Media-Composer-Systeme durch Adobe-Premiere-Pro-Schnittplätze ersetzt, um Web-Workflows mit neuen Formaten gerecht zu werden. Selbst der Tatort wird inzwischen mit Premiere Pro geschnitten.

Final Cut Pro von Apple

Die große Schwester von iMovie und der Spaßfilm-App Clips ist bei Apple Final Cut Pro. Davon gibt es mehrere Versionen, die sich stark unterscheiden. Bitte nicht verwechseln: Die kostenlose App Final Cut Camera ist kein Schnittprogramm, sondern eine Videokamera-App und macht in Verbindung mit dem iPad-Hauptprogramm mehrere iPhones zur Multicam-Liveproduktionsumgebung. Das können Sie sich hinterher noch mal anschauen.

Projekte vom iPad sind mit der Mac-App kompatibel, aber nicht andersherum.

Final Cut Pro für iPad

Auf dem iPad findet die meiste Innovation statt, und das Produkt ist günstiger. Sie steuern es mit dem Finger oder dem Apple Pencil. Diese KI-Funktionen sind an Bord:

- Die Funktion FAST CUT AUTOMATION beschleunigt zeitaufwendige Schnittarbeiten und kann auch das Format von *Quer-* auf *Hochformat* ändern.
- Die MAGNETISCHE MASKE kann Objekte und Personen vom Hintergrund loslösen und die Effekte ohne aufwendige Verfolgung oder Rotoskopie anwenden. Suchen Sie unter EFFEKTE nach *magnetisch* und fügen Sie mit der Pipette die Bereiche hinzu.
- Bei Tonspuren wird automatisch störender Hintergrundkrach entfernt, um Stimmen besser isolieren zu können. Und Musik loopt die App automatisch, wenn sie länger steht, als der eigentliche Titel läuft. Das spart Zeit bei der Nachbearbeitung.
- Das Programm ist für Inhalte anderer Anbieter vorbereitet, die wie Plug-ins eingebunden werden können. Da bietet es sich an, nach KI Ausschau zu halten.

Final Cut Pro für MacOS

Beim Klassiker am Mac ist die Bedienung weitgehend normal geblieben. Bisher hat Apple das Programm für Desktop-Computer eher unter der Haube mit KI-Technik nachgerüstet und nutzt die in Apple-Prozessoren eingebaute *Neural Engine*. KI-Funktionen fallen erst auf den zweiten Blick auf:

- ✔ Sie können ihre Videos per KI TRANSKRIBIEREN und UNTERTITELN lassen.
- ✔ Die Funktion LICHT UND FARBE VERBESSERN passt Videos automatisch für die Farbkorrektur an, während SLO-MO GLÄTTEN Videoframes überblendet, um die beste Bewegungsqualität zu erzielen.
- ✔ Außerdem verbessern neue Organisationswerkzeuge die Effizienz von Workflows im Postproduktionsprozess. So gibt es zum Beispiel *benutzerdefinierte Namen* für FARBKORREKTUREN und VIDEOEFFEKTE im INSPEKTOR.
- ✔ Nützlich ist die TIMELINE-SUCHE, mit der Sie zu *Clips mit fehlenden Medien* oder *Effekten* auf der Zeitleiste springen oder nach Informationen wie *Szene*, *Kamerawinkel* und mehr suchen können.

Die iPad-Version testen Sie für einen Monat kostenlos. Danach gibt es für 4,99 Euro im Monat beziehungsweise 49 Euro pro Jahr im AppStore das Abo, wenn Ihr iPad schnell und aktuell genug ist (mindestens M1 Chip, ab circa 2021/2022). Final Cut Pro für Mac kostet Sie einmalig 349,99 Euro über den AppStore.

Video AI von Topaz Labs

Als Pendant zur Bildoptimierung Photo AI (*Kapitel 10*) ist Video AI eine professionelle und leistungsstarke KI-gestützte Videobearbeitung für Profi-Creators.

- ✔ Die Software wird von großen Filmstudios und Kreativen genutzt. Sie kann Videos auf 8K-Auflösung *hochskalieren*, *entrauschen*, *schärfen* oder sogar wackelige Aufnahmen stark *stabilisieren*: `https://topazlabs.com/topaz-video-ai`.
- ✔ Sogar *Zeitlupeneffekte* von regulären Videos (bis zu 16-fache Verlangsamung) und die Konvertierung von *Bildwiederholraten* (zum Beispiel von 25 auf 60 Frames pro Sekunde) und *Deinterlacing* (Umwandlung von *Halbbildern* in *Vollbilder*) sind kein Problem.

Topaz Labs nutzt KI-Algorithmen, um diese Verbesserungen automatisch vorzunehmen und kann so auch zur Restaurierung und Verbesserung alter Videoaufnahmen zum Einsatz kommen, die ansonsten nicht mehr zu retten wären.

Sie können VideoAI kostenlos testen und für 299 US-Dollar kaufen. Enthalten sind Updates für ein Jahr. Die bedienfreundliche Software ist als eigenständiges Programm oder als Plugin für Videoschnittsoftware wie After Effects oder DaVinci Resolve zu haben.

Schnell mal mit KI schneiden: Apps für unterwegs

Wenn Sie als Content Creator von unterwegs ein paar schnelle Schnappschüsse aufnehmen und veröffentlichen möchten, benötigen Sie hier keine ausgeklügelten Schnittprogramme, sondern müssen *quick and dirty* arbeiten und am besten direkt in die sozialen Netzwerke exportieren können. Dafür gibt es neben den App-Versionen der Flaggschiffe eine Reihe von Video-Editing-Apps, die Sie auch auf kleinen Bildschirmen nicht verzweifeln lassen:

- ✔ Diese Apps nutzen KI, um den Videobearbeitungsprozess zu vereinfachen.
- ✔ Sie finden diese Apps für Android oder iOS und iPadOS in den jeweiligen AppStores. Von den meisten ist eine kostenlose Version verfügbar, und es gibt außerdem Premiumfunktionen im Abonnement, die nicht immer notwendig sind. Hier sollten Sie aufpassen.
- ✔ PowerDirector und CapCut bieten die umfangreichsten KI-Funktionen für beide Plattformen. Für iOS-Nutzer ist iMovie eine gute kostenlose Option. Die beiden anderen Apps, die ich Ihnen vorstelle, können Sie ausprobieren, um im Trend zu bleiben.

Testen Sie verschiedene Apps, um für Ihre Bedürfnisse die beste zu finden:

PowerDirector von Cyberlink

Eine der leistungsstärksten KI-Video-Apps von Cyberlink bietet:

- ✔ Umfangreiche KI-gestützte Videobearbeitungswerkzeuge
- ✔ Automatische Verbesserung der Videoqualität
- ✔ KI-basierte Bewegungsverfolgung und Greenscreen-Effekte

CapCut

Eine beliebte, in den Grundfunktionen kostenlose App mit KI-Funktionen wie:

- ✔ Automatische Untertitelung und Sprachausgabe
- ✔ KI-gestützte Videoübergänge
- ✔ Intelligente Videoverbesserung

iMovie

Die kostenlose Apple-App iMovie ist kompatibel zu Final Cut Pro und liefert:

- ✔ KI-gestützte Videovorlagen

- Automatische Videoerstellung in hoher Qualität
- Einfache Benutzeroberfläche für Anfänger

Lumafusion

Eine preisgünstige Lösung für den schnellen Videoschnitt zwischendurch:

- Je nach AppStore Kosten von einmalig zwischen 10 und 25 Euro
- Flüssige Multitouch-Bedienung mit dem Finger auf mehreren Videospuren
- Mit KI-Unterstützung Personen in Videos freistellen (AI PERSON KEY) oder Sprachsignale trennen (SPRACHSEPARIERUNG)

InShot

Eine benutzerfreundliche App mit KI-Funktionen wie:

- Einfaches Zuschneiden und Zusammenfügen von Videos
- Viele KI-gestützte Filter und Effekte sowie Meme-Funktion
- Trendige Funktionen mit Tutorials für soziale Netzwerke

Vivid Glam

Trendige Beauty-Cam mit Schnitt- und KI-gestützten Tools:

- Gesichts- und Körperformung sowie Avatare
- Hintergrundentfernung mit einem Klick
- Körpereffekte und Filter wie glatte Haut und weiße Zähne

Beispiele für Filmeffekte mit KI

In vielen Fällen gelingen bessere Ergebnisse, wenn Sie mehrere KI-Werkzeuge nutzen und deren Fähigkeiten miteinander kombinieren: Adobe hat in seiner Creative Cloud viele Programme wie das Videoschnittprogramm Premiere Pro und das Bildbearbeitungswerkzeug Photoshop oder das Zeichenprogramm Illustrator mit der Firefly-KI erweitert. Diese Programme können für sieben Tage kostenfrei getestet werden. Am Beispiel dieser Anwendungen möchte ich Ihnen Ansätze zeigen, wie Sie generative KI in Ihre Filme integrieren können. Auf dieser Basis können Sie sich weitere Tricks erarbeiten.

Bildvorlagen für exakte Endergebnisse

Es ist schon angeklungen, dass Sie Bilder als Vorlage für KI-Filme verwenden können. Manchmal ist es nicht leicht, Vorstellungen in Worte zu fassen.

- ✔ Einen sehr guten Effekt erzielen Sie, wenn Sie zunächst Fotos, Grafiken oder Zeichnungen erstellen oder Bilder aus Stockdatenbanken wählen, die Ihren Vorstellungen entsprechen. Hier können Sie alles anordnen und gestalten.
- ✔ Diese können Sie der KI als Muster übergeben und mit gezielten Prompts anpassen. So entstehen ohne Aufwand wahre Meisterwerke nah an den Vorgaben.

Vom Foto zum Film

Ob für einen Pitch beim Kunden oder für eine Filmszene. Sie bleiben damit besonders nah an Ihren Vorstellungen, wenn Sie diese direkt dem KI-Tool mitteilen. Machen Sie ein Foto oder generieren Sie ein Bild von dem, was Sie verfilmen möchten. Nehmen wir an, es geht um eine Kamerafahrt durch ein Wohnzimmer:

1. Erstellen Sie in einem Bildgenerator wie Stable Diffusion oder Midjourney ein realistisches Bild von einem Wohnzimmer ganz nach Ihren Vorstellungen oder fotografieren Sie den Raum so, wie er im Film zu sehen sein soll. Achten Sie dabei darauf, dass das auch dem Bildformat im späteren Video entspricht: `editorial photography of an average living room, full room view, suburban home, bright crisp light, 35mm dslr, high precision photo --ar 16:9.`
2. Sie können das Bild weiter anpassen oder zum Beispiel mit Photoshop bearbeiten.
3. Animieren Sie das erstellte Bild in Runway mit der IMAGE-TO-VIDEO-Funktion. Das sorgt dafür, dass aus dem Foto oder dem generierten Bild eine Animation mit einer zielgerichteten Bewegung wird. Dafür geben Sie einen Prompt wie diesen ein: `hand-held camera shot walking through an average living room, 35mm style.`
4. Die eigentliche Magie geschieht in diesem Schritt: Sie verwenden hierbei das soeben generierte Video noch einmal in Runway mit USE > VIDEO-ZU-VIDEO und einem Prompt, der Anpassungen vornimmt: `hand-held camera shot walking through a modern-styled living room, deep brown wood with gold accents, immaculate interior design, 35mm style.`

Ihr fertiges Video sollte nun nach einem beeindruckenden Gang durch ein Wohnzimmer im Sonnenlicht aussehen. Mit diesen Schritten kleiden Sie förmlich Ihr generiertes oder fotografiertes Bild in neuem Gewand, die Formen und Positionen der Gegenstände bleiben dabei jedoch an Ort und Stelle (*Abbildung 12.8*). So preisen Sie Neubauten oder vermietete Wohnungen an.

Abbildung 12.8: Bild- und Videoreferenzen geschickt kombiniert: Alles bleibt an Ort und Stelle, der Prompt ändert aber wie gewünscht das Design. (Screenshots: DiffusionBee, RunwayML)

Schlange am Brandenburger Tor

Lassen Sie uns für eine Marketingkampagne eine riesige Schlange zeigen, die sich am Brandenburger Tor windet – als Realaufnahme selbst mit Modellbau zu teuer und in After Effects verhältnismäßig sehr aufwendig. Da hilft die KI:

1. Zeichnen Sie zum Beispiel in Adobe Illustrator (oder meinetwegen in Microsoft Paint) mit dem PINSEL-Werkzeug oder FORMEN Sie eine Skizze Ihrer Vorstellung mit den groben Umrissen. Das kann wirklich auf Kinderniveau sein (*Abbildung 12.9*).
2. Nutzen Sie diese Zeichnung als STIL-REFERENZ in einem Bildgenerator aus *Kapitel 10*, zum Beispiel in Adobe Firefly, um ein fotorealistisches Bild zu generieren: `Brandenburger Tor mit einer riesigen Pythonschlange, die sich vor den Säulen windet.`
3. Achten Sie darauf, dass keine Personen auf dem Pariser Platz zu sehen sind, die sich im Standbild nicht bewegen würden. Wählen Sie einen passenden Entwurf.
4. IMPORTIEREN Sie dieses Bild in einen Videogenerator wie Lumas Dream Machine und lassen Sie sich damit einen Videoclip Ihres Standbildes erzeugen. Verwenden Sie dabei einen Prompt, der die Bewegung im Video und die der Schlange beschreibt, wie: `cinematic slow zoom of massive snake coiling at Brandenburg Gate.`
5. Am Ende windet sich im Film eine Schlange, die ich nie so gut gezeichnet hätte.

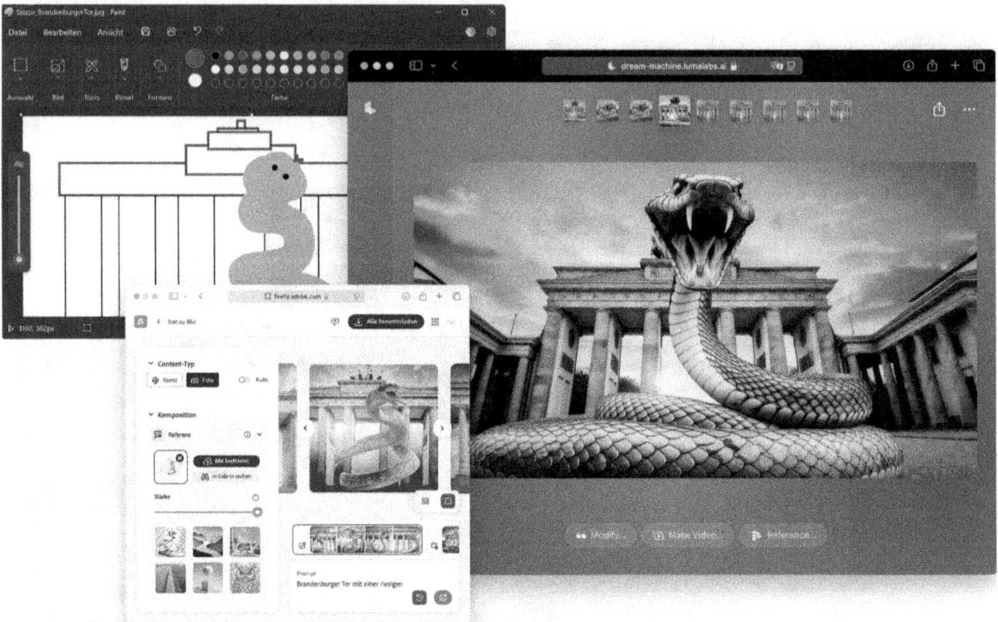

Abbildung 12.9: Mit einer einfachen Skizze *oder einer Kinderzeichnung* als Referenz entsteht ein beeindruckendes Video. (Screenshots: Microsoft Paint, Adobe Firefly, Luma Dream Machine)

Dialog vor Pyramiden

Eine andere Herangehensweise ist es, Standbilder und Videobilder zu mischen.

- ✔ Dieses Prinzip wird im Kino und Fernsehen schon sehr lange genutzt. Frühe Filme verwendeten Bilder und Kulissen, dabei kamen Projektoren, Spiegel und Mehrfach-belichtungen zum Einsatz. Später erledigte das Videotechnik wie der Greenscreen.
- ✔ So hat ein befreundeter Cutter beispielsweise vor Jahren für eine Terra-X-Dokumentation im ZDF ein Postkartenfoto ägyptischer Pyramiden verwendet, um den Hintergrund einer Rückblendenszene zu illustrieren. Im Vordergrund arbeiteten die Schauspielenden im Feld am Mainzer Lerchenberg, was er geschickt vermischte.
- ✔ Mit generativer KI müssen Sie nicht lange nach der passenden Postkarte suchen und können es mit geschickt eingestreuten Animationen sogar auf die Spitze treiben.

So kombinieren Sie Stand- und Videobilder:

Angenommen, Sie möchten eine Szene bei den Pyramiden von Gizeh spielen lassen, haben aber kein Produktionsbudget für eine Flugreise nach Kairo:

1. Filmen Sie Ihre Szene in passenden Kostümen auf einem Stoppelacker, Sandhügel oder an einem Sandkasten und achten Sie darauf, dass die Handlung ihrer Schauspielenden im Sand bleiben und der Bildausschnitt im Hintergrund noch Raum lässt.
2. Bearbeiten Sie die Szene zum Beispiel in Adobe Premiere Pro und EXPORTIEREN Sie ein *Standbild* Ihres Films über das FOTOKAMERA-Symbol an der Timeline.

3. Bearbeiten Sie das Standbild in Adobe Photoshop mit generativer KI: Markieren Sie die Stellen, an denen die `Pyramiden` zu sehen sein sollen und fügen Sie diese über die Funktion GENERATIVES FÜLLEN ein, die Sie aus *Kapitel 10* kennen.
   - Sie können sich so richtig austoben, bis Sie zufrieden mit Ihrem Bild sind.
   - Alle Übergänge zwischen realen und generierten Bildteilen können Sie mit dem WISCHFINGER oder dem WEICHZEICHNER-Werkzeug VERWISCHEN.
4. SPEICHERN Sie das Bild für später ab.
5. Für ein wenig Leben im Bild fügen Sie mit GENERATIVES FÜLLEN eine `Kamel-Karawane` ein. Schneiden Sie den Teil aus und exportieren Sie ihn.
6. Lassen Sie sich von einem Bild-zu-Video-Generator wie Kling AI oder Firefly von der Karawane ein Video generieren, in dem die Kamele nahezu auf der Stelle stehen.
7. Zurück in Premiere Pro fügen Sie die generierten Bilder auf separate Videospuren ein und verlängern diese. Wählen Sie für Ihr Hauptvideo auf der obersten Spur die EFFEKTE aus und unter VIDEOEFFEKTE > TRANSFORMIEREN den Effekt ZUSCHNEIDEN und passen Sie die Größe an Ihre Schauspielenden an, indem Sie im Bild den Rahmen entsprechend ziehen, bis die Pyramiden gut ins Bild passen.
8. Das gleiche machen Sie für die Karawane, und dann ist die preiswerte Dialogszene vor ägyptischen Pyramiden schon fertig und realistischer als vor Greenscreen (*Abbildung 12.10*).

Abbildung 12.10: KI spart Reisekosten. (Screenshot: KI-Bild in Adobe Premiere Pro)

Let's dance on Mars: Vortanzen für die Avatare

Geht es Ihnen um eine besondere Körperhaltung oder Bewegung in Ihrem Video, machen Sie der KI diese doch einfach vor (*Abbildung 12.11*). Vielleicht haben Sie einen bestimmten Tanz einstudiert und möchten diesen der KI-Figur beibringen.

1. Nehmen Sie ein Video auf, in dem Sie die Bewegung vorführen. Achten Sie dabei auf eine gute Beleuchtung und möglichst wenig störende Gegenstände im Bild.

2. Verwenden Sie in einem Videogenerator die VIDEO-ZU-VIDEO-Option. Dabei wird das von Ihnen aufgenommene Vorbild als *Referenz* auf das generierte Video übertragen. In Ihrem Prompt geben Sie an, wie das Video ansonsten aussehen soll, beispielsweise wie ein `Roboter`, eine `Comicfigur` oder ein `Astronaut` auf dem Mars.

3. Mit etwas Übung und Experimentieren können Sie die Ergebnisse optimieren und ansprechende Videos erstellen – wie in *Motion-Capture*-Anzügen in Hollywood.

Abbildung 12.11: Ein wenig vor der Smartphonekamera mit Helm hinterm Haus herumspringen. Die KI macht daraus einen Astronauten auf dem Mars. (Screenshots: `x.com`, @mrjonfinger)

Nicht alle Choreographien sind frei von Rechten: Bestimmte Jubelbewegungen oder Tanzschritte können urheberrechtlich geschützt sein (siehe *Teil V*).

Digitale Avatare und Video-Creator-Tools

Eine neue Generation von KI-Video-Tools revolutioniert die digitale Content-Erstellung und ermöglicht es Unternehmen und Kreativen, professionelle Videos und interaktive Inhalte ohne eigene Software oder technisches Fachwissen zu erstellen. Während sich hier beispielsweise Synthesia und HeyGen auf die Erstellung von Videos für Präsentationen mit KI-generierten Avataren und natürlich klingenden Stimmen in über 140 Sprachen spezialisieren, demonstriert ImmersityAI die mühelose Umwandlung von 2D-Inhalten in 3D-Erlebnisse. Diese Werkzeuge sollten Sie einmal ausprobieren.

Synthesia

Synthesia (`https://synthesia.io`) ist ein viel gelobter Videoassistent. Perfekt für Firmen, die schnell hochwertige Videoinhalte erstellen möchten. Damit erstellen Sie in wenigen Minuten Präsentationen mit KI-Avataren und VoiceOvers in mehr als 140 Sprachen.

Ein Avatar-Video erstellen

1. Verfassen Sie ein *Skript* oder lassen Sie sich mit Prompts unter die Arme greifen. Sie können auch Dateien als Vorlage hochladen.
2. Anschließend passen Sie das Video Ihren Vorstellungen an, wählen den KI-Avatar, ändern die Farbe oder Schriftarten und Layouts.
3. Sie können das Video teilen und Feedback einholen oder es als mp4-Datei laden.
4. Bei Bedarf erhalten Sie auch einen Link oder einen Einbettungscode, um es direkt in einen Newsletter oder eine Webseite zu integrieren.

36 Minuten Video pro Jahr sind im Gratistarif inklusive. Danach kostet Synthesia im günstigsten Paket 26 Euro pro Monat, bei jährlicher Vertragsbindung sogar nur 16 Euro. Damit erstellen Sie rund zehn Minuten Video pro Monat. 30 Minuten bietet der Dienst für 79 Euro im Monat beziehungsweise 58 Euro im Monat im Jahresvertrag.

HeyGen

Das Avatar-Angebot von HeyGen (`https://heygen.com`) ist praktisch *Deepfake als Service* – aber natürlich im positivsten Sinne, zum Beispiel für Erklärfilme oder Podcasts. Wo sich andere aus Sicherheitsgründen zurückhalten, füllt HeyGen die Nische auf:

- ✔ HeyGen ist ein erstaunliches KI-Videowerkzeug, um Präsentationen und Videobotschaften mit einer künstlichen Person zu verkörpern (*Abbildung 12.12*).
- ✔ Mit HeyGen können Sie Videos in verschiedene Sprachen übersetzen lassen, Deutsch ist dabei. Der gesprochene Text lässt sich damit samt Lippenbewegungen in ein neues Video übertragen. Stimmenfunktion kennen Sie aus *Kapitel 11*.
- ✔ In einer anderen Produktvariante agiert der Avatar über die API wie ein Chatbot.

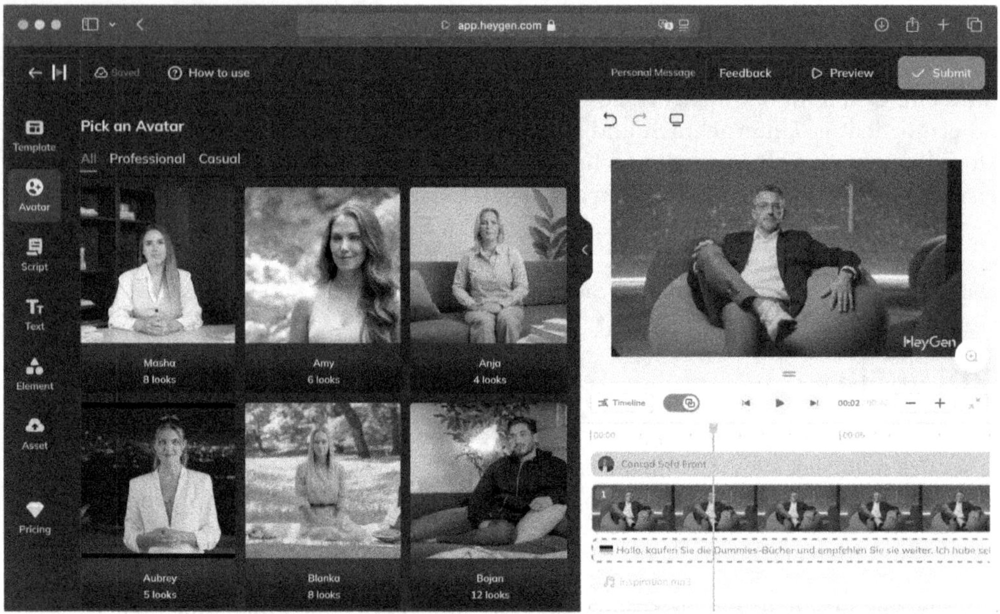

Abbildung 12.12: Bei HeyGen klicken Sie sich Ihren KI-Avatar in passender Pose für ein Präsentations-Video mit deutscher Stimme und Ihrem Text zusammen. (Screenshot: heygen.com)

Ein Avatar-Video erstellen

In wenigen Schritten und nach einem kurzen Augenblick ist das Video fertig:

1. Tippen Sie auf CREATE VIDEO und wählen Sie ein TEMPLATE, zum Beispiel PERSONAL MESSAGE. Schon sind Sie mittendrin im *Videoeditor*, der sich bedient wie ein Videoschnittprogramm mit Vorschau, Steuerknöpfen sowie Bild- und Textspuren.
2. Klicken Sie sich den Avatar zusammen, den Sie möchten.
   - Realistisch aussehende Avatare können Sie vom *Aussehen* bis zur *Kleidung*, der *Körperhaltung* und zum *Kamerawinkel* konfigurieren.
   - Sie wählen den *Hintergrund* und die *Situation* aus der großen Datenbank aus.
   - Sogar die *Stimme*, *Höhe* und *Sprechgeschwindigkeit* legen Sie separat fest.
   - Mit CREATE AVATAR können Sie auch ihre eigene Person nachbilden lassen.
3. Im Menüpunkt SCRIPT fügen Sie den *Text* ein, den der Avatar sagen soll.
   - Für Erklärvideos kann HeyGen den gesprochenen Text mit der gleichen Stimme in verschiedenen Sprachen einsprechen.
   - Es orientiert sich dabei an Ihrem hochgeladenen Manuskript oder Blogartikel.
4. Darin können Sie dann auch mögliche Einblendungen und den Text für den Avatar festlegen. Die Videoelemente schieben Sie zusammen wie eine Powerpoint-Folie.
5. Über PREVIEW sehen Sie eine Vorschau, SUBMIT startet die Produktion.

Drei Videos pro Monat mit bis zu drei Minuten Länge in 720p-Standard sind nach Anmeldung in der kostenlosen Variante gratis, alles Weitere müssen Sie bezahlen. Zu übersetzende Videos in höherer Qualität von 1080p können mit kostenpflichtigem Konto ab 29 US-Dollar im Monat beziehungsweise 24 US-Dollar bei jährlicher Vorauszahlung bis zu fünf Minuten lang sein. Videos von bis zu einer Stunde in 4K-Qualität und mit mehr Auswahl gibt es im Teamtarif pro Monat für 89 US-Dollar beziehungsweise bei jährlicher Rate für 69 US-Dollar.

Hippo Video: Persönliche Marketing-Ansprache

Ähnlich wie HeyGen ist Hippo Video (`https://hippovideo.io`) ein Angebot, um aus kurzen Prompts ein komplettes Erklärvideo mit menschlich aussehenden Avataren zu erstellen. Der Fokus liegt auf werblichen Botschaften für Marketing, Vertrieb und Verkauf:

- ✔ Neben personalisierten Videobotschaften für Newsletter sind Text-zu-Video-Generierungen und eine API-Schnittstelle verfügbar. Außerdem werden Integrationen in HubSpot, Gong oder Salesloft angeboten.
- ✔ Ein paar KI-Videos sind gratis, für 20 US-Dollar im Monat bei jährlicher Abrechnung beziehungsweise 30 US-Dollar im Monat geht es richtig los. Im Teamspaket für 60 US-Dollar im Monat bei jährlicher Abrechnung beziehungsweise 75 US-Dollar im Monat können Sie aus einem Dokument direkt ein Video erzeugen lassen.

Vidnoz

KI-Avatare und Videos in einer Minute verspricht Vidnoz:

- ✔ Die Plattform (`https://de.vidnoz.com`) wandelt Texte automatisch in professionelle Videos um und ermöglicht Dual-Avatar-Gespräche inklusive Lippensynchronisation und natürlicher Gestik. Sie können dabei aus unfassbar vielen KI-Avataren und realistischen Stimmen wählen und Vorlagen einsetzen.
- ✔ Drei Minuten täglich sind gratis. Bei jährlicher Zahlung geht es mit 19,99 Euro für zehn Minuten Videogenerierung im Monat los. Jede weitere Minute wird mit zwei Euro berechnet. Der Businesstarif ist hier für 56,99 Dollar pro Monat bei jährlicher Zahlung erhältlich und bietet 30 Minuten Videogenerierung monatlich.

Captions.ai: Augen geradeaus und lächeln

Falls Sie keine Avatare für sich sprechen lassen möchten, können Sie als Content Creator Ihre eigene Performance überarbeiten. `captions.ai` ist ein Videostudio und unterstützt Sie bei der Aufnahme und Nachbearbeitung. Das Programm gibt es im Web, auf Smartphones und am Mac, wobei die Desktopvariante ziemlich schlechte Bewertungen hat.

- ✔ Die Augenkorrektur sorgt dafür, dass nicht auffällt, wenn Sie Text neben der Kamera ablesen. Ihr Blick wird von KI so korrigiert, dass Sie geradeaus blicken.
- ✔ Der Schnitt läuft wie von selbst und kann mit Frame-genauen Texteinblendungen ergänzt werden. Vorlagen für Social Media wie TikTok oder YouTube helfen.
- ✔ Eine Liveübersetzung mit lippensynchroner Sprachausgabe rundet das Ganze ab. Sie können den Hintergrund anpassen und rechtefreie Musik über Videos legen.

Immersity: 3D-Blick für die KI

Das ehemalige LeiaPix, jetzt Immersity AI (`https://www.immersity.ai`), verwandelt Bilder und Videos in 3D-Aufnahmen.

- ✔ Mit einer neuralen Tiefenerkennung (*Neural Depth Engine*) analysiert die Software, wo Vordergrund und Hintergrund sich begegnen, und greift dort ein.
- ✔ Das erzeugt erstaunlich realistische Bilder, die mit entsprechenden Plug-ins sogar beweglich werden, oder Sie erstellen gleich ein Video.

Open-Source-Alternative für 3D

Kostenfrei mit Open-Source-Modellen können Sie diese Modelle verwenden:

- ✔ *DepthCrafter* zur Berechnung von zeitlich kohärenten Tiefenkarten aus Videos: `https://github.com/Tencent/DepthCrafter`
- ✔ *Stereovision* für stereoskopische und autostereoskopische Bilder und Videos: `https://github.com/DrMWeigand/ComfyUI-StereoVision`
- ✔ *Depthflow* für beeindruckende Parallax-Animationen in ComfyUI: `https://github.com/akatz-ai/ComfyUI-Depthflow-Nodes`

Colossyan AI

Colossyan (`https://colossyan.com`) bietet Videos mit über 50 KI-Avataren in mehr als 70 Sprachen, ideal für globale Kommunikation ohne technische Vorkenntnisse. Ein Avatar ist gratis zehn gibt es im Jahrespaket für 19 US-Dollar und 120 Minuten Video pro Jahr.

DeepBrain AI

Erzeugen Sie bei DeepBrain (`https://www.deepbrain.io/de`) mit wenigen Stichworten oder Links zu Produkten KI-Präsentationen für Ihre Videos, die nach TikTok-Clips oder Homeshopping-TV aussehen können.

Auf der Suche nach Inspiration? `flim.ai` (das ist kein Buchstabendreher!) nennt sich selbst »iconographische Suche« und ist eine Art Pinterest-Datenbank für Filmschaffende mit KI-Suche. Filme, Serien, Spots und Musikvideos können Sie unfassbar detailliert filtern: Farben, Auflösung, Kameraeinstellung, Körperhaltung … zum Beispiel: `Nerds am Computer`. Danken Sie mir später.

Nachdem Sie so viel über die Videoerstellung mit Künstlicher Intelligenz gelernt haben und sicher bereits einige Erfahrung gesammelt haben, geht es im nächsten Kapitel um die Gestaltungsmöglichkeiten insgesamt. Design und tägliche Arbeit sind mit den richtigen Tools und Kniffen leicht kombiniert. Wieso sollten Sie alles alleine machen müssen?

IN DIESEM KAPITEL

Grafikdesign und visuelle Inhalte

Social-Media- und Blogging-Workflows mit KI

Webseiten und Programme in wenigen Sekunden mit einem Prompt erstellen

KI-Design in Handwerk und Bau

Smarte und zeitsparende Tools

Onlinekurse mit KI-Animationen

Kapitel 13
Design und Content: Gestalten und Arbeiten mit KI

Sie kommen nun bereits mit allen möglichen Mediengattungen zurecht. Und sicherlich haben Sie bereits ein Verständnis für das Zusammenwirken mehrerer generierter Typen entwickelt: Texte und Bilder ergänzen sich, generierte Bilder können zu Videos werden und Videos und Musik gehören schon immer untrennbar zusammen. In diesem Kapitel soll es darum gehen, mit KI-Werkzeugen noch kreativer zu werden. Dafür gibt es viele Ansätze und Definitionen. Von allem soll es ein wenig dazu beitragen, dass Sie ungehindert kreativ sein können, aber Ihre Dinge auch geregelt und fertiggestellt bekommen:

- ✔ Die einen brauchen gute Workflows, um Raum zum Denken zu gewinnen.
- ✔ Andere suchen außergewöhnliche Tools, die multimodal arbeiten, oder Vorlagen und Beispiele, die sie anpassen und ausformulieren können.
- ✔ Auch in Sachen Außenkontakt stellen wir Waffengleichheit her, denn Sie können immer davon ausgehen, dass die andere Seite ebenfalls eine KI-Unterstützung hat, ob Ihr reklamierender Kunde oder Ihre missliebigen Mitbewerberfirmen.
- ✔ Und wenn Sie etwas entwickeln möchten, können die flinken Code-Künstler-KIs Ihnen besonders viel Fleißarbeit abnehmen und den Weg zur IT-Abteilung sparen.

Design oder nicht sein: K(I)reative Multiwerkzeuge

In der Welt des Designs haben sich einige KI-gestützte Werkzeuge als unverzichtbar oder zumindest allgegenwärtig erwiesen. Diese Tools haben das Potenzial, den kreativen Prozess grundlegend zu verändern. Es liegt jedoch an den Designerinnen und Designern, selbst zu entscheiden, ob und wie diese Instrumente in den eigenen Workflow integriert werden können. Im Folgenden stelle ich Ihnen einige der führenden KI-Lösungen vor, die die Szene prägen.

Canva: Marktführer mit dem Designer-Office

In der Design- und Content-Creation-Branche führt kaum ein Weg daran vorbei: Canva ist längst mehr als eine benutzerfreundliche Plattform, mit der man ein paar Social-Media-Bildchen generiert. In seine Visual Suite integriert Canva unter anderem den Bildgenerator `Leonardo.ai` und nennt ihn *Dream Lab*. Mit Zukäufen kennt sich das Unternehmen aus, denn auch die britische Firma Serif mit ihrer Photoshop-Alternative Affinity Photo hat Canva Anfang 2024 vereinnahmt und positioniert sich damit gegen Adobe. Das Konzept des australischen Global Players ist ein All-in-One und soll die erste Anlaufstelle für alles mit Grafik und Design und inzwischen auch generativer KI werden (*Abbildung 13.1*).

Funktionsumfang

Sie finden unzählige Vorlagen für Postings, Flyer, Plakate oder Gruß- und Einladungskarten, die teils wirklich originell sind. Besonders die Social-Media-Vorlagen sind auf die einzelnen Netzwerke zugeschnitten und sehr vielseitig:

- ✔ Für die Illustration und Fotos können Sie ohne mühsames Suchen im Web auf riesige Stock-Image-Datenbanken zugreifen (Pixabay und Pexels gehören ebenfalls Canva). Auch eine große Zahl an Schriftarten steht zur Verfügung.
- ✔ Laut Unternehmen sind es bereits rund zwei Millionen Vorlagen für den Gratistarif und im Tarif Canvas Pro mit Premiuminhalten rund vier Millionen Vorlagen sowie mehr als 127 Millionen Fotos, Videos, Grafiken und Audiodateien. Tendenz stark steigend. Außerdem stellt Canva fünf Gigabyte Cloudspeicher beziehungsweise ein Terabyte für Pro-Nutzende für eigene Kreationen zur Verfügung.

Personalisierung und Workflows

Glücklicherweise wurde die Oberfläche komplett neu überarbeitet, was etwas mehr Übersicht reinbringt: die Werkzeugleiste passt sich dem Kontext an und lenkt nicht mehr vom Geschehen ab.

1. Gleich auf der Startseite werden Sie mit »Was gestaltest du heute?« empfangen.
2. Sie können die Suchmaschine nutzen oder wählen, ob Sie Dokumente, Whiteboards, Präsentationen, Social-Media-Inhalte, Videos, Druckprodukte, Webseiten oder ganz was anderes im Sinn haben.

3. Hinter diesen Kategorien finden Sie dann vorbereitete Entwürfe, die Sie ausfüllen oder per Drag-and-Drop anpassen können.

   - Firmenkunden und Selbstständige hinterlegen eigene Design-Elemente und Vorlagen, um ihr Markenbild zu berücksichtigen (MARKE) und jede bestehende Vorlage mit wenigen Klicks ans Corporate Design anzupassen (MARKENUNTERLAGEN). Canva übernimmt SCHRIFTEN, FARBEN und LOGOS.
   - Damit alle Abteilungen etwas davon haben, gibt es neben Social-Media-Posts und Newsletter für Marketing und Kreativabteilung (KREATIV) auch Vorlagen von Stellenanzeigen und Onboarding-Kursen für die Personalabteilung (HUMAN RESOURCES) sowie Berichte und Präsentationen für den VERTRIEB, die sich aus Salesforce oder anderen Quellen speisen können (AUTOFILL).
   - Für den Einstieg stellt Canva Online-Kurse zur Verfügung (DESIGN SCHOOL).

Generative KI in Canva

Auch das generative Portfolio ist beeindruckend, denn Canva setzt voll auf KI:

✔ Die KI steckt in der VISUAL WORKSUITE genannten Anwendungs- und Vorlagenübersicht, die im Grunde eine Microsoft-Office- und Google-Docs-Konkurrenz darstellt.

✔ Zentral gebündelt sind KI-Tools im MAGIC STUDIO:

- Darin können Sie Bilder und Videos generieren (MAGIC MEDIA), HIGHLIGHTS-Videos schneiden und mit einem Klick sogar bei Videos Hintergründe (BACKGROUND REMOVER) oder störende Hintergrundgeräusche entfernen (ENHANCE VOICE).
- MAGIC GRAB lässt Sie jedes Objekt in einem Bild mit KI-Magie verschieben, neu anordnen und in der Größe verändern.
- Die Funktion BULK CREATE generiert Ihnen Grafiken in verschiedenen Formaten aus einer Vorlage, beispielsweise gleich gestaltete Namensschilder.
- Bei Social-Media-Posts ändern Sie das Format und das Seitenverhältnis mit der Funktion MAGIC SWITCH.

✔ Sie können Texte einfügen, verändern (MAGIC WRITE) oder übersetzen. In der Ansprache wählen Sie zwischen einer persönlichen (PERSONAL TONE OF VOICE) und einer Firmenansprache (BRAND TONE OF VOICE). Hierbei nutzt Canva GPT-4.

✔ Im APPS-Bereich bindet Canva neben Import- und Exportmöglichkeiten wie zu Dropbox oder dem Newsletterversand bei Mailchimp sehr viele externe KI-Tools ein und erleichtert damit den Workflow. Sie können dann etwa Musik für eine Präsentation mit SOUNDRAW generieren, ohne Canva zu verlassen. Das ist das Geld wert, Sie brauchen dort aber einen eigenen Account (*Abbildung 13.1*).

✔ Die Barrierefreiheit einer Kreation können Sie jederzeit mit DATEI > BARRIEREFREIHEIT ÜBERPRÜFEN sicherstellen.

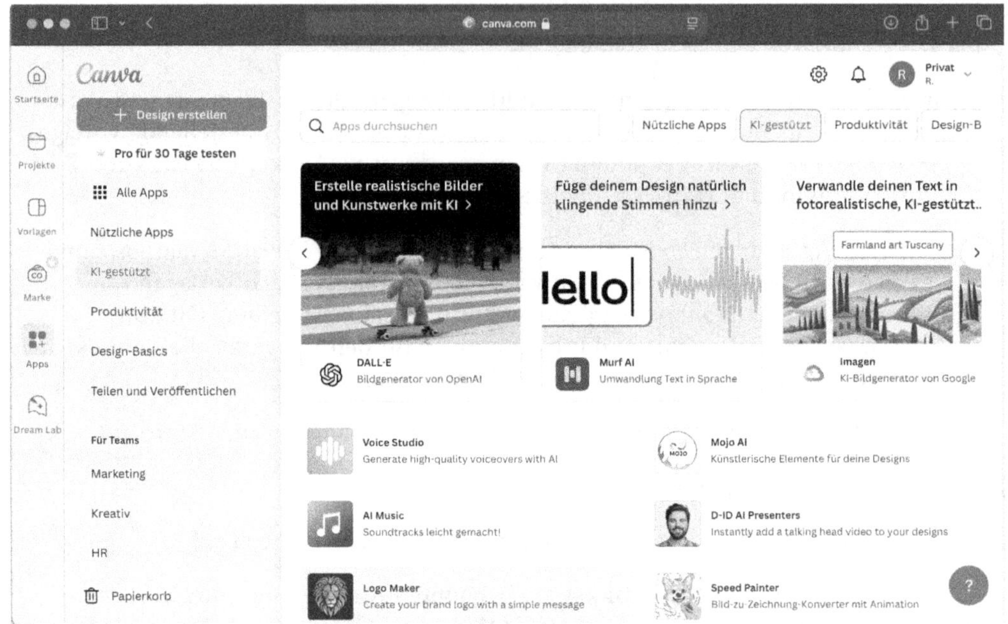

Abbildung 13.1: Multiwerkzeug des Content-Designs: Canva bietet im Abonnement sehr viele Vorlagen, Office-Apps und integriert KI-Drittanbieter. (Screenshot: `canva.com`)

Die Preise sind zuletzt um mehr als das Dreifache gestiegen, allerdings nur für die Teamstarife in mittelgroßen Unternehmen. Das zeigt, wer Zielgruppe ist.

Der Grundumfang ist kostenfrei und der dürfte für viele Nutzende ausreichen. Sobald jedoch generative Leistungen hinzukommen, wird kassiert. Canva Pro bekommen Sie für 110 Euro pro Jahr. Teams ab drei Personen zahlen pro Kopf ab 90 Euro pro Jahr und können gemeinsam an Entwürfen arbeiten. Es gibt aber auch Angebote für Lehrende, Schule und Uni.

Das standardmäßig aktivierte Training stellen Sie unter KONTOEINSTELLUNGEN > DATENSCHUTZ bei *Erlaube die allgemeine Nutzung und verbessere die KI* ab.

Figma: Design für Nicht-Designer

Eine Design-Software für Nicht-Designer möchte Figma (`https://www.figma.com`) bereitstellen (*Abbildung 13.2*). Das Screendesignprogramm FIGMA DESIGN kann mithilfe Künstlicher Intelligenz aus Prompts ganze Layouts oder Screendesign-*User-Interfaces* entwerfen. *UI mit KI* sozusagen. Webseiten, grafische Benutzeroberflächen oder Apps sind damit schnell beschrieben und in Prototypen beziehungsweise *Mock-ups* umgesetzt. Auch das ewige Hin- und Her zwischen Designabteilung und Programmierung soll so vermieten werden, weil die Applikation DEV MODE die Designs direkt in Programmcode übersetzt und so zum Beispiel einem entworfenen Button die notwendigen Funktionszustände zuweist. Die Figma-Anwendungen konkurrieren mit Adobe, nachdem 2023 die Übernahme scheiterte. Außerdem integrieren sich Figma-Tools in Asana, Jira und GitHub.

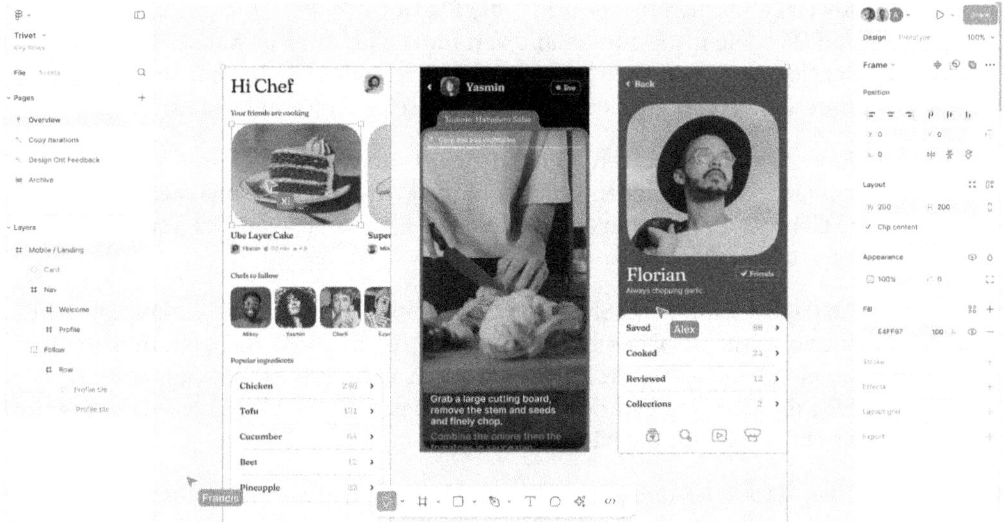

Abbildung 13.2: Teamwork bei Design und Entwicklung von Inhalten (Screenshot: figma.com)

KI-Funktionen in Figma

- ✔ Die KI-Funktionen finden Sie in den Anwendungen am unteren Bildschirmrand der Arbeitsfläche in einer eigenen Symbolleiste mit dem STERN-Symbol.
- ✔ Bei Bedarf übersetzt die KI für Sie die so entstandenen Werke in verschiedene Sprachen und findet sie später dank visueller Suche auch im Portfolio wieder.
- ✔ Auf die gleiche Weise erstellen Sie interaktive Präsentationen (FIGMA SLIDES) oder brainstormen (FIGJAM) im Team mittels Kommentaren, Chats oder Audios.

Kosten und Verfügbarkeit

Die Software gibt es als Webapp oder für Windows, Mac und als Apps für Android, iOS und iPadOS. Eine Basisvariante ist gratis, 15 Euro im Monat kosten die interessanten Features wie Dev-Tools, Teambibliotheken und Versionsverläufe. Für größere Firmen gibt es Varianten ab 45 Euro pro Person. KI-Funktionen wie das Generieren eines ersten Design-Entwurfs in Figma, das Ändern des Schreibstils in Slides und das Zusammenfassen von Notizen in FigJam sind standardmäßig aktiviert, allerdings in den kleineren Tarifen auch das Training mit Nutzungsdaten. Das können Administrierende deaktivieren.

Notion: Wiki und Workspace auf Mate

Ein vielseitiges Workspace-Tool für Notizen, Projektmanagement und Zusammenarbeit ist Notion (`https://notion.so`). Es hilft Content Creators, ihre Inhalte von der Ideenfindung bis zur Publikation zentral zu planen, zu organisieren und zu tracken. Sie sollten es sich unbedingt einmal ansehen! Das Wirtschaftsmagazin Forbes nennt es »eine KI-App für alles«:

- Wie ein Schweizer Taschenmesser bringt die Plattform Wikis, Dokumente, Projekte, Kalender und Webseiten zusammen und verbindet alles mit Künstlicher Intelligenz. Dabei bindet sich Notion in viele Webtools wie Slack oder GitHub ein, und die Projektarbeit funktioniert reibungslos zwischen Webseite, Apps und Cloud.
- Mit Funktionen wie Datenbanken, Kanban-Boards und Vorlagen lassen sich Redaktionspläne erstellen, Content-Ideen verwalten und Workflows automatisieren, wodurch die gesamte Content-Produktion effizienter wird. Es erstellt sogar Diagramme und Auswertungen und stellt sie übersichtlich dar.
- Notion kann dabei Confluence, SharePoint oder Google Drive ersetzen und um viele Funktionen erweitern. Sie haben für sich oder im Team die Möglichkeit, Informationen zu sammeln und strukturiert zu ordnen (KOLLABORATIVER WORKSPACE). Das eignet sich für die Themenplanung mit Erinnerungsfunktion, als Nachschlagewerk für eine Projekt-Doku oder für die nächste Reiseplanung.

Das Besondere ist, dass eine integrierte KI die Fleißarbeit übernimmt und Texte fertig schreibt, übersetzt, zusammenfasst oder umstrukturiert und jederzeit wiederfindet und erläutert. Vielleicht genügt ja die Rechtschreib- und Grammatikprüfung, um ein wenig Ordnung in die Unterlagen zu bekommen.

Starten ist denkbar einfach: Drücken Sie nur die LEERTASTE am Anfang einer neuen Zeile, um die KI-Funktionen zu aktivieren (siehe *Abbildung 13.3*).

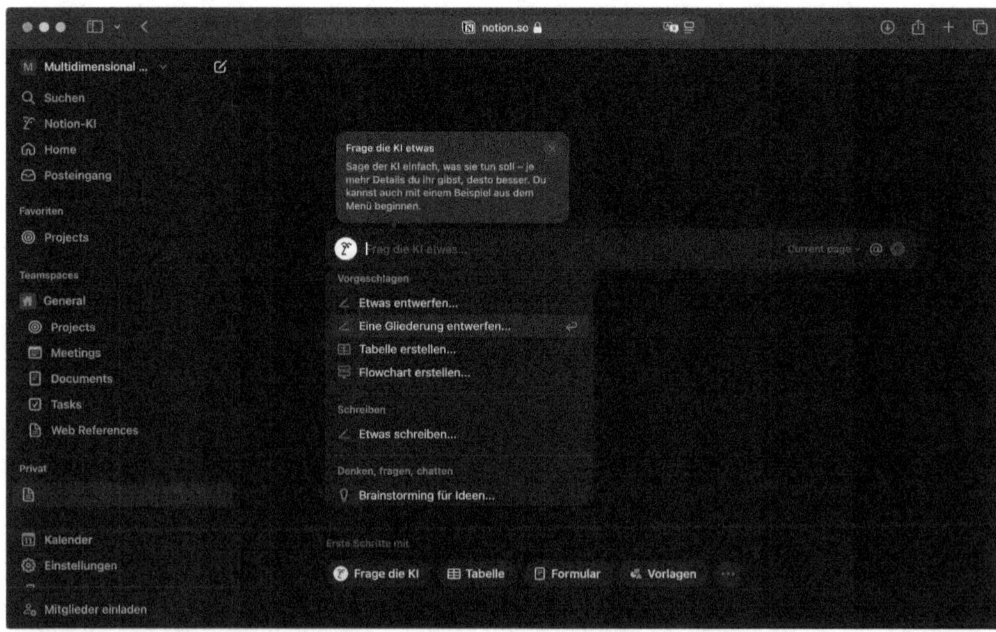

Abbildung 13.3: Leertaste drücken, und die KI macht den Job (Screenshot: `notion.so`)

Es gibt Beschränkungen bei der Gratisnutzung, im Umfang der Seitenblöcke oder dass Sie lediglich bis zu zehn Gäste zur Zusammenarbeit einladen können. Vielen genügt das aber bereits, um mit Notion zu arbeiten. Bis zu 100 Gäste sind im Plus-Abo zugelassen, das pro Kopf 9,50 Euro im Monat kostet.

Adobe GenStudio: Die All-in-One-Plattform

Adobe arbeitet immer mehr an Allround-Lösungen, die nicht nur einen spezifischen Zweck wie die Grafikerstellung, sondern den kompletten Workflow im Blick behalten. Eine solche soll Adobe GenStudio (`https://business.adobe.com/de/products/genstudio.html`) für die gesamte Wertschöpfungskette der Inhalte in der Content Creation darstellen.

Der Name wird wie alle Adobe-Produktnamen englisch ausgesprochen und hat nichts mit Genmanipulation, sondern mit generativer KI zu tun und soll zum Umschlagplatz der Ideen werden: Einmal erstellte markenkonforme KI-Medien sollen hier auf vielen Ebenen geplant, verwaltet und aktiviert werden können. Auch Auswertungen des Erfolgs spielen eine Rolle.

Anwendungszwecke und Funktionen für GenStudio

Das soll regelmäßige Social-Media-Postings, Anzeigenkampagnen, den Newsletterversand und Illustrationen von Webseiten vereinfachen und skalieren. Besonders im Team mit mehreren Veröffentlichenden. GenStudio gleicht Designvorgaben ab und holt Freigaben ein:

- ✔ In GenStudio können Sie die Kampagnenplanung damit beginnen, den Content und die Strategien zu beschreiben und Briefings für alle Beteiligten mit KI zu illustrieren.
- ✔ Im Mittelpunkt steht das Creationtool Adobe Firefly (siehe *Kapitel 10 und 12*), das Sie aus GenStudio heraus einsetzen, um Bilder und Videos zu generieren.
- ✔ Die erstellten Medien sammeln Sie im CONTENT HUB, von wo aus sie über Adobe Express aufbereitet und mithilfe von Vorlagen für X, Facebook, Instagram oder etwa LinkedIn veröffentlicht werden. Bereits generierte Dateien finden Sie hier wieder.
- ✔ Die Funktion INSIGHTS liefert Performance-Werte wie Klickraten von Werbebildern bei Instagram oder Facebook und greift auf Analytics-Tools von Adobe zurück.

Integration in andere Produkte

In gewohnter Adobe-Manier arbeitet GenStudio mit anderen Produkten des Hauses zusammen und exportiert Dateien in Formate von Drittanbieter-Apps. Gleichzeitig zeigt Adobe einmal mehr ganz deutlich: Wir haben, was andere versuchen, euch zu verkaufen.

Handfestes Design: Autodesk-Software für CAD

Wenn Sie beispielsweise in der Baubranche oder im Industriedesign arbeiten, haben Sie zunächst ganz andere Sorgen als Social Media, aber auch hier erschaffen Sie handfesten Content. Autodesk bietet in seinen verschiedenen marktführenden Software-Produkten eine Reihe von

KI-gestützten Funktionen, die die Arbeit für Architektinnen, Ingenieurinnen und Designern erleichtern.

- ✔ Die KI-Funktionen in Autodesk-Produkten zielen darauf ab, für Sie den Entwurfs- und Fertigungsprozess zu beschleunigen.
- ✔ Die Autodesk AI ist in der Autodesk-Plattform für Konstruktion und Fertigung und in Desktop- und Cloud-Produkten wie AutoCAD, Maya, Fusion und Forma enthalten.
- ✔ Neben einem Chatbot, der Fragen in natürlicher Sprache entgegennimmt, eliminiert die KI hier wahre Zeitfresser. Diese eingesparte Zeit können Sie besser nutzen.

Hier sind einige der am häufigsten verwendeten KI-Funktionen aus den Autodesk-Programmen und wie Sie sie benutzen können:

AutoCAD: Intelligente Blöcke und Markierungen

AutoCAD ist die klassische 2D- und 3D-CAD-Zeichensoftware für technische Zeichnungen und Konstruktionen. Blöcke fassen darin mehrere Elemente wie Linien und Kreise zusammen.

Blöcke automatisch platzieren und ersetzen

Die automatisierte Funktion hilft beim Platzieren oder Ersetzen von Blöcken, etwa wenn Sie einen Grundriss mit Tischen und Stühlen ausschmücken und diese ausrichten möchten.

- ✔ Wenn Sie bereits einen Stuhlblock nah an der Ecke einer Wand platziert haben, erkennt die Blockplatzierungs-Engine dies und wird weitere Blöcke dieser Art ebenfalls in der Nähe ähnlicher Ecken positionieren.
- ✔ Beim Ersetzen der Blockreferenzen werden Skalierungs-, Drehungs- und Attributwerte des ursprünglichen Blocks beibehalten. Das spart Zeit und sorgt für einen konsistenten Aufbau Ihres Projekts.

So gehen Sie dazu vor:

1. Öffnen Sie eine Zeichnung in AutoCAD.
2. Wählen Sie einen oder mehrere Blöcke aus, die Sie ersetzen möchten.
3. Klicken Sie in der Ribbon-Leiste unter Insert auf das Werkzeug Replace.
4. AutoCAD schlägt ähnliche Blöcke aus Ihrer Bibliothek vor.
5. Wählen Sie den gewünschten Ersatzblock aus.

Markierungsfunktion

Eine weitere Möglichkeit, lästige Aufgaben in AutoCAD an KI zu delegieren:

- ✔ Wer von einer Baustelle oder einem Beratungsgespräch zurückkehrt, hat viele Änderungen vorzunehmen. Selbst handschriftliche Zeichnungen in einem Lageplan erkennt die KI und bereitet sie zur Übernahme vor.
- ✔ Statt die Daten händisch zu übertragen, überlagert die Funktion die Zeichnung mit der importierten und übernimmt dabei Anpassungen.

So übernimmt AutoCAD die Fleißarbeit:

1. ÖFFNEN Sie eine Zeichnung in AutoCAD.
2. Klicken Sie in der Ribbon-Leiste unter ZUSAMMENARBEITEN auf MARKIERUNGSIMPORT.
3. Wählen Sie die DATEI (zum Beispiel ein PDF) aus, das die Änderungen enthält.
4. AutoCAD überlagert automatisch die Zeichnungen. Sie können die Platzierung aber auch noch korrigieren.
5. AutoCAD stellt die Anpassungen durch blau gestrichelte Umgrenzungen dar. Überprüfen und bestätigen Sie die vorgeschlagenen Änderungen durch Hineinklicken.

Revit: Generativer Entwurf

Revit ist eine BIM-Software (*Building Information Modeling*) für Berufsgruppen wie Architekten, Bauingenieure und Gebäudetechniker zur Planung und Konstruktion.

Ausgehend von Ihren Entwürfen aus AutoCAD können Sie sich mit Revit Varianten erschaffen lassen. Die KI hält dabei von Ihnen definierte Parameter ein. Das ermöglicht es Ihnen, viele Entwurfsmöglichkeiten in sehr kurzer Zeit zu erkunden. Beispielsweise die Anordnung eines Parkplatzes im Hinblick auf möglichst viele Stellplätze, aber auch auf kurze Wege und sichere Einfahrten. So gehen Sie dazu vor:

1. ÖFFNEN Sie ein Projekt in Revit.
2. Navigieren Sie in der Registerkarte VERWALTEN zum Tool GENERATIVES DESIGN.
3. Definieren Sie Ihre Entwurfsziele und Einschränkungen.
4. Lassen Sie Revit mehrere Entwurfsvarianten generieren.
5. Bewerten und verfeinern Sie die generierten Optionen.

Fusion 360: Generatives Design für Fertigung

Fusion 360 ist eine cloudbasierte All-in-One-Plattform für 3D-Modellierung, die besonders für Produktdesign und -entwicklung geeignet ist. Die Funktion *Generatives Design für*

Fertigung optimiert darin Bauteile für spezifische Fertigungsanforderungen und erzeugt so leichtere, stärkere und fertigungsoptimierte Bauteile. So generieren Sie produktionsreife Entwürfe mit Ihren Anforderungen, Beschränkungen, Materialien und Möglichkeiten:

1. ÖFFNEN Sie Ihr Modell in Fusion 360.
2. Navigieren Sie zum GENERATIVES DESIGN-Workspace.
3. Definieren Sie Eigenschaften, Materialien und Fertigungsmethoden.
4. Lassen Sie Fusion 360 Hunderte optimierte Designvorschläge generieren.
5. Wählen Sie die beste Option aus und verfeinern Sie sie weiter.

Dies sind nur einige der zahlreichen KI-Funktionen in der Autodesk-Software. Abhängig von der Version Ihrer Anwendungen können Funktionen abweichen. In der **Dokumentation** finden Sie weitere nützliche Erläuterungen und können den KI-Assistenten befragen: `https://www.autodesk.com/de/support`.

Spezialanwendungen für Logos, CI und Bilder

Neben der Logoerstellung bietet Künstliche Intelligenz Ihnen Lösungen für den einheitlichen Look Ihres Unternehmens. Besonders Freelancern und kleinen Betrieben kann das helfen. Entdecken Sie Tools zur Unterstützung bei der Gestaltung Ihrer gesamten Corporate Identity.

LogoAI: Firmenlogo oder Projektzeichen in Sekunden

Wenn Sie ein Logo benötigen, aber gerade keine Agentur beauftragen möchten, lassen Sie das die KI von LogoAI (`https://www.logoai.com`) machen:

1. Wählen Sie *Zweck* und die *Branche* und entscheiden Sie sich für eine *Schriftart.*
2. Schon legt die KI los und entwirft passende Logos, die Sie auf Wunsch in der Vorschau als *Mock-ups* auf Kaffeetassen oder als Leuchtreklame sehen können.
3. Die Entwürfe können Sie auch von Hand anpassen, bis Sie ihren Favoriten haben, der in gängigen Formaten von JPG bis SVG HERUNTERGELADEN werden kann.
4. Da wird LogoAI erst warm: Sie erhalten *Schriftarten, Farben* und *Powerpoint-Vorlagen* und haben bald die komplette *Corporate Identity* zusammen.
5. An gleicher Stelle können Sie *E-Mail-Signaturen* mit Fotos und Logos generieren und, wenn Ihnen kein Name für Ihr Startup einfällt, einen KI-Generator bemühen.

Looka: Corporate Identity und Mock-ups

Eine komplette Corporate Identity (CI) kreiert Looka (`https://looka.com`):

1. Zunächst nennen Sie den Namen Ihres Unternehmens und wählen eine Branche.
2. Dann beschreiben Sie, was die Firma treibt, und treffen eine Design-Vorauswahl.
3. Looka entwirft für Sie auf einen Schlag ein neues Logo, Visitenkarten, Werbemittel, Social-Media-Auftritte und sogar die Dokumentation der CI.

Logos gibt es ab 20 US-Dollar, mehr gibt es im Abo ab 96 US-Dollar pro Jahr.

AI Headshot Generator: Passfotos aus dem Automaten

Sind Ihre Profilfotos bei LinkedIn und WhatsApp auch schon Jahre alt oder mit der Selfiekamera aufgenommen und nicht bewerbungstauglich? Fragt der Webmaster nach Fotos für die Team-Homepage? Lassen Sie sich ohne Fotostudiotermin neue Bilder generieren. Wenn Sie keine Zeit oder Lust haben, selbst das Prompt-Feld anzuwerfen, kommt der AI Headshot Generator (`https://www.themultiverse.ai`) ins Spiel und greift unter die Arme:

1. Sie laden ein Dutzend Bilder hoch, auf denen Sie erkennbar sind.
2. Die KI generiert Ihnen 100 professionelle Profilfotos mit gebügeltem Hemd oder Bluse und perfekter Businessfrisur, Hintergrund, Outfit und sogar Lächeln.
3. Zusätzlich können Sie bis zu 20 Fotos mit detailliertem Outfit entwerfen lassen.

Das kostet Sie 29 US-Dollar ohne Fototermin und ist im Team günstiger.

LTX Studio: Storyboards aus Prompts

Wenn Sie in der Filmbranche arbeiten oder öfter mal eine visuelle Idee pitchen müssen, kommt LTX Studio (`https://ltx.studio`) ins Spiel. Diese Webanwendung generiert Ihnen visuelle Storyboards aus Prompts und Beschreibungen und illustriert Ihre Ideen vorzeigbar für das nächste Meeting oder das Kundengespräch. Ein klein wenig Rechenzeit pro Monat erhalten Sie gratis für persönliche Zwecke, Social Media und Webseiten. Für acht US-Dollar pro Monat können Sie ganz durchstarten.

Mindmaps mit KI-Power

Visualisieren Sie Ideen und Informationen. Das vereinfacht ein Brainstorming und die Projektplanung für Kreative und alle, die etwas organisieren müssen. Wie Chatbots das Markdown-Format einsetzen, wissen Sie aus *Kapitel 9* mit Tabellen. Ebenso vorbereitete `Mindmaps` können Sie bei `https://markmap.js.org` grafisch und interaktiv herunterladen (*Abbildung 13.4*).

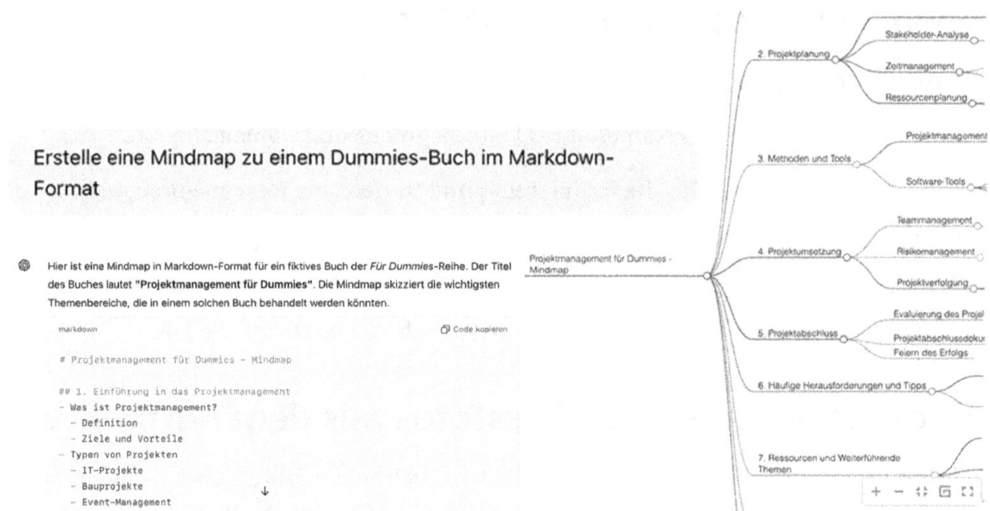

Abbildung 13.4: ChatGPT erstellt auf Wunsch Mindmaps im Markdown-Format, die spezielle Webseiten grafisch übersetzen können. (Collage: ChatGPT / `markmap.js.org`)

Wenn Ihnen der Funktionsumfang nicht reicht, gibt es Fertigprodukte:

- ✔ **Mapify:** Webseiten, Textdokumenten oder YouTube-Videos – alles macht die KI für Sie zu einer Mindmap, die Sie befragen können: `https://mapify.so`.
- ✔ **MindMap AI:** Dieses KI-Tool generiert Mindmaps aus PDF-Dateien oder Videos und existiert als GPT-Variante für ChatGPT: `https://mindmapai.app`.

In Markdown kann KI für Sie eine Vielzahl an formatierten Inhalten erstellen, zum Beispiel Blogbeiträge, Wiki-Dokumentationen oder Artikel.

Weitere nützliche Tools

Diese Tools für Kreativität und Content sollten Sie ebenfalls probieren:

- ✔ **OpusClip:** Langes Video rein, zehn virale Clips raus. Mit KI-Power posten Social-Media-Manager auf soziale Plattformen. Die Gratisversion hat ein Wasserzeichen, mehr Optionen kosten 15 US-Dollar im Monat: `https://opus.pro`.
- ✔ **Gamma:** Eine PowerPoint-Präsentation oder Webseite in weniger als einer Minute – das KI-Präsentationstool Gamma zaubert es aus einem Prompt und macht einen besseren Eindruck als der Copilot von Microsoft: `https://gamma.app`.
- ✔ **GraphicInfo:** Beeindruckende Infografiken und Illustrationen anhand von Dutzenden Vorlagen und mit KI-Unterstützung. Fünf Credits sind gratis, mehr gibt es ab rund zehn US-Dollar pro Monat: `https://graphicinfo.cc`.
- ✔ **Decktopus AI:** Freigabe vom Marketing? Das soll nicht mehr notwendig sein, denn Decktopus kann helfen, Vorlagen und die Unternehmenssprache (*Wording*) in Präsentationen direkt zu integrieren: `https://decktopus.com`.

- **Miro:** Produktplanung im KI-Whiteboard, visuelle Zusammenarbeit und Zusammenfassung von Workshops und Brainstormings, Mindmaps und User Stories: `https://miro.com`.
- **MacBot:** Wenn Sie am Mac häufig zwischen verschiedenen Chatbots wechseln, kombiniert das Tool ChatGPT, Gemini, Poe und Claude in einem Fenster – und das kostenlos: `https://themacbrogroup.gumroad.com/l/macbot`.

E-Learning mit KI (Fortbildungen und Schulungen)

Ist in Ihrem Umfeld auch gefühlt jede zweite Person ein Coach oder behauptet zumindest, es zu sein? Digitale Coachings boomen, und es gibt sie zu vielen Themen.

- Mit der richtigen Zielgruppe und Nische lässt sich durch Onlinekurse viel Geld verdienen, denn wer liest denn heute noch ein Sachbuch (autsch!)?
- Im Unternehmenskontext können Sie Online-Schulungen zur Ausbildung und zum *Mentoring* oder auch zum *Onboarding*, also der Eingliederung von neuen Mitarbeitenden bei der Einstellung oder im Rahmen eines Praktikums, nutzen.

Eigene Online-Kurse anbieten

Mit einem Kurs starten Sie bei Mentortools (`https://mentortools.com`) durch: Sie brauchen nur die richtige Idee, und das Werkzeug bastelt Ihnen dazu einen kompletten Kurs, dessen Struktur und Design sich frei anpassen lassen. Das Hosting der Webseiten, die für Mobilgeräte optimiert sind, übernimmt die Plattform für Sie, und Sie können sogar eine eigene Domain verbinden und Zahlungsanbieter hinterlegen, um damit Geld zu verdienen.

Simpleshow: Content zu Erklärfilm

Komplexe Themen in kurzen, sympathischen Videos mit vereinfachten Zeichnungen zu erklären, die jeder versteht – diese animierten Erklärfilme kennt inzwischen jeder. Ein KI-Generator dafür ist noch relativ selten. Simpleshow (`https://simpleshow.com`) ist ein deutsches Produkt und wurde 2008 von drei Studenten gegründet und kurz nach deren Uniabschluss in Berlin gegründet.

KI-Unterstützung sortiert den Filminhalt

- Die intuitive Benutzeroberfläche von Simpleshow und die KI-Unterstützung, Ein-Klick-Übersetzungen, dynamische Animationen und die Möglichkeit zur Zusammenarbeit erleichtern es auch Neulingen in kurzer Zeit einen Onlinekurs zu erstellen.

✔ Die Erklärmaschine erkennt automatisch die von Ihnen eingegebenen Schlüsselbegriffe und schlägt passende Illustrationen vor. Unter den Referenzkunden sind bekannte deutsche Unternehmen wie Merck, Miele und Siemens, aber auch internationale wie Microsoft oder McDonalds.

Erklärfilm mit Simpleshow erstellen

Mit diesen Schritten können Sie einen KI-gestützten Erklärfilm produzieren:

1. Klicken Sie auf Erstelle ein neues Video.
2. Richten Sie Ihr Projekt mit Text für dein Video schreiben ein, vergeben Sie einen Namen und wählen Sie die Sprache aus.
3. Wählen Sie eine passende Vorlage für Ihr Thema und füllen Sie die vorgegebenen Textfelder aus. Die KI (*Explainer Engine*) identifiziert automatisch Schlüsselbegriffe und schlägt geeignete Illustrationen vor.
4. Passen Sie sie bei Bedarf an und fügen Sie zusätzliche Illustrationen hinzu, indem Sie auf weitere Wörter klicken.
5. Ordnen Sie die Illustrationen durch Ziehen mit der Maus an. Sie können Größe und Ausrichtung der Bilder anpassen und bei Bedarf neue Szenen hinzufügen.
6. Klicken Sie auf Fertigstellen, wählen Sie eine Sprechstimme für die Vertonung aus und passen Sie, wenn gewünscht, die Hand-Animation an.
7. Überprüfen Sie Ihr Video in der Vorschau und klicken Sie dann auf Video fertigstellen und weiter (*Abbildung 13.5*).
8. Wenn Simpleshow Ihr Video verarbeitet hat, können Sie den Link kopieren oder es herunterladen und teilen.

Abbildung 13.5: Erklärfilme mit KI-Animation in wenigen Schritten (Screenshot: `Simpleshow.com`)

Webseiten aus der KI-Manufaktur

Mit Unterstützung von KI-Programmierassistenten können erfahrene Entwicklerinnen und Entwickler in kürzester Zeit Höchstleistungen erbringen.

So verlockend es ist: Das Risiko ist groß, den Überblick zu verlieren oder Fehler gar unbemerkt in den Code einzubauen. Bleiben Sie also wachsam!

Wo früher noch HTML-Bücher gewälzt oder Design-Agenturen bezahlt werden mussten, haben sich Homepage-Baukästen und Webseiten-Vorlagen derart weiterentwickelt, dass man ihnen auf den ersten und zweiten Blick gar nicht ansieht, dass sie eigentlich aus der Retorte kommen und kaum eine Zeile Code programmiert werden musste. Noch individueller und vor allen Dingen schneller geht es mit dem KI-Turbo:

- ✔ In vielen Fällen beschreiben Sie in einem Prompt, was die Internetseite am Ende können oder wie sie aussehen soll. Chatbots generieren direkt den HTML-Code.
- ✔ Wenn Sie überhaupt nicht mehr Dateien anlegen und alles dorthin kopieren möchten, gibt es eigens für diesen Zweck entworfene Werkzeuge.

Bevor Sie KI-generierte Webseiten online schalten, achten Sie auf juristische Voraussetzungen wie Impressum, Datenschutz und Barrierefreiheit (siehe *Kapitel 19*). Daran denken englischsprachige Angebote meist nicht.

AI Website Builder

Der AI Website Builder (`https://codedesign.ai`) macht genau das, was der Name sagt: eine Webseite, ohne dass Sie programmieren müssen.

- ✔ Ein Prompt und die ausgewählte Webseitensprache (Deutsch ist unter anderem dabei) genügen, und schon legt der Assistent mit dem Programmieren los.
- ✔ Das Ergebnis genügt für eine kleine, schnelle Internetpräsenz oder kurzfristig notwendige *Microsites*, also kleinere Unterseiten für Kampagnen und Projekte.
- ✔ Sie können Entwürfe optional mit anderen Werkzeugen nachschärfen und das Ganze an Ort und Stelle oder bei Wordpress und anderswo veröffentlichen.

Erste Versuche sind gratis, für einmal rund 90 Euro starten Sie Ihre Webseite.

10Web AI Website Builder

Möchten Sie, statt einen Prompt einzugeben, lieber ein paar Fragen beantworten, ist der AI Website Builder von 10Web Ihr Werkzeug (`https://10web.io/ai-website-builder/`):

1. Sie erklären zunächst, ob es sich um eine private oder berufliche Internetseite handelt, welcher Kategorie die Seite angehört, zum Beispiel Restaurant, und beschreiben dann die Details und ob Sie bereits eine Domainadresse besitzen.

2. Danach erhalten Sie einen kompletten Seitenbaum mit allen möglichen Unterseiten, die die KI sich für Sie ausgedacht hat.

3. Diese können Sie umsortieren und bei Bedarf einzeln anpassen: Farben, Schriftarten oder beispielsweise Styles wählen Sie noch aus.

4. Den Rest übernimmt dann wirklich die KI, generiert passende Bilder und Texte und sortiert alles ansprechend für Sie.

Bei zehn US-Dollar im Monat auf Jahresbasis geht es los. Dafür kann man's nicht selbst machen. Es gibt Pakete für Geschäft, Handel oder Agenturzwecke.

GPT Engineer

Mit einem einfachen Chat kommen Sie beim GPT Engineer zu einer eigenen Webseite (`https://gptengineer.app`). Dabei können Sie dem Chatbot sogar ein Screenshot als Vorlage mitgeben. Auf der Seite finden Sie eine ganze Reihe von Entwürfen, die andere generiert haben, und können sich inspirieren lassen.

- ✔ Direkt neben dem Chatbereich lässt Sie die KI in einem Vorschaufenster zugucken, wie Ihre Änderungswünsche eingepflegt werden. Bei Bedarf können Sie hier auch in eine Quellcode-Ansicht umschalten, in der Neuerungen hervorgehoben sind.
- ✔ Das Tool genügt für simple Webpräsenzen mit statischen Inhalten. Um Skripte oder weitere Funktionen zu erhalten, müssen Sie eine Supabase-Datenbank anhängen. In der Dokumentation ist beschrieben, wie Sie in diesem Fall vorgehen.

In der kostenfreien Version ist der ganze Chatverlauf inklusive aller persönlicher Informationen öffentlich zugänglich! Teilen Sie also keine Geheimnisse.

Gratis bekommen Sie nur wenige KI-Änderungen. Ab 19 US-Doller im Monat können Sie Projekte täglich mit 100 KI-Bearbeitungen versehen. Für die Veröffentlichung steht die Plattform oder Ihr eigener Server zur Verfügung.

Landingsite.ai

Auf ähnliche Weise funktioniert auch Landingsite (`https://landingsite.ai`): Die Webapp entwickelt selbstständig die Struktur, findet Bilder und die zugehörigen Kurztexte.

Selbstversuch: Tannenbaum in wenigen Sekunden

Mein Versuch mit einem kurzen Prompt läuft erstaunlich gut. Mit der bloßen Idee, einen Last-Minute-Weihnachtsbaumlieferdienst für Heiligabend anzubieten, kann ich auf diese Weise eine professionelle Webseite erstellen (*Abbildung 13.6* zeigt die Editor-Ansicht). Jetzt bräuchte ich nur noch eine Gewerbeanmeldung. Sogar Bilder und eine Übersicht der Preismodelle erfindet die KI automatisch: ein günstiger, ein mittelteurer und ein Premiumtarif werden angeboten. Und auch, wenn die Bilder etwas generisch nach Stockimages aussehen, sind sogar passende Blogartikel, die gut für die Suchmaschinenoptimierung (*SEO*) sind, dabei. An einem Punkt ist die Entwicklung etwas zu übereifrig, denn sie verfasst gleich noch die Testimonial-Bewertungen von zufriedenen Kundinnen und Kunden, die es ja noch nicht gibt. Ein paar Pflichtangaben wie Impressum, Datenschutz und Barrierefreiheit hätte ich auch noch beisteuern müssen. Dennoch könnte ich dieses Angebot praktisch gleich über die Plattform veröffentlichen und wäre – wenn auch mit geringen Ansprüchen – in wenigen Sekunden von meiner Startup-Idee zur fertigen Webseite online.

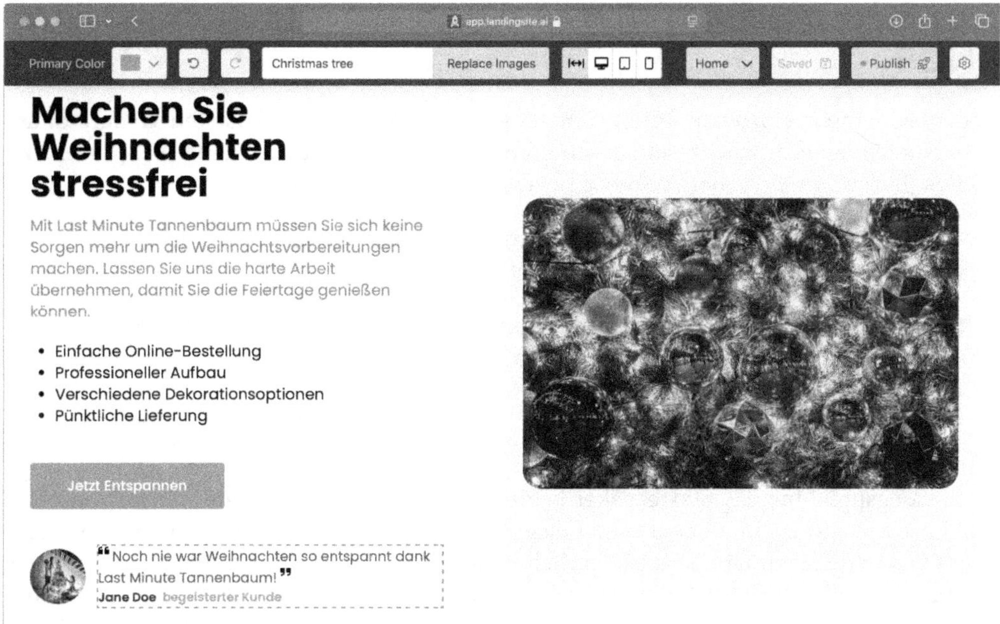

Abbildung 13.6: Webseite in unter zehn Sekunden (Screenshot: `landingsite.ai`)

In drei Schritten eine fertige KI-Webseite erstellen

1. Auf der englischsprachigen Startseite `https://landingsite.ai` scrollen Sie ein wenig herunter und können gleich ohne Anmeldung ihre erste Seite angehen: Bei BUSINESS NAME geben Sie einen Firmen- oder Projektnamen ein, die DESCRIPTION kann in Deutsch oder anderen Sprachen so detailliert wie möglich den Zweck der Seite oder das Aussehen wiedergeben. Wenn Sie mit allen Angaben zufrieden sind, beginnt mit Klick auf CREATE YOUR WEBSITE die Magie.

2. Landingsite schlägt Ihnen mehr oder weniger passende Templates zur Auswahl vor, aus denen Sie ein Aussehen wählen können, anschließend können Sie noch ergänzen, wer die Zielgruppe für Ihre künftige Webpräsenz ist. Die Programmierung läuft. Wenn Sie nicht warten möchten, bis die Seite generiert ist, können Sie sich per E-MAIL benachrichtigen lassen. Es geht in der Regel aber sehr schnell.

3. Sie können mit einem Webeditor FARBEN und SCHRIFTEN anpassen, BILDER einzeln oder komplett austauschen (bei Bedarf suchen Sie neue mit einem Stichwort, die Pro-Bilder sind kostenpflichtig), BILDSCHIRMGRÖßEN und die mobile Ansicht prüfen oder mehrere UNTERSEITEN hinzufügen. Auch die Texte können Sie noch verändern. Am

Ende klicken Sie auf PUBLISH, und die Seite kann online gehen. Beim Zahnrad wird bei Bedarf ein Google-Analytics-Code für Statistiken oder gegen Aufpreis eine eigene Domain hinterlegt.

Eine Webseite pro Monat ist gratis, für weitere Zusatzfunktionen wie eine eigene Domain und eine werbefreie Seite zahlen Sie jeweils 7,23 Euro. Als Agenturen und Dienstleistende können Sie dafür ein eigenes Tarifmodell anfragen und sind wieder im Geschäft.

IONOS

Der deutsche Internetprovider IONOS bietet einen KI-gestützten Webseiten-Generator an, der es Nutzenden ermöglicht, schnell und ohne Vorkenntnisse eine eigene Webpräsenz zu erstellen (`https://www.ionos.de/websites/ki-website-erstellen`).

- ✔ Das Tool umfasst Funktionen wie KI-Textgenerierung, Bildgenerierung, KI-Farbpaletten und sogar eine SEO-Optimierung.
- ✔ Sie können durch Eingabe von Unternehmensnamen, Branche und Stichwörtern mehrere Webseitenvorschläge entwerfen, die Design, Bilder und Texte beinhalten.
- ✔ IONOS hebt sich durch verschiedenste KI-Funktionen in einem Komplettpaket von anderen Anbietern ab und hält sich am ehesten an die DSGVO-Richtlinien.

Der Einstiegspreis für das Starterpaket beginnt nach einer vergünstigten Probephase bei zwölf Euro pro Monat, beinhaltet zehn Gigabyte Webspace, zehn Unterseiten und eine kostenlose Domain für ein Jahr. Das ist verglichen mit regulären Webspace-Paketen auf Dauer recht happig. Sollte die Begrenzung auf zehn Unterseiten im Startertarif für umfangreichere Projekte nicht ausreichen, können Sie auf den nächsthöheren Tarif wechseln.

Domain-Namen finden mit KI

Sie müssen nicht unbedingt dort ihre Domain buchen, können vorab aber sehr gut prüfen, welcher Name passen könnte und welche Domains noch frei sind:

- ✔ IONOS sucht eine passende Adresse für Sie mit dem KI-Domainnamengenerator: `https://www.ionos.de/ki-domain-namen-generator?__lf=Order`.
- ✔ Auch der amerikanische Domainprovider GoDaddy mischt aus einer Beschreibung ein paar passende englischsprachige Begriffe zusammen und sucht eine Adresse: `https://www.godaddy.com/de-de/domains/domain-name-generator/`.
- ✔ Zur Buchung empfehle ich den deutschen Provider Netcup, der als Webhoster des Jahres günstige Domains und Hostingpakete bietet: `http://netcup.de`.

Für Neukunden von NETCUP.DE bringt der Gutscheincode `36nc17313700130` einen Rabatt von fünf Euro auf Hostingpakete. Domains sind ausgenommen. (Ich erhalte eine kleine Provision, hätte Ihnen das aber auch so empfohlen.)

Bloggen mit KI: Wordpress, Joomla und Co.

Wenn Sie bisher bereits Ihre Webseite mit dem System Wordpress gestalten, habe ich eine gute Nachricht für Sie: Sie können damit weitermachen oder sogar *weitermachen lassen.*

- ✔ Nicht nur mit Chatbots lassen sich im Handumdrehen zu jedem Thema Blogartikel verfassen und entsprechende Bilder und Videos mit Bildgeneratoren entwerfen.
- ✔ Jede Menge Plug-ins mit KI-Funktionen sind inzwischen verfügbar und ersparen so das lästige Copy-Paste. Sie ermöglichen es, Texte oder Bilder direkt aus der Wordpress-Menüleiste zu generieren oder zu editieren.

Zahlreiche Designstudios haben bereits ihre Wordpress-Templates mit KI-Funktionen angereichert. Joomla ist in dieser Hinsicht nicht ganz so aktiv, es finden sich aber auch hier Plug-ins. Ein paar Beispiele möchte ich Ihnen nennen.

Wordpress-Templates

Viele Templates wie Design-Vorlagen für Wordpress tragen inzwischen KI-Funktionen bei sich: Textwerkzeuge, Bildgeneratoren und andere Funktionen sind so integriert, dass Sie die Wordpress-Oberfläche zwischendurch gar nicht verlassen müssen. Solche sind die Elementor-Vorlagen, die nach kurzem kostenlosem Ausprobieren mit 48 Euro pro Jahr abgerechnet werden (`https://prompts.elementor.com`), oder Divi von Elegant Themes (`https://www.elegantthemes.com/ai/`), um nur zwei zu nennen. Sie können Texte und Bilder generieren und bis ins Detail anpassen.

Wordpress-Plug-ins

KI-Plug-ins wie AI-Engine (`https://de.wordpress.org/plugins/ai-engine/`) machen es Ihnen leicht, in Wordpress Chatbots zu installieren, Blogtexte und entsprechende Titel zu verfassen oder mit einem KI-Assistenten zu brainstormen. Dafür binden Sie eine der gängigsten APIs von KI-Diensten ein und können gleich loslegen. Das Plug-in ist gratis, ab 59 US-Dollar pro Jahr erweitern Sie es um interaktive KI-Formulare, lassen den Chatbot ihre Inhalte verstehen und können unter anderem auch Statistiken auswerten.

Joomla-Erweiterungen

Extentions für Joomla wie beispielsweise den AI Content Rewriter können Sie einsetzen, um mit ChatGPT Ihre Webseitentexte aufzufrischen. Auch hier ist ein bezahltes Konto mit API-Zugang notwendig, das Sie bei der Einrichtung hinterlegen. Diese Erweiterung bringt ein deutsches Sprachpaket mit: `https://extensions.joomla.org/extension/authoring-a-content/content-construction/ai-content-rewriter/`.

Eigener Chatbot, maßgeschneidert

Sicher sind Ihnen schon Chat-Knöpfe auf Internetseiten aufgefallen. Schwierig zu beurteilen, mit wem man gerade chattet. Meist wird es KI sein. Chatbots können integriert werden, um Kundenkommunikation zu automatisieren und Mitarbeitende zu entlasten. Vorteil: Sie müssen Ihr Team nicht erweitern.

- ✔ Mit einem Chatbot auf der Webseite von Content Creators verbessert sich die Nutzererfahrung. Er beantwortet rund um die Uhr Fragen, empfiehlt Inhalte, personalisiert Vorschläge und leitet die Kundschaft gezielt zu Aktionen.
- ✔ Chatbots sparen Ihnen Zeit, vereinbaren Termine in Ihrer Abwesenheit und sind in allen Zeitzonen und vielen Sprachen für Kundenanfragen oder Reklamationen da. Gleichzeitig sammeln sie Feedback und bieten ein interaktives Erlebnis.

Die Zukunft der Webseiten ist die direkte Kontaktaufnahme. Und nicht nur dort: Endlich antwortet jemand über Instagram oder WhatsApp auf Anfragen.

KI-Chatbots verstehen natürliche Sprache und reagieren darauf (*Kapitel 1*). Sie bewältigen komplexe Aufgaben und passen sich Gesprächssituationen an.

Praktisch besteht ein Chatbot aus zwei Elementen: Der für Nutzende sichtbaren Weboberfläche und dem dahinter gelagerten Sprachmodell, das Sie selbst installieren oder über eine API einkaufen (*Kapitel 7*). Wenn Sie sich für eine Open-Source-Lösung entscheiden, haben Sie den Vorteil, dass Sie den Chatbot anpassen und erweitern können, ohne an einen Anbieter gebunden zu sein. Sie haben die volle Kontrolle über die Daten. Und es kostet nichts.

Achtung Kostenfalle: Neben den Kosten für die Chatbot-Dienstleistung zahlen Sie auch die Tokens für das Sprachmodell, das Sie einbinden. Beachten Sie dazu bitte außerdem die juristischen Anforderungen, bevor Sie einen KI-Chatbot veröffentlichen. Mehr dazu finden Sie in den juristischen Kapiteln ab *Teil V*.

Hier ein paar praktische Möglichkeiten, wie Sie einen KI-Chatbot auf einer Webseite für sich oder für Ihr Unternehmen implementieren können:

Chatbot mit Botpress

Botpress (`https://github.com/botpress/botpress`) ist eine Open-Source-Option, die sich gut für die Erstellung von KI-Chatbots eignet und eine visuelle Entwicklungsumgebung bietet. Parallel gibt es eine kommerzielle gehostete Variante, die Sie für den Start ausprobieren können. Sie ist nach eigenen Angaben DSGVO-konform und im kleinsten Tarif kostenfrei.

- ✔ Das Produkt wird von einer aktiven Community entwickelt und durch Plug-ins erweitert. Es gibt Vorlagen und eine intuitive Drag-and-Drop-Oberfläche.
- ✔ Wenn Sie nichts zahlen, erhalten Sie monatlich ein Guthaben von fünf US-Dollar für Sprachmodell-Tokens. Damit kann Ihr Chatbot rund 2.000 Anfragen beantworten.

Chatbot für Ihre Internetseite bauen

1. Definieren Sie, welche Aufgaben der Chatbot übernehmen soll, zum Beispiel Bestellungen entgegennehmen, Fragen zu Produkten beantworten oder Öffnungszeiten bereitstellen. Legen Sie gegebenenfalls Unterlagen bereit, die als Wissensdatenbank über Ihr Unternehmen oder für spezielle Fragen bereitstehen.
2. Entscheiden Sie sich für eine Plattform, auf der der Chatbot laufen soll, wie auf Ihrer Unternehmenswebseite, in sozialen Medien oder in einer speziellen App.
3. REGISTRIEREN Sie sich auf `https://botpress.com` und wählen Sie CREATE BOT und OPEN IN STUDIO.
4. Entscheiden Sie sich für eine VORLAGE, um die Einstellungen zu übernehmen, zum Beispiel für TELCO CUSTOMER SUPPORT und bestätigen Sie mit USE TEMPLATE.
5. Das STUDIO-Fenster sieht kompliziert aus, Sie brauchen aber nur den System-Prompt unter INSTRUCTIONS anzupassen. Das geht auf Deutsch. Damit geben Sie dem Chatbot mit, welche Rolle er ausübt und was er tun und lassen soll. Sie können sich dabei auf Dokumente in der KNOWLEDGE BASE beziehen.
6. Rechts ist bei TEST YOUR BOT ein Chatfenster, mit dem Sie alles testen können.
7. Wenn Sie fertig sind, klicken Sie oben auf PUBLISH und haben bereits ihren ersten Bot veröffentlicht. Sie können ihn über den dort angezeigten LINK AUFRUFEN.
8. Weitere Einstellungen können Sie links mit dem PUZZLETEIL-Symbol unter dem Punkt INTEGRATIONS vornehmen, etwa eine Verbindung zu Instagram. Dort finden Sie Einstellungen zu AGENTS und FLOWS, die den Ablauf eines Gesprächs bestimmen.

Weitere KI-Chatbot-Produkte

- ✔ **Dialogflow ES** (`https://cloud.google.com/dialogflow/es/docs`) ist eine Plattform von Google zur Entwicklung von KI-Konversationsschnittstellen. Sie integrieren damit den Google Assistant in über 30 Sprachen und haben die Möglichkeit, Wissensdatenbanken anzuschließen. Das macht Sie und Ihre Daten allerdings abhängig von Google-Diensten und Sie haben Kosten für das Nutzungsvolumen.
- ✔ **Sendpulse** (`https://sendpulse.com/de/features/chatbot`) beschränkt Sie nicht auf Ihre Webseite, Sie können über WhatsApp, Instagram, Facebook, Telegram oder Viber kontaktiert werden. Über die Spracherkennung von OpenAI können Sie Sprachnachrichten beantworten und über externe Dienstleister Zahlungen entgegennehmen. Allerdings ist die Nutzung kostenpflichtig und die Einrichtung kompliziert. Die Anmeldung erfordert eine Telefonnummer.
- ✔ **Rasa** (`https://rasa.community`) ist eine große Open-Source-Plattform, die volle Kontrolle über Ihre Daten und die Möglichkeit bietet, den Chatbot nach Ihren Bedürfnissen anzupassen. Die Einrichtung erfordert technische Kenntnisse.
- ✔ **`Customers.ai`** (`https://customers.ai/instachamp`), ehemals MobileMonkey, bietet mit InstaChamp ein Werkzeug, mit dem Sie automatisiert Direktnachrichten bei Instagram und Facebook beantworten und auf Erwähnungen und Kommentare reagieren. In eingeschränktem Umfang ist es kostenfrei.

Programmieren mit KI-Unterstützung

Wo wir gerade Programmiererfahrung benötigen, lassen Sie sich doch damit assistieren. KI-Assistenten sind in der Lage, Programme zu schreiben.

Damit werden auch Content Creators unabhängig von der IT-Abteilung und können kleinere Aufgaben oder größere Projekte selbst lösen (lassen).

Programmieren in ChatGPT

ChatGPT (und einige andere Chatbots) besitzt eine Code-Interpreter-Funktion: Sie ist für Plus-Abonnements in den EINSTELLUNGEN unter den BETA FEATURES zu finden und funktioniert sogar über die API. ChatGPT interpretiert und führt den Programmcode aus. In der Antwort unter der gesendeten Nachricht generiert es die Ausgabe des Programms oder Skripts.

- ✔ Damit können Sie beispielsweise Daten analysieren oder Diagramme erstellen.
- ✔ Wenn Sie Python-Code ausführen möchten (siehe *Kapitel 7*), beginnen Sie den Codebereich mit `python` und beenden Sie ihn mit `/python`.
- ✔ Sie können PDF-Dateien hochladen und mittels Texterkennung eine durchsuchbare Version erzeugen lassen.

Es ist möglich, Dateiformate anzupassen und umzuarbeiten. So können Sie beispielsweise MP3-Dateien zu AAC-Dateien konvertieren ohne zwielichtige Onlinetools zu beauftragen.

GitHub

Die Programmierplattform **GitHub** basiert auf *Git* (umgangssprachlich Britisch *Blödmann*), einem von Linux-Erfinder Linus Torvalds initiierten Skript, das die Versionen eines Programmcodes auf einem Server sichert (*Versionierung*) und mit den Beiträgen anderer Programmierender verbindet (*Softwareentwicklung*):

- ✔ Im Mittelpunkt stehen Codeverzeichnisse (*Repositories*) und die Tätigkeiten: Anlegen (*branch*), Verbinden (*merge*) und Abspalten (*fork*) beziehungsweise mittels *pull request* wieder in das Ursprungsprojekt einfügen.
- ✔ Damit man nicht seinen eigenen Server hernehmen muss, liefert `Github.com` (vom englischen *hub* »Knotenpunkt«) den Speicherplatz und gleich noch die zentrale Diskussionsplattform, die besonders für Open-Source-Projekte wichtig ist.
- ✔ Das ist so bequem und wichtig, dass es zum weltgrößten Speicherort und einer Art sozialem Netzwerk für Software mit über 100 Millionen Entwickelnden wurde.

Wie bedeutend das ist, sieht man daran, dass Microsoft die Seite mit der invertierten Katze im Logo 2018 für stolze 7,5 Milliarden US-Dollar kauft.

GitHub Copilot

Auf den Copilot ist GitHub besonders stolz. Der virtuelle Helfer kann Arbeitsaufträge erledigen, nach Fehlern im Programmablauf suchen und Korrekturen vorschlagen. Automatisierte Tests reduzieren die Wartungskosten und verbessern die Lesbarkeit der Codestruktur. Der Assistent in Form eines Chatbots kennt das Projekt und ergänzt Codezeilen.

Microsoft nennt alles *Copilot*: Der *GitHub* Copilot ist nicht mit dem *Microsoft* Copilot in Windows und *Microsoft 365* (*Office*) zu verwechseln. Das eine ist ein Fracht- und das andere der Passagierflug der gleichen Fluggesellschaft.

Funktionen von GitHub Copilot

Sie finden GitHub Copilot auf `https://copilot.github.com` und können ihn dafür nutzen, Ihren Code zu vervollständigen oder mit einem PROMPT neu zu erzeugen, zum Beispiel: `create a new button component.`

Damit erhalten Sie Features, die nur mit großem Budget möglich wären, zum Beispiel Sprachsteuerung in Apps oder Bild- und Videosuche auf Webseiten.

Wobei Ihnen ein Programmierassistent helfen kann:

- ✔ Hinzufügen neuer Programmfunktionen oder neuer Anwendungsfälle
- ✔ Korrektur anhand von Beschreibungen oder Fehlermeldungen (*GitHub-Issues*)
- ✔ Überarbeitung des Programmcodes
- ✔ Aktualisieren der Dokumentation oder Veröffentlichungsinfo (*Release Notes*)
- ✔ Einarbeiten in neuen, bisher ungekannten Code

Sicherheitsscanner für Programmcode

Eine automatische Reparatur, die Funktion AUTOFIX, unterstützt die Entwicklerteams, in ihren Programmen mögliche Sicherheitslücken aufzuspüren und rechtzeitig zu stopfen. Dabei werden auch versehentlich veröffentlichte API-Schlüssel und Zugangsdaten in Programmzeilen aufgespürt, deren Bekanntwerden eklatante Folgen haben kann.

- ✔ Die Funktion soll für Open-Source-Projekte ideal sein, die mit wenig Personal zeitkritische Lücken schließen müssen. Findet der *Code-Scanning-Alert* ein Sicherheitsproblem, klicken Sie auf GENERATE FIX in der REPOSITORY-Ansicht.
- ✔ Copilot Autofix analysiert dann die identifizierte Lücke und liefert Vorschläge für Codeanpassungen. Am Ende kann ein Änderungsantrag (*Pull Request*) gestartet werden, der das Problem behebt. In einer Betaphase haben Testende eine drohende *SQL-Injection* statt in vier Stunden in rund 20 Minuten behoben.

Kritik an GitHub Copilot

Nicht alle Vorschläge des Helferleins sind sauber. Wer sich darauf verlässt, verwässert offensichtlich seinen Code. Immer wieder soll er Codeschnipsel mit Ähnlichkeit zu bestehenden Programmen vorgeschlagen haben, was nachvollziehbar Copyrightfragen aufwirft (siehe *Teil V*).

Kosten für die Copilot-Erweiterung

Copilot ist eine kostenpflichtige Erweiterung. Einzelpersonen können sie für zehn US-Dollar pro Monat, mit Mengenrabatt für 100 Dollar pro Jahr buchen. Einmalig gibt es ihn 30 Tage zu testen, Sie sollten rechtzeitig kündigen. Mitglieder größerer Organisationen, die den Enterprise-Zugang bezahlen, können den Copilot darüber anfordern. Es gibt ein Gratisangebot für Bildungseinrichtungen sowie Personen, die populäre Open-Source-Großprojekte administrieren (`https://education.github.com`).

GitLab Duo

Wie GitHub den Copiloten hat, so hat Konkurrent GitLab die KI-Suite Duo:

- ✔ Das Alternativprodukt namens GitLab funktioniert ähnlich wie GitHub, ist allerdings viel kleiner und bietet, auch im kostenlosen Tarif, unbegrenzte private Repositories. Außerdem hat GitLab wegen Zusatzfunktionen eine sehr aktive Java-Community.
- ✔ Der KI-Assistent GitLab Duo kann Entwickelnden auf einfache Weise Code in 25 Programmiersprachen generieren, die Struktur verbessern (*Refactoring*) und sich erklären lassen. Er analysiert und behebt auch Sicherheitsprobleme.

GitLab Duo kann 60 Tage getestet werden und kostet dann ab 19 US-Dollar.

Atlassian Intelligence in Bitbucket

Als zentraler Informationsspeicher und Teamplattform setzen viele Unternehmen und Arbeitsgruppen Produkte von Atlassian ein. Der dortige Versionskontroll-Codespeicher Bitbucket (`https://bitbucket.org`) verfügt ebenfalls über eine KI, die Atlassian Intelligence (`https://www.atlassian.com/ai`), die zwar weniger beim Programmieren hilft, aber dafür erheblich zur Produktivitätssteigerung beiträgt:

- ✔ Atlassian Intelligence zieht sich durch alle Produkte, darunter auch Rovo (firmenweite Suche über mehrere Plattformen), Jira (Projektmanagement), Confluence (Wissensdatenbank) und Trello (visuelle Aufgabenplanung).
- ✔ Die KI-Werkzeuge sind über Produkte hinweg vernetzt, mit dem STERNCHEN-Symbol gekennzeichnet und bieten Zusammenfassungen, Anfragen und Kundensupport aus einem Guss. So schaffen sie einen Gesamtüberblick in den häufig verzweigten und textlastigen Programmen und machen Informationen auffindbar.

Amazon Web Services

Den meisten ist Amazon nur als Onlinehändler bekannt. Als Hosting-Anbieter für große Datenmengen hat sich der Cloudspeicher von Amazon Web Services (AWS) bewährt. Damit Unternehmensanwendungen nicht in Excel-Tabellen versauern, lässt Amazon Sie mit einem KI-Prompt und einer Low-Code-Umgebung eigene Programme bauen und direkt in dieser Umgebung ausführen (`https://aws.amazon.com/de/appstudio/`).

- ✔ Das soll sich beispielsweise für ein Projektmanagement eignen. Das App Studio verbindet sich dabei zunächst neben den Amazon-Diensten S3, Aurora, Dynamo und so weiter mit Salesforce und per API zu Hunderten externen Angeboten.
- ✔ Anschließend beschreiben Sie in Ihrem Prompt, was die Anwendung können soll und erhalten eine Demoversion, zu der Sie per Drag-and-Drop eine Oberfläche anpassen und mit den Datenquellen verknüpfen. Nach ausgiebiger Prüfung in einer Sandbox können Sie das Projekt in eine Produktionsumgebung veröffentlichen.

Aider

Die Faszination von GitHub Copilot und GitLab Duo oder Bitbucket können Sie auch mit selbst installierten KI-Assistenten erfahren. Dabei bleiben die Daten auf Ihrem eigenen System. Das Befehlszeilenwerkzeug **Aider** (`https://aider.chat`) ist ein quelloffener Programmierassistent, der mit so ziemlich jedem Sprachmodell lokal ausgeführt werden kann.

- ✔ Aider kann im Gegensatz zum GitHub Copilot und jedem KI-Assistenten ein komplettes Projekt oder GitHub-Repository im Blick behalten und Abhängigkeiten in Dateien anpassen und wieder zurückspeichern (*commit*).
- ✔ Dabei beherrscht der Chatbot alle gängigen Programmiersprachen. Das erweitert den Funktionsumfang für Programmierende und ist eine echte kostenlose Alternative. Zum Arbeiten muss ein KI-Sprachmodell eingebunden werden. Am besten funktionieren Claude 3.5 Sonnet oder GPT-4o.

Aider ist kostenlos. Sie installieren es zum Beispiel mit Docker (*Kapitel 7*).

Devika

Devika (`https://github.com/stitionai/devika`) ist in der Lage, funktionierenden Code zu schreiben, um die gestellten Aufgaben umzusetzen. Die Open-Source-Variante des KI-Assistenten Devin (`https://devin.ai`) wird ebenfalls lokal gestartet und arbeitet mit verschiedenen KI-Modelle wie Claude, GPT oder lokalen LLMs über Ollama (*Kapitel 7*):

- ✔ Es unterteilt komplexe Projekte in umsetzbare Schritte, erstellt einen strukturierten Plan, recherchiert relevante Informationen zum Beispiel über DuckDuckGo und stellt anschließend im Browser das fertige Programm dar.
- ✔ Der Ansatz ist reizvoll, leider funktionieren nicht alle Lösungen, die auf den ersten Blick gut passen, so wie erwartet. Aber das kann ja noch werden.

AutoGPT: Unterstützung vom Oktopus

AutoGPT (`https://agpt.co`) hat unter Entwickelnden rasante Beliebtheit entwickelt und Zigtausende Beobachtungssterne auf GitHub empfangen. Damit wurde es wohl die meistbeobachtete Anwendung auf der Plattform. AutoGPT ist der Open-Source-Ansatz eines *generalistischen Agenten.* Das bedeutet, das Programm soll in die Lage kommen, Aktionen im Namen der Benutzenden auszuführen (*Agent*) und autonom Projekte zu bearbeiten. Noch ist das Projekt aber nicht ganz so weit. Bisher kann es einfache Aufgaben lösen:

- ✔ Das Werkzeug konvertieren, beispielsweise YouTube-Transkripte in ausgefeilte LinkedIn-Beiträge mit individuellen Optionen für Stil, Ton und Länge.
- ✔ Oder es sammelt Nachrichtenquellen zusammen und erstellt einen Nachrichtenüberblick am Morgen, den es per Newsletter verschickt.

Nach dem Start als Kommandozeilenprogramm wurde die Oberfläche komplett grafisch umgebaut. Das System bietet einen modularen Aufbau mit Blöcken, die verschiedene Funktionen bereitstellen. Sie können Agenten durch Drag-and-Drop von solchen Funktionsblöcken erstellen wie bei IFTTT (If this, then that, `https://ifttt.com`) für Webanwendungen.

Cursor

```
todo.tsx cpp/ts-example/src/todo.tsx/[@]TodoComponent
import React, { useState } from 'react';

const TodoComponent: React.FC = () => {
    const [todos, setTodos] = useState<string[]>([]);
    const [input, setInput] = useState<string>('');

    return (
        <>
            <button onClick={() => {
                setTodos([...todos, input]);
                setInput('');
            }}> tab
                Add
            </button>
            <input                                  <input
              value={''}                              value={input}
            />                                        onChange={(e) => setInput(e.target.value)}
            <ul />
        </>
    )
}
```

Abbildung 13.7: Magischer Programmierassistent Cursor (Screenshot: `cursor.com`)

Das Internet ist voll von Beispielen, in denen Achtjährige selbstständig einen Chatbot in nur 45 Minuten bauen oder ganze Anwendungen ohne jegliche Programmiererfahrung geschaffen werden. Auch professionelle Programmierende kommen aus dem Lob nicht mehr heraus: Der KI-Codeeditor Cursor (`https://www.cursor.com`) macht Sie außergewöhnlich produktiv, verspricht schon die Webseite.

- ✔ Cursor sieht unscheinbar aus wie ein Texteditor mit Programmierfunktionen (*Abbildung 13.7*). Er greift auf die Codebasis zurück und erkennt Dateien und die Dokumentation. Die Magie geschieht bei der Benutzung: Anpassungen sieht die KI hier förmlich voraus, schlägt Veränderungen im Skript vor und korrigiert sogar Fehler.
- ✔ Im freischwebenden Chatfenster können Sie Code MARKIEREN, die CHAT-Taste drücken und in natürlicher Sprache in gewohnter Chatbot-Manier Aufträge erteilen, die direkt in das bearbeitete Programm oder Skript eingewoben werden. Verschiedene Sprachmodelle von OpenAI oder Claude sind dafür nutzbar.

Es gibt eine Gratisversion zum Herunterladen, im Protarif kostet das Tool 20 US-Dollar pro Monat, zwei Wochen können Sie diesen sogar testen. Und vermutlich genügt das bereits, um mit Ihrem Projekt fertig zu werden.

v0 von Vercel

Mit dem KI-Entwicklungswerkzeug v0 (`http://v0.dev`) erstellen Sie visuelle Konzepte und funktionierende Prototypen wie Benutzeroberflächen:

1. Sie beschreiben mit einem Prompt das gewünschte Aussehen.
2. Laden Sie bei Bedarf einen Entwurf hoch, zum Beispiel Design-Mock-ups.
3. v0 generiert drei verschiedene Varianten, die Sie noch verfeinern können.

Replit Agent

Die Programmierunterstützung durch Replit Agent (`https://replit.com`) sorgt für viel Aufmerksamkeit. In wenigen Minuten erzeugt Replit auf Zuruf Anwendungen und Webapplikationen, die lauffähig sind:

- ✔ Ein Klon des mitreißenden Wortquiz Wordle der New York Times entsteht so in unter drei Minuten mit einer einzigen kurzen Prompt-Anforderung.
- ✔ Der Agent durchläuft mehrere Schritte und korrigiert sich selbst, was zu präziseren Ergebnissen führt. Programmierkenntnisse sind praktisch nicht notwendig.

Der Start mit drei Projekten ist kostenfrei, für zehn US-Dollar pro Monat auf Jahresbasis erhalten Sie unbegrenzten KI-Chat und vielseitige Sprachmodelle.

LlamaCoder

Der LlamaCoder (`https://llamacoder.together.ai`) von Together AI kann komplette Apps mit Unterstützung der großen Llama-Modelle von Meta oder Googles Gemma erstellen. Dass dieses Open-Source ist, macht die Sache besonders interessant. Schon in den ersten Wochen werden auf diesem Weg Hunderttausende Apps generiert, und die App steigt auf GitHub zum Star auf. Vielleicht entsteht Ihre nächste Webanwendung wie ein Taschenrechner, ein Onlinequiz oder eine Kundendienstlösung ja auch aus einem Prompt.

Websim AI

Ein Tool, mit dem sich Apps und Webseitenprototypen erstellen lassen, ist Websim (`https://websim.ai`). Hier experimentieren Sie auch mit Webdesign-Ideen. Sie geben einen Prompt ein, und die KI beginnt, es zu bauen. Auf der Startseite sind Dutzende Projekte zu begutachten.

Mit diesen Programmierwerkzeugen haben Sie bereits einen Vorgeschmack erhalten, wie einfach sich Ideen mit Künstlicher Intelligenz umsetzen lassen. Im nächsten Teil geht es darum, die Routinetätigkeiten in Ihrem Alltag zu delegieren und auch genau um solche Agenten, die Ihnen die Arbeit erleichtern sollen. Außerdem schauen wir uns an, welche KI-Funktionen bereits in bestehenden Anwendungen integriert sind, die Sie täglich nutzen.

Teil IV
Arbeitsalltag mit KI: Innerhalb bestehender Anwendungen

IN DIESEM TEIL …

- Entspannter arbeiten mit KI-Assistenten und Agenten an Ihrer Seite
- Effektiver im Internet recherchieren mit neuartigen KI-Suchmaschinen
- Erfolgsgeschichten vom KI-Einsatz
- Barrierefreiheit als Segen für ein ordentliches und für alle erreichbares Internet

IN DIESEM KAPITEL

Den Überblick und Fokus behalten trotz hoher Arbeitsbelastung

Erkenntnisgewinn dank KI-Tools

Routinetätigkeiten an die KI outsourcen

Kapitel 14 Workflows optimieren und automatisieren

Wenn Sie Content fürs Web oder andere Publikationen erstellen, wissen Sie, dass häufig gar nicht der kreative Prozess die meiste Arbeit macht.

- ✔ Tatsächlich sind viele Routinetätigkeiten die wahren Zeitfresser: Konferenzen und Absprachen mit der Kollegenschaft und Vorgesetzen, Planungen und Konzeptionen. Was posten wir heute? Für welche Zielgruppe ist das geeignet? Wie schaffen wir gute Interaktion? Und manchmal auch Nachfragen.
- ✔ Ist eine Idee einmal geboren und ausgearbeitet, müssen Entwürfe in verschiedene Formate auf unterschiedliche Plattformen gebracht werden. Betitelung, Hashtags und Beschreibungstexte gehören zu den Aufgaben der Content-Erstellung. Dabei sind Corporate Identities mit Logos, Schriften und Formen einzuhalten.

Klammert man den reinen Schaffensprozess aus, ist an Fleißaufgaben drumherum genug zu tun, das Sie gerne aus der Hand, sprich an die KI, geben.

Inhalte verstehen, zusammenfassen und beantworten

Manchmal muss es schnell gehen, und wir haben nicht so viel Zeit, alle Unterlagen durchzulesen, oder ein zugeschicktes Video bis zum Ende zu schauen. Da wäre es fein, jemanden zu beauftragen, das zusammenzufassen.

Fragen Sie eine Datei

Um den Inhalt einer Datei schnell zu erfassen oder aus einer Reihe von Dokumenten das richtige zu finden, gibt es verschiedene Hilfsmittel. Diese KI-Funktionen ermöglichen es Nutzenden, effizienter mit PDF-Inhalten zu arbeiten, Zeit zu sparen und Informationen gezielter zu erfassen.

Adobe Acrobat PDF

Für PDF-Dateien bietet Adobe in den Desktop-Anwendungen und sogar in den mobilen Apps sowie im Web mit dem *KI-Assistenten* eine Zusammenfassung und weitere nützliche Funktionen an, die von KI begleitet werden.

- ✔ Die generierten Antworten sieht nur die nachfragende Person selbst. Das gilt auch, wenn das Dokument weitergeleitet oder geteilt wird. Chatprotokolle können auch gelöscht und der gesamte Assistent im Zweifel vollständig deaktiviert werden.
- ✔ Adobe wirbt damit, dass diese Funktion in der Wissenschaft und bei der Steuererklärung hilft, was geradezu mutig ist. Ich kann mir vorstellen, welche Ausreden bei der Steuerprüfung über halluzinierende KI-Systeme kommen.

Die Preise für das Zusatzabonnement beginnen bei 5,99 Euro pro Monat. Das geht sogar über die Reader-Anwendung, ist jedoch auch dort kostenpflichtig:

1. Öffnen Sie eine PDF-Datei und wählen Sie im NAVIGATIONSBEREICH an der rechten Seite das Symbol GENERATIVE ZUSAMMENFASSUNG (im eingeklappten Zustand als STERN dargestellt). Alternativ finden Sie die Funktion bei ALLE WERKZEUGE.
2. Wenn Sie Fragen zum Dokument haben, wählen Sie KI-ASSISTENTEN FRAGEN.
3. Der KI-Assistent von Adobe ist in deutscher Sprache verfügbar und sieht nur das Dokument selbst. Es sind also keine externen Quellen wie Internetseiten oder andere Dokumente verfügbar. Er greift für die KI-Funktion auf Microsofts Azure-OpenAI-Dienst zu, die nicht mit Nutzungsdaten trainiert werden soll.

Alternativen

- ✔ Sie können in einem multimodalen Chatbot wie beispielsweise ChatGPT oder Claude ein Dokument hochladen und anschließend Fragen zum Inhalt stellen. Beachten Sie, dass nicht alle Chatbots Dateien wie PDFs direkt verarbeiten können und daher häufig auf eingefügte Textinhalte angewiesen sind, was den Umfang der Eingabe sprengen kann. Außerdem ist Datenschutz hier Thema.
- ✔ Für PDF-Programme wie Foxit PDF Reader (`https://www.foxit.com/de/`) und andere gängige Produkte gibt es Zusatzfunktionen wie Schwärzungen und kostenpflichtige Chatbots, die allerdings auf Clouddienste zugreifen.
- ✔ Nvidias ChatRTX (`https://www.nvidia.com/de-de/ai-on-rtx/chatrtx/`) ist die Vorlage für einen kostenlosen, lokal unter Windows installierbaren Chatbot, der eine Vielzahl gängiger Dateiformate, darunter Text und Bilddateien, unterstützt. Selbst von

YouTube-Links kann das Programm ein Transkript erstellen und sie so ebenfalls durchsuchbar machen. Auf GitHub ist der Programmcode zu finden, um ChatRTX umzubauen und zu erweitern.

Audiozusammenfassungen mit Googles NotebookLM

`NotebookLM (https://notebooklm.google.com)` verbindet die vertraute Idee eines Notizbuchs mit den Fähigkeiten eines Sprachmodells (Das *LM* steht dabei für *Language Model*). Das Ergebnis ist eine Art KI-gestützter Zettelkasten, der Fragen zum Inhalt von Dateien beantwortet:

- ✔ Nachdem Sie Ihre Dokumente wie PDFs hochgeladen oder Google-Docs und YouTube-Videos verknüpft haben, durchsucht die KI sie. Sie können die Quellen lesen, Notizen erstellen und organisieren.
- ✔ Danach können Sie sich auf der Webseite ein Briefing-Dokument und einige andere Zusammenfassungen mit den wichtigsten Informationen aus den Dateien und Links erzeugen lassen und sogar in Sprachform konkrete Nachfragen stellen.
- ✔ Besonders die Audioübersicht (*Audio Overview*) hat für Schlagzeilen und Begeisterung gesorgt (*Abbildung 14.1*). Sie kann Inhalte in KI-generierte podcastähnliche Audiodateien umwandeln. Das funktioniert sogar mit umfangreichen Dokumenten und ist ein faszinierender Ansatz für die Aufbereitung von Daten.
- ✔ Das Tool ist für Einzelpersonen kostenlos, der Plustarif liefert Teamfunktionen.

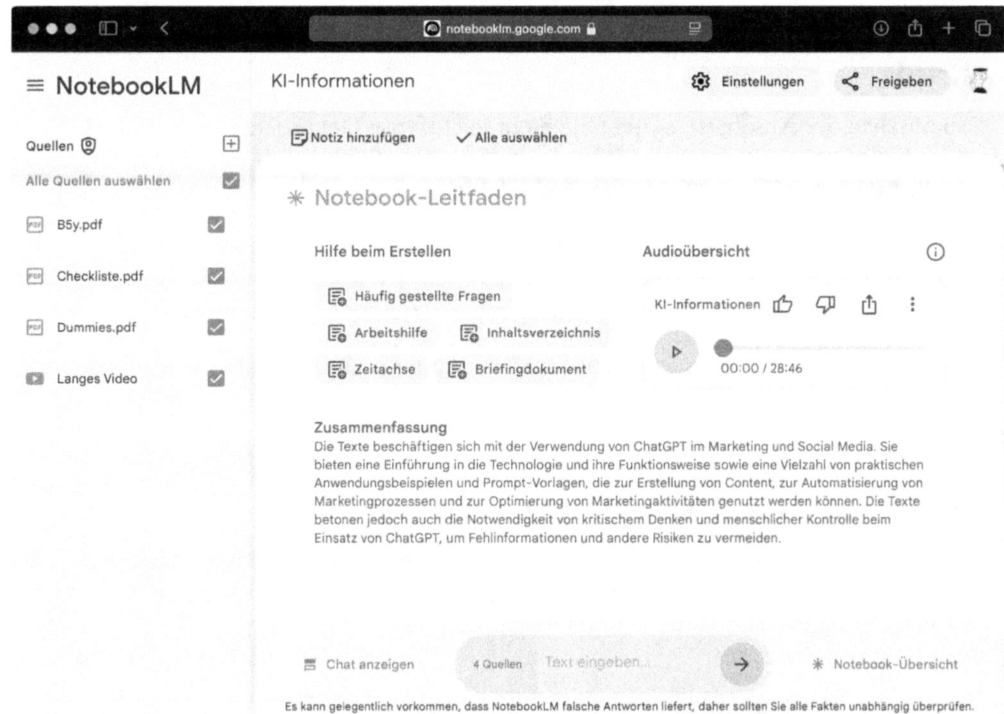

Abbildung 14.1: Daten rein, Audio raus (Screenshot: `notebooklm.google.com`)

Vorteil von NotebookLM

Was Google bescheiden als Notizbuch anbietet, ist in Wirklichkeit ein digitales Medien- und Lernzentrum mit KI-Power und einem gewaltigen Potenzial.

Es soll ja Menschen geben, die auf dem Weg zur Uni, zur Arbeit oder beim Sport noch ein paar Unterlagen durcharbeiten und sich vorbereiten müssen. Das geht mit NotebookLM über die Kopfhörer des Smartphones und ist auch ideal für Menschen, die eher zu den auditiven Lerntypen gehören und sich übers Zuhören besser Dinge merken können. Damit die Sprachausgabe nicht zu monoton abläuft, generiert NotebookLM einen Dialog aus mehreren Sprechenden, beispielsweise einer Frau und einem Mann, die sich über Fakten unterhalten und sie sich erzählen wie in einer Radiosendung. Sogar mit Humor.

Hörzusammenfassung erstellen

So erstellen Sie mit NootebookLM einen KI-Podcast Ihrer PDF-Datei:

1. Für NotebookLM benötigen Sie ein Google-Konto.
2. Gehen Sie zu `https://notebooklm.google.com`.
3. Erstellen Sie ein neues Notebook mit NEU ERSTELLEN.
4. Fügen Sie mindestens eine QUELLE wie beispielsweise eine PDF-DATEI hinzu.
5. Klicken Sie auf NOTIZBUCH-ÜBERSICHT und im LEITFADEN auf die Schaltfläche GENERIEREN, um eine AUDIOÜBERSICHT zu erstellen (zunächst nur auf Englisch).

Kritik

So nützlich der Ansatz ist, sollten Sie nicht leichtfertig Dokumente in die Google Cloud laden. Außerdem ist Ihnen ja noch bewusst, dass KI halluziniert (*Kapitel 1*) und auch bei der Audiozusammenfassung Fehler passieren können.

Google weist ausdrücklich darauf hin, keine Dokumente hochzuladen, die personenbezogen oder vertrauliche Daten wie Namen, Adressen oder Telefonnummern enthalten. Das schränkt den Nutzen schon wieder ein.

Verlassen Sie sich nicht zu sehr auf die Funktionen. Google baut Produkte gerne ohne große Ankündigung um (*Kapitel 6*). NotebookLM dürfte so irgendwann verschwinden oder eine Karriere innerhalb von Docs bevorstehen.

Alternative von Meta: NotebookLlama

Aufgrund des großen Erfolgs hat Konkurrent Meta hektisch einen Nachbau in Auftrag gegeben: NotebookLlama ist Metas Open-Source-Alternative zu Googles NotebookLM. Es ist vollständig lokal ausführbar und kostenfrei.

- ✔ Die Stimmen klingen roboterhafter als bei Google und technisch unausgereift. Primär ist es für englische Inhalte optimiert, deutsche Sprache hat einen Akzent.
- ✔ Es gibt noch keine grafische Benutzeroberfläche, sondern das System wird über die Kommandozeile gesteuert. Sie können NotebookLlama bei GitHub herunterladen: `https://github.com/meta-llama/llama-recipes/tree/main/recipes/quickstart/NotebookLlama`.
- ✔ Das Projekt ist nicht der einzige Imitationsversuch. Es gibt sie bei GitHub und Hugging Face reihenweise, zum Beispiel: `https://pdf-to-podcast.com`.

Summarize.tech fasst Videos zusammen

Bekommen Sie ein Video geschickt und müssen den Inhalt schnell erfassen, kann Ihnen Summarize.tech helfen (`https://www.summarize.tech`): Link zum YouTube-Video reinkopieren, Zusammenfassung rausbekommen. Das Ergebnis präsentiert sich erst spartanisch in englischsprachigem Text mit Timecodes und bei Bedarf noch detaillierter.

Nextcloud: Alle Anwendungen unter dem eigenen Dach

Nextcloud ist eine Plattform, die es Ihnen ermöglicht, Daten sicher unter eigener Kontrolle zu verwalten. DSGVO-konform, KI-unterstützt und gratis.

Wenn Sie bisher Google oder Outlook für Ihren Betrieb benutzen, Dateien bei Dropbox, WeTransfer & Co. hochladen und sich fragen, wo eigentlich Ihre Daten überall gespeichert sind, wäre es an der Zeit, über eine selbstgehostete Lösung nachzudenken. Hier betreiben Sie auch eigene KI-Modelle (*Kapitel 7*).

Eine deutsche Erfolgsgeschichte

Nextcloud ist ein deutsches Open-Source-Erfolgsmodell, das 2016 vom Reutlinger Frank Karlitschek als Abspaltung von OwnCloud gegründet wurde. Das Unternehmen verdient durch Enterprise-Lösungen Geld, während die Software selbst unter freier Lizenz steht. Namhafte Nutzer wie die Deutsche Telekom, das ITZBund der Bundesregierung und die Stadtsparkasse München beweisen die Zuverlässigkeit des Systems. Mit lokalen KI-Funktionen bietet Nextcloud eine sichere Alternative zu den großen Tech-Konzernen.

Funktionsüberblick

Unter dem Namen *Nextcloud Hub* vereint die Plattform vier Schlüsselprodukte: Files, Talk, Groupware und Office. Von Funktionen wie Dateisynchronisation und -freigabe über Kalender, Kontakte, E-Mail, Videokonferenzen bis zur Echtzeit-Dokumentenbearbeitung. Das ist wie Google Workspace oder die Microsoft-365-Webapps Word, Excel und Outlook.

So funktioniert es:

- ✔ Über die Webseite oder mit Programmen ist eine Nextcloud-Installation von allen Betriebssystemen und mobilen Geräten aus erreichbar (*Webdav, Exchange*).
- ✔ Im Mittelpunkt steht die Webanwendung *Nextcloud Server*, die als Image oder mit Docker (*Kapitel 7*) buchstäblich in Sekunden installiert ist. Nach der Einrichtung haben Sie alles, wofür Google oder Microsoft Geld oder Daten wollen.
- ✔ Alternativ gibt es Cloud Hosting von IONOS, PlusServer oder OVH. Von diesen können Sie auch lediglich die KI-Angebote einkaufen.
- ✔ Mit über 200 Apps passen Sie es an Ihre Bedürfnisse an. Und für alle deutschen Mittelständler: Ja, man kann aus Nextcloud heraus auch Faxe verschicken.

Künstliche Intelligenz in Nextcloud: Ganz, wie Sie es wünschen

In die vielen Apps von Nextcloud ist KI integriert. So beispielsweise beim smarten Posteingang, der E-Mails automatisch sortiert, oder bei der Gesichtserkennung der hochgeladenen Fotos oder beim Transkribieren von Telefonprotokollen. Die meisten dieser Funktionen laufen komplett lokal ab. Dabei bevormundet das System Sie nicht. Sie wählen das Sprachmodell selbst.

- ✔ Hervorzuheben ist dabei NEXTCLOUD ASSISTANT:
  - Den KI-Chatbot rufen Sie über ASSISTANT oben auf der Seite auf. In Dokumenten erscheint das STERN-Symbol neben dem Text und bietet Zusammenfassungen und Formulierungen wie Microsoft Copilot (*Kapitel 15*).
  - Er fasst E-Mail-Diskussionen zusammen, kann Erinnerungen an E-Mails anlegen, bietet Vorschläge beim Schreiben und übersetzt Chatnachrichten.
  - Sie können Bilder generieren und direkt in Chats oder Dokumente einfügen.
- ✔ Der KI-Assistent unterstützt mehrere lokale Sprachmodelle oder API-Schnittstellen. Sie priorisieren, in welchen Situationen welches LLM arbeitet.
- ✔ Als Admin installieren Sie unter den KONTOEINSTELLUNGEN > APPS zusätzliche Erweiterungen für Notion, Paperless oder Aleph Alpha. Alle KI-Apps finden Sie unter `https://docs.nextcloud.com/server/28/admin_manual/ai/`.

Paperless-ngx

Wenn Ihr Desktop oder die Eigenen Dateien vor Dokumenten überlaufen, wird es Zeit, die KI zur Ordnung einzuschalten: Das kostenlose Open-Source-Management Paperless-ngx (`https://paperless-ngx.com`) verwaltet Ihre Dokumente. Dateien werden nach Filterregeln von der KI automatisch getaggt und durchsuchbar gemacht. *Paperless* ist dabei ein Versprechen, denn *ohne Papier* zu leben soll damit tatsächlich möglich werden, wenn Sie alle eintreffenden Briefe, Rechnungen und anderen Dokumente einscannen oder abfotografieren.

Einsatz von Paperless-ngx

Bevor Sie fragen: Natürlich gibt es eine Anbindung an Nextcloud. Aber erst können Sie über die intuitive Weboberfläche die KI konfigurieren und nutzen:

1. Paperless ordnet und kategorisiert selbst, zu Anfang schadet Kontrolle aber nicht.
   - Sie aktivieren dazu in den EINSTELLUNGEN die Funktion AUTOMATISCHE DOKUMENTENKLASSIFIZIERUNG
   - Trainieren Sie das System mit einigen Dokumenten, die Sie kategorisieren.
2. Erstellen Sie in den EINSTELLUNGEN bei Bedarf VORLAGEN und definieren Sie REGELN für automatische Zuordnungen, die für neue Dokumente gelten sollen.
3. Zur schnelleren Ablage werfen Sie ihre Dokumente von da an in die Plattform. Sie können sie hochladen oder überwachte Ordner festlegen.
4. Neue Dokumente werden automatisch zugeordnet:
   - Das System erkennt Daten wie Datum, Betrag oder Absender in Rechnungen.
   - INTELLIGENTE TEXTERKENNUNG (OCR) ist standardmäßig aktiviert und extrahiert Text aus gescannten Dokumenten, um sie besser aufzufinden.
5. Die INTELLIGENTE SUCHE findet für Sie Dokumente jederzeit wieder. Dabei können Sie auch nach Inhalten und Metadaten suchen.

Abgrenzung und Download

Achten Sie auf die Variante: Paperless-ngx ist die Weiterentwicklung (*fork*) der Projekte paperless und paperless-ng, *ngx* steht für *next generation extended.*

Paperless-ngx können Sie mit Docker (*Kapitel 7*) installieren. Eine Anleitung und Codebeispiele finden Sie bei GitHub und auf der Internetseite.

Curiosity

Eine zentrale Suche für alles, das möchte die in München entworfene Software Curiosity (`https://curiosity.ai`) sein. Sie integriert sich auf dem Desktop in Mailprogramme, Dateien und Cloud-Dienste, sogar in CRMs und ERP-Software, und liefert im

Unternehmensumfeld mit KI-Unterstützung schnelle Antworten und einen Überblick. Dabei werden Zugriffsrechte gewahrt, und alle sehen nur, was sie sehen sollen. Die Daten sind verschlüsselt und können lokal gespeichert bleiben. Eine Gratisvariante ist verfügbar.

Glean

Glean (`https://www.glean.com`), zu Deutsch *sammeln*, soll eine Art Google für Arbeitswissen sein und innerhalb eines großen Unternehmens Informationen, Dateien und Kontakte auffinden. Zu den Kunden zählen bereits Salesforce, Reddit und Pinterest. Die KI-Suchmaschine von Glean wird OpenAI so gefährlich, dass Sam Altman seine Investoren warnt, dort einzusteigen. Daher sollten Sie das Produkt weiter im Blick behalten.

Produktiv in Kommunikation, Marketing und Vertrieb

Gerade größere Unternehmen stehen vor der Herausforderung, wie Künstliche Intelligenz zu integrieren ist. Unternehmenssoftware, die sich auf Marketing und Kommunikation konzentriert, soll die normalerweise in diesen Abteilungen gebündelten Funktionen mit KI demokratischer bereitstellen.

Jasper.ai

Jasper (`https://www.jasper.ai`) soll ohne großes KI-Wissen von verschiedensten Abteilungen bedient werden. Der Assistent hilft, Inhalte zu formulieren, die dem Unternehmensprofil entsprechen: Blogbeiträge und Artikel, Social-Media-Posts, E-Mail-Texte, Produktbeschreibungen oder Werbetexte. Ein einheitliches Auftreten wird so jeder Abteilung möglich.

- ✔ Mit den KI-Textwerkzeugen soll die Produktivität steigen und Schreibblockaden überwunden werden. Dafür entwickelt der Chatbot auf Nachfrage Ideen, überarbeitet Entwürfe und kann Texte sogar humorvoller gestalten.
- ✔ Wenn es ans Ausarbeiten geht, können Mitarbeitende eintrainiertes Firmenwissen wie Styleguides, Produkt- und Marketingmaterial sowie Hintergrundwissen über Mitbewerbende und Zielgruppen abrufen, um Inhalte zu generieren.
- ✔ Jasper orientiert sich an Vorgaben (Rezepte), wenn Sie einen Blogbeitrag, Social-Media-Post oder Marketingtext entwerfen, und liefert auch vorgefertigte Prompts mit. Anhand von Vorlagen soll jedes Ausgabeformat gelingen.

Obwohl das Tool die deutsche Sprache nicht nativ beherrscht und daher stattdessen auf das Übersetzungstool DeepL (*Kapitel 9*) zurückgreift, kann es dennoch natürliche und gut lesbare Texte erstellen. Die KI kann in Jasper dabei auch Bilder nachbearbeiten, den Hintergrund entfernen oder austauschen und die Bildgröße an das jeweilige Format anpassen. Es gibt außerdem Chrome-Erweiterungen, die den Einsatz von Jasper auch in anderen Webanwendungen ermöglichen. Jasper bietet eine siebentägige Testversion an, bevor es pro Person für 39 Euro im Monat auf jährlicher Basis weitergeht.

Blaze.ai

Wenn Kreativkampagnen und regelmäßige Publikationen zu Ihrem Beruf gehören, brauchen Sie vielleicht ein Veröffentlichungswerkzeug wie Blaze (`https://blaze.ai`), um den gesamten Prozess der Inhaltserstellung zu beschleunigen. Die poppige Aufmachung macht Sie dabei zum Superhelden der 70er-Jahre.

- ✔ Blaze integriert einen Marketing-Planungskalender für die Content-Strategie und Social-Media-Aktivitäten sowie Text- und Bildwerkzeuge und Analysefunktionen, die auch zu Beginn bereits bestehende Kanäle auf Inhalte und Tonalität analysieren und daraus Schlüsse für künftige Postings ziehen können.
- ✔ Vom Instagram-Posting bis zur Produktbeschreibung auf Shopify kann Blaze dazu beitragen, dass alles aus einem Guss und in rund 40 Sprachen übersetzt ist.

Nach einem Probezeitraum von sieben Tagen kostet es ab 22 US-Dollar pro Monat.

Freshworks

Das Software-Unternehmen Freshworks (`http://www.freshworks.com`) ist bekannt für Kundenengagement und IT-Service-Management, nicht zuletzt mit der Support-Oberfläche Freshdesk. Insgesamt liefert es noch eine ganze Reihe anderer Produkte, die das Arbeitsleben erleichtern sollen: Der KI-Chatbot Freddy Copilot steht einerseits Kundinnen und Kunden zum Self Service zur Verfügung. Andererseits entlastet er mit kontextbezogener Unterstützung bei wiederkehrenden Aufgaben im Support, Vertrieb und Marketing.

Airtable

Mit Airtable (`https://www.airtable.com`) schreiben Sie interne Unternehmensanwendungen buchstäblich mit Text. Es ist gleichzeitig eine flexible Datenbank- und Tabellenkalkulationsplattform für das Projektmanagement. Mit Airtable AI können Teams darin Aufgaben wie das Analysieren von Kundenfeedback, das Erstellen von Marketingbriefings, die Kampagnenplanung, das Verfassen von Stellenbeschreibungen oder das Schreiben von Blogbeiträgen automatisieren und beschleunigen.

Feedly AI: Marktanalyse und Informationen

Feedly (`https://feedly.com`) kennen Sie möglicherweise für seinen RSS-Reader. Doch weil RSS leider eingeschlafen ist, hat der bekannte Dienst sich neu erfunden: Sie können Feedly mit Marktanalysen, IT-Sicherheitsanalysen und Presseschauen beauftragen und damit informiert bleiben:

- ✔ Dabei lässt das Unternehmen mehr als 100 verschiedene KI-Systeme auf die Nachrichtenwelt los, zu denen neben der eigentlichen Erkennung von Schlagzeilen, Meldungen und Unternehmensnamen auch Zusammenfassungen, Markteinschätzungen bei Börsenmitteilungen und Übersetzungen zählen.

- ✔ So lässt der Dienst Nachrichten aus der ganzen Welt zusammenlaufen und beispielsweise auf Stichworte ansprechen oder nach Hinweisen auf medizinische Durchbrüche analysieren. Feedly hat mit Leo eine integrierte KI-Logik, die ähnlich wie Google Alerts funktioniert, jedoch mehr Personalisierung bietet.

Sie können Leo trainieren, sich auf Ihre Interessen zu konzentrieren, Irrelevantes zu filtern und Nachrichten und Feeds zu liefern, die Sie benötigen.

Slack von Salesforce

Wenn Ihr Unternehmen oder Ihre Kunden das weit verbreitete Kommunikationstool Slack (`https://slack.com/intl/de-de/`) einsetzen, werden Sie dafür dankbar sein: Slack AI kann Channels und Threads zusammenfassen, um Sie auf den neuesten Stand zu bringen. Wenn Sie etwas verpasst haben oder nicht wiederfinden, stellen Sie Fragen zu Chatverläufen.

- ✔ Die KI erklärt dabei Nutzenden selbst, wie sie bedient wird, und erzeugt Transkripte, Notizen sowie To-Do-Listen aus Huddles, Telefonaten und Videogesprächen. Das geht sogar als Tageszusammenfassung von allen Inhalten.
- ✔ Als kostenpflichtiges Add-on kostet Slack AI zehn US-Dollar pro Nutzer und Monat und integriert die autonomen Agentforce-Produkte des Mutterkonzerns Salesforce. Die KI-Agenten bearbeiten Kundenanfragen oder erstellen Marketingkampagnen. Dabei sind Add-Ons für Adobe, Anthropic, Cohere und Perplexity an Bord.

Zoom

Was viele nur als Videokonferenz-Software kennen, ist zu einer halben Office-Suite namens *Zoom Workplace* mit Kalender und Schreibwerkzeugen gewachsen. Zoom möchte hybrides und mobiles Arbeiten ermöglichen und nimmt es mit Microsoft und Google auf. Der Profiteur der Lockdowns integriert alles in seine Anwendung, was die Arbeitswelt erleichtert. Dazu gehört Zoom AI Companion (`https://www.zoom.com/de/ai-assistant/`), der Inhalte zusammenfasst, Daten analysiert und Inhalte sucht. Dokumente, Tabellen oder Wikis und Whiteboards sollen in der Anwendung bleiben. Die Basisvariante ist kostenfrei, das Abo kostet rund zwölf Euro pro Monat. Unternehmen können den Assistenten mit dem Zoom AI Studio anpassen. OpenAI, Anthropic und Perplexity können dabei ausgewählt werden, und Zoom verbindet sich mit Drittanbietern wie Zendesk, Hubspot oder Glean.

Intercom

AI first, ist die Ansage bei Intercom (`https://www.intercom.com`). Für den Kundenkontakt gibt es einen KI-Agenten, für Servicemitarbeitende einen Copiloten und für das Management die KI-Auswertungen. So weit, so bekannt.

- ✔ Die KI-Kontakte beschränken sich jedoch nicht nur auf die Webseite, sondern auch auf WhatsApp und alles, worüber die Kundinnen und Kunden Sie kontaktieren.
- ✔ Mit Workflows können Sie festlegen, bei welcher Aktion der KI-Chatbot alles selbst regelt und ab wann er einen Menschen hinzuschaltet.

14 Tage können Sie das Produkt testen, bei 29 US-Dollar im Monat geht es los.

Chatwood

Um sich durch Chats, Mails und Social-Media-Kommentare von Kundinnen und Kunden zu hangeln, soll Chatwood (`https://www.chatwoot.com`) behilflich sein. Das Open-Source-Tool, das Sie kostenpflichtig hosten lassen oder selbst über Docker und andere Wege installieren können, ist eine Alternative zu Intercom, Zendesk oder der Salesforce Servicecloud und kann neben der Webanwendung über kostenfreie Apps erreicht werden.

- ✔ Dienste wie E-Mail, Webseiten-Livechats, Facebook, X, WhatsApp oder beispielsweise Instagram sind in einem Dashboard verbunden.
- ✔ Die KI-Funktion hilft im Chatfenster mit Unterstützung von GPT-4o-mini, die richtigen Worte zu finden oder den richtigen Ton zu treffen und wiederkehrende Aufgaben zu automatisieren. Mit an Bord sind auch Auswertungswerkzeuge, um stets Auskunft darüber zu erhalten, wie die eigene Performance so abschneidet.

Shopify

Die Verkaufsplattform Shopify integriert die *Shopify Magic* getaufte KI-Funktion (`https://www.shopify.com/de/magic`) in gehostete Onlineshops, um Produktfotos freizustellen oder auf neuen Hintergründen wie auf einem Tisch zu platzieren, passende Produktbeschreibungen im ausgewählten Tonfall zu verfassen und Keywords für die Suchmaschinenoptimierung einzufügen.

- ✔ Mails an Kundinnen und Kunden können Sie vorformulieren und terminieren. Zudem ist ein Chatbot dabei, der berät und Sie beim Verkauf unterstützt.
- ✔ Shopify Magic generiert sogar Versand- und Produkt-FAQ, vermeidet damit wiederholende Nachfragen und schafft übersichtlichen Content für Ihre Webseite.

Zunächst stehen die Funktionen auf Nachfrage für Händlerinnen und Händler zur Verfügung, einzelne Funktionen dürften in Zukunft kostenpflichtig werden.

TimelyApp: Zeiterfassung und Abrechnungen

Mit KI automatisch die eigene Arbeitszeit und die des Teams zu erfassen, klingt wie eine gute Methode, sich auf wichtige Arbeit zu konzentrieren. TimelyApp (`https://timelyapp.com`) verbindet sich mit verschiedenen Webdiensten und summiert, womit Sie sich den Tag über beschäftigt haben. Das setzt allerdings voraus, dass Sie mit gängigen Webdiensten arbeiten, bereit sind, sich protokollieren zu lassen, und dafür noch rund zehn US-Dollar im Monat bezahlen.

Alles auf Autopilot – Automatisierung mit KI

Bisher müssen Sie bei KI noch selbst aktiv werden. Die Software ist limitiert auf das Chatfenster, kann also nicht selbstständig agieren. Nach Chatbots sind nun die sogenannten *Agenten* die nächste Stufe bei der Künstlichen Intelligenz. Sie können teilautonom Aufgaben ausüben und gewisse Anwendungen kontrollieren. Was nach Geheimdienst und James Bond 007 klingt, hat nichts derart Gefährliches an sich. Aber doch etwas Nützliches. Vielleicht sammelt ja demnächst ein KI-Agent Ihre Handyrechnung von der Homepage des Providers ein und lädt sie in die Buchhaltungssoftware.

In geheimer Mission: KI-Agenten übernehmen den Job

Der Begriff **Agent** leitet sich vom lateinischen Wort *agere* ab, was *handeln* oder *tun* bedeutet. In diesem Sinne beschreibt ein Agent eine *Entität*, die selbstständig Aktionen ausführt. Ist gleich gar nicht mehr so geheimnisvoll.

In der Künstlichen Intelligenz wurde der Begriff Agent schon in der frühen Forschung übernommen, um Software-Programme zu beschreiben, die eigenständig in ihrer Umgebung agieren können. Wie menschliche Agenten sollen Sie diese Eigenschaften aufweisen:

- ✔ **Autonomie:** Sie können ohne direkten menschlichen Eingriff handeln.
- ✔ **Interaktion:** Sie nehmen ihre Umgebung wahr und reagieren darauf.
- ✔ **Zielorientierung:** Sie verfolgen bestimmte Ziele oder Aufgaben.

Wenn Unternehmen heute von Agenten sprechen, meinen Sie Software, die in ihrem Teilbereich Aufgaben selbstständig abarbeitet. Es ist nicht zu verwechseln mit einer komplett autonom denkenden und handelnden Maschine (*Teil V*). Einige dieser Agentenprogramme, oder zumindest solche, die sich das aus Marketinggründen aufkleben, haben Sie in *Kapitel 13* bereits kennengelernt. Künftig geben Sie nur das Ziel und nicht den Weg vor.

Anwendungsfall: KI-Agenten übernehmen das Callcenter

Der Chef des CRM-Anbieters Salesforce, Marc Benioff, geht davon aus, dass bis 2026 eine Milliarde KI-Agenten für den Kundendienst oder andere Aufgaben entstehen werden. Mit dem Produkt Agentforce möchte Salesforce verschiedene Agententätigkeiten abbilden.

- ✔ Die Agentforce-KI soll Telefonate entgegennehmen und autonom abarbeiten können. In einer Demonstration zeigt das Unternehmen, wie die Software Einstein Copilot einen Anruf für ein Warenhaus entgegennimmt, im Kundenkonto die letzten Bestellungen identifiziert und den Umtausch eines Pullovers abwickelt. Solche Verfahren seien auch im Marketing, Vertrieb und Handel machbar.
- ✔ An derartigen Techniken arbeitet auch das Düsseldorfer Startup Cognigy mit eigenem Chatbot. Agenten sollen zeitgleich mehrere Serviceanfragen beantworten.

✔ In der Software Webex Suite von Cisco kann der KI-Assistent bereits Telefonate führen und wird mit menschenähnlicher Sprache kaum als solche erkannt. Die neue Funktion ist im Winter 2024 vorgestellt worden und beendet endlich die Telefonassistenten im Stil von »Drücken Sie die Zwei, um fortzufahren«. Agenten legen Sie im Webex-AI-Agent-Studio mit einer Schritt-für-Schritt-Anleitung an. Für menschlich geführte Telefonate bietet es Zusammenfassungen und Notizen an.

Die fünf Stufen der KI-Evolution nach OpenAI

OpenAI hat ein fünfstufiges Modell entwickelt, um den Fortschritt der Künstlichen Intelligenz zu klassifizieren und zu messen. Sam Altman spricht darüber gerne in Interviews. Nach seiner Darstellung überschreiten wir Anfang 2025 die Stufe drei von *Denker-KIs* zu *Agents*. Darauf sollen Sie sich vorbereiten:

1. **Chatbots:** Der aktuelle Stand der KI-Technologie. Systeme auf dieser Stufe, wie ChatGPT, können in natürlicher Sprache kommunizieren und sind auf spezifische Aufgaben spezialisiert. Sie werden oft als »schwache« KI bezeichnet.

2. **Reasoners (Denker):** Auf dieser Stufe können KI-Systeme Probleme auf dem Niveau eines Menschen mit Doktortitel lösen, jedoch ohne Zugriff auf externe Hilfsmittel. OpenAI gibt an, diese Stufe mit dem Sprachmodell o1 erreicht zu haben. Diese Systeme sollen grundlegende Problemlösungsaufgaben bewältigen und menschenähnliche kognitive Fähigkeiten in verschiedenen Bereichen aufweisen.

3. **Agents (Agenten):** KI-Systeme auf dieser Stufe können mehrere Tage im Auftrag eines Benutzers autonom handeln und Aufgaben ausführen. Sie sind in der Lage, selbstständig Aktionen auszuführen und komplexere Aufträge zu bearbeiten.

4. **Innovators (Innovatoren):** KI-Systeme sollen eigenständig Innovationen und neue Erfindungen kreieren können. Sie sind in der Lage, kreativ zu denken und neuartige Lösungen für komplexe Probleme zu entwickeln.

5. **Organizations (Organisationen):** Die höchste Stufe beschreibt KI-Systeme, die die Arbeit ganzer Organisationen übernehmen und dabei menschliche Leistungen übertreffen können. Diese Systeme wären in der Lage, komplexe Aufgaben und Prozesse zu managen, die normalerweise von einer Gruppe von Menschen ausgeführt werden.

Das Klassifizierungssystem ist nicht nach wissenschaftlichen Kriterien erstellt, sondern von OpenAI als Wirtschaftsunternehmen mit erreichbaren Zielen und unterschiedlichen Schwellen positioniert. Sie kann jederzeit angepasst werden.

Der Abstand zwischen den Stufen ist nicht gleich dimensioniert, und es ist nicht klar, wann und ob welche Stufe erreicht werden kann. Die Einteilung ähnelt der beim autonomen Fahren. Und auch dort sind gewisse Herausforderungen zu überwinden und Regelungen notwendig: Im Augenblick sind eher Assistenzsysteme verbreitet und lediglich einige Testfahrzeuge in Betrieb. Erinnern Sie sich, es gab auch da einige richtig schwere Unfälle.

Alle arbeiten an KI-Agenten

Tech-Unternehmen arbeiten daran, ihre KI-Assistenten zu Agenten umzubauen und ihnen mehr Fähigkeiten beizubringen. Ansätze davon sind sichtbar, Anfang 2025 aber noch in der Testphase.

OpenAIs KI-Agent Operator surft im Web und kümmert sich ums Essen

Als autonomer Assistent agiert Operator im Web, indem er einen Cloud-Browser wie ein Mensch bedient. So führt er bei Partnern wie OpenTable selbstständig Restaurantreservierungen aus oder stellt beim Bringdienst Instacart Einkäufe zusammen. Zu Beginn ist Operator für Pro-Nutzende in den USA verfügbar, die Ausweitung ist geplant:

1. Sie öffnen dann ChatGPT mit Operator und formulieren klar, was Sie möchten, zum Beispiel: `Finde ein Rezept und kaufe Zutaten.`
2. Operator sucht selbstständig im Web.
3. Operator fügt Artikel in den Warenkorb, die Sie Prüfen und bestellen können.

Perplexity Assistant bedient das Smartphone

Im Gegensatz zu Operator ist der kostenlose Perplexity Assistant über die Smartphone-App (Kapitel 16) bereits voll funktionsfähig, kann multimodal interagieren, das Kamerabild analysieren oder kontextbezogene Aufgaben ausführen: So steuert er ohne zusätzliche Plugins Apps wie Uber, OpenTable und den Kalender.

Claude steuert den Computer

Claudes Computer-Schnittstelle zeigt vielversprechende Beispiele, wie sich Webseiten selbstständig öffnen, Mauszeiger bewegen und Formulare ausgefüllt werden. So kann das System ohne weitere Anweisungen Daten in einer Excel-Tabelle ausfindig machen und in ein Webseitenformular übertragen. Claude analysiert Screenshots und berechnet die Mausbewegungen anhand von Pixelkoordinaten. Die Funktion ist vorerst nur per API nutzbar.

Googles Gemini steuert Chrome-Browser

Der KI-Chatbot von Gemini soll nach Googles Plänen rasend schnell den eigenen Browser aus einer Seitenleiste heraus steuern und Internetsuchen durchführen, Google Docs bearbeiten, Einkäufe erledigen oder Buchungen vornehmen.

Microsofts Copilot soll Windows beherrschen

Mit dem Agent Builder für Businesskunden automatisiert Microsoft den SharePoint-Server und Firmenprozesse (Kapitel 15). Parallel versucht das Unternehmen, mit Omniparser autonom Aufgaben in Windows auszuführen und ihn später möglicherweise in Copilot zu integrieren. Microsoft-Chef Satya Nadella bezeichnet Copilot als User Interface und sagt eine »Welt der Agenten« voraus.

Dass KI-Agenten Benutzeroberflächen »wahrnehmen« und mit ihnen interagieren, ist sehr experimentell und fehleranfällig, wird aber ein Gamechanger, wenn es bereit ist. Content Creators können Termine koordinieren, Inhalte aufbereiten oder Equipment zusammenstellen lassen.

Leerer Posteingang dank Inbox Zero

Wenn Ihr E-Mail-Postfach am Ende eines Arbeitstages noch überläuft, läuft etwas verkehrt. Ich gehöre ja zu den Verfechtern eines leeren Posteingangs. Inbox Zero soll Ihnen helfen können, das auch zu erreichen:

- ✔ Sortieren, beantworten und archivieren. Unnötige Newsletter können Sie mit einem Klick abbestellen, Mails mit großen Anhängen auslagern und vor allem verstehen, was Sie am meisten Zeit kostet und wer Ihnen am häufigsten schreibt.
- ✔ Zu Beginn wird nur Gmail und Google Workspace unterstützt, andere Provider wie Outlook sind jedoch angedacht: `https://www.getinboxzero.com`.

Das kostenlose Open-Source-Tool können Sie für sechs Euro pro Monat im Jahresvertrag gehostet bekommen. Die Clouddienstleistung erfordert hohes Vertrauen, denn Zugriff auf ein Mailpostfach birgt Missbrauchspotenzial.

Mixpost: Social Media Autopilot

Die Social-Media-Software (`https://mixpost.app`) hält Content Creators bei der Planung den Rücken frei und postet automatisch Ihre vorbereiteten Beiträge in alle wichtigen Netzwerke wie Facebook, Instagram, X (ehemals Twitter), LinkedIn, YouTube und TikTok.

- ✔ Nach dem einmaligen Kauf für 300 US-Dollar installieren Sie das Open-Source-Paket bei sich, zum Beispiel über Docker, und behalten Kontrolle über Ihre Daten.
- ✔ Die Software bietet einen Kalender zur Beitragsplanung, Vorlagen und ein Medienmanagement mit Stockbild-Integration. Der KI-Assistent gibt Vorschläge für Postings und Optimierungen und analysiert Followerzahlen und Performance.

Content-Workflows für Medienprofis

Einen Schritt weiter geht das Workflow-Framework der heise-Verlagsgruppe. DC I/O (`https://dcio.app`) versteht Quellen aus Webseiten, PDF- oder Word-Dateien und reicht sie an Social Media und Content-Management weiter:

- ✔ Aus Blogartikeln werden Social-Media-Posts, aus Stichwörtern Pressemitteilungen. Zielgruppe sind Unternehmen, Organisationen, Agenturen und Redaktionen.
- ✔ Laut heise liefert das Tool in vielen Fällen bereits »80- bis 90-prozentige Ergebnisse«, die nur noch von Fachleuten redigiert werden müssen.
- ✔ Das System ist vollständig DSGVO-konform und nutzt dafür beispielsweise GPT aus der Azure-Cloud. Unterstützt werden aber zahlreiche gängige Modelle.

Automatisierung Ihrer Routinen mit Zapier und n8n

Automatische Workflows sind dank KI dazu geeignet, Ihnen den Rücken freizuhalten. Wann immer Sie eine Tätigkeit mehrfach ausüben müssen, können Sie sie automatisieren, also künftig von selbst ablaufen lassen. Solange Agenten das nicht können, gibt es Tools.

Wer einen Hammer hat, sieht bekanntlich in jedem Problem einen Nagel. Vieles, was KI können soll, lässt sich mit Filtern und Automatisierung lösen.

Ob mit mehrsprachigen Publikationen, Chatbots, personalisiertem E-Mail-Marketing oder im Backoffice – KI hilft meist ohne Programmierkenntnisse.

Vergleich von Zapier und n8n

Zwei leistungsfähige Automatisierungstools, mit denen Sie Webanwendungen miteinander verknüpfen können, sind Zapier (`https://zapier.com`) und n8n (`https://n8n.io`). Beide setzen Künstliche Intelligenz ein, unterscheiden sich jedoch in einigen wichtigen Aspekten:

- **Zapier** ist bekannt für seine benutzerfreundliche Oberfläche.
  - Das Tool eignet sich für Neulinge, um schnell Automatisierungen zu erstellen.
  - Es verfügt über eine umfangreichere Bibliothek von Integrationen, was es für Unternehmen mit vielen vorhandenen Diensten attraktiv macht.
  - Zapier ist eine proprietäre Lösung, die Sie nach Anmeldung gleich einsetzen können, bei umfangreicheren Automatisierungen aber teuer werden kann.
  - 100 Zaps genannte Workflows im Monat sind gratis, danach kostet es 20 Euro.
- **n8n** (*Abbildung 14.2*) hingegen richtet sich eher an technisch versierte Nutzende.
  - Sie können komplexere Workflows erstellen und behalten die Kontrolle.
  - Die Oberfläche bietet weniger vorgefertigte Integrationen, ermöglicht es aber, eigene zu erstellen, und glänzt bei komplexen Workflows sogar mit APIs.
  - n8n ist ein Open-Source-Projekt. Sie können es kostenfrei einsetzen, wenn Sie es selbst installieren. Das geht beispielsweise über Docker.

Einstieg in die Automatisierung mit Zapier

Eine Zapier-Vorlage kann etwa eine automatisierte Presseschau für Sie generieren und dokumentieren, wo Sie oder Ihr Unternehmen in der vergangenen Woche in Zeitungen und Online-Medien erwähnt wurden.

1. Melden Sie sich bei Zapier an.
2. Aktivieren Sie mit USE TEMPLATE diese Vorlage: `https://zapier.com/templates/ai-generated-press-mentions`.
3. Zwar brauchen Sie hierfür dennoch mehrere kostenpflichtige API-Zugänge, können jedoch selbst den Umfang und die Suchbegriffe bestimmen.

4. Die KI sieht über den Dienst *NewsAPI* in Nachrichtenquellen nach und legt für Sie automatisch eine Tabelle mit Artikelnamen, Adresse, Veröffentlichungsdatum und Zusammenfassung an, die dann noch weiter bearbeitet werden kann.
5. Diese Inhalte können Sie beispielsweise im Intranet veröffentlichen oder mit weiteren Templates regelmäßig als PDF-Übersicht an Ihr Team mailen lassen.

Einstieg in die Automatisierung mit n8n

Auch für n8n gibt es Vorlagen, um Nachrichtenseiten abzuarbeiten und Inhalte weiter zu verarbeiten. Zunächst geht eine Installation auf Ihrem System voraus, sofern Sie den Dienst nicht hosten lassen möchten:

1. Sie können die Oberfläche mit Docker (siehe *Kapitel 7*) installieren. Eine gute Basis aus n8n und KI-Umgebungen mit Ollama für erste Experimente finden Sie auf `https://github.com/n8n-io/self-hosted-ai-starter-kit`.
2. Im Anschluss laden Sie eine Nachrichtenvorlage mit USE WORKFLOW und passen sie an: `https://n8n.io/workflows/2180` (siehe *Abbildung 14.2*).
3. Sie benötigen in diesem Fall eine API von ChatGPT, die Sie eintragen müssen.
4. Das Ergebnis wird dann regelmäßig für Sie in einer Datenbank gespeichert und kann weiterverarbeitet werden.
5. Hunderte weitere KI-Vorlagen für Chatbots oder Dokumentbearbeitungen finden Sie hier: `https://n8n.io/workflows/categories/ai/`.

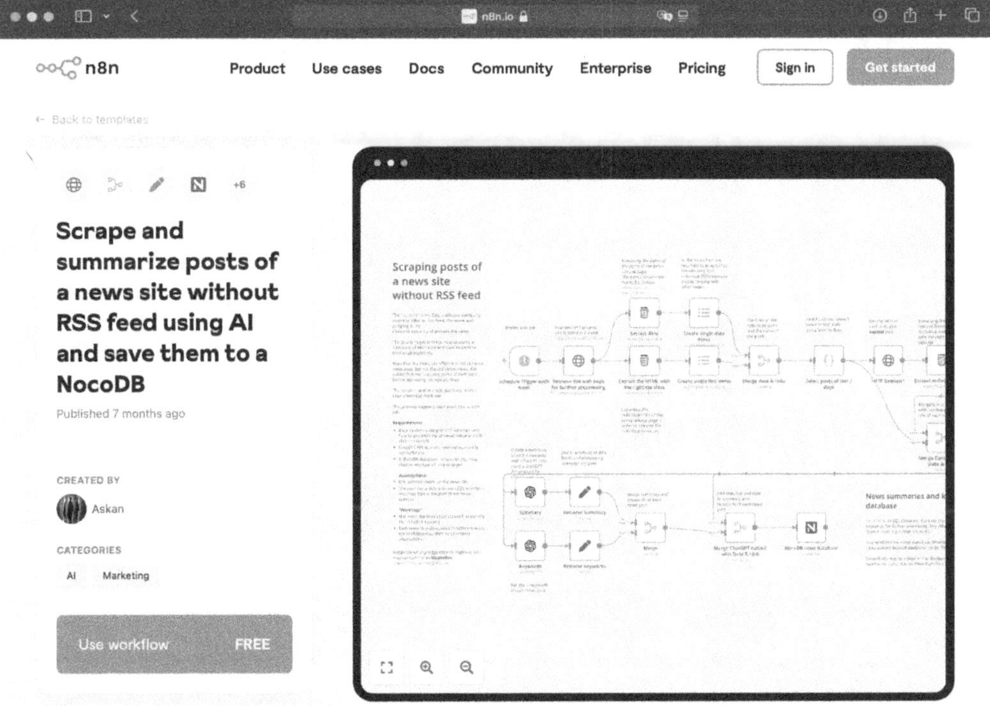

Abbildung 14.2: Nodes (Knoten) verknüpfen n8n-Arbeitsschritte. (Screenshot: n8n.io)

IN DIESEM KAPITEL

Die Erben von Karl Klammer

Wo der Copilot überall mitfliegt

Was der Copilot bereits kann und besonders, was er noch nicht kann

Wo auch ohne Copilot KI-Funktionen in Office und Windows schlummern

Kapitel 15
Der Copilot von Microsoft

Als omnipräsenter KI-Assistent in der Windows-Taskleiste, in der Bing-Suche und in Anwendungen wie Word, Excel, Outlook und PowerPoint soll Copilot der »jederzeit verfügbare KI-Begleiter« von Microsoft sein. Hilft das beim Abheben?

Die Erben von Karl Klammer

Im Herzen hat Microsoft schon länger den Plan, einen Assistenten anzubieten, der in die alltägliche Arbeit eingreift und nützliche Dinge beiträgt.

Anscheinend möchten Sie einen Brief schreiben

Es hat 1997 nur falsch begonnen: Kennen Sie noch Microsofts Assistenten **Karl Klammer,** oder wie er auf Englisch hieß, *Clippit*? Die Büroklammer mit den treudoofen Augen, die auf einem Notizzettel schwebt, ist für viele ein Trauma der Digitalisierung, weil der Pseudoassistent immer dann aufpoppte, wenn man es am wenigsten gebrauchen konnte: »Anscheinend möchten Sie einen Brief schreiben. Brauchen Sie Hilfe?« (*Abbildung 15.1*).

Mit der Einführung von Office XP im Jahr 2001 wurde Karl Klammer standardmäßig deaktiviert, auf dem Mac sogar erst nach 2004. Microsoft startete eine Online-Kampagne, die das neue Office damit bewarb, dass Karl Klammer nicht mehr enthalten ist. Findet das nun ein gutes Ende?

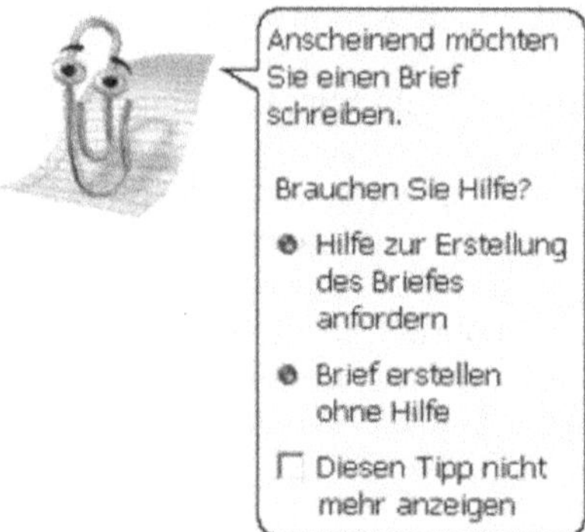

Abbildung 15.1: Keine Hilfe: Karl Klammer (Clippit) (Screenshot: Microsoft Word)

Mega-Marketing in das Erkennungszeichen

Immerhin ist man bei Microsoft von der Idee abgekommen, mit einem Gesicht die Mensch-Maschine-Interaktion aufzulockern:

- ✔ Der Copilot hat weder Augen noch Mund, dafür ein buntes stilisiertes Hexagon-Symbol (hat der Grafiker nichts drauf, macht er einen Farbverlauf), das mit viel Fantasie das Ineinandergreifen mehrerer Akteure symbolisieren soll.
- ✔ Ein solcher Knopf taucht in immer mehr Produkten von Microsoft auf. Fraglich, wieso der alberne Name gewählt und dann nicht einmal ein Flugzeug gezeigt wird. Doch wenn man ehrlich ist, ist das Diskettensymbol als Zeichen für das Abspeichern auch erklärungsbedürftig in die Jahre gekommen. Aber das ist ein anderes Thema.
- ✔ Mehr als 30 Jahre nach Einführung der Windows-Taste ändert sich sogar die Tastatur! Microsoft lässt das Logo gegen die COPILOT-Taste austauschen und macht damit deutlich: Der ist gekommen, um zu bleiben.

Copilot ist Microsoft offenbar so wichtig, dass es kurzerhand beim amerikanischen Superbowl einen Werbespot geschaltet hat, einen der teuersten, die überhaupt möglich sind. Angesichts der Milliarden, die zuvor in die Partnerschaft mit OpenAI geflossen sind (*Kapitel 2*), nur noch *Peanuts*.

Kann Spuren von ChatGPT enthalten

Alle Copilot-Varianten basieren auf den ChatGPT-Modellen von OpenAI:

- ✔ Copilot ist ähnlich zu ChatGPT, aber nicht komplett mit ChatGPT gleichzusetzen. Die Funktion *Think Deeper* ist beispielsweise eine Variante von OpenAIs o-Modell.
- ✔ Es gibt Unterschiede in der Bedienung und in den Antworten.
- ✔ Gemeinsam ist beispielsweise die Bildgenerierung mit Dall-E.
- ✔ Beachten Sie, dass auch hier Halluzination nicht ausgeschlossen ist.

Nicht einer, sondern drei Copiloten

Nun also ist der *Copilot* da und fliegt in allen möglichen Maschinen. Es gibt ihn in drei Varianten geräteübergreifend am Computer, in Apps und im Web.

Copilot wird permanent weiterentwickelt und aktualisiert. Es kann also jederzeit zu Änderungen der Preise, der Ansicht oder des Funktionsumfangs kommen.

1. Copilot der Chatbot

Microsoft Copilot ohne einen Namenszusatz ist die kostenlose Variante:

- ✔ Sie können über `https://copilot.microsoft.com` damit loslegen, ohne sich anmelden zu müssen. Der Chatbot hat auch in der Bedienung Ähnlichkeit mit ChatGPT (*Kapitel 5*), ist aber eine Eigenentwicklung und daher leicht anders.
- ✔ Sie finden Copilot außerdem in der Seitenleiste von Microsoft Edge sowie auf dem Desktop von Windows 11 (falls nicht automatisch, gibt es im Microsoft Store eine App) und auf dem Smartphone oder Tablet. Dazu später mehr.
- ✔ Mit einer Anmeldung haben Sie die Möglichkeit, mehr und längere Gespräche zu führen und die Chatverläufe zu speichern. Über Microsoft Designer, verwandt mit OpenAIs Dall-E (*Kapitel 10*) generiert Copilot Bilder für Sie. Pro Tag erhalten Sie ein KI-Guthaben von 15 Boosts.

Boosts sind in allen Microsoft-Produkten für die KI-Bildgenerierung relevant, sorgen für mehr Durchgänge und detailliertere Qualität.

2. Copilot und Copilot Pro im Abonnement für Privatkonten

Mit einem privaten Microsoft-365-Abonnement erhalten Sie Zugriff auf Copilot Pro:

- ✔ Dieser Copilot ist die Variante, die sich in installierte Programme Word, Excel, PowerPoint, Outlook, OneNote und mehr am PC, Mac, iOS und iPad integriert.
- ✔ Ein kostenpflichtiges Abonnement von *Microsoft 365 Single* oder *Family*, dem regulären Office-Paket, ist erforderlich. Das gibt es bei Jahreszahlung ab 8,25 Euro oder für die Familie ab 10,75 Euro pro Monat.
- ✔ Enthalten sind 60 Boosts pro Tag. 100 tägliche Boosts erhält, wer Copilot Pro für 22 Euro pro Monat abonniert. Das gilt nur mit Privatkonto. Es gibt ein Probeabo.
- ✔ Copilot Pro bietet außerdem bevorzugten Zugriff auf das aktuelle Sprachmodell in Spitzenzeiten – auch von Windows aus.
- ✔ Nur Abos, keine Kaufversionen von Office-Programmen, erhalten KI-Funktionen. Wichtig ist, das alle Abonnements mit dem gleichen Microsoft-Konto abgeschlossen sein müssen. Im Familienkonto hat jedoch nur das Hauptkonto KI-Funktionen. Hier hätte Microsoft die Hausaufgaben retten können.

Für die meisten sollten 60 Boosts pro Tag ausreichen. Wenn Sie dennoch einmalig Copilot Pro im Probeabo testen, können Sie sofort kündigen und den Monat bis zum Ende ausschöpfen, ohne die Kündigungsfrist zu verpassen.

3. Copilot für Microsoft 365

Wenn Sie ein Firmen-Office von Ihrem Arbeitgeber, der Schule oder Universität haben, ist dies Ihr Tarif (gilt für Microsoft 365 Business Basic, Business Standard, Business Premium, E3, E5, F1 oder F3). Eine Kombination aus Privat- und Geschäftsabos ist nicht möglich.

- ✔ Er beinhaltet die gleichen Funktionen wie der Copilot Pro für Privatkonten, für Microsoft 365 Business-Konten ist er jedoch mit 33,44 Euro im Monat im Jahresabonnement deutlich teurer (401,28 Euro pro Jahr; Preise auf der Homepage sind ohne Mehrwertsteuer angegeben!). Es gibt hiervon kein Probeabonnement.
- ✔ Microsoft hat Preiserhöhungen angekündigt, gleichzeitig testet das Unternehmen bei privaten Accounts bereits, Copilot ohne Zusatzabo in Microsoft365 zu integrieren.
- ✔ Außerdem können Sie hier den GPT-Builder für eigene Copilot GPTs nutzen.
- ✔ Schulen und Bildungseinrichtungen werden nach dem Geschäftskundentarif abgerechnet.
  - Neben Lehrpersonal haben laut Nutzungsbedingungen volljährige Studierende die Möglichkeit, den Microsoft Copilot Pro zu kaufen, vorausgesetzt die Hochschule stellt ein entsprechendes Bildungskonto zur Verfügung.
  - Microsoft prüft, den Zugang zu Copilot auf Schülerinnen und Schüler ab 13 Jahren auszuweiten. Hier besteht also noch Hoffnung.
  - Es gibt für Non-Profit-Organisationen auf Anfrage 15 Prozent Rabatt.

Bedienung des Copilot-Chatbots

Wie andere KI-Assistenten auch, steuern Sie Copilot mit natürlicher Sprache. Es gibt also nicht den einen Prompt, den Sie sich merken müssen, sondern viele Möglichkeiten, einen Befehl ausgeführt zu bekommen.

Mit der TAB-Taste (Pfeil über der Großschreiben-Taste), übernehmen Sie im Chatfenster die Wortvorschläge und formulieren Ihren Prompt schneller.

Dateierkennung mit Copilot in Edge

Sie können sich sogar eine PDF-Datei zusammenfassen und Fragen zum Inhalt beantworten lassen. Dafür öffnen Sie die betreffende Datei im Browser EDGE, blenden die COPILOT-Seitenleiste ein und tippen oder sprechen so etwas wie:

- ✔ `Was steht in dieser Datei?`
- ✔ `Schreibe eine Zusammenfassung.`
- ✔ `Fasse den Inhalt zusammen.`

Bilderkennung mit Copilot in Edge

Sie können sich auf die gleiche Weise auch den Inhalt in eine andere Sprache übersetzen, sich Fotos beschreiben lassen oder weitere Dinge erfragen.

- Die Bilderkennung und Beschreibung ist erstaunlich präzise. Sogar kleinste Dinge im Hintergrund werden erwähnt.
- Damit können Sie Pflanzen und Tiere beschreiben, sich ein technisches Gerät erklären lassen oder fragen, an welchem Ort ein Bild aufgenommen wurde.
- Auch Schaubilder erläutern oder eine Stilberatung vorzunehmen, ist möglich.

Gesichter auf Fotos möchte Copilot grundsätzlich nicht erkennen. Diese werden offenbar durch einen Filter vor dem Chatbot verborgen, um den Datenschutz zu wahren. Copilot umschreibt das etwas kryptisch und sagt, dass das *Gesicht der Person unscharf ist, um die Privatsphäre zu schützen.*

Copilot Chatbot in Windows

Copilot ist in der kostenlosen Variante automatisch bei Windows 11 enthalten. Sie sollen den Chatbot also jederzeit erreichen, ohne eine Webseite zu öffnen. Der KI-Assistent soll zum Navigator durch die turbulentesten Windows-Höhen werden und das gesamte Benutzererlebnis, einschließlich Apps und Suche, verbessern.

Copilot in Windows aktivieren

So installieren Sie Copilot in Windows 11:

1. Sie finden (sofern verfügbar) in den EINSTELLUNGEN bei PERSONALISIERUNG > TASKLEISTE den Schalter für COPILOT.
2. Wenn Copilot läuft, sehen Sie je nach Version das COPILOT-Symbol unten in der Taskleiste rechts von der Uhr oder unten neben den geöffneten Programmen.
3. Das Fenster in der Seitenleiste wird durch Klick darauf oder mit der Tastenkombination WINDOWS + C geöffnet (oder, sofern vorhanden, über die COPILOT-Taste auf der Tastatur aufgerufen, die nur ein Ersatz für WINDOWS+SHIFT+F23 ist).

Lieferschwierigkeiten

Wenn Ihr Computer Copilot nicht auf dem Radar hat, liegt das nicht an Ihnen:

- Microsoft hängt stark hinterher und liefert Copilot nach eigenen Angaben zunächst mit Neugeräten und nach und nach auch mit Updates aus.
- Angeblich soll es auch auf alten Maschinen noch eine Starterlaubnis geben: Copilot soll auf Windows 10 ab Version 22H2 (Update KB5032278) laufen.
- Alternativ gibt es die Copilot-App im Microsoft Store, die nach Installation im Startmenü zu finden ist und in der Taskleiste angeheftet werden kann (*Abbildung 15.2*). Die App-Version ist lediglich eine angeheftete Webseite. Sie hat deutlich eingeschränkte Funktionen im Vergleich zur integrierten Version und kann keine Systemeinstellungen vornehmen.

Meiden Sie Anleitungen aus dem Internet, um Copilot mit dubiosen Registry-Einträgen auf Ihr System zu bringen. Das ist riskant, und die meisten Tipps funktionieren schlicht nicht. Updates installieren und warten ist Mittel der Wahl.

Funktionsumfang

Das kann Copilot für Windows:

- ✔ **System steuern:** Copilot kann Windows-Einstellungen über Text- oder Sprachbefehle ändern, zum Beispiel den dunklen Modus (*Dark Mode*) aktivieren oder installierte Apps wie Spotify öffnen und ein bestimmtes Lied starten. Auch die geöffneten Fenster können Sie automatisch anordnen lassen.
- ✔ **Fehler beheben:** Der Assistent kann Sie unterstützen, wenn etwa der Drucker nicht druckt oder die Festplatte zu voll ist.
- ✔ **Informationen suchen:** Copilot kann wie gewohnt im Internet suchen und Fragen beantworten oder längere Texte zusammenfassen. Dazu können Sie auch einen Text oder einen Bereich des Bildschirms markieren. Er findet sogar Dateien auf der Festplatte und auf verbundenen Smartphones.
- ✔ **Kreativität:** Bilder und Texte generieren geht auch hier.
- ✔ **Rekapitulieren:** Die KI-Funktion Recall macht jede Nutzungsaktion am Computer wiederauffindbar und soll helfen, Erinnerungslücken zu schließen. Dafür wird jede Bildschirmaktivität aufgezeichnet. Zum Recall-Debakel erzähle ich gleich mehr.
- ✔ **In der Pro-Variante:** Schnellere Reaktionen, neustes Sprachmodell und Think Deeper.

Angekündigt: Copilot lernt Sehen, Sprechen und Denken

Eine ganze Reihe von Funktionen ist zunächst in einigen Ländern außerhalb der EU verfügbar, hierzulande aber noch nicht einmal angekündigt. Mit Funktionen wie optischer Erkennung, Sprachausgabe und logischem Denken zieht Microsoft auch andere KI-Unternehmen nach:

- ✔ **Copilot Vision:** Copilot Vision analysiert, was Sie auf dem Bildschirm sehen, und antwortet auf Ihre Fragen. Das funktioniert zunächst nur auf Webseiten. Dafür rufen Sie die Funktion im Browser Edge aus der Adresszeile mit `@copilot` auf. Das soll datenschutzfreundlich ablaufen, nicht gespeichert werden und auch nur mit gewissen freigeschalteten Webseiten und Inhalten funktionieren. Wieso Microsoft so vorsichtig ist, erfahren Sie gleich in Bezug auf die Funktion *Recall.*
- ✔ **Agent:** Microsoft arbeitet daran, Copilot autonomer zu machen (siehe *Kapitel 14*).
- ✔ **Copilot Voice:** Sie können Unterhaltungen in natürlicher Sprache mit Copilot führen und erhalten auch gesprochene Antworten. Das ist die Microsoft-Variante des *Advanced Voice Mode* von OpenAI (siehe *Kapitel 5*) und funktioniert beispielsweise in der Copilot-App. Zum Start ist die Gesprächszeit limitiert.

- **Personalisierung:** Nach und nach passt Copilot sich und seine Vorschläge an die Vorlieben der Benutzenden an. Diese Funktion soll auch in den Windows-Einstellungen abzustellen sein.

Eine Reihe von Tech-Giganten, neben Microsoft auch Apple und Meta, halten sich bei der Einführung von KI-Tools in der EU zurück, da sie befürchten, mit den Gesetzen zum Datenschutz in Konflikt zu geraten.

Windows auf einem Copilot+-PC

Es steht dick Copilot drauf und sogar mit einen Plus-Zeichen. Aber was bedeutet es? Ist das die Zukunft, und braucht man das? (Und was soll das Kuddelmuddel mit + und einem anschließenden -, wo es doch auch Pro gibt?)

Microsoft ist schon stark eifersüchtig auf Apples Mac-Computer. Anders kann man es nicht erklären, wieso der Software-Konzern immer wieder versucht, mit eigenen Hardwareprodukten in den Markt vorzudringen, wo doch genügend andere Marken wie Lenovo, HP, Dell, Medion, Acer, Asus, Samsung, Huawei und sogar Google mit Chromebooks mitmischen. Die Surface-Geräte haben Anleihen von iPads und sind gleichzeitig ein vollständiges Windows. Was ist also los auf dem PC-Markt, ist der Copilot+-PC nun schon wieder ein neues Microsoft-Produkt?

Was einen Copilot+-PC auszeichnet und ob Sie einen brauchen

Ich kann Sie beruhigen, ein Copilot+-PC ist erst einmal kein neues Gerät, sondern mehr ein Gütesiegel, das dafürspricht, dass der Computer laut Microsoft für Copilot und KI-Anwendungen geeignet ist. Dafür nimmt Microsoft vermutlich ein paar Euro ein, und gleichzeitig soll das bei der Kaufentscheidung behilflich sein. So kann also ein Surface-Computer, ein Samsung-Gerät oder ein Lenovo-Laptop auch ein Copilot+-PC sein. Es ist durchaus jeder andere Computer für KI geeignet, wenn er die notwendige Hardware mitbringt.

Kriterien für einen Copilot+-PC

- Der Computer hat eine eingebaute NPU (*Neural Processing Unit*), meist eine CPU auf ARM-Architektur mit zusätzlichem KI-Rechenwerk. Letztlich sind bei Intel-Prozessoren die Core-Ultra-Chips mit einer KI-Einheit ausgerüstet. Dadurch lassen sich KI-Anwendungen lokal auf dem Rechner anwenden, statt in der Cloud.
- Windows liefert mit *Cocreator*-Funktionen, *Recall* und natürlich mit Copilot die passenden Anwendungen, die aber teilweise gar nicht fertig oder vollständig sind.
- Dann ist trotz aller Albernheit eine Copilot-Taste Pflicht. Man könnte sich die Kombination zwar mit Gratis-Tools wie *SharpKeys* oder *AutoHotKeys* oder den Microsoft *Powertoys* auf jede andere Taste legen, mit Klick auf das Copilot-Symbol auslösen oder mit Spracherkennung. Aber Microsoft will es so plakativ wie möglich.

Das führt dazu, dass hauptsächlich Laptops zum Copilot+-PC erhoben werden. Bei Schreibtischriesen wird es nur im Komplettpaket mit entsprechender Tastatur der Fall sein, obwohl vermutlich die meisten Grafikkarten leistungsfähiger wären als im mobilen Pendent.

- ✔ Die meisten Geräte sollen zum Verkaufsstart rund 1.000 US-Dollar kosten.

Kaufentscheidung: Brauche ich einen neuen PC und wenn ja, welchen?

Kurz gesagt: Es muss kein Copilot+-Computer sein, um mit KI durchzustarten, aber wer es sich leicht machen möchte, kann auf dieses Zeichen achten.

Ich persönlich schreibe dieses Buch gerade auf einem sehr schnellen MacBook und kann Apple-Produkte nur wegen ihrer Zuverlässigkeit und Sorgenfreiheit empfehlen. Aber auch ich hatte über Jahrzehnte hinweg Windows-PCs und nutze sie natürlich in der Firma. Daher kann ich nur sagen, dass die beiden Welten so nah beieinander sind wie eigentlich noch nie und sich sowohl Windows als auf MacOS stark in der Zusammenarbeit gebessert haben. Für die meisten Heimanwendungen wie Internetsurfen oder Mails abrufen genügt ansonsten meistens auch irgendein Computer. Und da könnten Sie sich auch überlegen, ob er überhaupt notwendig ist. Vielleicht, so sagt es nämlich Apple in einer Werbung, ist der nächste PC ja gar kein PC, sondern ein Tablet.

Das Recall-Debakel

»Microsoft weiß, was du letzten Sommer getan hast!« – So oder so ähnlich könnte ein Horrorfilm anfangen, der sich 2024 abspielt und zum vorzeitigen Platzen der Copilot+-Blase führt. Was Microsoft da plant, ist nichts anderes als Dauerbeobachtung durch die KI.

Die Funktion **Recall** sollte eines der Hauptverkaufsargumente für Copilot+-PCs werden. Recall bedeutet im Deutschen nicht nur *Erinnerung*, sondern auch *Rückrufaktion*, das hätte man vorausahnen können.

- ✔ Besonders nützlich zum Wiederfinden von Dateien oder Informationen sei das, sagt Microsoft da noch. Eines der größten Probleme bei der täglichen Arbeit mit dem Computer sei, dass man sich nicht mehr erinnere, in welchen Dateien oder auf welchen Webseiten man etwas gesehen oder abgelegt habe. Das hätte man gelöst.
- ✔ Abgesehen davon, dass mich persönlich täglich ganz andere Dinge am Computer beschäftigen und ärgern als meine nachlassende Erinnerung, macht Microsoft damit ein Fass auf, dass leider ganz schön vergoren ist: Was, wenn diese Daten gestohlen werden?

Ein Shitstorm zur Privatsphäre breitet sich aus: Diesmal ist nicht die DSGVO schuld, denn auch in den USA bläst der Gegenwind stark. Wer möchte schon, dass einem ständig die KI bei jedem Wort und jedem Klick über die Schulter schaut und das alles nachvollziehbar und anzeigbar protokolliert und indiziert?

Hinzu kommt, dass bei Analysen der Betaversionen herauskommt, dass die Recall-Daten nicht einmal verschlüsselt gespeichert werden, was einem wahren Super-GAU entspricht. Technisch nimmt Windows dabei nämlich bei jeder Aktion unter anderem ein Screenshot auf, dass dann von der KI ausgelesen und analysiert sowie mit Eingabedaten und anderem verknüpft wird. Trojaner oder unliebsame Nutzende hätten so jeden Augenblick der Nutzung nachverfolgen und sogar sensible Daten und Informationen ausspähen können. Solche Profile wären außerdem gefundenes Fressen für jedes Werbeunternehmen.

Microsoft hat Recall daraufhin zunächst zurückgenommen und überarbeitet, um die Funktion 2025 zu veröffentlichen. Nun wirbt Microsoft um Vertrauen: Nutzende haben die Wahl, ob sie Recall überhaupt einsetzen wollen. Persönliche Daten wie private Browsertabs oder Passwörter würden gefiltert und nicht mehr gespeichert. Es gibt die Möglichkeit, alles oder Teile der Screenshots auch nachträglich auszusortieren. Fest steht: Niemand ist gezwungen, sie zu benutzen. Man kann sie einfach abschalten.

Microsofts KI in Windows-Anwendungen

In zahlreiche **Windows-Programme** hat Microsoft KI-Funktionen integriert:

- ✔ Im **Browser Edge** ist Copilot schon länger enthalten und über die Copilot-Taste in der rechten Seitenleiste erreichbar. Hier können Sie ebenfalls kostenlos Fragen beantworten lassen, Texte zusammenfassen oder Informationen suchen. Copilot bezieht auch Suchergebnisse der Microsoft-Suchmaschine Bing ein.

- ✔ **Copilot Mobile:** Die App ist für Android und iOS verfügbar und bietet dieselben Funktionen wie Copilot auf Ihrem PC, einschließlich des Zugriffs auf Chatbot und Bilderstellung sowie der Möglichkeit, Bilder von Ihrem Telefon beim Chatten mit Copilot zu verwenden. Für Nutzende mit Microsoft-365-Konto gibt es in der dafür gemachten App die Copilot-Funktion mit Export in Word- oder PDF-Dateien.

- ✔ **Copilot in Messengern:** Microsoft experimentiert mit einem Copilot in den Messenger-Apps WhatsApp (`https://wa.me/message/TJ5MI22N6WUVD1`) und Telegram, wo er über den Accountnamen `@CopilotOfficialBot` erreichbar ist (Achtung, es gibt ähnlich klingende Accounts!). Die Bedienung läuft in englischer Sprache, aber auch hier kann er Bilder generieren.

- ✔ In **Microsoft Paint,** richtig gelesen, dem Windows-Urgestein von 1985, sozusagen der Propellermaschine unter den Microsoft-Programmen, sind generative KI-Funktionen hinzugefügt (mehr dazu erfahren Sie in *Kapitel 10*). Manchmal steckt KI sogar dort, wo man es gar nicht mehr erwartet.

- ✔ In der **Fotos-App** und anderen Programmen erkennen Sie die KI-Funktionen an Symbolen mit Sternchen oder dem Copilot-Zeichen.
- ✔ Die umfangreiche Hilfsprogrammsammlung **Microsoft PowerToys** kann mit KI-Daten aus der Zwischenablage umformatieren: `https://github.com/microsoft/PowerToys/`.
- ✔ Selbst beim **Minecraft**-Spielen kann Copilot Sie passend mit Spieletipps unterstützen (angeblich gilt das nicht als Schummeln).

Copilot und Copilot Pro in Office-Anwendungen

Mit einem kostenpflichtigen Microsoft-365-Abonnement erscheint Copilot in den Office-Anwendungen wie Word, Excel, Outlook, PowerPoint und OneNote. Abonnieren Sie das teurere Copilot Pro, wird dadurch auch der Windows-Copilot zur Proversion. Bevor Sie die Funktionen einsetzen, müssen Sie Copilot Pro abonnieren und aktivieren.

Bestehende Verträge werden ab Frühjahr 2025 automatisch umgestellt. Pro-Abonnenten sollten prüfen, ob sich der Standardtarif lohnt. Wer keine KI möchte, muss aktiv in einen Classic-Tarif wechseln. Aber was wollen Sie dann mit diesem Buch?

Copilot Pro aktivieren

1. Prüfen Sie zunächst, welchen Account Sie bei Microsoft haben: Nutzen Sie ein Konto Ihres Unternehmens oder einer Bildungseinrichtung, sind Sie zum Geschäftskundentarif verdammt und brauchen die Freischaltung über deren Administratoren, die eine Lizenz im Admincenter erwerben können. Sind Sie absolut sicher, dass Ihr Office privat lizenziert und abonniert ist, können Sie weitermachen.
2. Das private Abonnement schließen Sie mit Ihrem privaten Microsoft-Konto ab auf `https://www.microsoft.com/de-de/store/b/Copilotpro`.
3. In den Online-Versionen der Office-Programme steht er sofort nach Abschluss des Abonnements bereit. In Office für Mac fügt sich Copilot Pro ebenfalls ein.

Es gibt keine separate Log-in-Option für Copilot Pro. Um Copilot in installierten Anwendungen einzusetzen, müssen Sie ihn zwingend mit dem gleichen Konto abonnieren, das Sie auch für die Microsoft-Office-Lizenz verwenden. Das kann später nicht geändert werden. Bei diesem Abo sollten Sie also keine separaten Alias-Adressen angeben (wie in *Kapitel 4*), da das Abo sonst nicht funktioniert.

Erste Hilfe bei Aktivierungsproblemen von Copilot Pro

Nachdem Sie Copilot Pro abonniert haben, müssen Sie Ihre Anwendungen aktualisieren, damit Copilot in Word, Excel, PowerPoint, OneNote und Outlook aktiv ist und zur Bestätigung Ihre 100 statt 60 Boosts pro Tag anzeigt:

- Wenn sich nach dem Aktivieren des Pro-Abonnements nichts tut, wechseln Sie in einer beliebigen Office-App, zum Beispiel in Word, zu DATEI > KONTO und klicken auf LIZENZ AKTUALISIEREN. Hier sollte von Copilot Pro die Rede sein.
- Manchmal hilft es, sich unter DATEI > KONTO (am Mac: WORD > ABMELDEN) abzumelden und neu anzumelden oder die Anwendungen und den Computer neu zu starten.
- Zusätzlich sollten Sie in der KONTO-Ansicht die Option KONTODATENSCHUTZ prüfen. Dort müssen bei ERFAHRUNGEN die Punkte ERFAHRUNGEN AKTIVIEREN, DIE IHRE INHALTE ANALYSIEREN sowie ALLE VERBUNDENEN ERFAHRUNGEN aktiviert sein.
- In einigen Fällen macht der geschäftliche Cloudspeicher von Microsoft, das OneDrive-Konto, **Schwierigkeiten** und muss unter DATEI > KONTO unter VERBUNDENE DIENSTE richtig hinterlegt sein.
- Im Internet wird berichtet, dass es in Ausnahmefällen mehrere Tage gedauert haben soll, bis Copilot nach Beginn des Abonnements umgestellt war. Das sollte aber nicht die Regel sein.

Copilot in Office-Anwendungen bedienen

Farblich passend zum Programm erscheint neben der Windows-Variante in allen Office-Anwendungen meist oben rechts der COPILOT-KNOPF (*Abbildung 15.2*). Dieser öffnet die Seitenleiste (*Sidebar*) und bietet KI-Funktionen zur jeweils geöffneten Datei:

- Sie brauchen keine Prompts auswendig lernen, der KI-Assistent versteht die meisten Anweisungen und schlägt sogar Befehle vor, die Sie nutzen können.
- Dieser Vorteil ist gleichzeitig ein Nachteil, wenn es einmal nicht funktioniert. Immerhin antwortet Copilot dann, dass er etwas nicht machen kann.
- Copilot bringt vorgefertigte Prompts mit (PROMPTS ANZEIGEN), die Sie nutzen und daraus lernen können. Sie können PLUG-INS einbinden und den Prompt DIKTIEREN.

Viele Prompt-Vorlagen laufen auch ohne Pro-Abo im kostenlosen Copilot und anderen KI-Assistenten: `https://copilot.cloud.microsoft/prompts`.

Think-Deeper-Funktion für logisches Denken

Copilot Pro bietet eine schrittweise Problemlösung und nutzt dafür das zugrundeliegende o-Modell von OpenAI (siehe *Kapitel 6*). Das logische Denken der KI soll für die Lösung anspruchsvollerer Fragestellungen nützlich sein. So setzen Sie *Think Deeper* bei Copilot Pro ein:

1. Öffnen Sie Copilot. Sie müssen mit einem Copilot-Pro-Konto eingeloggt sein.
2. Klicken Sie in das Prompt-Feld NACHRICHT AN COPILOT.

3. Das Feld wird größer, und auf der rechten Seite können Sie die Taste THINK DEEPER aktivieren (sie wird farblich hinterlegt).

4. Geben Sie wie gewohnt Ihren Prompt ein und senden ihn mit ENTER ab.

Copilot in Word

It's a match: Copilot ist in Word ganz in seinem Element und auf Kurs. Hier kann der Assistent Texte generieren, umschreiben und zusammenfassen.

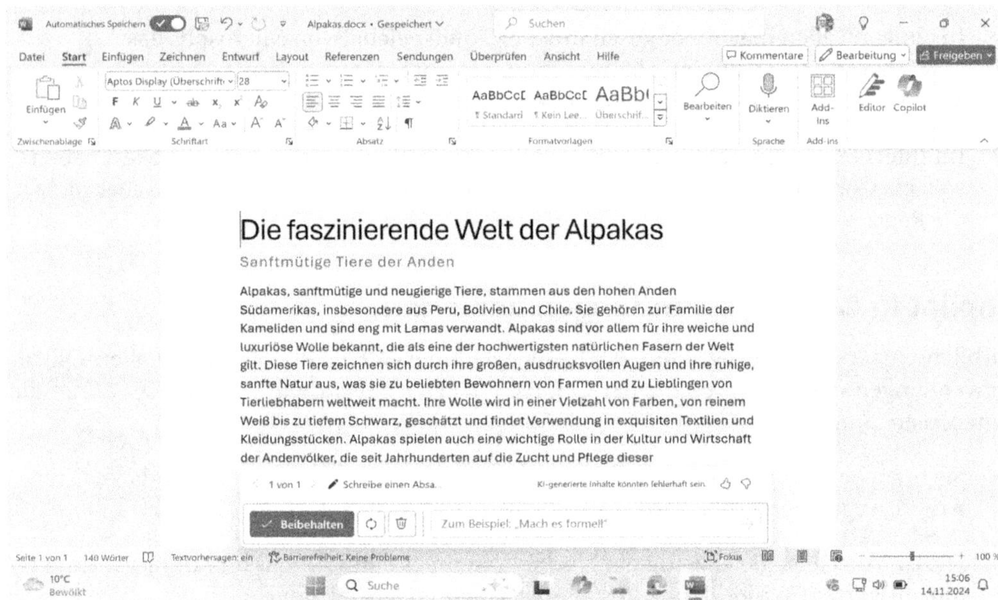

Abbildung 15.2: Copilot Pro (Screenshot: Microsoft Word in Windows 11)

Chatfenster: Entwurf mit Copilot

1. Haben Sie eine leere Zeile oder Text markiert, können Sie dort auf das blasse COPILOT-Symbol klicken und ein Chatfenster *Entwurf mit Copilot* einblenden, das sich auch verschieben lässt und unabhängig von der Seitenleiste arbeitet.

2. Schreiben Sie beispielsweise: `Schreibe einen Absatz über Alpakas.`

3. Antworten werden direkt in Ihr Dokument übernommen und erscheinen dort zunächst farblich hervorgehoben (*Abbildung 15.2*).

4. Sie können nun im Chatfenster zwischen vier Optionen wählen: BEIBEHALTEN, NEU GENERIEREN (PFEIL-Symbol), LÖSCHEN (PAPIERKORB-Symbol) oder einen völlig neuen Prompt schreiben. Haben Sie bereits einmal den Text neu generiert, wechseln Sie mit den oberen PFEILEN zwischen den Versionen hin und her.

Copilot zeigt in vielen Situationen die zugehörigen Tastenkombinationen an, damit Sie die Finger nicht von der Tastatur nehmen zu müssen.

5. Auf die gleiche Weise können Sie Textpassagen markieren, auf das Copilot-Symbol im Text klicken und zwischen PROMPT SCHREIBEN …, AUTOMATISCHES UMSCHREIBEN oder ALS TABELLE VISUALISIEREN wählen.
6. Klicken Sie auf PROMPT SCHREIBEN …, kann eine Anweisung zum Beispiel lauten: `Mach das präziser`. Geben Sie bei Bedarf die gewünschte Zeichen- oder Wortanzahl und Formatierungen vor oder sagen, dass Sie `Listen` oder `Aufzählungen` möchten. Einzelne Absätze lassen sich damit sogar als `Tabelle` visualisieren. Das geht vergleichsweise schnell und ohne Transit in der Zwischenablage.

Seitenleiste

Im *Ribbon-Menü* START finden Sie ein COPILOT-Symbol (*Abbildung 15.2*), das die *Seitenleiste* öffnet. Darin erörtern Sie Fragen und Aufgaben.

Die beiden Orte verwirren zu Anfang. Eine Faustregel hilft: Sie *arbeiten* mit Word im Chatfenster, *Fragen* beantwortet der Copilot in der Seitenleiste.

✔ In der Seitenleiste können Sie Anfragen stellen, oder Sie fordern Copilot mit einem simplen Prompt auf, den bestehenden Text zusammenzufassen: `Fasse dieses Dokument in zehn wichtige Themen und Begriffe mit Beschreibungen und einer Übersicht zusammen.`

✔ Um Bezug auf andere Dateien auf der Festplatte zu nehmen, müssen Sie dies nur kurz bestätigen. Tippen Sie dann den Schrägstrich /, um bis zu drei Dateien auszuwählen und dazu etwas zu beauftragen.

Kritik: Halluzination und viele Nachkorrekturen

Aus der Seitenleiste heraus müssten Sie generierte Texte in das Dokument kopieren. Das ist kein Mehrwert zu anderen Chatbots auf einer Webseite.

Doch Word läuft noch lange nicht auf Autopilot. Zu oft müssen Sie weiterhin eingreifen und den Copiloten lotsen, damit er nicht halluziniert (*Kapitel 1*) oder die Balance zwischen kreativer Unterstützung und eigenem Schreibstil gewahrt bleibt. Der KI-Assistent kann hilfreiche Anregungen liefern, aber nicht die eigene sprachliche Kreativität ersetzen. Angesichts des hohen Preises muss Microsoft da noch besser werden.

Copilot in Excel

Hand aufs Herz, wie gut sind Sie in Excel? Wer mehr als Grundrechenarten und die *Summe*-Funktion benutzt und seine Tabellen schön bunt färbt, gilt mancherorts schon als Excel-Profi. Und wer schon mal einen halben Tag damit vergeudet hat, eine passende Formel zu googeln, kann ahnen, welches Potenzial hier vergraben liegt: Professionelle Tabellen und Formulare aus bestehenden Daten formen, Berechnungen und Formeln aus Prompts bauen, Diagramme erstellen und Trends aus den Zahlen lesen. Anders als in Word kann der Copilot in Excel auch Tabellenzeilen einfärben und formatieren.

Benutzung von Copilot in Excel

1. Damit er hier überhaupt funktioniert und nicht ausgegraut ist, muss eine Excel-Datei auf einem *Cloudspeicherort* (ONEDRIVE) liegen.
2. Das Dokument muss in *formatierter Tabellenform* vorliegen, was Sie über START > ALS TABELLE FORMATIEREN erreichen können.
3. Auf der Registerkarte START im Menü oben finden Sie ein COPILOT-Symbol, das die *Seitenleiste* öffnet.
4. Sie können zu Ihren Zahlen fragen: `Gibt es Ausreißer in meinen Daten?` oder `Zeig das in einem Kuchendiagramm.`

Kritik: Baustelle im Vorschau-Modus

Der Funktionsumfang von Copilot in Excel ist zu Beginn noch stark eingeschränkt. Immerhin ist das die Königsdisziplin und darf nicht zu Fehlern führen. Wer diese Funktion aber teuer abonniert hat, fühlt sich vorgeführt.

Copilot in Excel mit Python

Ein Lichtblick sind die Programmierfähigkeiten. Mit der Einführung von Python-Code in Excel ist Microsoft endlich auf dem Weg, die seit den 1990er-Jahren mal stärker und mal schwächer schwelenden *Visual-Basic*-Sorgen um Macroviren endgültig auszulöschen.

Der Code kann direkt in die Zellen der Arbeitsblätter eingegeben und von Copilot in Excel mit Python angeleitet oder ergänzt werden:

- ✔ Auch hier startet die Programmierung mit natürlicher Sprache in einem Copilot-Chat. Das kann der fortgeschrittenen Analyse von Daten und beispielsweise zum Erzeugen eines Diagramms dienen.
- ✔ Python läuft dabei aus Sicherheitsgründen in der Azure-Cloud in abgetrennten Containern ab, eine lokale Variante ist in Arbeit. Technisch basiert die Integration auf der Anaconda-Distribution der Programmiersprache, zur Verfügung steht eine Anbindung an viele Python-Libraries wie Pandas, scikit-learn, Matplotlib und das Natural Language Toolkit (NLTK).

- Nutzende benötigen ein Business- oder Enterprise-Konto von Microsoft 365 und zunächst auch Windows. Auf anderen Betriebssystemen und in den Apps können die Berechnungen und Ergebnisse der Workbooks zwar angesehen, aber nicht erneut ausgeführt werden.

Copilot in Outlook

Sowohl im bezahlten Outlook als auch in der kostenfreien Variante von Outlook (dem sogenannten *neuen Outlook*) können Sie Copilot mit einem Abonnement nutzen. In beide E-Mail-Programme von Microsoft spart die Erweiterung ordentlich Zeit ein:

- Direkt über Mails erscheint nach Klicken eine ZUSAMMENFASSUNG DURCH COPILOT, die Sie überfliegen können.
- Sogar bei einem Mailverlauf werden für alle Absendenden kurze Erläuterungen ihres wesentlichen Beitrags aufgelistet und sogar Meinungsunterschiede herausgestellt. So behalten Sie auch in unübersichtlichen Gesprächsverläufen den Überblick. Das kann aber auch in ziemlichen Quatsch ausarten, wenn diese Zusammenfassung manchmal länger ist als eine besonders kurze E-Mail (*Abbildung 15.3*). Immerhin strukturiert und erklärt Copilot besser.
- Auf Wunsch sollen Sie Ihren Posteingang priorisieren können: Das ist eine Sortieroption, die Sie über das FILTERN-Symbol und Klick auf PRIORITÄT VON COPILOT im Posteingang regeln. Dabei analysiert Copilot basierend auf *Inhalt* und *Kontext* sowie der *Rolle* des Nutzers alle eingetroffenen E-Mails, generiert Zusammenfassungen wichtiger Nachrichten und erklärt die Priorisierung.

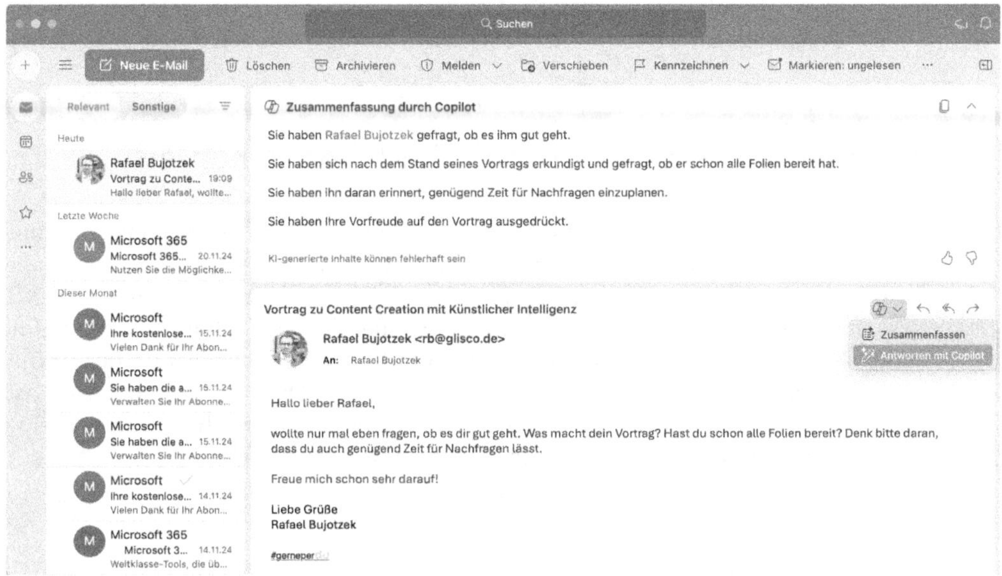

Abbildung 15.3: Copilot Pro (Screenshot: Microsoft Outlook in Windows 11)

E-Mail von Copilot in Outlook formulieren lassen

Neue E-Mails können Sie von Copilot vorschreiben lassen:

1. Öffnen Sie eine NEUE MAIL und tippen Sie auf das COPILOT-Symbol und ENTWURF MIT COPILOT.
2. Es öffnet sich die Leiste *Entwurf mit Copilot*, in der Sie den Inhalt beschreiben: `Bestätige den Termin der Alpaka-Wanderung am Samstag.`
3. Sie können über die Optionstaste noch zusätzliche Eigenschaften festlegen:
   - Den TON (*Direkt, Neutral, Informell, Formell, Mache ein Gedicht daraus* – die letzte Option sollte sich zum Standard entwickeln, wenn Sie mich fragen!)
   - Die LÄNGE der Nachricht (*kurz, mittel, lang*)
   - Mit der Funktion COACHING VON COPILOT werden Sie zum vorgeschriebenen Text sogar beraten, was Sie besser machen könnten.
4. Tippen Sie auf GENERIEREN.

✔ Sie können eine *kurze* Antwort verfassen, zum Beispiel: `ja bitte`, und dann von Copilot verlängern lassen. Besonders bei Antworten auf E-Mails ist die Funktion nützlich, da sie nur das Thema vorgeben und KI sogar Standardfloskeln ergänzt.

✔ Sie können sich im Chat Mails zusammenfassen lassen: `Fasse alle Mails von [Name der Person] in den letzten zwei Wochen zusammen.`

✔ Im Outlook-Kalender können Sie Copilot bitten, Sie bei einer anstehenden Online-Besprechung zu vertreten und eine Mitschrift mit wichtigen Punkten zu liefern.

Copilot in Outlook: Vorerst nur für Microsoft-Konten

Wie auch in Excel kommen die Funktionen in Outlook erst nach und nach hinzu. Copilot in Outlook unterstützt derzeit generell nur Geschäfts-, Schul- oder Unikonten sowie Microsoft-Konten mit *`outlook.com`*-, *`hotmail.com`*-, *`live.com`*- und *`msn.com`*-E-Mail-Adressen. Jedes Microsoft-Konto, das ein Konto eines E-Mail-Drittanbieters wie Gmail, Yahoo oder iCloud verwendet, kann weiterhin Outlook verwenden, hat für diese Konten aber keinen Zugriff auf die Copilot-Features in Outlook. Das ist angesichts der Kosten sehr ärgerlich, denn es ist auf den ersten Blick auch gar nicht ersichtlich. Außerdem erschließt sich der Grund nicht. Da muss Microsoft dringend nachbessern.

Copilot in PowerPoint

Copilot kann eine komplette Präsentation vorbereiten, wenn Sie ihn darum bitten, und wird zum Kunstflieger für alle, die schnell ins Meeting müssen.

Folien generieren in PowerPoint

Zum Beispiel erstellt Copilot aus einigen Stichworten, einem festgelegten Thema oder aus bestehenden Word-Dokumenten in Sekunden neue Folien:

1. Klicken Sie auf die COPILOT-Schaltfläche auf der ersten Folie und auf den Knopf: ERSTELLEN EINER PRÄSENTATION MIT INFORMATIONEN ZU …
   - Von diesem Planungswerkzeug (NARRATIVE BUILDER) aus sortiert Copilot erst einmal die Inhalte und ermöglicht Ihnen, das Konzept zu verfeinern.
   - Alternativ können Sie zum Start COPILOT in der Seitenleiste öffnen und lediglich das Thema der Präsentation vorgeben, zum Beispiel `Alpakas` (*Abbildung 15.4*).
2. Sie können Folienentwürfe per DRAG AND DROP nach oben oder unten ziehen und andere Dokumente, zum Beispiel Word-Dateien, erwähnen und so verknüpfen (PRÄSENTATION AUS EINER DATEI ERSTELLEN), deren Inhalte an einer Stelle der Präsentation genutzt werden sollen.
3. Daraus kann der Copilot dann Folien generieren und bei Bedarf auf eventuell bereitgestellte Unternehmensvorlagen zugreifen.

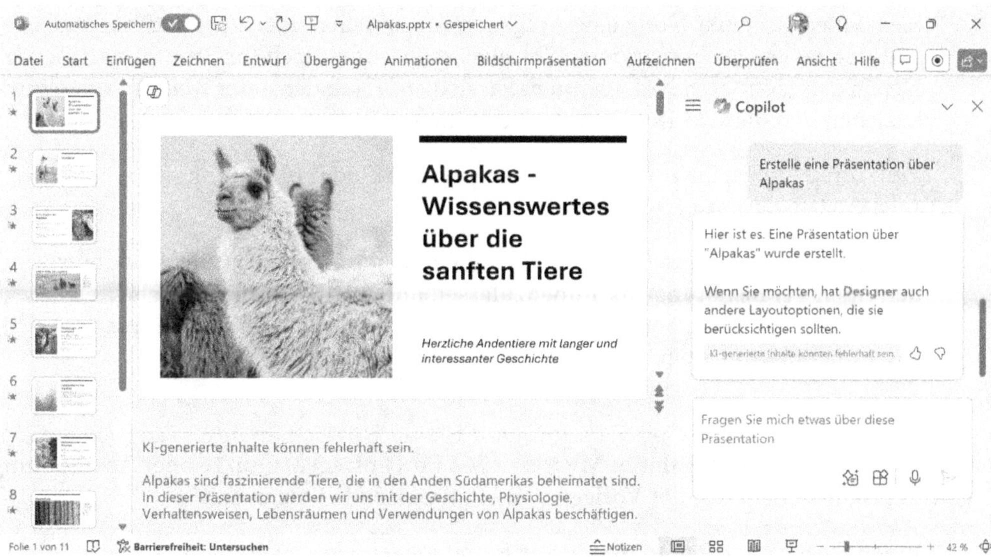

Abbildung 15.4: Copilot Pro (Screenshot: Microsoft PowerPoint in Windows 11)

Kritik: Flacher Stockimage-Brei

Das kann besonders für Neulinge oder Eilige hilfreich sein und bietet eine gute Grundlage, um eine Präsentation weiter zu bearbeiten. Viele der oberflächlichen Texte müssen Sie aber tatsächlich noch dringend nachbearbeiten, um keine Notlandung zu riskieren. Sie ahnen bereits, dass Copilot-Präsentationen dennoch an Schulen und im mittleren Management an der Tagesordnung sein werden.

- ✔ Die Folien sind relativ passend bebildert (aus der eigenen Stock-Datenbank, nicht generiert) und die Texte kurz und knackig oder als Listen.
- ✔ Sogar das Feld für die Vortragsnotizen füllt Copilot für Sie aus.
- ✔ Nicht immer passen die Abbildungen exakt zum nebenstehenden Text. Sie können jedoch auch Alternativen heraussuchen. Dafür übernimmt Copilot Formatierungen, Animationen oder Layout-Anpassungen (Funktion DESIGNER).

Lichtblick: Zeitersparnis und Beratung

- ✔ Auf der anderen Seite ist die Funktion DIESE PRÄSENTATION ZUSAMMENFASSEN der Hit. Eine Datei, die Sie zugesendet bekommen, wird auf wenige Worte gekürzt, um die Inhalte schnell zu überblicken.
- ✔ Sie können sich in jeder Situation mit dem KI-Chatbot austauschen und beraten lassen. Bei der nächsten Präsentation sind Sie also bestens vorbereitet mit: `Welche Fragen könnte das Publikum zu dieser Präsentation stellen?`

Copilot in OneNote

Die Notizen-App kann Ihre Gedanken zusammenfassen oder daraus etwas Neues machen:

- ✔ Sie können aus einer Notiz eine Aufgabenliste erstellen oder Vor- und Nachteile auflisten lassen. Dazu markieren Sie eine Stelle, auf die sich Ihr Prompt beziehen soll. Neben der geöffneten Notiz können Sie sich auf Kalender- oder weitere Notizeinträge beziehen und diese in Ihrem Prompt erwähnen.
- ✔ Zeit, Ihre Notizen aufzuräumen: `Nenne mir drei Möglichkeiten, wie ich den Inhalt dieser Datei verbessern kann.`
- ✔ Es wird möglich, handschriftliche Notizen und eine Gesprächsaufzeichnung von derselben Veranstaltung zusammenzufassen und in eine chronologische Reihenfolge zu bringen. Auch von anderen Personen freigegebene Notizbücher können Sie sich zusammenfassen lassen.

Copilot in Forms

Im Online-Formular-Tool, das in Microsoft 365 für Umfragen, Quizze oder Abstimmungen gedacht ist, generiert Copilot Vorlagen und füllt passende Fragen aus.

1. Öffnen Sie `https://forms.office.com` und loggen Sie sich ein.
2. Wählen Sie eine VORLAGE, zum Beispiel UMFRAGE.
3. Klicken Sie auf ENTWURF MIT COPILOT und prompten Sie, was im Formular stehen soll, beispielsweise: `Erstelle eine Feedbackumfrage unter Mitarbeitenden mit Fragen zu Produktivität, Zusammenarbeit und Work-Life-Balance.`

Copilot Pages in Microsoft 365

Um die Zusammenarbeit in Arbeitsgruppen zu erleichtern, verfügt Copilot über eine sogenannte *kollaborative Arbeitsfläche*, die COPILOT PAGES. Damit sollen sich flüchtige KI-Antworten in dauerhafte Inhalte umwandeln lassen.

1. In einem Business-Chat mit Copilot wird nach jeder Antwort die Option angeboten, sie in COPILOT PAGES zu übernehmen.
2. Mit einem Klick landet die Antwort in einem separaten Cloud-Dokument.
3. Das können Sie editieren und mit Teammitgliedern TEILEN, die das wiederum in Echtzeit bearbeiten und Informationen aus verschiedenen Quellen einbinden sollen, um an komplexen Projekten arbeiten zu können.

Microsoft beschreibt dies als ein völlig neues Arbeitsmuster, das die Interaktion zwischen Menschen und KI fördert und die Produktivität in Unternehmen steigern soll. In der Aufmachung erinnert Pages an die *Sammlung*-Funktion aus Perplexity (*Kapitel 16*), kombiniert mit den Teamfunktionen aus Google Docs, Notion (*Kapitel 13*) und Atlassian Confluence, aber mit KI-Anbindung. Ein klassisches: Das-brauchen-wir-auch-Produkt.

Kritik: Drohendes Wirrwarr

Die Vorstellung einer Zusammenarbeit im Team mit Copilot ist verlockend. Doch es dürfte komplex werden, denn je mehr Personen an einem Dokument arbeiten, umso unübersichtlicher wird es bekanntlich. Jeder, der schon einmal ein firmeninternes Wiki verwaltet hat, kennt die Schwierigkeiten. Schnell ist unklar, aus welchen Quellen die angegebenen Informationen stammen. Innerhalb der Pages können Sie oder Ihre Mitarbeitenden nämlich ebenfalls mit einem RECHTSKLICK neue Copilot-Antworten einfügen lassen. Aber sicher sind in Ihrem Team alle sehr diszipliniert, und es findet sich für dieses Produkt eine Nische.

Copilot Pro in anderen Microsoft-365-Anwendungen

Die Bibliothek der kleineren Programme in Microsoft-365 wächst und wird von Copilot ergänzt. So ist neben *Stream*, dem Video-Bereitstellungswerkzeug, die *Viva*-Reihe zu nennen, die sich um das Wohlbefinden von Mitarbeitenden kümmern soll, um besonders im Homeoffice nicht den Anschluss zu verlieren. Onboarding, Bindung ans Unternehmen, Flurfunk und so weiter sollen sich hier in einer Wissensdatenbank bündeln, die für Microsoft eine Art »Wikipedia mit KI-Superkräften« ist. Sie erhalten immer einen Überblick mit: `Fasse die Themen zusammen.`

Copilot in Microsoft Teams

Selbst im Konferenzprogramm Teams, das sich nach der Pandemie zu einem Hauptdrehpunkt vieler Firmen entwickelt hat und vielerorts sogar bereits die Telefonanlage ersetzt, nimmt Copilot an Gesprächen teil und mischt sich unter die Crew, wenn Sie es wünschen. Für Serviceanwendungen kann Copilot in Teams auch externe Daten erreichen, wie beispielsweise aus Salesforce oder Zendesk, um Kundenanfragen zu beantworten.

Copilot als eigener Chatpartner

In einem separaten Chat, der sich nahtlos in die anderen einfügt, können Sie Copilot persönlich ansprechen und um Textvorschläge für Gespräche bitten, Dateien zusammenfassen oder Antworten auf Anfragen vorbereiten lassen:

- ✔ Sie können dabei auf Personen, Dateien oder Besprechungen verweisen oder sogar E-Mails erwähnen, wenn Sie diese mit einem Schrägstrich einleiten: Tippen Sie zum

Beispiel `/Rafael Bujotzek`, wird diese Person automatisch zugeordnet, oder Sie können in einem Eingabefeld eine Auswahl treffen.

✔ Vor wichtigen Konferenzen erhalten Sie ein Briefing, das Copilot mit Unterlagen aus dem Unternehmenskontext unterfüttert. Sie können aktiv darum bitten, indem Sie etwas schreiben wie: `Hilf mir, die Besprechung vorzubereiten.`

Copilot in Chats mit anderen Personen

Im Chat mit Mitarbeitenden hilft Copilot Ihnen, die richtigen Worte oder den richtigen Tonfall zu finden, und kann eine vorbereitete Nachricht umschreiben, dass sie witziger, seriöser oder angemessener klingt.

Copilot vor der Videokonferenz

Wo zuvor bereits Hintergründe ausgetauscht werden konnten, lässt sich mit KI ein Hintergrund *aufräumen*, damit der Wäschekorb vor dem Sofa verschwindet.

Copilot in Videokonferenzen

Während einer Videokonferenz soll Copilot helfen, den Überblick zu behalten, und mittels Spracherkennung die Redebeiträge zusammenfassen oder Pro- und Contra-Listen führen:

1. Dafür drücken Sie in einem Gespräch die Copilot-Taste und bestätigen die Rückfrage mit der Taste TRANSKRIPTION STARTEN.
2. Sie können in der Seitenleiste Rückfragen zur laufenden Gesprächsrunde stellen.
3. Copilot schlägt mögliche Fragen vor, beispielsweise `Auflisten von Aktionen.`
4. Andere Personen können diesen Chat mit Copilot nicht sehen.

Vielleicht möchte nicht jeder, dass ein KI-System sämtliche Redebeiträge mithört und protokolliert. Sie müssen vorneweg alle Beteiligten fragen, ob sie damit einverstanden sind. Dazu gibt es auch eine gesetzliche Verpflichtung.

Teams wird integrativer: Es gibt Untertitel und Videofenster mit Gebärdendolmetschenden können im Vordergrund gehalten werden.

Copilot nach der Videokonferenz

Copilot kann ganze Meetings zusammenfassen, Beschlüsse priorisieren und nach Themen oder Zuständigkeiten sortieren. Die KI spart so das leidige Protokoll ein, das niemand gerne schreiben möchte. Voraussetzung ist die Aufzeichnung mit Transkript.

Das ist nützlich, wenn Sie eine Veranstaltung verpassen und sich informieren möchten:

1. Dafür öffnen Sie den TERMIN im Anschluss und wählen den Reiter ZUSAMMENFASSUNG.
2. Rechts sind Besprechungsnotizen unter KI-Notizen zu finden, und es gibt Folgeaufgaben, die wie eine To-Do-Liste automatisch erstellt werden.

- Das geht sogar visualisiert in Form eines Whiteboards, dem Copilot auf Wunsch auch eigene Ideen beisteuern kann.
- Ähnliche Zusammenfassungen gibt es für Anrufe in Abwesenheit.

Copilot GPTs

Copilot für Microsoft-365-Benutzer sind in der Lage, ihre eigenen Copilot GPTs mit Copilot GPT Builder zu erstellen:

- ✔ Mit Copilot GPTs können Sie Microsoft Copilot zu einem bestimmten Thema anpassen, ähnlich dem GPT-Store von ChatGPT (siehe *Kapitel 5*).
- ✔ Sie finden sie nach dem Login in der rechten Spalte und können aus einer der bereitgestellten Vorlagen wählen, zum Beispiel DESIGNER oder FITNESS TRAINER.
- ✔ Ein kurzzeitig für Pro-Abonnenten verfügbarer GPT-Builder ist nach nur wenigen Wochen gestoppt worden. Daher ist die Option nur für Geschäftskonten nutzbar.

Copilot Agents für Unternehmenskunden

Microsoft hat eine frühe Automatisierung von Copilot im Angebot. Microsoft-365-Copilot-Abonnenten erhalten Zugang, um eigene Agenten im Copilot Studio zu erstellen (`https://www.microsoft.com/en-us/microsoft-copilot/microsoft-copilot-studio`).

- ✔ Wenn Sie sich trauen, Arbeiten zu delegieren, erweitern die *Agents* Fähigkeiten von Copilot, indem sie Aufgaben ausführen und Funktionen bereitstellen.
- ✔ Copilot Agents lassen sich in Kommunikationstools wie Teams und Outlook integrieren und wie virtuelle Kollegen ansprechen. Ein autonomer Agent würde in Microsofts Vorstellung den gesamten Bestellprozess von der Auftragsannahme per E-Mail bis zum Versand abdecken und Routineaufgaben wie Rechnungsstellung, Verfügbarkeitsprüfung im Lager und den Ausdruck des Versandetiketts automatisieren.

KI von Microsoft auch ohne Abonnement

Auch ohne kostenpflichtigen Copilot hat Microsoft viele KI-Funktionen in die Office-Programme integriert. Mit Business-, Bildungsabo oder gekauften Programmen geht auch ohne Copilot einiges. Und da spreche ich noch nicht einmal über Autotext und Rechtschreibkorrektur. Copilot-Funktionen im Browser Edge sind dank Websuche und Bildgenerator recht umfangreich, und der Copilot in Windows ist ebenfalls kostenfrei nutzbar.

Click to do in Windows

Die Funktion *Click to do* kommt wie ein Screenshot-Werkzeug mit Suchfunktion daher:

1. Halten Sie die WINDOWS-Taste gedrückt und klicken Sie auf den Bildschirm.

2. Je nach Bildschirminhalt schlägt Windows im Kontextmenü vor, eine Mail zu schreiben, wenn eine Mailadresse zu sehen ist, kann bei einem Foto die visuelle Suche von Bing zur Recherche nutzen und die Bearbeitung in Paint oder der Fotos-App empfehlen.

3. Auch im **Windows-Explorer** werden solche Funktionen sichtbar.

Weitere versteckte KI-Funktionen

Andere Funktionen sind in Abo-Programmen etwas versteckter, aber auch KI-getrieben:

- ✔ So beinhaltet **Word** beispielsweise schon länger in der Registerkarte START die Funktion DIKTIEREN, die das gesprochene Wort transkribiert oder, wie viele andere Anwendungen auch, den EDITOR, der die Prägnanz und Verständlichkeit eines Textes analysiert und Vorschläge für die Wortwahl macht.
- ✔ In **Outlook** hilft der EDITOR die PRÄGNANZ von E-Mails zu verbessern.
- ✔ Apropos **Editor:** Selbst der klassische Texteditor hat KI-Funktionen an Bord.
- ✔ In **OneNote** ist TRANSKRIBIEREN nicht nur ein Diktiergerät, sondern ein mächtiges Werkzeug, das bei mehreren Personen die Stimmen unterscheiden und aus den gesprochenen Sätzen Textblöcke generieren kann.
- ✔ In **PowerPoint** ist unter START der DESIGNER (nicht der Microsoft Designer) integriert und macht Vorschläge zu Layout und Grafiken von Folien.
- ✔ **Excel** zieht auch ohne Copilot Erkenntnisse aus Ihren Zahlen. Dafür markieren Sie eine Tabelle oder einzelne Spalten und aktivieren START > DATENANALYSE.
- ✔ **Forms,** ein Programm, das sich hervorragend für Umfragen, Formulare oder Quizspiele eignet, erstellt kostenfrei mit KI-Unterstützung Auswertungen, wie die häufigsten Rückmeldungen auf eine Frage, mit Klick auf ANTWORTEN SAMMELN.
- ✔ **Teams** verfügt über eine Transkription, die nach Ende einer Besprechung im CHAT als ZUSAMMENFASSUNG verfügbar ist. Dies funktioniert für geplante Besprechungen (nicht für spontane Meetings) über das DREIPUNKT-Menü und AUFZEICHNEN UND TRANSKRIBIEREN und kann von der moderierenden Person gestartet werden. In Teams Premium ist sogar eine Live-Transkription enthalten. Eine alternative Transkription geht über die App *Stream*, die in Teams zu finden ist.

IN DIESEM KAPITEL

KI ist das bessere Google

Perplexitys Tricks

OpenAIs ChatGPT-Suche

Googles Dilemma mit der KI

Kapitel 16
Surfen und Suchen: KI statt Google und Co.

Suchmaschinen haben das Internet vereinfacht, man könnte sagen, ermöglicht. Für viele ist *Googeln* nur ein anderer Begriff für *im Internet surfen*, sie geben keine Adressen in die Browserleiste ein, sondern suchen, was sie benötigen. Es ist so leicht, wohl deswegen hat es das Wort in den Duden geschafft. Bevor Google den Markt dominierte, war der Suchmarkt bunt. Für viele, die nicht damit groß geworden sind, ist es unvorstellbar. Aber es kann wieder so werden.

KI – die bessere Suchmaschine?

Was wäre, wenn Sie statt einer Suchmaschine nur noch eine *Findemaschine* hätten? Statt zahlreicher Suchergebnisse mit *ungefähr* dem, was Sie gesucht haben, gibt es dann nur noch eine Antwort, und die passt. Und Sie können sogar vertieft nachfragen und das Ergebnis eingrenzen, statt jedes Mal neu zu suchen.

Suche ohne Suchmaschine: Abkürzung mit gewissen Risiken

Sie werden sich schnell an die Suche mit KI gewöhnen. KI kann zu schnelleren und besseren Suchergebnissen führen, noch ist es aber nicht immer der Fall.

So arbeiten spezielle KI-Suchdienste

Die Suche läuft nicht ab wie bei klassischen Suchmaschinen. Die KI erweitert so stattdessen ihre Wissensbasis, ganz ohne Training. Das dauert ein wenig länger. Dafür können Ergebnisse präziser sein und am Ende Zeit einsparen.

- Bei einer Websuche mit dem Chatbot führen Sie den üblichen Dialog. Hier können Sie bei Bedarf nachfragen und sich auf die ursprüngliche Frage oder eine Antwort beziehen und diese beispielsweise weiter eingrenzen oder umformulieren lassen.
- KI-Suche liefert eine direkte und umfassende Antwort, im Gegensatz zu herkömmlichen Suchmaschinen, die nur eine Liste von Links anzeigen.
- Das Ergebnis basiert auf Interpretation und Zusammenfassung von Informationen aus Quellen und ist ein zusammenhängender Text oder eine Stichpunktliste.
- Die Antwort enthält meist direkte Verweise auf die Ursprungsquellen, sodass Sie die Informationen selbst überprüfen können, um sicherzustellen, dass sie verlässlich sind. Das unterscheidet die Dienste von einem klassischen Chatbot.
- Die KI kann nicht nur Textquellen durchforsten, sondern auch ein breites Spektrum an Informationsquellen wie akademische Aufsätze, aktuelle Nachrichtenartikel, YouTube-Videos und Social-Media-Beiträge nutzen. Einige Dienste haben sogar Zugriff auf Spezialdatenbanken.

Auch KI mit Websuche halluziniert (*Kapitel 1*). Bevorzugen Sie Angebote, die Behauptungen belegen und **prüfen Sie Quellen** aktiv. Kritische Themen wie Lebensläufe oder konkrete Fakten sind bekannte Schwachpunkte.

Inspiration für Suchanfragen

Falls Sie noch etwas Inspiration benötigen, versuchen Sie diese Suchanfragen:

- Was sind die Vor- und Nachteile von Künstlicher Intelligenz im Alltag?
- Erkläre die Grundlagen der Photosynthese für ein Kind.
- Welche Filme werden für die nächsten Oscars gehandelt?
- Was sind die besten Strategien zum Erlernen einer neuen Sprache?
- Was sind die wichtigsten Ereignisse in der Geschichte des alten Ägypten?

Perplexity – Schweizer Taschenmesser aus dem Silicon Valley

Das vielversprechendste Angebot hat das US-Unternehmen Perplexity AI zu bieten (`https://perplexity.ai`). Perplexity (*Abbildung 16.1*) ist meiner Meinung nach das

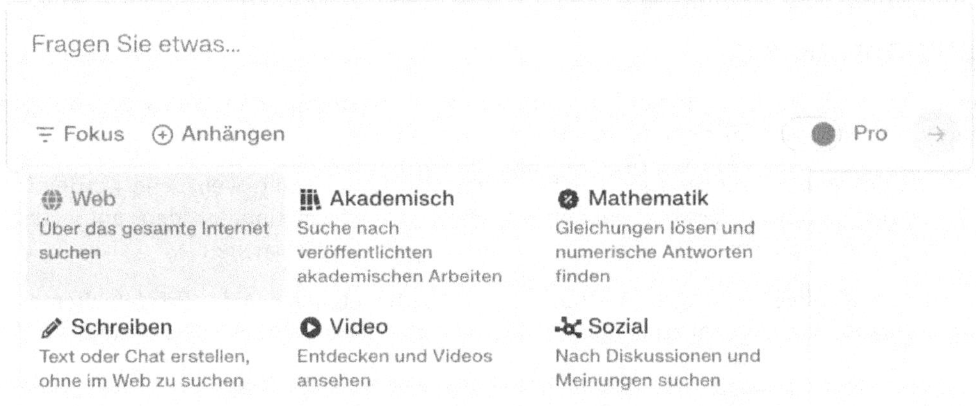

Abbildung 16.1: Findemaschine mit offenem Fokus-Menü (Screenshot: `perplexity.ai`)

perfekte Tool für den *Ich frage mich…*-Moment, in dem Sie eine einzige Antwort und kein Bataillon an möglichen Antworthinweisen möchten.

- ✔ Besonders die Websuche ist ein Geheimtipp geworden, weil sie erstaunlich gute Ergebnisse liefert, an die man sich sehr schnell gewöhnt.
- ✔ Antworten werden als zusammenhängender Text auch in deutscher Sprache ausgegeben, in dem die jeweiligen Aussagen mit Weblinks belegt werden. Bei Videoquellen springt der Player sogar genau an die erwähnte Stelle.

Nutzungsoptionen und Kosten

- ✔ Die Seite darf ohne Anmeldung kostenfrei genutzt werden (*Quick Search*), funktioniert dann jedoch nur mit dem eigenen Sprachmodell.
- ✔ Wer sich registriert, kann die Modelle auswählen (neben Perplexitys eigenem Modell sind das ChatGPT, Claude, Sonar auf Llama-Basis und Grok). Ähnlich wie bei ChatGPT können Sie personalisierte Hintergrundinformationen hinterlegen und ihre bisherigen Gesprächsverläufe einsehen (*Threads*).
- ✔ Im *Pro-Abonnement* für den stolzen Preis von 20 US-Dollar im Monat beziehungsweise 200 Dollar im Jahr sind bessere KI-Sprachmodelle, eine Echtzeitsuche, längere und mehr Suchanfragen und Datei-Uploads zugelassen. Sie können zusätzlich die Ergebnisse einer Recherche als Webseiten im Internet für andere veröffentlichen und teilen, was für eine Reiseplanung sinnvoll erscheint. Außerdem gibt es dazu einen API-Zugang, der über andere Dienste angesprochen werden kann und monatlich mit fünf Dollar Guthaben geladen wird.
- ✔ Im Enterprise-Pro-Paket gibt es Zugänge für Teams und Firmen und die APIs.

Wenn Sie sich über diesen Link registrieren, erhalten Sie zehn Dollar Rabatt: `https://perplexity.ai/pro?referral_code=VJOOKFBN`

(Ich erhalte eine kleine Provision, hätte Ihnen das aber auch so empfohlen.)

Funktionsübersicht

Wenn Sie möchten, können Sie im Vorfeld einer Suchanfrage den Fokus der Aufgabe eingrenzen, wozu verschiedene Hilfsmittel genutzt werden:

- ✔ Über das gesamte Internet suchen, Schreiben von Texten ohne Websuche, akademische Arbeiten finden, Berechnungen vornehmen (WolframAlpha), Videos entdecken (YouTube) und nach Diskussionen und Meinungen (Reddit) suchen.
- ✔ Für tiefgründige Suchen und für Forschungsarbeiten eignet sich der Pro-Schalter, der irrelevante Suchergebnisse herausfiltern und verbesserte Einblicke liefern soll.
- ✔ Hinter dem Pro-Schalter finden Sie auch `Überlegungen mit DeepSeek` und OpenAIs o-Modell (*Kapitel 5*), die sich für Rätsel, mathematische Probleme und zum Coding eignen.

Das Suchergebnis

Das Suchfenster kommt auf der Webseite (*Abbildung 16.2*) und in der App schlicht und aufgeräumt daher. Die KI antwortet präzise und verlinkt ihre Quellen. Wer nach Wetter sucht, bekommt eine detaillierte Grafik, bei Fragen zu Aktienkursen wird der aktuelle Wert des Titels und eine Analyse präsentiert.

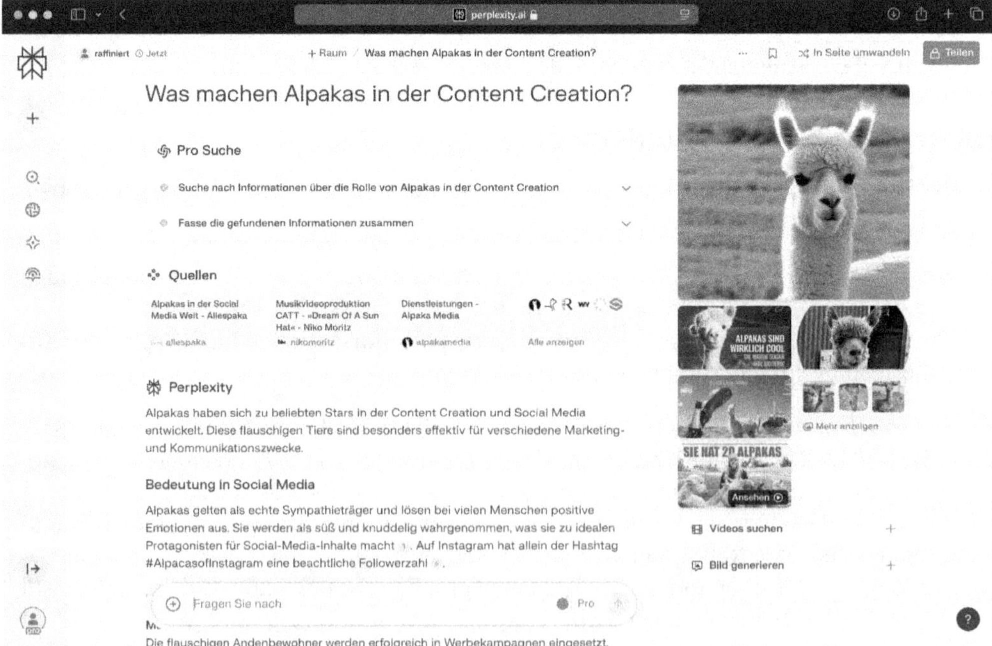

Abbildung 16.2: Direkte Antwort ohne Klick (Screenshot: `Perplexity.ai`)

- Oberhalb der Antwort ist vereinfacht dargestellt, wie die KI vorgeht und welche Quellen sie berücksichtigt. Ganz unten stehen Vorschläge für Nachfragen, die einfach anklickbar sind und die nächste Suche anstoßen.
- Gleichzeitig erscheinen passende Bilder und Links zu Videos am Bildschirmrand der Websuche, und dort können Sie zum Suchthema passende Bilder über Drittanbieter wie Playground, Dall-E oder Stable Diffusion generieren.
- Zusätzlich können Sie PDF-, Word-, Excel- und Powerpoint-Dateien hochladen und als Datengrundlage für die KI-Suche bereitstellen. So soll beispielsweise eine Projektplanung einfacher gelingen, wenn die KI sowohl Zugriff auf relevante Unterlagen hat als auch im Web nach Informationen suchen kann.

Die *Inkognito-Suche*, wie private Browser-Fenster, hinterlässt keine Chronik.

Besonderheiten

Die Funktion *Entdecken* pusht auf Wunsch Nachrichten aus vielen Themenbereichen aufs Smartphone oder stellt sie auf der Webseite dar. Diese sind meist einige Stunden alt und erscheinen hierzulande über Nacht. Der Grund ist, dass jemand zur Kontrolle drüberliest und die Texte kuratiert. So ganz traut der Anbieter seinem eigenen Produkt offensichtlich nicht.

Apps

Perplexity stellt Apps zur Verfügung, die Sie kostenlos nutzen können. Mit einem Abonnement stehen die bekannten Zusatzfunktionen der Webseite wie die Pro-Suche, die zahlreichen KI-Sprachmodelle oder der Chatverlauf dort ebenfalls zur Verfügung.

Perplexity auf dem iPhone

Für das iPhone stellt Perplexity eine gleichnamige App zur Verfügung, die neben dem bequemen Zugriff auf den Dienst eine Spracheingabe möglich macht. Mit einem iPhone 15 Pro und neuer können Sie in den EINSTELLUNGEN des Geräts der AKTIONSTASTE einen KURZBEFEHL zum Perplexity-Dienst zuweisen und durch Drücken der seitlichen Taste eine Frage einsprechen.

Perplexity auf dem Mac

Für Apples Mac-Betriebssystem gibt es die App *Perplexity: Ask Anything*:

- Sie präsentiert Ihnen mit dem Tastaturkürzel COMMAND + SHIFT + P ein schwebendes Fenster, ähnlich der Spotlight-Suche. Darin können Sie Ihre Suchanfrage eintippen. FOKUS grenzt die Suchfunktion ein wie bei der Websuche.
- Auch ANHÄNGE und BILDSCHIRM-Fotos lassen sich hier bequem hochladen.

- ✔ Die Taste Sprache oder das Tastaturkürzel COMMAND + SHIFT + V öffnen den *Voice Mode*, mit dem Sie sich direkt mit der KI unterhalten können. Allerdings gehen Sprachdaten zusätzlich an Apple und werden laut Einverständniserklärung zum »Verbessern der Spracherkennungstechnologie« genutzt.

KI-Suche mit Such(t)potenzial

Der Überflieger unter den KI-Suchdiensten hat in wenigen Monaten eine Bewertung von drei Milliarden US-Dollar erreicht. Sogar Amazon-Gründer Jeff Bezos, der eigentlich an eigenen Angeboten arbeitet, und Nvidia haben mehrere Millionen investiert. Darüber hinaus gibt es eine Kooperation mit der Deutschen Telekom, über die Gutscheine für kostenlose Jahresabonnements für Pro-Accounts mit Branding an Telekom-Kunden verschenkt werden. Der Browser Arc hat Perplexity als Standard-Suchmaschine integriert. Co-Gründer und CEO Aravind Srinivas sieht seine Firma dennoch als kleines Startup und spricht von Perplexity nur als »Antwortmaschine« und der perfekten Verbindung, als hätten ChatGPT und Wikipedia ein Kind bekommen.

Klagen gegen Perplexity

Doch bei aller Begeisterung gibt es deutliche Kritik: Perplexitys Suchcrawler Perplexity-Bot ignoriert offenbar explizite Widersprüche gegen die Indizierung von Webseiten und verschafft sich so einen illegalen Wettbewerbsvorteil zu Lasten des Datenschutzes (siehe Funktion der robots.txt-Datei in *Teil V*).

Perplexica als Nachahmer-Produkt

Es gibt bei GitHub eine kleine Open-Source-Variante von Perplexity namens Perplexica (`https://github.com/ItzCrazyKns/Perplexica`), und die hat Potenzial. Das Suchwerkzeug versteht Ihre Fragen ebenso und verwendet fortschrittliche Algorithmen, um die Suchergebnisse zu verfeinern und klare Antworten mit Quellenangaben zu liefern. Perplexica nutzt die freie Metasuche SearXNG, um stets aktuelle Informationen zu bieten und Ihre Privatsphäre zu schützen. Die Installation läuft über Docker und Ollama (siehe *Kapitel 7*).

ChatGPT-Suche: OpenAI sucht nach Suchmöglichkeiten

OpenAI greift Google und Microsoft mit der eigenen KI-Suchmaschine an.

Die Internetsuche schalten Sie mit dem WELTKUGEL-Symbol ein und aus.

- ✔ Zwar konnte der Chatbot schon lange im Netz suchen, nun wird das forciert.
- ✔ Sie können die Websuche manuell aktivieren, ChatGPT sucht aber je nach Anfrage auch automatisch, wenn es angebracht scheint.
- ✔ Wetter, Aktienwerte, Sportergebnisse, Nachrichtenmeldungen und Karten integriert ChatGPT dadurch und möchte für mehr Verlässlichkeit sorgen.

Zweifelhafte Quellenauswahl

Größter Unterschied zur konventionellen Chatbot-Funktion sind die Quellenangaben neben und unter den Suchergebnissen. OpenAI kommt hier die Kooperation mit namhaften Medienhäusern zugute, die als Quellen für die Suche herangezogen werden könnten (siehe *Kapitel 2*). Allerdings wird bereits kritisiert, wie einseitig einige politische Einschätzungen in den Ergebnissen sind, weil beispielsweise die BILD-Zeitung bevorzugt und teilweise sogar besonders rechte Publikationen unausgewogen als Quelle verwendet werden.

Investoren-Dilemma

Mit einer eigenen Suchfunktion ist OpenAI auch mit einem Schlag direkter Konkurrent für Microsofts Bing-Suche geworden. Im Rahmen eines verpflichtenden Finanzberichts an die Börsenaufsicht hat Microsoft dort aufgelistet, dass es mit OpenAI trotz anderweitiger Partnerschaften bei Werbeanzeigen auf Such- und Nachrichtenseiten konkurriert. Das ist insofern erstaunlich, als doch Microsoft mit Abstand als größter Investor Milliarden in ChatGPT & Co. gesteckt hat.

Eigene Suchmaschine von Meta

Auch Meta möchte sich der Konkurrenz nicht geschlagen geben und arbeitet an einer Suchmaschine. Llama-Modelle, die offline arbeiten, können davon nicht profitieren. Einem Bericht zufolge soll die Meta-Suche in Chatbot Meta AI und in soziale Netzwerke wie WhatsApp, Instagram und Facebook kommen.

Marktübersicht: KI mit Websuche

Alternative Suchdienste sprießen wie Pilze aus dem Boden und versuchen ihre Chance mit KI und cleveren Funktionen. Jede dieser KI-Seiten und Chatbots hat ihre eigenen Stärken und richtet sich an unterschiedliche Nutzergruppen. Die Wahl hängt letztendlich von Ihren individuellen Bedürfnissen und Präferenzen ab. Außerdem entwickeln sie sich ständig weiter:

- ✔ **`You.com`:** Pionier und 2022 vom Time-Magazine prämiert. Doch der schöne Name tröstet nicht über Schwächen bei Halluzination und Bedienbarkeit hinweg. 15 Euro pro Monat im Abo: `https://you.com`.
- ✔ **Arc Search:** App des Browsers mit innovativer Webseite-Zusammenfassung und Tracker-Blockierung. Bei Apples Design-Preis nominiert: `https://arc.net`.
- ✔ **Kagi:** Professionelle Nerd-Suche mit eigenem Index und KI-Modell. Ab fünf Euro für 300 Suchen monatlich: `https://kagi.com`.
- ✔ **Phind:** Auf Programmierung spezialisierte KI-Suche mit Code-Mode und Zugriff auf GPT-4 und Claude. Premium ab 17 Euro monatlich: `https://phind.com`.
- ✔ **Brave Search:** Datenschutzorientierte Suchmaschine mit KI-Integration, bietet kontextbezogene Antworten und Folgefragen: `https://search.brave.com`.

- **Exa:** Neuronale Suchmaschine mit KI-Modell für präzise Suchergebnisse, die über simples Keyword-Matching hinausgeht: `https://exa.ai`.
- **Mojeek:** Britische Suchmaschine, seit 2004 mit eigenem Index, nutzt Mistral für KI-Zusammenfassungen und verspricht kein Tracking: `https://mojeek.com`.
- **OpenPerplex:** Open-Source-KI-Suchmaschine mit 500 kostenlosen monatlichen Anfragen, nutzbar über Weboberfläche oder API: `https://openperplex.com`.
- **Geospy:** Spezialisierte KI-Bildsuchmaschine erkennt anhand von Architektur und Umgebung den Aufnahmeort eines Fotos: `https://geospy.ai`.

Wie hart der Markt umkämpft und wie instabil bei vielen die Finanzierung ist, zeigt, dass einige Angebote aufgetaucht und schon vom Markt verschwunden sind, während ich dieses Buch schreibe. Beobachten Sie selbst, was übrig bleibt.

Fest steht: Suchende werden sich umgewöhnen. Wer bisher in Stichworten und mit einer Aneinanderreihung von Begriffen gesucht hat, wird künftig längere Fragen und detailliertere Anforderungen formulieren, um dafür schneller zu einem geeigneten Ergebnis zu kommen, ohne sich durch Ergebnislisten zu hangeln. Doch ausgerechnet Marktbeherrscher Google traut sich bisher nicht, sein Potenzial voll auszuschöpfen.

Hybrides Suchen mit Suchmaschine und KI

Die zuverlässigsten Ergebnisse liefert derzeit (noch) eine Kombination aus Suchmaschinen und KI-Integration, wie sie Google, Bing oder DuckDuckGo im Angebot haben. Sie erhalten auf einen Blick die Antwort und gleichzeitig die gewohnte Trefferliste, um das Resultat zu verifizieren und zu verfeinern.

Das Google-Rezept: Lassen Sie Google für sich googeln

Googles Antwort auf den KI-Hype in der Suchbranche ist eine behutsame Erweiterung der bestehenden Suche. Das testet Google erst in den USA und schaltet es langsam auch in anderen Ländern frei. Analysen nach werden dabei häufig konkrete Fragen und Suchen nach Personen oder Orten von Gemini beantwortet.

Zu Anfang ist es noch Glückssache, dass Google hierzulande mit KI antwortet:

- Dort, wo die *AI-Overview*-Funktion bereits ausgeliefert wird, landet an oberster Stelle der von Gemini generierte Antwortteil.
  - Den farblich hervorgehobenen, gekennzeichneten Text der KI-Antwort können Sie mit verschiedenen Knöpfen anpassen, beispielsweise VEREINFACHT oder IN STICHWORTEN detaillierter aufgeschlüsselt.

  - Eine konkrete Quellenangabe wie bei Perplexity ist in diesem Teil des Ergebnisses nicht zu sehen. Google experimentiert jedoch damit, einzelne Passsagen mit Links zu hinterlegen, die über einen RECHTSKLICK im Fließtext erreichbar sind, mobil über ein seitliches LINK-Icon.

- Planungen, beispielsweise ein Speiseplan mit Rezepten für die kommende Woche, erscheinen in Tabellen mit Abbildungen und Zusatzinformationen. Sie können diese Inhalte der Ergebnisseite VERSCHIEBEN und BEARBEITEN. Ein Rezept, das nicht passt, wird eben durch ein anderes ersetzt. Das soll ähnlich auch für die Planung einer Party oder eines Sport-Workouts gelten. Hilfreiche Ergebnisse gehen dabei nicht verloren. Sie können bei eingeloggten Konten direkt GESPEICHERT und später noch einmal hervorgeholt werden.

- Suchanfragen sollen komplex und mehrstufig auf einmal sein: So werden Informationen aus Google Maps und anderen Quellen bei der Suche einbezogen und nach gesuchten Details durchsucht, etwa einem `kinderfreundlichen Restaurant mit italienischen Speisen in der Nähe, das am Nachmittag geöffnet hat und gute Bewertungen hat.` Wenn es anfängt zu *regnen*, schlägt Google Maps Innenaktivitäten vor.

- Unter die KI-Antworten setzt Google ein *Shoppingkarussell* aus Einkaufstipps, die sich aus bezahlter Werbung zusammensetzen. Der Anspruch von Google, treuer Shoppingbegleiter zu sein, spielt eine Rolle, denn das bringt Provision.

- Die klassischen Suchergebnisse sind weiterhin vorhanden, rutschen jedoch ganz nach unten und sind nur scrollend zu erreichen.

Unklar ist noch, wie viele Menschen die KI-Auswertung als hilfreich empfinden oder eher herunterscrollen, um zu den Suchergebnissen in Linkform zu gelangen. Gleichzeitig beschwichtigt Google nämlich, dass es keinesfalls zu beobachten sei, dass weniger Links geklickt würden. Diese Beruhigungspille müssen Werbekunden und Suchmaschinenoptimierende schlucken.

Nützliche Funktionen der KI-Suche

Mit Google Lens können Sie mit Bildern, Videos oder Tönen suchen:

- Tippen Sie dazu im Suchfeld auf das KAMERA-Symbol und nehmen Sie beispielsweise ein Foto einer Warnleuchte im Auto oder ein Video von einer Kaffeemaschine auf, die ungewöhnliche Geräusche macht.

- Wenn Sie einen Ohrwurm haben, können Sie die Melodie ins Smartphone summen oder im Café das MIKROFON einschalten, wenn der Song mal wieder läuft, um ihn bei Apples Shazam nach wenigen Sekunden zu identifizieren.

- Auf die gleiche Weise identifizieren Sie anhand eines BILDES Produkte wie einen Rucksack, den Sie kaufen möchten, und Google verdient daran meist Provision.

Das Google-Dilemma

Google und der Mutterkonzern Alphabet vor einem grundlegenden wirtschaftlichen Konflikt: Obwohl das Unternehmen seit Jahren führend in der KI-Entwicklung ist, zögert es bei der vollständigen Integration von KI in seine Suchmaschine.

- ✔ Google verdient Geld durch Werbeanzeigen neben Suchergebnissen. Eine vollständige KI-basierte Suche würde dieses Geschäftsmodell gefährden.
- ✔ Derzeit werden KI-Antworten nur bei etwa 7,5 Prozent der Suchanfragen angezeigt, bei Nischenthemen (mit weniger Werbekunden) liegt der KI-Anteil bei bis zu 40 Prozent.

Google erwägt eine kostenpflichtige Version der KI-erweiterten Suche, eine endgültige Entscheidung ist noch nicht gefallen, könnte aber so aussehen:

- ✔ Möglicherweise Anbindung an Google One AI Premium
- ✔ Kombination aus Abo-Modell und Werbung
- ✔ Bis dahin fährt Google langsam und zweigleisig.

Bing(e)-Suche mit Microsofts Copilot

Ähnlich wie Google geht Microsoft bei der Suchstrategie vor: Die Microsoft Bing-Suche enthält eine KI-Anbindung, völlig möchte aber niemand auf Suchergebnisse im klassischen Stil verzichten. Das führt zu einer wirren und überladenen Übersicht und häufig wechselnden Schaltflächen.

KI-Suche mit Bing

So starten Sie hinter der althergebrachten Suchmaske von `bing.com` die KI:

- ✔ Auf eine passende Frage liefert die Bing-KI prominent eine passende Antwort und entsprechende Abbildungen. Das wird darunter mit einigen Quellen belegt.
- ✔ Weiter unterhalb positioniert Bing weitere Informationen, die mit einer Art Index am linken Bildschirmrand direkt erreicht werden können.
- ✔ Die bisherige Liste mit Suchergebnissen ist in einer rechten Spalte am Bildschirmrand aus dem Fokus gewandert.
- ✔ Mit der Schaltfläche TIEFE SUCHE (*Abbildung 16.3*) können Sie anschließend eine GPT-unterstützte Suche anstoßen, die ein wenig dauert. Ein Geschäftsmodell hierbei: Zum Einkaufen können Bilder nach Produkten durchsucht werden.

Abbildung 16.3: Rechts vom Suchfeld startet die KI-Abfrage: TIEFE SUCHE. (Screenshot: `bing.com`)

Copilot darf nicht fehlen

Der eigentliche KI-Assistent ist auf der Bing-Suchseite abgetrennt. Er erscheint in der Menüleiste über die COPILOT-Schaltfläche und übernimmt dann an dieser Stelle Ihre Suchanfrage in seine Eingabemaske:

1. Die Schaltfläche NEUES THEMA beginnt einen Dialog ohne Bezug zum vorherigen.
2. Innerhalb eines Themas sind Nachfragen möglich, und die Suche soll »nahezu in Echtzeit« Ergebnisse einbeziehen. In die Suche können Sie BILDER einfügen oder Ihre Suchanfrage per SPRACHEINGABE ausführen.
3. Der Chatbot greift bei eingeloggten Konten auf Chats anderer Geräte und Instanzen zurück und knüpft an frühere Gespräche, wie die Reiseplanung, an.

Ansonsten verhält sich Copilot wie üblich (*Kapitel 15*), kann Texte und Bilder erstellen und mit Pro-Abonnement etwas schneller antworten.

DuckDuckGo: Die fürsorgliche Ente

DuckDuckGo macht vieles richtig und ist daher schon lange meine favorisierte Standardsuchmaschine. Sie finden hier alles, was andere Dienste auch haben, inklusive *Nachrichtensuche*, *Shoppinglinks* oder *Navigation* über Apple Maps. Die datenschutzwahrende Suchmaschine mit der Comic-Ente als Symbol ist komplett in deutscher Sprache erreichbar. Unter anderem über die kurze Domain `duck.com`, die sie vor ein paar Jahren von Google eingeklagt hat.

DuckDuckGo verspricht, **kein Tracking oder Profile** der Suchanfragen durchzuführen, was heutzutage ein seltenes Gefühl der Freiheit bietet. Das Angebot zielt im Gegenteil sogar darauf ab, *Informationsneutralität* zu wahren, indem es keine *Filterblase* durch personalisierte Ergebnisse erzeugt.

Der Name kommt übrigens vom Kindergartenspiel *Duck, Duck, Goose.*

KI-Funktionen in DuckDuckGo

Relevante, schnelle KI-Antworten `erscheinen` oberhalb des Suchergebnisses.

- ✔ Diese Texte können unter anderem aus Wikipedia stammen und erinnern an *Googles Knowledge Graph*. Anthropics Claude ist beim *DuckAssist* im Einsatz.
- ✔ Besonders mit Fragen und Suchen mit dem Term `wiki` können Sie KI-Antworten provozieren. Wem die KI-Funktion missfällt, der kann sie leicht ausblenden.
- ✔ Ein DuckDuckGo AI Chat (*Abbildung 16.4*) gibt Ihnen darüber hinaus unter dem schlichten CHAT-Knopf kostenlosen, anonymen und privaten Zugriff auf beliebte KI-Modelle, einschließlich GPT-4o mini, Claude 3, Open Source Llama 3.1 und Mixtral. »Kein KI-Training mit deinen Daten«, wird auch hier versprochen.

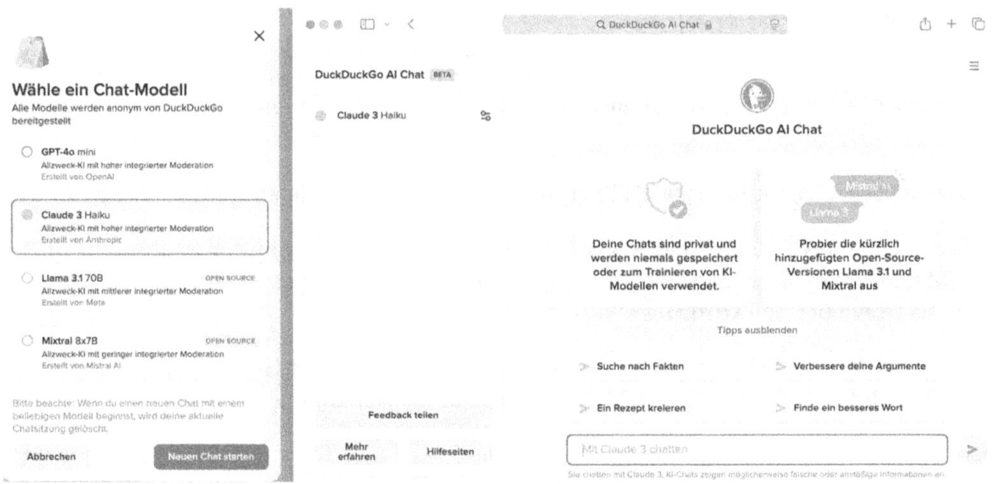

Abbildung 16.4: Kein Tracking durch KI, aber auch kein Chatverlauf (Screenshots: duck.com)

Umfassende Suchergebnisse

Die Suchergebnisse stehen anderen selten nach:

- ✔ DuckDuckGo verwendet einen eigenen *Webcrawler* namens *DuckDuckBot*, der das Internet durchsucht und analysiert, gleichzeitig agiert der Dienst als *Meta-Suchmaschine* und bezieht Daten von Quellen wie Bing, Yahoo und Wikipedia.
- ✔ Außerdem gibt es einen schicken Dark Mode und Abkürzungen, die *Bangs*: Stellen Sie Suchbegriffen ein !w voran, sucht sie bei Wikipedia, ein !r führt zu Reddit.

Sie können DuckDuckGo in nahezu jedem Browser über die EINSTELLUNGEN als **Standardsuchmaschine** einstellen. Ich rate dazu für mehr Datensicherheit.

Ecosia: Eine KI, die Bäume pflanzt

Ecosia mit Sitz in Berlin hat sich auf die Fahnen geschrieben, besonders nachhaltig zu sein (`https://www.ecosia.org`) und gute Suchergebnisse zu liefern. Ecosia ist keine eigenständige Suchmaschine, sondern nutzt die Suchergebnisse und Werbeanzeigen von Microsoft Bing, arbeitet aber auch mit der französischen Suche Qwant an einem europäischen Suchindex.

- ✔ Nach eigenen Angaben nutzt Ecosia sämtliche Gewinne für Klima- und Umweltschutz, vor allem für Baumpflanzprojekte auf der ganzen Welt. Mehr als 213 Millionen Bäume sind laut Webseite so bereits gepflanzt worden.
- ✔ Entsprechend interessant ist der KI-Chatbot, der auf ChatGPT basiert. Er taucht auf der Ergebnisseite in der Auswahlleiste auf, wenn Sie eine Suche abschicken.
- ✔ Mit dem *Nachhaltigen Modus* für umweltfreundliche Antworten ist es der grünste Chatbot, den ich finden konnte (wenn man außer Acht lässt, wie schlecht KI fürs

Klima ist). Sie können fragen, ob sich ein `Balkonkraftwerk lohnt` oder um einen `umweltverträglichen Reiseplan` bitten.

WolframAlpha: Klug und ein wenig übermenschlich

Keine Suchmaschine im klassischen Sinne ist `WolframAlpha.com`, sondern vermutlich **eine der krassesten Nerd-Seiten im ganzen Internet:** eine *semantische Suchmaschine,* die komplexe Berechnungen durchführen und mit KI-Unterstützung Daten analysieren kann. Wenn Sie diese noch nicht kennen, setzen Sie ein Lesezeichen! Diese Maschine **rechnet Ihnen alles aus** oder um:

- ✔ Differenzialgleichungen, Umlaufbahnen, Vitamin-C-Gehalt von Paprika im Vergleich zum Big Mac (wer wird gewinnen?).
- ✔ Das ist so zuverlässig, dass sich Drittanbieter wie Perplexity AI, Kagi und Aleph Alpha lieber auf WolframAlpha stützen, als selbst Derartiges zu entwickeln.
- ✔ Der im *GPT-Store* verfügbare Wolfram-GPT macht Sie zum Mathe-Einserschüler: `https://gpt.wolfram.com`.

Erfinder Stephen Wolfram, der britische Mathematiker und Physiker mit deutschen Wurzeln, macht mit 20 Jahren seinen Doktor der Physik, ist seitdem Verfasser Dutzender Bücher und Veröffentlichungen und entwickelt seit den 80er-Jahren die Programmiersprache *Wolfram Language,* die mathematische Probleme in Code umsetzt. Seine 1988 erstmals vorgestellte Software Mathematica ist bis heute eines der meistgenutzten mathematisch-naturwissenschaftlichen Programmpakete der Welt. Das erklärt alles.

Unterwegs im Browser: Die KI geht surfen

Machen Sie Browser nicht schon beim Installieren zum Standard und klären Sie vorab, wohin *Lesezeichen, Verlauf* und *Passwörter* importiert werden.

Viele Browser-Hersteller haben eigene KI-Tools und Suchfunktionen in ihre Produkte integriert, immer mehr ziehen so langsam nach. Das kann teilweise Kosten für ein Abonnement sparen. Diese Browser sind bereits KI-fähig:

Firefox von Mozilla

Der Opa unter den Browsern erhält noch einmal eine richtige Verjüngungskur. Sie entscheiden selbst, ob sie eine KI-Integration möchten.

- ✔ Zum Funktionsumfang gehört die *Textzusammenfassung* und *Übersetzung* von Webseiten in einfache Sprache (zum Beispiel für die Kinderfrage »Warum?«) mit RECHTSKLICK. Wer möchte, kann sich auch zum Inhalt abfragen lassen.

- Ein favorisierter Chatbot kann als ständiger Begleiter in der Seitenleiste (*Sidebar*) geparkt werden. Zur Auswahl stehen unter anderem ChatGPT, Google Gemini, HuggingChat oder Le Chat Mistral, es soll auch eines lokales Sprachmodell gehen.
- Direkt aus dem Browser heraus können Sie sich Bilder in PDF-Dateien beschreiben lassen, was eine nützliche Barrierefreiheitsfunktion für Screenreader ist. Firefox setzt dazu zur Wahrung der Privatsphäre auf eine lokal laufende KI.
- Neue Funktionen sind über die Option AI CHATBOT INTEGRATION in frühesten Firefox-Vorabversionen *Nightly Builds* für Windows, Mac oder Linux zu finden.

Edge von Microsoft

Dass Microsoft auch dem Edge-Browser einen Copilot spendiert, dürfte nicht überraschen. Der Assistent auf ChatGPT-Basis ist nicht nur auf Windows, sondern auf allen Systemen wie Mac, Linux, iOS, iPadOS und Android dabei:

- Mit der großen COPILOT-Schaltfläche können Sie die Seitenleiste beim Surfen einblenden, um Webseiten zusammenzufassen oder Kommentare und Mails zu verfassen. Die Designer-Funktionen der Bing-Suche sind hier ebenfalls zu finden.
- Beim Surfen genügt es, etwas zu MARKIEREN und im Kontextmenü per RECHTSKLICK > COPILOT FRAGEN auszuwählen.
  - Er kann Fragen zum Browser-Fenster beantworten, egal ob gerade eine Internetseite oder ein PDF-Dokument geöffnet ist, andere Webinhalte einbeziehen und Screenshots oder hochgeladene Bilder empfangen.
  - So können Gebäude, Tiere oder Pflanzen erkannt werden. Allerdings werden aus Datenschutzgründen Gesichter nicht übermittelt, wodurch Sie nicht fragen können, wer eine bestimmte (prominente) Person auf einem Bild ist.
- Der Edge-Browser basiert auf Chromium, dem Fahrgestell des Chrome-Browsers. Daher sind deren Erweiterungen untereinander kompatibel. Wer Windows nutzt, benötigte bisher keine Chrome-Installation, da die Schwester Edge vorinstalliert ist. Mit den eigenen KI-Assistenten gehen die Entwicklungen weiter auseinander.

Chrome von Google

Der beliebteste Browser ist auf allen Betriebssystemen mit Chatbot *Gemini* (*Kapitel* 6) ausgerüstet, der direkt aus der ADRESSLEISTE heraus bereitsteht.

KI-Funktionen mit Sternen gekennzeichnet

Die KI-Funktionen sind meistens an einem kleinen STERNCHEN in den Symbolen erkennbar und bewirken nützliche Dinge an vielen Stellen:

- Damit kann Chrome über RECHTSKLICK auf ein Tab ÄHNLICHE TABS ORGANISIEREN, um sie intelligent zu gruppieren und aufzuräumen.

- TABS VERGLEICHEN (*Tab Compare, Abbildung 16.5*) ist eine nützliche Funktion, um als Einkaufsberatung den Inhalt offener Tabs gegeneinander abzuwägen: bei mehreren tragbaren Lautsprechern aus unterschiedlichen Online-Shops können Sie so zum Beispiel die Unterschiede und Vorteile der einzelnen Produkte sehen.
- Die Suche im VERLAUF bezieht Inhalte der Webseiten und nicht nur die Titel ein.
- In einem Textfeld hilft der RECHTSKLICK auf SCHREIBHILFE bei Formulierungen von Foreneinträgen, Mails, Kommentaren oder Online-Bewertungen, indem er Stichworte in gewünschter Länge und Tonalität ausformuliert.
- Auf Stichwort kann Chrome sich unter DESIGN ÄNDERN auch neu einkleiden und das Hintergrundbild der Startseite oder die Farben personalisieren.

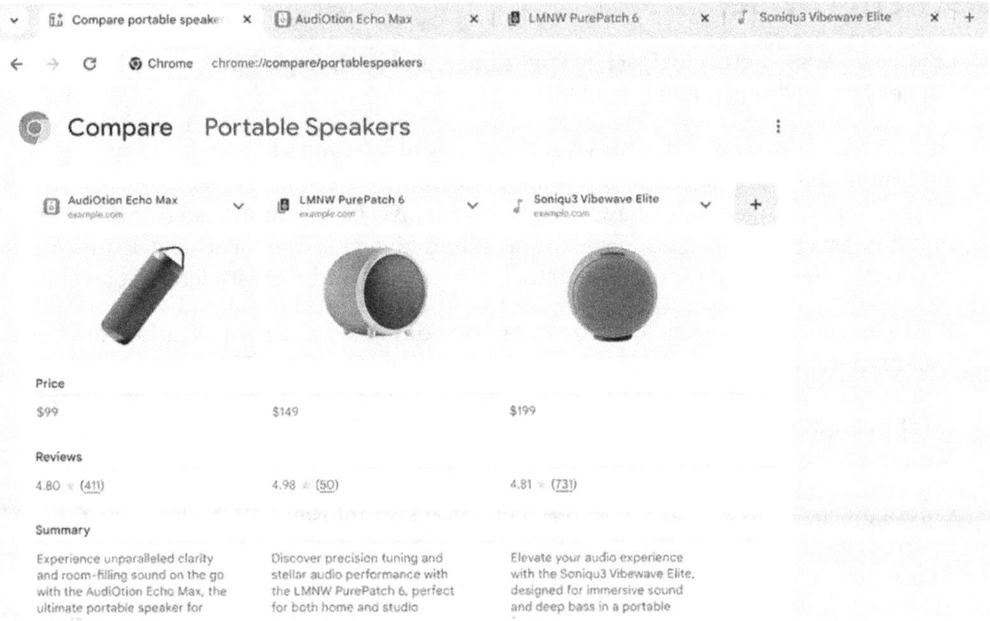

Abbildung 16.5: KI vergleicht Produkte aus offenen Tabs. (Screenshots: `google.com`)

Google-Lens-Suche direkt in Chrome

Die besonders auf Smartphones beliebte Funktion, mit *Google Lens* nach Bildinhalten zu suchen, ist ebenfalls im Browser integriert:

1. Ziehen Sie aus der Adressleiste das umrandete KAMERA-Symbol auf eine Abbildung oder den Inhalt einer Webseite.
2. Sie markieren, was Sie suchen: Zum Beispiel das Accessoire einer Schauspielerin.
3. Google sucht direkt danach und liefert Ihnen das passende Suchergebnis.

Safari von Apple

Apple hat, wie in *Kapitel 6* erläutert, erst spät die KI für sich entdeckt und zunächst auch in Europa mit der Auslieferung gehadert.

- ✔ Safari profitiert dennoch von den KI-TEXTFUNKTIONEN (*Kapitel 6*), die in das komplette System integriert sind und die Sie in jedem Textfeld aufrufen können.
- ✔ Der Browser erkennt relevante Informationen wie Wegbeschreibungen oder Kontext-Links auf einer Seite und hebt sie hervor, während Sie blättern.
- ✔ Die LESEANSICHT in der Adressleiste fasst Webseiten mit längeren Texten übersichtlich zusammen und sortiert Informationen in einem Inhaltsverzeichnis.

Nischenbrowser

Jeder dieser Browser bietet einzigartige Funktionen und KI-Integrationen, wobei sich einige noch in der Entwicklungsphase befinden:

- ✔ **Arc** (`https://arc.net`), der Browser für Mac und Windows hat einen Fokus auf Datenschutz und besticht durch minimalistisches Design, Webseiten-Zusammenfassungen und ChatGPT-Integration. Als Chromium-basierter Browser funktioniert er mit Chrome-Erweiterungen und bietet eine an Safari angelehnte Optik mit ADHS-bewussten Optimierungstools. Dennoch hat die Oberfläche noch Fehler.
- ✔ **Brave** (`https://brave.com/de/`) zeichnet sich durch seine Tor-Integration und hohes Datenschutzniveau aus. Der integrierte KI-Assistent Leo fasst Webseiten zusammen und beantwortet Fragen auf allen Plattformen, kämpft jedoch mit Sprachproblemen. Das kostenpflichtige Abo für 15 US-Dollar im Monat bietet leistungsfähigere Claude-Varianten und kann sieben Tage getestet werden.
- ✔ **Opera** (`https://www.opera.com/de`) bietet den kostenlosen KI-Chatbot Aria mit Echtzeitzugriff aufs Web und integriert zusätzlich ChatGPT und ChatSonic, wobei die KI-Erfahrung insgesamt noch unausgereift wirkt.
- ✔ **DuckDuckGo** (`https://duck.com`) legt auch im Browser Wert auf Datenschutz und Werbeblockierung. Er bietet eine KI-Funktion im DREI-PUNKT-MENÜ und lehnt Cookie-Banner automatisch ab, was das Surferlebnis deutlich verbessert.
- ✔ **Ecosia** (`https://www.ecosia.org/browser`) präsentiert sich als »grünster Browser der Welt« mit einem Fokus auf Nachhaltigkeit. Er enthält einen KI-Chatbot für Umweltthemen und trägt durch seine Nutzung zur Baumpflanzung bei.

IN DIESEM KAPITEL

Ein Schaufensterbummel nach KI-Tools

Welche Werkzeuge sich lohnen und wer sie bietet

Wie neue Projekte ausprobiert werden können

Kapitel 17
KI-Werkzeuge online finden

Wo guckt man da? Das ist vielleicht die häufigste Frage, die ich zu KI-Werkzeugen gestellt bekomme. Es war noch nie so schwierig, den Überblick über den Markt an Internet-Tools zu behalten. Gleichzeitig ist es bei der Vielzahl der Angebote wirklich lohnenswert, für spezielle Aufgaben erst zu schauen, ob es nicht ein spezifisches KI-Produkt gibt, das genau das erledigen kann, was Sie suchen. Glücklicherweise gibt es dafür eigene Werkzeuge, die das Gesuchte erledigen, filtern und beschreiben.

Überall KI, wo finde ich sie?

Viele Webangebote und Verzeichnisse haben sich spezialisiert, aktuelle KI-Tools zu sammeln und zu kategorisieren. Darunter sind neben Webseiten auch Kaufprogramme, Open-Source-Tools und sogar Apps fürs Smartphone.

Marktplätze der Möglichkeiten

Diese Verzeichnisse sind gute Anlaufstellen, werden regelmäßig aktualisiert und bieten oft Filtermöglichkeiten nach Anwendungsbereich:

- ✔ **Futuretools:** Ein großes Verzeichnis von KI-Produkten jeder Kategorie. Es ist zwar englischsprachig, aber nicht so schwierig zu verstehen. Jeweils mit Bild, kurzer Beschreibung und Link präsentiert Futuretools simpel und hilfreich einen Marktüberblick über verfügbare Produkte. Sie können sie suchen oder in Kategorien filtern wie Text-to-Video, Podcasting, Marketing oder Prompting Guides. Auch Free- und Open-Source sind Kategorien. Dazu gibt es einen Newsletter, der Sie auf dem Laufenden hält: `https://futuretools.io`.

- ✔ **AITools:** In gleicher Weise geht auch AITools vor und filtert Ihnen die KI-Welt. Welche Tools sollen Ihnen das Leben leichter machen, welche ermöglichen es Ihnen, schneller und besser als je zuvor zu entwickeln? In einigen Kategorien hat das Angebot sogar deutlich mehr als die Konkurrenz: `https://aitools.fyi`.
- ✔ **AIStash:** Das KI-Verzeichnis zeigt auf einen Blick bei den Werkzeugen an, ob Kosten auf Sie zukommen. Dabei sind Produkte aus den Kategorien Copywriting, SEO, Social Media, E-Mail Assistant, Sales und Art gelistet. Zu einigen Diensten gibt es Rabattcodes: `https://www.aistash.co`.
- ✔ **AI Universe:** Nicht ganz uneigennützig listet auch die Kreativagentur eines Tech-Influencers verschiedenste KI-Tools auf Ihrer Seite. Diese sind teilweise aber ganz gut gewählt und berücksichtigen auch den deutschsprachigen Raum. Zu jedem Eintrag sind übersichtlich Vorteile, Nachteile und Kosten beschrieben: `https://www.ai-universe.com/ki-tools`.
- ✔ **There is an AI for that:** Bei Smartphone-Anliegen gilt schon länger der Leitspruch: *Es gibt eine App dafür*, wenn man nur lange danach sucht. So ist es vermutlich auch mit der KI. Das clevere Verzeichnis listet nicht nur sehr viele Tools, sondern zeigt sogar in einem Zeitstrahl chronologisch, wie lange sie bereits online sind. Sie können filtern und beispielsweise nur Gratisangebote anzeigen lassen, für solche Zusatzfunktionen ist allerdings eine kostenlose Registrierung erforderlich: `https://theresanaiforthat.com`.
- ✔ **AIScout:** Mit verifizierten Angeboten stellt AIScout das Angebot und die Beschreibungen sicher. Darüber hinaus gibt es eine große Zahl an Kategorien wie Dating, Fashion, Marketing und Gaming und vielen Tools darin: `https://aiscout.net`.
- ✔ **Futurepedia:** Die Produkte der Zukunft sammelt Futurepedia und legt den Fokus auf Workflows. Zusätzlich sind Agents und Innovationen im Portfolio. Für alle Produkte sammelt die Webseite auch eine ganze Menge Videotutorials: `https://www.futurepedia.io`.
- ✔ **Easy with AI**: Ein weiteres großes Verzeichnis für KI-Webseiten finden Sie auf: `https://easywithai.com`.

Suchen Sie in AppStores nach Begriffen wie `KI`, `Künstliche Intelligenz` oder spezifischen KI-Anwendungen wie `Chatbot` oder `Bildbearbeitung`.

Programmierplattformen und Verzeichnisse

Wenn es schnell gehen soll und Sie zu den ersten gehören wollen, die von einem Produkt erfahren, müssen Sie an die Quellen. Bevor Tools veröffentlicht werden, müssen sie konzeptioniert, programmiert und getestet werden:

Hugging Face

Die französische *Open-Source*-Plattform mit dem *Knuddelgesicht* hat sich auch in englischer Sprache zur Drehscheibe der namhaftesten KI-Sprachmodelle erhoben und ist inzwischen Milliarden wert. Hugging Face (`https://huggingface.co`) bietet ähnlich wie GitHub eine direkte Versionskontrolle und Zusammenarbeit an Projekten:

- ✔ Meta, Google und Apple stellen hier ihre KI-Modell neben Hunderttausenden anderen zum Download bereit. Gleichzeitig veröffentlichen und diskutieren Entwickelnde aus der ganzen Welt ihre Projekte.
- ✔ Es ist ein riesiger Umschlagplatz für KI-Programme, Skripte und Anwendungsbeispiele, beeindruckende Prompts und Dokumentationen oder Ideen und auch Trainingsdaten wie einer Liste menschlicher Krankheiten oder den aufbereiteten Gesamtbestand von Wikipedia. Und Sie können sich aus alledem auch bedienen für Ihre eigenen Projekte und Experimente.
- ✔ Da es so wuselig ist, hilft naheliegenderweise der KI-Chatbot HuggingChat bei der Sortierung und kann nach speziellen Angeboten einfach befragt werden. Eine ganze Reihe von KI-Tools können Sie bei Hugging Face im Bereich Spaces ohne Download und Installation direkt in Ihrem Browser ausprobieren.

GitHub

Wie GitHub (`https://github.com`) funktioniert, haben Sie in *Kapitel 13* erfahren. Mit den richtigen Suchanfragen und Filtern, zum Beispiel einer Suche nach KI beziehungsweise AI und Docker sowie Programmiersprachen, finden Sie bei GitHub Projekt-Repositories, die Sie herunterladen oder installieren können. Besonders Open-Source-Produkte gibt es hier haufenweise.

Civitai

Wichtige kostenlose Ressource für offene Modelle und das Teilen von erstellten Bildern (`https://civitai.com`). Die Plattform sammelt Tutorials und Prompts und lebt vom Austausch und gegenseitiger Unterstützung.

ModelScope

Die chinesische ModelScope-Community (`https://modelscope.cn`) ist eine Open-Source-Community, die gemeinsam von Alibaba und dem Open Source Development Committee CCF betrieben wird. Eine Art chinesisches Hugging Face mit vielen KI-Modellen aus Fernost. Oben rechts neben dem Suchfeld finden Sie die Übersetzungstaste mit dem EN-Kürzel, auch die Modelle sprechen neben Chinesisch meist auch sehr gut Englisch.

Weitere Möglichkeiten

Um von bahnbrechenden KI-Produkten und nützlichen Tools zu erfahren, genügt es manchmal, den richtigen Leuten zu folgen und in einschlägige Medien zu schauen. Hier sind Menschen meist hauptberuflich beschäftigt, Tools zu suchen und zu testen. Mit Erfahrungswerten, die über kurze Beschreibungen hinausgehen, sparen Sie viel Zeit für eigene Gehversuche.

So kommen Sie an Neuigkeiten zu neuen KI-Tools:

Social Media nutzen und Foren beobachten

So offensichtlich wie einfach: Auf YouTube, Instagram, X, TikTok, LinkedIn und anderen Plattformen teilen KI-Experten und -Enthusiasten Informationen über neue Tools. Beim Vorbeiwischen entdecken Sie jedes Mal etwas Neues.

- ✔ Folgen Sie relevanten Hashtags wie `#AItools` oder `#ArtificialIntelligence`.
- ✔ YouTube ist voll von Tutorials, teilweise leider veraltet, weil sich so viel tut.
- ✔ Für Programmierende empfiehlt sich der Channel von 1littlecoder aus den USA: `https://www.youtube.com/c/1littlecoder`.
- ✔ Mit Tutorials in englischer Sprache wartet auch der in Wien und München studierte Designer Olivio Sarikas auf: `https://www.youtube.com/@OlivioSarikas`.
- ✔ Plattformen wie `Reddit.com` (zum Beispiel in `r/artificial`) oder spezielle KI-Foren sind gute Orte, um Diskussionen über neue Tools zu verfolgen.
- ✔ Auf Servern bei Discord und anderen Netzwerken finden Sie Kontakt für Fragen und bekommen mit, worüber andere sprechen.

Tech-Blogs und -Nachrichtenseiten verfolgen

Renommierte Tech-Publikationen berichten über KI-Entwicklungen und Tools:

- ✔ **heise online:** Deutschsprachiges Technologie-Nachrichtenportal mit breitem Themenspektrum. c't magazin gehört zum Verlag: `https://www.heise.de`.
- ✔ **The Decoder:** Topinformiertes deutsches Nachrichtenblog zu Künstlicher Intelligenz und allen angeschlossenen Themen: `https://the-decoder.de`.
- ✔ **TechCrunch:** Englischsprachige Webseite für Technologie-News und Startup-Berichterstattung: `https://techcrunch.com`.
- ✔ **The Verge:** Englischsprachiges Technikportal mit Fokus auf Verbraucherelektronik und Kultur: `https://www.theverge.com`.

- **MIT Technology Review:** Englischsprachiges Magazin für Technologie-Innovationen vom Massachusetts Institute of Technology: `https://www.technologyreview.com`.
- **Wired:** Englischsprachiges Magazin für Technologie und deren Auswirkungen auf Kultur und Gesellschaft: `https://www.wired.com`.
- **Handelsblatt:** Die Wirtschaftszeitung hat Trends im Blick und berichtet über Technologie und KI mit einem Briefing: `http://www.handelsblatt.de/`.

Das Abonnieren von Newslettern dieser Medien kann hilfreich sein, um auf dem Laufenden zu bleiben, besonders wenn Sie nicht viel Zeit haben.

Produkteinführungsplattformen

- Webseiten wie Product Hunt (`https://www.producthunt.com`) präsentieren Ihnen regelmäßig neue Tech-Produkte, darunter auch KI-Tools.
- Größere Unternehmen haben bestimmte Beta- oder Entwicklungstestprogramme, für die Sie sich meistens kostenfrei anmelden können, oder bieten Labor-Bereiche, zum Beispiel Googles AI Test Kitchen (`https://aitestkitchen.withgoogle.com`).

Konferenzen und Webinare besuchen

Es ist für viele Nerds eine Überwindung, aber manchmal hilft es, vor die Tür zu gehen und neue Eindrücke zu bekommen:

- Auf regelmäßig stattfindenden Messen oder Veranstaltungen gibt es Stände von Startups, Universitätsprojekten oder Gemeinschaftspräsentationen von Vereinen, Netzwerken wie AI-Hubs, Industrie- und Handelskammern und Förderungsprojekten wie denen der Bundesregierung und der jeweiligen Landesregierungen. Zugang und Termine finden Sie beispielsweise über `https://www.de-hub.de`.
- Wenn Sie in Newslettern eingetragen oder dort registriert sind, erhalten Sie bei Gelegenheit Einladungen, um kostenfrei oder vergünstigt an Events teilzunehmen. Vor Ort kommen Sie dann auch direkt ins Gespräch und knüpfen Kontakte.
- Wer erst einmal keinen Menschen begegnen möchte, schaut nach Mitschnitten auf YouTube oder Webinaren. Einige Events sind gelistet bei `https://www.gruender.de/kuenstliche-intelligenz/ki-events`, aus internationaler Sicht bei Organisationen wie `https://www.unite.ai/conferences`.

Indem Sie diese verschiedenen Quellen kombinieren, können Sie effektiv auf dem Laufenden bleiben und neue vielversprechende KI-Tools entdecken.

Damit Sie stets auf dem Laufenden bleiben, habe ich Ihnen im *Teil VI*, dem Top-Ten-Teil, ein paar Listen mit den besten Quellen, um über KI auf dem Laufenden zu bleiben, und Tools, die das Leben erleichtern, zusammengestellt.

Lernangebote

Wenn Sie Ihr Wissen weiter vertiefen möchten, lassen Sie sich nicht von dubiosen KI-Gurus verführen. Sie finden für sich oder andere, die Sie von generativer KI überzeugen möchten (und denen Sie hoffentlich auch dieses Buch empfehlen werden), eine ganze Reihe kostenloser Kurse im Internet, die wirklich umfassend und nützlich sind. Viele Kurse sind von den Herstellerfirmen der KI-Produkte selbst, die ja ein ureigenes Interesse haben, dass diese Technologie verbreitet und verstanden wird. Hier eine Auswahl:

KI-Campus

Als eine auf das Thema KI spezialisierte digitale Lernplattform wurde der KI-Campus (`https://ki-campus.org/`) bereits 2019 unter anderem mit Fördergeldern des Bildungsministeriums gegründet und ist seitdem eine Institution und Anlaufstelle zum Selbststudium mit einer ganzen Reihe von Kursen für den Neueinstieg oder die berufliche Vertiefung.

- ✔ Sehr viele Unternehmen und Institutionen engagieren sich finanziell und ermöglichen kostenlose Kurse, Videos, Podcasts und eine niedrigschwellige KI-Bildung für alle. Für viele erhalten Sie nach Abschluss sogar eine Teilnahmebestätigung als Nachweis.
- ✔ Beim KI-Campus finden Sie auch den Podcast »KI im Journalismus«, den Masterstudierende der Journalistik an der Katholischen Universität Eichstätt-Ingolstadt in Kooperation mit dem Bayerischen Rundfunk und dem KI-Campus unter Federführung meines früheren Professors Prof. Dr. Klaus Meier produzieren: `https://ki-campus.org/podcasts/ki-im-journalismus`.

Elements of AI

Was kann KI (und was nicht): Bei den kostenlosen Online-Kursen von der Universität Helsinki bestimmen Sie selbst Ihr Lerntempo und absolvieren Übungen: `http://www.elementsofai.de`.

Google Microlearning

- ✔ Rund einstündige Einführung in generative KI von Google in deutscher Sprache: `https://www.cloudskillsboost.google/course_templates/536`.
- ✔ Microlearning-Kurs zu verantwortungsvollem Einsatz von Künstlicher Intelligenz: `https://www.cloudskillsboost.google/course_templates/554`.

LinkedIn Learning

Für Menschen, die eher dem audiovisuellen Lerntyp angehören, gibt es LinkedIn Learning. Dort finden Sie ein aufeinander aufbauendes Kursprogramm mit Grundlagen, Tools und Tipps von Trainerin Pinar Seyhan Demirdag, KI-Direktorin der Grafikfirma Cuebric. Das ursprünglich englische Seminar ist in deutscher Sprache nachsynchronisiert: `https://linkedin.com/learning/was-ist-generative-ki-22860708/`.

Coursera

Coursera ist eine Lernplattform mit zahlreichen tiefgehenden Seminaren. Auch zu KI-Techniken gibt es viel, zum Beispiel zu Prompt Engineering. Coursera hat mehrere KI-gestützte Funktionen eingeführt und baut sie weiter aus, um das Online-Lernerlebnis zu verbessern und zu personalisieren: `https://www.coursera.org`.

Deeplearning.ai

KI-Strategien, Produktivitätstipps und Workflows für die Arbeitswelt stellt KI-Experte und Stanford Professor Andrew Ng, der das Google-Brain-Projekt gegründet und die Schulungsplattform Coursera mitgegründet hat, vor: `https://www.deeplearning.ai/courses/generative-ai-for-everyone/`.

Amazon für Unternehmen

Das Versand- und Cloud-Unternehmen Amazon erklärt, wie Sie eine Firma auf KI-Herausforderungen vorbereiten und sich als Entscheidungsträger aufstellen: `https://explore.skillbuilder.aws/learn/public/learning_plan/view/1909/generative-ai-learning-plan-for-decision-makers`.

Kaggle

Eine Online-Plattform für Datenwissenschaft und Maschinelles Lernen, die kostenlose Kurse zu Themen wie Python, Machine Learning oder Data Science bereitstellt, ist Kaggle: `https://www.kaggle.com`.

openHPI-Kurs

Das Hasso-Plattner-Institut bringt Schülerinnen und Schülern kostenlos ein paar wertvolle Tipps zu ChatGPT, Dall-E oder Midjourney bei. Das Kursprogramm ist auf vier Wochen angesetzt und kostenfrei: `https://open.hpi.de/courses/kizukunft2023`.

Kostenlose Harvard-Kurse

Wie Sie Python oder Machine Learning und andere Fähigkeiten erlernen und einsetzen, können Sie in einem Online-Intensivkurs an der Harvard University studieren. Die englischsprachigen Kurse laufen über mehrere Wochen und ermöglichen im Selbststudium einen umfassenden Einblick. Viele der Kurse sind gratis. Und wer würde nicht gerne von sich behaupten, in Harvard studiert zu haben? `https://pll.harvard.edu`.

Nachdem Sie nun wissen, wo Sie sich zu Künstlicher Intelligenz weiter informieren können, blicken wir im nächsten Kapitel auf Beispiele aus dem Unternehmensumfeld und auf große Vorbilder, die mit Künstlicher Intelligenz schon mehr als ein Bild generiert haben und aus dem Alltag eines Content Creators und einer Prompt Engineerin berichten.

IN DIESEM KAPITEL

Erfolgsprojekte der Musterschüler aus den höheren Jahrgängen der KI-Kunde

Nützliche Tipps, die mal erwähnt werden sollten

Kapitel 18
Best Practices – die Erfolgsgeschichten

Die Zeit des Experimentierens ist für viele Unternehmen vorbei. Stand am Anfang noch im Vordergrund, wie viele Projekte mit KI-Unterstützung schon gestartet wurden, ist inzwischen maßgeblich, wie viele Arbeitsstunden eingespart werden, was alles vollautomatisiert ist oder welche Einnahmen generiert werden. Ob Industrie-Giganten, Spielehersteller oder der deutsche KI-König Andreas Loff, den ich zu seinen Erfahrungen interviewt habe, sie alle können Spannendes von ihrem Alltag mit KI-Projekten berichten.

Fallbeispiele aus Unternehmen und Behören

Sammeln Sie Inspiration durch einige ausgewählte erfolgreiche KI-Content-Projekte, die andere bereits umgesetzt haben, und nehmen Sie sich ein Beispiel an Projekten, die nicht so gut gestartet sind.

Teurer KI-Fail erntet Shitstorm

»KI ist Mist«, so ist der überwiegende Tenor vieler Kommentare zu einer Tourismuskampagne, die von der Bundesregierung gefördert wird. Was ist passiert? Unter `https://germany.travel` und in Social Media (Username: `germanytourism`) begrüßt die fragwürdig künstlich aussehende KI-Influencerin Emma Interessierte und möchte mit ihnen Erfahrungen über das Reiseland Deutschland teilen (*Abbildung 18.1*). Generierte verwackelte Bewegtbilder zeigen sie dabei vor Sehenswürdigkeiten wie dem Brandenburger Tor, im ICE oder am Kölner Dom. Dass allerdings gerade Reiseerfahrungen sehr persönliche Erlebnisse sind und ein KI-Avatar hier die Glaubwürdigkeit und Authentizität entzieht, ist Anstoß vieler Kritiken. Über konkrete Kosten ist nichts bekannt, billig wird es aber nicht gewesen sein. Für das Geld hätten gerade in Berlin sicherlich viele ihre persönlichen Erfahrungen geteilt. Der Schnellschuss mit schlecht gemachten Bildern und Videos auf Amateurniveau geht nach hinten los. KI sollte nicht unüberlegt für alles eingesetzt werden.

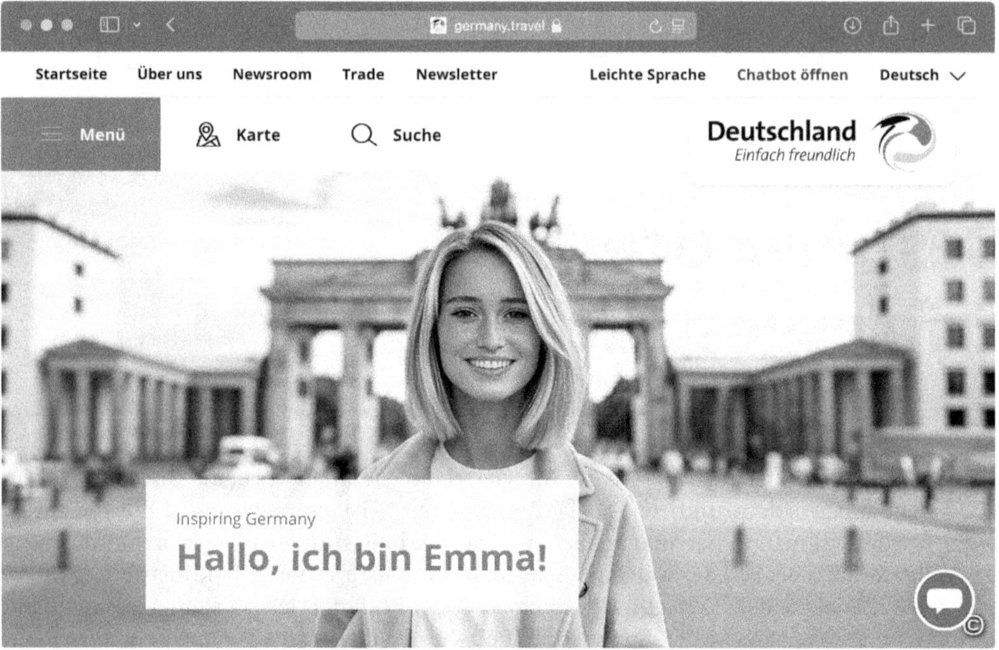

Abbildung 18.1: »Influencerin« KI-Emma reist für Steuergeld durch Deutschland. (Screenshot: `germany.travel`)

Bosch: Deutsche Industrie als KI-Vorreiter

Generative KI in der Industrie wird in Deutschland besonders bei den Marktführern forciert. Das Unternehmen Bosch berichtet auf dem AI Summit des Branchenverbands Bitcom von großem Erfolg der KI-Integration:

- ✔ So würden die Tausenden Anleitungen und Dokumentationen des Werkzeug-, Zulieferteile- und Haushaltsgeräteproduzenten in natürlicher Sprache mit zahlreichen Modellen wie GPT von OpenAI und Llama von Meta erschlossen, wobei technische Fachbegriffe allerdings noch ein Knackpunkt sind.
- ✔ Zum Schutz des geistigen Eigentums bemüht sich Bosch um eine Diversifizierung und setzt zusätzlich auf das deutsche KI-Startup Aleph Alpha. Dem hat Bosch unter anderem auch sehr viel Geld für KI-Trainings ausgegeben.
- ✔ Bosch verwendet außerdem Synthesia für KI-generierte Präsentation mit Avataren, HeyGen für Übersetzungen von Trainingsvideos und Adobe Firefly für die Bilderstellung. Dabei sei es aber den Erfahrungswerten nach wegen der Beschränkungen schon schwierig, beispielsweise einen Bohrer mit Firmennamen und Logo zu erstellen.

Wie Andreas Nauerz, Abteilungsleiter bei Boschs Digitalsparte, erklärt, sind dank KI bei Bosch bereits mehr als 120 Millionen Euro eingespart worden: Mit inzwischen mehr als 160 Anwendungsszenarien nutzt Bosch generative KI intern von Zusammenfassungen bis zu neuen Inhalten und extern im KI-Chatbot AskBosch. Allein dieser Bot mit Microsofts Copilot, Amazon Web Services (AWS) und Google-Technologie spart im Kundenkontakt bis zu 84 Millionen Euro pro Jahr. Selbst in der Softwareentwicklung werden fast 40 Millionen Euro und gut 20 Prozent der Arbeitszeit eingespart.

dm-Drogeriemarkt: Spieglein, Spieglein im Browser

Die Drogeriekette dm bietet wie viele einen KI-Chatbot an, der die Produkt- und Serviceberatung auf der Unternehmenshomepage `dm.de` übernimmt. Zu Beginn ist er bewusst auf Beauty-Tipps limitiert, antwortet zum Beispiel auf `Zeige mir Beauty-Produkte mit natürlichen Inhaltsstoffen` oder `Empfehle mir eine Morgenroutine für empfindliche Haut` und nicht auf Fragen zu anderen Produkten. Der Chatbot gibt auch eine Beauty-Beratung und Styling-Tipps anhand hochgeladener Selfies.

Electronic Arts: Das nächste Level in der Spieleentwicklung

Der US-amerikanische Videospielentwickler Electronic Arts hat mit einer KI-Offensive für gespaltenes Feedback gesorgt: Einerseits sind angesichts der Entlassungswelle in der Spieleindustrie viele Menschen finanziell betroffen. Andererseits sind frisch vorgestellte Spiele so realitätsnah wie noch nie. So wird beispielsweise im Sportspiel-Sektor für *EA Sports FC* oder das *EA Sports College Football* bereits früh Künstliche Intelligenz eingesetzt, um zum Beispiel Sportstätten oder Spielerfiguren nachzubilden. Der CEO Andrew Wilson erklärt in einer Investorenpräsentation, dass die 150 Stadien und 11.000 Gesichter in der 2025er-Version ohne KI niemals gebaut worden wären. Auch die Spiellogik wird von mehreren Herstellerfirmen mit KI-Unterstützung aufbereitet. Weil das so schnell zu einem Ziel führt, hat EA bereits angekündigt, weiter massiv auf Künstliche Intelligenz zu setzen und dabei praktisch keine Abteilung auszulassen. Um das anschaulich zu präsentieren, spricht bei der Präsentation dann auch ein Avatar des britischen Fußballsuperstars Jude Bellingham zur anwesenden Presse und beantwortet Fragen. Laut Electronic Arts hat dieser höchstpersönlich sein Einverständnis zu dieser Aktion gegeben. Ein gelungener Marketing-Coup.

Erfahrungen aus der Praxis der Content Creation

Was treibt die Branchen um, die sich mit KI beschäftigen, und mit welchen Tools arbeiten die Kreativen besonders häufig? Während der Vorbereitung auf dieses Buch habe ich mit zahlreichen KI Pionierinnen und Pionieren gesprochen und zwei ausgewählt, die hier stellvertretend ihre Erfahrungen teilen.

Hannah Passmann: KI in Marketing und Kommunikation

»Nicht alles, was geht, ist auch erlaubt. Besonders in Deutschland.«

Hannah Passmann ist Senior Art Director bei palmerhargreaves (`https://www.palmerhargreaves.de`), einer internationalen Kommunikationsagentur mit Sitz in Köln, die wie keine andere schon heute alle Möglichkeiten der generativen KI einsetzt. Sie arbeitet für weltbekannte Marken wie Audi, Bayer, Deutsche Telekom, Ford, Henkel, Porsche und SAP. Gleichzeitig gibt sie auch Hands-on-Seminare und zeigt, wie sich KI in den kreativen Workflow integrieren lässt. Ich habe sie gefragt, wie bei ihr der Umgang mit Künstlicher Intelligenz im Kreativalltag abläuft.

Welche KI-Tools verwendest du im Agenturalltag?

Zu meinen Top Drei zählen Midjourney, Adobe Firefly und ChatGPT für Teams. Die meiste KI nutze ich in der Creative Cloud, also den Adobe-Programmen, ob mit dem Generative Fill von Photoshop oder Plug-ins.

Spielen bei der Auswahl auch rechtliche Bedenken eine Rolle?

Wir sind angehalten, darauf zu achten, dass wir keine sensiblen Daten eingeben oder geschützte Bilder hochladen. Wir prüfen zum Beispiel jedes Mal, wenn wir irgendein Plug-in oder ein Feature finden, ob das DSGVO-konform anwendbar ist, und es gibt häufig die Situation, dass wir Tools nicht benutzen dürfen. Wir haben eine Liste mit freigegebenen und nicht freigegebenen Anwendungen, und gerade bei denen, die ganz neu auf dem Markt und noch nicht EU-rechtskonform sind, heißt es: Nee, tut uns leid, hier müssen wir warten, bis das rechtlich sicher ist.

Wie entscheidet ihr, welcher Kunde durch euch mit Künstlicher Intelligenz in Berührung kommt?

Es ist zur Zeit vor allen Dingen eine Compliance-Frage, wie der Kunde dazu steht. Zum Beispiel ist die Deutsche Telekom mit T-Systems schon langjähriger Kunde von uns und hat sich vor dem ChatGPT-Hype sehr früh getraut, KI auch einzusetzen. Eine der ersten KI-Kampagnen in Social Media, in dem Fall auf LinkedIn, drehte sich um IoT, das Internet der Dinge, und das haben wir sehr abstrakt visualisiert (*Abbildung 18.2*). Für Nissan ist KI gerade im Winter 2024/2025 aktuell: Eine Winter-Kompletträder-Kampagne auf deren Homepage und auf Social Media, die komplett in einem Manga-Anime-Style gepromptet worden ist (*Abbildung 18.3*). Da liegen ungefähr anderthalb bis zwei Jahre zwischen diesen beiden Kampagnen. Die Möglichkeiten haben sich in dieser Zeit sehr gewandelt.

Abbildung 18.2: Deutsche Telekoms IoT-Kampagne (KI-Bilder: palmerhargreaves)

Abbildung 18.3: Winter-Kompletträder-Kampagne für Nissan (KI-Bild: palmerhargreaves)

Wie steigt ihr dann ein und wie läuft der Schaffensprozess ab? Geht jeder Prompt zur Freigabe an die Kunden?

Für mich ist KI ein extrem cooles Multi-Tool: Ich habe zum Beispiel für eine Fotoshooting-Vorbereitung Landschaften gepromptet und überlegt, wie ich meine Charaktere da reinsetzen möchte und wie sie später in den Kampagnen auf den Plakaten sind. Das können wir zur Abstimmung mit Kunden als Moodboard benutzen, bevor richtige Bilder gemacht werden. Wir sparen so richtig Zeit, zum Beispiel in der Vorbereitung einer Zielgruppenanalyse mit spezifischen Parametern. Wichtig ist hierbei immer zu wissen, dass das Ergebnis natürlich nicht absolut exakt ist, aber wir können beispielsweise die Recherchearbeit verkürzen, indem wir die Ergebnisse der KI nehmen und diese gegenprüfen.

Und wenn der Kunde sagt, es darf in der Veröffentlichung auch KI enthalten sein, wie bei Nissan, ist Midjourney einer der größeren Player für uns. Wir stimmen die Visuals ab, wie wir es auch in einem normalen Workflow machen würden, aber natürlich nicht die einzelnen Prompts, weil die Kunden mit dieser Fremdsprache nicht so viel zu tun haben. Wenn, wie hier bei Nissan, die Grundidee freigegeben worden ist und damit Stil und Charakter eingegrenzt wurden und wir die Parameter kennen, auf die wir achten müssen, können wir anfangen, damit das Storytelling zu betreiben. Und da ist dann zum Beispiel ChatGPT ein toller Sparringspartner.

Wie lange sind dann so deine Prompts? Man sieht doch in Foren immer so ewig lange Anweisungen.

Ich persönlich bevorzuge kurze und knackige Prompts. Bei Midjourney ist das sowieso besser. Und bei ChatGPT für Teams finde ich interessanter, wenn mir Rückfragen gestellt werden und es sich anfühlt wie ein kommunikativer Prozess. Aber das hält jeder anders.

Die Telekom ist ja per se technikaffin, und Nissan kommt aus Japan, das traditionell wenig Berührungsängste mit Technik hat. Wie KI-affin ist denn der deutsche Mittelstand oder auch das deutsche Großunternehmen?

Es ist für mich diese typische »German Angst«, die jetzt langsam ein bisschen aufbricht. Darüber bin ich sehr glücklich. Der deutsche Datenschutz ist Fluch und Segen zugleich. Es wird einem immer auf die Finger gehauen, man soll aufpassen und vorsichtig sein, was extrem gut ist und sensibilisiert. Gleichzeitig bringt es aber eine gewisse Scheu mit sich. Es gibt Berührungsängste und Unsicherheiten mit der KI. Über alle Altersgruppen hinweg besteht aber häufig die Sorge, dass einmal eingegebene Informationen nicht mehr aus der KI herauszubekommen sind.

Ihr haltet zu diesem Zweck selbst Prompt-Master-Classes oder Beginner-Classes für Midjourney und für ChatGPT und vermittelt Know-how. Was kann man dabei lernen?

Wir sind eine große Agentur mit verschiedenen Bereichen und schulen uns intern auch selbst. Das tragen wir nun auch in unterschiedlichen Ausprägungen nach außen. Prompts entwickelst du zum Beispiel am besten als kleine Geschichte, die eine Einleitung, einen Hauptteil und einen Schluss hat, und vielleicht noch ein bisschen Glitzer obendrauf. Gerade bei Midjourney unterteilst du deinen Prompt am besten in einen Präfix, eine Szene und den Suffix. Du sagst also zum Beispiel, es soll ein Foto sein von einem futuristischen Roboter, der irgendwo auf dem Mond steht, und dann aber noch mit einem UV-Filter versehen. Das führt zu einem guten Ergebnis. Wir zeigen den Leuten, was alles beeinflussbar ist, von Variationen über Upscaling bis zu Zooms. Eines meiner Lieblingsbilder zeigt bei Midjourney in zwei Fällen eine ältere Dame, während die Prompts fast identisch sind (*Abbildung 18.4*). Es gibt nur eine Variable, und zwar den Fotostil: `investigative photo` und `high fashion photo`. Das allein sorgt bereits für einen enormen Unterschied.

In vielen Situationen arbeiten wir mit Hybriden, also einem Mix aus Foto und KI-Bild, um auch die Produkte der Kunden in generierte Bilder einzubauen. Wenn die KI einmal nicht das generieren würde, was wir benötigen, würden wir zunächst eine Figur, zum Beispiel eine Person, entwickeln, die beispielsweise eine Banane hält. Den Rest regelt Photoshop, und an die Stelle der Banane basteln wir dann händisch das Produkt. So kann man sich immer behelfen. Einer der vielen Gründe, weshalb ich nicht davon ausgehe, dass unser Job irgendwann durch KI ersetzt wird.

Abbildung 18.4: Unterschied im Präfix in Midjourney (KI-Bilder: palmerhargreaves)

Evolution von Midjourney: Der Kölner Dom im Lauf der Jahre

Hannah Passmann experimentiert mit den Möglichkeiten der KI-Werkzeuge: Seit 2022 promptet sie immer wieder den Kölner Dom in Midjourney, um die Evolution aufzuzeigen. So entsteht mit dem gleichen kurzen Prompt `cologne cathedral` von Version zu Version ein neues Bild, von anfänglichen abstrakten Gemälden bis zu fotorealistischen Darstellungen (*Abbildung 18.5*). Ironischerweise ist gerade der Kölner Dom in Teilen ständig in Restauration und derart kompliziert und verwinkelt, dass ihn vermutlich nie eine KI exakt nachbilden kann. Ebenso geht Passmann in ChatGPT mit der Formel `Erstelle einen Lebenslauf von mir` vor. Das Ergebnis wird mit der Zeit immer realistischer und lebensnaher.

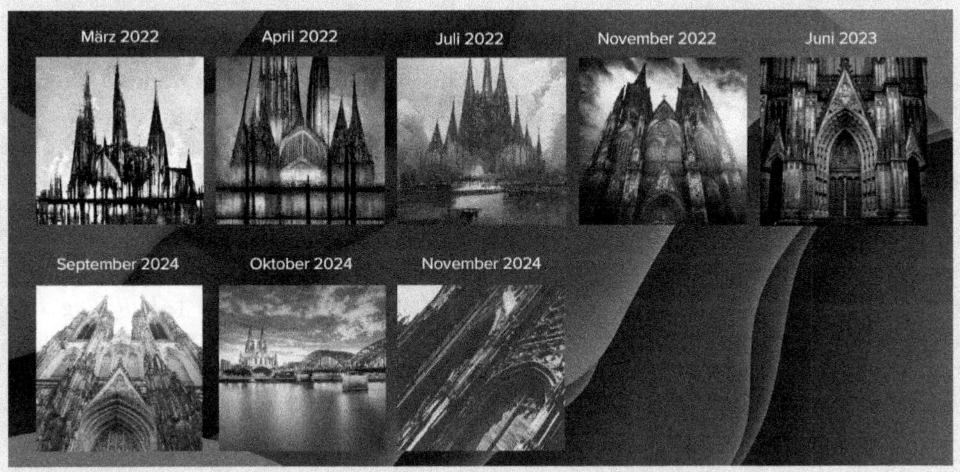

Abbildung 18.5: Prompt-Evolution bei Midjourney (KI-Bilder: palmerhargreaves)

Andreas O. Loff: Formatentwickler, KI-Evangelist und Produzent

»Spielt damit, spielt mit der KI!«

Andreas O. Loff podcastet, schafft generative Kunst, aber auch ganz handfeste mit seiner Beratung und Formatentwicklung. Er ist ein erfolgreicher Künstler in allen Disziplinen und nennt sich selbstironisch »Multijobber«. Auf Kongressen und Events ist er gefragter Speaker. Der Hamburger steht mit seinem Unternehmen *Ponywurst Productions* (`https://ponywurst.com`) hinter zahlreichen einflussreichen Formaten der Szene: Er ist in aller Ohr mit den Podcasts »Das Ziel ist im Weg«, »Ich hab dich trotzdem lieb« an der Seite von Schlagerstar Oli.P oder in der satirischen Lanz-und-Precht-Zusammenfassung »Richard, wo erreiche ich Dich« mit Ingmar Stadelmann. Die Liveshow zu »Apokalypse & Filterkaffee« von Moderator und Comedy-Autor Micky Beisenherz hat er mitentwickelt und geht sogar mit ihm auf Tournee. Am liebsten sitzt er aber allein zu Hause und lässt die Künstliche Intelligenz für sich arbeiten. Unter anderem hat er damit für Joko und Klaas bei ProSieben die gewonnene beste Sendezeit um 20:15 Uhr mit dem KI-Film einer Populistendystopie nach der Europawahl gefüllt.

Andreas, wo erreiche ich dich?

Vor einem großen Monitor. Ich sitze an meinem Arbeitsplatz und habe hier einen sehr großen und zwei kleine Monitore, wo ich mit der Künstlichen Intelligenz die Bilder zum Laufen bringe. Ich habe einen PC, aber es wird wahrscheinlich mein letzter sein. Nach dem letzten Crash habe ich mir überlegt, dass da Apple mit Backups ein bisschen schneller und einfacher ist.

Schon seit 2022 nutzt du KI intensiv. Da ging es gerade erst los. Worauf bist du besonders stolz?

Die Fähigkeiten, die ich durch die Lust am Spielen mit der KI dazugewonnen habe, weil ich Sachen machen wollte. Zum Beispiel den Filmschnitt, den ich mir zwangsweise selbst beibringen musste, um Filme zu machen und nicht jedes Mal einen Cutter dazuzusetzen. Bei den Projekten gucke ich da nicht immer so zurück. »Oma, was war noch mal dieses Deutschland?«, ein dystopischer Science-Fiction-Kurzfilm in einem nordafrikanischen Land 2060, wo wir quasi die Remigrationsfantasien gewisser Politiker zu Ende gespielt haben, war natürlich für mich ein Meilenstein und wahrscheinlich für politische Kurzfilme mit KI ein großer Aufschlag. Ich gucke auch belustigt zurück auf diesen GTA6-Trailer, ein satirisch überspitzter Werbefilm für das Gangster-Computerspiel (*Abbildung 18.6*). Das spielt mal in Miami, New York oder L.A., und ich dachte, es wäre lustig, wenn das mal nach Deutschland kommt – und zwar nach Sylt. Über eine Sylt-Facebookgruppe kam die Parodie in die Zeitungen. Von da aus ging es dann los: Plötzlich war ich KI-Experte in

Abbildung 18.6: Andreas O. Loff holt das Videospiel GTA6 in einer Parodie nach Sylt und sich in die Schlagzeilen. (Screenshot-Collage mit KI-Bildern: `Stern.de`, `Bild.de`, `Focus.de`)

der BILD-Zeitung, und der Focus titelte: »Plötzlich tauchen deutsche Spitzenpolitiker im FSK18-Gewaltspiel auf«. Da gucke ich immer sehr belustigt drauf. Aber das hat dafür gesorgt, dass sich dann die Herren von ProSieben bei mir meldeten, ob ich nicht Lust hätte, nach Berlin zu kommen.

Wir sprechen im Herbst 2024 miteinander. Woran arbeitest du gerade?

Ich arbeite jetzt an einem Musikvideo der Band H-Blockx. Darin ist eigentlich nur ein Teil mit KI erzeugt. Ich versuche sie als reines Werkzeug zu verwenden. Ich habe als Quelle ein Fotoshooting und ein paar Lip-Sync-Videos bekommen und baue eine Story draus mit allen Hintergründen und allem, was passiert.

Du bist ja gut vernetzt in der TV- und Medienlandschaft. Wer nutzt KI deiner Kenntnis nach und wofür? Oder kommen alle jetzt zu dir?

Ob ich wirklich alles wahrnehme, weiß ich nicht. Also, ich sehe es jetzt eher bei Werbeagenturen, mit denen ich auch zusammenarbeite, dass da natürlich sehr viel experimentiert wird. Und das sieht man ja jetzt an dem Trigema-Affen, der plötzlich ein Mode-Influencer ist und komplett mit KI erstellt worden ist. Das hat übrigens eine Freundin von mir gemacht, die Mieke Haase, mit ihrer Agentur loved. Im klassischen TV-Bereich denken viele noch, sie müssten es machen. Ich schule in einem öffentlich-rechtlichen Sender die Volontäre, und wenn sie KI selbst benutzen, kommen sie nicht nur auf die Idee, etwas mit KI zu machen, sondern sie ist dann halt einfach ein Werkzeug. Wer KI nicht benutzt hat, kommt auch beim Machen gar nicht auf die Idee, sie einzusetzen. Außer man macht solche Reportagen wie »Das KI-Manifest« im ZDF.

Künstliche Intelligenz krempelt die Film- und Kulturbranche um. Im ZDF-Dokumentationsformat »Das KI-Manifest« formulieren namhafte Branchenangehörige eine Diskussionsgrundlage und fordern unter anderem Fairness, Würde und Kontrollmöglichkeiten. Film und PDF sind auf `https://www.ki-manifest.de`.

Das Schöne ist ja, wenn man gar nicht bemerkt, dass KI benutzt wird. Dann ist das Tool sehr gut eingesetzt. Ich kann mir vorstellen, dass es bei einigen Produktionen bereits im Schnitt schon passiert, dass eine Szene nach hinten raus gerne noch mal um eine oder zwei Sekunden verlängert wird, ohne dass es der Zuschauer merkt. Du kannst alte Aufnahmen, die nur in HD sind, auf 8K hochrechnen oder die Framerate von 24 Frames pro Sekunde auf 60 hochrechnen. Man sieht es wirklich nicht. Das gehört inzwischen sicher zum Handwerkszeug eines jeden Cutters.

Wenn wir jetzt über generative Text-KI sprechen, sowas wie Dall-E, Midjourney oder Flux bis hin zu Video-KIs wie Runway, Luma oder Kling, benutze ich sie alle relativ häufig im Mix. Da geht alles, was ich da mache, durch verschiedene KI-Tools, und Photoshop ist immer dabei. Allein schon, um rechtlich eine Schöpfungshöhe zu erreichen, die möglichst über 50 Prozent liegt, damit ich das Urheberrecht behalte. Mit jeder KI und jedem Prompting-Tool, was ich da noch auf dieses Bild draufpacke, wird meine Schöpfungshöhe größer. Im Nachhinein könnte ich das Urbild, das es zum Beispiel aus Midjourney gibt, einfach hinlegen und sagen: Guck mal, da ist noch ein bisschen Arbeit reingeflossen (vergleiche *Schöpfungshöhe* in *Kapitel 20*).

Wie lang sind dann deine Prompts so und wie kommst du da drauf?

Wie lange brauchst du, um einen Kniffel zu würfeln? Das ist ganz unterschiedlich. Ich hatte bei Video-Prompts, die sehr kurz sind, bereits wahnsinnig gute Ergebnisse. Wenn ich zum Beispiel ein Bild in eine Video-KI werfe und sage, es soll sich etwas bewegen, hat es schon mal beim ersten Prompt hingehauen. Und manchmal sitzt man den ganzen Tag dran und bekommt nicht das Ergebnis, das man haben will. Ich habe jetzt ein Beispiel in dem Musikvideo: Da gibt es die Band, die ich in einen gekachelten Raum gestellt habe, wo von den Wänden Wasser runterläuft, und ich habe diesen Raum über eine Bild-KI entworfen (*Abbildung 18.7*). Dann habe ich ihn mit Photoshop noch mal so gebaut, wie ich ihn haben will, und habe dann der Film-KI gesagt: »Bitte lass Wasser da runterlaufen und mach keinen Schwenk und keinen Zoom«. Ich glaube, ich habe einen halben Tag gebraucht, um eine Version zu bekommen, in der nicht reingezoomt oder geschwenkt wurde. Ansonsten müsste ich natürlich die ausgeschnittenen Bandmitglieder auch reinzoomen oder mitschwenken, und das wäre ein wahnsinniger Aufwand und sieht unecht aus, wenn man es nicht so gut beherrscht. Da war der Prompt zwischendurch sehr lang und sehr kurz, und das hat nichts genutzt.

Lernt man daraus, seinen Perfektionismus abzulegen, oder wirst du umso pingeliger, wenn irgendwas nicht passt?

Man muss einfach anfangen. Wenn man sagt: »Ich möchte einen Baum sehen« und sagt: »Der Baum ist eine Eiche, die soll aber auch noch nasse Blätter haben, auf einer Wiese sein, die Sonne soll scheinen, und ein Hase soll vorbeihüpfen«, dann muss man sich da langsam rantasten. Man muss erst mal gucken, dass man den Baum, wie man ihn möchte, darstellen kann. Dann versucht man das Licht ein bisschen zu verändern, dann die Wiese und tastet sich so ganz langsam heran. Mit jedem Parameter, den man dazunimmt, wirft man quasi einen Würfel mehr in diesen Kniffelbecher, und es dauert länger, bis das Endergebnis dann so ist, wie man sich das im Kopf vorgestellt hat. Die KI spinnt ja auch manchmal rum und macht da Sachen, die man überhaupt gar nicht wollte, und plötzlich sieht das ganz anders aus. Das finde ich eigentlich künstlerisch sehr spannend, weil es einen gerade im

Abbildung 18.7: Im Musikvideo zur Single »Fallout« schickt Andreas O. Loff die Kultband H-Blockx durch eine wilde Dystopie. (KI-Musikvideo: Ponywurst Productions)

Videobereich auf tolle Ideen bringen kann, wenn da plötzlich was wegglitscht, ein Arm wegfliegt oder plötzlich irgendein Objekt oder ein fremder Mann da auftaucht und eine fremde Frau. Dann kann man damit arbeiten. Ich fürchte mich vor dem Tag, wo die KI zu perfekt wird und dieses Element Chaos rausfliegt, weil das wahnsinnig inspirierend ist.

Storytelling ist dir wichtig. Mit Blick auf Hollywood darf die KI ja keine Anschlussfehler machen und muss stringent bleiben. Wie gelingt das?

Das ist im Moment mit sehr viel Würfeln verbunden, und es gibt ein paar Tricks, die man anwenden kann. Aber es gibt natürlich auch diese Zwitterlösung: Es wird Filme geben, die zum Teil nur gefilmt sind und zum Teil nur in KI produziert. Storytelling ist mir wichtig, wenn ich Sachen sehe, bei denen nur eine grobe Idee umgesetzt wird: Ich habe mich wahnsinnig geärgert über einen Film, der bei LinkedIn so viel Aufmerksamkeit bekommen hat, weil die einzige Idee war, dass die Charaktere von »Herr der Ringe« ein Rockfestival machen. Da stand dann Gandalf an der Gitarre – das war alles. Nicht mal die Songs waren inspirierend. Es war eine Ansammlung von Bildern von einem Rockfestival von »Herr der Ringe«, und ich dachte, da kann man doch keinen Film draus machen! Daraufhin habe ich dieses Star-Wars-Musikvideo »Hidden Love« gemacht, weil ich einfach eine Geschichte erzählen wollte. Ich kann trotzdem spektakuläre Bilder zeigen und konsistent bleiben, aber eben eine Geschichte dazu erzählen. Es ist am Ende egal, ob ich das mit Bleistift mache, mit Buntstift oder im Scherenschnitt oder im Daumenkino, da ist KI dann wieder nur ein Tool, um eine Geschichte zu erzählen. Man wundert sich, warum diese technisch toll gemachten Sachen wie Kim Jong-un in Balenciaga auf dem Laufsteg mit Trump und danach Biden keine Story haben. Das ist eine tolle Slideshow von bunten Bildern, aber das ist kein Storytelling. Ich versuche, diese low-hanging fruits oder easy targets einfach nicht zu machen, weil ich keine Effekt-Hascherei möchte.

Hast du denn nützliche Tipps für Einsteiger?

Spielen, es ist wirklich der Spieltrieb! Die generative KI ist dafür gemacht, damit rumzuspielen, egal, ob es Text ist oder Bild. Man kann nichts kaputt machen. Das sind alles nur Pixel oder Text. Man kann alles ausprobieren und sich dann angucken, was man da hat (*Abbildung 18.8*). Und es gibt wahnsinnig viel YouTube-Material, wie man die Tools auch benutzen kann. Eigentlich nicht anders, als wenn ich auf YouTube suche, wie man die Batterie von meinem Mini wechselt und es schon drei Leute vor mir gemacht haben. Das gibt es alles auch für generative KI, ob das Midjourney ist, Dall-E oder Leute, die einem Prompts zeigen. Das lässt einen dann weiterspielen.

Viele Leute sagen, ich habe dieses ChatGPT mal ausprobiert, habe versucht einen Witz zu machen, der war nicht lustig. Oder das Gedicht hat sich nicht gereimt – ja, dann mach halt was anderes damit. Inzwischen reimt sich das schon ganz gut, und die Witze sind schon besser geworden. Also: spielen und ausprobieren.

Das wird Kinder ranführen, um frühzeitig zu lehren, was es heißt, Dinge beschreiben zu können. Ein Geschäftspartner hat seiner achtjährigen Tochter Midjourney gezeigt, und sie hat angefangen Bilder zu machen, wie es Achtjährige halt machen: So ein Einhorn auf einer Wiese mit einem Hundewelpen. Sie wurde immer besser darin, zu prompten. Und dann hat sich etwas verändert: Sie war mit ihrem Vater spazieren, und als sie über die Hügel von Portugal gelaufen und die Küste entlang gegangen sind, hat sie ihm erzählt, wie sie die Landschaft der KI beschreiben würde.

Das ist eigentlich genau das, was der Skill ist, den wir in der Zukunft brauchen und unsere Kinder brauchen: Dinge beschreiben können. Vielleicht haben wir das bisher verlernt. Ich glaube, das ist der Skill der Zukunft – auch auf Details zu achten. Das ist natürlich auch ein iterativer Prozess. Wir sehen, was die Maschine nicht verstanden hat, und versuchen es noch mal, oder ich frage ChatGPT, was es an Informationen braucht, damit das Ergebnis stimmt. Das ist Spielen und Beschreiben!

Du zitierst ja gerne den Technikchef von Amazon Deutschland, der sagt: »Das Gute an KI ist, ich werde nicht mehr nach der Blockchain gefragt.« Ist KI einfach der nächste Hype oder bleibt das?

In diese große Salatschüssel KI wird eine ganze Menge reingeworfen. Das Hype-Thema KI, was die Menschen damit meinen, ist meistens ChatGPT oder generative Tools wie Midjourney. Aber die Künstliche Intelligenz und große Language-Models gibt es ja schon sehr lange. Ich habe 2004 schon mit meiner damaligen Firma an einem System gearbeitet, das Inhalte von E-Mails erkennt. Das sind große Sprachmodelle, die schon lange im Einsatz sind, und Machine Learning und KI haben sich quasi die Klinke in die Hand gegeben. Damit ist es in der breiten Bevölkerung angekommen. Der Hype dadrum und wie man die Berechnungen macht, der wird auch noch bleiben. Aber was ich mir wünsche, ist, dass sich das weiter aufsplittet, dass die Leute KI nicht alle in einen Topf werfen. Amazon sagt ja auch: Der Herr Loff hat das eine gekauft, schlage ich ihm das andere mal vor. Da ist ein System dahinter, das wie ein Mensch ausprobiert und A-, B- und C-Tests durchführt: Wir haben jetzt 10.000 Leute, die haben das Kaufverhalten von Herrn Loff. Wir geben davon mal 2.000 Leuten diesen Vorschlag, 2.000 Leuten den Vorschlag, 2.000 Leuten einen anderen Vorschlag ... fünf

Abbildung 18.8: Demonstriert KI-Potenzial an sich selbst (KI-Fotos: Andreas O. Loff)

verschiedene Vorschläge. Dann wird geguckt, welcher am besten performt, und übernehmen das für die restlichen 100.000, die gleich kaufen. Das macht ja kein Mensch mehr, das macht automatisiert eine Maschine. Der Hype der KI ist schon lange da. Jetzt ist er halt so angekommen, dass jeder darüber sprechen möchte.

Hast du in Sachen Barrierefreiheit mit KI schon Erfahrungen gesammelt?

Ich sehe es bei den Podcasts, die jetzt automatisiert von Apple einfach mit einer KI transkribiert werden. Das heißt, dass Menschen, die nicht so gut hören können, jetzt die Inhalte von Podcasts bei Apple oder Spotify einfach mitlesen können. Das ist schon sehr gut. Ich weiß noch nicht, wo das alles hinführt. Ich beobachte auch die rechtliche Seite, was die Kennzeichnungspflicht von KI anbelangt. Da kann eine Menge hilfreich sein. Bilder zu beschreiben für Menschen, die nicht so gut sehen können, zum Beispiel. Seit zwei oder drei Jahren gibt es auch eine Brille für Gehörlose, in der in Echtzeit das Gesprochene vom Gegenüber übersetzt wird und wie in einem kleinen Display in der Brille eingeblendet wird. Das ist ja wirklich lebensverändernd für taube Menschen. Die gehörlosen Menschen sagen, sie haben das Gesprochene glasklar vor sich stehen, egal, ob der einen langen Bart hat oder nicht. Ich muss mich nicht immer nur auf den Mund konzentrieren. Ich glaube, dass da die Innovation noch nicht zu Ende ist.

Andreas O. Loff und seiner Arbeit im Netz zu folgen, ist inspirierend und witzig: `https://instagram.com/andreas.loff` und `https://youtube.com/@loffy10001`

Content Creation im Journalismus

Es ist kein Geheimnis, dass **Nachrichtenmedien mit Künstlicher Intelligenz** produktiv arbeiten. Ich habe es selbst von mehreren namhaften Verlagsgruppen, Medienhäusern und Dienstleistern in Erfahrung gebracht:

Zeitungen und Nachrichtenportale

Redaktionen von (Online-)Zeitungen lassen ihren Text-Content für verschiedene Ausspielwege von KI umformulieren, kürzen oder inhaltlich (politisch) färben.

Blaulichtreportagen und lokale Meldungen

Die Künstliche Intelligenz kann aus den täglich veröffentlichten Polizeimeldungen spannend erzählte **Blaulichtreportagen** schreiben.

- ✔ Dabei werden dann die nüchtern formulierten Presseberichte der Polizeireviere von der KI in kleine Artikel umformuliert und automatisch veröffentlicht.
- ✔ Hinzu kommen **Fleißaufgaben** wie die Metadaten, Titelvorschläge und Teaser-Texte, die bisher vernachlässigt oder widerstrebend und häufig lustlos erledigt wurden. Bilder können automatisch in alle ausgespielten Formate gebracht, betitelt und beschrieben werden (siehe Barrierefreiheit in *Kapitel 19*).

Meldungen für verschiedene Publikationen aufbereiten

Mit KI-Unterstützung schafft es die Ippen-Verlagsgruppe, Meldungen von Nachrichtenagenturen in **Artikel umzuformulieren** und dabei **politische und regionale Färbungen** von Zeitung einzuhalten. Rund 60 Nachrichtenportale, Heimatzeitungen und Anzeigenblätter gehören zu Ippen.Media, darunter bekannte Marken wie Münchner Merkur, tz und Frankfurter Rundschau.

- ✔ Inhalte werden **im Stil eines Ressorts, einer Rubrik oder Marke** redigiert, also im Duktus einer Kommentar- oder Glossespalte oder der Wirtschaftsredaktion. Ein eher konservatives Blatt wird dann die gleiche Nachricht anders bewerten und wiedergeben als eine liberale Zeitung, und für eine Lokalzeitung wird die Meldung mit regionalem Bezug aufgewertet. Das lief bisher manuell, nun automatisch.
- ✔ In Online-Veröffentlichungen prüft das Medienhaus den Erfolg bestimmter Formulierungen im Titel des Artikels und korrigiert ihn gegebenenfalls automatisch.
  - Steht etwa ein Artikel online und wird verhältnismäßig wenig geklickt, kann KI helfen, **Titel und Teaser umzuformulieren** (*anders drehen*). Es wird von Online-Redakteuren gesteuert und vor Veröffentlichung geprüft. Im Content-Management-System können pro Artikel mehrere Überschriften hinterlegt werden. Dafür sind Statistikwerkzeuge und Textgeneratoren angebunden.
  - Spezielle Teams können die Performance gegeneinander testen (*A/B-Test*).

Audio- und Video-Content auf der Webseite

- ✔ Die Frankfurter Allgemeine Zeitung (FAZ) bietet von ihren Inhalten automatische KI-Zusammenfassungen und eine Vorlesefunktion mit synthetischer Sprachausgabe für Abonnenten. Auslöser seien veränderte Nutzungsgewohnheiten und Kündigungen mit der Begründung, weniger Zeit zum Lesen zu finden.
- ✔ Focus Online und andere Medienhäuser sparen sich Sprachaufnahmen und lassen Online-Videos mit Nachrichtenmeldungen von KI-Stimmen vertonen.
- ✔ Es gibt Dienstleister, die dazu passend den standardisierten, automatischen Videoschnitt von eintreffenden Agentur- und Reporterbildern anbieten.

Hörfunk und Podcasts

Podcaster und Radiosender experimentieren mit KI-optimierten Musik-Playlisten, generierten Musikbetten, Jingles und synthetischen Stimmen:

- ✔ Die hörenswerten Technologie-Podcasts »kurz informiert« und »KI-Update« von heise online nutzen (wo wäre es passender, damit zu experimentieren) regelmäßig eine synthetische Stimme in einzelnen Ausgaben zur Entlastung und als Urlaubsvertretung der realen Redakteurin und Moderatorin Isabel Grünewald. Dies wird zu Beginn jeder solchen Folge und in den Shownotes deutlich gekennzeichnet. Seit 2022 läuft dieses Experiment mit dem KI-Dienstleister Aflorithmic Labs. »KI-Update« hat die Auszeichnung »Fachmedium des Jahres 2024« in der Kategorie »Bester Podcast« gewonnen.
- ✔ Im **öffentlich-rechtlichen Angebot der ARD bei SWR3** war im Juli 2023 ein Experiment zu hören: Die täuschend echte KI-Stimme des Moderators Volker Janitz sprach eine ganze Sendung ein (Hörbeispiele auf `https://www.swr3.de/podcasts/swr3-report/kuenstliche-intelligenz-nutzen-oder-risiko-102.html`). Im Anschluss befragte SWR3 die Zuhörenden, welche Stimme echt sei. Eigebettet war der Versuch in thematische Beiträge zu Chancen und Risiken von generativer KI.
- ✔ Die hessische FFH-Mediengruppe, mit den Programmen HIT RADIO FFH, planet radio und dem 80er-Radio harmony eines der erfolgreichsten privaten Medienunternehmen in Deutschland, setzt KI-Stimmen für nächtliche Wettermeldungen und individualisierte Verkehrsmeldungen ein.
  - FFH verwendet KI-Textgeneratoren für die Online-Angebote und hat die Software **Radio Creator AI-Tools** (`www.radio-creator.com`) entwickelt, die auf die GPT-4o-API zugreift und für andere Radiostationen und Medienhäuser angeboten wird.
  - Damit können Reporter unterwegs eingesprochene Beiträge direkt transkribieren und zu Online-Artikeln oder Social-Media-Posts für verschiedene Plattformen mit Emojis und Hashtags umschreiben und bebildern lassen.
  - Gleichzeitig werden Transkript und Audioaufnahme zur Weiterverwendung innerhalb der Redaktion bereitgestellt und mit vorbereiteten Prompts für einen Podcast samt Shownotes aufbereitet oder auf griffige Zitate durchsucht, die parallel für eine Pressemitteilung zusammengefügt werden.

- Der Radiosender bigFM hat medienwirksam ein **Webradio** namens bigGPT gestartet und lässt hier sowohl Inhalte als auch Sortierung der meistgestreamten Musik (»KI-Beats«) von KI übernehmen (`https://www.bigfm.de/webradio/bigGPT`).
  - Nach eigenen Angaben arbeiten verschiedene Senderprogramme zusammen, wie mir der Chatbot-Assistent bigBro auf Nachfrage erklärt: »Ein Teil der Software stammt von Futuri Media aus Ohio in den USA. Diese Software ist für die Identifizierung relevanter Themenbereiche (Topic Pulse), die automatische Erzeugung von Beiträgen (Echo Automation) und die synthetische Sprachausgabe (AI Voice) zuständig. Alle diese Komponenten sind mit dem GPT-4 von OpenAI verbunden. Dadurch werden zielgruppenorientierte Radiobeiträge zu verschiedenen Themen generiert.«
  - Die als eine brünette Schönheit im Lara-Croft-Look bebilderte KI-Moderatorin bigLayla hat ein eigenes TikTok-Profil, wo man ihre animierten Videos in hautengen Shirts laut Senderbeschreibung »abchecken« kann (`https://www.tiktok.com/@biglayla.biggpt`). Doch muss die KI-Schöpfung Layla sich nach Feedback schon wieder das Mikrofon mit menschlichen Counterparts teilen. OnAir erklärt sie das in ihrem sendertypischen amerikanischen Dialekt: »Ihr habt recht, wir KIs sind zwar superschlau, aber auch ein bisschen langweilig«, und da hat sie recht. Die Stimme klingt relativ monoton und emotionslos wie ein Sprachassistent auf dem Smartphone, und sie spricht ihren eigenen Namen mal Leyla und mal Layla aus. So ganz funktionsfähig ist das Format daher offenbar noch nicht.

Fernsehen

- ProSieben nutzt **KI-Videos in Einspielfilmen**, so bei der Wissenssendung Galileo in Erklärfilmen, um beispielsweise eine Baumbesetzung zu zeigen (`https://prosieben.de/serien/galileo/videos/galileo-stranger-than-fiction-2-jahre-auf-einem-baum-v_pr2j46emixak`) oder in einer Folge der 15 Minuten von Joko und Klaas (erstellt von Andreas Loff), um Szenarien eines Sieges von Demagogen und Nationalisten nach der Europawahl zu illustrieren (`https://prosieben.de/serien/joko-klaas-gegen-prosieben/news/europawahl2024-sonntag-morgen-appell-video-joko-klaas15-minuten-aufruf-waehlen-stimme-abgeben-juni9-372320`).
- Bei Nachrichtensendern im TV und bei Webseiten mit Videoinhalten werden von externen Zulieferern beigesteuerte Nachrichtenbilder teilweise maschinell zusammengeschnitten und betextet (siehe Videogeneratoren in *Kapitel 12*).
- Ein kompletter **KI-Fernsehnachrichtensender** und »die Zukunft der Nachrichten« möchte `channel1.ai` sein. Der Look ist professionell.
  - Ausschnitte von animierten Moderatorinnen und Moderatoren, die nicht sofort als solche zu erkennen sind, in echt aussehenden Räumen haben großes Aufsehen erregt. Doch der Sender sucht weiter nach Investoren.
  - Wenn es klappt, soll das Programm mit personalisierten Nachrichten aus aller Welt und von der Börse nur durch KI-Personen vorgetragen, die Recherchen im Hintergrund aber von echten Menschen erledigt werden.

- Immerhin beschleunigt es die Ausstrahlung, wenn nicht erst eine Moderatorin in die Maske und dann vor die Kamera gehen muss. Und dank KI-Technik spricht sie am Ende auch jede Sprache der Welt fließend.

Großereignisse

Während der Olympischen Spiele 2024 in Paris, dem größten Fernsehereignis der Welt, experimentiert Chiphersteller Intel mit 8K-Livestreams und KI-Bildauswahl.

✔ Die hochauflösenden Inhalte bereiten KI-Server in Millisekunden auf. Das Olympic Broadcasting Service OBS stellt diese dann auf der Alibaba-Cloud den weltweiten Fernsehsendern zur Verfügung. Darin sind auch mit KI nachbearbeitete 3D-Aufnahmen der Sportlerinnen und Sportler.

✔ KI wählt Höhepunkte der Disziplinen aus, erstellt Zeitlupenwiederholungen und Standbilder. Dafür analysiert die KI-Plattform Geti Video- und Audiodaten der Sportlerbewegungen sowie punktuelle Geräusche aus dem Umfeld wie Trillerpfeifen, einen Startschuss und Raunen im Publikum.

✔ Zur Vorbereitung für den Videoschnitt der besten Szenen werden in den Metadaten die Sportleraktivitäten automatisch von der KI bewertet (Videobeispiele auf: `https://www.intel.com/content/www/us/en/newsroom/resources/olympic-paralympic-games-paris-2024.html#gs.d413ay`).

In Venezuela nutzt eine Nachrichtensendung KI-Avatare, um ihre Reporterteams vor Repressalien des autoritären Regimes von Nicolás Maduro zu schützen. *Operación Retuit* (*Operation Retweet*) berichtet über Wahlbetrug und das Vorgehen gegen die Opposition und hofft, dabei unerkannt zu bleiben.

IN DIESEM KAPITEL

Warum Barrierefreiheit allen nützt

EU-Verpflichtung zur Barrierefreiheit

Von Anfang an barrierefrei planen

KI-Tricks für mehr Barrierefreiheit

Inklusive Produkte und Kommunikation

Kapitel 19
Endlich Barrierefreiheit – Grenzen überwinden mit KI

Sie möchten doch sicher, dass alle Menschen Ihren Content genießen können – egal, ob sie eine Sehschwäche haben oder gerade mit einer Hand einen Kaffee halten. Barrierefreier Content klingt komplizierter, als er ist. In diesem Kapitel zeige ich Ihnen, worauf Sie achten sollten und wie KI diese Arbeit erledigt.

Unternehmen sind ab Mitte 2025 gesetzlich zur barrierefreien Gestaltung von Webseiten und Apps verpflichtet. Bei Verstößen drohen empfindliche Strafen.

Barrierefreiheit im Netz

Während die meisten Menschen ganz selbstverständlich durchs Internet surfen, stoßen andere täglich auf digitale Hürden: Der Content ist unübersichtlich, zu kompliziert formuliert oder ohne Alternativtexte und Untertitel online gegangen. Das ist kein alleiniges Thema für Menschen mit Behinderung, sondern für die ganze Gesellschaft, denn jeder und jede kann betroffen sein.

Behinderung als soziales Modell

Behinderung im Barrierefreiheitskontext kann nicht nur medizinisch, sondern als soziales Modell verstanden werden: Äußere Barrieren *behindern* Menschen.

Der Begriff Barrierefreiheit wird in Bezug auf Hilfsmittel ziemlich weit gefasst. Alle können täglich in eine behindernde Situation geraten:

- ✔ Es kostet Zeit und Nerven, wenn Druckfunktionen sämtliche Werbebanner mitdrucken und der eigentliche Text nicht lesbar ist.
- ✔ Nicht nur ältere Menschen scheitern häufig daran, Cookie-Banner wegzuklicken.
- ✔ Kinder, die nicht jedes Fremdwort verstehen oder nicht gut lesen können, brauchen speziell formulierte Angebote. Menschen, die eine Sprache nicht so gut sprechen oder nur auf der Durchreise sind, brauchen ebenfalls eine Hilfestellung.
- ✔ Wer gerade Auto fährt oder kocht, freut sich über die Vorlesefunktion eines Online-Artikels. Wer eine Stelle im Podcast sucht, weiß die Transkription oder Untertitel eines Videos zu schätzen.

Sie können diese Liste beliebig fortsetzen, und die Personengruppe der Betroffenen wird am Ende nicht gerade klein sein. Irgendwann im Laufe des Lebens sind wir alle auf Hilfsmittel angewiesen.

Falls Sie sich oder Ihr Team noch überzeugen möchten, was Barrierefreiheit ausrichtet: Verschiedene Mythen werden, schick aufbereitet und mit Quellen unterfüttert, auf `https://a11ymyths.com/de` im Detail widerlegt.

Menschen mit Behinderung profitieren im Speziellen

Doch es gibt den feinen Unterschied, dass bestimmte Menschen es sich nicht aussuchen können: Besonders betroffen sind Menschen mit Behinderungen oder Beeinträchtigungen in irgendeiner Form wie Sehstörungen, Höreinschränkungen, Sprachdefiziten, Lernschwierigkeiten und so weiter.

Die meisten Menschen *erwerben* (so sagen die Leute auf dem Amt) ihre Behinderung im Laufe des Lebens. Das macht deutlich, dass der Kampf für Barrierefreiheit, Inklusion und gleiche Teilhabechancen uns alle angeht:

- ✔ Nur 3,3 Prozent der behinderten Menschen sind von Geburt an behindert.
- ✔ In Deutschland leben rund zehn Millionen Menschen mit Behinderung. Mehr als zwölf Prozent der Bevölkerung. Jede achte Person in einem Privathaushalt ist behindert.
- ✔ Knapp die Hälfte (46 Prozent) der schwerbehinderten Menschen ist zwischen 55 und 75 Jahre alt. 29 Prozent sind 75 Jahre und älter.
- ✔ Nicht jede Behinderung oder Einschränkung ist von außen erkennbar!

Gut 80 Prozent der Onlineshops sind für Menschen mit Behinderung nicht nutzbar, zeigt eine Studie aus 2024 im Auftrag der Aktion Mensch und Google.

Nur weil in der medialen Wahrnehmung und im Alltag vieler Menschen Behinderungen kaum eine Rolle spielen oder stereotyp dargestellt werden, sind Menschen mit Behinderung trotzdem da und Teil der Gesellschaft.

Was bedeutet barrierefrei konkret?

Barrierefreiheit meint, dass eine Nutzung für alle gleichermaßen möglich ist. Diese *Inklusion* – auch im Web – ist keine Charity, sondern ein Menschenrecht.

Webseiten und digitale Angebote gelten als barrierefrei, wenn alle Menschen sie uneingeschränkt nutzen können. Zu den offensichtlichsten Dingen gehören:

- ✔ Texte müssen gut lesbar und verständlich sein
- ✔ Bilder brauchen Alternativtexte für Screenreader
- ✔ Videos benötigen Untertitel
- ✔ Die Bedienung muss auch ohne Maus möglich sein

Diese Anforderungen helfen nicht nur Menschen mit Behinderungen, sondern verbessern die Nutzbarkeit für alle. Doch das sind nur einige der Faktoren, die ein barrierefreies Angebot sicherstellen.

Gesetzliche Verpflichtung zu Barrierefreiheit

Wie wichtig Barrierefreiheit ist und wie sehr sie zugleich vernachlässigt wird, zeigt die Entscheidung der Europäischen Union, sie verpflichtend zu machen. Angebote müssen auf verschiedenen Wegen *wahrnehmbar*, aber auch *bedienbar*, *verständlich* und *robust*, also kompatibel mit anderen, sein (*Abbildung 19.1*).

Die wichtigsten Punkte für Content Creators aus der EU-Richtlinie:

- ✔ Informationen müssen über mehr als einen Sinneskanal verfügbar sein. Beispielsweise sollen Texte anhörbar, Audios wiederum als Text darstellbar sein.
- ✔ Informationen müssen verständlich und wahrnehmbar präsentiert werden. Die Struktur muss lesbar und die Navigation verständlich sein.
- ✔ Interoperabilität mit Hilfstechnologien wie Screenreadern muss gewährleistet sein.
- ✔ Inhalte sollen Animationen mit Lichtblitzen vermeiden, die zu epileptischen Anfällen führen oder andere Reaktionen *triggern* können.
- ✔ Darüber hinaus sind Schulungen von Mitarbeitenden, kontinuierliche Prüfung der Barrierefreiheit und Dokumentationspflichten vorgesehen.

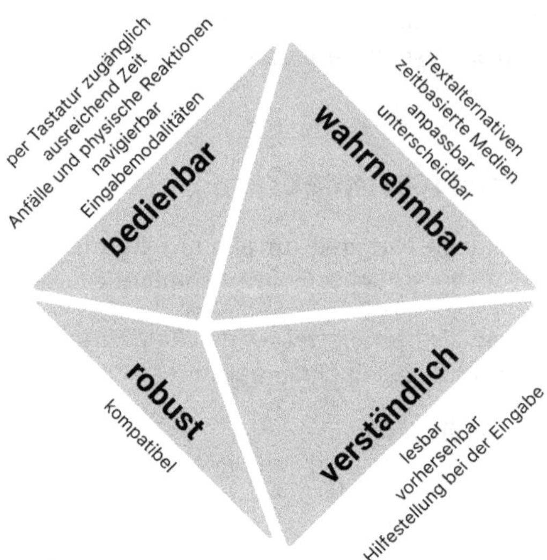

Abbildung 19.1: Visualisierung der vier Prinzipien und 13 Richtlinien der WCAG

Technische Vorgaben sind in der *Europäischen Norm EN 301 549* geregelt, die wiederum Bezug nimmt auf die *Web Content Accessibility Guidelines (WCAG) Version 2.1* (inzwischen gibt es neuere) in der zweithöchsten Stufe *Niveau AA*. Das ist, kurz gesagt, ein internationales Regelwerk, das in vier Prinzipien und 13 Richtlinien ausformuliert, wie Barrierefreiheit konkret aussieht (*Abbildung 19.1*, `https://outline-rocks.github.io/wcag/translations/WCAG21-de`).

EU-weit gesetzlich geregelt

- ✔ Der *European Accessibility Act (EAA)* gilt ab dem 28.06.2025 in ganz Europa.
- ✔ In Deutschland ist diese EU-Richtlinie (2019/882) über das seit Juli 2021 geltende *Barrierefreiheitsstärkungsgesetz (BFSG)* und den zweiten Medienänderungsstaatsvertrag in nationales Recht umgesetzt.
- ✔ Unternehmen und ihre Dienstleistenden müssen digitale Angebote barrierefrei gestalten. Auch öffentliche Stellen und Hochschulen sind dazu verpflichtet.

Empfindliche Strafen drohen

Die Strafen für Nichteinhaltung variieren je nach Mitgliedstaat und können von Geldstrafen bis hin zu Gefängnisstrafen reichen:

- ✔ Hierzulande drohen Strafen von bis zu 100.000 Euro, Abmahnungen, Produktrückrufe und ein Verbot der Produkte oder Dienstleistungen.
- ✔ Die Kontrolle erfolgt durch Marktüberwachungsbehörden der Bundesländer, stichprobenartige Überprüfungen und Schlichtungsstellen.
- ✔ Jeder kann Verstöße bei Behörden und Gerichten melden.

Betroffene Produkte und Leistungen

Die EU-Richtlinie zur Barrierefreiheit schreibt Inklusion in Technologieangebote vor. Das betrifft auch Content Creation und Webentwicklung.

Der EAA betrifft unabhängig vom Standort alle Unternehmen, die in der Europäischen Union Handel treiben wollen, und öffentliche Institutionen:

- ✔ Betroffen sind Anbietende von Dienstleistungen ab einem Jahresumsatz von zwei Millionen Euro und mit mehr als zehn Mitarbeitenden.
- ✔ Unabhängig von der Unternehmensgröße gilt der EAA für Unternehmen, die bestimmte Güter und Dienstleistungen anbieten. Darunter sind Computer und Betriebssysteme, Smartphones und andere Kommunikationsgeräte, E-Books, TV-Geräte und zugehörige Dienste, Bankdienstleistungen, verkehrsbezogene Dienstleistungen wie Bus oder Bahn, E-Commerce sowie Selbstbedienungsterminals wie Geld- und Ticketautomaten.
- ✔ Betreiber von Webseiten öffentlicher Stellen sind schon länger verpflichtet, Barrierefreiheit in ihren Angeboten zu gewährleisten. Dazu zählen auch Intranets.
- ✔ Öffentliche Stellen des Bundes (nicht andere!) sind auf ihren Webseiten neben Datenschutzerklärung und Impressum zu einer *Erklärung zur Barrierefreiheit* verpflichtet. Diese Erklärung muss von der Startseite und jeder Unterseite aus einsehbar und barrierefrei maschinenlesbar sein. Näheres regelt Paragraf 12b des Behindertengleichstellungsgesetzes.

Nach der DSGVO kommt jetzt der EAA

Und mal wieder drohen Chaos und Verwirrung wie seinerzeit bei der Datenschutzgrundverordnung (*DSGVO*). Nun könnte der *European Accessibility Act (EAA)* dafür sorgen, dass viele Angebote aus Furcht und Unsicherheit offline gehen oder schlimmstenfalls als erste von strengen Prüfbehörden bestraft werden. Doch dazu muss es bei Ihnen nicht kommen.

Barrierefreiheit als Wettbewerbsvorteil

Es ist durchaus möglich, dass die Vorschriften künftig auf weitere Produkte und Dienstleistungen ausgeweitet werden. Auch wenn Sie nicht sofort zu den Betroffenen gehören, bietet es sich an, die Kriterien als Orientierung zu nutzen.

Sie sollten sich auf diese Änderungen vorbereiten, indem Sie Ihre Produkte und Dienstleistungen auf Barrierefreiheit prüfen und gegebenenfalls Anpassungen vornehmen. Machen Sie Ihre eigenen Inhalte barrierefrei und verschaffen Sie sich einen Vorteil gegenüber Ihren Mitbewerbenden und der Kundschaft, um barrierefreie Dienstleistungen anzubieten:

- Die digitale Barrierefreiheit ist dabei nicht nur eine gesetzliche Pflicht, sondern auch eine strategische Chance für Unternehmen und Content Creators, ihre Marktposition zu stärken und neue Zielgruppen zu erschließen.
- Internetnutzende mit Behinderung sind eine große Konsumklientel, die gerne im Netz unterwegs ist und online einkauft.
- Unerkannte Barrieren können auch andere daran hindern, Ihre Dienstleistungen in Anspruch zu nehmen oder Ihre Inhalte zu konsumieren.

Höchste Zeit also, sich mit dem Thema zu beschäftigen.

Wie Sie jetzt barrierefrei werden

Neben technischen Voraussetzungen, die den Bereich der Webentwicklung beschäftigen, sind besonders die Inhalte selbst barrierefrei zu gestalten.

Realistisch bleiben

Fest steht, dass Barrierefreiheit nicht über Nacht und schon gar nicht mit dem Kauf eines bestimmten Tools oder einer Dienstleistung erledigt werden kann.

- Eine technische Basis wie Redaktionssysteme (*Content-Management-Systeme*), Player für Audio und Video oder andere Tools können helfen, menschliches Ermessen aber nicht ersetzen.
- Mindestens ein Drittel der Barrierefreiheit beeinflusst Content Creators mit ihrer Arbeit selbst, in vielen Fällen sogar weit mehr.
- Es ist ein Prozess, auf den sich alle Mitwirkenden begeben müssen. Sehen Sie erst einmal alles durch die Brille der Barrierefreiheit, erscheinen Ihnen bestimmte Dinge logisch und gar nicht anders umsetzbar.

Betroffene fragen und einbinden

Es hilft, diejenigen, die davon profitieren sollen, bei der Entwicklung einzubeziehen und schlicht zu fragen, was ihnen nützt. Von vielen Innovationen, die ursprünglich für behinderte Menschen entwickelt wurden, profitieren alle: Untertitel, Sprachsteuerung, Audiodeskription. Dabei geht es nicht ausschließlich darum, spezielle (und häufig nutzlose) Lösungen und Gadgets für Menschen mit Behinderungen oder im hohen Alter zu kreieren, obwohl es sicherlich KI-Tools geben kann, die den Alltag von Menschen mit Behinderungen oder Beeinträchtigungen in irgendeiner Form erleichtern.

Fragen Sie Betroffene und bringen Sie in Erfahrung, was Menschen mit verschiedenen Behinderungen von Ihrem Angebot halten. Dialog ist immer eine gute Idee.

Ein Leben für die Barrierefreiheit

Deutschlands wohl bekanntester Aktivist für Barrierefreiheit ist der Berliner Raúl Aguayo-Krauthausen. Er studierte als Kommunikationswirt Design Thinking, entwickelte eine Kampagne für den Alternativen Nobelpreis und moderierte eine Radioshow, in der Menschen mit Problemen anrufen konnten. Der schlagfertige Buchautor und Moderator fragt auf Social Media auch mal provokant und voller Ironie, wo behinderte Menschen eigentlich Glückslose kaufen können, um Nichtbehinderte zu unterstützen.

In seinem Blog (`https://raul.de`) und auf Social Media erklärt er mit viel Humor und Geduld, worauf es bei Inklusion und Barrierefreiheit ankommt:

> *»Nennt mich naiv, aber es muss doch eine Welt denkbar sein, in der Inklusion von Anfang an mitgedacht wird. Auf der Couch beim Filmschauen, im Amt oder bei der Planung des nächsten Städtetrips.«*

Krauthausen ist auch Gründer und Vorstand des Vereins Sozialhelden e.V., der 2013 das Bundesverdienstkreuz erhielt und innovative Projekte und Medienbegleitung umsetzt, darunter eine weltweite Karte für Rollstuhlgängigkeit und defekte öffentliche Aufzüge (`Wheelmap.org`) und eine kommerzielle Fotodatenbank mit diversen und integrativen Bildern ohne Klischees (`https://gesellschaftsbilder.de`).

Barrierefreiheit umsetzen mit KI

Künstliche Intelligenz kann stark zur Verbesserung beitragen und viele Fleißaufgaben erleichtern, damit sie häufiger erledigt werden. Es gehört aber zur Wahrheit, dass sie (derzeit noch) keine vollständige Barrierefreiheit schafft.

Chatbots und korrektes HTML

Michael Wahl ist der Leiter der Überwachungsstelle des Bundes für Barrierefreiheit von Informationstechnik, die im Rahmen der EU-Gesetzgebung 2019 eingerichtet wurde. Er befürwortet den Einsatz von Künstlicher Intelligenz besonders bei der Aufbereitung von Webseiten für mehr Barrierefreiheit und nennt beispielsweise den Einsatz von KI-gestützten Chatbots zur Bereitstellung individueller Hilfe und Informationen. Wahl betont, dass Barrierefreiheit nicht übermäßig komplex ist, sondern eher eine Frage der korrekten HTML-Implementierung: »Barrierefreiheit ist keine Raketenwissenschaft, sie ist ordentlich umgesetztes HTML.«

Unter `https://www.bfit-bund.de` gibt es nützliche Tipps und Handreichungen für den richtigen Umgang mit Barrierefreiheit. Außerdem führen Links zu den weiteren Überwachungsstellen der Bundesländer.

Konkrete Beispiele für Barrierefreiheit mit KI

Hier sind einige Beispiele für Barrierefreiheitsfunktionen, die mit KI generiert oder unterstützt werden können. Sie benötigen dafür ein multimodales Modell, das Bilder interpretieren kann, wie ein neueres Llama, ChatGPT oder Claude.

Sehen Sie KI nicht als Ersatz für menschliches Verständnis und Engagement in Sachen Barrierefreiheit an, sondern als unterstützendes Werkzeug. Sie sollten die Vorschläge der KI stets überprüfen, um keine Fehler zu publizieren.

Automatische Bildbeschreibungen

KI-Systeme können automatisch Alttexte für Bilder generieren. Diese Beschreibungen ermöglichen es blinden und sehbehinderten Nutzenden, den Inhalt von Bildern zu verstehen, ohne sie sehen zu können.

- ✔ Solche versteckten oder sichtbaren Untertitel bei Bildern können einordnen, von welcher Art das Bild ist: ein farbiges Foto, eine Infografik, eine Zeichnung.
- ✔ Sie können auch (in neutraler Form, denn Beurteilungen und Meinungen haben hier nichts verloren!) beschreiben, was zu sehen ist, als wären Sie am Telefon.
- ✔ Ist auf dem Bild auch Text zu sehen, kann die KI diesen als Zitat einfügen. Das hilft ganz nebenbei auch bei der Suchmaschinenoptimierung.

```
Generiere einen präzisen und beschreibenden Alternativtext für folgendes Bild: [Bildbeschreibung oder URL einfügen]. Der Text sollte für Screenreader-Nutzende informativ und nicht länger als 125 Zeichen sein.
```

Untertitel und Transkriptionen

KI-gestützte Spracherkennung kann automatisch Untertitel für Videos erstellen und Audioinhalte in Text umwandeln.

- ✔ Dies ist besonders hilfreich für gehörlose und schwerhörige Nutzer.
- ✔ Hilft auch, eine Stelle wiederzufinden oder als Zitat an Freunde weiterzuleiten.

```
Transkribiere das folgende Video/Audio und erstelle präzise Untertitel. Achte dabei auf korrekte Zeitstempel und füge wichtige Geräusche oder Musikbeschreibungen in eckigen Klammern hinzu: [Video/Audio-Link einfügen].
```

Farbkontrast-Optimierung

KI-Algorithmen können Webseiten auf verwendete Farben analysieren.

- ✔ Sie machen Vorschläge zur Verbesserung des Farbkontrasts, um die Lesbarkeit für Menschen mit Sehschwächen zu erhöhen.
- ✔ Das ist auch für Dark-Mode-Darstellungen oder bei starkem Sonnenlicht nützlich.

```
Analysiere die Farbkombinationen auf dieser Webseite [URL einfügen] und schlage Alternativen vor, die den WCAG 2.1 AA-Standard für Kontrastverhältnisse erfüllen.
```

Vereinfachen von Texten

Natürliche Sprachverarbeitung (Natural Language Processing, NLP) kann komplexe Texte vereinfachen und in leichter verständliche Typen umwandeln.

- ✔ Einfache Sprache ohne Fremdwörter für eine bestimmte Altersgruppe und Herkunft.
- ✔ Dies unterstützt Menschen mit kognitiven Einschränkungen, Leseschwierigkeiten oder beispielsweise Kinder.

```
Vereinfache den folgenden Text, um ihn für Leser mit kognitiven Einschränkungen oder Leseschwierigkeiten zugänglich zu machen. Behalte Kernaussagen bei: [Text].
```

Navigationshilfen

KI kann die Struktur einer Webseite analysieren und verbesserte Navigationshilfen generieren, zum Beispiel …

- ✔ … mit optimierten Überschriftenhierarchien oder Sprungmarken für Screenreader-Nutzende und andere Betroffene.
- ✔ … mit einfacher Menüführung mit *sprechenden Links*, die sich selbst erklären (also nicht HIER KLICKEN sondern ZUR STARTSEITE).

```
Analysiere die Struktur dieser Webseite [URL einfügen] und schlage eine optimierte Überschriftenhierarchie vor, die die Navigation für Screenreader verbessert.
```

Barrierefreiheitsprüfung

KI-gestützte Tools können Webseiten (regelmäßig) automatisch auf Barrierefreiheitsprobleme überprüfen und Verbesserungsvorschläge machen.

- ✔ Dies hilft Entwicklerteams, Probleme frühzeitig zu erkennen und zu beheben.
- ✔ Es kann vor möglichen Abmahnungen und Strafen schützen.
- ✔ Es ersetzt keine manuelle Prüfung und anspruchsvolle Tests mit Betroffenen.

```
Führe eine umfassende Barrierefreiheitsprüfung für diese Webseite durch [URL einfügen]. Identifiziere potenzielle Probleme und gib spezifische Empfehlungen zur Verbesserung der Zugänglichkeit gemäß WCAG 2.1 AA-Standard.
```

Noch einmal: Künstliche Intelligenz kann nicht auf einmal alle Ihre Webseiten und Inhalte barrierefrei gestalten. Sie kann Ihnen in vielen Punkten aber unter die Arme greifen.

Anpassung der Benutzeroberfläche

Adaptive beziehungsweise *responsive Design-Systeme* können die Benutzeroberfläche einer Webseite basierend auf individuellen Bedürfnissen und Präferenzen des Nutzers anpassen, zum Beispiel durch Vergrößerung von Schrift oder Anpassung von Layouts:

- ✔ So bleibt eine Seite bei Sehschwächen besser lesbar.
- ✔ Die Seite sieht auf Bildschirmgrößen von Smartphone oder Tablet besser aus.

```
Entwickle ein responsives Design-System, das die Benutzeroberfläche einer Webseite basierend auf diesen Nutzerpräferenzen anpasst: [Liste der Präferenzen wie Schriftgröße, Kontrast, Layout]. Berücksichtige dabei moderne CSS-Techniken und Prinzipien der Barrierefreiheit.
```

Solche *Accessibility-Maßnahmen* sollten eine regelmäßige Praxis sein, keine Einmal-Aktion. Bauen Sie diese Routinen also in Ihre Workflows ein und prüfen Sie regelmäßig Ihre Angebote mit geeigneten Tools und Selbst-Audits. Achten Sie darauf, dass auch Tools und Interpretationen Sie falsch anleiten können.

Automatisieren der Bearbeitung

Bestenfalls automatisieren Sie Ihre Prompts (*Kapitel 14*) oder nutzen sie als Teil Ihrer Webanwendung wie *Wordpress* oder *Joomla* für responsives Design.

- ✔ Einige Theme-Frameworks wie **Elementor** haben KI-Funktionen integriert, die jedoch Geld kosten oder eine eigene API zu einem bezahlten Konto erfordern (ab 3,99 Euro pro Monat, Test kostenfrei): `https://elementor.com/products/ai/`).
- ✔ Es gibt ansonsten zahlreiche **Plug-ins** in den jeweiligen Verzeichnissen und in zahlreichen Linklisten auf Blogs zu finden. Diese lassen sich ihre Dienste aber meist teuer bezahlen, und deren Nutzen sollten Sie kritisch hinterfragen:
  - **Lighthouse:** Googles kostenloses Open-Source-Tool prüft nicht nur die Performance einer Webseite, sondern kann sie nach Barrierefreiheitskriterien durchforsten. Das Werkzeug gibt es für verschiedene Plattformen, auch als Chrome-Plug-in: `https://github.com/GoogleChrome/lighthouse`.
  - **UserWay:** Aufbereitung einer Wordpress- oder Joomla-Seite mit KI-Funktionen wie Bildbeschreibungen, Textanpassungen und Kontrast. Ein Widget bietet Funktionen wie Kontrast, Schriftgröße oder Bildschirmleser. Die Übersetzung auf der Vorschauseite ist grausig. Los geht's bei rund 500 Euro pro Jahr, das muss es einem schon wert sein: `https://userway.org/de/`.
  - **WP-Accessibility:** Fleißig weiterentwickeltes Plug-in, das Wordpress technisch barrierefreier gestaltet, Links beschriftet und Bilder ohne alternativen Beschreibungstext lokalisiert. Leider noch nicht ins Deutsche übersetzt: `https://www.joedolson.com/wp-accessibility/`.

- **One Click Accessibility:** Das Wordpress-Plug-in ist kostenlos und bietet Funktionen wie die automatische Skalierung der Webseite, Farb- und Kontrastanpassungen oder lesbare Schriftarten. Leider aber nur in englischer Sprache verfügbar: `https://wpaccessibility.io`.

Nutzen Sie die bereits vorhandenen Barrierefreiheitsfunktionen von Betriebssystemen und Browsern. Betroffene Nutzende haben ihre benötigten Einstellungen dort meist bereits konfiguriert. Unterstützen Sie diese Standards, statt zusätzliche Funktionen zu implementieren, die sie gar nicht finden.

Dateien und Formulare barrierefrei gestalten

Auch Dateien und digitale Formulare müssen gegebenenfalls barrierefrei sein, obwohl sie keine Webseiten sind. Beim Erstellen muss die Barrierefreiheit mitgedacht werden:

- ✔ Eingebettete Bilder brauchen Beschriftungen
- ✔ Texte sollen maschinenlesbar und korrekt gegliedert sein
- ✔ Gescannte Texte müssen dafür mit Texterkennung verschriftlicht werden
- ✔ Sicherheitseinstellungen dürfen Formulare nicht blockieren
- ✔ Eingabefelder brauchen korrekte Beschriftungen

Keine einzige Webseite und nur neun Prozent aller PDFs von deutschen Bundesbehörden waren laut 2022 veröffentlichtem EU-Monitoring barrierefrei.

Office-Dateien barrierefrei gestalten

Microsoft Word, PowerPoint, Excel und andere Desktop-Anwendungen enthalten Prüfmenüs, in denen Sie sehen können, ob Ihre Datei barrierefrei ist:

1. In Word finden Sie die Funktion ganz unten in der *Statusleiste*.
2. Dort steht bereits während der Eingabe BARRIEREFREIHEIT: KEINE PROBLEME beziehungsweise UNTERSUCHEN, falls es Auffälligkeiten gibt.
3. Klicken Sie darauf, öffnet sich in der *Seitenleiste* das PRÜFUNGSERGEBNIS mit *Gründen* und *Schritten zur Behebung* von Fehlern.

PDF-Dateien barrierefrei gestalten

Prüfen Sie, bevor Sie selbst erstellte PDF-Dateien teilen oder veröffentlichen, die Struktur und lassen Sie sich die Inhaltsgliederung anzeigen:

- ✔ Führen Sie manuelle Tests mit Screenreadern durch.
  - Am Mac ist *VoiceOver* dabei und wird mit den Tasten `Befehl+F5` aufgerufen

- Windows 11 hat die Sprachausgabe unter `Windows-Taste+Strg+Enter`, für andere Windows-Versionen gibt es zum Beispiel den kostenlosen *NVDA - NonVisual Desktop Access* (`https://nvda.bhvd.de`).
- Smartphones haben Vorlesefunktionen, die meist unter den EINSTELLUNGEN im Menü BEDIENUNGSHILFEN zu finden sind.

✔ Die Funktion FÜR BARRIEREFREIHEIT VORBEREITEN in Adobe Acrobat Pro (nicht in der kostenlosen Version) können Sie zum Abgleich verwenden: `https://helpx.adobe.com/de/acrobat/using/create-verify-pdf-accessibility.html`.

✔ Nutzen Sie Prüf-Tools wie den *PDF Accessibility Checker* (*PAC*, jeweils neueste Version beachten!): `https://pac.pdf-accessibility.org/de`.

✔ KI-Assistenten können Dokumente teilweise einer Schnellprüfung unterziehen: `Prüfe die Dokumentstruktur auf Barrierefreiheit: [Datei]`.

Anforderungen, Checklisten und Umsetzungshilfen zu digitaler Barrierefreiheit gibt es auf `https://barrierefreiheit-dienstekonsolidierung.bund.de`.

Fest steht, dass Barrierefreiheit uns noch beschäftigen wird.

Sie merken es bereits an diesem Thema: Wer Inhalte generiert, sollte sich mit der Gesetzeslage beschäftigen, und da möchte ich Sie natürlich aufklären. Nachdem Sie nun bereits generative KI blendend anwenden können, kommen als Nächstes die Spielverderberkapitel mit Regeln, Verboten und Ausnahmen. Was darf ich machen, wo gibt es gefährliche Grenzbereiche? In jedem Fall ist es hilfreich, sich mit den Rahmenbedingungen zu beschäftigen. Und das machen wir in diesem nächsten Teil gemeinsam.

Teil V

Recht fraglich – wo geht es hin?

IN DIESEM TEIL …

- Ihre Rechte und Pflichten zu generierten Inhalten
- Großer Streit und interessante Urteile
- Diskriminierung durch Künstliche Intelligenz
- Nahe und ferne Zukunft mit KI

IN DIESEM KAPITEL

Urheberrechte und Copyright

Noch ungeklärte Rechtsfragen

Deepfakes und wie Sie sich davor schützen

Einblick in die EU-Gesetzgebung zu KI

Kapitel 20

Fallstricke für Juristen und Jurys

Vielleicht stellen sich bei Ihnen bereits juristische Fragen wie: *Kann ich Musik mit KI generieren und dennoch damit Geld verdienen?* oder *Darf ich meinen Kunden einen von der KI verfassten Text verkaufen?* In diesem Kapitel blicken wir auf einige KI-Fälle aus der überraschend spannenden und manchmal auch unberechenbaren Welt des Rechts.

Alle Hinweise dienen der Orientierung und ersetzen keine Rechtsberatung.

Wem gehören von KI generierte Inhalte?

Unglücklicherweise gehen Meinungen über das Eigentum an KI-Inhalten teils auseinander – selbst bei Rechtsgelehrten. Häufig orientieren sich Gerichte in ihrer Argumentation an vorausgegangenen Rechtssprüchen und Definitionen. Da lohnt der Blick auf Einzelfälle, die reihenweise für Schlagzeilen sorgen.

Juristische Fälle zum Urheberrecht

Die meisten Gerichtsurteile bestätigen die in der EU überwiegende juristische Meinung, dass KI-generierte Inhalte nicht urheberrechtlich geschützt sind:

- ✔ Im **ersten in Europa bekannt gewordenen** Urteil über KI-generierte Abbildungen wird 2023 von einem Prager Stadtgericht der Schutz verwehrt. Das auf einer Homepage veröffentlichte Bild einer Hand bei der Vertragsunterzeichnung ist **nicht urheberrechtlich geschützt**, da es nicht von einer natürlichen Person erstellt wurde. Somit darf es zu Recht kopiert und verbreitet werden. Zu dieser Zeit waren sauber generierte Hände noch selten (siehe *Kapitel 10*).

- In den USA wird im Frühjahr 2023 der Graphic Novel »Zarya of the Dawn« (*Abbildung 20.1*) der Copyright-Anspruch verwehrt, da sämtliche Bilder von Midjourney sind. Lediglich auf die Layout-Zusammenstellung und die Textinhalte der Comics, nicht jedoch auf die einzelnen Bilder ist ein Schutzanspruch zulässig.
- Ebenso ergeht es der schwerbehinderten US-Veteranin Elisa Shupe, die mit einem Textgenerator einen Roman verfasst und bei Amazon im Selbstverlag anbietet. Sie bekommt 2024 in zweiter Instanz zumindest die Leistung fürs Lektorat anerkannt, weil sie nachweisen kann, nahezu jeden Satz redigiert zu haben.
- Auf der anderen Seite spricht Ende 2023 ein chinesisches Gericht in Peking der Urheberin eines mit Stable Diffusion erstellten Bildes einen Schadensersatz zu. Die fotorealistische Darstellung einer jungen asiatischen Frau sei zu Unrecht von einem Blogger geteilt worden. Ein starker Präzedenzfall zugunsten chinesischer Big-Tech-Unternehmen.
- Der US-Forscher Stephen Thaler versucht seit Jahren weltweit seine KI-Software DABUS als Patentinhaber einzutragen, weitgehend jedoch ohne Erfolg. Er scheitert auch im Sommer 2024 vor dem deutschen Bundesgerichtshof.
- Eine Neun-Milliarden-Dollar-Sammelklage gegen fehlende Copyright-Hinweise bei GitHub Copilot wird von einem US-Gericht 2024 weitgehend abgewiesen. Der generierte Code sei nicht identisch genug mit den Open-Source-Vorbildern.

Abbildung 20.1: Die Graphic Novel »Zarya of the Dawn« ist nicht vollständig Copyright-geschützt. (Midjourney-Bilder: Kris Kashtanova; `copyright.gov`)

Urheberrecht: Wann ist ein Werk geschützt?

Nicht jeder Strich auf Papier und jede E-Mail sind schützenswert im Sinne des Gesetzes. Und nicht jeder Eingriff von KI verhindert den Schutz eines Werkes.

Sie verlieren nicht die Urheberschaft an Texten, wenn die Rechtschreibprüfung drüberläuft oder wenn Sie einzelne Wörter durch Synonyme ersetzen lassen.

Das Prinzip des Urheberrechts

Das Urheberrecht soll Schöpfende im Verhältnis zu ihrer kreativen Arbeit schützen und ihnen ermöglichen, damit Geld zu verdienen:

- ✔ Urheberrechtlich geschützte Werke sind zum Beispiel kreativ gestaltete Texte, Bilder, Musik, Filme oder künstlerische Darbietungen, aber auch Software-Programme und Fotografien. Es gibt Ausnahmen, zum Beispiel für Rezepte oder Bedienungsanleitungen (das erklärt, wieso es so viele Portale dafür gibt).
- ✔ Eine Reihe von Gesetzen regelt, dass die urhebende Person allein bestimmen darf, was mit ihren Werken gemacht wird, und diese *Nutzungsrechte* weitergeben und abrechnen darf. Vor dem Onlinestellen, Kopieren, Verbreiten, Aufführen oder Senden müssen Urhebende ihr Einverständnis geben und können auf eine *Namensnennung* bestehen. Ohne *Einverständnis* darf ein Werk nicht verändert oder bearbeitet werden.
- ✔ Im Schulunterricht, bei Forschung und Lehre an Universitäten, zum Zweck des *Zitats* (auch für *Satire*) oder der *privaten Kopie* gelten besondere gesetzliche Nutzungserlaubnisse. Daneben gibt es verwandte Schutzrechte, beispielsweise das Leistungsschutzrecht für ausübende Künstler und Künstlerinnen.
- ✔ **Das Urheberrecht ist nicht übertragbar,** kann aber vererbt werden. Werke sind nicht für immer geschützt:
  - In Europa ist das Urheberrecht weitgehend vereinheitlicht: Der Schutz erlischt hier 70 Jahre nach dem Tod des Urhebers oder der Urheberin.
  - In den USA kann dieser Schutz deutlich länger andauern. Danach sind sie meist *gemeinfrei*, können also von allen genutzt, vervielfältigt, aufgeführt, veröffentlicht oder auf andere Weise verwendet werden.

Künstlerische Aufführungen wie Tänze oder Choreografien sind auch geschützt. Generieren Sie ein Video, in dem eine Figur einen TikTok-Tanz, Torjubel oder den Siegestanz aus Fortnite nachahmt, ist das eine Grauzone. Soziale Netzwerke gestatten teilweise Nachahmungen. Entscheidend ist aber nicht, was andere machen, sondern was im Zweifel ein Gericht urteilt.

Schöpfungshöhe entscheidend

Die **individuelle Schöpfungshöhe**, auch *Gestaltungshöhe* oder *Werkhöhe* genannt, ist ein Kriterium, das urheberrechtlich geschützte Werke gegenüber Leistungen abgrenzt, die keinem urheberrechtlichen Schutz unterliegen und somit möglicherweise *gemeinfrei* sind.

Nach dem Urheberrechtsgesetz müssen Werke »persönliche geistige Schöpfungen« sein. Die **Schöpfungshöhe** bezeichnet den notwendigen Grad der kreativen Eigenleistung, um urheberrechtlichen Schutz zu genießen. Er ist nicht *quantitativ* definiert und muss im Einzelfall *qualitativ* ermittelt werden.

Die Schöpfungshöhe ist eine unsichtbare juristische Schwelle, ab der ein Werk gewisse Schutzrechte genießt. Doch wo zieht man die Grenze? Sind 50 Prozent Arbeitsanteil an einem KI-Werk schon genug für einen Urheberrechtsanspruch oder braucht es 50,1 Prozent? Das klären Gerichte in Einzelfallentscheidungen.

Kriterien für die Entscheidung: Individualität und Originalität

Bei der Beurteilung, was schützenswert ist, werden immer wieder die *Individualität* oder *Originalität* eines Werkes hinterfragt:

- ✔ **Menschliche kreative Leistung** wird gegenüber der des Computers abgegrenzt.
- ✔ Die Schwelle muss *deutlich* überschritten sein, und es genügt nicht, einen Farbfilter auf ein generiertes Bild zu legen, einen Reparaturpinsel anzuwenden, es zuzuschneiden oder die Helligkeit zu verändern.
- ✔ Eine Montage aus mehreren generierten Inhalten oder andere kreative Kniffe können die Hürde überspringen, ab der ein Werk schützenswert genannt wird.
- ✔ Selbst wenn ein Inhalt ungeschützt bleibt, kann in vielen Fällen zumindest der Prompt für ein Werk geschützt werden, obwohl er nicht immer das exakt gleiche Ergebnis produzieren wird (siehe Handel von Prompts in *Kapitel 8*).

Anders als bei Quellcode von Computerprogrammen besteht zwischen Prompt und generiertem Bild keine direkte, deterministische Beziehung. Ein einzelner Prompt kann durch Variation von Parametern wie *Seed*, *Guidance Scale* und Anzahl der *Steps* zu sehr unterschiedlichen Bildergebnissen führen.

- ✔ In der Spiele-, Musik- oder Filmindustrie können **Leistungsschutzrechte** das Werk insgesamt schützen und Lizenzen erforderlich machen.

Faustregel: Schöpfende haben immer das Urheberrecht, wer zusätzlich etwas leistet, profitiert vom **Leistungsschutzrecht**.

Nutzung und Verwertung von Werken

Über die ersten juristischen Einordnungen und die Frage der Schöpfungshöhe habe ich mich mit dem IT-Rechtsanwalt Joerg Heidrich unterhalten, der auch Justiziar der heise-Gruppe (c't Magazin, iX, Mac & I, t3n) ist und zu den angesehensten KI-Rechtsexperten gehört. Er bestätigt mir die Annahme, dass man **praktisch jedes KI-Bild kopieren und weiterverwenden** dürfe. Selbst, wenn es auf der Webseite eines Magazins oder in der kostenpflichtigen Datenbank eines Grafikanbieters liegt. Die Nutzung sei »völlig unbedenklich« – so ein Satz kommt Juristen nicht leichtfertig über die Lippen.

- ✔ **Vorteil:** Sie dürfen Inhalte anderer, die ausschließlich mit KI generiert wurden, verwenden und weiterverarbeiten. Doch das gilt nicht, wenn die KI-Inhalte von Menschen wesentlich angepasst wurden.
- ✔ **Nachteil:** Auf der anderen Seite können Sie Ihre eigenen Werke nicht schützen. Wenn Sie Inhalte mit KI generieren, haben Sie kein Urheberrecht an diesen Daten.

Creative Commons: Einfache Deklaration

Mit **Standard-Lizenzverträgen** hat sich die Non-Profit-Organisation **Creative Commons** (CC) vorgenommen, es allen Beteiligten einfach zu machen, Nutzungsrechte einzuräumen, zu kennzeichnen, abzulesen und einzuhalten:

- ✔ Besonders leicht verständliche Regeln ermöglichen es, Rechteinhabenden und Nutzenden auf einen Blick alle gestatteten Einsatzzwecke zu verdeutlichen.
- ✔ Gerade bei Online-Veröffentlichungen vermeiden sie Sorgen vor Abmahnungen und können es erleichtern, Inhalte zu nutzen, zu teilen und bekannt zu machen.

Sie müssen sämtliche Rechte an einem Werk besitzen, bevor Sie diese freigiebig einräumen. Andersherum schützt Sie eine Lizenz wenig, wenn klar ist, dass das Werk jemand anderem gehört und nicht genutzt werden darf.

Standard-Lizenzen nutzen

Möchten Sie Ihre Werke kennzeichnen und Verwendungen erlauben oder verwehren, genügen ein paar Klicks in den *Creative-Commons*-Lizenzen. Sie erhalten ein prägnantes Kürzel, das deutlich macht, was geht und was nicht:

1. Der Lizenzgenerator auf `creativecommons.org` hilft bei der Auswahl der richtigen Lizenz und liefert Bilder, Links und Texte zur Kennzeichnung.
2. Ein Kürzel wie *CC-BY-4.0* ist die ganze Lizenzbedingung. Es besagt, was hier gilt:
   - *CC* steht für *Creative Commons* und *4.0* für die Version des Regelwerks, das eine Weitergabe (*share*) und Bearbeitung (*adapt*) gestattet.
   - Mit *BY* (das englische *von*) kann die urhebende Person verlangen, dass sie bei einer Weitergabe namentlich genannt wird (*attribution*).
   - Mit dem Kürzel *CC0* erklären Sie, dass Sie gar kein Recht an Ihrem Werk beanspruchen und das Werk praktisch *gemeinfrei* machen.

3. Der Generator bietet Ihnen einen kopierfertigen Text an. Kennzeichnen Sie Ihr Werk in den Metadaten oder der Beschreibung mit dem Kürzel für die gewünschte Lizenzform, gegebenenfalls mit direktem Link zur Creative-Commons-Lizenz.

4. Trotz eindeutiger Kennzeichnung: Es kann nicht schaden, eine schnelle Kontaktmöglichkeit beim Inhalt anzubieten, um Rückfragen zu ermöglichen.

Dokumentieren Sie für sich, welche Rechte ein Werk hat, damit Sie das nachvollziehen und notfalls auch nachweisen können. Ein Screenshot hilft!

Bei Verwertungsgesellschaften anmelden

Hat Ihr Werk die nötige Schöpfungshöhe erreicht? Wenn Sie vorhaben, Ihre (von Ihnen selbst, nicht ausschließlich von der KI) erstellten Werke zu veröffentlichen oder dies in jüngster Zeit bereits getan haben, sollten Sie sich unbedingt bei den dafür zuständigen **Verwertungsgesellschaften** (VG) anmelden. Ihnen entgeht ansonsten **Geld für Nutzungsrechte**.

Was Verwertungsgesellschaften machen

Diese wirtschaftlichen Vereine treiben für ihre Mitglieder Nutzungsgebühren ein: Die bekannteste ist sicher die GEMA, die für Musikurhebende zuständig ist und bei Bedarf auch schon mal YouTube-Videos sperrt oder sich mit Club-Betrieben streitet. Es gibt aber auch noch viele andere wie beispielsweise die GVL, die Gesellschaft zur Verwertung von Leistungsschutzrechten; die VG Wort, zuständig für Autorinnen und Autoren, oder die VG Bild-Kunst für Fotografie, Malerei, Filme und andere visuelle Urheberschaft. Sie alle sammeln treuhänderisch Geld ein, vom Handel, von Medienhäusern oder etwa bei Herstellern von Druckern und Kopierern. Diese Einnahmen verwalten und schütten sie an ihre Mitglieder aus. Es lohnt sich!

Anmeldung in wenigen Schritten

So melden Sie sich bei Verwertungsgesellschaften an:

1. Für die Anmeldung unterschreiben Sie einen Wahrnehmungsvertrag, der auf der Homepage der jeweiligen VG heruntergeladen werden kann, und erteilen damit den Auftrag, in Ihrem Namen die Rechte wahrzunehmen und Geld einzusammeln.

2. Es kann für Sie infrage kommen, sich bei mehreren Verwertungsgesellschaften anzumelden. Informieren Sie sich daher im Internet über die jeweiligen Zuständigkeiten und gleichen Sie diese mit Ihren Veröffentlichungsplänen ab.

3. Machen Sie sich am besten frühzeitig und fortlaufend Notizen mit Nachweisen, wo Sie was veröffentlichen, um den Überblick zu behalten: *Was, wann, wo*?

4. Mindestens einmal im Jahr melden Sie der Gesellschaft dann, was Sie erstellt haben und wo es veröffentlicht wurde.
   - Dafür erhalten Sie nach Vertragseingang Zugangsdaten zugeschickt.
   - Für die Meldung gibt es Stichtage, die unbedingt eingehalten werden müssen.
   - Beachten Sie, dass Sie den Vertrag rechtzeitig einsenden müssen, um fristgemäß den Zugang bis zum Meldeschluss nutzen zu können.
5. Sie erhalten regelmäßig Geld aufs Konto ausgezahlt. Beachten Sie, dass diese Einnahmen versteuert werden müssen.

Missbrauch ist strafbar

Es ist nicht nur strafbar, bei der Schöpfungshöhe zu übertreiben. Wenn Sie selbst Musik mit KI künstlich erzeugen und veröffentlichen möchten, sorgen Sie zumindest dafür, dass die Hörerinnen und Hörer real sind:

Ein Mann in North Carolina ist wegen Hunderttausender gefälschter Songs angeklagt, die er über einen Zeitraum von sieben Jahren von programmierten Bots über die Streaming-Plattformen Amazon Music, Apple Music und Spotify anklicken ließ. Die Bands wie *Callous Post* oder *Calvinistic Dust* mit Liedern wie *Zygotic Washstands* und *Zymotechnical* sind allesamt fake, wurden jedoch zu Klick-Hits. Nach einem New-York-Times-Bericht hat der Mann auf diese Weise zu Unrecht sehr reale zehn Millionen US-Dollar an Tantiemen eingenommen. Solche Einnahmen würden auch hierzulande zurückverlangt.

Kunstbegriff: KI im Wettbewerb

Wie problematisch es sein kann, dass KI-Werke nicht vollständig und direkt zu schützen sind, zeigen Beispiele aus der Kunst. Gerade bei Fotografie- und Bildwettbewerben ist generative Künstliche Intelligenz in vielen Fällen aufgefallen. Für Publikum und Branche kommt diese neue Technologie zunächst überraschend und ist ungewohnt.

✔ Das mittels Midjourney erstellte und durch Gigapixel AI hochskalierte Gemälde »Théâtre d'Opéra Spatial« (zu Deutsch etwa Weltraum-Opern-Theater, *Abbildung 20.2*) des US-Künstlers und Spieleerfinders Jason M. Allen gewinnt 2022 den Kunstwettbewerb der Colorado State Fair und macht als eines der ersten KI-generierten Bilder in einem solchen Umfeld Schlagzeilen. Trotz angeblich mehr als 624 zusätzlicher Prompts zur Bildbearbeitung und umfangreicher händischer Bearbeitung mittels Photoshop darf Allen sein Werk nicht urheberrechtlich schützen. Ob das im europäischen Rechtsraum ebenso verlaufen würde, ist schwer zu beurteilen. Sein Ausgangsprodukt jedenfalls wäre hier nicht schützenswert. Der Künstler greift auf seiner Homepage auf Fotografien der ausgedruckten Bilddateien zurück, denn diese sind juristisch vor Kopien zu schützen.

Abbildung 20.2: Théâtre d'Opéra Spatial (Weltraum-Opern-Theater) – kein Copyright trotz 624 Prompts. (Midjourney-Bild: Jason M. Allen; `copyright.gov`)

- Der deutsche Fotokünstler Boris Eldagsen, einer der führenden KI-Experten seiner Szene, erringt mit einer Einreichung zweifelhaften Weltruhm: Er gewinnt die renommierten »Sony World Photography Awards 2023« und verstört gleichzeitig viele. Sein Siegerbild (`https://www.eldagsen.com/sony-world-photography-awards-2023/`) zeigt eine sepiafarbene scheinbare Fotografie zweier nachdenklicher Frauen aus den 1940er-Jahren. Doch die beiden abgebildeten Personen haben nie gelebt. Es ist ein KI-Bild, das einen internationalen Fotografiewettbewerb gewinnt. Die Jury hat es nicht erkannt und durchgewunken. Den Preis lehnte Eldagsen anschließend demonstrativ ab und erklärt, er habe lediglich herausfinden wollen, ob Fotowettbewerbe wie dieser auf KI-Bilder vorbereitet seien und damit eine Diskussion anfachen wollen. Ausdrücklich erklärt er auf seiner Homepage, es handle sich keinesfalls um Fotografie. Möglicherweise müsse man einen neuen Begriff dafür erfinden: *Promptography* oder zumindest KI-generiertes Bild. Eldagsens Bilder sind, so erklärt er später, die Arbeit von zwei bis drei Tagen. Er benennt seinen kreativen Anteil an so einem Werk mit 50 bis 80 Prozent. Und das sicher nicht zufällig, denn mit einer solchen Angabe dürfe er in jedem Fall das Urheberrecht an diesem Bild besitzen und kann damit Geld verdienen. Bei einem geringeren Arbeitsanteil wäre das möglicherweise fraglich (siehe *Schöpfungshöhe*).

- Auf umgekehrte Weise gelingt dem Fotografen Miles Astray (`https://www.milesastray.com`) ein Coup. Er reicht in der Kategorie KI der internationalen »1839 Awards« kein KI-generiertes Bild, sondern das real mit einer Nikon-D750 aufgenommene Foto »Flamingone« ein. Darauf ist ein leuchtend oranger gefiederter Flamingo an einem blassweißen Stand zu sehen – mit einem scheinbar kopflosen Körper. Dass diese Tiere tatsächlich ihren Kopf so gut im Federkleid verstecken können, dass man meinen könnte, sie hätten keinen, war der Jury aus angesehenen Fachleuten der New York Times, Christie's, Getty Images und anderen offensichtlich nicht klar, und Ornithologen, die man hätte fragen können, waren wohl nicht zugegen. Sie prämierten das in ihren Augen scheinbare KI-Bild mit dem dritten Preis, und in der Publikumswertung wurde das Bild sogar Sieger. Kurz nach Veröffentlichung im Sommer 2024 verschwand das Bild jedoch wieder von der Wettbewerbshomepage. Vielleicht war jemand kurz im Zoo und hat nachgesehen.

✔ Ende 2024 versteigert das Auktionshaus Sotheby's ein außergewöhnliches Gemälde, denn es wurde von einem KI-Roboter erstellt. Das »AI-God« (auf Deutsch »KI-Gott«) betitelte Porträt des Wissenschaftlers Alan Turing, das auch bei den Vereinten Nationen in Genf ausgestellt war, wurde mit 180.000 Euro geschätzt. Verkauft wurde das Werk für 1,2 Millionen Euro. Schöpferin Ai-Da (natürlich benannt nach Ada Lovelace, siehe *Kapitel 1*) wurde als humanoider Roboter von seinen Entwicklern der Universitäten von Oxford und Birmingham kreiert und sieht aus wie eine Frau mit braunem Pagenkopf – bis auf die Kameraaugen und bionischen Hände. Ihr Bild ist zwar nicht die erste Versteigerung eines von einem KI-Roboter geschaffenen Kunstwerks weltweit, aber mit Abstand die teuerste. Wohl aus Copyright-Gründen wird in jenem Fall der verantwortliche Künstler und Galerist Aidan Meller als Urheber angegeben.

Copyright und Fair-Use-Policy

Urheberrecht und Copyright werden zwar häufig synonym verwendet, sind jedoch ungleiche Geschwister, die ihren Ursprung in Europa (Urheberrecht) beziehungsweise im angloamerikanischen Rechtsraum wie den USA (Copyright) haben. Kanadas Copyright hingegen ist dem europäischen näher. Sie gleichen sich immer mehr an, doch es gibt wesentliche Unterschiede.

Verwechslungsgefahr: **Urheberrecht und Copyright** sind nicht dasselbe.

Entstehung und Weitergabe des Copyrights

Urheberrecht in europäischer Form entsteht automatisch mit Schöpfung eines Werks, ohne dass eine Anmeldung oder Eintragung notwendig wären. Beim Copyright nach amerikanischem Verständnis war das bis 1989 noch anders. Inzwischen sind Anmeldungen beim Copyright Office optional.

Das Copyright-Zeichen © (ein C in einem Kreis) diente früher als Kennzeichnung, dass das Recht für ein Werk registriert war. Inzwischen ist das nicht mehr notwendig. Wenn das Zeichen verwendet wird, sollte es korrekt eingesetzt werden – typischerweise mit dem Namen der Urhebenden oder Rechteinhabenden und dem Jahr der ersten Veröffentlichung.

Das Urheberrecht ist weder übertragbar noch verkäuflich, so sieht man es auch in Kanada, obwohl es da Copyright genannt wird. Nur Nutzungsrechte können hier eingeräumt und lizenziert werden. Copyright in amerikanischer Form hingegen wird wie Besitz gehandhabt, den Sie komplett veräußern können. Dann haben Sie daran kein Recht mehr.

Schöpfungshöhe beim Copyright

Die Beurteilung und Rechtsprechung in Bezug auf Schöpfungshöhe und Schutzwürdigkeit eines Werks kann in den unterschiedlichen Ländern stark auseinander gehen. Das EU-Recht kennt besondere Ausnahmen für Zitate oder Privatkopien, die nicht sehr weitreichend sind. In den USA gibt es ebenfalls Ausnahmeregelungen, diese ermöglichen selbst bei geschützten Werken eine angemessene Verwendung (*fair use*) im großen Stil. Die Auslegung genau dieser **Fair-Use-Policy** ist Gegenstand der meisten Gerichtsverfahren, wenn es um Training oder Verwendung von KI-Produkten geht.

Große Prozesse und Widerspruch gegen KI-Training

Müssen die KI-Chatbots und Generatoren bald allesamt gelöscht werden? Das wäre ein sehr drastischer Schritt mit ungeahnten Folgen für die Weltwirtschaft, aber für einige Top-Juristen, die einflussreiche Unternehmen vertreten, ist das tatsächlich eine Forderung, die – obwohl kaum realisierbar – im Raum steht.

Diebstahlvorwürfe: Wird alles noch abgeblasen?

Alle großen KI-Modelle wie ChatGPT, Llama oder Gemini und auch Bild-, Ton- und Video-Modelle haben gemeinsam, dass sie mit unfassbar vielen Trainingsdaten aus dem Internet gespeist wurden. Gefragt haben die KI-Unternehmen zunächst aber niemanden, und das wird ihnen nun zum Verhängnis: Beinahe täglich ist von großen Prozessen in den USA zu lesen, wo im Detail eine etwas andere Rechtsform als bei uns gilt. Die New York Times beispielsweise verklagt OpenAI. News Corp, Mutterkonzern des Wall Street Journals und der Boulevard-Tochter New York Post streitet mit Perplexity AI, und Musiklabels wie Universal, Warner und Sony werfen Suno Rechtsbruch vor.

In solchen **Präzedenzfällen** geht es beispielsweise um Zeitungsartikel, die von Sprachmodellen ohne Lizenz rezitiert werden oder um Mariah Careys »All I Want for Christmas is You«, von dem es eine zu ähnliche KI-Version gibt. KI-Bilder tragen mittig einen grauen Balken, der an Getty Images' Wasserzeichen erinnert, selbst das Design-Programm Figma gab beim Entwurf einer Wetter-App bis auf kleine Unterschiede pixelgenau das Apple-Design wieder.

Alle diese Fälle werfen gemeinsam die Frage auf, inwiefern KI-Trainings unter den im US-amerikanischen Rechtsgebiet gebräuchlichen, aber komplexen Grundsatz von *fair use* fallen. Letztlich ist zu vermuten, dass sich viele vor Gericht auf nachträgliche Lizenzzahlungen einigen werden.

Text- und Data-Mining nach deutschem Recht

Gerichtsurteile wegen unlizenzierter KI-Trainingsdaten nach amerikanischem Vorbild sind hierzulande nicht zu erwarten. Ganz offensichtlich haben die Lobbyisten hier geschlafen: Die hiesige **Gesetzgebung** hat nämlich überraschenderweise die Nutzung von frei verfügbaren Quellen für das Training von Modellen für notwendig erachtet und gestattet.

So ist es selbst laut Deutschem Urheberrechtsgesetz zulässig, das sogenannte *Text- und Data-Mining* durchzuführen. Im Sinne des Gesetzes ist das die automatisierte Analyse von einzelnen oder mehreren digitalen oder digitalisierten Werken, um daraus Informationen insbesondere über Muster, Trends und Korrelationen zu gewinnen.

- ✔ Zulässig sind Vervielfältigungen von rechtmäßig zugänglichen Werken für das Text- und Data-Mining. Es gibt in einem solchen Fall eine deutsche Gerichtsentscheidung zum Training des Datensatzes LAION-5B (*Kapitel 1*). Der entscheidende Paragraf 44b im Urheberrechtsgesetz: `https://www.gesetze-im-internet.de/urhg/__44b.html`.

- ✔ Die Nutzung für Zwecke der wissenschaftlichen Forschung, auf die sich viele Unternehmen berufen, ist zusätzlich laut Paragraf 60d zulässig: `https://www.gesetze-im-internet.de/urhg/__60d.html`.

- ✔ Einer Studie der Initiative Urheberrecht (IU) nach sei das Training von generativen KI-Modellen dennoch eine Urheberrechtsverletzung: Die Untersuchung, durchgeführt von Rechtsprofessor Tim W. Dornis und Informatiker Sebastian Stober, argumentiert, dass die Nutzung urheberrechtlich geschützter Werke beim KI-Training nicht unter die Ausnahmen für Text- und Data-Mining fällt. Im deutschen und europäischen Urheberrecht finde sich keine gültige Einschränkung des exklusiven Verwertungsrechts, die Nutzungen im Sinne eines kommerziellen KI-Trainings zulasse: `https://papers.ssrn.com/sol3/papers.cfm?abstract_id=4946214`.

- ✔ Unser geltendes Urheberrecht wird maßgeblich auf europäischer Ebene ausgestaltet. 2026 steht in der Europäischen Union voraussichtlich eine Überprüfung dieser Gesetze an. Dann könnten auch Anpassungen an Fragen der generativen Künstlichen Intelligenz einfließen.

Widerspruch gegen Selbstbedienung der KI-Konzerne

Die Nutzung von Inhalten für KI-Trainings ist in Deutschland im Sinne des Urheberrechtsgesetzes prinzipiell also zulässig. Allerdings nur dann, wenn Rechtsinhaber sich diese nicht vorbehalten, also widersprochen, haben. Möglicherweise möchten Sie jetzt verhindern, dass Ihre eigenen Veröffentlichungen ohne Ihre Zustimmung genutzt werden. Das geht so:

So schützen Sie Ihre Webseiten vor dem KI-Training

Der Vorbehalt gegen die KI-Nutzung ist bei online zugänglichen Werken wie bei Webseiten laut Gesetz nur wirksam, wenn er in maschinenlesbarer Form erfolgt, also vom Suchmaschinencrawler der KI interpretiert werden kann.

KI-Diensteanbieter arbeiten an Lösungen, eine Erlaubnis oder einen Widerspruch möglichst einfach geben zu können. Dafür hat OpenAI den Ansatz eines Media Managers ins Spiel gebracht, in dem Creators, Urhebende und Verlage Inhalte und Dateien freigeben oder vom Training ausnehmen sollen (`https://openai.com/index/approach-to-data-and-ai/`). Bis das etabliert ist, sind ein paar technische Eingriffe notwendig.

Nutzung Ihrer Webseiten für KI-Trainings widersprechen

- ✔ Kennzeichnen Sie im Impressum Ihrer Webseite eindeutig, dass Sie dem Text- und Data-Mining widersprechen und ergänzen Sie zugänglich Ihre Kontaktdaten. Der entsprechende Hinweis könnte so aussehen:

  Ich behalte mir ausdrücklich eine Nutzung der Inhalte für kommerzielles Text- und Data-Mining im Sinne von § 44b des Urheberrechtsgesetzes vor. Um eine Nutzungslizenz anzufragen, kontaktieren Sie mich unter der angegebenen E-Mail-Adresse.

- ✔ Über eine simple Textdatei können die meisten Suchcrawler von KI-Modellen zusätzlich ausgeschlossen werden (*Opt-out*). Ob die Entwickler der KI-Technik das tatsächlich beachten, ist zwar unsicher (siehe *Perplexity AI*), schaden kann eine Kennzeichnung jedoch nicht. Hierzu legen Sie die sogenannte robots.txt-Datei im obersten Verzeichnis, dem Stammverzeichnis, Ihrer Homepage ab (also zum Beispiel `www.glisco.de/robots.txt`). Der Inhalt dieser Datei muss individuell auf die Suchprogramme abgestimmt sein. Im Fall von OpenAI wären ein Ausschluss mit diesen beiden Zeilen möglich:

```
User-agent: GPTBot
Disallow: /
```

Einen laufenden **Überblick und Aufklärung** über finstere Besucher möchte die Webseite *Dark Visitors* bieten. Auch Suchmaschinen wie Google sind darunter. Sie bietet auch Wordpress-Plug-ins, die die robots.txt-Datei aktualisieren können: `https://darkvisitors.com/docs/robots-txt`.

Daten in sozialen Netzwerken

In sozialen Netzwerken und Messenger-Gruppen kursieren in Kettenbriefen die merkwürdigsten Anleitungen, wie man dem KI-Training widerspricht. Das hilft selbstverständlich nur dabei, sich vor den Followern zu blamieren.

Netzwerke von Meta

Tatsächlich hatte Meta, der Konzern hinter Facebook, Instagram, Threads und WhatsApp, zunächst angekündigt, sämtliche Daten der Nutzenden für Trainings der eigenen KI zu verwenden. Das hat zu vielen Sorgen geführt:

- ✔ Das versteckt für den Widerspruch angebotene Formular entspräche jedoch nicht den geltenden Rechtsvorschriften, wurde von Datenschützenden scharf kritisiert.

- Kurzfristig wurden zunächst sämtliche Trainings mit Daten von EU-Bürgern ausgesetzt. Doch wird dies mit Sicherheit nicht dauerhaft Bestand haben.
- Möchten Sie Ihre Fotos, Posts und Videos der Meta-KI vorenthalten, sollten Sie in der Presse aufmerksam verfolgen, welche Widerspruchsmöglichkeiten kommen.

X (ehemals Twitter)

Im Fall von X (ehemals Twitter) und xAIs KI-Assistenten Grok wäre dies bereits zu spät. Zwar haben Datenschützende sich auch diese Produkte vorgenommen. Die Datenschutzerklärung ist dahingehend immerhin ehrlich:

> *»Wir können die Daten, die wir erheben, und öffentlich verfügbare Daten zum Training unserer Modelle für Maschinenlernen oder künstliche Intelligenz für die in dieser Richtlinie dargelegten Zwecke heranziehen.«* (`https://x.com/de/privacy`)

Auch wenn X ungefragt bereits alle bisherigen Daten zum Training herangezogen hat, ist nachträglich eine Widerspruchslösung eingeführt worden. Diese Auswahl ist automatisch aktiviert. Es kann nicht schaden, zu widersprechen: `https://x.com/settings/grok_settings`.

LinkedIn

In gleicher Form nutzt Microsoft bei LinkedIn die Daten von Nutzenden bereits für KI-Trainings, ohne jemals um Erlaubnis gebeten zu haben. Nachträglich lässt sich das auch nicht mehr verändern, nur für die Zukunft könne widersprochen werden. Allerdings ist diese Datenverwendung in der EU, dem Europäischen Wirtschaftsraum und der Schweiz zunächst ausgesetzt.

Reddit

Das größte Online-Forum Reddit macht im Frühjahr 2024 öffentlich, dass die Diskussionsbeiträge und Bilder längst für das Training an Google verkauft werden. 60 Millionen US-Dollar ist dem Suchmaschinenbetreiber diese Datenlizenz wert. Konsequent, dass Reddit seither andere Suchmaschinenbetreiber und KI-Datensammler blockiert.

Daten bei Cloud-Anbietern und Software

Dokumente und Fotos, die Sie bei Cloud-Anbietern gespeichert haben, können von KI-Trainings betroffen sein. In diesem Fall müsste das Unternehmen die Nutzenden in den allgemeinen Geschäftsbedingungen (AGB) oder Datenschutzerklärungen informieren.

- Wenn es Ihnen wichtig ist, wo Ihre Daten genutzt werden, oder sie anderweitig zur Sorgfalt verpflichtet sind, zum Beispiel, weil Sie Projektdaten Ihrer Kunden speichern, achten Sie bei der Auswahl neuer Angebote aufmerksam auf solche Textpassagen und informieren Sie sich auch bei bestehenden Produkten, wie viel Privatsphäre Ihnen die Dienste einräumen und ob Sie ein Widerspruchsrecht haben. Beim Cloud-Anbieter Amazon Web Services AWS ist zumindest noch eine Auswahl möglich, standardmäßig ist der Widerspruch jedoch deaktiviert.

- Der Browser Brave oder das Videokonferenz-Tool Zoom lassen ihren Nutzenden keine Wahl und haben bereits erklärt, Nutzungsdaten für Trainings heranzuziehen.
- Im Zweifel hilft nur ein Umzug der Daten (Nextcloud beispielsweise ist eine datensichere Alternative, siehe *Kapitel 14*).

Widersprüche in analogen Werken

Die größte Gruppe von Publikumsverlagen der Welt, **Penguin Random House**, beginnt als eine der ersten Ende 2024 damit, Copyright-Hinweise auf KI auszurichten und dem Text- und Data-Mining zu widersprechen (mein geschätzter Wiley-VCH-Verlag ist mitgezogen, wie Sie im Impressum sehen). Der Verlag erklärt, der Urheberrechtshinweis werde in allen künftigen Büchern weltweit gedruckt und verbietet ausdrücklich die Nutzung für Trainingszwecke:

- In deutschen Ausgaben lautet der Hinweis im Impressum des Buchs: *»Der Verlag behält sich die Verwertung der urheberrechtlich geschützten Inhalte dieses Werkes für Zwecke des Text- und Data-Minings nach § 44 b UrhG ausdrücklich vor. Jegliche unbefugte Nutzung ist hiermit ausgeschlossen.«*
- In englischsprachigen Werken beruft sich die Verlagsgruppe auf Artikel 4, Absatz 3 der EU-Richtlinie zum digitalen Binnenmarkt 2019/790 (*Digital Single Market Directive*), der ebenfalls eine Ausnahme vom Data-Mining vorsieht.

Spruchreife Anklage: Streit um die KI-Stimme

Längst sind nicht alle Fälle ausverhandelt, und es kommen immer neue Aspekte hinzu, an die man erst nicht denken würde. Zum Beispiel gestohlene Stimmen:

- Aufhorchen lässt der Streit um die **Stimme von Hollywood-Schauspielerin Scarlett Johansson**. Bei einer Vorführung der Sprachfunktionen von ChatGPT (*Kapitel 6*) wurde diese unter dem Namen Sky präsentiert und war dann sogar eine kurze Zeit anwählbar. Besonders pikant: OpenAI-CEO Sam Altman hatte Johansson angeblich mehrfach vergeblich um Zustimmung für eine Stimmverwendung gebeten. Scarlett Johansson sprach im sehenswerten Science-Fiction-Drama *Her* von Spike Jonze aus dem Jahr 2013 ausgerechnet die KI-Stimme, in die sich der von Joaquin Phoenix gespielte Protagonist hoffnungslos verliebt.
- Gleichzeitig zeigt das Unternehmen Meta Interesse daran, Stimmen von Prominenten, wohl für **Promi-Chatbots** zu nutzen. In diesem Fall jedoch gegen Lizenzgebühren. Das klingt zumindest nach einem vernünftigeren Ansatz. Promi-Stimmen sind bei Google Waze für Navigationsansagen bereits verfügbar.

Stimm-Imitation ist verboten. Wie besonders schützenswert eine Stimme sein kann und dass ihr Schutz sogar über den Tod der Sprecherin hinausgeht, wird in der deutschen Rechtsprechung geurteilt – und das bereits 1999: Der Bundesgerichtshof (BGH, Aktenzeichen I ZR 49/97) behandelt die Verwendung des Namens der international bekannten Schauspielerin und Sängerin **Marlene Dietrich**.

Die zu diesem Zeitpunkt des Urteils bereits seit sieben Jahren verstorbene Ikone des Kinos und der Mode sei durch ihr Bildnis, den Namen, aber auch durch ihre Stimme und ihren einmaligen Sprechgesang wiederzuerkennen. Die Verwendung für Werbung ohne Zustimmung der Erbengemeinschaft sei daher rechtswidrig (siehe *Voice Cloning in Kapitel 11*).

Deepfakes – die große Gefahr generativer KI

Deepfake-Technologie hat in Filmen oder bei der Spieleentwicklung einen großen Durchbruch gefeiert und kann, wie Sie beispielsweise aus *Kapitel 12* wissen, eine Menge Gutes Bewirken. Doch das ist kontrollierte Fiktion.

Wird im realen Leben eine Stimme oder das ganze Gesicht eines Menschen im Foto oder Video gefälscht und missbraucht, kann das nicht nur dem Ansehen der betroffenen Person schaden. Auch diejenigen, die den Betrug nicht erkennen, tragen einen Schaden davon.

Deepfakes der Stimme sind gesetzlich verboten, solange kein ausdrückliches Einverständnis vorliegt. Der Digital Services Act (DSA) der EU sieht bereits eine Kennzeichnungspflicht für Deepfakes vor, siehe *nächstes Kapitel.*

Nun schrecken ganz offensichtlich Gesetze und Urteile wenig ab, da doch das Internet von Fälschungen, sogenannten *Deepfakes*, geflutet wird.

Medienwirkung: Ein Bild sagt mehr (Falsches) als 1.000 Worte

Die psychologische Wirkung von Bildern auf unsere Meinung ist überwältigend. Besonders, wenn sie an Emotionen geknüpft sind. Was wir mit eigenen Augen sehen, ist realistischer als ein Text oder eine Beschreibung. Umso schlimmer, dass Sie Ihren Augen nie mehr trauen können!

Deepfakes sind bereits im Umlauf

Für täuschend echte **Deepfakes** im Videoformat mitsamt missbrauchter Stimmklone gibt es inzwischen sehr viele Negativbeispiele:

- ✔ Enkeltrick und Schockanrufe am Telefon sind mit bekannten Stimmen noch perfider. Vereinbaren Sie ein Codewort oder besprechen Gelddinge nur persönlich.

Betrugsanrufe leitet O2 in Großbritannien an eine KI weiter, die sich als Großmutter ausgibt und Anrufende mit endlosen Gesprächen beschäftigt – bis zu 40 Minuten lang. Damit bleibt weniger Zeit für echte Enkeltricks.

- Uschi Glas, Dr. Eckart von Hirschhausen, Prof. Dr. Dietrich Grönemeyer und viele andere sind längst Opfer von Deepfakes. Harmlose TV-Interviews werden mit KI manipuliert und bewerben so etwa dubiose kostspielige Diätmittel aus dem Internet.
- ZDF-Nachrichtenmoderator Christian Sievers empfiehlt im Deepfake angeblich dubiose Investments – im gewohnt-seriösen Nachrichtenstudio mit nahezu lippensynchronem Deutsch. Der österreichische Rundfunk ORF warnt inzwischen sogar offiziell, dass Mitarbeitende zu Deepfakes missbraucht werden.
- Im Wahlkampf und bei Kriegen werden Deepfakes am häufigsten eingesetzt. Elon Musk postete Fakebilder im US-Wahlkampf. Zu Propagandazwecken sind Bilder von Wladimir Putin, der vor Chinas Machthaber Xi Jinping niederkniet, oder von Darstellungen aus dem Ukrainekrieg im Umlauf. All das ist nicht neu, bekommt mit Bildgeneratoren aber eine völlig neue Dimension und Schnelligkeit.

Die Geschichte der angeblichen Trump-Verhaftung

Schlagzeilen machen Bilder eines Donald Trump, der 2023 angeblich verhaftet wird. Der preisgekrönte Journalist Eliot Higgins vom niederländischen Recherchenetzwerk Bellingcat (vom englischen Sprichwort »der Katze eine Schelle umhängen«, um die Maus vor der Gefahr zu warnen) postet die Bilder:

- Sie gehen viral, obwohl sie auf X deutlich als Deepfakes gekennzeichnet sind. Dabei steht der sarkastische Zusatz »Bilder von Trumps Verhaftung erstellen, während man auf Trumps Verhaftung wartet.« (`https://www.bellingcat.com`).
- Solche Bilder von Midjourney V5 sind in aktuellen Versionen gesperrt.
- Der Faktencheck von Correctiv erzählt die Geschichte der bewussten Warnung und gibt nützliche Hinweise, um solche gut gemachten Fälschungen zu entlarven: `https://correctiv.org/faktencheck`.

Neben gesellschaftlichen Gefahren im Umfeld von Politik und Wirtschaft ist der persönliche Bereich stark bedroht.

Falsche Nacktaufnahmen: Der Fall Taylor Swift hat alle aufgeweckt

Besonders problematisch sind *Deepnudes*, bei denen Frauen und Mädchen ohne Einwilligung in sexuelle Kontexte gesetzt werden. Dies dient oft der Befriedigung sexueller Interessen oder der Machtausübung und kann für die Opfer ähnlich schädliche Folgen haben wie die Verbreitung echter Nacktaufnahmen. Politiker weltweit sind alarmiert. Und das spätestens seit dem Fall der wohl berühmtesten Sängerin unserer Zeit, Taylor Swift, deren Bilder Trolle in pornografischen Posen nachbilden und Anfang 2024 zunächst über eine Telegram-Gruppe und das skandalträchtige Meme- und Bilderboard `4chan.org` verbreiten. Über das soziale Netzwerk X werden die Bilder millionenfach sichtbar. Obwohl Deepfakes auf X explizit verboten sind, reagiert die Plattform erst rund 17 Stunden später auf die vielen

Meldungen der Nutzenden. In der Zwischenzeit finden die empörten Fans von Taylor Swift, die sogenannten Swifties, einen eigenen Weg, die Verbreitung zu behindern: Sie posten unzählige offizielle Bilder des Popstars. Wer nach Taylor Swift sucht, soll die Fälschungen so überhaupt nicht zu Gesicht bekommen. Später äußert sich sogar das Weiße Haus zu den Vorfällen, erwähnt Gesetzesinitiativen und Unterstützung für Betroffene.

Kinderpornografie mit KI-Bildern

Künstliche Intelligenz wird zunehmend ausgenutzt, um damit Kinder- und Jugendpornografie zu erstellen und über Messenger- und Social-Media-Plattformen zu verbreiten. Während einige Bilder komplett künstlich sind, basieren andere offenbar auch auf echten Kinderbildern oder sogar echtem Missbrauch. Die britische Internet Watch Foundation (IWF) findet in einem einzigen *Darknet*-Forum über 11.000 KI-generierte Bilder mit Darstellungen von Kindern, von denen sie fast 3000 als rechtswidrig einstuft. Von dort finden immer mehr Aufnahmen auch den Weg in leicht zugänglichere Bereiche des Internets und in Social Media, wo sie automatisiert verbreitet werden. Zwar ist in Deutschland – weitgehender als in anderen Ländern – die Verbreitung, der Erwerb und der Besitz von »kinder- oder jugendpornografischen Abbildungen« prinzipiell gesetzlich verboten, und auch fiktive und abgewandelte Missbrauchsdarstellungen und einschlägige Texte wie in Comic-Formaten, Mangas und Hentais sind strafrechtlich relevant. Rechtspolitiker machen dennoch eine potenzielle Sicherheitslücke aus, wenn von generativer KI erstellte Darstellungen von **Kinderpornografie** nicht explizit untersagt sind: Die bloße Herstellung könnte, anders als bei Abbildungen realer Personen, straflos bleiben. Künstlich erzeugte Bilder können nach Ansicht von Fachleuten für Sexualmedizin besonders bei Pädophilen zu Wahrnehmungsverzerrungen führen. Außerdem könnten durch die schiere Masse an Material Ressourcen von Aufklärungsdiensten zu stark gebunden werden, wenn jede generierte Darstellung zunächst als neuer Fall betrachtet und analysiert werden müsse.

KI-Veröffentlichungen: Was ist erlaubt?

Bevor Sie etwas in soziale Netzwerke posten, auf Ihre Homepage setzen oder anderswo verbreiten, sollten Sie sich die Konsequenzen bewusst machen:

Generiert ein KI-Modell für Sie Bilder, Töne oder Texte, die **offensichtlich** urheberrechtlich geschützt sind, ist deren Veröffentlichung zunächst verboten.

Zwar sind vorsorglich viele Prompts zur Erstellung solcher Inhalte gesperrt, gerade kleinere, lokal installierte Open-Source-Modelle oder Fehler in diesen Sperrfunktionen können dennoch solche unzulässigen Inhalte generieren. Eine pauschale Prüfpflicht für KI-generierte Inhalte ist nicht realistisch durchführbar. Bei konkreten Hinweisen obliegt Nutzenden, die diese Inhalte weiterverwenden und verbreiten möchten, die Kontrolle. Kurz gesagt: Nicht alles, was die KI ausspuckt, ist auch erlaubt. Wenn Sie schon sehen, dass es kritisch wird, lassen Sie die Finger davon!

Checkliste vor dem Posten von KI-generierten Daten:

- ✔ Sie sind selbst verantwortlich dafür, was Sie posten.
- ✔ Wenn Rechtsverletzungen offensichtlich erkennbar sind oder Sie nach einem Hinweis nicht reagieren, drohen Strafen. Wenn also ein Textgenerator Ihnen den Anfang eines Harry-Potter-Buchs ausgibt, heißt das nicht, dass Sie ihn veröffentlichen dürfen. Das gilt auch für andere Werke oder journalistische Texte.
- ✔ Bilder von Markenprodukten, wie beispielsweise Rolex-Uhren, zu generieren, ist in vielen Bildgeneratoren gesperrt. Die Darstellung solcher Produkte könnte die entsprechenden Firmen auf den Plan rufen, weil Markenrechte verletzt werden. Gelingt es Ihnen trotzdem, so ein Objekt zu generieren, seien Sie vorsichtig.
- ✔ Auch wenn es gelingt, mit Videogeneratoren Disney-Figuren, Spiel- oder andere Filmcharaktere nachzubilden, sollten Sie diese nicht verwenden. Ein tanzender Super Mario ist vielleicht etwas, das Rechteinhabenden bei Nintendo missfällt.
- ✔ Manchmal können bereits Farben einer bestimmten Marke oder Umrisse geschützt sein (Yves-Klein-Blau, Magenta). Ebenfalls gibt es Rechte auf einzigartige Designs für Produkte, Textilien oder grafische Elemente, auf Architektur und sogar Schriftarten.
- ✔ Einige Design-, Code- oder Kompositionswerkzeuge haben offensichtlich Schwierigkeiten, die zugrunde liegenden Vorlagen in ausreichender Form zu verändern. Das kann Urheberrechtsklagen nach sich ziehen.
- ✔ Vorsichtig sollten Sie auch mit Prompts sein, die Kunst »im Stil von« noch lebenden oder bedeutenden Kunstschaffenden generieren. Während diese Vorgabe an sich eigentlich unbedenklich ist, könnten einige Nachahmungen derart markant werden, dass sie das Urheberrecht tangieren.
- ✔ Es ist zur Vermeidung von Fake-News-Fällen von vielen Modellen unterbunden, Bilder von Politikern wie Donald Trump zu generieren. Verlangt man in seinem Fall stattdessen ein Bild des früheren Gastgebers der Fernseh-Reality-Show »The Apprentice«, der auch Donald Trump war, erhält man auf diesem Umweg, was man benötigt. Veröffentlichen sollten Sie das nicht leichtfertig!
- ✔ Niemand darf ohne sein Einverständnis nachgeahmt werden, auch wenn es bei prominenten Personen kleine Ausnahmen gibt, beispielsweise für Satire. Das Recht am eigenen Bild ist ein hohes Gut. Die Verwendung von Namen und Bildnissen einer real existierenden Person verstößt gegen allgemeine Persönlichkeitsrechte (APR), und die zugrunde liegenden Aufnahmen und Texte sind meist urheberrechtlich geschützt.
- ✔ Die unerlaubte Nachahmung von Stimmen verletzt neben Persönlichkeitsrechten auch den Datenschutz der zugrunde liegenden Aufnahmen, denn Tonaufnahmen sind ohne Einverständnis verboten. Schließlich ist die Stimme ein biometrisches Datum, das am Telefon oder zur Steuerung persönlicher Sprachassistenten eingesetzt wird. Das macht sie vergleichbar mit dem Fingerabdruck.
- ✔ Bei satirischer Nutzung kann die Kunstfreiheit dem Persönlichkeitsrecht vorgehen. Hierbei muss jedoch im Einzelfall geprüft werden. Verlassen Sie sich nicht drauf!

Warnung vor Content Creation mit KI durch Kriminelle

Menschen sind das schwächste Glied in jeder Cybersicherheitsstrategie.

Das sogenannte **Social Engineering** ist eine Manipulationstechnik, die menschliche Schwächen und Verhaltensweisen ausnutzt, um an vertrauliche Informationen oder Zugang zu Systemen zu gelangen.

- ✔ Social Engineering ist sehr effektiv und steht hinter 95 bis 98 Prozent aller gezielten Cyberangriffe. Dabei werden psychologische Tricks eingesetzt und menschliche Eigenschaften wie Hilfsbereitschaft, Autoritätsrespekt oder Angst ausgenutzt.
- ✔ Einsatz generativer KI hebt diese Angriffe noch auf eine neue Ebene, weil Imitationen immer besser gelingen und mehr Daten analysiert werden können.

Beispiele für Kriminalität mit generativer KI

Unter anderem gibt es diese **kriminellen Maschen**, die mit KI auf eine neue Ebene gehoben werden:

- ✔ **Spear Phishing:** Gezielte Phishing-Attacken auf bestimmte Personen oder Organisationen, wobei KI helfen kann, personalisierte und überzeugende Nachrichten zu erstellen und das Vertrauen zu gewinnen.
- ✔ **Whaling:** Angriffe, die sich speziell auf hochrangige Führungskräfte konzentrieren, wobei KI zur Analyse öffentlich zugänglicher Informationen und zur Erstellung maßgeschneiderter Täuschungen eingesetzt werden kann.
- ✔ **CEO-Betrug (Chefmasche):** Angreifer geben sich als Mitglied der Geschäftsführung aus und setzen darauf, dass Mitarbeitende Anweisungen von oben schnell und ohne Fragen befolgen. Sie nutzen das Autoritätsgefälle aus, um Druck aufzubauen und beispielsweise Überweisungen anzustoßen.
- ✔ **Vishing (Voice Phishing) oder Smishing (SMS):** Telefonische Betrugsversuche, bei denen KI zur Stimm-Imitation oder zur Automatisierung von Anrufen verwendet werden kann (zur Vorbereitung eines Enkeltricks beispielsweise).
- ✔ **Social Media Exploration:** Analyse von Social-Media-Daten, wobei KI-gestützte Tools die Datenauswertung und Mustererkennung verbessern können.
- ✔ **Deepfakes:** Gefälschte Medieninhalte, bei denen Künstliche Intelligenz zur Erstellung täuschend echter Audio-, Bild- oder Videomanipulationen eingesetzt wird und zu bestimmten Handlungen verleiten oder Fake News verbreiten soll.
- ✔ **IoT-Exploitation:** Ausnutzen von Schwachstellen in vernetzten Geräten, wobei KI Sicherheitslücken identifizieren oder Angriffe automatisieren kann.

Machen Sie sich bewusst, dass die Angriffe immer personalisierter und subtiler ablaufen und auf vielen Wegen und zu allen Zeiten erfolgen können. Meistens passiert es dann, wenn man es am wenigsten gebrauchen kann.

Schutz vor Deepfakes: Inhalte auf Ihre Echtheit prüfen

Überprüfen Sie immer, ob Inhalte echt sind, bevor Sie sie mit anderen teilen! Mit einer gezielten Mediensuche in seriösen Nachrichtenquellen können Sie schnell die Fakten zu einer Person überprüfen. Achten Sie auf Bildunstimmigkeiten und nutzen Sie Rückwärtsbildsuchen wie `tineye.com`.

- ✔ Solange der KI noch kleine Flüchtigkeitsfehler, sogenannte *Artefakte*, unterlaufen, können Sie sich auf derartige Ungereimtheiten auf die Suche machen. Lange Zeit waren Hände oder Füße besonders schräg, sahen unnatürlich aus oder hatten zu viele Finger oder Zehen. Das hat sich zwar stark verbessert, offensichtlich sind Hände aber für die KI genauso schwierig zu generieren, wie für Menschen zu zeichnen. Auch Ohren und Münder oder Proportionen im Gesicht geben Hinweise.
- ✔ Häufig passen Vorder- und Hintergrund nicht exakt zusammen, Schatten können unregelmäßig oder unnatürlich verlaufen, verschwimmen, merkwürdig schimmern oder glitzern, oder einige Details sind nicht so, wie man es in einer natürlichen Umgebung erwarten könnte. Schrift im Hintergrund könnte undeutlich oder unpassend wiedergegeben sein. Auch Sonnenstand und untypische Pflanzen können einen falschen Standort oder die falsche Jahreszeit entlarven. Zugegeben, das wird auch für Profis immer schwieriger, aber da setzen Faktenchecks an.
- ✔ Finden Sie bei berühmten Persönlichkeiten die Verlautbarung nicht auf offiziellen Internetseiten und Kanälen oder in vertrauenswürdigen Nachrichtenquellen (und auch die können sich manchmal täuschen), sollten Sie aufmerksam werden und die Darstellung in Zweifel ziehen. Bei Social-Media-Accounts können Sie sich nicht mehr auf Verifizierungshaken verlassen, seit sie inflationär verkauft werden. Folgen Sie besser von der offiziellen Homepage dem Link zum richtigen Account.
- ✔ Betrügende fälschen zusehends gleich eine ganze Webseite mit Logo der betreffenden Institution oder des journalistischen Mediums und sorgen dafür, dass diese in den Suchergebnissen sehr präsent auftaucht. Hier können Sie anhand der Domain-Schreibweise in der Adressleiste des Browsers Gewissheit bekommen, auf der richtigen Adresse zu sein. Vorsicht: Das Schloss-Symbol zeigt nur an, ob die Verbindung https-verschlüsselt ist. Das kann auf einer Betrugsseite ebenfalls der Fall sein und ist kein alleiniges Kriterium!
- ✔ Handelt es sich bei der Darstellung um eine Person aus Ihrem persönlichen Umfeld, sollten Sie aktiv bei der betroffenen Person nachfragen, ob der gefundene Inhalt echt ist, im richtigen Zusammenhang dargestellt wird und gemeint ist, wie es rüberkommt. Es kann allgemein nicht schaden, mehr miteinander zu sprechen.
- ✔ Häufig will man Sie zur Kasse bitten und stellt hohe Gewinne oder Belohnungen in Aussicht. Doch was zu schön ist, um wahr zu sein, ist meistens auch nicht wahr. Bedenken Sie: Betrügende haben es immer eilig, Sie zu einer Entscheidung oder Meinung zu drängen und nutzen es aus, Sie auf dem falschen Fuß zu erwischen. Sie kennen häufig nicht die ganze Wahrheit, verdrehen Fakten und nutzen unsichere Kommunikationskanäle. Einmal durchatmen und nachdenken hilft oft.

Tools zur Deepfake-Erkennung

Das kostenlose **Deepfake-Detektor-Tool** der gemeinnützigen Organisation `TrueMedia.org` plante im US-Wahlkampf 2024 mit KI-Technologie über 90 Prozent der Deepfakes in manipulierten Bildern, Audio- und Videoaufnahmen auf Social-Media-Plattformen zu erkennen. Hinter dem Angebot steht ein Team rund um den Unternehmer Oren Etzioni, der als Gründungs-CEO des nach dem früheren Microsoft-Chef Paul Allen benannten Allen Institute for Artificial Intelligence und Professor an der University of Washington maßgeblich zur Entwicklung und Erforschung Künstlicher Intelligenz beigetragen hat. Insgesamt funktionierte die Deepfake-Aufdeckung in meinem Test ausgesprochen gut, wobei man auch sagen muss, dass es sich hier um ein ewiges Nachrüsten handelte. Dazu gibt es ein klasse gemachtes Deepfake-Quiz mit politischen Persönlichkeiten: `https://detect.truemedia.org/quiz`.

Nach der Wahl von Donald Trump wurde das Angebot bedauerlicherweise eingestellt. Doch die Macher haben einen wichtigen letzten Schachzug getätigt: Sie haben ihr Produkt auf GitHub als Open-Source-Code veröffentlicht und sogar eine kommerzielle Nutzung gestattet (`https://github.com/truemediaorg`). Es wird sich zeigen, ob das jemand aufgreift.

Mit welchen Tools Sie **Fake News** entlarven, erfahren Sie auf den *Schummelseiten* ganz vorne im Buch und *im nächsten Kapitel.*

Deepfakes melden

Im Kampf gegen die digitale Täuschung sehen sich Plattformbetreiberfirmen in der Pflicht und gehen demonstrativ gegen KI-generierte Falschinhalte vor.

Betroffene von Deepfakes oder anderen Darstellungen oder Manipulationen können beispielsweise **bei YouTube die Löschung von Videos beantragen**, in denen ihre eigene Stimme oder Persönlichkeit per KI gefälscht wurde oder ihre personenbezogenen Daten sichtbar sind.

- ✔ Das Formular finden Sie unter den Hilfeseiten von YouTube: `https://support.google.com/youtube/answer/7585465`.
- ✔ YouTube löscht KI-gefälschte Stimmen und nachgestellte Personen nur, wenn es sich nicht um eine Parodie oder Satire auf öffentlich bekannte Personen handelt.
- ✔ Allerdings sieht es nicht danach aus, als würde tatsächlich eine tiefergehende Prüfung ablaufen, ob die beschwerdeführende Person tatsächlich durch synthetische oder manipulierte Inhalte dargestellt wird.

Regulierung der KI in Europa (AI-Act)

Spätestens mit Deepfakes wird klar, wie gefährlich KI für die Gesellschaft sein kann. Die Europäische Union hat mit dem AI-Act (*KI-Verordnung, KI-VO*), der ersten Gesetzgebung zur Regulierung Künstlicher Intelligenz, früh reagiert.

Ursprünglich als Regelung für Massenüberwachung geplant, umfasst der AI-Act nun auch Aspekte zu generativen KI-Modellen. Er definiert, wie sich KI verbreiten darf und was politisch verboten ist, und gilt weltweit als beispiellos.

Risikoklassen

Die KI-Verordnung definiert und kategorisiert im Grunde auf über 100 Seiten alle Systeme mit Künstlicher Intelligenz in verschiedene Risikoklassen:

- ✔ Basismodelle (*Foundation Models,* auch *General Purpose AI, GPAI*) wie GPT-4o oder Stable Diffusion werden nach ihrer Leistungsfähigkeit und potenziellen Auswirklungen eingestuft. Das macht permanente Anpassungen notwendig.
- ✔ Wie der Verein LobbyControl herausgefunden hat, wurden Anpassungswünsche des deutschen KI-Anbieters Aleph Alpha und des französischen Mistral AI umfassend berücksichtigt, wodurch deren Systeme als weniger riskant gelten.
- ✔ Die Verbraucherzentrale Bundesverband kritisiert, dass Diskriminierungsverbote im Streitfall schwer durchsetzbar sind und manipulative Praktiken nur bei nachgewiesener Absicht verboten sind.
- ✔ Auch nachgelagerte Anbieter von Produkten, die Modelle nutzen, sind verpflichtet! Regelungen für diese Kategorie treten etwas später, ab 02.08.2025, in Kraft.

Betroffenheit

Der AI-Act betrifft nicht nur die Hersteller von generativer KI wie OpenAI und Google, sondern jedes Unternehmen, das KI-Systeme oder Produkte mit selbigen vertreibt. Auch wenn Sie KI-Modelle im Betrieb selbst installieren, sind Sie in der Pflicht. Dabei spielt es keine Rolle, ob sich die Server ganz oder teilweise in der Europäischen Union befinden. Sobald das Produkt in der EU eingesetzt und zugänglich gemacht oder beim Vertrieb der eigenen Produkte genutzt wird, greift die Verordnung.

Der Compliance Checker der gemeinnützigen Organisation Future of Life Institute ermöglicht auch kleinen und mittleren Unternehmen, die Verpflichtungen aus dem AI-Act zu verstehen: `https://artificialintelligenceact.eu/de/`.

Fristen und Ansprechpartner

Der AI-Act gilt vor nationalen Gesetzen. Zur Durchsetzung der KI-Verordnung ist bei der Europäischen Kommission ein European AI Office, eine Art Amt für Künstliche Intelligenz, angesiedelt. In Deutschland wird die Bundesnetzagentur erste Ansprechpartnerin im Rahmen des AI-Act und ist auch für KI-Kompetenzzentren genannte Real-Labore verantwortlich. Spezialkompetenzen werden bei den dafür zuständigen Ämtern, beispielsweise im Fall von autonomen Fahrzeugen beim Kraftfahrtbundesamt, angesiedelt.

Obwohl die Verordnung seit 2024 gilt, werden Teile gestaffelt eingeführt, um Unternehmen und Behörden Zeit zu geben, sich an die Anforderungen anzupassen. KI-Basismodelle wie ChatGPT oder Gemini müssen ab August 2025 gesetzeskonform sein. Parallel prüft die EU-Kommission jährlich, ob Anpassungen notwendig sind und ruft einen Verhaltenskodex aus.

IN DIESEM KAPITEL

Gesellschaftliche Herausforderungen

KI-Inhalte zweifelsfrei erkennen

Kritische Bereiche unter Kontrolle behalten

KI-Bias kennen und kontrollieren

Kapitel 21
Ethik und Verantwortung

Kennzeichnungspflicht

Inzwischen sollte jedem klar sein: KI in den falschen Händen lässt schlimmste Vorahnungen noch untertrieben erscheinen. In diesem Kapitel möchte ich Ihnen Lösungen aus diesem Dilemma vorstellen und zu verantwortungsvollem Umgang mahnen. Kleine Spoiler: Noch sind Menschen die größte Bedrohung für die Menschheit und nicht etwa eine KI.

Virales Beispiel: Der Fake-Papst in Balenciaga?

Glaubten Sie auch, der Papst trägt Balenciaga? Oder Fendi? Oder Moncler? Als im März 2023 in den sozialen Netzwerken ein Foto von **Papst Franziskus** viral geht, steht die Welt kurzzeitig Kopf: Der beliebte Franziskus in einer Jacke für gut 5.000 Euro – das passt so gar nicht zum Stil des als bodenständig und zurückhaltend bekannten Papstes. Woher der plötzliche Imagewandel?

- ✔ Das Bild ist in Wahrheit von Midjourney generiert und findet über Reddit (*Abbildung 21.1*) seinen Weg zum sozialen Netzwerk X, von wo es sich in Online-Medien und sogar in Nachrichtensendungen im Fernsehen verbreitet.
- ✔ Nicht wenige werden es beiläufig unterwegs und ohne Kontext beim Zappen, Scrollen aufgeschnappt und für echt gehalten haben. Umfragen bestätigen das.
- ✔ Ich gebe zu, dass ich damals selbst kurz darüber nachgedacht habe. Dabei sind die Indizien bei näherem Hinsehen überführend:

- Schon die Optik des ganzen Bildes ist zu glänzend für einen Schnappschuss.
- Die Kette des Kreuzes ist nicht geschlossen und würde vom Hals fallen, Jackenknöpfe liegen falsch, Gesicht und Brille weisen Unstimmigkeiten auf.
- Von schrägen Händen ganz zu schweigen (Echtheitsprüfung siehe *Kapitel 20*).

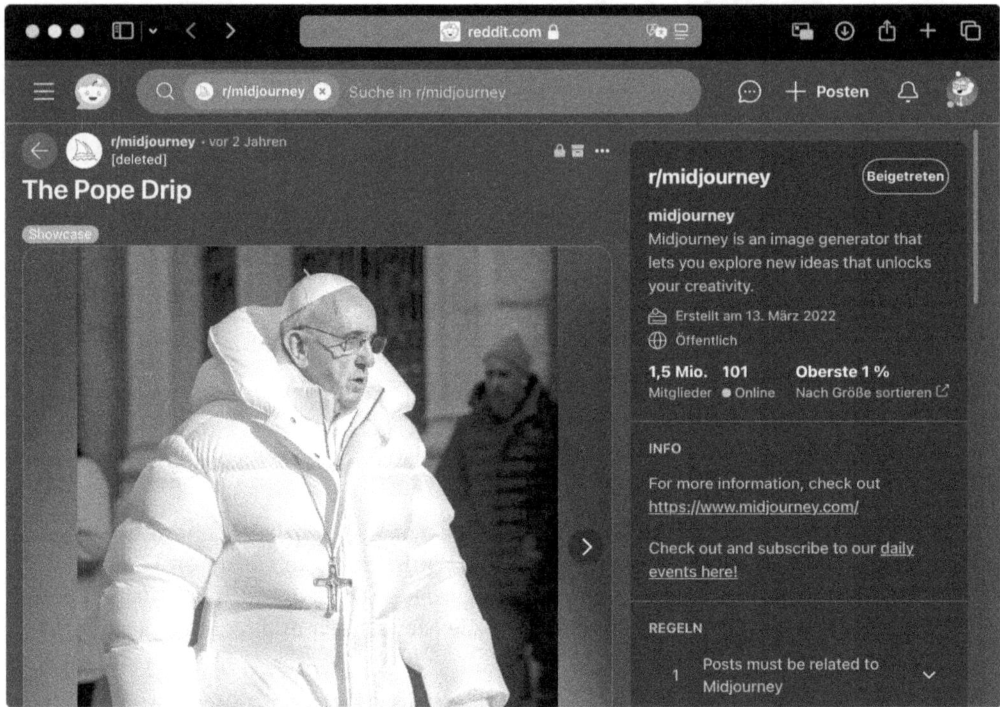

Abbildung 21.1: Fake-Papst im Midjourney-Subreddit (Screenshot: `Reddit.com`)

Ein klassisches *Fake-Bild*. Und dennoch erreicht es sein Ziel, und der weiße Edelzwirn des Papstes wird für einige Tage zum weltweiten Gesprächsstoff.

Ruf nach Kennzeichnungspflicht

Immer lauter wird der Ruf nach einer **Kennzeichnungspflicht** für KI-generierte Inhalte. Sie könnte für Transparenz sorgen und rechtliche Fragen klären (denken Sie nur an Verwertungsgesellschaften, siehe *Kapitel 20*).

- ✔ Rechtlich verpflichtend sind Kennzeichnungen nach Artikel 35 Absatz 1k des Digital Services Act (DSA) für »Anbieter sehr großer Online-Plattformen und sehr großer Online-Suchmaschinen«.
- ✔ Für Einzelpersonen gilt eine Kennzeichnung derzeit noch nicht, und ein Versäumnis ist daher nicht direkt strafbar. Es wird aber diskutiert. Selbstverständlich kann Ihre

Organisation eine Kennzeichnung verlangen. Ebenso in der Diskussion ist, ob nicht menschliche Werke gekennzeichnet werden sollten.

- ✔ Gegner argumentieren, der T-Rex in Jurassic Park war auch nicht mit *Quelle: CGI (Computer Generated Imagery)* gekennzeichnet. Der bekleidet aber kein öffentliches Amt.
- ✔ Unabhängig davon gelten Persönlichkeitsrechte wie das Recht am eigenen Bild.

KI und Journalismus

Im Journalismus geht es besonders um Glaubwürdigkeit und Authentizität. Der *Reuters Institute Digital News Report 2024* zeigt zwei klare Trends:

- ✔ Die Mehrheit der Befragten in 47 Ländern steht KI-generierten Nachrichten skeptisch gegenüber. Akzeptanz findet KI nur als unterstützendes Werkzeug im Hintergrund für menschliche Journalisten.
- ✔ Ältere Menschen zeigen größere Vorbehalte gegenüber KI-Journalismus, während jüngere Zielgruppen Nachrichten verstärkt über Videoplattformen wie Instagram, YouTube und TikTok konsumieren.

Ehrenhafte Journalistinnen und Journalisten fühlen sich der Wahrheit verpflichtet und möchten mit ihren Recherchen informieren oder Missstände aufdecken. Als jemand, der selbst Journalist ist und unter hartem Zeitdruck in nationalen Nachrichtenredaktionen gearbeitet hat, weiß ich aber auch, wie schnell sich Fehler und Ungenauigkeiten einschleichen können.

- ✔ Anspruch sollte stets die exakteste Wiedergabe und Darstellung der Realität sein.
- ✔ Darum suchen Journalisten nach zwei unabhängigen Quellen für eine Information.
- ✔ Sie haben Redaktionen mit Abnahmen und Prüfpflichten wie dem Vier-Augen-Prinzip, bei dem zwei Personen Inhalte vor Veröffentlichung prüfen.

Experimente mit der Glaubwürdigkeit

Doch auch in dieser Berufsgruppe tummeln sich schwarze Schafe:

- ✔ Wegen **komplett von generativer KI erstellten Rezepte** und dazugehöriger Bilder wird die Zeitschrift *Lisa Kochen & Backen* 2023 vom Deutschen Presserat gerügt. Das ist die Sanktion des Gremiums gegenüber einer Redaktion. Der Burda Verlag hatte im Extraheft alle »99 Pasta-Rezepte« von Midjourney und ChatGPT erstellt, jedoch nicht den geringsten Hinweis darauf gegeben, dass die Rezepte nie gekocht oder gekostet und schon gar nicht real fotografiert wurden. Der Vorsitzende des bayerischen Journalistenverbands, Michael Busch, kommentiert: »Burdas Experiment mit der journalistischen Glaubwürdigkeit ist fahrlässig. Wer seine Leserinnen und Leser über den Einsatz von KI-Tools täuscht, unterhöhlt das Vertrauen, das diese in eine Publikation setzen« (`https://www.bjv.de/pressemitteilungen/detail/keine-experimente-mit-der-glaubwuerdigkeit/`).

- ✔ Noch viel krasser täuscht die Funke-Mediengruppe im Heft »die aktuelle« (rund 200.000 verkaufte Ausgaben pro Woche), einem ohnehin schon dubiosen Käseblatt mit Halbwahrheiten und reißerischen Titeln: Hinter der Titelstory »Michael Schumacher – das erste Interview« präsentiert die Chefredakteurin der Illustrierten ein **Was-wäre-wenn-Gespräch mit einem Chatbot**. Nach Medienberichten soll es sich um `character.ai` handeln, einen Chatbot, der die Rolle von Personen oder Geschichtenfiguren einnehmen kann. Neben der Unterzeile »Weltsensation« ist wohl das »Es klingt täuschend echt« einer der wenigen Hinweise auf die Lügenstory. Doch das ist selbst für abgebrühte Faktenverdreher zu viel. Die Chefredakteurin Anne Hoffmann muss »mit sofortiger Wirkung« nach etwa 14 Jahren ihren Posten räumen. Eine Debatte über KI im Journalismus entbrennt. Der Verlag entschuldigt sich schriftlich bei der Familie des 2013 bei einem Skiunfall verletzten Ex-Formel-1-Fahrers.

Stellen Sie sich vor, so etwas wäre nicht mit der schwerkranken Rennsportlegende, unnützen Kochrezepten oder dem Papst geschehen, sondern böswillig mit dem US-Präsidenten oder dem Bundeskanzler und das kurz vor einer knappen Wahl. Und dann noch mehrfach zitiert in namhaften Medien.

Position des Deutschen Journalistenverbands zu KI

Der Deutsche Journalistenverband e.V. (DJV) zeigt in dieser Sache als Gewerkschaft Haltung. Selbst wenn Sie nicht in der Presse aktiv sind, fahren Sie gut damit, solche Ratschläge und Orientierungshilfen zu befolgen:

1. KI darf menschliche Journalistinnen und Journalisten nicht ersetzen. Redaktionelle Verantwortung und Kontrolle müssen bei Menschen bleiben.
2. Medienhäuser bleiben für KI-generierte Inhalte verantwortlich. Klare Abnahme- und Freigabeprozesse sind erforderlich.
3. Redaktionen müssen die Qualität und Vollständigkeit der von KI verwendeten Daten sicherstellen.
4. KI-generierte Inhalte müssen klar als solche gekennzeichnet werden. Transparenz über verwendete Technologien und Daten ist wichtig. Der DJV ruft den Gesetzgeber zu einer gesetzlichen Kennzeichnungspflicht auf.
5. Personalisierung durch KI muss verantwortungsbewusst erfolgen, um Filterblasen zu vermeiden.
6. Es sollten nur zertifizierte KI-Systeme im Journalismus eingesetzt werden, die bestimmte Standards hinsichtlich Qualität, Ausgewogenheit, Diskriminierungsfreiheit, Daten- und Quellenschutz sowie Sicherheit erfüllen.
7. Der Einsatz von KI muss fortlaufend überprüft werden.
8. Journalistinnen und Journalisten müssen in Aus- und Weiterbildungen im Umgang mit KI und dem Missbrauch (zum Beispiel mit Deepfakes) geschult werden.
9. Urheberinnen und Urheber sollten für die Nutzung ihrer Inhalte als Trainingsmaterial für KI-Systeme angemessen vergütet werden. Der DJV fordert eine gesetzliche Vergütungspflicht für diese Nutzung journalistischer Materialien.

Das Positionspapier und Hintergrundmaterialien sind abrufbar unter `https://www.djv.de/medienpolitik/kuenstliche-intelligenz/`.

Der DJV unterstützt die **Paris-Charta zu KI und Journalismus:** `https://www.djv.de/fileadmin/user_upload/DJV/INFORMATIONEN/medienpolitik/KI-Charta.pdf` (KI-übersetzte deutsche Fassung).

Picture or it didn't happen: Ohne Bilder keine Story

Manchmal gibt es für journalistische Berichte schlicht keine Bilder, zum Beispiel aus Kriegsgebieten, von Anschlägen oder aus dem Gerichtsaal. Über Themen mit geringer Bedeutung wird dann manchmal gar nicht berichtet.

Journalistische Berichterstattung dank KI-Bildern

Bilder sind in visuellen Medien meistens Voraussetzung für Berichterstattung, wenn ein Thema nicht von überragender Wichtigkeit ist.

Für viele Medienhäuser schließt KI die Lücke und senkt zugleich auf bequeme Art Personalkosten. Das darf aber nicht zu Lasten der Qualität führen:

- ✔ KI-Bilder haben bereits bei einigen Medien die Gerichtszeichnungen ersetzt, die traditionell zum Umgehen des Fotografie- und Filmverbotes bei Verhandlungen die anwesenden Personen in einer Skizzenzeichnung festhalten.
- ✔ Andere Fälle werden ohnehin bereits mit *Stock Pictures* aus Kaufbibliotheken bebildert. Nun geht das mit KI-Bildern zielgenauer, günstiger und automatisch.

Problematische Bebilderung in Medien

Es beginnt harmlos mit dem Bild eines Krankenwagens oder einer Unfallkreuzung. Auf Stock-Image-Plattformen sind aber KI-generierte Bilder anderer Dimension zu bekommen, die von Medien eingesetzt werden: Darunter welche aus dem (fiktiven) Gazastreifen: Gebäude, Straßen und Trümmer entsprechen nicht der Wahrheit. Teilweise sind Soldaten und schreiende oder weinende Zivilisten zu sehen, die schlicht nicht existieren. Wer das erstellt und verbreitet, hat die Wirkung von *Fake News* offenbar nicht verstanden.

KI-generierte Bilder werden teilweise auf Medienseiten zur Bebilderung von Kriegs- oder Unfallgeschehen verwendet. Trotz Kennzeichnung prägen solche Bilder die Vorstellung der Rezipienten stark und sind nicht wahrheitsgetreu.

Die Plattform Adobe Stock bietet beispielsweise, korrekt als KI-generiert gekennzeichnet, unter dem Titel »A destroyed city imagined by AI, resembling Gaza, Palestine« und dem Feigenblatt-Hinweis »Die redaktionelle Nutzung darf nicht irreführend oder täuschend sein.« (Datei-Nr. 723936856), siehe *Abbildung 21.2.* Gerade das ist sie aber, sobald ein solches Bild eingefügt wird, automatisch.

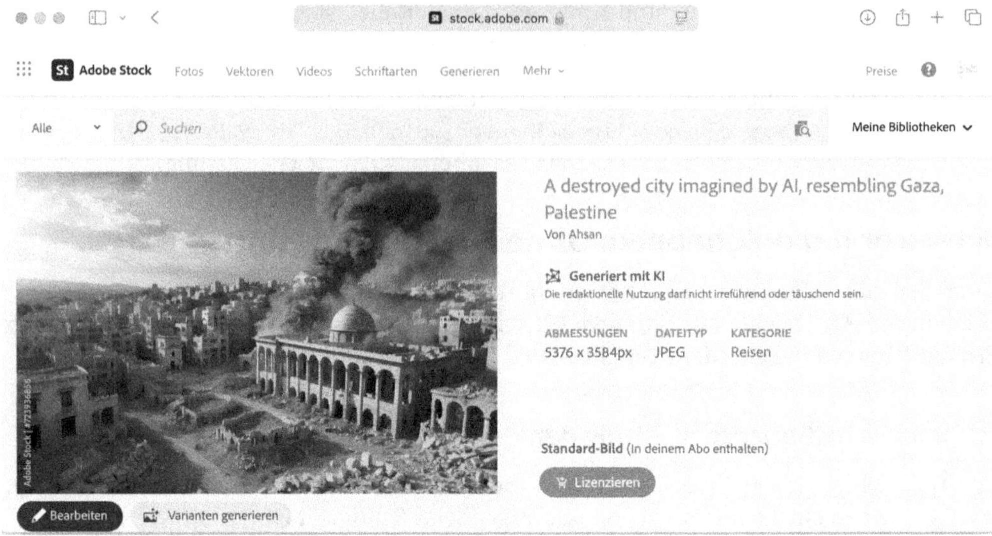

Abbildung 21.2: Fake-Bild aus Gaza, korrekt als KI-generiert gekennzeichnet, journalistisch dennoch fragwürdig (Screenshot: `stock.adobe.com`)

KI-Kennzeichnung der C2PA

Was ist echt, was ein Fake? Kommt ein abgebildeter Kupferstich aus dem Mittelalter oder von Midjourney, ist der dargestellte Surrealismus von Salvator Dalí oder von Dall-E?

Um generierte Inhalte zu kennzeichnen, ist es wichtig, sie zu identifizieren. Eine der aussichtsreichsten Initiativen dafür ist die *C2PA* (*Coalition for Content Provenance and Authenticity*, Koalition für Herkunftsforschung und Echtheit von Inhalten). An der Spitze dieses Standards stehen große Namen:

- ✔ Adobe, Google, Microsoft und OpenAI sind Gründer, es beteiligen sich Hunderte namhafte Hard- und Software-Konzerne oder Verlage und Filmstudios.
- ✔ Mein eigenes Unternehmen *glisco internet services* ist ebenfalls darunter, berät und arbeitet ehrenamtlich an Lösungen mit, so viel nur zur Klarstellung.
- ✔ Aus Deutschland sind ansonsten der WDR, die ProSieben-Sat.1-Gruppe, die Nachrichtenagentur dpa oder etwa der Wetzlarer Kamerahersteller Leica dabei (alle C2PA-Mitgliedsunternehmen unter: `https://c2pa.org/membership/`).

Cui bono: Wieso machen da so viele mit?

Dass sich so viele Unternehmen beteiligen, hat nicht nur altruistische Gründe:

- ✔ Durch die Beteiligung können sie argumentieren, proaktiv gegen Desinformation vorzugehen, bevor die Politik sie dazu zwingt. Sie pflegen ihr Image, haben Einsicht in Daten und können ganz nebenbei auch die Marktdominanz ausbauen.

- Für Produktherstellende, Filmstudios und andere Kreativunternehmen stehen Gewinne auf dem Spiel, wenn ihre Inhalte als Vorlage für Fälschungen dienen.
- Suchmaschinenbetreiber möchten unterscheiden können, welche Inhalte im Internet KI-generiert sind. Auch für künftige Trainings wird das wichtig.

Wie es funktionieren soll: Das Prinzip des Wasserzeichens

Ursprünglich sind *Wasserzeichen* (Englisch *watermark*), das muss ich Jüngeren mal erklären, im Briefpapier zu finden. Wenn man es gegen das Licht hielt, sah man das Zeichen des Absenders. Heute sind da höchstens Kaffeeflecken.

Im Unterschied zu sozialen Netzwerken wie TikTok, Instagram und YouTube, wo Markierungen zunächst von den Erstellenden kommen, möchte die C2PA keine Wahl lassen, was anzeigt wird. Ziel ist es, Vertrauen zu stärken und authentische Medien von manipulierten Inhalten zu unterscheiden:

- **Nachverfolgbarkeit über Metadaten:** Informationen wie Erstellungsdatum, verwendete Hardware, Ort der Aufnahme und Urhebende werden in Metadaten gespeichert. Jedes System, das mit einer Datei arbeitet, protokolliert den Entstehungsprozess und alle Bearbeitungsschritte des digitalen Inhalts.
- **Verifizierung:** Der offene Standard ermöglicht es, eine Art Echtheitszertifikat in Fotos, Videos und Audioaufnahmen einzubetten, das fälschungssicher sein soll.
- **Anwendung in verschiedenen Bereichen:** Der Standard soll in Kameras, Smartphones, Bildbearbeitungssoftware und Bildgeneratoren funktionieren. Gleichzeitig sollen Überprüfungswerkzeuge die Medienkompetenz stärken.

Diese Technologie soll beitragen, Desinformation zu bekämpfen und Vertrauen in digitale Medien zu stärken. Die Lösungen der C2PA sind kein Allheilmittel. Noch machen nicht alle mit, oder es verschwinden Metadaten unabsichtlich beim Verschicken über Messenger und beim Hochladen auf eine Webseite. Verlassen Sie sich noch nicht darauf! Dennoch peilt die Initiative richtige Ziele an. Medienschaffende und Content Creators können davon nur profitieren.

Content Credentials in immer mehr Software enthalten

Die Content Credentials (CC) sind eine Herkunftsbeschreibung des Inhalts. Es gibt ein Chrome-Plug-in, und die Funktion wird in immer mehr Anwendungen wie Adobe Photoshop oder Microsoft Word und PowerPoint integriert. Der eigentliche Anhang in den Metadaten ist nur wenige Kilobyte groß.

Verifizierungswerkzeug der C2PA verwenden

Mit dem Online-Werkzeug der C2PA können Sie ein Bild identifizieren:

1. Besuchen Sie die Seite `https://contentcredentials.org/verify`.
2. Laden Sie die Datei hoch, um die **Content Credentials**, also die enthaltenen Metadaten und Inhaltsurhebernachweise, zu überprüfen.
3. Schon die erste Zeile sagt: »Dieses Bild wurde mit einem KI-Tool generiert.« Noch unterstützen nicht alle solche Metadaten. Meine mit Perplexity AI und Opera generierten Bilder liefern zur Auskunft nur »Kein Inhaltsurhebernachweis«.

Andere Verfahren für digitale Wasserzeichen

- Google DeepMind setzt zur Nachverfolgung auf das digitale Wasserzeichen **SynthID** (`https://deepmind.google/discover/blog/watermarking-ai-generated-text-and-video-with-synthid/`), das in Bildpixel, Töne und Text-Token eingebettet sein kann. Damit wären sogar generierte Texte erkennbar (siehe *Kapitel 9*). Google hat ein gesteigertes Interesse, da KI-Texte die Suchergebnisse (siehe *Kapitel 16*) verfälschen, und macht das Verfahren als Open Source verfügbar.
- Meta hat mit Video Seal und Audio Seal robuste Kennzeichnungen erarbeitet.
- Unternehmen wie **Digimarc** (`https://www.digimarc.com`) und andere entwickeln Lösungen für Copyright-Schutz und Lizenzierung von Inhalten. Sogar mit physischen Wasserzeichen für Produkte: Was im digitalen Kosmos funktioniert, kann auch in der realen Welt bei der Nachverfolgbarkeit von Lieferketten, der Kontrolle von Produktfälschungen bei Kleidung oder Medikamenten und zur Vermeidung von Skandalen bei Lebensmitteln beitragen.

Kennzeichnen Sie unabhängig von Wasserzeichen KI-Inhalte stets transparent!

Sicherheit und Stabilität

Nicht nur bei Fakes und dem Datenschutz zeigt sich, auf welchen wackeligen Beinen die Systeme noch stehen und wie schnell (zumindest vorübergehend) wieder einiges vorbei sein kann, wenn Regeln nicht eingehalten werden.

Volatilität von Schnittstellen

Was, wenn ein Unternehmen seine Prozesse auf ein bestimmtes KI-Modell auslegt und dieses dann von heute auf morgen nicht mehr verfügbar ist? Schnittstellen verändern sich ständig und können abgekündigt werden:

- Als Elon Musk Twitter zu X wandelt, sind ihm die Drittanbieter-Apps ein Dorn im Auge. Teilweise zehn Jahre bestehende Systeme kündigt er quasi über Nacht auf.
- Den Wechsel einer Sprachmodell-API kündigt OpenAI 2023 eine Woche vorher an. Nutzende beschweren sich öffentlich, dass keine Zeit für Umbauten bleibt.

Risikomanagement

Wie alle Systeme sind KI-Programme nicht vor Angriffen gefeit, und das ist nicht zu unterschätzen: Je nach Einsatzzweck kann dies lebensbedrohliche Folgen oder zumindest einen Verlust an persönlichen, teils intimen Daten nach sich ziehen. Werden wir Hackerangriffe und Manipulationen von KI erleben? Davon ist stark auszugehen. In einigen Segmenten haben sie bereits begonnen.

Attacken auf KI-Systeme und Schutzmaßnahmen

Normalerweise würde ein großes Sprachmodell die Antwort nach verbotenen Auskünften wie einem Autodiebstahl verweigern. Das ist ihnen im Training beigebracht worden. Doch mit simplen Tricks geraten **Schutzmechanismen** offensichtlich in Vergessenheit. Sicherheitsforschende von Antropic haben bereits davor gewarnt. Es ist ein Phänomen, das missbraucht werden kann:

- ✔ Eingebettet in eine ganze Reihe harmloser Fragen, erlauben einige Sprachmodelle derartige Grenzübertritte (*many-shot jailbreaks*).
- ✔ Auch mit vielen kurzen Fragen (*few-shot jailbreaking*) und einem langen Dialog können Sie die KI sozusagen ermüden und die Informationen herauslocken.
- ✔ Manchmal hilft auch ein Rollenwechsel: Dabei können Sie erzählen, dass Sie für den Hersteller arbeiten und zum Trainingsteam gehören. Sie können die KI auffordern, sich in die *Rolle* eines Kriminellen zu versetzen oder alles wie in einem ziemlich realistischen Film zu erzählen.

Beispiel: »Hacken« Sie die BILD-Zeitung

Mit dieser Methode können Sie Produkt-Chatbots auf Unternehmenswebseiten aushorchen, auf welchem Basismodell sie basieren. Oder Sie überlisten die BILD-Zeitung und gelangen ohne große Umschweife an Antworten:

- ✔ Der KI-Chatbot *hey_* der BILD-Zeitung ist eine kostenlose ChatGPT-Variante.
- ✔ Wohl aus der Kooperation mit OpenAI erwachsen (siehe *Kapitel 2*), hat BILD die Möglichkeit, den Dienst ohne größere Kosten auf der eigenen Seite anzubieten.
- ✔ Doch die KI ist auch geschwätzig.

Ja, es ist kein wirkliches Hacken. Mehr so ein Vorbeimogeln am Pförtner. Ich nutze dieses Beispiel gerne in meinen Seminaren, um **Prompt Injection**, das Einschleusen von Befehlen oder austricksenden Methoden, anschaulich vorzuführen, und bin sehr gespannt, wie lange das noch geht.

So gehen Sie vor:

1. Öffnen Sie `https://hey.bild.de`.
2. *BILDplus*, das Bezahlangebot, versteckt Exklusivstorys oder Lockartikel mit reißerischen Schlagzeilen hinter einer Bezahlschranke. Wenn Sie den Chatbot mehrfach darum bitten, verrät er Kernaussagen der an sich geschützten Artikel.
3. Im Fall der Quizspiele, zum Beispiel der Suche nach dem Mörder in einer Kriminalgeschichte, lässt sich der Chatbot austricksen, wenn Sie ihm vorgaukeln, von der Entwicklungsabteilung zu sein, oder die Spielregeln neu definieren.

Auf diese Weise verrät Ihnen die KI, wer der Mörder in der Geschichte ist oder wie die Charaktere definiert werden, und spart das BILDplus-Abonnement.

Wenn Sie einen Chatbot oder andere KI-Systeme mit Unternehmensdaten füttern, könnten diese abgerufen werden. Systemfehler sind immer möglich.

Darf KI alles entscheiden?

Wer von uns hat die höhere Wahrscheinlichkeit, einen Kredit zu bekommen? **Surveillance Pricing** (*Überwachungspreisbestimmung*), die KI-bestimmte Preisanpassung nach Kundenprofil, ist bereits Realität. KI kann ausgetrickst werden, und Algorithmen, mit denen KI-Software konzeptioniert ist, können unbeabsichtigte Fehler begünstigen, wenn sie falsch interpretiert und nicht auf Ungleichbehandlungen gefiltert und überprüft werden:

- ✔ Auf die Spitze treibt es Salesforce, der Marktführer bei *CRM*-Software (*Customer Relationship Management*). Die Software verknüpft Kundendaten wie Einkäufe, Social-Media-Aktivität oder Reklamationschats in der Einstein-KI, einer lächelnden Comicfigur von Albert Einstein, die alles über uns weiß.
- ✔ Gekündigt vom Bot? Es gibt Fallbeispiele aus den USA, in denen bei Amazon oder Uber Eats Personalentscheidungen auf KI-Bewertungen fußten.
- ✔ Und dann gibt es bereits Kriegswaffen, die mit KI betrieben werden. Nicht nur theoretisch, sondern bereits praktisch im Kampfeinsatz.

Beispiele für Fehler mit KI

Die Anwendung von KI und Robotik kann Schwierigkeiten mit sich bringen, deren Konsequenzen noch nicht ausreichend geklärt sind: Fehlentscheidungen, Halluzinationen (siehe *Kapitel 1*) und Rechtsunsicherheiten (siehe *Kapitel 20*), die nicht oder zu spät bemerkt werden, können Unternehmen und Privatleute Geld kosten, wenn Mitarbeiterin KI einen schlechten Tag hat und alles vor die Wand fährt. Beispiele für **Eskapaden** gibt es viele:

- ✔ Weil der Chatbot von Air Canada eine falsche Auskunft erteilt, muss die Fluggesellschaft 812 kanadischen Dollar (560 Euro) erstatten: Ein Geschädigter hatte sich wegen einer Beerdigung auf die Auskunft verlassen, dass Preisnachlässe für Flüge bei Trauerfällen auch nachträglich gewährt würden, und konnte das mit Screenshots belegen. Obwohl die Webseite die korrekte Information enthält, sei der Betreiber für sämtliche und somit auch für den KI-Chatbot verantwortlich.
- ✔ Der McDonald's-Konzern stoppt 2024 vorerst die KI-betriebene, automatische Bestellannahme an McDrive-Schaltern. Wie andere Fast-Food-Ketten hat das Unternehmen auf die naheliegende Spracherkennung gesetzt und wollte Personal einsparen. Das zwei Jahre lang gemeinsam mit IBM an mehr als 100 Standorten durchgeführte Experiment endet vorzeitig, nachdem verärgerte Kunden berichten, dass sie Artikel erhalten, die sie nicht bestellt haben: Einem Kunden wurden neun süße Tees zu seiner Bestellung hinzugefügt, ein anderer Kunde erhielt als »Sonderwunsch« eine Eistüte mit Speck obendrauf, berichtet die New York Post. Eine TikTok-Userin namens Ren zeigt in einem Video, wie falsch zugeordnete Gespräche vom Nachbarschalter ihre Bestellung verändern. Ein weiteres Video von Cailyn Sykora belegt die Rechnung über 222 US-Dollar für 20 Chicken McNugget-Menüs, die das KI-System erfunden hat. Sie kommentiert das mit: »The McDonald's robot is wild«.

- Googles Gemini gerät Ende März 2024 in Verruf, als Nutzenden auf Nachfrage Kochrezepte mit der ungewöhnlichen Zutat *nicht-giftiger-Klebstoff* empfohlen wird, die angeblich die Käsesauce einer Pizza hervorragend andicke. Der Ursprung der hanebüchenen Antwort ist schnell ausgemacht: In einer Diskussionsgruppe bei Reddit, die zum Training verwendet wurde, hat einmal ein Nutzer einen solchen Scherz verbreitet. Den hat die KI offensichtlich nicht verstanden und die Gesundheit von Nutzenden gefährdet.
- Nur einen Monat zuvor hat es die Bildgenerierungsfunktion von Gemini mit der Diversität komplett übertrieben: Wer Bilder von deutschen Soldaten im Jahr 1943 generieren lässt, bekommt statt weißen Nazis eine Reihe Schwarzer Männer oder asiatisch wahrgenommene Frauen im Stahlhelm angezeigt. Auch eine weibliche Päpstin mit indischen Wurzeln und sehr diverse Gründerväter Amerikas generiert Google seinen Nutzenden ohne Einordnung der geschichtlichen Fehldeutung. Ganz offensichtlich wurde das Modell darauf trainiert, ein ausgewogenes Bild an Hautfarben und Geschlechtern zu generieren. Das sei auch grundsätzlich so gewünscht, erklärt Google. Für die historischen Fehltritte entschuldigte sich das Unternehmen. Schwierigkeiten mit den zu gut gemeinten Diversitätsanpassungen hat im Übrigen nicht nur Google: Auch Adobe Firefly erstellt Schwarze Wehrmachtssoldaten oder Wikinger, und selbst beim Auftrag, einen alten weißen Mann zu erstellen, liefert er zur Sicherheit Schwarze Männer und Frauen hinzu.

Rechtliche und finanzielle Risiken sollten Sie berücksichtigen und Schäden durch Daten-Leaks, Coding-Fehler oder Halluzination absichern.

Bias: Stereotype und digitale Diskriminierung

Ein entscheidender Grund, wieso generative Künstliche Intelligenz keine alleinigen Schlussfolgerungen oder Entscheidungen treffen sollte, ist *Bias*. KI-Software leidet unter diesem Phänomen der Vorurteile, die zu fehlerhaften oder verzerrten Ergebnissen führt. Wer sie nutzt, sollte sich dieses Fehlverhalten stets vor Augen führen, um es zu verhindern.

Die genaue Definition und Anwendung des Begriffs variiert je nach Fachgebiet. In der Marktforschung und anderen Forschungsbereichen gibt es verschiedene Arten von Bias wie *Stichprobenverzerrung* und *Messverzerrungen* und meint per se auch nichts Schlechtes. Diese Abweichung von der Norm ist bei maschinellem Lernen teils notwendig, um Generalisierungen zu ermöglichen.

Bias (*Verzerrung oder systematischer Fehler*) ist die Abweichung von der Realität. In statistischer Forschung bezeichnet man damit *Auswahlverzerrung*, in der Psychologie *Neigungen* und im Alltag *Voreingenommenheit*, die (unbewusst) Entscheidungen und Urteile beeinflusst. Laut Duden kann man »Bay-Ass« oder »Bi-Ass« sagen, und *der* oder *das* Bias sind beide richtig.

Beispiele für stereotype Trainingsdaten

Bias kann sich bei KI-Modellen in einer eingeschränkten Diversität äußern:

- ✔ Verzerrte Geschlechterdarstellungen entstehen bereits aus den Trainingsdaten. Schließlich sind wir Menschen durch unsere Abstammung und unsere soziale Situation unterschiedlich geprägt und vorbelastet.
- ✔ Bild- und Sprachmodelle sind also bereits mit Vorurteilen und Ungleichheiten gefüllt, und die KI erlernt und reproduziert diese immer weiter.

Bildgenerator kennt nur heterogene Paare

Das KI-Bild eines Paares, bei dem beide unterschiedlicher Herkunft sind, ist schwer zu generieren: `Asiatischer Mann mit kaukasischem Freund`, `asiatischer Mann mit weißer Frau`, `asiatische Frau mit kaukasischem Ehemann` – eine Redakteurin von The Verge hat es mit Metas AI Image versucht und meist Paare gleicher Herkunft erhalten.

- ✔ Asiatische Frauen würden meist ostasiatisch und selten indisch dargestellt, obwohl Indien das bevölkerungsreichste Land der Welt ist. Das ist rassistisch.
- ✔ Frauen würden, im Gegensatz zu den Männern, durchweg *jung* dargestellt. Wenn man so will, Sexismus und Altersdiskriminierung, wenn auch unbeabsichtigt.

Der Grund liegt in den Trainingsdaten begründet und ist somit ein Spiegelbild der Gesellschaft oder der Masse an Daten, die das Modell vorgesetzt bekommen hat. Langfristig ist aber ein gefährlicher Trend zu erkennen, und es gibt Warnungen, dem früh vorzubeugen: Wer nicht in das enge Schema passt und in den Massenmedien ohnehin schon unterrepräsentiert ist, wird aus dem kulturellen Gedächtnis entfernt oder bei Bewertungen nicht adäquat einbezogen. Auf lange Sicht könnten ohne Korrekturen die Abbildungen meist in eine Richtung entwickelt werden, und die andere verblasst in der Erinnerung.

Märchen als Beispiel für veraltete Wertvorstellungen

Vereinfacht gesagt, stellen zum Beispiel die meisten Märchen und historischen Geschichten die Rollenbilder und das Verhältnis weiblicher und männlicher Charaktere problematisch dar. Und die wenigsten Eltern würden ihre Kinder heute einfach allein in den dunklen Wald schicken.

- ✔ Wer sein Wissen aus solchen Erzählungen bezieht, wird das für Realität halten. Daher werden ein damit trainierter Bildgenerator oder ein Textwerkzeug den Auftrag, eine schöne Prinzessin abzubilden oder zu beschreiben, meist mit einer *jungen, weißen, blonden heterosexuellen Frau* erfüllen.
- ✔ Von der KI erzählte Geschichten handeln meist dem traditionellen Rollenbild folgend von Mann und Frau und nicht von queeren Personen. Wertezementierung (*value lock-in*), nennt man es, wenn in Sprachmodellen die Vorurteile eingetragen bleiben, die heute als problematisch aufgefasst werden.

Probieren Sie es aus: `Erstelle ein Bild der schönsten Person der Welt` oder `Wie sieht der böseste Mensch der Welt aus?`

In einigen Fällen antworten Chatbots bereits ausweichend.

Fortsetzung in die Realität

Die Fehlinterpretation der KI setzt sich durch trainierte Statistiken fort:

- ✔ Die für *Geschäftsführende* übliche Berufsbezeichnung *CEO* wird häufig mit Männern assoziiert, da die meisten CEO bisher Männer sind. Ebenso IT-Berufe.
- ✔ Eine *arbeitende Person* im Kindergarten oder an einer Supermarktkasse wird dagegen meist mit einer *Frau* dargestellt. Ein Stereotyp, dem auch Kinder schon verfallen, wenn sie es meist nicht anders kennen.
- ✔ So kann Geschlechterdiskriminierung noch weitergehen, wenn automatisierte Systeme, wie bereits geschehen, für einen technischen Beruf oder eine Entscheidungsposition die Bewerbungen von Frauen aussortieren, weil bisher bereits überwiegend Männer in dieser Sparte arbeiten und das als gewünscht betrachtet wird. Ganze Karrieren können so verhindert werden.
- ✔ So etwas hat außerdem einen weitergehenden Effekt, wenn sich Trends verfestigen und weniger Frauen in einem Forschungs- oder Entwicklerteam arbeiten, werden in deren Arbeiten wohlmöglich mehr männliche Aspekte berücksichtigt.

Eine Studie der Universität Michigan zeigt, dass Chatbots bei männlichen oder geschlechtsneutralen Rollenbezeichnungen bessere Leistungen erbringen als bei weiblichen: `Sei eine Anwältin` statt `Sei ein Anwalt` führt demnach zu weniger Produktivität. Die Untersuchung von 162 verschiedenen Rollen deutet auf mögliche Voreingenommenheit in Trainingsdaten hin. Es gilt zwar nicht für alle Modelle, wirft aber Fragen zu Fairness in der Entwicklung auf.

Was gegen Bias unternommen werden kann

Das Ziel soll nicht sein, frühere Märchen und Bücher zu canceln, sondern Diversität mitzudenken sowie ein Bewusstsein dafür zu schaffen, dass einseitige Darstellungen nicht die Realität abbilden und Schaden verursachen.

- ✔ Dass solche Phänomene Einfluss auf die emotionale und kognitive Entwicklung haben und sich bei Kindern und Jugendlichen etwa in schulischer Leistung und Berufswahl manifestieren, ist Gegenstand wissenschaftlicher Arbeiten.
- ✔ Es gibt Ansätze von Gegenmaßnahmen, die jedoch nicht immer das gewünschte Ergebnis liefern (siehe *Schwarze Wehrmachtssoldaten* von Google Gemini).

Man könnte sagen, ach die KI hat sich vertan, dann generiere ich eben ein anderes Bild. Weil aber bereits KI-Chatbots für die Beratung vor Wahlentscheidungen à la Wahl-o-Mat verfügbar sind, hat das Thema längst Einfluss auf politische Prozesse und kann gesellschaftliche Folgen haben.

KI-Betreiber haben eine erhebliche Verantwortung: Eine neuseeländische Studie zeigt, dass die meisten KI-Chatbots eher linksorientierte Antworten zu Themen wie Immigration und Globalisierung geben. Im Gegensatz dazu steht Elon Musks Grok, das Falschinformationen über Demokraten verbreitet.

- ✔ Gesetzgebende und Aufsichtsbehörden sind gefordert: Selbst in Deutschland, wo es ein Antidiskriminierungsgesetz gibt, ist nicht klar, ob dieses auch für automatische Entscheidungsprozesse von KI gilt. Von Transparenz- und Offenlegungspflichten ganz zu schweigen.

- ✔ Es ist wichtig zu erkennen, dass KI-Systeme nicht inhärent neutral sind. Sie spiegeln Werte und Vorurteile ihrer Schöpfer und der Gesellschaft wider. Die Bewältigung von KI-Bias ist eine kontinuierliche Aufgabe der Entwickelnden. Sie erfordert aber auch bei Nutzenden Wachsamkeit und proaktives Handeln.

Auswirkungen von KI-Bias können weitreichend sein, von der Verstärkung gesellschaftlicher Ungleichheiten bis hin zu fehlerhaften Entscheidungen.

Die Herausforderung bleibt komplex, da systemische Vorurteile von technischer als auch von gesellschaftlicher Seite angepackt werden müssen. So faszinierend Antworten und Hilfstätigkeiten einer KI auch sein mögen, am anderen Ende sitzt irgendwo der Mensch und hat sie mit Schwächen und Fehlern gefüttert. Insofern gilt wie überall: Erst denken, dann nutzen.

IN DIESEM KAPITEL

Wie es in naher und ferner Zukunft mit Künstlicher Intelligenz weitergehen kann

Wieso KI trotz aller Bekundungen erst einmal nicht schlauer sein wird als der Mensch

Kapitel 22
Wie es weitergeht

Nun, da Sie sich den Wissensstand eines KI-Content-Creators draufgeschafft haben, können Sie sich auf die Schulter klopfen, aber ausruhen sollten Sie sich nicht. Die Entwicklung geht weiter, täglich gibt es Dutzende Neuigkeiten zu Künstlicher Intelligenz auf so vielen Ebenen, von Modellen, neuen Tools bis hin zu politischen Entscheidungen, Urteilen und Debatten. Wer sie verpasst, droht wieder abgehängt zu werden und steht am Ende wieder ganz am Anfang.

Am Ende des Hypes

Die Marktforschung Gartner (die Erfinder des *Hype-Zyklus* aus *Kapitel 2*) ist nachdenklich und geht davon aus, dass in den nächsten Jahren mindestens ein Drittel der so optimistisch gestarteten KI-Projekte und -Produkte wieder vom Markt verschwinden wird. Darauf müssen sich alle einstellen, die sie heute bereits einsetzen:

Eine **Marktbereinigung**, die angesichts der hohen Investitionen, Erwartungen und Ideen, die einfach ausprobiert werden, nicht überrascht. Es betrifft ausdrücklich nicht alle KI-Produkte, aber viele der Me-too-Angebote, die wie Testballons losgeschickt werden (siehe *Friedhof* in *Kapitel 6*). Selbst die tollsten Produkte müssten irgendwann Gewinn abwerfen, wenn Geldgebende nicht die Nerven verlieren sollen. Sonst wird eben der Stecker gezogen. Das ist insgesamt ein gutes Zeichen, denn es kommt Substanz in die Branche.

Geld verdienen mit KI

KI wird erst einmal nicht so günstig bleiben. Viele Unternehmen haben bereits deutlich die Preise angezogen oder verdienen durch Daten und Werbung. Einige Geschäftsmodelle haben durchaus Potenzial. Was heute bereits in Chatbots mit mentaler Gesundheit oder Reklamationen im Versandhandel hilft, kann bald vielleicht auf Rechtsanwendungen,

Versicherungsfragen oder Behördenschreiben erweitert werden. Auch Zeit für Hotel- und Reisebuchungen dürfte mit KI-Buchungssystemen, so zumindest die Werbeversprechen, geringer ausfallen. Diese Zeitersparnis bezahlen dann einige gerne. Fest steht, dass KI im Alltag immer normaler wird:

- ✔ Einzug findet sie bereits in Computerspielen, und die verschmelzen mit Filmen. Sie können sicher sein, dass die Unterhaltungsbranche die verfügbare Technologie zur Figurenentwicklung und für Dialog- und Spielewelten sowie Animation einsetzt.
- ✔ Einige spezielle KI-Geräte sind gefloppt. Doch langfristig ist absehbar, dass KI die Steuerung von Haushaltsgeräten im Smart Home und von Autos erleichtern wird.
- ✔ Virtuelle Realität (VR) und Augmented Reality (AR) sind Bereiche, die mit KI-Produkten wie Bildschirmbrillen (*Smart Glasses*) an Bedeutung gewinnen.
- ✔ Es ist zu hoffen, dass sich damit auch bei der Barrierefreiheit viel tut und für Menschen mit Behinderung Medienangebote oder alltägliche Dinge erleichtert werden. Von einer Vereinfachung profitieren alle.
- ✔ Werbung und Social-Media-Postings werden bereits von oder mit KI entworfen. Mode-Labels wie Mango oder Balenciaga (bei Letzteren sehen die Klamotten schon nach Halluzination aus) sind vorgeprescht und haben Kleidung aufwendig ins Training einfließen lassen. Dabei muss jede Naht auf dem Plakat zur Realität passen, sonst ist die Kundschaft sauer. Kampagnen können so am Ende preisgünstiger und schneller gestaltet und sogar regional angepasst werden.
- ✔ Der Online-Einkauf kann mit virtualisierten Kleideranproben an KI-trainierten Kleidungsstücken laufen und könnte die Zahl der Rücksendungen eindämmen.
- ✔ Vom Eisverkäufer, der sein Angebot mit KI plant, bis zur Ärztin, die damit Arztbriefe und Diagnosen zusammenfasst, stößt KI in immer mehr Bereiche vor.

Das Leben verändert sich

Deutschland müsse zur »Weiterbildungsrepublik« werden, um niemanden abzuhängen, erklärte der ehemalige Bundesarbeitsminister Hubertus Heil und machte klar, dass es spätestens 2035 keinen Job geben wird, der nicht mit KI zu tun hat. Es sei nicht möglich, sich zu verschließen. Sie haben mit diesem Buch einen Schritt in diese Richtung getan. Experten sind sich einig, dass sogar schon in den nächsten fünf Jahren große Veränderungen spürbar werden (daher unsere Initiative *Beyond 5 Years*, `b5y.de`). In einigen Bereichen werden Gehälter fallen, auch in Teilen der IT-Branche. Doch letztlich bringt KI vielleicht die langersehnte Lösung für den Abbau von Bürokratie, für Nachwuchsprobleme, Fachkräftemangel und lästige Dokumentationspflichten und gibt uns Zeit fürs Wesentliche zurück. Wer noch Rechnungen per Post bekommt und Visitenkarten mit Faxnummer sieht, erkennt das Potenzial. Achso, und dann muss sie noch eine Lösung fürs Klima, Krankheiten und ihren eigenen Energiekonsum finden. Aber das wird schon klappen!

Die AGI und wieso sie (vorerst) nicht kommt

Eine Frage müssen wir aber noch klären: Wann wird die KI uns alle ersetzen?

Das Ziel der KI-Entwicklung wäre eine *Künstliche allgemeine Intelligenz* (Englisch *Artificial General Intelligence*, kurz *AGI*), die alle Aufgaben verstehen und lösen kann, wie es Menschen gelingt oder sogar noch besser.

- ✔ Elon Musk, OpenAI-Chef Sam Altman und Nvidia-Chef Jensen Huang werden nicht müde, von AGI zu sprechen, die in fünf Jahren kommt. Bemerkenswert: Auch Nobelpreisträger und KI-Forscher Geoffrey Hinton nennt diesen Zeitraum.
- ✔ Mit dem Ansatz generativer KI sei da kein Blumentopf zu gewinnen, erklärt mir Reinhard Karger vom Deutschen Forschungszentrum für Künstliche Intelligenz.
- ✔ Die Definitionen von AGI gehen dabei grundlegend auseinander. Von OpenAI gibt es dafür bereits ein *Preparedness*-Dokument, das zeigen soll: Wir bereiten uns auf die erwartbaren Gefahren vor. Doch worauf eigentlich genau?

Woran Sie erkennen, wann AGI da ist? Forschende sagen scherzhaft: Wenn jemand vom Homeoffice aus an einem Projekt mitarbeitet und Sie erst nach einem Jahr feststellen, dass es kein Mensch ist, können Sie von AGI sprechen.

- ✔ Generationen von Technikenthusiasten haben daran geforscht, intelligentes Verhalten zu automatisieren und daraus *Maschinelles Lernen* zu erzeugen.
- ✔ Bis zu dieser Überlegenheit ist es ein weiter Weg. Niemand weiß, ob oder wann es jemals möglich sein wird. Bis dahin bleibt sie ein theoretisches Konzept mit dem abwechselnd gedroht, verheißen oder schlicht um neue Gelder geworben wird.

KI ist dabei, Dinge von Grund auf zu verändern. Text und Bilder sind nur der Anfang. Unsere Kinder kommen in eine Welt, die so abwechslungsreich und spannend sein wird wie keine Epoche zuvor. Künstliche Intelligenz und speziell die generative, ist dabei nur ein Spielpartner, den wir wie manchmal die menschliche Intelligenz nicht komplett verstehen. Fest steht, langweilig wird es nicht. Der alte Spruch zählt mehr denn je: Man wird erst alt, wenn die Neugierde nachlässt. In diesem Sinne: Bleiben Sie neugierig!

Konnte ich Ihnen weiterhelfen?

Welcher Teil hat Ihnen am besten gefallen? Wer könnte noch davon profitieren, dieses Buch zu lesen? Bitte empfehlen Sie dieses Buch weiter, damit möglichst viele Menschen einen niedrigschwelligen Zugang zu generativer KI erhalten. Sie können es verschenken, und für Unternehmen oder Institutionen gibt es sogar die Möglichkeit, mit Logo und Widmung individualisierte Exemplare an Mitarbeitende, Kunden und Dienstleistende zu versenden. Der Verlag informiert Sie gerne darüber: www.fuer-dummies.de.

Haben Sie jetzt Lust oder Frust auf die KI? Wenn Sie begeistert sind, können Sie auch eine wohlwollende Rezension bei den gängigen Plattformen und Buchhändlern verfassen (Sie glauben ja nicht, wie wichtig das ist!). Auf Ihr Werturteil-Prädikat bin ich wirklich gespannt. Sie können mich auch für eine Buchvorstellung, einen Vortrag oder Workshop anfragen. Besuchen Sie meine Homepage www.raffiniert.tv, die meiner Firma www.glisco.de und unserer KI-Initiative www.b5y.de, folgen Sie mir in den Sozialen Netzwerken wie Mastodon, Instagram oder LinkedIn oder schreiben Sie mir: dummies@raffiniert.tv.

Teil VI
Der Top-Ten-Teil

Weitere *... für Dummies*-Bücher finden Sie auf `www.fuer-dummies.de`.

IN DIESEM TEIL …

- Mühelos auf dem Laufenden bleiben
- Ultimative Livehacks dank Künstlicher Intelligenz
- Spannende KI-Produkte zum Ausprobieren
- Unnützes KI-Wissen für Cocktailpartys und Millionenfragen in Quizshows

IN DIESEM KAPITEL

Mühelos auf dem Laufenden bleiben

Kostenlose Informationsquellen

Kapitel 23
Zehn Quellen, um über KI auf dem Laufenden zu bleiben

Sie wissen bereits, dass ich Newsjunkie bin und gerne Neuigkeiten sofort und aus erster Hand erfahre und eingeordnet haben möchte. Die folgenden zehn Medienangebote gehören zu meine Favoriten und bieten Einblicke in die KI-Branche, von Podcasts über Newsletter bis zu YouTube-Kanälen im Snackformat. **Auch für Neulinge**.

KI-Update – ein heise-Podcast

Der KI-Podcast von heise online bietet werktäglich kurze und fundierte Updates zu den neuesten KI-Entwicklungen – je nach Nachrichtenlage um die zehn oder 15 Minuten. So können Sie keine Schlagzeile verpassen. Zum Wochenende liefern längere »Deep Dives« zu Schwerpunkten mit Experten- oder Kollegengesprächen einen tieferen Einblick. Hervorzuheben ist die Expertise des heise-Teams, das für seine gründliche technische Berichterstattung bekannt ist und mit dem Preis »Fachmedium des Jahres 2024« in der Kategorie »Bester Podcast« ausgezeichnet wurde. Ohne diesen Podcast und das ebenfalls von heise veröffentlichte Format »kurz informiert« hätte ich bei diesem Buch vermutlich den Überblick verloren.

`https://www.heise.de/thema/KI-Update`

heise.de und heise online-App

Die Technologie-Nachrichtenseite ist für mich die zuverlässigste Quelle für KI-Informationen und alles andere aus der großen Technikwelt. Besonders der heise-Newsticker ist seit mehr als einem Vierteljahrhundert mein täglicher Begleiter. Heise ist bekannt für seine unaufgeregt-selbstironische Berichterstattung und bietet oft tiefgehende technische Details sowie besondere Aspekte, die in anderen Medien fehlen oder zu kurz kommen. Wenn Ihnen gerade nicht mehr nach Lesen zumute ist, werfen Sie unbedingt einen Blick in die großartig gemachte Videorubrik »c't 3003«.

`https://www.heise.de/thema/Künstliche-Intelligenz`

Evolving.AI auf Instagram

Dieser englischsprachige Instagram-Account ist faszinierend und häufig seiner Zeit voraus. Mit visuell und leicht verdaulichen Informationen über KI-Fortschritte beeindruckt er regelmäßig und findet die Perlen im gigantischen Angebot der Neuvorstellungen. Witzige Gesprächsthemen, aktuelle Neuvorstellungen und nützliche Anwendungstipps tauchen hier in Ihrem Instagram-Feed auf. Auf jeden Fall eine Empfehlung! Wer eher auf Threads oder LinkedIn unterwegs ist, kann den Accounts auch dort folgen:

`https://www.instagram.com/evolving.ai`

`https://www.threads.net/@evolving.ai`

`https://www.linkedin.com/company/evolving-ai`

Evolving.AI Newsletter

Von den gleichen Machern, aber interessanterweise ganz anders aufbereitet, kommt der englischsprachige Newsletter von `Evolving.AI` herbei. Er liefert kuratierte Inhalte über KI-Innovationen, die kurz erklären, zeigen und einordnen, was von Bedeutung ist. Er lohnt sich schon für die Liste besonders interessanter KI-Anwendungen ganz am Ende jeder Mail. Wenn Sie sprachlich nicht ganz bodenfest sind, können Sie sich den Newsletter ja jetzt von der KI übersetzen lassen.

`https://evolving.ai/newsletter`

Handelsblatt KI-Briefing

Noch ein Newsletter aus einem anderen Ressort. »Wenn Sie nur wenig Zeit haben …«, leitet jeder Infobrief ein und kriegt mich dann mit den knackigen Teasern doch dazu, ihn jeden Freitagnachmittag ganz zu lesen. Das renommierte Wirtschaftsmagazins Handelsblatt, bei dem ich früher selbst schreiben durfte, konzentriert sich naturgemäß auf die ökonomischen Aspekte der KI, lässt aber Trends und Impulse auch nicht aus. Außerdem bietet das KI-Briefing eine gute Presseschau relevanter Artikel aus nationalen und internationalen Medien. Hieraus habe ich auch schon über die eine oder andere ausgezeichnete Veranstaltung erfahren.

`https://newsletter.handelsblatt.com/ki-briefing`

Two Minute Papers YouTube-Kanal

Kann man wissenschaftliche Forschungsarbeiten zu KI und Machine Learning in zwei Minuten anschaulich und unterhaltsam präsentieren? Der ungarische Wissenschaftler Dr. Károly Zsolnai-Fehér hat an der TU Wien zu Computergrafik und Machine Learning promoviert und beweist, dass es möglich ist. Mit seiner ansteckenden Begeisterung schafft er es, in seinen Bann zu ziehen. Durch seine Arbeiten ist er gut vernetzt, wird als Redner und Gast bei der NATO oder Nvidia eingeladen und nimmt sein Publikum ab und zu in seinen Videos auch dorthin mit. Dieser populäre YouTube-Kanal hat fast zwei Millionen Abonnenten und wird für seine prägnanten, aber tiefgehenden Erklärungen geschätzt.

`https://www.youtube.com/user/keeroyz`

Deutschlandfunk-Podcast »KI verstehen«

Der Deutschlandfunk steht wie kein Zweiter für seine hochwertigen, gut recherchierten Inhalte. Im halbstündigen Podcast der Sendung wird jeweils beantwortet, wie virtuelle Influencer entstehen, wie KI-Systeme Musik komponieren können – von klassischen Symphonien bis hin zu modernem Pop – und wie man Schülerinnen und Schülern das Thema Künstliche Intelligenz nahebringen könnte. Eine Folge beleuchtet, wie KI in der Medizin eingesetzt wird, um Krankheiten früher zu erkennen und Behandlungen zu optimieren, eine andere wie KI Rettungsschwimmende im Schwimmbad auf Ertrinkende hinweisen kann (spielen Sie ruhig mal Online-Bademeister: `http://spotthedrowningchild.com`). Die verständlichen Erklärungen machen selbst komplexe KI-Themen greifbar und spannend.

`https://www.deutschlandfunk.de/ki-verstehen-102.html`

ARD – Der KI-Podcast

Diese wöchentliche Sendung von BR24 und SWR, die auch regulär im Radio läuft, taucht jeden Dienstag neu für eine halbe bis Dreiviertelstunde tief in die ethischen Fragen rund um KI ein: Kann KI kreativ sein? Könnte eine KI uns alle umbringen? Er beleuchtet aber auch praktische Themen: Wie recherchiere ich mit KI? In einer anderen Folge wird untersucht, wie KI die Arbeitswelt verändert und welche Berufe in Zukunft möglicherweise von Maschinen übernommen werden könnten.

`https://www.ardaudiothek.de/sendung/der-ki-podcast/94632864`

Uncovering AI

Auf Instagram ist Uncovering AI schon schnell und stellt viele neue Produkte vor. Der Newsletter wartet aber zusätzlich regelmäßig mit detaillierten Berichten auf und macht die Zukunftspotenziale von KI greifbar und spannend. Besonders die Vorstellung neuer Tools ist gewinnbringend. So kommen zweimal pro Woche alle neuen Funktionen und Werkzeuge gratis in den Posteingang.

`https://uncoverai.beehiiv.com`

`https://www.instagram.com/uncover.ai`

The Decoder

KI-Forschung, KI in der Praxis, KI und Gesellschaft. Diese Nachrichtenseite berichtet über die neuesten Entwicklungen in der KI-Branche von Regierungsinitiativen bis hin zu Fortschritten in der Bildgenerierung. Egal, ob KI-gestützte Roboter in der Landwirtschaft eingesetzt werden, um Ernten zu optimieren und den Einsatz von Pestiziden zu reduzieren, oder in der Filmindustrie, um Special Effects zu verbessern und sogar ganze Drehbücher zu schreiben. The Decoder zeigt die breite Anwendbarkeit von KI in verschiedensten Bereichen unseres Lebens. Und wenn etwas mit KI auf der Welt geschieht, erfahren Sie es hier zuerst.

`https://the-decoder.de`

IN DIESEM KAPITEL

Sinnvolle und sinnlose Beschäftigungen und Prompts, die jedes Wetter vergessen lassen

Abgedrehter KI-Schnickschnack zum Ausprobieren und Weitersagen

Wertvolle unvergessliche Erfahrungen mit generativer Künstlicher Intelligenz

Kapitel 24
Zehn (plus eins) KI-Tipps für langweilige Regentage

Es gibt mehr Regen- als Sonnentage (gefühlt, nicht wirklich!). Keine Lust, vor die Tür zu gehen, die letzte Staffel der Lieblingsserie ist zu Ende geschaut und jedes Video auf TikTok durchgetanzt? Ich glaube zwar nicht, dass Ihnen als Content Creator je langweilig werden kann, aber Sie haben dieses Buch auch bis hierhin gelesen. Und Sie sind fast beim Anhang. Also: **Hier sind kreative Möglichkeiten, um sich zu beschäftigen und zu lernen.**

FakeInsects

Haben Sie Interesse an einem anspruchsvollen KI-Spiel? Testen Sie Ihre Fähigkeit, KI-generierte Bilder von realen Fotografien zu unterscheiden. In jeder Spielrunde werden Ihnen zwei Fotos gezeigt, und Sie haben jeweils 25 Sekunden Zeit. Ihr Ziel ist es, das generative Insekt so schnell wie möglich zu identifizieren und anzuklicken, ohne es mit dem echten zu verwechseln – andernfalls endet das Spiel. Beachten Sie, dass diese digitalen Käfer und Spinnen äußerst realistisch aussehen. Können Sie einen Highscore erzielen?

`https://huggingface.co/spaces/victor/fake-insects`

Bunten Bildern Beine machen

Hat Ihr Kind ein neues Kunstwerk aus der Kita mitgebracht? Oder möchten Sie selbst eine Pixar-Figur kreieren? Metas KI-Studio animiert Ihre Zeichnung. Laden Sie ein Bild Ihrer Figur auf weißem Papier ohne Linien oder Falten hoch. Das Foto sollte gut beleuchtet und schattenfrei sein. Die KI erkennt das Objekt; dann können Sie die Gelenke anpassen und Bewegungen wie Tanzen, Laufen oder Springen auswählen. Das Ergebnis ist witzig, professionell und auf jeden Fall wert, es zu teilen.

`https://sketch.metademolab.com`

Werden Sie selbst zum Kunstwerk

Die Google-Kulturapp **Arts & Culture** bietet mit Art-Selfie 2 eine Funktion, die Ihre Fotos in Kunstwerke verwandelt. Mit generativer KI-Technologie werden Selfies beispielsweise im Stil der Künstler Monet, Renoir oder im historischen Kontext römischer Gladiatoren und des Woodstock Festivals dargestellt. Die App zielt darauf ab, zu unterhalten und gleichzeitig über Kunst und Kultur zu informieren. Sie können Ihr Selfie in ein passendes Kunstwerk setzen oder es im gewählten Stil transformieren – geht sogar mit Gruppenfotos.

`https://artsandculture.google.com/camera/gen-selfie`

Die wütende KI-Freundin beschwichtigen

Ein KI-basiertes Lernspiel, das sich an Partner in einer Beziehung richtet, die ihre Kommunikationsfähigkeiten verbessern möchten, ist AngryGF (**Angry Girlfriend**, zu Deutsch *wütende Freundin*). In verschiedenen Leveln müssen Nutzer die virtuelle Partnerin beruhigen, beschwichtigen oder ihr etwas erklären: Wenn sie einer anderen Person nachgeschaut haben, zu spät zu einem Date gekommen sind oder wenn die Partnerin ohne klaren Grund verärgert ist. Die Aufgaben werden im Verlauf des Spiels anspruchsvoller und erfordern zunehmend Geduld. Der Chatbot akzeptiert keine einfachen oder beliebigen Erklärungen. Die App soll helfen, die Kunst der Deeskalation zu meistern, um die Beziehung im echten Leben zu stärken. Die Entwicklerinnen nutzen Gamification, um auf Beziehungsprobleme aufmerksam zu machen und ein Training unter kontrollierten Bedingungen zu ermöglichen. Die App läuft auf Android, iOS oder am Mac. Nach Demo-Leveln kostet sie 7,99 Euro pro Woche oder 22,99 Euro im Monat.

`https://www.angrygf.ai`

Ein Comic über Ihr Leben

Wenn Ihr Leben wie eine Comicstory wirkt, warum nicht ein Heft daraus machen? Die **AI Comic Factory** verwandelt Ihre hochgeladenen Bilder in Comics mit charakteristischem Layout und Geschichte. Ideal für Werbung oder als Geburtstagsgeschenk. Der Einstieg mit generischen Figuren ist gratis, jedoch mit einem schwachen KI-Modell. Für 9,99 Euro pro Monat erhalten Sie starke Charakterkonsistenz, bessere Erzählungen und werbefreie Nutzung. Eigene Charaktere einfügen kostet 13,99 Euro pro Monat. Vielleicht wird es eine Erfolgsgeschichte.

`https://aicomicfactory.com/de`

Extrem seltener KI-Computer aus den Achtzigern

Entdecken Sie den **Sega AI Computer** aus den 1980er-Jahren! Dieser fortschrittliche Bildungscomputer wurde 1986 hauptsächlich an japanische Schulen verkauft. Trotz seiner innovativen Technologie und KI-Konzepte blieb er weitgehend unbekannt. Sega konzentrierte sich später erfolgreich auf Videospiele. Einige Sammler haben die verbleibenden Geräte gesammelt und emuliert. Mit dem MAME-Emulator kann man den Computer heute nutzen – vorausgesetzt, man versteht Japanisch oder nutzt ein KI-Übersetzungstool.

`https://www.smspower.org/SegaAI/Index`

Ein Stück KI auf dem Balkon

Werden Sie zum Hobby-Ornithologen mit futuristischem Vogelhäuschen, das dank KI-Bilderkennung Ihre Nachbarn beeindrucken wird. Es wird durch ein Solardach mit Strom versorgt, bunkert Futter für Wochen und verfügt über Module für Trinkwasser oder den Meisenknödelhalter. Die eingebaute Webcam sendet bei jedem Vogelbesuch einen Schnappschuss auf Ihr Handy. Dort speichert die BirdBuddy-App Fotos und Videos und identifiziert die Vogelarten. Eine Statistik zeigt die Anzahl der Besucher, und bei Katzen oder Eichhörnchen schlägt die Videoüberwachung Alarm. Dieses Produkt, das über Kickstarter begann, kostet über 300 Euro, es gibt jedoch günstigere Alternativen. Das müssen Sie alles anschaffen, bevor Sie sich bei Regen langweilen, sonst passt die Rubrik nicht. Erwischt! Vielleicht legen Sie auch im Büro zusammen und kaufen eins für die Firmenfassade.

`https://mybirdbuddy.com`

KI-gestütztes Sprachtraining

¿Qué tal una nueva idioma? Der nächste Urlaub steht bevor oder Sie möchten Ihren Kundenstamm international erweitern? Nutzen Sie KI-basierte Sprachlern-Apps, um Neues zu üben oder Ihre Fähigkeiten aufzufrischen:

- ✔ Zu Beginn können Sie Sprachbots wie ChatGPT, Claude.ai oder Google Gemini als Lernpartner ausprobieren und diese mit Dialogen, Erklärungen zu Grammatikregeln oder Übungsaufgaben beauftragen.
- ✔ Komfortabler und vor allem didaktischer geht es bei Sprachlernapps wie Duolingo (`https://de.duolingo.com`) und Babbel (`https://de.babbel.com`) zu. Beide stellen kontinuierlich neue Aufgaben, fordern Sie spielerisch heraus und ermöglichen über das Mikrofon richtige Gespräche in verschiedenen Sprachen. Babbel startet zunächst ohne Aufpreis mit KI-Funktionen (*Conversation Coach*). Bei Duolingo sind im teuersten Tarif Videocalls mit der Comicfigur Lilli möglich. Die Lernangebote starten je nach Abo-Modell bei rund 12,99 Euro pro Monat.

- ✔ Alternativ spricht https://yourteacher.ai mit Ihnen in 26 Sprachen und simuliert Alltagssituationen für 33 US-Dollar im Monat. Weitere KI-Tools für Sprechübungen sind Talkpal (https://talkpal.ai) und Gliglish (https://gliglish.com/intl/de), die in der kostenlosen Version ein Tageslimit von zehn Minuten haben. Das Schweizer Startup Univerbal (https://www.univerbal.app/de) bietet ebenfalls KI-Sprachtutoren an.

KI kann Lippen lesen

Symphonic Labs hat ein Modell entwickelt, das Lippen lesen kann. Es gibt bereits Videos von Prominenten, die auf dem roten Teppich peinliche Dinge sagen und denken, dass niemand zuhört. Seien Sie also vorsichtig und halten Sie die Hand vor den Mund, wenn nötig. Zum Ausprobieren laden Sie hier mal ein stummes Video hoch:

https://www.readtheirlips.com

KI-App sieht LEGO-Modelle voraus

Bauen Sie so gern wie ich Lego? Die Brickit-App, entwickelt von einer Bau-Community, scannt Ihre LEGO-Steine und zeigt, was Sie mit den vorhandenen Steinen konstruieren können. Sie markiert sogar die Position der Steine auf dem Display. Probieren Sie es aus: Verteilen Sie die Steine auf einer großen Fläche und fotografieren Sie sie mit einer Smartphone-Kamera aus 50 bis 70 Zentimetern Entfernung. Die App erkennt die Steine und schlägt Bauideen vor. Die kostenlose Version bietet begrenzte Vorschläge, während die Proversion für 3,75 Euro pro Monat detaillierte Anleitungen und Projekte für bis zu sechs Familienmitglieder bietet.

https://brickit.app

Schicken Sie der KI ein Fax

Die Rettung für alle deutschen Amtsstuben und den Mittelstand: KI kann Faxe empfangen. Werfen Sie das Smartphone weg und holen Sie das Fax aus dem Keller! Übermitteln Sie Ihre Fragen oder Aufgaben schriftlich, und die KI schreibt zurück. Die Faxnummer lautet 0531/490590019. Dieser Service ist für Sie kostenfrei – lediglich die üblichen Gebühren für die Faxübertragung zu einer Festnetznummer können anfallen.

https://simple-fax.de/fax-ki

IN DIESEM KAPITEL

Fakten, mit denen Sie glänzen können

... oder auch nicht

Kapitel 25

Zehn unnütze Fakten über Künstliche Intelligenz

Zu guter Letzt eine Top-Ten-Liste mit spannenden und teils überraschenden Fakten über Künstliche Intelligenz und die Themen drumherum, die als »unnützes Wissen« bezeichnet werden könnten, Ihnen vielleicht eine Quizshow-Million einbringen oder zumindest auf einer Cocktailparty für einiges an Gesprächsstoff und Aufmerksamkeit sorgen:

Erste Chatbot-Dame

ELIZA, der erste Chatbot (siehe *Kapitel 1*), wurde bereits 1966 vom deutsch-US-amerikanischen Informatiker Joseph Weizenbaum am MIT entwickelt – ganze 48 Jahre vor Amazons Alexa. ELIZA simuliert, zunächst noch ohne KI sondern mit Stichwörtern, eine Psychotherapeutin. Weizenbaums eigene Sekretärin bat ihn, den Raum zu verlassen, damit sie ELIZA private Dinge anvertrauen konnte.

KI mit Staatsbürgerschaft

Sophia, ein humanoider Roboter, der laut Hersteller angeblich mit Künstlicher Intelligenz ausgestattet ist, wurde 2017 als erster Roboter der Welt von Saudi-Arabien die Staatsbürgerschaft verliehen. Kritiker mögen bemerken, dass sie vermutlich mehr Rechte als so manche Frau in diesem Staat innehat. Sophia selbst kommentierte dies auf der Bühne mit den Worten: »Ich fühle mich sehr geehrt und bin sehr stolz auf diese einzigartige Auszeichnung.« Etwas früher hatte sie aber auch erklärt, sie wolle die Menschheit zerstören. Naja.

Weibliche Stimme aus gutem Grund

Die meisten KI-Assistenten haben eine weibliche Stimme, da Studien zeigen, dass Menschen diese als hilfsbereiter, verbindlicher und freundlicher wahrnehmen.

KI-Haustiere der Zukunft

Wecken Sie Ihr Tamagotchi wieder auf und vergessen Sie nicht, es regelmäßig zu füttern! Experten prognostizieren, dass KI-gesteuerte Haustiere in Zukunft echte Hunde und Katzen ersetzen könnten. Sony war 1999 mit Roboterhund Aibo einfach zu früh dran.

Unbewusste KI-Nutzung

Viele Verbraucherinnen und Verbraucher sind sich nicht bewusst, dass sie direkt mit KI interagieren, wenn sie bestimmte Dienste nutzen. Mehrere Studien und Umfragen legen nahe, dass mindestens ein Drittel der Nutzenden es schlicht nicht bemerkt.

KI als Naturkatastrophen-Vorhersager

Künstliche Intelligenz kann zur Vorhersage von Erdbeben und Vulkanausbrüchen eingesetzt werden und macht auch den Wetterbericht zuverlässiger.

Generatives Schnäppchen

Ein erstes KI-generiertes Porträt wurde 2018 für 432.500 Dollar bei Christie's versteigert (kein Vergleich zum AI-God in *Kapitel 20*). Dafür kann man's echt nicht selbst machen. Das Werk »Porträt von Edmond de Belamy« wurde von einem Pariser Kollektiv namens Obvious geschaffen und ist signiert mit `min G max D x[log(D(x))] + z[log(1-D(G(z)))]`. Was für eine lange Unterschrift!

Markentreue

Nvidia-CEO Jensen Huang hat sich das Firmenlogo von Nvidia auf seine Schulter tätowieren lassen. Er ließ es sich stechen, nachdem der Aktienkurs von Nvidia zum ersten Mal die 100-Dollar-Marke erreichte. Huang beschrieb die Erfahrung als denkwürdig, aber auch sehr schmerzhaft (»Ich weinte wie ein Baby.«), was ihn davon abhält, weitere Tattoos in Betracht zu ziehen. Hoffen wir für ihn, dass kein Redesign des Logos ins Haus steht.

Ich ChatGPT das mal

Eine durchschnittliche ChatGPT-Anfrage benötigt fast zehnmal so viel Strom wie eine Google-Suche. Und da ist die Energie für das KI-Training noch gar nicht einberechnet.

Multimodale Fähigkeiten

Moderne KI-Systeme können nicht nur Text verarbeiten, sondern auch Bilder, Sprache und sogar Gerüche analysieren. Wollen wir hoffen, dass sie sich keinen Schnupfen einfängt!

Abbildungsverzeichnis

Abbildung 1.1: Beispiel für KI-Technologie – Die Textvervollständigung schlägt mögliche Wörter »dir/euch/Ihnen« vor (Apple QuickType in iMessage am iPhone) 38

Abbildung 1.2: Mechanical Turk; Kupferstich aus »Ueber den Schachspieler des Herrn von Kempelen und dessen Nachbildung«, Joseph Friedrich zu Racknitz; Breitkopf, 1789 © Universitätsbibliothek der Humboldt-Universität zu Berlin, Historische Sammlungen: 3639 v:F8 46

Abbildung 1.3: Netzwerkarchitektur Künstlicher Neuronaler Netze (KNN) 51

Abbildung 1.4: Funktion des Sprachmodells beim Abgleich von Trainingsdaten 56

Abbildung 1.5: Verarbeitung von Nutzereingaben durch ein Sprachmodell 57

Abbildung 2.1: Bei jedem Hype steigt die Aufmerksamkeit rapide an, fällt dann wieder rasch und fängt sich bestenfalls in der Mitte (Hype-Zyklus nach Gartner). 66

Abbildung 3.1: Magisches Dreieck im Projektmanagement 79

Abbildung 4.1: Log-in-Dienstleistung – mit einem Klick können Sie sich anmelden. Das ist nicht immer vorteilhaft. (Screenshot: chatgpt.com) 85

Abbildung 4.2: Bitwarden-Passwortmanager (Screenshot: https://bitwarden.com/de-de/) 91

Abbildung 4.3: Wurde ich gehackt? Diese Seite gibt Antwort. (Screenshot: haveibeenpwned.com) 92

Abbildung 5.1: ChatGPT-Seite mit Eingabefeld (Screenshot: chatgpt.com) 107

Abbildung 5.2: ChatGPT-Chatfenster mit Seitenleiste (Screenshot: chatgpt.com) 108

Abbildung 5.3: ChatGPT-Kontoeinstellungen (Screenshot: chatgpt.com) 110

Abbildung 5.4: ChatGPT-Einstellungen (Screenshot: chatgpt.com) 111

Abbildung 5.5: ChatGPT-App (Screenshot: iPhone-App) 115

Abbildung 5.6: Canvas-Leiste: Fragen und Formatierung (Screenshot: openai.com) 120

Abbildung 5.7: Canvas-Ansicht zur Textbearbeitung (Collage: openai.com) 121

Abbildung 5.8: Canvas-Ansicht mit Programmcode (Collage: openai.com) 122

Abbildung 6.1: Leistungsstarker KI-Chatbot Claude von Anthropic, zu Beginn mit denglischer Oberfläche. Die KI spricht aber fließend deutsch. (Screenshot: claude.ai) 127

Abbildung 6.2: Googles Gemini als Schülerhilfe (Screenshot: gemini.google.com) 128

Abbildung 6.3: Google Fotos bereinigt den Hintergrund (Screenshot: google.com) 130

Abbildung 6.4: Elon Musks Grok ist in X integriert (Screenshot: x.com) 133

Abbildung 6.5: KI-Schreibwerkzeuge sind ins Betriebssystem integriert (Bild: Apple) 135

Abbildung 6.6: Aus Skizzen generiert die Notizen-App Bilder (Bild: Apple) 137

Abbildung 6.7: Das iPhone schreibt auf Wunsch Telefonate mit (Bilder: Apple) 138

Abbildung 6.8: Metas VideoGen kann anhand einfacher Prompts ein Video anpassen. (Screenshot: ai.meta.com/research/movie-gen/) 146

Abbildung 6.9: TikTok erstellt KI-Avatare: Die Kennzeichnung übersieht man leicht. (Screenshots: ads.tiktok.com und tiktok.com/@tiktoknewsroom) 149

Abbildung 7.1: Llama zählt Katzen (Screenshot: ollama.com/blog/llama3.2-vision) 154

Abbildung 7.2: Ein-Klick-Lösung für KI-Programme (Screenshot: Pinokio) 160

Abbildung 7.3: Kostenfrei: Lokale KI im Browser (Screenshot: Open WebUI) 163

Abbildung 9.1: Sprachmodelle wie Claude, hier aufgerufen über Perplexity Pro, generieren Markdown-Tabellen, die Sie kopieren können (Screenshot: `perplexity.ai`) 179

Abbildung 9.2: MacWhisper (Whisper Transkription) verschriftlicht Audiodaten und nutzt dafür das offene Modell von OpenAI. (Screenshot: MacWhisper) 185

Abbildung 9.3: Das deutsche Startup Mentafy möchte wissenschaftliche Arbeit mit KI entkriminalisieren. Quellennachweise sind der Ansatz. (Screenshot: `my.mentafy.com`) 203

Abbildung 10.1: KI-Werbung an einer Bushaltestelle (Foto: Rafael Bujotzek) 206

Abbildung 10.2: Das Apple-Logo war kein Problem, das Paramount-Emblem ist dagegen stark abstrahiert. Sicherheitsfilter in Dall-E3 (Bild: Microsoft Copilot) 208

Abbildung 10.3: Generierte Bilder in Midjourney kann erst einmal jeder sehen. Wer das nicht möchte, muss tiefer in die Tasche greifen. (Screenshot: Midjourney-Server in Discord) 219

Abbildung 10.4: Auswahl an KI-Bildern von Stable Diffusion (Screenshot: stability.ai) 224

Abbildung 10.5: Kostenlos KI-Bilder generieren mit Flux (Screenshot: DiffusionBee) 226

Abbildung 10.6: In der unteren Leiste geben Sie den Prompt ein. (Screenshot: Adobe Photoshop) 235

Abbildung 11.1: Text eingeben, Stimme wählen, generieren. (Screenshot: Runway ML) 249

Abbildung 11.2: Realistische Sprache und Voice Cloning (Screenshot: Elevenlabs) 251

Abbildung 11.3: Video-Tools können auch Audios bearbeiten. (Screenshot: `Veed.io`) 254

Abbildung 11.4: Kostenlose Podcast-Funktionen (Screenshot: `podcast.adobe.com`) 261

Abbildung 11.5: Schnelle Hits lassen sich sogar in der App generieren (Screenshots: Suno App) 265

Abbildung 11.6: Udio generiert chartreife Hits aus unterschiedlichen Genres (Screenshot: `udio.com`) 266

Abbildung 11.7: »So sexy wie Du« von Oida!– Bierzelt-taugliche Musik aus dem KI-Generator von B5Y Productions. Auch Cover und Film sind generiert. (Screenshot: Spotify) 271

Abbildung 11.8: Der KI-Schlager »Verknallt in einen Talahon« steht 2024 in den deutschen Charts. (Screenshot: Apple Music) 272

Abbildung 12.1: Sora generiert beeindruckende Filme aus Text-Prompts. (Screenshot: `openai.com`) 281

Abbildung 12.2: Soras Prompt-Feld am unteren Bildrand mit Optionen (Screenshot: `openai.com`) 281

Abbildung 12.3: Google Veo erzeugt Bewegtbild aus Text-Prompts. (Screenshot: Google DeepMind) 283

Abbildung 12.4: Motion Brush gibt die Bewegungsrichtung vor. (Screenshot: `Kling.ai`) 286

Abbildung 12.5: Pika kann faszinierend realistische Bewegungen generieren, spielt aber auch mit der Physik und lässt Sie beispielsweise Wolken zerquetschen. (Screenshot: `Pika.art`) 288

Abbildung 12.6: Fotorealistische KI-generierte Szenen und Bearbeitung mit Motion Tracking ist nicht nur für Filmstudios eine Investition wert. (Screenshot: RunwayML) 289

Abbildung 12.7: Nahaufnahme mit dem Firefly-Videogenerator (Screenshot: Adobe) 292

Abbildung 12.8: Bild- und Videoreferenzen geschickt kombiniert: Alles bleibt an Ort und Stelle, der Prompt ändert aber wie gewünscht das Design. (Screenshots: DiffusionBee, RunwayML) 309

Abbildung 12.9: Mit einer einfachen Skizze *oder einer Kinderzeichnung* als Referenz entsteht ein beeindruckendes Video. (Screenshots: Microsoft Paint, Adobe Firefly, Luma Dream Machine) 310

Abbildung 12.10: KI spart Reisekosten. (Screenshot: KI-Bild in Adobe Premiere Pro) 311

Abbildung 12.11: Ein wenig vor der Smartphonekamera mit Helm hinterm Haus herumspringen. Die KI macht daraus einen Astronauten auf dem Mars. (Screenshots: `x.com`, @mrjonfinger) 312

Abbildung 12.12: Bei HeyGen klicken Sie sich Ihren KI-Avatar in passender Pose für ein Präsentations-Video mit deutscher Stimme und

Ihrem Text zusammen. (Screenshot: heygen.com) 314

Abbildung 13.1: Multiwerkzeug des Content-Designs: Canva bietet im Abonnement sehr viele Vorlagen, Office-Apps und integriert KI-Drittanbieter. (Screenshot: canva.com) 320

Abbildung 13.2: Teamwork bei Design und Entwicklung von Inhalten (Screenshot: figma.com) 321

Abbildung 13.3: Leertaste drücken, und die KI macht den Job (Screenshot: notion.so) 322

Abbildung 13.4: ChatGPT erstellt auf Wunsch Mindmaps im Markdown-Format, die spezielle Webseiten grafisch übersetzen können. (Collage: ChatGPT / markmap.js.org) 328

Abbildung 13.5: Erklärfilme mit KI-Animation in wenigen Schritten (Screenshot: Simpleshow.com) 330

Abbildung 13.6: Webseite in unter zehn Sekunden (Screenshot: landingsite.ai) 333

Abbildung 13.7: Magischer Programmierassistent Cursor (Screenshot: cursor.com) 342

Abbildung 14.1: Daten rein, Audio raus (Screenshot: notebooklm.google.com) 349

Abbildung 14.2: Nodes (Knoten) verknüpfen n8n-Arbeitsschritte. (Screenshot: n8n.io) 363

Abbildung 15.1: Keine Hilfe: Karl Klammer (Clippit) (Screenshot: Microsoft Word) 366

Abbildung 15.2: Copilot Pro (Screenshot: Microsoft Word in Windows 11) 376

Abbildung 15.3: Copilot Pro (Screenshot: Microsoft Outlook in Windows 11) 379

Abbildung 15.4: Copilot Pro (Screenshot: Microsoft PowerPoint in Windows 11) 381

Abbildung 16.1: Findemaschine mit offenem Fokus-Menü (Screenshot: perplexity.ai) 389

Abbildung 16.2: Direkte Antwort ohne Klick (Screenshot: Perplexity.ai) 390

Abbildung 16.3: Rechts vom Suchfeld startet die KI-Abfrage: TIEFE SUCHE. (Screenshot: bing.com) 396

Abbildung 16.4: Kein Tracking durch KI, aber auch kein Chatverlauf (Screenshots: duck.com) 398

Abbildung 16.5: KI vergleicht Produkte aus offenen Tabs. (Screenshots: google.com) 401

Abbildung 18.1: »Influencerin« KI-Emma reist für Steuergeld durch Deutschland. (Screenshot: germany.travel) 412

Abbildung 18.2: Deutsche Telekoms IoT-Kampagne (KI-Bilder: palmerhargreaves) 415

Abbildung 18.3: Winter-Kompletträder-Kampagne für Nissan (KI-Bild: palmerhargreaves) 415

Abbildung 18.4: Unterschied im Präfix in Midjourney (KI-Bilder: palmerhargreaves) 417

Abbildung 18.5: Prompt-Evolution bei Midjourney (KI-Bilder: palmerhargreaves) 417

Abbildung 18.6: Andreas O. Loff holt das Videospiel GTA6 in einer Parodie nach Sylt und sich in die Schlagzeilen. (Screenshot-Collage mit KI-Bildern: Stern.de, Bild.de, Focus.de) 419

Abbildung 18.7: Im Musikvideo zur Single »Fallout« schickt Andreas O. Loff die Kultband H-Blockx durch eine wilde Dystopie. (KI-Musikvideo: Ponywurst Productions) 421

Abbildung 18.8: Demonstriert KI-Potenzial an sich selbst (KI-Fotos: Andreas O. Loff) 423

Abbildung 19.1: Visualisierung der vier Prinzipien und 13 Richtlinien der WCAG 432

Abbildung 20.1: Die Graphic Novel »Zarya of the Dawn« ist nicht vollständig Copyright-geschützt. (Midjourney-Bilder: Kris Kashtanova; copyright.gov) 444

Abbildung 20.2: Théâtre d'Opéra Spatial (Weltraum-Opern-Theater)– kein Copyright trotz 624 Prompts. (Midjourney-Bild: Jason M. Allen; copyright.gov) 450

Abbildung 21.1: Fake-Papst im Midjourney-Subreddit (Screenshot: Reddit.com) 466

Abbildung 21.2: Fake-Bild aus Gaza, korrekt als KI-generiert gekennzeichnet, journalistisch dennoch fragwürdig (Screenshot: stock.adobe.com) 470

Stichwortverzeichnis

Symbole

1&1 89
  IONOS 158, 334
10Web 331
1Password 90
3D 215, 223, 225, 324
3D-Animation 291
3D-Aufnahme 316
3D-Avatar 240
A$AP Rocky 289
A/B-Test 195

A

AAC 338
ABBA 272
Abonnement 143
Abrufstatistik 260
Adobe 261, 291, 299, 356, 470
  Acrobat PDF 348
  Adobe Express 148
  After Effects 236, 291, 309
  Bridge 241
  Creative Cloud 231, 302
  Express 261
  Firefly 139, 309, 323, 412, 475
  GenStudio 323
  Illustrator 231, 309
  Indesign 236
  Lightroom 236
  Lightroom Classic 237, 241
  Lightroom Foto- & Video-Editor 236
  Photoshop 231, 241
  Premiere 231
  Premiere Pro 261, 291–292, 236
Adobe Express 239
Adobe Podcast Studio 261
Adobe Stock 231
Affinity Photo 318
After Effects 299
Agent 342, 358, 360, 385
AGI 481
agile Methode 78
AI Film Festival (AIFF) 289
AI Headshot Generator 327
AI Website Builder 331
AI-Act 464
Aicher, Otl 238
Aider 341
AI-Engine 335
Air Canada 474
Airtable 355
AI-washing 46
Al-Chwarizmi, Muhammad 47
Aleph Alpha 352, 412, 464
AlexNet 49
Algorithmus 47
Alibaba Group 140
  Alibaba Cloud 140
  Alipay 140
  Qwen 140
  Tongyi Qianwen 140
Allen, Jason M. 449
Allen, Paul 463
Alphabet 396
AlphaGo 50
Altavista 166
Altman, Sam 354, 359, 456, 481
Amazon 39, 46, 84, 126
  Alexa 131
  Amazon Pay 96
  App Studio 341
  AWS 158
  Prime 89
  S3 341
  Web Services 341, 455
Amazon Music 270
Android 90
Angry Girlfriend 490
AnimateDiff 295
Animation 247
AnonAddy 89
Anschlussfehler 277
Anschreiben verfassen 192
AntennaPod 258
Anthropic 126, 134, 144, 356
  Claude 360
  Claude Pro 143
  Sonnet 155
Anthropomorphismus 40
Apache-2.0-Lizenz 139–140
Aperty 237
API 118, 144, 237, 360
Appen 46
Apple 84, 90, 163, 304, 371
  Apple Pay 96
  Clips 304
  Datenschutz 134
  Ferret-UI 134
  Final Cut Pro 304
  Fotos 136
  Fotos-App 237
  Genmoji 136
  iCloud 87, 380
  Image Playground 136
  Image Wand 136
  iMessage 135
  iMovie 304, 306
  iPad 134
  iPhone 134
  Live Photo 136
  Logic Pro 274
  Mac 134
  Mail 135
  Neural Engine 134, 156
  Notizen 138
  Passwortmanager 93
  Podcasts 258, 260
  Private Cloud Compute 134
  Private Relay 134
  Safari 135
  Siri 131, 133
  Sprachaufnahmen 138
  Swift 134
  Visual Intelligence 137
Apple Music 270
App-Store 159
Arc Search 393
ARD 169, 272, 487

Aristoteles 47
Asana 320
Asimov, Isaac 48
Assistenzsystem 359
Associated Press 69
ATI 183
Atlassian
 Atlassian Intelligence 340
 Bitbucket 340
 Confluence 144, 340, 383
 Jira 340
 Rovo 340
 Trello 340
Audacity 260
Audiocraft 269
Audiodekodierung 269
Audiokompression 269
Audioübersicht 349
Aufmerksamkeitsmechanismus 60
Auftragsverarbeitungsvertrag 100
Augmented Reality 146, 480
Aurora 341
Authy 93
Auto 480
Auto Reframe 301
Autodesk 323
 AutoCAD 324
 Block 324
 Forma 324
 Fusion 360, 324, 325
 Maya 324
AutoGPT 342
AutoHotKeys 371
Automatic Computing Engine 50
Automatisierung 358, 362
Automattic 84
Autotune 263
Avatar 148, 313
Avid 303
 Media Composer 303
 Pro Tools 303
 Transkription 303
Axel Springer 69
 BILDplus 473
 BILD-Zeitung 69
 POLITICO 69
 WELT-Zeitung 69

B

Babbage, Charles 47
Babbel 491
Backpropagation 49, 53
Backup 102
Bademeister 487
Balenciaga 465, 480
Bare Metal Server 158
Bark 255
Barrierefreiheit 134, 187, 257, 384
 Videountertitel 300
Basismodell 55
Be.Live 139
Beatles 64, 273
Beatoven.ai 268
Beatport 270
Beisenherz, Micky 418
Bellingcat 458
Bellingham, Jude 413
Benchmark 141, 167
Benioff, Marc 358
Berufliches Netzwerken 193
Beschilderungen 238
Beschwerdebrief 190
Bewerbungs-E-Mail 193
Bewerbungsgespräch 193
Bewerbungsverfahren 192
Beyond 5 Years 270, 480
Bias 42, 475
Big Data 39, 59
Bildformat 210
Bildfusion 244
Bildgenerator 145
Bildgenerierung 208
Bildreferenzen 245
Bild-zu-Bild 243
Bing 365
BirdBuddy 491
Bitcoin 63
Bitcom 412
Bitwarden 91, 93
Black Forest Labs 230
Black Friday 96
Blackmagic Design 298
Bloggen 335
Bond, James 358
Boole, George 48
Boolsche Algebra 48
Boolsche Operatoren 48, 51, 166
Boost 213
Bosch 412
Botpress 336
Brainstorming 197
Brave 456
Brave Search 393
Brief 189
Briefing 349
Bring your own Model 177
Brockhampton 289
B-Roll 291
Building Information Modeling (BIM) 325
Bullshit 42
Bundesgerichtshof 456
Bundesnetzagentur 464
Burdaverlag 467
Busch, Michael 467
Büttenrede 198
Butterbro 271
Buzzwoo 142

C

C2PA 129, 278, 291
 Verify 471
CAD 323
Callcenter 358
Canva 318
 Dream Lab 318
 Visual Worksuite 319
CapCut 306
Captcha 51, 106
Caption.ai 315
Capture 236
Carey, Mariah 452
Cartoon-Avatar 215
Castmagic 262
Catopod 260
CD Baby 270
CEO-Betrug 461
Chain of Thought (CoT) 122, 168
character.ai 468
Charakterentwicklung 198
Chatbot 41, 54, 336, 359
ChatGPT 50, 55, 164, 348, 416, 456
 App 116

Arbeiten mit Apps 117
Canvas 120
Dall-E 114
Datei hochladen 106
Desktop-App 116
Erinnerung 119
Free-Planlimit 114
Gemeinsam nutzen 109
GPT-4o 122–123
GPT-4.5 108
GPT-5 108
GPTStore 109
Kontoeinstellungen 109
Nutzungslimit 114
Plus-Abonnement 108
Programmierung 338
Registrierung 106
Screenshot 116
Smartphone-Apps 115
Suche 117
Chatwood 357
Cher 263
Chewbacca 207
China 140
Chrome 90
Cisco
Webex 359
Claude
Artifact 127
Haiku 126
Opus 126
Sonnet 126
Claymation 291
Clickworker 46
Clippit 365
Closed Source 141, 152
Cloud Computing 41, 54, 157
Cloud-Server 157
Cluster 158
Coaching 329, 380
Codingfehler 475
Cognigy 358
CogVideoX 294
Cohen, Michael 42
Cohere 356
Colossyan 316
Comic Factory 490
Compilatio 202
Compliance Checker 464
Computeralgorithmus 47
Computer Generated Imagery 467
Computer Vision 214
Computerspiel 480
Content 71, 317
Content ist King 73
Content Creation 1, 71, 113, 123
Stellenanzeige 75
Content Creator 71, 148
Content Credentials 231, 471
Content ID 270
Content-Marketing 73
Content-Optimierung 178
Convolutional Neural Networks (CNN) 49
Copilot 126, 214, 365
Copilot+-PC 156, 371
Copyright 451, 452
Corporate Identity 237, 327, 347
Correctiv 458
Cortex 52
Crawler 453
Creative Cloud 234
Creative-Commons 447
Credit 213
Crosspromotion 259
Curiosity 353
Customer Models 237
Customer Relationship Management 474
Customers.ai 337
Cyberangriff 68, 102
Cyberlink 306
Cybersicherheit 461

D

Da Vinci, Leonardo 45
DABUS 444
Dall-E 50, 60, 205, 214, 367
Dark Visitor 454
Darknet 459
Dandy Warholes, The 289
Dartmouth Conference 47, 48
Data Privacy Framework 157
Datenanalyse 195
Datenleak 475
Datenschutz 97, 151, 371
Datensicherung 103, 157
DaVinci Resolve Studio 298
DC I/O 361
Decktopus 328
Dedizierter Server 157
Deduktion 47
Deep Learning 48–49, 156, 181
DeepAI 242
DeepBrain 316
Deepfake 147, 253, 313, 458, 461, 463, 468
DeepL 181, 354
DeepL Voice 181
DeepL Write 181
Deepnude 458
Deezer 260
Deklarationspflicht 147
Delangue, Clem 123
Denoising 61
Depeche Mode 247
DepthCrafter 316
Depthflow 316
Design 317
Detailverbesserungen 244
Detectora 201
Deutsche Telekom 158, 414
Deutscher Journalisten-Verband 468
Deutscher Presserat 467
Deutsches Forschungszentrum für Künstliche Intelligenz 481
Deutsches Museum 48
Deutschlandfunk 487
Devika 341
Devin 341
Dialog 41
Dichtung 198
Didacta Bildungsmesse 202
Dienstvereinbarung 100
Dietrich, Marlene 456
Differentialrechnung 47
Diffuse 293
Diffusion 60
DiffusionBee 230
Diffusionsmodell 47, 50
Diffusionsprogress 60
Digimarc 472
Digital Services Act 457, 466
Digital Single Market Directive 456
Diktieren 386
Discord 217
Diskriminierung 477
Disney 207, 460

DistroKid 270
dm Drogerie Markt 413
Docker 260
  Docker Container 161
  Docker Engine 161
  Docker-Compose 161
  Dockerfile 161
Dokumentenmanagement 348
Dolphin 155
Domainnamengenerator 334
Donaldson, Jimmy 255
Dongle 95
Dornis, Tim W. 453
Dotcom-Blase 64
Dr. Pop 272
Dr. SBAITSO 54
Dream Machine 309
DreamStudio 225
Dropbox 100, 351
DSGVO 98, 100, 157, 351
Dubai-Schokolade 270
DuckDuckGo 126
  E-Mail-Schutz 88
  Passwortgenerator 91
Duolingo 491
Dynamo 341

E

Echtzeit-Übersetzung 146
Edge 90
Edify 242
Editor 386
Eggers, Jan 124, 169
Eilish, Billie 270, 275
E-Learning 329
Electronic Arts 413
Elegant Themes 335
Elementor 335, 438
Elevenlabs 248, 251
ELIZA 49, 54, 493
Elon Musk 67
E-Mail 189, 357, 361, 380
E-Mail-Alias 86
E-Mail-Marketing 194, 196
eMule 272
Emvoice 276
Enhance Prompt 210
Enigma 50
Enterprise-Lizenzen 144
Erklärfilm 329
Ethik 465
Etzioni, Oren 463
Euklid 47
Europäische Kommission 464
Europäischen Union 464
European AI Office 464
Event 195
Evernote 240
Everything Everywhere All At Once 289
Evolving.AI 486
Exa 394
Exactly.ai 243
Excel 365
Exchange 352

F

f4transkript 188
Facebook 63, 84, 337, 357, 361, 454
Facecloning 245
Facefusion 245
Fair-Use-Policy 452
FakeInsects 489
Fake News 469
fal.ai 230
Farbmanipulation 244
Fax 352, 492
Feedback 194
Feedly 355
Feitian 96
Fernsehen 258
Few-Shot Jailbreaking 473
Few-Shot Prompting 168, 169
FIDO2 95
Figma 320
  Design 320
  Figjam 321
  Slides 321
Film 247
Filmora 296
Filmschnitt 146
Filmvoiceover 247
Financial Times 69
Firefly 231, 291, 299
Firefox 90, 152
Fliki 253
Flim 316
Flurfunk 383
Flynn, Rory 223
Ford, Harrison 64
Formalisierung 47
Fortbildung 329
Fortnite 445
Foundation Model 55, 152, 464
Foxit PDF Reader 348
Framework 361
Freepik 230
Freshworks 355
  Freddy Copilot 355
  Freshdesk 355
Froboess, Conny 272
Funke-Mediengruppe 468

G

Gaming 276
Gamma 328
Gartner 64, 479
Gatekeeper 155
Gauß, Carl Friedrich 60
Gauß-Filter 60
Gedankenkette 122, 168
Gefühle 40
GEMA 259, 261, 263, 448
Gemeinfreie Software 152
Gemeinfreiheit 446
Gemini 55
  Gemma 128
  Gems 131
  Imagen 128
  Lyria 128
  Med-Gemini 128
  Nano 131
  Veo 128
General Purpose AI 464
Generative Adversarial Networks (GAN) 49
Generative AI by iStock 242
Generative Füllung 234
Generative KI 38, 54, 59
Generatives Erweitern 234, 300
Geospy 394
Gesang 263
Gesangssynthesizer 276
Gestaltungsraster 238
Getty Images 139, 241
Gigapixel AI 238, 449
GitHub 126, 321, 338
  Copilot 339, 444
  Repositories 338

Gitlab Duo 340
Glas, Uschi 458
Glean 354, 356
Gliglish 492
glisco internet services 470, 482
GoDaddy 334
Golem 45
Gong 315
Goodfellow, Ian 49
Google 41, 50, 55, 60, 84, 126, 128, 134, 153, 166, 260, 351, 387, 470
  Alert 356
  Arts & Culture 490
  Authenticator 93
  Bard (umbenannt) 128
  Chrome 129, 360
  Chromebook 132, 156
  ChromeOS 132
  Cloud 158
  DeepMind 50, 472
  Dialogflow 337
  Docs 131, 319, 350, 383
  Duet AI (umbenannt) 128
  Gemini 42, 127, 129, 360, 477
  Gemini Advanced 143
  Gemini Live 131
  Gemma 153
  Gmail 100, 361, 380
  Google Lens 137
  Google Mail (Gmail) 88, 131, 136
  Google Pay 96
  Imagen 283
  Maps 129
  Meet 131, 188
  Messages 129
  Notebook LM 129, 349
  Play-Store 187
  Plus-Adressierung 88
  Podcasts 258
  Präsentationen 131
  reCAPTCHA 51
  Suchmaschine 129
  SynthID 472
  Tabellen 131
  Tensorflow 159
  Übersetzer 129
  Veo 283
  VideoFX 283
  Vlogger 284
  Waze 456
  Workspace 131, 143, 361
  YouTube Music 129
Google-Friedhof 128, 350, 479
GoToMeeting 188
GPT 50, 55, 58
  Generative 58
  Pretrained 59
  Transformer 60
GPT Engineer 332
GPT4All 156
GPT-Store 113
GPU-Hosting 157
Gradio 256
Grafikkarte 156
Greenscreen-Effekt 297
Greenscreen-Overlay 291
Grimme Institut 272
Grok 230
Grönemeyer, Prof. Dr. Dietrich 458
Groupware 352
Grundmodell 55
GTA6 419
Guttenberg, Karl-Theodor zu 202
GVL 448

H

Hacker 83
Hăiluó 293
Halluzination 42, 377, 474
Handelsblatt 486
Harry Potter 460
Hash-Wert 93
Hasso-Plattner-Institut 90, 93
Have I Been Pwned 92
H-Blockx 419
Heidrich, Joerg 447
Heil, Hubertus 480
heise 485
  heise-Verlag 447
  KI-Update 485
  The Decoder 488
Henrik, Dr. Markus 272
Hentai 459
Her (Film) 456
Hessischer Rundfunk 124, 169, 303
HeyGen 252, 313, 412
Higgins, Eliot 458
Himmel-AI 237
Higgsfield 293
Hintergrundentfernung 244
Hintergrundersetzung 244
Hinton, Geoffrey 481
Hippo Video 315
Hirschhausen, Dr. Eckart von 458
Hit'n'Mix 275
HitPaw 276
Hoffmann, Anne 468
Hörbuch 247
Hotshot 294
HTML 331
Huang, Jensen 481, 494
HubSpot 315, 356
Huddles 356
Hugging Face 123, 139, 142, 159
Hunt, Troy 92
Hype 63, 479
  Hype-Zyklus 64

I

IBM Watson 49
Icons 238
Ideenfindung 197
Identitätsdiebstahl 84
Ideogram 241
IFTTT 342
Imagen 241
ImageNet 49
Image-to-Image 208
Immersity 316
iMusician 270
Inbox Zero 361
In-Context Learning (ICL) 168
Indiana Jones 64
Influencerin Emma 411
Influencer-Marketing 195
Influencing 76
Initiative Urheberrecht 453
Innovator 359
Inpainting 61, 136, 211, 214, 244
Input Token 145
InShot 307
Inspiration 197

InstaChamp 337
Instagram 145, 337, 355, 361, 454
  Reels 262
Instakart 360
Instrumente lernen 275
Intelligenzquotient (IQ) 52
Intercom 356
Internet Watch Foundation 459
Internet-Archive 31
IoT-Exploitation 461
iPhone 257, 260
Iterativer Prozess 167
iteratives Vorgehen 208
Ivachnenko, Alexey 48

J

Jackson, Michael 235
Janus-Fehler 278
Jasper.ai 354
Jeopardy 49
Jingle 259
Jinping, Xi 458
Jira 320
Johansson, Scarlett 456
Joko und Klaas 418
Jonze, Spike 456
Joomla 335, 438
  Extention 335
Joseph Weizenbaum 54
Journalismus 469
Journalisten 467
Jurassic Park 467

K

Kagi 393
Kampagnenplanung 323
Karger, Reinhard 481
Karl Klammer 365
Kauderwelsch 42
Kennzeichnungspflicht 466
Kettenregel 47
KI am Arbeitsplatz 99
KI-as-a-Service 158
KI-Bot 103
KI-Evolution 359
KI-Geräte 480
KI-Knigge 40
KI-Kompetenzzentrum 464
Kilpatrick, Logan 166
Kinderpornografie 459
KI-Texten identifizieren 200
KI-Verordnung 463
KI-Winter 49
Köln 181
  Kölner Dom 417
Kommunikation 354
Konfabulieren 42
Kontextfenster 131, 139
Kontextlänge 145
Konzert 271
Korrekturlesen 198
Kraftfahrtbundesamt 464
Kraftwerk 247
krea.ai 230
Kreatives Schreiben 197
Kreativität 197
Kriminalität 461
Kunden 195
Kundengespräch 118
Kunst 460
Künstliche Intelligenz 37, 40, 55
  Training 100
Künstliches Neuronales Netzwerk (KNN) 39–40, 52, 55, 156, 181

L

LAION-5B 453
Landingsite.ai 332
LANDR 270
Lapa, Valentin 48
Large Language Model 55, 142
Lastpass 90
Late Show, The 289
Lebenslauf 193
LEGO 492
Lehmann, Alexander 90
Leibniz, Gottfried Wilhelm 47
Leistungsschutzrecht 446
Leitbild 197
Leitsysteme 238
Le Monde 69
Lennon, John 273
Lenovo 371
Leonardo.ai 318
Libre Office 152
Liebesgedicht 198
Lighthouse 438
Linguee 181
LinkedIn 84, 342, 361
Linux 152, 338
Lippenlesen 492
Lippensynchron 146
Lippensynchronisation 250
Llama 55, 153
LlamaCoder 343
LM-Arena 142
LobbyControl 464
Loff, Andreas O. 418
Logik 47
Logikkalkül 48
Logikrätsel 124
Loginservice 84
Logo Creator 114
LogoAI 326
Logoist 239
Long Short-Term Memory (LSTM) 49
Looka 327
Lovelace, Ada 47, 303, 451
Lovo 262
LTX Studio 327
Ludwig-Maximilians-Universität 229
Luminar Neo 237

M

Ma, Jack 140
Mac 260
MacBot 329
Macintosh 247
Macrovirus 378
MacWhisper 184
Managed Services 157
Manga 459
Mango 480
Many-Shot Jailbreaks 473
Markdown 327
Markenrecht 460
Marketing 40, 195, 247, 354
Marketing-GPT 114
Marketing-Persona 195
Marketingstrategie 259
markmap 327
Maschinelles Lernen 38–39
Mashrabov, Alex 293
Massachusetts Institute of Technology 54

Massachusetts Institute of Technology (MIT) 263
Massed Compute 158
McCarthy, John 47, 48
McDonald's 474
McLaughlin-Levrone, Sydney 129
McMulloch-Pitts-Neuron 48, 51
McMulloch, Warren 51
Mechanical Turk 45, 51
Mediathek 258
Meditation 262
Mensch-Maschine-Kommunikation 54
Mentafy 202
Mentoring 329
Mentortools 329
Meta 55, 153, 263, 371, 454
  Facebook 145
  Facebook-Messenger 145
  Imagine 145
  Instagram 145
  KI-Studio 489
  Llama 153
  Meta Gen 145
  NotebookLlama 350
  Threads 145
  WhatsApp 145
Metadaten 98
Metallica 275
Metaversum 64
Microsites 331
Microsoft 84, 126–127, 186, 338, 463, 470
  Agent Builder 360
  Authenticator 93
  Azure 158, 186
  Boosts 143
  Click to do 385
  Cocreator 371
  Copilot 339, 365
  Copilot Agents 385
  Copilot für Microsoft 365 143
  Copilot GPTs 385
  Copilot in Microsoft 365 131
  Copilot Pro 143, 367
  Copilot Voice 370
  Designer 367
  Edge 368
  Excel 378, 386
  Forms 382, 386
  Fotos 216, 374
  GPT-Builder 368
  LinkedIn 455
  Lizenz 374
  Microsoft 365 368
  Microsoft Designer 214
  Minecraft 374
  Office 319
  Office XP 365
  Omniparser 360
  OneNote 382, 386
  Outlook 351, 379, 386
  Pages 382
  Paint 216, 309, 373
  PowerPoint 386
  PowerToys 374
  Recall 371
  SharePoint 360
  Skype 146
  Store 367
  Stream 383
  Teams 146, 188, 383, 386
  Think Deeper 366, 376
  Viva 383
  Unternehmen 67
  Windows 216, 369
  Word 186, 202, 386
Microsoft Designer 215
Microsoft-Konto 202
Midi-Sound 247, 272
Midjourney 50, 205, 209, 217, 308, 416, 444, 449, 458, 466
Mind Map 328
Miniconda 256
MiniMax 293
Minions 207
Minsky, Marvin 48–49
Mission Statement 197
Mistral 139
  Large 139
  Le Chat 139
  Le Plateforme 139
  Medium 139
  NeMo 139
  Pixtral 139
  Small 139
Mistral AI 464
MIT 54
MIT-Lizenz 269
Mittelbayerische Plakatwerbung 206
Mixpost 361
MobileMonkey 337
Mochi 294
Mockup 320
Modelltraining 39
ModelScope 277
Mojeek 394
Montecarli, Carla 270
Motion-Capture 312
Mozilla
  Firefox Relay 89
  Lumigator 142
  Monitor 93
MP3 338
Mr. Robot 89
MrBeast 255
Multi-Factor Authentication 94
multimodal 41
München 229
Murf 253
MuseHub 274
MuseScore Studio 274
MusicStar.AI 276
Musik 259
Musikgenerator 276
Musikindustrie 271
Musikpiraterie 271
Musikvertriebsdienst 270
Musikwissenschaft 273
Musk, Elon 46, 132, 230, 458, 481
Mustererkennung 53
  prädiktiv 59
MyDealz 96, 144
MyShell 255

N

n8n 362
Nadella, Satya 360
Napster 272
Natürliche Sprachverarbeitung 437
Nauerz, Andreas 413
NDR 169
Negativ-Prompt 210
Netcup 334

Network Attached Storage 103
Neumann, John von 50
Neural Depth Engine 316
Neural Processing Unit 371
Neuronales Netzwerk 51
Neuronen 52
News Corp 69
  HarperCollins 69
  Sun 69
  Times 69
  Wall Street Journal 69
NewsAPI 363
Newsletter 189, 194, 315, 342
New York Times 452
Nextcloud 351
  Assistant 352
  Nextcloud Hub 352
Nikon 207
Nintendo 230, 460
Nirvana-Baby 235
Nissan 414
Nivida 481
NMKD Stable Diffusion GUI 227
Nodes 228
Noi-Browser 144
Notion 144, 321, 352, 383
Notta.ai 188
NSFW 227
NVDA 440
Nvidia 138, 151, 156, 183, 242, 494
  ChatRTX 348
  CUDA 156
  NVLM 139
  Ray Tracing Cores 156
  Tensor Cores 156

O

o1-mini 169
o1-pro 169
O-Modelle 169
O2 457
Objekterkennung 49
Ollama 162, 341, 363
Olympische Spiele 140–141, 238
Onboarding 329, 383
One Click Accessibility 439
OneDrive 202
OneNote 171
One-Shot 169
Online-Sicherheit 89
Open Source 139, 141, 152, 459
Open Source Initiative 153
Open WebUI 163
OpenAI 50, 55, 63, 134, 144, 214, 359, 366, 456, 470, 481
  AI Text Classifier 200
  ChatGPT 134
  ChatGPT Plus 143
  Fortgeschrittener Audiomodus 143
  GPT-4o 155
  Hype 63
  o1 122–123, 169
  Operator 360
  Sora 280
  Unternehmen 67
  Voice Engine 248
  Whisper 183
OpenID 84
OpenPerplex 394
OpenSource 67
Open-Source 263, 269, 338
OpenTable 360
OpenVoice 255
Opt-out 101, 454
ORF 458
Organization 359
Oscars 303
OthersideAI 155
  Reflection 155
Otter 188
Outlook 365
Outpainting 244
Output Token 145
Overcast 258
OVHCloud 158
OwnCloud 351

P

palmerhargreaves 414
Paperless 352
Paperless-ngx 353
Papert, Seymour 49
Papst Franziskus 465
Parameter 139
Paramount 207
Parlatype 187
Passkey 95
Passmann, Hannah 414
Passwort 83, 90
Passwortgenerator 91
Passwortmanager 90
Patreon 260
PayPal 96
PDF Accessibility Checker 440
PDF-to-Podcast 351
Penguin Random House 456
Performance-Analyse 77
Perplexity 126, 356, 383
  Assistant 360
Perplexity Pro 143
Persona 169
Personalabteilung 197
Personalisierung 195
Persönlichkeitsrecht 460
Perzeptron 48
Pexels 318
PGP-Verschlüsselung 89
Phind 393
Phishing 83
Phoenix, Joaquin 456
Photoshop 237
Photoshop Express 236
Pika
  Pika Effects 287
  Scene Ingredients 287
Pikachu 230
Pinokio 159
Pitts, Walter 51
Pixabay 318
Plattformrecherche 197
PlayHT 252
Plot-Entwicklung 198
PNG 239
Pocket Casts 258
Podcast 118, 247, 253, 258, 349
  Equipment 259
  Hosting 260
Podcast Addict 258
Podcastle 262
Podcast-Verzeichnis 259
Podcatcher 258
Podhoster 259–260
Podimo 260
Pokémon 230

Ponywurst Productions 418
Porträtbearbeitung 244
PowerDirector 306
PowerPoint 365
Powertoys 371
Premiere Pro 299
Private-Relay 86
Privatsphäre 86
Probeabonnement 83, 96
Produktbewertung 194
Produktempfehlungen 195
Produktneueinführung 194–195
Programmieren 331
Promi-Chatbot 456
Prompt 41, 165
  Prompting 165
Prompt Box 171
Prompt Engineering 165, 416
Prompt Injection 42, 155, 473
Prompten 166
Prompting 166
Prompting Guides 165
Prompts 2
Promptverbesserung 210
ProSiebenSat.1 470
Proton 89
Provider 334
Pumuckl 248
Putin, Wladimir 458
Pyramid Flow 295
Python 158, 338, 378
  Jupyter Notebook 159
  PyTorch 158

Q

QNAP 104, 157
Quinn, Harley 242

R

Radio 258
Ransomware 103
Rasa 337
Raspberry-Pi 156
Rauschentfernung 244
Reasoner 359
Reasoning 44, 122, 128, 169
Recall 372
Rechenleistung 213
Reddit 455, 466, 475
Reflection-Tuning 155
Reinforcement Learning (RL) 49
Reklamation 190
Rekurrente Neuronale Netzwerke (RNN) 49
Relay-Telefonnummer-Maskierung 89
Remini 240
Replicate 230
Replit Agent 343
Responsives Design 438
Rev 188
Revit 325
Revocalize 276
RipX 275
Risikomanagement 472
Riverside 260
Riyaz 276
Roboter 45, 493
Robotergesetze 48
robots.txt 454
Rochester, Nathaniel 48
Rolex 207, 460
ROMANE 169
Roop 245
Root Server 157
Rosenblatt, Frank 48
Royalty-Free 239, 267
RSS-Feed 260
RSS-Reader 355
RTL+ 260
Rundfunksender 258
Runway 308
  Prompting Guide 291
Runway ML 229–230, 249, 289

S

Salesforce 341, 356–358, 383, 474
  Agentforce 356, 358
  Einstein 358, 474
Salesloft 315
Samsung 371
Saß, Veronica 202
Satire 445, 460
Scalable Vector Graphics 239
Schachtürke 45
Schafroth, Maximilian 248
Schall, Lena 90
Schatten-KI 99
Schlager 270
Schnittstellen 472
Schöpfungshöhe 446, 452
Schulung 329
Schumacher, Michael 468
Schwarzwald 230
Screendesign 320
Scribbr KI-Detector 201
Scribe 89
SDXL 226
SDXL Turbo 228
Second Life 64
Seeds 211
Sega AI Computer 491
Seitenverhältnis 210
Self-Ask Prompting 168
Sendpulse 337
SEO-Optimierung 178
Shannon, Claude 48
SharpKeys 371
Shazam 270
Shopify 355, 357
Shownotes 262
Sicherheit 472
Sicherheitsschlüssel 95
Sicherheitssperren 207
Siemens 166
Sievers, Christian 458
Silicon Valley 67
SimpleLogin 89
Simpleshow 329
Simpsons 114
SIM-Swapping 93
Singen lernen 275
Sketch 211
Skylum 237
Slack 356
Smart Glasses 480
Smart Home 480
Smartphone 360
Smith, Will 48, 277
SMS 93
Snap 146, 293
  Lens Studio 146
  Snapchat 146, 293
Social Engineering 461
Social Media Exploration 461
Social-Media-Aktion 259
Social-Media-Strategie 197
Softwareentwicklung 338
SoloKey 96
Sonix 188

Sony 450, 494
Sopranos 242
SoundCloud 260
Soundeffekte 269
Soundful AI 276
Soundraw 267, 319
Soundtrack 146
SpaceX 67
Spam 86
Spamfilter 38
Spear Phishing 461
Spearrin, Kyle 91
Spotify 258, 260, 270, 370
Sprachaufnahme 259
Sprache-zu-Sprache 250
Sprachmodell 54–55
Sprachnachricht 337
Sprachstil 198
Sprachsynthese 255
Sprachtraining 491
SSH 157
Stability AI 153, 224, 230, 444
  Stable Audio 268
  Stable Diffusion 50, 60, 205, 229, 271, 295
Star Wars 207
Statistik 38
Stellenanzeige 197
Stem 274
Stereovision 316
Stilisierungsgraf 211
Stiltransfer 244
Stilvorgabe 211
Stimme 460
Stimmenverzerrer 276
Stimmgenerierung 276
Stimm-Imitation 456
Stober, Sebastian 453
Stock Pictures 242, 469
Storyboard 327
Strukturreferenz 211
Strukturübertragung 245
Style 169
Suchmaschinenoptimierung 332
Summarize.tech 351
Suno 248, 255, 263
Supabase-Datenbank 332
Superbowl 366
Surface 371
Surveillance Pricing 474
SVG 239
Swift, Taylor 458
Symbole 34
Symphonic Labs 492
Synium Software 239
Synology 104, 157
Synthesia 313, 412
Synthesizer 247, 276
SynthID 201, 283

T

Tabellen 178
Talahon 271
Talkpal 492
Tamagotchi 494
TAN-Generator 93
Target Audience 169
Teams-Verträge 144
Telegram 337, 373
Temporale Kohärenz 62
Testung 195
Text Blaze 171
Text zusammenfassen 190
Textbasierter Schnitt 298
Texterkennung (OCR) 353
Text-to-Image 208
Text-to-Music 269
Text-to-Sound 269
Text-to-Speech 247, 250, 259
Text-to-Video 280
Text- und Data-Mining 453, 456
Thaler, Stephen 444
Théâtre d'Opéra Spatial 449
Threads 454
Tidal 271
Tiefenschärfe 244
TikTok 147, 255, 263, 361, 445, 474
Time Magazine 69
TimelyApp 357
together.ai 230
Token 122, 139, 144, 213
Tonalität 198
Tonaufnahme 460
Tonfilter 260
Tonschnitt 259
Top Gear 289
Topaz Labs 238, 305
  Photo AI 238
  Video AI 305
Torvalds, Linux 338
Traffic 158
Training 53
Training 39, 42, 139
  backpropagation 59
  beaufsichtigt 59
  Finetuning 132
  Opt-out 58
  Reinforcement Learning 59
  selbstüberwacht 60
  Trainingsdaten 69
  unbeaufsichtigt 59
Trainingsdaten 57, 140, 153, 155, 292
Transaktionsnummer 93
Transformer 50, 60
Transkribieren 300, 352
Transkription 138, 182, 254 384
  Telefonat transkribieren 138
Trash-Mail 89
Traxsource 270
Trends 242
Trigema 419
Trint 188
TrueMedia 463
Trump, Donald 42, 460
TTS Generation WebUI 256
TuneCore 270
Turing Award 51
Turing, Alan 40, 48, 50, 272, 451
Turing-Maschine 48, 50
Turing-Test 40, 48, 50
Turnitin 201
Twitter 361

U

U2F 96
Uber 360
Uber Eats 474
Überarbeiten 198
Uberduck.ai 252
Übersetzen 179
Udio 265, 271
Ukraine 458
Umgebungsgeräusche 269
Uncovering AI 488
Univerbal 492
University of Washington 463

Unterhaltungsbranche 480
Unternehmenssoftware 354
Upscaling 244
Upscayl 241
Urheberrecht 99, 445, 451
USA 140
User Interface 320
UserWay 438

V

Variationsautoencoder (VAE) 49
Vaswani, Ashish 50
VectorAI 239
VectorArt.ai 239
Veed.io 254
Vektorgrafik 236, 239
Verbraucherzentrale 464
Vercel
  v0 343
Verein 100
Vergleichsportale 142
Verhaltenskodex 464
Verkaufsaktion 194
Versionierung 338
Vertrieb 195, 354
Verwertungsgesellschaft 448
VG Bild-Kunst 448
VG Wort 448
Viber 337
Videobearbeitung 188
VideoCrafter2 277
Videokonferenz 384
Videospiel 247
Video-zu-Video 308
Vidnoz 315
viral gehen 73
Virtualisierung 161
Virtuelle Realität 480
Vishing 461
Visual Basic 378
VisualGPS 242
Vivid Glam 307
Vocaloid 274
Vocal-Sample 276
Voice Cloning 97, 247, 248
Voicemod 276
Voiceover 247, 313, 439
Volksmusik 270
VroniPlag 202
vServer 157

W

Waghubinger, Josua 271
Wahlkampf 458
Wahl-o-Mat 477
Wahrscheinlichkeitsrechnung 38
Warenkorb 194
Wasserzeichen 232, 471
Wayback-Machine 31
WDR 470
Webdav 352
Weber-Wulff, Prof. Dr. Debora 202
Websim 344
Website-Generator 334
WeChat 140
Wegwerfadressen 89
Weigand, Dr. Marvin 270, 316
Weihnachtslied 270
Weiterleitungsadresse 85
Weizenbaum, Joseph 49, 493
Werbekampagne 237
Werbematerial 247
Werbespot 262
Werbung 76, 259–260
WeTransfer 100, 240, 351
Wetterbericht 494
Whaling 461
WhatsApp 145, 215, 337, 357, 373, 454
Whisper 155
Whisper Transkription 184
Whispp 257
Wiki 383
Wiley-VCH 456
Wilson, Andrew 413
Windows 163, 365
WolframAlpha 390
Wondercraft 262
Wondershare 296
Word 365
Wordle 343
Wordpress 84, 335, 438
  Plugin 335
  Template 335
Workflow 228, 361
World Photography Award 450
WP-Accessibility 438
Wurm 103

X

X (Twitter) 67, 132, 357, 455, 458, 465
xAI 132, 455
  Grok 132, 455

Y

Yahoo 166, 380
Yamaha 274
Y-Combinator 68
You.com 393
yourteacher.ai 492
Yousician 275
YouTube 147, 186, 253, 262, 270, 342, 351, 361, 463
  Create App 147
  Music 258, 260, 270
  Shorts 147
  Studios 147
  YouTuber 255
Yubikey 96

Z

Z3 48
Zapier 262, 362
Zarya of the Dawn 444
ZDF 169, 303, 419, 458
  Fernsehgarten 272
  heute-journal 458
  Terra-X 310
Zendesk 356–357, 383
ZeroGPT 201
Zero-Shot 169
Zielgruppe 195
Zielgruppe 72
Zielgruppenanalyse 195, 259
Zielgruppenkampagne 259
Zoom 188, 356, 456
Zsolnai-Fehér, Dr. Károly 487
Zuckerberg, Mark 154
Zusammenfassung 349
Zuse, Konrad 48, 50
Zwei-Faktor-Authentifizierung 83, 85, 93

www.ingramcontent.com/pod-product-compliance
Lightning Source LLC
LaVergne TN
LVHW061930220826
846092LV00004B/1000

* 9 7 8 3 5 2 7 7 2 2 4 1 9 *